आलवार और भारतीय वैष्णव साहित्य

डॉ.विट्ठलदास द्वारा तमिल में लिखा मूल ग्रन्थ “आलवारगलुम इन्दिय वैष्णव इलक्कियगलुम” तमिलनाडु सरकार से सन् 2014 में तथा उत्तरप्रदेश हिन्दी संस्थान, लखनऊ से सन् 2019 में पुरस्कृत हुआ।

प्रो. डॉ. के. आर. विट्ठलदास

ग्रन्थकर्ता

notionpress.com

INDIA · SINGAPORE · MALAYSIA

ISBN 979-8-88555-909-6

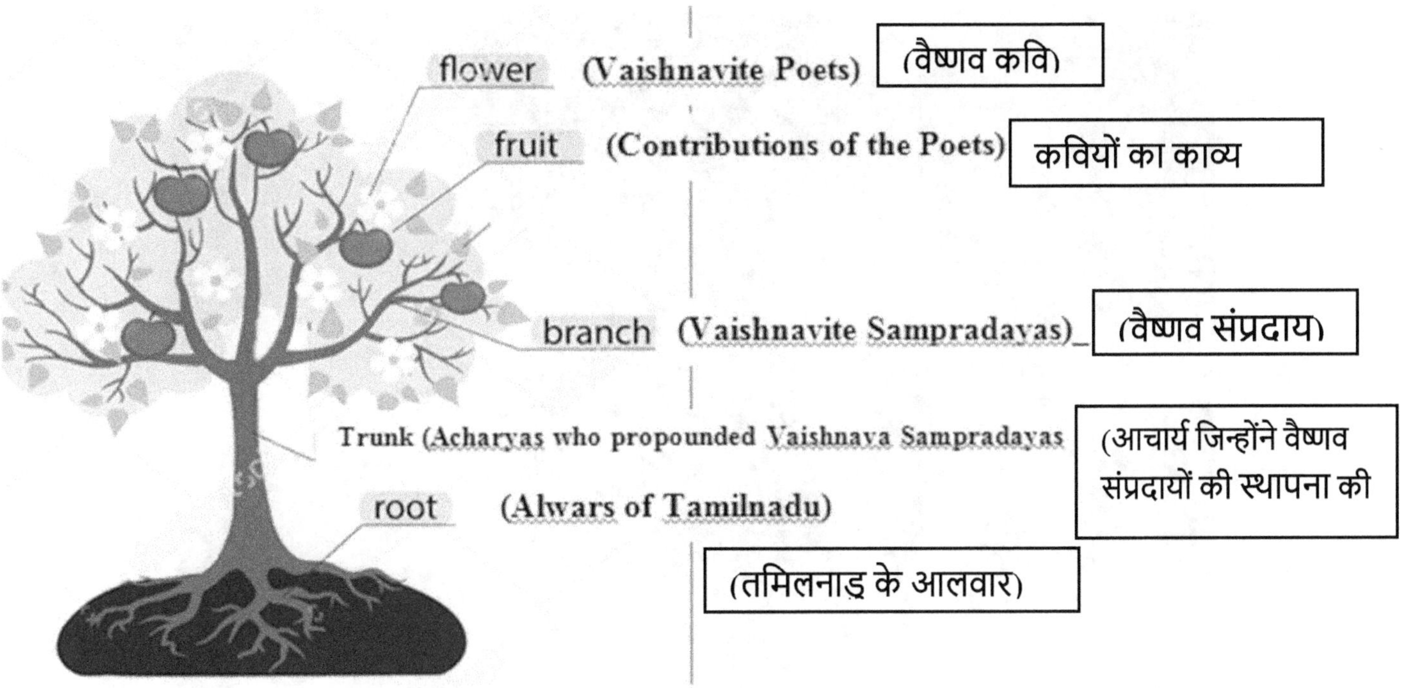

TREE OF INDIAN VAISHNAVITE LITERATURE

भारतीय वैष्णव साहित्य रूपी वृक्ष

तमिलनाडु के आलवार, भारतीय वैष्णव साहित्य रूपी बृहद वृक्ष के जड़ है; विभिन्न वैष्णव संप्रदाय उस वृक्ष की शाखायें हैं; विभिन्न वैष्णव संप्रदायों के संस्थापक आचार्य लोग, उस बड़े वृक्ष का तना हैं; विभिन्न वैष्णव भक्त कविगण उस पेड़ की शाखाओं में खिले खुशबूदार पुष्प हैं; उनकी अमरकृतियाँ बृहद भारतीय वैष्णव साहित्य रूपी वृक्ष के मधुर फल हैं।

भरतीय रामायण साहित्य का पौराणिक कथा-पात्र श्री राम

श्री राम, आदि कवि वाल्मिकी द्वारा सृजित एक श्रेष्ठ पात्र हैं। बाद के युग में, लोगों ने उन्हें भगवान विष्णु का अवतार माना और मंदिरों में उनके विग्रह की प्रतिष्ठा कर, उनकी उपासना करने लगे। त्याग, आदर्श आचरण, भ्रातृ-प्रेम, आज्ञाकारी पुत्र प्रभृति अपने आदर्श गुणों से श्री राम आज भारतीय संस्कृति के संरक्षक बने रहते हैं।

स्वर्गीय मेरे माता-पिता

श्रीमती विजयलक्ष्मी अम्माल और मदुरै, कन्दाल्लु बी. रेंगैय्या के श्री चरणों में इस ग्रन्थ को समर्पित कर उन्हें प्रणाम करता हूँ।

लेखक

विषय-सूची

आलवार और भारतीय वैष्णव साहित्य

डॉ. विट्ठलदास का सरल एवं शुद्ध हिन्दी में लिखा "आलवार और भारतीय वैष्णव साहित्य" नामक बृहद शोध-ग्रन्थ, भारतीय वैष्णव साहित्य का एक महत्वपूर्ण ग्रन्थ है।

तमिलनाडु में भगवान विष्णु की आराधना अत्यन्त प्राचीन है। नृत्य, संगीत आदि कलाओं के साथ वैष्णव धर्म का विकास हुआ था।

तमिलनाडु शैव एवं वैष्णव सिद्धान्तों की जन्म-भूमि मानी जाती है। तमिलनाडु के द्वादश आलवार (कृष्ण भक्त कवि) एवं नायनमारों (शिवभक्त कवि) द्वारा भक्ति आन्दोलन चलाया गया था। भक्ति की यात्रा दक्षिण से उत्तर की ओर हुई थी।

आलवारों ने वैष्णव धर्म के आध्यात्मिक एवं भक्ति संबंधी विचारों को "नालायिर दिव्य प्रबन्धम" (चार हजार कृष्ण भक्ति पदों का संकलन) के रूप में भारत को प्रदान किया था।

आलवारों के दार्शनिक एवं भक्ति-तत्वों के आधार पर श्री रामानुजाचार्य ने विशिष्टाद्वैत संप्रदाय की स्थापना की थी। उनके सिद्धान्तों के आधार पर दक्षिण एवं उत्तर भारत में विभिन्न वैष्णव संप्रदायों का आविर्भाव हुआ था। श्री रामानंद, तुलसीदास, वल्लभाचार्य, चैतन्य प्रभृति तत्वज्ञानियों ने दक्षिण एवं उत्तर के भक्ति-आन्दोलनों को जोड़नेवाले सेतु का काम किया। भक्ति-आन्दोलनों के फलस्वरूप भारत भर में अनगिनत शैव एवं वैष्णव मंदिरों का निर्माण हुआ।

नालायिर दिव्य प्रबन्धम के अतिरिक्त अन्य प्रान्तीय भाषाओं के वैष्णव साहित्य का द्वितीय प्रेरणा स्रोत ग्रन्थ श्रीमद् भागवत महापुराण रहा है। उस भागवत पुराण पर भी आलवारों के प्रबन्धम् का असर पड़ा है। इस संबंध में लेखक द्वारा की गयी समीक्षा महत्वपूर्ण मानी जाती है। भारतीय वैष्णव-साहित्य उत्पन्न होने के लिये आलवारों का दिव्य प्रबन्धम प्रथम आधारभूत ग्रन्थ रहा है।

नायनमार तथा भारतीय शैव साहित्य पर, शोधार्थियों को शोध-कार्य करने की प्रेरणा लेखक के इस अपूर्व ग्रन्थ से उपलब्ध होगी। डॉ. विट्ठलदास के कठिन परिश्रम एवं शोध की क्षमता को इस महत्वपूर्ण ग्रन्थ के प्रत्येक पृष्ठ में हम देख सकते हैं।

लेखक के कठिन परिश्रम से लिखा गया यह ग्रन्थ भारत के समस्त पुस्तकालयों में संग्रहनीय है।

भारत जैसे विशाल एवं विभिन्न धर्म, जाति, भाषा तथा संस्कृति से युक्त देश के दार्शनिक विचार एवं भक्ति-साधना के अनुशीलन के लिये प्रस्तुत अध्ययन अत्यन्त वाँछनीय है।

- ग्रन्थकर्ता

प्रस्तावना

आलवार और भारतीय वैष्णव साहित्य

Alwars and the Indian Vaishnavite Literatures

ग्रंथ लेखक: डॉ. के.आर.विट्ठलदास

समीक्षक:प्रो. डॉ.एम.शेषन्, M.A.,Ph.D., D.Litt.

(अवकाश प्राप्त प्राध्यापक वैष्णव कॉलेज, चेन्नै

प्रोफसर डॉ० के०आर० विट्ठलदास का हिन्दी में लिखा यह बृहदकाय शोधग्रंथ (560 पृष्ठ) भारतीय भाषाओं में रचित वैष्णव भक्ति साहित्य पर तमिल के वैष्णवभक्त आलवारों की भक्ति एवं उनके द्वारा तमिल में रचित "नालायिर दिव्य प्रबन्धम्" (चतुः सहस्र स्रोत्रगीत) भक्ति गीतों का संकलन, एवं बाद में यहाँ संस्कृत भाषा में रचित "श्रीमद्भागवत पुराण, इन दोनों ग्रंथों के गहरे प्रभाव पर, सविस्तार विचार प्रस्तुत करता है तथा अन्त में यह निष्कर्ष भी निकाला गया है कि आलवारों के 'दिव्य प्रबन्धम्' एवं श्रीमद्भागवद्पुराण-ये दोनों ग्रथ भारतीय भाषाओं में रचित वैष्णव भक्ति साहित्य का मूल स्रोत एवं आधार ग्रंथ है।

विद्वान आलोचक डॉ. विट्ठलदास का यह दृढ़ विश्वास और धारणाएँ हैं कि आलवारों के परवर्ती काल में तमिल प्रदेश के वैष्णव आचार्यों एवं उनके भाष्य-ग्रंथ संस्कृत एवं तमिल भाषा में रचे जाकर उत्तर भारत की हिन्दी सहित अन्यान्य भारतीय भाषाओं को गहरे रूप से प्रभावित कर सका जिसके परिणाम स्वरूप पन्द्रहवीं शताब्दी से लेकर इन भाषाओं में भक्ति साहित्य का विकास होने लगा। तमिल के ये वैष्णव आचार्य एवं भाष्यकार तमिल एवं संस्कृत दोनों भाषाओं में निष्णात होने के कारण उभय भाषा प्रवीण इन आचार्यों ने उत्तर भारत में भक्ति चेतना को गहरे रूप से प्रभावित किया जिसके फल स्वरूप हिन्दी सहित अन्यान्य भारतीय आर्य भाषाओं में वैष्णव भक्ति साहित्य रचा जाने लगा। कबीरदास का भी कथन इस तथ्य को निरूपित करता है जिन्होंने भक्ति के मूल स्रोत को तमिल माना। उनकी प्रसिद्ध उक्ति है "भक्ति द्राविड़ उपजी, लाये रामानन्द प्रगट करया कबीरा, सप्त द्वीप नवखंड-"इस विचार को पुष्ट करता है। आलवारों का दिव्य प्रबन्धम् तमिल वेद के नाम से द्रविड़ प्रदेश में प्रसिद्धि पा चुका है।

डॉ. विट्ठलदास ने संस्कृत में दसवीं शताब्दी में तमिलनाडु मै रचित "श्रीमद्भागवद पुराण' पर विस्तार से विचार-विश्लेषण प्रस्तुत करते हुए यह निष्कर्ष निकाला है कि श्रीमद्भागवतम् तमिल विद्वान द्वारा तमिल प्रदेश में रचित ग्रंथ है जिसमें भक्ति का मूल स्रोत और भक्ति चेतना तमिल प्रदेश से उदित होकर तदनन्तर धीरे-धीरे समग्र भारत में फैला। अपने इस कथन की पुष्टि में विद्वान लेखक ने

श्रीमद्भागवत से पर्याप्त उद्धरण देकर इसकी पुष्टि की है। उनका यह दृढ़ विश्वास है कि भागवत पुराण एवं दिव्य प्रबन्धम्,ये दो महान ग्रथ, समस्त वैष्णव भक्ति सहित्य का मूल स्त्रोत एवं अधिकार ग्रंथ है। अपने इस विचार को निरूपित करने के प्रयास में लेखक ने इन दोनों ग्रंथों से अनेक प्रमाण देकर इसकी पुष्टि की है जो सार्थक माना जा सकता है।

प्रस्तुत ग्रंथ मूल रूप में तमिल में रचा गया है और बाद में विद्‌वान लेखक ने इसे सरल एवं बोधगम्य अंग्रेजी तथा हिन्दी भाषा में प्रस्तुत किया है। 560 पृष्ठों में तथा सोलह अध्यायों में यह ग्रंथ विस्तार पाता है। तमिल में लिखा प्रस्तुत ग्रन्थ तमिलनाडु सरकार से सन् 2014 में पुरस्कृत हुआ था एवं उत्तर प्रदेश हिन्दी-संस्थान, लखनऊ द्‌वारा सन् 2019 में भी पुरस्कृत हुआ था।

इस ग्रन्थ का पहला अध्याय पूर्व-पीठिका के रूप में है।

दूसरे अध्याय में श्रीमद्भागवत पुराण पर विचार किया गया है। भागवद्पुराण दसवीं शताब्दी में तमिल प्रदेश में तमिल विद्‌वान द्‌वारा संस्कृत में रचित भक्तिग्रंथ है जो भारतीय भक्ति चेतना के प्रचार-प्रसार के लिए द्‌वितीय आधार-ग्रंथ साबित होता है जिसकी प्रेरणा से दक्षिण एवं उत्तर भारत की अन्यान्य भारतीय भाषाओं में वैष्णव भक्ति साहित्य रचा जाने लगा।

तीसरे अध्याय में आलवारों द्‌वारा तमिल भाषा में गाये गये नालायिर दिव्य प्रबन्धम्' (चतुः सहस्र भक्ति गीत) पर गंभीरता पूर्वक विचार प्रस्तुत किया गया है। दिव्य प्रबन्धम् को द्रविड़ प्रदेश में "तमिल वेद" का गौरव प्राप्त है। आलवारों के समस्त भक्ति गीत तमिल भाषा में गाये गये गीत हैं। आलवार भक्त तो थे, साथ ही प्राचीन तमिल काव्य-परम्पराओं एवं काव्य रूढ़ियों तथा गीत-परंपरा से भी खूब परिचित थे। इस कारण उच्च कोटि की भाषा-शैली में रचित गीत हैं-इसे यहाँ रेखांकित करना आवश्यक है। विद्‌वान लेखक ने इस पर गंभीरता से विचार कर, स्पष्ट शब्दों में समझाने की कोशिश की है।

यहाँ इस बात को स्पष्ट करना आवश्यक है कि तमिल भाषा के समस्त भक्तिगीत, चाहे वह शैव स्तोत्र गीत हो अथवा आलवारों के भक्ति में सने नालायिर दिव्य प्रबन्धम् हो, ये सारे के सारे गीत वेद, उपनिषद, ब्रह्मसूत्र तथा भगवद्‌गीता के विचारों का निचोड़ है सार है, द्‌वादश आलवारों में प्रसिद्ध नम्मालवार स्वयं अपने गीत में कहते हैं कि वेद को मैंने तमिल में किया है-"वेदम् तमिल सेय्द मारन्। अतः आचार्यों ने मणिप्रबाल भाषा के माध्यम से तमिल भक्ति सिद्धानत एवं भक्तिदर्शन को उत्तर भारत के विद्‌वानों को समझाया जिसके कारण वह स्वीकृति पा सका। विद्‌वान लेखक ने अपने विश्लेषण और विवेचन द्‌वारा इसे स्पष्ट करने का स्तुल्य प्रयास किया है। शोधग्रंथ का यह अंश अत्यन्त मार्मिक, उपयोगी एवं सार्थक साबित हो सका। लेखक की भक्ति साहित्य के अध्ययन की गहराई एवं मार्मिकता की यह सुन्दर पहचान मानी जा सकती है।

चौथे अध्याय में लेखक ने आलवारों के भक्ति गीतों में अभिव्यक्त दार्शनिक विचारों को सार रूप में पाठकों के सम्मुख प्रस्तुत करने का स्तुल्य प्रयास किया है।

पाँचवें अध्याय में आलवारों के भक्ति तत्व, भक्तिचेतना की गहराई को पाठकों के सम्मुख प्रस्तुत करते हैं। शोधप्रबन्ध के ये अध्याय समस्त शोध प्रबन्ध में महत्त्व का स्थान रखते हैं। आलवारों की भक्ति की गहराई को समझने तथा काव्य का रसास्वादन करने के लिए मूल तमिल भाषा का सहारा लेना आवश्यक है, तभी हम आलवारों की भक्तिचेतना, उनकी भक्ति की तन्मयता का आनन्द ले सकते हैं, रसास्वादन कर सकते हैं। उत्तर भारत के विद्वान यद्यपि यह स्वीकार करते हैं कि भक्ति का मूल स्त्रोत द्रविड़ भाषा तमिल है, फिर भी जब तक मूल तमिल के माध्यम से इसे समझने का प्रयास नहीं किया जायेगा तब तक आलवारों की भक्ति की तीव्रता, तन्मयता को, तथा उनके काव्य का आनन्द और रसास्वादन संभव नहीं है; आज तक ऐसा कोई प्रयास नहीं हुआ है-यह खेद की बात है। माधुर्योपासना एवं वात्सल्य भाव की भक्ति का मूल स्रोत तमिल है। तमिल में इसकी लंबी परम्परा है, वात्सल्य के लिए पेरियालवार तथा कुलशेखर आलवार तथा माधुर्य की पराकाष्ठा तो आण्डाल के भक्ति गीतों में प्राप्त है।

छठे अध्याय में आलवारों के भक्तिगीतों के काव्य-सौन्दर्य और सुषमा-सौष्ठव को लेखक ने समझाने का प्रयास किया है। यह भी स्तुत्य प्रयास माना जायेगा।

सातवें अध्याय से लेकर चौदहवें अध्याय तक विद्वान लेखक ने सौराष्टी भाषा, मलयालम, कन्नड, तेलगु, मराठी, गुजराती, उड़िया तथा हिन्दी वैष्णव भक्ति साहित्य का विवरण प्रस्तुत करते हुए दिव्य प्रबन्धम एव श्रीमद्भागवतम् की प्रेरणा और प्रभाव ग्रहण कर भक्ति चेतना को आत्मसात किया है-इसे बड़ी खूबी के साथ अभिव्यक्त करने का भी प्रयास किया है। यह अध्याय लेखक के गहन गंभीर अध्ययन, आलोड़न-विलीड़न के उनके प्रयास को सूचित करते हैं; स्पष्ट करते हैं। तमिल के अतिरिक्त अन्य तीन द्रविड़ भाषायें अर्थात् तेलगु-कन्नड़ और मलयालम ये तीनों ही भाषायें तमिल की सगोत्रीय भाषायें मानी जाती है। मलयालम तो तमिल की निकटतम भगिनी भाषा है। अत: इनका एक दूसरे के साथ नाभिनाल का गहरा संबध भी है। मगर उत्तर भारत की भाषाओं के संबंध में ऐसा नहीं कहा जा सकता।

भारतीय संस्कृति की यह विशेषता है कि उसमें एक दूसरे से प्रभाव ग्रहण करने की ग्रहणशीलता, आत्मसात करने की प्रवृत्ति एवं समन्वय की भावना पायी जाती है। अतः उत्तर-दक्षिण की भाषाओं का भाव साम्य स्वीकृत बात है।

आगे पन्द्रहवें अध्याय में भारतीय भाषाओं में रचित रामायण ग्रंथों पर विचार किया गया है। भारतीय भाषाओं में रचित रामायणों का मूल आधार ग्रंथ संस्कृत में वाल्मीकि द्वारा रचित रामायण है। विभिन्न भाषाओं में रचित रामायणों की विशिष्टताओं पर लेखक ने विचार किया है जो प्रान्तीय स्थानीय सांस्कृति की विशेषताओं से प्रभावित है।

यह चिरस्थायी शोध ग्रंथ वैष्णव भक्ति का एक विश्वनीय विश्वकोश माना का जा सकता है। इस प्रकार का विस्तृत गंभीर अध्ययन प्रस्तुत करने का प्रयास अभी तक देखने में नहीं आता है। विद्वान लेखक के इस महत्त्वपूर्ण कार्य के लिए उन्हें डी. लिट. की उपाधि से विभूषित किया जाना चाहिए। शोधार्थियों के लिए ही नहीं, वैष्णवभक्ति आन्दोलन को समुचित रीति से और सम्यक ढंग से समझने के लिए

यह शोधग्रंथ अत्यन्त उपयोगी ग्रंथ है। सभी पुस्तकालयों, विशेषकर विश्वविद्यालय के पुस्तकालयों के लिए संग्रहणीय ग्रंथ है।

लेखक इस महत्त्वपूर्ण कार्य के लिए बधाई के पात्र हैं।

पुस्तक का गेट अप, छपाई तथा उसमें दिये गये भक्तों के चित्रों के कारण ग्रंथ का महत्त्व बढ जाता है।

ग्रन्थकार के संबंध में

बहुभाषी डॉ. के. आर. विट्ठलदास तमिलनाडु के सरकारी कॉलेजों में हिन्दी अध्यापन कार्य से सेवानिवृत्ति के उपरान्त साहित्य सेवा में सक्रिय रूप से लगे हुए हैं। विज्ञान विषय का स्नातक होने पर भी आप की रूचि हिन्दी साहित्य के अध्ययन की ओर अधिक थी। डॉ. विट्ठलदास जी सौराष्ट्री, हिन्दी, तमिल एवं अंग्रेजी के विद्वान हैं। उनकी रचनाधर्मिता तमिल, हिन्दी, अंग्रेजी एवं सौराष्ट्री में समान रूप से दिखायी देती है। उनकी रचना आलवार और भारतीय वैष्णव साहित्य भारत की विविधता में एकता की कड़ियों को मज़बूत करनेवाले हैं।

डॉ. विट्ठलदास की शिक्षा एवं साहित्यिक सेवा

शिक्षा	स्कूल/कॉलेज के नाम
जन्मतिथि	15-04-1938
जन्म स्थान	मदुरै (तमिलनाडु)
घर का नाम	कन्दाल्लु
भाषाओं की जानकारी	सौराष्ट्रा, तमिल, हिन्दी, अंग्रेजी
S.S.L.C. तक की पढ़ाई	सौराष्ट्रा, हायर सेकण्डरी स्कूल, मदुरै
इन्टरमीडियट और B.Sc.	अमेरिकन कॉलेज, मदुरै मद्रास विश्वविद्यालय, चेन्नै
M.A. हिन्दी साहित्य	सेयिन्ट थामस कॉलेज, पालाई, केरला। केरला विश्वविद्यालय।
Ph.D. हिन्दी	कुरूक्षेत्र विश्वविद्यालय, हरियाणा।

हिन्दी अध्यापन-कार्य

प्रसिडेन्सी कॉलेज चेन्नै।	20 वर्ष
सरकारी कॉलेज मेलूर, मदुरै	13 वर्ष
हिन्दी अध्यापन कार्य से सेवानिवृत्ति	सन् 1996 में

सृजन-कार्य एवं पुरस्कार

1. "सूरदास और संतकवि नटनगोपाल" विनोद पुस्तक मंदिर, आगरा	बिहार सरकार द्वारा सन् 1981 में राजकीय सम्मान एवं ताम्रपत्र, नकद रू. 2500/-सहित यह ग्रन्थ पुरस्कृत हुआ। उस समय के तमिलनाडु के राज्यपाल श्री प्रभुदास पटवारी जी ने इस पुस्तक के लिये प्रस्तावना लिखी थी।
2. "आलवारगलुम इन्दिय वैष्णव इलक्कियंगलुम" पलनियप्पा ब्रदर्स, रायपेट्टा, चेन्नै। अमेजान.काम.in Amazon.com.in में प्रतियाँ उपलब्ध हैं। यह शोध-ग्रन्थ सन् 2014 में तमिलनाडु सरकार द्वारा भी पुरस्कृत हुआ।	Available in Amazon.com.in पुस्तकालयों में वितरण करने के लिये तमिलनाडु सरकार ने इस ग्रन्थ की एक हजार प्रतियाँ खरीदी थी। तमिल में लिखा यह शोध-ग्रन्थ उत्तर-प्रदेश हिन्दी संस्थान द्वारा सन् 2019 में "सौहार्द सम्मान" ताम्रपत्र तथा दो लाख रूपये सहित पुरस्कृत हुआ।
3. "Alwars and the Indian Vaishnavite Literatures" Munshiram Manoharlal Publishers, Delhi.	अंग्रेजी में लिखा यह वृहदकाय शोध-ग्रन्थ सन् 2018 में प्रकाशित हुआ। Amazon.com.in से ग्रन्थ मंगवाया जा सकता है।
4. "आलवार और भारतीय वैष्णव साहित्य"	हिन्दी में लिखा इस वृहदकाय शोध-ग्रन्थ के प्रकाशक हैं- Notion Press, Chennai.
5. "संपूर्ण सौराष्ट्री व्याकरणु" 6. आण्डाल और नटनगोपाल नायकी स्वामिनुन (तुलना) 7. रामायण पात्रानुन गुणणु मोन्नुन (Characterization of the charaters of Ramayan) 8. अंडाल और नतनगोपाल नायकी (एक तुलनात्मक अध्ययन)	तमिलनाडु की सौराष्ट्री भाषा में लिखा इस व्याकरण ग्रन्थ के प्रकाशक हैं- "सौराष्ट्री इलक्किय प्रसुरम्" 52/148, East 5th Street, K.K. Nagar, Madurai 625020 (Tamil Nadu)

लेखक का वक्तव्य

इस ग्रन्थ का लेखक डॉ. के. आर, विठ्ठलदास ने मद्रास के प्रसिडेन्सी कालेज (सरकारी कालेज) में, हिन्दी प्राध्यापक के रूप में सन् 1979 में सेवा करते समय, तमिलनाडु के सौराष्ट्र आलवार कवि सन्त नटनगोपाल नायकी स्वामिगल की तुलना हिन्दी के प्रसिद्ध कृष्ण-भक्त कवि सूरदास से करके, एक शोधग्रन्थ लिखकर, हरियाणा प्रान्त के कुरुक्षेत्रा विश्वविद्यालय द्वारा पी.एच.डी. की उपाधि प्राप्त की। उस शोध-ग्रन्थ को आगरा का विनोद पुस्तक मंदिर ने "सूरदास और संत कवि नटनगोपाल नायकी स्वामिगल नाम से सन् 1981 में प्रकाशित किया।

एक अहिन्दी लेखक द्वारा हिन्दी में लिखा उक्त ग्रंथ को एक श्रेष्ठ शोध ग्रन्थ मानकर, बिहार सरकार ने, राजकीय सम्मान-पत्र सहित, धन राशी प्रदान कर, पटना में आयोजित एक विद्वत सभा में, डा. के. आर. विठ्ठलदास जी को सम्मानित किया। यहाँ उल्लेखनीय बात यह है कि उस समय के तमिलनाडु शासक, श्री पभुदास पटवारी जी ने उक्त ग्रन्थ के लिये प्रस्तावना लिखी थी।

"सूरदास और संत कवि नटनगोपाल नायकी" नामक उक्तशोध-ग्रन्थ का लेखन करते समय, आलवारों द्वारा विरचित तमिल वेद के रूप मे विख्यात नालायिर दिव्य प्रबन्धम् तथा हिन्दी वैष्णव साहित्य का गहरा अध्ययन करने का स्वर्ण अवसर इस ग्रन्थ के लेखक को प्राप्त हुआ।

सन् 6 वीं शती से 9 वीं शती तक, लगभग 400 वर्षों की अवधी में, तमिलनाडु के विभिन्न क्षेत्रों में जीवित १२ आलवार कवियों की कृतियों में छिपी, भक्ति, ईश्वर, जीव, प्रपंच, माया संबन्धी तात्विक विचार एवं उपदेशों में, सन 16वीं शती में हिन्दी-प्रान्तों के विभिन्न क्षेत्रों में जीवित हिन्दी-वैष्णव कवियों तथा सन् १९वीं शती में मदुरै शहर में जीवित सौराष्ट्र वैष्णव कवि श्री नटनगोपान नायकी आलवार इत्यादि कवियों के दार्शनिक विचार एवं उपदेशों में पायी जाने वाली समानता ने, इस ग्रन्थ के लेखक को आलवार और भारतीय वैष्णव साहित्य नामक प्रस्तुत शोध-ग्रन्थ को लिखने की प्रेरणा एवं उद्वेग को प्रदान किया।

आज तक हिन्दी में "आलवार एवं भारतीय वैष्णवसाहित्य" के विषय पर, शोधपूर्ण विस्तृत ग्रन्थ नहीं लिखा गया है। एक-दो लेखकों ने, भारतीयवैष्णव कवियों की जीवनी पर प्रकाश डाला है; किन्तु भारतीय वैष्णव कवियों की रचनाओं पर तमिलनाडु के १२ आलवारों की कृतियों के प्रभाव पर, आज तक किसी ने, कोई शोध कार्य नहीं किया है।

सभी शोधार्थी एंव विद्वत जन निम्नलिखित तथ्यों को किसी भी भेद-भाव से स्वीकृत करते हैं- (1) तमिलनाडु, शैव एवं वैष्णव तत्वों का जन्म-स्थान है; (2) तामिलनाडु के बारह आलवरों द्वारा, भक्ति का आन्दोलन का उदय हुआ था। (3) भक्ति की यात्रा दक्षिण से उत्तर की और हुई थी। फिर भी

भारतीय वैष्णव साहित्य का मूल ग्रन्थ 'नालयिरदिव्य प्रबन्धम्' का मूल्यांकन आज तक ठीक रूप से नहीं किया गया है। इसलिये भारतीय वैष्णव साहित्य पर प्रबन्धम् के प्रभाव पर, आज तक हिन्दी में कोई भी शोधपूर्ण ग्रन्थ प्रकाशित नहीं हुआ है।

आलवार और भारतीय वैष्णव साहित्य नामक इस शोध-ग्रन्थ के प्रथम अध्याय, भूमिका में

वैष्णव भक्ति आन्दोलन को आलावरों की विशिष्टि देन, द्राविड़ देश से उत्तर की ओर भक्ति की यात्रा, दक्षिण और उत्तर भारत की भाषाओं के वैष्णव भक्ति साहित्य पर प्रबन्धम का प्रत्यक्ष एवं अप्रत्यक्ष प्रभाव, भारत के विभिन्न वैष्णव संप्रदायों पर रामानुज संप्रदाय का प्रभाव, वैष्णव भक्ति के प्रचार में भाष्य-ग्रन्थों की देन, इत्यादि विषयों पर, गहराई एवं विस्तृत रूप से शोध-कार्य किया गया है और निष्कर्ष निकाले गये हैं।

ग्रन्थ के द्वितीय अध्याय में, भारतीय वैष्णव साहित्य का द्वितीय प्रेरणास्रोत ग्रन्थ, श्रीमद्भागवत महापुराण' की समीक्षा प्रस्तुत की गयी है।

भागवत पुराण पर प्रबन्धम् का प्रभाव, भागवत का रचना काल, तथा विभिन्न वैष्णव संप्रदायों पर उसका प्रभाव, वैष्णव भक्ति आन्दोलन को भागवत पुराण की देन आदि विषयों पर विस्तृत रूप से प्रकाश डाला गया है।

इसके पश्चात् आने वाले चार अध्यायों (अध्याय 3 से 6 तक) तमिलनाडु के बारह आलवारों की जीवनी, उनकी रचनायें, उनके दार्शनिक विचार, उनकी भक्ति-साधना, नालायिर दिव्य प्रबन्धम का काव्य-सौन्दर्य आदि विषयों का विवेचन, आलवारों के भक्ति-पदों से उदाहरण सहित किया गया है।

बाद के आठ अध्यायों में, (अर्थात अध्याय 7 से 14 तक) सौराष्ट्री, मलयालम, कन्नड, तेलुगु, मराठी, गुजराती, हिन्दी, पंजाबी, असामी, बंगाली, उडिया आदि भाषाओं का वैष्णव साहित्य, उनके रचयिता और उनकी जीवनी, उनकी भक्ति साधना, उनके आध्यात्मिक विचार, उनकी कृतियों का काव्य-सौष्ठव आदि विषयों की समीक्षा प्रस्तुत की गयी है।

अध्याय 15 भारतीय राम-काव्य संबन्धी है। अध्याय के प्रारंभ में भारतीय राम-काव्य का मूल स्रोत-ग्रन्थ 'वाल्मीकी रामायण' पर प्रकाश डाला गया है। उसके पश्चात आलवारों के राम-भक्ति संबंधी पद तथा कंवरामायण का विवेचन प्रस्तुत किया गया है। इसके पश्चात् मलयालम, कन्नड, तेलुगु, मराठी, गुजराती, हिन्दी असामी, बंगाली, उडिया आदि भाषाओं में उपलब्ध काव्य तथा उनके रचयिताओं की जीवनी पर व्याख्या विस्तृत रूप से की गयी है।

मूल्यांकन एवं उपसंहार नामक अध्याय 16 में, दक्षिण और उत्तर भारत के कृष्ण तथा राम-काव्य पर एवं विभिन्न वैष्णव संप्रदायों के सिद्धान्तों पर, प्रबन्धम का प्रभाव निरूपित किया गया है। इस ग्रन्थ के शीर्षक के विषय पर किये गये शोध द्वारा प्रकट हुए तथ्यों का उल्लेख किया गया है। भारतीय वैष्णव साहित्य में पायी जानेवाली विभिन्नता में समानता तथा भारतीय संस्कृति में पायी जाने वाली समानता पर भी प्रकाश डाला गया है।

आलवरों के दार्शनिक विचारों के आधार पर श्री रामानुजाचार्य ने विशिष्टाद्वैत संप्रदाय की स्थापना की। उनके इस संप्रदाय के सिद्धान्तों को आधार बनाके दक्षिण और उत्तर भारत में विभिन्न वैष्णव संप्रदायों की स्थापना की गयी। दक्षिण और उत्तर भारत के भक्ति-आन्दोलनों को जुड़ानेवाले सेतु के रूप में श्री रामानंद ने काम किया। भक्ति-आन्दोलन के फलस्वरूप भारत में बहुत से वैष्णव मंदिरों का निर्माण हुआ। संगीत, नृत्य, साहित्य प्रभृति विभिन्न कलाओं की उन्नति हुई। दक्षिण एवं उत्तर की भाषाओं के वैष्णव साहित्यों पर विशिष्टाद्वैत संप्रदाय के सिद्धान्तों के प्रभाव पर भी इस अध्याय में प्रकाश डाला गया है।

वैष्णव भक्ति-आन्दोलन के फलस्वरूप भारतीय भाषाओं में उत्पन्न संपूर्ण वैष्णव भक्ति साहित्य पर लेखक ने प्रकाश डाला है। लेखक को अत्यन्त भरोसा है कि संपूर्ण हिन्दी जगत लेखक के इस शोध ग्रन्थ का स्वागत अवश्य करेगा।

"तमिलनाडु के शैव भक्त नायनमार और भारतीय शैव साहित्य"-इस विषय पर आज तक कोई शोध-ग्रंथ न लिखा गया है। लेखक आशा करता है कि उसका यह शोध-ग्रन्थ उक्त शोध-ग्रन्थ को लिखने की प्रेरणा अवश्य प्रदान करेगा। इस ग्रन्थ के द्वारा आध्यात्मिक ज्ञान का और विकास होगा। इस ग्रन्थ से राष्ट्रीय भावात्मक एकता की कड़ियाँ सुदृढ होगी।

श्रद्धेय प्राध्यापक डा. एम. शेषन, एम.ए. पी.एच.डी., डी.लिट. ने, अत्यन्त व्यस्त होते हुए भी, इस ग्रन्थ के लिये विद्वन्तापूर्ण प्रस्तावना लिखकर अपने जिस स्नेह एवं कृपा का परिचय दिया है, उसके लिये लेखक उनका अत्यन्त आभारी है। उनके द्वारा लिखित इस प्रस्तावना से ग्रन्थ की गरिमा और भी बढ़ गयी है। इसके लिये लेखक हृदय से उनका अत्यन्त आभारी है।

तमिल, हिन्दी, अंग्रेजी, मलयालम, तेलुगु, कन्नड, मराठी, गुजराती, आसामी, बंगाली उडिया, सौराष्ट्री आदि भाषाओं के जिन-जिन ग्रन्थों से लेखक को प्रेरणा एवं सहायता की प्राप्ति हुई है उनके नाम, पाद-टिप्पणी और परिशिष्ट में दिये गये हैं। लेखक इस अवसर पर उन सभी विद्वान ग्रन्थकारों को कृतज्ञतापूर्वक स्मरण करता है तथा अपना हार्दिक आभार प्रकट करता है।

अपनी सीमा के भीतर रहते हुए लेखक ने भारतवर्ष के समस्त कृष्ण एवं राम-भक्त कवियों के जीवन और काव्य का तुलनात्मक अध्ययन इस ग्रन्थ में प्रस्तुत किया है। विभिन्न क्षेत्रों, भाषाओं एवं कालों के भारतीय श्री भक्त कवियों की जीवनी और उनके दार्शनिक तथा भक्ति संबन्धी विचारों में दिख पड़ने वाला साम्य यही घोषित करता है कि भारत के भक्त कवियों की आत्मा एक है; और उनके दर्शन और भक्ति की विचारधारा का मूल स्रोत भी एक ही है।

प्रस्तुत शोध-कार्य उत्तर और दक्षिण भारत के अन्य समान भाव-भूमि रखनेवाले साधकों तथा भक्त -कवियों का तुलनात्मक अध्ययन करने की ओर विद्वानों एवं शोधार्थियों का ध्यान आकृष्ट कर सकेगा और भारत की भक्ति-साधना के अनुशीलन में सहायक सिद्ध होगा।

तमिलनाडु की सौराष्ट्री भाषा और उसमें उपलब्ध भक्ति-साहित्य बाहृय जगत के लिये अज्ञात और अल्पज्ञात विषय है। उक्त विषय के ऊपर, इस ग्रन्थ के द्वारा, अनुसंधान की नयी दिशाओं के द्वार

खुल सकते हैं। साहित्यिक अभिज्ञान की वृद्धि करने में भी सौराष्ट्री-साहित्य का अध्ययन सहायक सिद्ध होगा।

इस ग्रन्थ का विषय सर्वथा मौलिक है। समस्त भारतीय वैष्णव कवियों की जीवनी और उनकी कृतियों से संबद्ध पूरी सामग्री का अनुसंधान, उसका विस्तार पूर्वक विश्लेषण एवं विवेचन प्रस्तुत ग्रन्थ में प्रथम बार किया गया है। तमिलनाडु के आलवार भक्तों की जीवनी तथा उनके काव्य के साथ भारतीय वैष्णव कवियों की जीवनी तथा इनके काव्य का तुलनात्मक अध्ययन अपने में एक विशिष्ट मौलिक कार्य हे। इस सन्दर्भ में लेखक यह भी निवेदन करना चाहता है कि प्रस्तुत तुलनात्मक अध्ययन का उद्देश्य समस्त भारतीय वैष्णव भक्त कवियों में किसी को उत्कृष्ट अथवा निकृष्ट सिद्ध करना नहीं है। प्रस्तुत शोध ग्रन्थ में समस्त कवियों के काव्योत्कर्ष पर तटस्थ दृष्टिकोण से विचार किया गया है।

भारतीय भाषाओं के साहित्य के विचारों के लेन-देन से, भारतीय संस्कृति एवं साहित्य का प्रतिनिधित्व करने की क्षमता, भारत की संपर्क राजकीय भाषा, हिन्दी में स्वतः आ जाती है।

प्रस्तुत ग्रन्थ एक विश्वकोश जैसा बन पडा है। शोधार्थियों के लिये यह अवश्य मार्गदर्शन का काम करेगा। भारत के समस्त कालेज एवं विश्वविद्यालयों के पुस्तकालयों में प्रस्तुत ग्रन्थ रखा जाना चाहिये। शोधार्थियों को प्रस्तुत प्रबंध से भक्ति-साहित्य पर काम करने के लिये अवश्य प्रेरणा उपलब्ध होगी।

प्रस्तुत ग्रन्थ के लेखन के लिये आवश्यक सामग्री का संकलन लेखक ने मदुरै, चेन्नै, बेंगलुर, मैसूर तथा दिल्ली के विश्वविद्यालयों के पुस्तकालयों से किया है। चेन्नै के कान्निमारा और हिन्दी प्रचार सभा के ग्रन्थालयों से लेखक को अधिक सहायता प्राप्त हुई है।

सामग्री संकलन के लिये लेखक को अनेक बार चैन्नै, मैसूर, दिल्ली की यात्रा करनी पड़ी। उक्त सभी ग्रन्थालयों के संचालकों के प्रति लेखक अपना हार्दिक धन्यवाद प्रकट करता है।

अंग्रेजी, हिन्दी एवं तमिल में प्रस्तुत ग्रन्थ को लिखकर समाप्त करने में, लेखक अत्यन्त आत्मतृप्ति एवं प्रसन्नता का अनुभव करता है। लेखक के मन में भारत के कृष्ण एवं राम भक्त कवियों की जीवनी एवं उनकी दैविक कृतियों का अध्ययन करने की प्रेरणा को उत्पन्न करने वाले उस परब्रहम को लेखक इस अवसर पर अपना हार्दिक धन्यवाद प्रकट करता है।

लेखक का पताः

डॉ. के. आर. विठ्ठलदास

52/148, East 5th Street,

K.K. Nagar, Madurai 625020

(Tamil Nadu)

email id: krvittaldoss@gmail.com, om.conscientia@gmail.com

ग्रन्थ का महत्व

भारत की सभ्यता एवं संस्कृति की एक बड़ी विशिष्टता 'विभिन्नता' में समानता है। भारत में भिन्न-भिन्न रीति-रिवाज़ वाले, भिन्न-भिन्न भाषा बोलने वाले, भिन्न-भिन्न जाति एवं धर्म को मानने वाले लोग निवास करते हैं। यहां की जलवायु में भी विभिन्नता पायी जाती है।

यह एक बड़ी विस्मयता की बात है कि पूर्व इतिहास काल से ही, भारतवासियों की सभ्यता, संस्कृति और परंपरा महान रही है। उनके सामाजिक जीवन की इन सभी विभिन्नताओं के बावजूद, उनका धर्म उन सब को जोड़ता है।

विश्वभर के धार्मिक विचार-धाराओं की प्रेरणा के लिये, भारत की धार्मिक विचार धारायें सर्वाधिक कारण रहीं हैं।

भारत का वर्तमान हिन्दू धर्म, सिद्धान्त एवं व्यावहारिक दृष्टि से, एक लंबे से रास्ता पार करके आया है। किसी साधु या संत से हिन्दु धर्म की स्थापना न की गयी थी।

हिन्दु धर्म की गहराई को नापना आसान नहीं। अपने कर्मों का फल भगवान को समर्पित कर, मनुष्य को अपना कर्तव्य करते जाना चाहिये-यह हिन्दु धर्म का मूल तत्व है। वेदिक कालसे होते रहे हिन्दु धर्म के सिद्धान्तों में कई परिवर्तन आये हैं। लेकिन उक्त कथित उसके मूल तत्व में आज तक कोई परिवर्तन न आ पाया है। अपने मूल दार्शनिक विचारों को बनाये रखते हुए, परिस्थितियों के अनुसार, हिन्दु धर्म का स्वरूप बदलता आया है।

बौद्ध जैन तथा सीख धर्मों की स्थापना विभिन्न नेता एंव साधु-संतों द्वारा भारत में हुई थी। भारत और विश्व के विभिन्न देशों से उन धर्मों के सिद्धान्तों का प्रचार हुआ।

मुसलमानों के आक्रमणों तथा अंग्रेजों के शासन को हम रोक न पाये। इन सब के बावजूद भी, हिन्दु धर्म अपनी सहिष्णुता एवं दूसरों की भलाई करने के अपने विशाल सिद्धान्त के कारण, आज तक जीवित रहा है।

हिन्दु धर्म हमें यह सिखाता है कि कि हम भगवान पर भरोसा कर अपने दैनिक कार्यों को करते रहें। समस्त जीवों की भलाई चाहना, और धार्मिक सहनशीलता, भारतीय संस्कृति एवं सभ्यता की रीड की हड्डी समझी जाती है।

शैव धर्म तथा वैष्णवधर्म-ये दोनों हिन्दु धर्म की दो प्रधान शाखायें हैं। भगवान शिव की उपासना करनेवाले शैव कहलाते हैं और भगवान विष्णु (नारायण) की उपासना करने वाले वैष्णव कहलाते हैं।

चार सिर वाला ईश्वर, ब्रह्मा सृष्टि का अधिपति माना जाता है। विष्णु भगवान जीवों का संरक्षण करता है तथा भगवान शिव सृष्टि का ध्वंस (नाश) करता है।

प्रकृति का यह नियम है कि विश्व की सभी चीजों (चित् अचित्) का नाश एक न एक दिन हो जायेगा; कोई भी सृष्टि सदा के लिये जीवित न रहेगी। हिन्दु लोगों का यह दृढ विश्वास है कि सृष्टि, संरक्षण तथा नाश इन तीनों कार्यों को एक ही परब्रहम भगवान नारायण करता है।

हिन्दु धर्म की और एक विशिष्टता यह है कि उसमें विस्तृत साहित्य की उपलब्धी होती है। साहित्य एक देश की संस्कृति एवं सभ्यता का बरो मीटर (वायुमान यंत्र) माना जाता है। भारत की सभी भाषाओं में प्रचुर साहित्य पाया जाता है।

उत्तर भारत की समस्त भाषाओं का मूल संस्कृत है तो दक्षिण भारत की समस्त भाषाओं का मूल तमिल है। भारत की सभी भाषाओ में शैव और वैष्णव धर्म का वांग्मय प्रचुर मात्रा में उपलब्ध होता है।

हिन्दु धर्म के साहित्य में अनेक पुराण तथा महाकाव्य लिखे गये हैं। रामायण और महाभारत- ये दोनों महाकाव्य-वास्तव में महत्वपूर्ण महाकाव्य प्रस्तावना हैं; हिन्दुओं के धार्मिक विचार, इन दोनों महाकाव्यों से अत्यधिक प्रभावित हुए हैं।

रामायण महाकाव्य में भगवान विष्णु का अवतार श्री राम की जीवनी बतायी गयी है तो महाभारत महाकाव्य में भगवान विष्णु का अवतार श्री कृष्ण परमात्मा की जीवनी बतायी गयी है।

राम तथा कृष्ण-काव्य के मूल प्रेरणा स्रोत काव्य, भारत की प्राचीन भाषा संस्कृत में उपलब्ध होते हैं। परन्तु लगभग सभी भारतीय भाषाओं में भिन्न-भिन्न समय पर, राम और कृष्ण-काव्य लिखे गये हैं।

भारत के विभिन्न प्रान्तों में निवास करनेवाले कवियों की जीवनी एवं उनके साहित्य पर राम और कृष्ण-काव्य के असर का चित्रण, प्रस्तुत ग्रन्थ में सविस्तार किया गया है।

इस ग्रन्थ को पढ़ने वालों को, वैष्णव धर्म के विचारों की जानकारी देने के उद्देश्य से, लेखक ने भारतीय वैष्णव साहित्य पर विस्तृत रूप से प्रकाश डाला है।

विभिन्न धर्मों के दार्शनिक विचारों पर तमिल में अनेक पुस्तकें लिखी गयी है। तमिल-वैष्णव-साहित्य में, आलवारों के भक्ति-पदों का संकलन-काव्य, नालायिर दिव्य प्रबन्धम को, महत्वपूर्ण स्थान दिया गया है। 'प्रबन्धम् के द्वारा आलवार भक्त कवियों ने, अपने दार्शनिक तथा भक्ति संबन्धी विचारों को व्यक्त किया है। भगवान नारायण की भक्ति में डूबकर रहने वाले तथा उन पर शासन करने वाले भक्त कवियों के लिये आलवार शब्द का प्रयोग तमिल में किया जाता है। तमिल के बारह आलवारों ने वैष्णव धर्म के दार्शनिक और भक्ति संबन्धी विचारों को व्यक्त करनेवाले असंख्य कविताओं की रचना की थी।

लेकिन उनके द्वारा लिखित चार हजार पद ही अब तक प्राप्त हुये हैं। जिनका संकलन नालायिर दिव्य प्रबन्धम नामक ग्रन्थ में किया गया है।

लेखक एक महत्वपूर्ण विषय पर प्रकाश डालना चाहता है कि आलवारों द्वारा विरचित भक्ति पद, भारत की विभिन्न भाषाओं में लिखित समस्त वैष्णव साहित्य का मूल आधार रहा हैं। आलवारों का काल ई. छठी शती से नवीं शती तक माना जाता है। 9 वीं शती के पश्चात् ही भारतीय वैष्णव साहित्य के तमाम कवियों का आविर्भाव हुआ था।

भारतीय सभ्यता की और एक महत्वपूर्ण बात यह है कि तीर्थ यात्रा करना भारतवासियों की आदत है। परब्रहम का निवासस्थान, स्वर्ग पहुंचने के लिये, तीर्थ यात्रा को एक उपाय मानते हैं; उत्तर भारत के निवासी दक्षिण की तीर्थयात्रा और दक्षिण के निवासी हिमालय तथा उसके आसपास के पुण्यस्थलों की यात्रा किया करते हैं।

भारत की विभिन्न भाषाओं में उपलब्ध वैष्णव साहित्य का विवेचन विस्तृत रूप से इस ग्रन्थ में किया गया है। मृत्यु के पश्चात जीव कहाँ जाता है?- यह कोई भी नहीं जानता। शरीर में आत्मा के लिये एक विषिष्ट स्थान है; शरीर के नष्ट होने के बाद भी आत्मा जीवित रहती है; उसका नाश नहीं होता। ईश्वर, जीव, जगत, माया, कर्म, मोक्ष आदि विषयों के चिंतन पर हिन्दु धर्म के विचार आधारित हैं।

हिन्दु धर्म में मानव के सांसारिक काम 'कर्म' कहलाता है और हरेक मानव को अपने किये हुये कर्म का फल भुगतना पड़ता है। दूसरे शब्दों में कहें तो, कर्तव्य करना कर्म कहलाता है। दूसरों की भलाई पर ध्यान देते हुए और दूसरों को किंचित भी कष्ट न पहुंचाते हुए जो काम किया जाता है वह नेक कर्म कहलाता है। प्रकृति के नियम के विरुद्ध तथा दूसरों की भलाई को बिगाड़ने वाले कार्य को, 'बुराकर्म' कहते हैं।

इस वैज्ञानिक कम्प्यूटर युग में मानव अपने इसी जन्म में सब प्रकार के भौतिक सुख-भोगों का अनुभव करना चाहता हैं। भौतिक सुखों का अनुभव करने के लिये मनुष्य धन, दौलत और सत्ता को प्राप्त करना चाहता है। लोग यह समझ नहीं पाते कि हमारा सारा जीवन, हमारे अच्छे एवं बुरे कर्मों के ऊपर निर्भर है। यह मानी हुई बात है कि जो हम बोते हैं उसे काटते हैं। हिन्दु धर्म इस बात पर विश्वास करता है कि हमारे सुख-दुख का कारण, इस जन्म और पिछले जन्म में हमारे किये हुए अच्छे एवं बुरे कर्मो का फल हैं। इसलिये 'कर्म' मानव के वर्तमान और भविष्य जीवन का निर्णय करता है।

इस आधार पर हिन्दु धर्म उपदेश देता है कि जीवन, शरीर, मन और विचारों से बढ़कर कुछ अधिक है। नित्यानन्द को समझने के लिये मानव को अदृश्य ईश्वर के बारे में जानकारी प्राप्त करनी चाहिये। इन्द्रिय सुखों का अनुभव करना, खाना, पीना, सोना और सुखमय जीवन बिताना ही जीवन नहीं है। जीवन इससे बढ़कर और कुछ है - मुक्ति प्राप्त करना। भगवान के निवासस्थान पहुँचकर शांतिमय जीवन बिताते हुए परब्रह्म में ऐक्य होना मुक्ति अथवा मोक्ष कहलाता है। मानव-जीवन का प्रधान लक्ष्य भगवान पर भक्ति करते हुए चित्-अचित् सभी जीवों की सेवा करनी है।

लेकिन मनुष्य दुख रूपी सागर मे डूबकर अपने जीवन के दिनों को व्यर्थ बिताता रहता है और दुनियां की अनित्य एवं नाश होनेवाली चीजों को प्राप्त और रक्षा करने में अपने जीवन को व्यर्थ करता है। जब मृत्यु निकट आती है तब हम अपने जीवन में की गयी सारी करतूतों की व्यर्थता अथवा निश्सारता को समझ पाते हैं।

भगवान जो चाहता है वहीं होता है- इस बात पर दृढ़ विश्वास रखते हुए हमें अपना कर्तव्य ठीक रूप से करते जाना चाहिये और इस क्षणिक, तथा अस्थायी सांसारिक जीवन के पश्चात् उस परब्रह्म भगवान का धाम पहुंचना है। इस तथ्य को समझना 'मन में ज्ञान दीप जलाना' कहलाता है।

हिन्दु धर्म इस बात पर विश्वास करता है कि मन में ज्ञान-दीप जलाने से मनुष्य, जन्म, मरण और पुनर्जन्म के चक्र से बच सकता है।

चिन्ता, उत्कण्ठा, स्पर्धा, हार, धोखा आदि, मन के तनाव के कारण माने जाते हैं। अपने प्रयत्नों में विजय प्राप्त करने के लिये भगवान के अनुग्रह की अत्यन्त आवश्यकता है। सतर्क रहते हुए भी मनुष्य को कभी-कभी हार का सामना करना पड़ता है। उस समय हमें अपने दुख, तकलीफ, एवं मानसिक चिन्ताओं को कुछ भी छिपाये बिना, सर्वशक्तिमान प्रभु से बयान करना चाहिये। अपने-आप को, भगवान को समर्पित कर देने से हमारा मानसिक क्लेष कम हो जाता है।

हमारी इच्छा के विरुद्ध अचानक आनेवाली समस्याओं एवं दुखों का सामना करने का धैर्य और शक्ति हम में होनी चाहिये। जीवन में जो कुछ होता है वह सर्वशक्तिमान ईश्वर की इच्छा के अनुसार होता है। यदि कोई अनहोनी घटना घटती है तो उसे भगवान की मर्जी मानकर, स्वीकार कर लेना चाहिये। ईश्वर से कष्टों को दूर करने की विनती करते रहने पर भी यातना के ऊपर यातना आती रहती है तो यह सोचकर मन को शांत कर लेना चाहिये कि हम अपने पिछले जन्म के बुरे कर्मों का फल भुगत रहे हैं। भगवान के श्री चरणों में अपने दुख का भार उतारकर धैर्य के साथ जीवन में आगे बढ़ते रहना चाहिये।

मृत्यु के पश्चात हमारे साथ हम से एकत्रित किया हुआ धन-दौलत, इमारत पत्नी, पुत्र-पुत्री, रिश्ते-नाते कुछ भी न आने वाला है। सब को यहीं छोड़कर जानेवाले हैं। अतः हमें निर्लिप्त जीवन बिताना चाहिये। भगवान ने जो कुछ दिया है उससे संतुष्ट होकर जीवन बिताना चाहिये। बीती हुई बातों पर चिंता न करनी चाहिये। भविष्य हमारे हाथ में नही हैं। भविष्य को जानने की शक्ति प्रभु ने हमें न दी है। हमारे जीवन के भविष्य को भगवान हम से छिपाता है। इसलिये भविष्य के बारे में ज्यादा सोचकर चिंतित नहीं होना चाहिये। वर्तमान हमारे हाथ में है। उसका सदुपयोग करना चाहिये। भगवान से जीवन में मार्गदर्शन करने की विनती करनी चाहिये ताकि हम कठिन समय पर ठीक निर्णय ले पावें। विधि अथवा भाग्य के अनुसार ही जीवन में सब कुछ होता है। विधि के अनुसार ही हमारा दिमाग भी काम करता है। विनाश काले विपरीत बुद्धि। प्रलोभन को रोक नहीं पाते हैं। सतर्कता से रहने पर भी होनी होकर ही रहती है।। विनाश काल में दूसरों का सही उपदेश भी हमें अच्छा नहीं लगता है।

कुछ लोगों का कहना है कि हम विधि को मति (बुद्धि, दिमाग) से जीत सकते हैं। लेकिन व्यवहारिक जीवन में विधि को मति से जीतना मुश्किल है।

साधु संत लोग उपदेश देते हैं कि हमें काम, क्रोध, मद, मोह, लोभ माश्चर्य आदि से दूर रहना है। इन दुर्गुणों से बचने का उपाय यह है कि भगवान ने जो कुछ हमें दिया है उसी से संतुष्ट हो जाना चाहिये। साधु-सन्यासियों के उपदेशों का अनुकरण करने से हम तनाव से बच सकते हैं।

यदि हम अपना भविष्य जानना चाहते हैं तो जन्म-पत्र एवं हस्थरेखाओं द्वारा अपने भविष्य के बारे में थोड़ा बहुत जान सकते हैं। राजा -महाराजाओं के काल से जन्म-पत्र लिखने की प्रथा चली आ रही है।

जन्म-पत्र और भाग्य (विधि) पर विश्वास करना गलत नहीं। भरसक प्रयत्न एवं परिश्रम करने पर भी वांछित चीज यदि हमें प्राप्त नहीं होती तो समझ लेना चाहिये कि हमारे भाग्य में इस वस्तु की प्राप्ति न लिखी गयी है। भाग्य को कोसना नहीं चाहिये और उदास न होना चाहिये। निरपराधी होते हुए भी कभी-कभी शत्रुओं के षडयंत्र से हमें जीवन में दंड भुगतना पड़ता है और मानसिक तनाव एवं यातना से गुजरना पड़ता है। भगवान की मर्जी ऐसी है तो हम उनकी मर्जी के खिलाफ कुछ भी नहीं कर सकते।

प्रार्थना करते रहने से मुसीबत अपने आप टल जाती है। सदा मन को प्रफुल्ल अवस्था में रखकर जीवन में आगे बढ़ना चाहिये।

दया, उदारता एवं करुणा भारतीय धार्मिक दर्शन का मूल सिद्धान्त हैं। सर्वशक्तिमान ईश्वर ने जीवों की भलाई के लिये सूर्य, चंद्र, आकाश, बादल, पर्वतमालायें, नदी, सरोवर, पेड़ पौधें आदि की सृष्टि की है। वे अपना कर्तव्य निस्वार्थता से करते रहते है।। मनुष्य को उनसे निस्वार्थता का पाठ सीखना चाहिये।

एक श्रेष्ठ शक्ति सारे विश्व और उसके सभी जीव-जन्तुओं को चलायमान करती रहती हैं। इस अपार शक्ति को मुसलमान लोग अल्ला कहते हैं; ईसाई लोग जीसस (येसु) कहते हैं; हिन्दु लोग परमेश्वर, शिव, राम, कृष्ण आदि नामों से इसे पुकारते हैं। वह अपार श्रेष्ठ शक्ति जिसे हम भगवान कहते हैं वह साकार है और निराकार भी है; सगुण है और निर्गुण भी है। उस घटघट वासी, सर्वशक्तिमान ईश्वर को समझाने में वेद भी असमर्थ रह जाते हैं।

समस्त वैष्णव संप्रदाय सब उस परमेश्वर को श्रीमान नारायण कहकर बुलाते हैं। बुरी शक्तियों का नाश और भले लोगों की रक्षा करने के लिये परमेश्वर नारायण ने राम और कृष्ण के रूप में अवतार लिया।

यह एक बड़े और आश्चर्य की बात है कि तमिल के वैष्णव साहित्य ने हिन्दुओं की जीवनी तथा सभ्यता को अत्यधिक प्रभावित किया है। वर्तमान काल के मानव को जीने की और एक नयी कला की खोज करने की आवश्यकता नहीं है। परमेश्वर के प्रति सच्ची भक्ति एवं विश्व की सभी जीवों के कल्याण के लिये अर्पित किया गया जीवन, मानव को सुख और शान्ति प्रदान कर सकता है। प्रस्तुत ग्रन्थ इस कालियुग के लोगों को यही उपदेश देना चाहता है।

- डॉ. के. आर. विठ्ठलदास
लेखक

प्रो. डॉ. के.आर. विट्ठलदास का लिखा यह शोध ग्रंथ भारतीय भाषाओं में रचित वैष्णव भक्ति साहित्य पर तमिलनाडु के वैष्णव भक्त आलवारों द्वारा रचित "नालायिर दिव्य प्रबन्धम" तथा बाद में तमिलनाडु में संस्कृत भाषा में रचित "श्रीमद् भागवत पुराण"- इन दोनों ग्रन्थों के गहरे प्रभाव पर, सविस्तार विचार प्रस्तुत करता है तथा अन्त में यह निष्कर्ष भी निकाला गया है कि नालायिर दिव्य प्रबन्धम एवं श्रीमद् भागवद् पुराण-ये दोनों ग्रन्थ भारतीय भाषाओं में रचित वैष्णव भक्ति साहित्य का मूल स्रोत एवं आधार ग्रन्थ रहे हैं। आलवारों का दिव्य प्रबन्धम् तमिल वेद के नाम से द्रविड प्रदेश में प्रसिद्ध है।

संक्षेप में कहा जाये तो विद्वान आलोचक डॉ. विट्ठलदास का सारा शोध-ग्रन्थ वैष्णव भक्ति का एक विश्वसनीय विश्वकोश माना जा सकता है।

वैष्णव भक्ति आन्दोलन को समुचित रीति से तथा सम्यक ढ़ंग से समझने के लिये यह शोध-ग्रन्थ अत्यन्त उपयोगी सिद्ध होता है।

इस शोध-ग्रन्थ की और एक विशेषता है कि ग्रन्थकार ने तमिलनाडु में व्यवहृत तथा शौर-शेनी नागर-अपभ्रंश से उत्पन्न सौराष्ट्री भाषा के वैष्णव साहित्य का भी विस्तृत परिचय दिया है।

लेखक विश्वास करता है कि हिन्दी-संसार इस अभिनय का समुचित स्वागत करेगा।

Alwars and the Indian Vaishnavite Literatures

The author has proved a basic concept that 'Nalayira Divya Prabandham' worked as a basic scripture for the formation of Indian Vaishnavite literatures. The author has moulded the book in the form of an Encyclopaedia of Bhakti (devotion). 16 chapters of this book deal with the Rama and Krishna Kavyas composed in the vernaculars of India such as Tamil, Saurashtrian language of Tamil Nadu, Kannada, Telugu, Marathi, Gujarati, Hindi, Punjabi, Assamese, Bengali and Udiya. The author has described in detail the history of the direct and indirect impact of the hymns of Alwars on the Indian Vaishnavite literatures. The author has proved that the basic doctrines of philosophy, devotion and methods of worship etc. had spread throughout India from Tamil Nadu only. The Vaishnavite Bhakti Movement initiated by the Alwars enriched the Indian Rama, and Krishna Kavyas and brought unity in diversity in the devotional thoughts of Indian Bhakta poets who were born after the period of Alwars.

The Ramayana epic of Adikavi Valmiki is the basic scripture for the formation of Indian Ramakavyas. All the Ramabhakta poets have composed their Rama Kavyas by making few alterations in the Ramayana story of Valmiki according to the need and social circumstances of their time. Ramayana of Valmiki has influenced the Indian people generation after generation and it is continuing to do so, even today also.

This stout book has been written in simple Hindi with an attractive lead, informative body and a telling conclusion and reveals the hard industry and wide spread knowledge of the author. The oneness and similarity found in the creations of the bhakta poets reveal that the atma of the Indian Vaishnavite literatures is one and the same. Chapter 7 deals with Sourashtri Vaishnavite Literature of Tamilnadu.

अध्याय 1

भूमिका (ग्रन्थारंभ)

प्राचीन एवं श्रेष्ठ तमिल भाषा की विशिष्टता

ग्रीक, लतीन, संस्कृत, चीनी, हीब्रू प्रभृति भाषाओं की भांति तमिल एक बहुत पुरातन भाषा है। हिन्दी, पंजाबी, काश्मीरी, गुजराती, असामी, बंगाली, उडिया, मराठी, कन्नड, तेलुगु, मलयालम, उर्दू आदि भाषाओं की तुलना में तमिल अत्यन्त प्राचीन भाषा समझी जाती है। लगभग दो हजार वर्ष पूर्व तोलकाप्यिम नामक तमिल-व्याकरण ग्रन्थ लिखे जाने के कारण वह अत्यन्त प्राचीन भाषा मानी जाती है।

तमिल अन्य किसी भी भाषा से उत्पन्न नहीं हुई है, खासकर संस्कृत से उत्पन्न नहीं हुई है। संस्कृत से अनेक उत्तर भारतीय भाषायें उत्पन्न होने की भांति तमिल से अनेक दिक्षण भारत की भाषाओं का अविर्भाव हुआ है। अतः तमिल एक स्वयं उत्पन्न भाषा मानी जाती है। संस्कृत एवं अन्य भारतीय भाषाओं से तमिल एक बिलकुल भिन्न एवं स्वतः उत्पन्न समझी जाती है।

संसार की अन्य प्राचीन भाषाओं के काव्य-सौन्दर्य की तुलना में तमिल का काव्य-सौन्दर्य किसी से कम नहीं है। तमिल भाषा की अपनी अलग परंपरा है। काव्य -सौन्दर्य से युक्त पुरातन साहित्य इस में अधिक संख्या में उपलब्ध होते हैं। यह एक जीवित भाषा है। लत्तीन, संस्कृत प्रभृति प्राचीनतम भाषायें तमिल की भांति विभिन्न देशों में बोली नहीं जाती हैं।

तमिल, मलयालम, कन्नड, तेलुगु-इन चार द्रविड भाषाओं में सिर्फ तमिल-साहित्य का विकास बहुत प्राचीन काल से होता आ रहा है।

लगभग सन् १२०० में तमिल केरल की राज भाषा थी। लगभग 1500 वर्ष पूर्व केरल के शासक तमिल बोलने वाले थे। केरल के कवियों ने तमिल में काव्यों की रचना की है। तमिल का प्राचीनतम काव्य 'सिलप्पदिकारम' इलंगोअडिगल से रचा गया था जो केरल के नरेश के दरबारी कवि थे। यहाँ यह ध्यान देने की बात है कि चेरमान पेरुमान नायनार तथा कुलशेखरालवार केरल के ही थे।

इस प्रकार अनेक शतियों से केरल देश तमिल देश का एक भाग बनकर रहा। उस समय केरल का नाम 'चेरनाडु' था और उसने भी तमिल भाषा को समृद्ध किया था। इसीलिये अन्य द्रविड़ भाषाओं की तुलना में मलयालम एवं तमिल में अधिक साम्य देखने को मिलता है।

तमिलनाडु में आज लगभग आठ करोड़ लोगों की मातृभाषा तमिल है। श्रीलंका, बर्मा, सिंगापूर, मलेसिया, इन्दोनेसिया, दक्षिण अफ्रिका, फिजीद्वीप, अण्डमान, मोरिसियस प्रभृति देशों मे लाखों लोगों की बोलचाल की भाषा तमिल है। दीर्घकाल से इसकी अपनी अलग लिपि में साहित्य का सृजन होता आ रहा है। तमिल को छोडकर, दक्षिण भारत की अन्य द्राविड भाषाओं में सन् आठवीं शती के

पश्चात् साहित्य का सृजन होने लगा। परन्तु आज से लगभग दो हजार वर्ष पूर्व ही तमिल का साहित्य अत्यधिक समृद्ध रहा।

जिस काल से संस्कृत में साहित्य की उपलब्धि होने लगी थी, उसी काल से तमिल एक संपन्न भाषा रही। सिलप्पदिकारम 'तिरुककुरल' प्रभृति रचनायें तमिल की प्राचीनता एवं संपन्नता को प्रकट करती हैं। इस प्रकार बहुत ही प्राचीन समय से तमिल एक विकसित एवं समृद्ध भाषा रहती आ रही है।

भारतीय भाषाओं में केवल तमिल में ही अन्य भाषाओं के शब्दों का मिश्रण बहुत कम देखने को मिलता है।

तमिल में भक्ति-काव्य का उद्भव

संघकाल तथा नीति-काव्य-काल के पश्चात् तमिल साहित्य के इतिहास में भक्ति-आन्दोलन-काल प्रारंभ होता है। सन् 7,8,9 वी शतियो में तमिलनाडु में शैव धर्म के भक्त कवि नायनमार एवं वैष्णव धर्म के भक्त कवि आलबार तमिलनाडु में भक्ति-गीतों को अपने मीठे कंठ से गाकर लोगों के बीच अपने-अपने धर्म का प्रचार करते आ रहे थे।

संगीत - सौंदर्य से युक्त अपने भक्ति-गीतों को वे मंदिरों में जाकर भगवान के समक्ष गाया करते थे।

तमिल साहित्य के इतिहास में साधारणतया सन् ६ वीं शती से 9 वीं शती तक का समय 'भक्ति - काल' के नाम से विख्यात है। इसी भक्ति - काल में आलवार एवं नायनमार भक्त -कवियों का आविर्भाव तमिलनाडु में हुआ था। इसी काल मे तमिल में अत्याधिक संख्या में भक्ति-काव्यों का सृजन हुआ।

यह निर्विवाद सत्य है कि भारतीय भाषाओं में तमिल के अतिरिक्ति, अन्य किसी भी भाषा में सन् 10वीं शती के पूर्व भक्ति साहित्य का उद्भव नहीं हुआ था। अधिकांश भारतीय भाषाओं में लगभग सन् 14,15वीं शतियों में ही भक्ति साहित्य की उपलब्धी aaहोने लगी।

भारतीय भाषाओं के साहित्य के इतिहास में यह बहुत ही महत्वपूर्ण विषय माना जाता है।

द्बादश आलवार भक्तों द्वारा रचित 'नालायिरदिव्य प्रबंधम

पोय्कैयालवार, भूतत् तालवार एवं पेयालवार - इन तीन प्रथम आलवारों को छोड़कर, शेष नौ आलवार - (तिरूमालिशैयालवार, नम्मालवार, मधुरकवियालवार, कुलशेकरालकार, पेरियालवार आण्डाल, तोण्डरडित्पोंडियालवार, तिरुप्पाणालवार और तिरुमंगैयालवार) - सन 7, 8, 9 वीं शतियों में जीवित थे।

उक्त द्वादश आलवारों से, भगवान नारायण पर, गाये गये, लगभग चार हजार भक्ति-पद प्राप्त हुए हैं। श्री नाथमुनि नामक एक परम वैष्णव आचार्य ने उन्हें 'नालायिर दिव्य प्रबन्धम्' नामक ग्रन्थ में संकलित करके भक्तजनों के हित के लिये प्रदान किया।

तमिल विद्वानों ने द्वादश आलवारों को निम्न प्रकार के क्रम में रखा है-

पोय्कै, भूतम, पेय् तथा तिरुमलिशै-ये प्रथम चार आलवार प्राचीन काल के माने जाते हैं।

नम्मालवार, मधुरकविआलवार, कुलशेखरालवार, पेरियालवार, आण्डाल-ये पाँच आलवार मध्यकालीन माने जाते हैं।

शेष तीन -तोण्डरडिपपोडि, तिरूप्पाणालवार तथा तिरूमंगै- अंतिम कालीन माने जाते हैं।

द्वादश आलवारों के भक्ति-पद उनके जीवन-काल में संकालित नहीं किये गये थे। आज उनकी रचनाओं के लिये जो नाम दिये गये हैं वे उनसे नहीं दिये गये थे। उनके द्वारा गाये गये गीत कुछ शतियों तक कर्ण परंपरा से जीवित रहे। कालक्रम में बहुत से गीतों का नाश भी हुआ होगा। सन् ९ वीं शती के अंत में श्री नाथमुनि ने अत्यन्त श्रम उठाकर आलवारों के पदों का संकलण करके, उनके लिये 'नालायिर दिव्य प्रबन्धम् नाम रखा।

आलवारों का सरल जीवन और श्रेष्ठ दार्शनिक विचार

गुरु-परंपरा-ग्रन्थों में आलवारों के जीवन संबन्धी कथायें बतायी गयी हैं। उनके जीवन संबन्धी विविध किम्वदन्तियाँ भी तमिनाडु की जनता के बीच फैली हुई हैं। आलवारों के गौरव एवं मर्यादा को बढ़ाने के लिये उनके भक्तों ने बहुत सी किम्बदन्तियों को लोगों के बीच फैलाया था। उनके जीवन चरित से मालूम होता है कि उन्होंने भगवान पर भक्ति करते हुए अत्यन्त सरल जीवन बिताया था। उनके भक्ति-पदों में, ब्रम्ह जीव, जगत, माया, कर्म, मोक्ष तथा भक्ति संबन्धी अनेक अद्भुत आध्यात्मिक विचार प्रकट किये गये हैं।

ईश्वर पर भक्ति करते हुए भगवान को प्राप्त करने की अपनी साधना में उन्नति करते जाना मात्र आलवारों के जीवन का परम लक्ष्य या। वे जाति-भेद को नहीं मानते थे। वे इस बात पर विश्वास करते थे कि मुक्ति प्राप्त करने के लिये भक्ति-मार्ग ही अन्य मार्गों से बढ़कर सरल मार्ग है। अतः उन्होंने जनता के बीच सरल भक्ति-मार्ग का प्रचार किया। तमिलनाडु के लोग उनके द्वारा दिखायी गयी सरल भक्ति-पद्धतियों का अनुकरण करके शान्ति और प्रसन्नता का अनुभव करते रहे।

वैदिक उपासना-पद्धतियों में काल की मांग के अनुसार आलवारों ने बहुत से परिवर्तन किये। वे हिन्दु धर्म में अधिक परिवर्तन लाये ताकि साधारण लोग आसानी से उस धर्मके सिद्धान्तों का अनुकरण कर सकें। वैष्णव धर्म का सरल प्रपत्ति-मार्ग आलवारों के द्वारा प्रारंभ किया गया था।

आलवारों के भक्ति-पदों में सन्यास की निन्दा नहीं की गयी है। शरीर की अनित्यता समझायी गयी है। उनकी रचनाओं में यह उपदेश दिया गया है कि गृहस्थ जीवन बिताते हुए और लौकिक सुखों का अनुभव करते हुए पवित्र भगवद्-भक्ति द्वारा ईश्वर की प्राप्ति की जा सकती है।

आलवरों के काल में बौद्ध एवं जैन संत कवि व्रत धारण करने का उपदेश देते थे। इन्द्रियों को वश में रखना, लौकिक सुखों से घृणा करना प्रभृति उनके सिद्धान्तों का पालन करने में लोग असमर्थ थे। वे सन्याश को अधिक मुख्यत्व दिया करते थे। इसके विपरीत आलवार भगवद्-भक्ति पर बल दिया करते थे। वे संगीत, नृत्य आदि कलाओं की प्रशंसा करते थे। आलवारों ने उपदेश दिया कि जीवन में

चाहे जो भी व्यवसाय करें उसे ईश्वर की सेवा समझते हुए निरंतर तैलधारावत प्रभु पर भक्ति करते हुए जीवन बिताने से आसानी से मनुष्य भव सागर को पार कर सकता है। जनता आलवरों के इन उपदेशों से बहुत आकर्षित हुई। शासकों ने भी आलवारों के सरल सिद्धान्तो का आदर किया। इस कारण से बौद्ध एवं जैन धर्मों के विकास में रुकावट आयी। बौद्ध एवं जैन धर्मों के विकास को रोकने के लिये आलवार और नायनमारों ने प्रत्येक गाँव तथा शहर जाकर भक्ति-मार्ग के सिद्धान्तों का प्रचार किया।

आलवारों ने वैष्णव भक्ति के द्वारको सब तरह के लोगों के लिये खोल के रखा। उन्होंने कहा कि भक्ति भावपूर्ण विषय है। उसे हर कोई आसानी से अनुकरण कर सकता हैं।

अपने भक्ति के सिद्धान्तों को लोगों के बीच प्रचार करने के लिये, अपनी मातृभाषा तमिल में उन्होंने सर्वप्रथम भक्ति-पदों की रचना की। उन्होंने अपने पदों में संगीत का समावेश करके, समाज में भक्तिमय परिस्थिति को उत्पन्न किया। भक्ति द्वारा समाज में समानता एवं एकता लाने का उन्होंने कठिन प्रयास किया। भारतीय समाज में यह बड़ा सुधार माना जाता है। बदलती हुई परिस्थितियों के अनुसार मूल भूत सिद्धान्तों को बनाये रखते हुए, नवीन रूप धारण करना, वैष्णव भक्ति-मार्ग की विशिष्टता है।

वेद, उपनिषद, भगवतगीता, श्रीमद्भागवत पुराण प्रभृति ग्रन्थों के दार्शनिक विचारों को लोगों की बोलचाल की भाषा में आलवारों ने अपने पदों में व्यक्त किया ताकि साधारण जनता उन्हें आसानी से समझ सके। आध्यात्मिक विचारों से भरे हुए उनके भक्ति-गीतों ने साधारण जनता के मन को बहुत आकार्षित किया। समाज के जाति-भेद को दूर करने का प्रयत्न आलवारों ने किया। इस कारण, निम्न जाति के लोगों को समाज में गौरव एवं आदर मिलने लगा।

आलवारों ने अपने भक्ति-पदों में भक्ति की महिमा, भगवद् नामोच्चारण की महिमा, शरणागति तत्व, सत्संग, वैराग्य आदि विषयों पर सविस्तार प्रकाश डाला है। उसी समय उनके कीर्तन सब, श्रेष्ठ आध्यात्मिक विचारों से भरे पड़े है।। वे तत्व-ज्ञानी होते हुए भी श्रेष्ठ भक्त तथा जीवन के सुखों का अनुभव करने वाले कवि थे। 'नालायिर दिव्य' प्रबन्धम' के ऊँचे आध्यात्मिक और भक्ति संबन्धी तत्वों ने परवर्ती वैष्णव आचार्यों के ध्यान को बहुत आकार्षित किया।

आलवार और वैष्णव भक्ति-आन्दोलन

हिन्दी प्रदेश में यह कथन प्रसिद्ध है कि द्रविड प्रदेश में भक्ति का अविर्भाव हुआ; रामानंद उसे ले आये। तमिलनाडु में सन् 6वीं शती से 8, 9वीं शती तक आलवारों द्वारा उत्पन्न किया गया तीव्र भक्ति-आन्दोलन परवर्ती शतियों में 'जनता-आन्दोलन' का रूप धारण कर भारत भर में फैला। इसलिये द्राविड देश में उत्पन्न वैष्णव भक्ति आन्दोलन का मूल आधार ग्रन्थ आलवारों का 'नालायिर दिव्य प्रबन्धम' माना जाता है।

वैष्णव भक्ति आन्दोलन बिजली की भांति एक ही दिन में अचानक उत्पन्न नहीं हुआ। इसके पीछे अनेक शताब्दियों का इतिहास छिपा हुआ है। इस वैष्णव भक्ति आन्दोलन को उत्पन्न करने वालों में द्वादस आलवार प्रधान माने जाते हैं।

तमिलनाडु में सन् 6वीं शती से 9वीं शती तक वैष्णव भक्ति आन्दोलन चरम सीमा तक पहुंच गया था। इसका बीज सन् 6वीं शती के पूर्व ही बोया गया था।

तमिल साहित्य के संघकाल की समाप्ति सन् 2वीं शती तक मानी जाती है। संधकाल के पूर्व तमिल में उपलब्ध होने वाला साहित्य जैन तथा बौद्ध धर्म के संतों द्वारा लिखा गया था। अतः तमिल साहित्य के इतिहास में भक्ति काल के पूर्व का काल बौद्ध एवं जैन काल' माना जाता है। इस काल में बौद्ध तथा जैनों ने पंच महाकाव्य की रचना तमिल में करके तमिल-साहित्य को समवृद्ध किया। प्रारंभ में महाकाव्यो की रचना करना बौद्ध एवं जैन मुनियों का उद्देश्य रहा। परन्तु कालान्तर में अपने धर्मों का प्रचार करने हेतु उन्होंने महाकाव्यों का सृजन करना शुरू किया।

भक्तिकाल के प्रारंभ में बौद्ध और जैन संन्तों ने शैव एवं वैष्णव धर्मों का खंडन करके उन्हें अपमानित किया। परन्तु कालान्तर में बौद्ध तथा जैन मुनियों का चरित्र भी बिगडने लगा। उनमें अनेक बुरी आदतें पायी जाने लगीं। जैनधर्म के पोषक नृपों की सहायता का जैनों ने दुरुपयोग किया और शैव एवं वैष्णव धर्मों के अनुयायियों को वे सताने भी लगे।

भक्ति-आन्दोलन को चलानेवाले भक्त लोग पासुपद, कापालिक तथा कालामुखों की बुरी करतूतों के विरुद्ध आवाज उठाने लगे और तीव्रता से उनका खण्डन भी करने लगे।

बौद्ध और जैन धम्र का एक ओर पतन हो रहा था तो दूसरी ओर वैदिक धर्म भी पतन की ओर अग्रसर हो रहा था। अतः पामर लोंगों के साथ अनका संबन्ध बिल्कुल नहीं के बराबर था।

सन् 6वीं एवं 5वीं शतियों में बौद्ध तथा जैन धर्मों की अवनती हो गयी थी। हिन्दु धर्म में याग, यज्ञ आदि कठिन प्रथायें चालू में थीं। ऐसी परिस्थिति में हिन्दु धर्म में प्रचलित कठिन प्रथाओं को दूर कर, उसे सरल बनाने के लिये अनेक सुधारवादियों की आवश्यकता पडी। युग की इस माँग ने, तमिलनाडु में आलवार और नायनमारों को जन्म दिया। उन्होंने मुक्ति प्राप्त करने के उपायों को सरल बनाया ताकि साधारण जनता इन सरल उपायों का आसानी से अनुकरण कर सकें।

आलवारों ने मोक्ष प्राप्त करने के उपायों में भक्ति को अधिक प्रधानता दी। उन्होंने जनता को उपदेश दिया कि तप, याग, यज्ञ आदि की आवश्यकता नहीं; ईश्वर को प्राप्त करने के लिये भक्ति-मार्ग ही अन्य मार्गों से सरल है; भगवान पर की जानेवाली भक्ति निश्चित रूप से फल प्रदान करेगी। भक्ति करने से मिलने वाला सुख स्वर्ग में मिलने वाले सुख से बढ़कर श्रेष्ठ माना जायेगा।

भगवान के अतुलनीव कल्याण कारी गुण, उसका बात्सल्य, करूणा, सौलभ्य, प्रभृति गुणादिशयों का प्रचार आलवार और नायनमारों ने लोगों के बीच किया। उन्होंने उपदेश दिया कि याग, यज्ञ, तप, व्रत आदि कष्टमय प्रथाओं का अनुकरण न कर, पवित्र भक्ति द्वारा आसानी से भगवान की प्राप्ति की जा सकती है। आलवार और नायनमारों से दिखाये गये भक्ति-मार्ग पर चलकर तमिलनाडु की जनता ने सुख और शान्ती का अनुभव किया।

डा. कृष्णसामी अय्यंगार कहते हैं-"आलवारों" ने ही सर्वप्रथम भक्ति-मार्ग को अत्यधिक सरल बनाया ताकि सिर्फ ऊँच जाति के लोग ही नहीं; निम्न जाति के लोग भी इसे अपना सकें।"[1] डा. एस.एन.दास गुप्त का कथन है-"आलवारों ने ही सर्वप्रथम भक्ति को भावपूर्ण बनाया था।"[2]

आलवारों के भावपूर्ण भक्ति-कीर्तनों ने तमिलनाडु में भक्तिमय, अलौकिक परिस्थिति को उत्पन्न किया। राग और ताल के साथ गाये जाने वाले आलवारों की भक्ति-गीतों में श्रोताओं के मन को पिघलाने की अद्भुत शक्ति है। पत्थर जैसे हृदयको भी वे हिम जैसे पिघला देते हैं। वे भक्तों के हृदय को भक्ति-रस रूपी सागर में डुबों देने वाले हैं। आलवारों के मीठे भक्ति-पदों को गा-गाकर भक्तजन पागलों की भांति उछलने-कूदने लगते है। हस प्रकार भक्ति-आन्दोलन जनता के आन्दोलन के रूप में परिवार्तित हो गया। इसका श्रेय आलकारों को ही मिलना चाहिये।

अपने मन में उठनेवाले भक्ति पूर्ण भावों को काव्य-सौन्दर्य के साथ कविताओं में व्यक्त करना आलवारों का दैनिक काम था। उन कविताओं में भक्तों के मन को आकर्षित करने की अपार शक्ति भरी पड़ी थी।

आलवारों के पश्चात् उनकी परंपरा में अनेक वैष्णव विद्वानों का आविर्भाव हुआ। आलवारों के भक्ति-पदों में भरे पडे आध्यात्मिक विचारों को ढूँढ निकालने के प्रयत्न में वे लगे रहे। ये विद्वान लोग आचार्य

कहलाये। आलवारों के 'प्रबन्धम' पर उन्होने अनेक महत्वपूर्ण टीका-ग्रन्थों को मणिप्रवाल शैली में लिखा। शास्त्र-ग्रन्थों के आधार पर आलवारों के आध्यात्मिक एवं भक्ति संबन्धी विचारों का विवचेन किया गया। इन तत्व विचारकों में श्रीरामनुजाचार्य के लिये एक अलग स्थान है। प्रबन्धम के विचारों के आधार पर विशिष्टाद्वैतवाद के सिद्धान्त बनाये गये। रामानुज के शिष्य परंपरा में श्री रामानंद आते हैं। उन्होंने उत्तर भारत में तीव्ररूप से वैष्णव भक्ति का प्रचार किया, इसके कारण वैष्णव भक्ति आन्दोलन को उत्तर भारत में अधिक बल मिला। प्रबंधम के भक्ति एवं आध्यात्मिक विचारों का प्रभाव भारतीय भाषाओं के वैष्णव भक्ति साहित्यों पर पड़ने लगा। इस प्रकार भारतीय वैष्णव भक्ति साहित्यों का मूल आधार ग्रन्थ 'प्रबन्धम' माना जाता है।

आलवारों के तात्विक विचार, विविध वैष्णव आचार्यों द्वारा बनाये गये विविध वैष्णव संप्रदायों द्वारा, भारत भर मे फैले। इस तथ्य को मन में रखकर भागवतकार ने कहा है कि भक्ति का जन्म-स्थान द्राविड प्रदेश है। उनका कहना है कि द्राविड प्रदेश में भक्ति उत्पन्न होकर कर्नाटका में उसका विकास हुआ।

भारतीय भाषाओं के वैष्णव साहित्यों पर प्रबन्धम का प्रभाव प्रत्यक्ष एवं अप्रत्यश रूप में पड़ा है।

तमिलनाडु में आलवार एवं नायनमारों के काल में उत्पन्न भक्ति आन्दोलन की भांति सन् 16वीं शती में भारत भर में तीव्र गति से भक्ति आन्दोलन चला।

---

1 History of Tirupati, Vol.I, Dr. Krishnaswamy Iyengar, Page 73-74.

2 A History of Indian Philosophy, Vol.III, Dr. S.N. Gupta, Page 82 (2nd Edition)

आलवार वैष्णव भक्त रूपी वृहद वृक्ष के जड हैं; विशिष्टाद्वैत संप्रदाय, मध्यसंप्रदाय, वारकरी संप्रदाय, वल्लभसंप्रदाय प्रभृति वैष्णव संप्रदाय इस वृक्ष की शाखायें हैं; आलवार, कनकदास, पुरून्दरदास, अन्नमाचार्य, पोतना, वरदय्या, चेरूच्चेरी, एलुत्तच्चन, एकनाथ, ज्ञानेश्वर, नामदेव, नरसिंह मेहता, नटनगोपाल नायकी, शंकरदेव, माधवदेव, सूरदास, आदि वैष्णव भक्त कवि उन शाखाओं में पुष्पित फूल हैं।

भारतीय वैष्णव भक्ति साहित्य के इतिहास मे मध्यकाल सन् 10वीं शती से शुरू होकर 16, 17वीं शतियों में समाप्त हो जाता है। इस मध्यकाल में वैष्णव भक्ति आन्दोलन भारत भर में फैला। अतः तमिल को छोड़कर, समस्त भारतीय भाषाओं में, मध्यकाल में ही अधिक मात्रा में वैष्णव भक्ति साहित्य का सृजन हुआ। भक्ति-आन्दोलन की यह बहुत बड़ी देन समझी जाती है। इस प्रकार समस्त भारत को एकता नामक डोरी से बाँधकर 'भिन्नता में एकता' का भाव, भक्ति आन्दोलन ने जागृत किया।

भारतीय वैष्णव भक्ति साहित्य पर 'प्रबन्धम' का प्रभाव

आलवारों की रचनाओं ने, अधिक मात्रा में, दक्षिण भारत की भाषाओं में वैष्णव भक्ति साहित्य का सृजन होने के लिये प्रेरणा स्रोत का काम किया। आन्ध्रा, करनाटका, केरला प्रभृति प्रान्त, तमिलनाडु के निकट होने के कारण वहाँ की भाषाओं के वैष्णव भक्ति साहित्य पर 'प्रबन्धम' के प्रभाव को अधिक मात्रा में देख सकते हैं।

तेलुगु वैष्णव साहित्य पर प्रबन्धम का प्रभाव

आलवारों द्वारा उत्पन्न किया गया वैष्णव भक्ति आन्दोलन, उत्तर भारत में पहुँचने के पूर्व सर्वप्रथम आन्ध्रा में फैला। फिर करनाटका से होते हुए महाराष्ट्र में प्रवेश किया; अन्ततोगत्वा हिन्दी-प्रदेशों में फैला।

आलवारों की रचनायें, तेलुगु भाषा में अधिक संख्या में अनुवाद की गयी हैं। श्री कृष्ण देवराय के शासन काल में (सन् 1509-1530) आन्ध्रा में वैष्णव साहित्य का अधिक विकास हुआ था।

सन् 13वीं शती में जीवित कृष्णमाचार्य नामक तेलुगु कवि ने द्रविड वेद कहलाने वाली तिरुवायमोलि को सर्वप्रथम तेलुगु में भाषान्तरित किया। उनके पश्चात्, तालप्पाक्कम परिवार के भक्त कवियों ने 15वी, 16वीं शतियों में तेलुगु में वैष्णव भक्ति काव्य का सृजन किया। आन्ध्रा के वैष्णव भक्त कवियों में अन्नमाचार्य अधिक महत्वपूर्ण कवि माने जाते हैं।

एकबार अन्नमाचार्य श्री वेंकटेश्वर का दर्शन करने हेतु तिरुपति गये थे। वहाँ के मंदिर में प्रबन्धम् का पारायण बड़ी श्रद्धा के साथ किया जा रहा था; उस अद्भुत 'तमिल-प्रबन्धम' ने अन्नमाचार्य के मन को अधिक आकर्षित किया। उस समय से वे संस्कृत भक्ति काव्य के साथ तमिल-प्रबन्धम का भी अध्ययन करने लगे।[1] प्रबन्धम के आध्यात्मिक विचारों से आकृष्ट होकर उन्होंने हजारों भक्ति-पदों की रचना की। उनके भक्ति-पदों के ऊपर 'प्रबन्धम' के प्रभाव को हम देख सकते हैं।

---

1 The History of Tirupati- Dr. Krishnaswamy Iygengar, Part 2 P.1086 to 1088.

उनके समस्त पद 'कीर्तन' शैली में लिखे गये हैं।

पूरे 'प्रबन्धम' का अनुवाद तेलुगु में किया गया था। उसे पढ़कर अन्नमाचार्य ने माधुर्य भक्ति पदों की रचना की। प्रबन्धम का अनुकरण कर, उनके समस्त गीत लिखे जाने पर भी, उनमें उनके अपने व्यक्तित्व को भी देख सकते हैं।

तालपाक परिवार के वेंकटनाथ कवि को आन्ध्रा की जनता प्रेम से 'चिन्ननना' कहकर बुलाती है। उन्होंने तेलुगु में 'परमयोगी विलासमु अष्टमहिषिकल्थाणुमु', 'उषा परिणयमु, आदि ग्रन्थों की रचना की थी।

'परमयोगी विलासमु' नामक ग्रन्थ में आलवारों का जीवन-वृत्त बहुत ही स्वारस्यपूर्ण ढंग से बताया गया है। उसमें दर्शन तथा भक्ति संबंधी विचार स्पष्ट रूप से व्यक्त किये गये हैं। 'प्रबन्धम' का अनुकरण कर उक्त ग्रन्थ लिखा गया है। ग्रन्थकार चिन्नण्णा ने पुस्तक के आरंभ में ही इस बात का उल्लेख किया है। आलवारों के पदों के तेलुगु अनुवाद को भी दृष्टान्त के रूप में पुस्तक के बीच-बीच उन्होंने प्रस्तुत किया है।

इस प्रकार चिन्नण्णा प्रबन्धम् के विचारों से प्रभावित हुए थे। श्री कंपूरी केशवाचारी नामक तेलुगु लेखक ने 'आचार्य सूक्ति मुकतावली' नामक पुस्तक को पद्य शैली में लिखा है। आलवार तथा परवर्ती वैष्णव आचार्यों का जीवन वृत्त उसमें सविस्तार बताया गया है।

सन् 16 वीं शती का नृप कृष्ण देवराय ने अपने 'आमुक्त माल्यदा' नामक काव्य के द्वारा पेरियालवार और उनकी पोषकपुत्री आण्डाल को तेलुगु प्रदेश में अमरत्व प्रदान किया। पेरयिालवार और आण्डाल के भक्ति विचारों को उन्होंने अपने इस काव्य में व्यक्त किया है।

'आमुक्तमाल्यदा' विशिष्टाद्वैत सिन्धान्तों का प्रचार करनेवाला एक महत्वपूर्ण काव्य है। इस ग्रन्थ में तेन्कलै वैष्णव धर्म के सिद्धान्तों का प्रतिपादन हुआ है। आण्डाल की प्रसिद्ध रचना 'तिरुप्पावै', का अनुवाद तेलुगु में अनेक कवियो द्वारा किया गया है। 'मुदुपलनी' नामक कवियित्री का नाम इनमें से उल्लेखनीय है। इसी प्रकार 'तोण्डराडिप्पोडियालवार' के जीवन वृन्त के संबन्ध में भी तेलुगु में बहुत सी पुस्तकें लिखी गयी हैं।

मलयालम वैष्णव साहित्य पर 'प्रबन्धम' का प्रभाव

मलयालम भाषा में सन् १३वीं शती के पश्चात् ही भक्ति साहित्य का अविर्भाव हुआ। प्राचीन काल से ही केरल तथा तमिलनाडु के बीच घनिष्ट संबन्ध रहा है। कुलशेखरालवार केरल के थे। प्रचीनकाल में केरला तमिल प्रदेश के अन्तर्गत था। आलवार भक्तों ने अपने समय में, केरल में भी भक्ति का प्रचार किया था। इसलिये उनके भक्ति-गीत वहाँ बहुत प्रसिद्ध थे।

सन् 16वीं शती का एलुन्तच्चन एक वैष्णव आचार्य के शिष्य थे। वे आलवारों की रचनाओं से बहुत आकर्षित हुए थे।

कन्नड वैष्णव साहित्य पर 'प्रबन्धम' का प्रभाव

करनाटका में 12वीं शती के पश्चात् ही भक्ति-साहित्य की उपलब्धी होती है। मध्वाचार्य के पूर्व ही रामानुज ने वहाँ वैष्णव धर्म का प्रचार किया था। वे बहुत लंबे समय तक 'मेलकोट' में बसे रहे। वहाँ उन्होंने विशिष्टाद्वैत तत्वों का प्रचार किया। वहाँ के जैन राजा विष्णुवर्धन को वैष्णव बनाकर उनको रामानुज ने दीक्षा दी।

इस प्रकार करनाटका के पूर्वी भाग में वैष्णव धर्म अधिक फैला।

श्रीपादराय, व्यासराय, कनकदास, पुरन्दरदास, प्रभृति वैष्णव भक्त कवियों की रचनाओ पर 'प्रबन्धम' का अधिक प्रभाव पड़ा है।

रामानुज के विशिष्टाद्वैत एवं मध्वाचार्य के द्वैतवाद के तत्वों का अनुकरण कर, कन्नड वैष्णव साहित्य लिखा गया है।

मराठी वैष्णव साहित्य पर प्रबन्धम का प्रभाव

पुरातन काल से उत्तर भारत के साथ दक्षिण भारत का घनिष्ट संबन्ध बना रहता था। द्वारका, मथुरा, गोकुल, वृन्दावन, काशी, प्रयाग, प्रभृति तीर्थ स्थलों की यात्रा दक्षिण के लोग किया करते थे। ज्ञानेश्वर, नामदेव, तुकाराम, एकनाथ प्रभृति वैष्णव कवियों ने उत्तर भारत में भक्ति संबन्धी अपने विचारों का प्रचार किया है।

महानुभावों ने अपने संप्रदाय में भक्ति को अधिक मुख्यत्व प्रदान किया था। उन्होनें भगवान कृष्ण को पूर्णावतार मानकर उनकी उपासना की।

बारकरी संप्रदाय के भक्त पंडरपुर विट्ठल भगवान के उपासक थे। नामदेव ने पंडरिपुर से पंजाब तक बारकरी सप्रदाय के तत्वों का प्रचार किया। मराठी कवियों की रचनाओं पर 'प्रबन्धम' का प्रभाव अप्रत्यक्ष रूप में पड़ा है।

प्रबन्धम का गुजराती वैष्णव काव्य पर प्रभाव

नरसी मेहता ने सन् 15 वी शती में अपनी रचनाओं के द्वारा गुजरात में वैष्णव धर्म का प्रचार किया था। इनकी रचनाओं पर अप्रत्यक्ष रूप से प्रबन्धम का प्रभाव पड़ा है। नरसी ने माधुर्य भक्ति को अधिक प्रधानता दी थी। नामदेव, जयदेव आदि कवियों की रचनाओं का प्रभाव नरसी के काव्य पर पड़ा है।

हिन्दी वैष्णव काव्य पर प्रबन्धम का प्रभाव

भक्ति-आन्दोलन रूपी नदी 16 वीं शती में उत्तर की और बहने लगी। दक्षिण के अनेक वैष्णव संप्रदायों के तत्वों को अपने में समाविष्टकर, हिन्दी वैष्णव साहित्य को उसने समृद्ध बनाया।

बल्लभ संप्रदाय के कवि सूरदास, परमानंददास, नंददास, रमखान आदियों की कृतियों पर प्रबन्धम के पभाव को प्रत्यक्ष एवं अप्रत्यक्ष रूप में देखा जा सकता है। उक्त कवियों के काव्यों के अतिरिक्त

मीराबाई, रहीम, नरोतमदास आदियों की रचनायें भी पंजाब, राजस्थान, उत्तर प्रदेश, बिहार, हिमाचल प्रदेश आदि समस्त हिन्दी-प्रदेशों में प्रसिद्ध हुई।

बंगाली एवं उडिया वैष्णव साहित्य पर प्रबन्धम का प्रभाव

गौडीय संप्रदाय के कवि चैतन्य महाप्रभु द्वारा सन् 15वीं शती में वैष्णव भक्ति आन्दोलन पूरे बंगाल में फैला।

आलवारों द्वारा चलाया गया भक्ति आन्दोलन के फलस्वरूप उडिया में अनेक वैष्णव भक्त कवियों का जन्म हुआ और उनकी रचनाओं से उडिया वैष्णव साहित्य समृद्ध हुआ।

भक्ति की महिमा, भगवान के नामोच्चारण की महिमा, प्रपति तत्व आदि प्रबन्धम् में व्यक्त भक्ति के साधारण तत्व और कृष्ण की विविध ललीओं का वर्णन, वात्सल्य, सख्य, दास्य, माधुर्य भक्ति भाव आदि, प्रबन्धम के विषिष्ट तत्वो का अनुकरण करके समस्त भारतीय वैष्णव कवियों ने अपने काव्यों की रचना की है। अतः प्रबंधम के भक्ति-तत्वों का प्रभाव प्रत्यक्ष और अप्रत्यक्ष रूप से समस्त भारतीय वैष्णव भक्ति साहित्य पर पड़ा है।

वैष्णव भक्ति आन्दोलन और विविध वैष्णव मठ

रामानुज ने अपने संप्रदाय के तत्वों के प्रचार के हेतु अनेक मठों की स्थापना तमिलनाडु तथा करनाटका में की। इन मठों के मठाधिपति वैष्णव साहित्य के बड़े विद्वान थे। इन्होंने भारत के विविध भागों में जाकर वैष्णव धर्म का प्रचार किया। श्री रंग के वैष्णव मठों के साथ उत्तर भारत के वैष्णव धर्म के आचार्य लोग अपना घनिष्ट संबन्ध बनाये रखते थे।

रामानुज तथा परवर्ती वैष्णव आचार्यो ने उत्तर भारत में अपने संप्रदाय की शाखओं की स्थापना की और उनके द्वारा श्री संप्रदाय के सिद्धान्तों का प्रचार किया। इन मठों के मठाधिपति लोग साधारण जनता से अपना संबन्ध बनाये रखते थे। निम्नकुल के लोग भी इन मठों में ठहरा करते थे। इन मठों में रहने वाले वैष्णव दास कहलाये। नृप और अमीरों ने इन मठों के विकास के लिये अर्थ की सहायता करते थे। इन मठों की अपनी संपतियों द्वारा प्राप्त आमदनी से इनका निर्वाह होता था। मठाधीश लोग 'जीयर' स्वामी कहलाये।

आगे कतिपय मठों का विवरण प्रस्तुत किया जाता है-

मेलकोटमठ

मैसूर के निकट रामानुज द्वारा मेलकोट नामक स्थान में इस मठ की स्थापना की गयी थी। रामानुज ने इस मठ में १४ वर्ष ठहरकर विशिष्टाद्वैत सिद्धान्तों का प्रचार किया था। उनके व्यक्तित्व के प्रभाव से यह मठ अत्यन्त प्रसिद्ध हुआ। मेलकोट के वैष्णव मंदिर में शूद्र एवं अन्य निम्न जाति के लोग बिना किसी रोक टोक से भगवान की उपासना किया करते थे।

सन् 12वीं शती में विष्णुवर्धन नामक नरेश ने करनाटका में अनेक वैष्णव मठों की स्थापना की।

अहोबिला मठ

सन् 1398 में 'अहोबिलम' नामक स्थान में श्रीनिवासाचारी नामक वैष्णव आचार्य ने इस मठ की स्थापना की। अपने सत्यकार्यों के कारण बहुत ही कम समय में यह मठ अधिक विख्यात हुआ। देश की अनेक जगहों में इस मठ की शाखायें स्थापित की गयी। वैष्णव साहित्य का सृजन अधिक संख्या में यहाँ हुआ।

चैतन्य महाप्रभु अपनी तीर्थ यात्रा के दौरान अहोबिला मठ में कुछ दिन ठहरे थे। यहाँ प्रचार किये जाने वाले 'प्रबन्धम्' तथा विशिष्टाद्वैत सिद्धान्तों से वे बहुत आकर्षित हुए। चैतन्य का इस मठ में ठहरना ऐतिहासिक दृष्टि से बहुत महत्वपूर्ण माना जाता है।

यदुगिरी मठ

शोलवंश का नेरश प्रथम कुलोन्तुंग के अत्याचारों से बचने के लिये रामानुज को मैसूर जाना पड़ा। मेलकोट मठ में वैष्णव धर्म का प्रचार करते समय उन्होंने यदुगिरीमठ की स्थापना सन् 1103 में मेलकोट के निकट की। उसके निर्वाह का उत्तर्दायित्व भी स्वयं उन्होंने अपने हाथ में ले लिया।[1] आज भी इस मठ में आलवारो के प्रबन्धम को प्रधानता दी जाती है। रामानुज ने प्रबन्धम का पारायण करने का प्रबन्ध वहाँ के वैष्णव मंदिर में किया था। वैष्णव धर्म का प्रचार करने का महत्वपूर्ण कार्य आज भी यह मठ कर रहा है।

परकाल मठ

वेदान्त देशिक का प्रधान शिष्य परकाल से 'परकाल मठ' की स्थापना हुई थी। इस मठ के द्वारा विशिष्टाद्वैत सिद्धान्त प्रचार किये जाते हैं। आलवारों के भक्ति-पदों का पारायण भी वहाँ किया जाता है।

वानमामलै मठ

श्री मणवाल मुनि ने सन् १४वीं शती में वानमामलै मठ की स्थापना की।

तेनकलै संप्रदाय के वैष्णवों का यह प्रधान मठ माना जाता है। मणवाल मुनि ने अपने प्रधान शिष्य रामानुज जीयर को उत्तर भारत में तेनकलै सिद्धान्तों का प्रचार करने की विनती की। इस मठ के प्रथम मठाधिपति से लेकर परवर्ती समस्त मठाधिपतियों ने देश के विभिन्न भागों में जाकर तेनकलै सिद्धान्तों का प्रचार किया। देश के विभिन्न भागों में बानामामलै मठ की शाखायें स्थापित की गयी। द्वारका, काशी, प्रयाग आदि स्थानो में इस मठ की शाखायें आज भी विद्यमान हैं।

उडुपीमठ

मध्वाचार्य ने सन् 13वीं शती में उडुपी में अपने द्वैत मत का प्रचार करने हेतु उडुपी मठ की स्थापना की। ये बड़े कृष्ण भक्त थे। इस मठ की अनेक शाखायें स्थापित की गयीं। इन मठों में द्वैतमठ

---

1 The Vaishnava Mats in South India-Vedanta Kesari- p. 168

संबन्धी ग्रन्थों की रचना की जाती थी। इन मठों के मठाधीश भक्त, विद्वान एवं कवि थे। उनकी रचनाओं के द्वारा कन्नड वैष्णव भक्ति साहित्य समृद्ध हुआ।

वैष्णव भक्ति-आन्दोलन और वैष्णव मंदिर

वैष्णव मठों के साथ वैष्णव मंदिरों ने भी भक्ति-आन्दोलन को जीवित रखने में सहायता प्रदान की। दक्षिण भारत में स्थित प्रसिद्ध वैष्णव मंदिरों में भगवान का दर्शन करने के लिये प्राचीन काल से वैष्णव भक्त लोग देश के कोने-कोने से आया करते थे। इन मंदिरों के भक्तिपूर्ण वातावरण ने भक्तों के मन को बहुत आकर्षित किया।

रामानुज के काल से वैष्णव आलयों में उपासना की पद्धतियों में नये-नये परिवर्तन किये जाते थे। मंदिरों के निर्वाह के लिये नये-नये प्रबन्ध किये जाते थे। इन मंदिरों में मठाधिपतियो द्वारा चलाये गये भजनों में भाग लेने के लिये भक्त जनों की बड़ी भीड बनी रहती थी।

'कोयिल ओलुकु' नामक पुस्तक में श्रीरंगम-मंदिर का महत्व बताया गया है।[1] तिरुमंगैयालवार ने इस मंदिर का पुनरूद्धार किया। इस के पश्चात् नाथमुनि ने सन् 9वीं 10वीं शतियों में, प्रबन्धम से भक्ति पदों का गायन करने का प्रबन्ध किया। आलवारों के गीतों का गायन अभिनय के साथ करने के लिये अरैयरों की नियुक्ति की गयी। यमुनाचार्य, रामानुज प्रभृति आचार्यों ने इस मंदिर की पूजा-पद्धतियों में परिवर्तन किया। वहाँ आलवारों के विग्रहों की प्रतिष्ठा की गयी; उनकी पूजा करने की प्रथा भी शुरू की गयी। त्यौहार के दिनों में तिरुमोलि-उत्सव चलाया गया। इस उत्सव के अवसर पर आलवारों की प्रतिमायें जुलूस में निकाली गयीं। वैष्णव भक्तजन प्रबन्धम के पदों का गायन करते हुए उनके पीछे गये।

रामानुज द्वारा नियुक्त 'तिरुप्पडियार' नामक मंदिर के भृत्य सुबह मंदिर जाकर पूजा के लिये आवश्यक पदार्थों को इकट्ठा करते थे। वे मंदिर में दीपों को चढ़ाकर आराधना करते थे; भक्त जनों को प्रसाद दिया करते थे। भागवदनंबी जन भगवान की प्रतिमा को स्नान कराकर वस्त्र एवं आभूषणों से अलंकृत किया करते थे। उसके पश्चात् नैवैदय करते थे। वहाँ ' के अर्चक लोग 'उल्लूरार' कहलाये। गायक लोग पूजा के समयों पर वाद्य यंत्र बजाकर आलवारों के भक्ति-पदों का गायन किया करते थे। अरैयर लोग भगवान की लीलीओं को अभिनय करके दिखाते थे। देवदासियों को ठहरने के लिये अलग स्थान दिया गया था। वे अनेक प्रकार के नृत्य करके भगवान को प्रसन्न किया करती थी।

रामानुज के काल में उत्सव एवं त्यौहार बहुत घूम धाम से चलाये जाते थे। इसके लिये रामानुज ने अनेक प्रकार के प्रबन्ध किये थे। इन समस्त प्रबन्धों ने भक्ति-आन्दोलन को लंबी अवधी तक जीवित रखा।

श्रीरंगम-आलय की भांति तिरुपति-तिरुमला वेंकटेश्वर आलय संबन्धी महत्वपूर्ण समाचार 'ओलुकु' पुस्तक से मालूम हुए हैं। आलवारों के कीर्तिनों को गाने का विशिष्ट प्रबन्ध वहाँ किया गया था।

---

1 कोयिल ओलुकु- पृ. 52-54

उत्सव एवं त्योहार रामानुज की देखरेख में अतिघूम-धाम से चलाये गये। उत्सव में भाग लेकर, बालाजी भगवान की उपासना करने के लिये हजारों की संख्या में भक्त जन मंदिर में इकट्ठा हुआ करते थे। आन्ध्रा के लोगों को तमिल न मालूम होने पर भी आलवारों के गीतों को तेलुग -लिपि में लिखकर श्रद्धा एवं भक्ति के साथ गाया करते थे। इस प्रकार प्रबन्धम का महत्व एवं ख्याति आन्ध्रा भर में फैला।

मैसूर में स्थापित परकाल मठ वैष्णव धर्म को मैसूर में फैलाने में सफल हुआ। मैसूर के नरेशों ने इस सत्कार्य के लिये सहायकता की। आन्ध्रा से वैष्णव धर्म उडिसा तक फैला।[1]

रामानुज काल से आज तक तिरुपति श्री वेंकटेश्वर मंदिर भारत भर के वैष्णव भक्तों के लिये मुख्य तीर्थ-स्थल बना रहता है।

भारतीय जनता के धर्म एवं संस्कृति पर प्रबन्धम् का प्रभाव

आलवारों के भक्ति-काव्य ने भारतीय जनता के जीवन पर अद्भुत प्रभाव को डाला है। आलवार तथा नायनमार अपने जीवन-काल में तमिलनाडु भर की यात्रा करके अपने भक्ति-पदों को मीठे कंठ से गा-गाकर लोगों के बीच भक्ति को फैला रहे थे।

भक्ति-आन्दोलन के फलस्वरूप तमिलनाडु भर में असंख्य मंदिरों का निर्माण हुआ। इन मंदिरों में भक्त जनों की भीड सदा-सर्वदा बनी रहती थी।

वैष्णव मंदिरों में पूजा एवं उत्सव के समय, भक्त जन आलवारों के भक्ति-कीर्तनों को, भक्ति एवं श्रद्धा के साथ गाया करते थे। इस प्रकार आलवारों द्वारा बोया गया भक्ति नामक बीज ने कालान्तर में बढ़कर बृहद वृक्ष का रूप धारण किया।

सन् 9वीं शती के पश्चात् ही लोगों को प्रबन्धम का महत्व मालूम हुआ। प्रबन्धम् पर अनेक टीका ग्रन्थ लिखे गये। प्रबन्धम् वेदों से बढ़कर श्रेष्ठ ग्रन्थ समझा गया। अतः वैष्णव मंदिरो में 'प्रबन्धम्' का पारायण किये जाने का प्रबन्ध किया गया।

तिरुमंगैयालवार ने बताया कि तिरुवायमोलि, वेदों के बराबर है। मेरे गुरु नम्मालवार ने वेदों के विचारों को ही अपनी रचना 'तिवायमोलि' में व्यक्त किया है-यह मधुर कवि आलवार का कथन है। इसलिये वेदों के लिये जितना गौरव दिया जाता था उनता 'तिरुवायमोलि' को भी दिया जाने लगा।

तिरुमंगैयालवार ने ही सर्वप्रथम संस्कृत वेदों के साथ तमिल वेद 'प्रबन्धम्' का परायण, श्रीरंगम मंदिर में किये जाने का प्रबन्ध किया। यह प्रथा आज तक जारी रहती है। अगहन (मार्गशीर्ष) महीने में वैकुण्ठ एकादसी उत्सव के अवसर पर, 'प्रबन्धम्' का पारायण श्री रंगम मंदिर में प्रतिवर्ष किया जाता है। 'तिरुमोलि-तिरुविला' एकादसी के दस दिन पूर्व शुरु होता है। रोज नम्मालवार के अतिरिक्त अन्य आलवारो के पद दस दिन तक गाये जाते हैं। वह त्योहार 'पगलफ्तु' कहलाता है। 'तिस्वाय मोलि तिरुविला, तिरुमोलि तिरुविला के समाप्त होते ही वैकुण्ठ एकादसी के दिन से दस दिन तक मनाया जाता है। यह उत्सव 'इराप्पत्तु' कहलाता है। इस इरापत्तू उत्सव में रोज रात के अवसर पर

---

1 History of Tirupati, Vol. I Veeraraghavacharya p. 549

तिरुवायमोलि के सौ पद गाये जाते हैं। इस प्रकार एक हजार, तिरुवाय मोलिके पद गाये जाने के पश्चात् इरापत्तु उत्सव समाप्त होता है।

इस प्रकार तमिल वेद-पपारायण के समाप्त होते ही नम्मालवार का विग्रह भगवान श्री रंगनाथ के चरणों में रखा जाता है। इसका अर्थ यह है कि नम्मालरवार को सायुज्य की मुक्ति प्राप्त हो जाती है।

श्रीरंगम, तिरुप्पति, काँचिपुरम-इन तीन शहरों के वैष्णव मंदिर, दक्षिण में अत्यन्त प्रसिद्ध वैष्णव मंदिर हैं। इन मंदिरों में वेदों से बढ़कर 'प्रबन्धम' को अधिक प्रधानता दी जाती है।

तमिल एवं उसके साहित्य पर प्रबन्धम का प्रभाव

आलवारों के पूर्व का काल, तमिल साहित्य के इतिहास में, 'संघकाल' कहलाता है। तमिल में इसकाल का साहित्य बहुमूल्य खजाना माना जाता है।

आलवारों ने संघकाल साहित्य की सभी विशिष्टताओं एवं शैलियों का अनुकरण अपनी रचनाओं में किया है। आण्डाल और तिरुमंगैयालवार ने संघकालीन साहित्य की अत्यन्त प्रशंसा की है।

सन् 5वीं तथा 6वीं शती में जीवित प्रथम तीन आलवारों की देन तमिल साहित्य के लिये महत्वपूर्ण मानी जाती है। 'सर्वप्रथम उन्होंने भक्ति पदों को राग-ताल के साथ रचना करके, उन्हें अपने मीठे कंठ से भक्तों को गाकर सुनाया। इस प्रकार उन्होंने भक्ति क्षेत्र में गायन-प्रथा को प्रारंभ किया।

आलवारों ने ही सर्वप्रथम राम एवं कृष्णवतार संबन्धी पदों की रचना तमिल में की थी। उन्होंने उनकी लीलाओं का सविस्तार वर्णन अपने पदों में किया है। कवि सम्राट कंबर को (सन 11वीं शती) अपने रामायण काव्य की रचना करने की प्रेरणा आलवारों के काव्य से ही उपलब्ध हुई थी।

भारतीय वैष्णव साहित्यों में 'प्रबन्धम' एक अतुलनीय भक्ति-काव्य माना जाता है।

भक्ति के भावावेश में प्रबन्धम के पद लिखे जाने पर भी, वे अपने साहित्यिक सौन्दर्य के लिये अत्यन्त प्रसिद्ध हैं।

संघकालीन साहित्य में प्रयुक्त मानव-प्रेम का अनुकरण करके आलवारों ने माधुर्व भक्ति पूर्ण अपने पदों की रचना की है। यहाँ यह बात उल्लेखनीय है कि परवर्ती सभी भारतीय वैष्णव भक्त कवियों ने आलवारों का अनुकरण करके, अपने माधुर्य भक्ति काव्य का सृजन किया है।

पेरियालवार ने ही भारतीय वैष्णव साहित्य में सर्वप्रथम श्री कृष्ण की बाल्य लीलाओं का वर्णन मनोवैज्ञानिक ढंग से किया था। पेरियालवार का यह वर्णन तमिल में 'पिल्लैतमिल' कहलाता है। परवर्ती सभी भारतीय भक्त कवियों ने 'पिल्लैतमिल' शैली का अनुसरण कर अपने इष्ट देव की बाल-लीलाओं का वर्णन किया है।

कंबर के कंब रामायण पर 'प्रबन्धम' का असर देखा जा सकता है। खास करके, नम्मालबार की 'तिरुवायमोलि' में व्यक्त आध्यात्मिक विचारों को कंबर ने अपने रामायण में व्यक्त किया है। नम्मालवार की प्रशंसा करते हुए कंबर ने 'राडगोपर अन्तादी' नामक काव्य की रचना की है। उस

पुस्तक में कंबर ने लिखा है "संसार के समस्त साहित्य नम्मालवार के एक शब्द की बराबरी कर सकते हैं क्या?"

सन् 14वीं शती के श्री विल्लिपुत्तूर आलवार ने अपने महाभारत काव्य में नम्मालवार तथा तिरुमंगैयालवार की अत्यधिक प्रशंसा की है।

नम्मलवार के आध्यात्मिक विचार विविध वैष्णव संप्रदायो द्वारा प्रत्यक्ष अथवा अप्रत्यक्ष रूप में भारत के विभिन्न भागों में फैले।

रामानंद ने नम्मालवार को अपना गुरु माना था; इसी रामानंद का संबन्ध प्राप्त कर तुलसीदास ने अपना अमरकाव्य 'रामचरितमानस' की रचना की।

आलवार संस्कृत के बड़े विद्वान होते हुए भी अपनी मातृभाषा तमिल को वे अत्यधिक प्यार करते थे। कुलशेखरालवार ने संस्कृत में 'मुकुन्दमाला' नामक प्रसिद्ध भक्ति-काव्य की रचना की थी।

परवर्ती अनेक लेखकों ने 'मणिप्रवालम' नामक शैली में 'प्रबन्धम' पर अनेक टीका-ग्रन्थ लिखे। इस शैली में संस्कृत तथा तमिल शब्द समान संख्या में प्रयुक्त किये गये हैं।

'प्रबन्धम' आलवारों के समय की बोलचाल की तमिल भाषा में लिखा गया था। आलवारों ने अपने समय की जनोक्ति एवं कहावतों का प्रयोग अधिक मात्रा में अपने पदों में किया है। भक्तजनों के मन को आकर्षित करने की अपारशक्ति उनकी भाषा-शैली को है। उनके तमाम पद अपने संगीत-सौन्दर्य के लिये अत्यन्त प्रसिद्ध हैं। इस प्रकार आलवारों ने तमिल को एक अत्यन्त विकसित एवं शक्तिशाली भाषा बनायी। संक्षेप में कहें तो 'प्रबन्धम' ने धर्म, दर्शन, साहित्य, कला एवं प्रकृति की विभिन्न क्षेत्रों को विकसित किया।

आलवारों के गीतों में रामावतार संबन्धी वर्णन

भगवान विष्णु के विविध अवतारों में राम तथा कृष्ण अवतार ने आलवारों के भक्तहृदय को अत्यन्त आकर्षित किया। रामावतार से बढ़कर कृष्णावतार में ही उनका मन अत्यधिक लगा। उन्होंने कृष्ण की विविध लीलाओं का वर्णन एक जीवित चित्र की भांति इस ढंग से किया है, मानों उन्हें वे प्रत्यक्ष रूप में देखा हो। फलस्वरूप तमिल साहित्य को अति उन्नत एवं सुंदर कृष्ण काव्य की उपलब्धि हुई।

भारत की अन्य भाषाओं में राम-काव्य का सृजन होने के पूर्व ही आलवारों ने तमिल में राम-काव्य की रचना की थी।

"तमिल को छोड़कर अन्य भारतीय भाषाओं में, साधारणतया सन् 11वीं अथवा 12वीं शती के पश्चात् ही राम-काव्य लिखा जाने लगा।" यह डा. भण्डारकर की राय है।[1]

आलवारों के पदों में कृष्णावतार की तुलना में रामावतार संबन्धी पद बहुत कम संख्या में उपलब्ध हुए हैं। पूरे रामायण की कथा को उन्होंने महाकाव्य के रूप में न लिखा है। क्योंकि उनका काल तमिल

1 Vaishnavism, Saivaism and other minor religious sects - Dr. Bhandarkar

साहित्य में 'महाकाव्य का काल' नहीं रहा। इसलिये रामायण की कथा को महाकाव्य के रूप में लिखने का विचार उनके मन में उदित नहीं हुआ। तमिल साहित्य के इतिहास में उनका समय भक्ति-काल था। अतः उन्होंने भक्ति-भाव को अधिक प्रधानता देकर अपने भक्ति-भाव को पदों के रूप में व्यक्त किया।

आलवारों के पूर्व तमिल में कोई राम-काव्य नहीं लिखा गया था। संघकालीन साहित्य में एक-दो जगह में समावतार के बारे मे उल्लेख किया गया है। राम-काव्य की रचना करना, संघकालीन कवियों का लक्ष्य नहीं था। अतः आलवारभक्त राम-काव्य के अग्रदूत माने जाते हैं।

द्वादश आलवारों में सिर्फ कुलशेखर, तिरुमंगें एवं नम्मालवार ने राम कथा के प्रधान संभवों का वर्णन अपने पदों में किया है। इन संभवों को, उनमें से किसी ने भी क्रमपूर्वक नहीं लिखा है।

'प्रबन्धम' में प्राप्त होने वाले रामावतार संबन्धी पदों को यदि क्रम से रखा जाय तो पूरे रामायण की कथा उपलब्ध हो जायेगी।

पेरियवाच्चान पिल्लै ने आलवारों के राम-काव्य संबन्धी पदों को क्रमिक रूप में रखकर 'पाशुरपोडि रामायण' लिखा है।

वाल्मिकी रामायण तथा आलवारों के राम-काव्य संबंधी पदों ने भारतीय भाषाओं में राम-काव्य लिखे जाने लिये मार्गदर्शक का काम किया। प्रबन्धम के अतिरिक्त 'श्रीमद्भागवद पुराण' भी भारतीय वैष्णव साहित्य का मूल आधार एवं प्रेरणा श्रोत्र ग्रन्थ माना जाता है। श्रीमद्भागवदपुराण का विस्तृत विवेचन द्वितीय अध्याय में किया गया है।

श्रीनाथमुनि की महत्वपूर्ण सेवा (सन् 824-924)

एक बार नाथमुनि श्री रंगम की यात्रा करते समय, नम्मालवार (सन् ७वीं शती) के एक भक्ति-पद के दार्शनिक विचारो से बहुत प्रभावित हुए। नम्मालवार के समस्त भक्ति-पदों को ढूँढकर उन्हें सुरक्षित रखने का विचार नाथ मुनि के मन में उत्पन्न हुआ। अतः वे नम्मालवार का जन्म स्थान 'आलवार 'तिरुनगरी' गये। यह स्थान तमिलनाडु के तिरुनेलवेली जिले में है। नम्मालवार एवं अन्य आलवारों के भक्ति-पदों का उन्होने बड़ी

कठिनाई से ढूंढकर इकट्ठा किया। उन्होंने ('नालायिर दिव्य प्रबन्धम' नामक ग्रन्थ में समस्त आलवारों के पदों को संकलित करके वैष्णव जगत को अर्पण किया।

नाथमुनि के परवर्ती वैष्णव आचार्यों ने ब्रह्म, जीव, जगत, माया, मोक्ष आदि विषयों से संबंधित विचारों को 'प्रबन्धम्' से ढूंढ़कर निकाला।

'प्रबन्धम्' पर लिखे गये विविध टीका-ग्रन्थ

नाथमुनि काल से लेकर, रामानुज (सन्1017-1137) के काल तक की लगभग तीन सौ वर्षों की अवधि में वैष्णव धर्म के विद्वान आचार्यों द्वारा 'प्रबन्धम्' पर अनेक व्याख्या ग्रन्थ लिखे गये। उनके द्वारा लिखे गये ये सब व्याख्या-ग्रन्थ वैष्णव धर्म का श्रेष्ठ खजाना माना जाता है।

नम्मालवार, द्वादस आलवारों में श्रेष्ठ माने जाते हैं। उनकी कृति 'तिरुवायमोलि' अन्य आलवारों की कृतियों में विशिष्ट तथा श्रेष्ठ कृति मानी जाती है।

रामानुज की विनती के अनुसार उनका शिष्य तिरुक्कुरुक्कै पिरान ने 'तिरुवायमोलि' पर 'आरायिरप्पडि' (छःहजार पृष्ठ) नामक प्रथम व्याख्या ग्रन्थ लिखा)। इसके पश्चात् श्री भट्टर पिरान का शिष्य नमजीयर ने 'तिरुवायमोलि' पर विस्तृत व्याख्याग्रन्थ लिखकर, उसका नाम 'ओन्पदायिरप्पडि; (नौ हजार) रखा। इसके पश्चात् नमजीयर का शिष्य नम्पिल्लै ने 'प्रबन्धम्' पर 'मुप्पत्तारायिरप्पडि' (36000) नामक टीका-ग्रन्थ लिखा। वह 'ईडु' नाम से आज तक विख्यात बना रहता है। 'प्रबन्धम्' पर लिखे गये टीका ग्रन्थों में 'ईडु' सब से श्रेष्ठ ग्रन्थ समझा जाता है।

'ईडु' टीका-ग्रन्थ मणिप्रवाल शैली में लिखा गया है। पुरुषोत्तम नायुडु ने तमिल में इसका अनुवाद करके दस भागों में प्रकाशित किया है।

नम्पिल्लै द्वारा लिखित 'मुप्पत्तारायिप्पडि टीका-ग्रन्थ के आधार पर वैष्णव धर्म के सिद्धान्त बनाये गये।

नम्पिल्लै का शिष्य पेरिववाच्चान पिल्लै से 'प्रबन्धम' पर लिखे गये बृहद टीका-ग्रन्थ में 'तिरुवाय मोलि' भाग 'इरुपत्तिनालायिरप्पडी' (24,000) कहलाता है। इसके पश्चात् अलकिय मनवाल जीयर ने 'तिरुवायमोलि' पर पन्निइरन्डायिरप्पडी (12000) नामक व्याख्या-ग्रन्थ लिखा। इस प्रकार नम्मालवार की प्रसिद्ध रचना 'तिरुवाय मोलि' पर कुल पाँच टीका ग्रन्थ लिखे गये हैं।

वडकलै संप्रदाय के स्थापक वेदान्त देशिकाचार्य ने 'निगमपरिमलम्' नामक येलुप्पत्तारायिरप्पडी' (76000) नाम से सबसे बडा व्याख्या-ग्रन्थ लिखा। इस ग्रन्थ के लेखन के संबन्ध में विद्वानों में मतभेद पाया जाता है।

आण्डाल की स्वनां तिरुप्पावै' पर भी अनेक व्याख्या-ग्रन्थ लिखे गये। पेरियवाच्चान पिल्लै ने 'मुब्वायिरप्पडि' (3000) तथा अलकिय मनवाल पेरुमाल ने 'आरायिरप्पडी' (6000) टीका ग्रन्थों को 'तिरुप्पावै' पर लिखा। इनके अतिरिक्त ईरायिरप्पडी (2000) एवं 'नालायिरप्पडी' (4000) नामक टीका-ग्रन्थ भी 'तिरुप्पावै' पर लिखे गये हैं। परन्तु उन टीका-ग्रन्थों के लेखकों का नाम आज तक पता न चला है।

समीप काल से 'प्रवन्धम' पर सरल तमिल में व्याख्या-ग्रन्थ लिखे जा रहे हैं। उनमें से डा. इरा.व. कमलक्कण्णन द्वारा लिखित 'नालायिरदिव्य प्रबन्ध्म्, मूलपाठ तथा व्याख्या नामक ग्रन्थ उल्लेखनीय है।

व्याख्या-ग्रन्थों की भाषा-शैली

सन् 12वीं शती से 15 शती तक लगभग तीन सौ वर्षों की अवधी में उक्त बताये गये समस्त टीकाकार तमिलनाडु के विभिन्न भागों में रहनेवाले थे। पेरियवाच्चान पिल्लै कुंबकोणम तथा मणवाल मामुनि रामनाथपुरम के थे। नम्जीयर का निवास स्थान मैसूर था। इन सभी टीकाकारों की भाषा शैली में एक

प्रकार का साम्य देखने को मिलता है। इनकी भाषा-शैली 'मणिप्रवाल शैली' थी। इन लेखकों ने अपने समय में प्रचलित सभी तमिल शब्दो का प्रयोग अपने टीका-ग्रन्थो में किया है।

तमिल-शब्दों के बीच, दर्शन से संबंधित संस्कृत शब्दों का भी प्रयोग किया है। संस्कृत ग्रन्थों से दृष्टान्तों को भी उद्धृत किया है।

भाष्यकाल

ऊपर बताये गये गये टीकाकारों का काल तमिल साहित्य के इतिहास में 'भाष्यकाल' नाम से पुकारा जाता है। इनकी मणिप्रवाल शैली के कारण तमिल कोष समृद्ध हुआ। भाष्यकारों से प्रयुक्त संस्कृत शब्दों से तमिल में नया एक वेग आया। संस्कृत विद्वानों की सहायता के बिना इन व्याख्या ग्रन्थों को पढ़कर समझना कठिन कार्य माना जाता है। इसलिये इन व्याख्या-ग्रन्थों के लिये भी नये व्याख्या-ग्रन्थ लिखे गये।

रामानुज संप्रदाय के वैष्णव आचार्य सब उक्त व्याख्या ग्रन्थों के विद्वान थे। उन्होंने इन व्याख्या-ग्रन्थों को अपने संप्रदाय में अधिक प्रधानता दी। इस प्रकार एक विस्तृत 'व्याख्या-साहित्य' तमिल साहित्य के इतिहास में उत्पन्न हुआ।

<u>व्याख्या-ग्रन्थों से प्राप्त हुई भलाईयाँ</u>

1. तमिलनाडुभर में आलवारों की कीर्ती फैली। उनके श्रेष्ठ दार्शनिक विचारों से अवगत होकर जनता के मन में आलवारों के प्रति श्रद्धा एवं भक्ति का भाव जागृत हुआ।
2. मणिप्रवाल शैली के कारण उत्तर के संस्कृत-विद्वान, आलवारों के दार्शनिक एवं भक्ति संबंधी विचारों से अवगत हुए।
3. तमिल में संस्कृत शब्दों के मिलावट के कारण, उसका अच्छा विकास हुआ।
4. भाष्य-ग्रन्थों के द्वारा आलवारों के दर्शन तथा भक्ति संबन्धी विचार भारत भर में फैले। इस प्रकार 'प्रबन्धम' भारत में प्रसिद्ध हुआ।
5. आलवारों के पदों को सुरक्षित रखने में भाष्य-ग्रन्थों ने सहायता की।

अध्याय 2

"श्रीमद्भागवत" भारतीय वैष्णव साहित्य का द्‌वितीय प्रेरणा स्रोत-ग्रन्थ

श्रीमद्भागवत पुराण की समीक्षा

तमिल के वैष्णव साहित्य को छोड़कर अन्य सभी भारतीय भाषाओं के वैष्णव भक्ति साहित्य पर श्रीमद्भागवत पुराण के प्रभाव को देखा जा सकता है।

'भागवत' के सृजन के पूर्व वैष्णव भक्ति-आन्दोलन, आलवार-युग में, तमिल प्रदेश में शुरू हो गया था।

नालायिर दिव्य प्रबन्धम के भक्ति एवं दार्शनिक विचारों से बनायी गयी वैष्णव भक्ति के आकर्षित तत्वों को, मध्यकालीन भारतीय वैष्णव साहित्य तक ले जाने वाले साधन के रूप में श्रीमद्भागवत ने काम किया।

वैष्णव भक्त के विकास में श्रीमद्भगवतगीता तथा श्रीमद्भागवत महापुराण के बीच में आलवारों के 'नालायिर दिव्य प्रबन्धम' का स्थान निर्धारित किया गया है। आलवारो का प्रबन्धम् भगवतगीता तथा भागवत पुराण को जुड़ाने वाले पुल के समान माना जाता है। श्री रामधारी सिंह दिनकर का कहना है-आलवारो के तमिल प्रबन्धम से वैष्णव भक्ति के तत्व भारत भर में फैले। प्रबन्धम के प्रभाव को भागवत पुराण पर भी देखा जा सकता है। वास्तव में भागवतम् प्रबन्धम के प्रभाव से लिखा गया है। प्रबन्धम को वैष्णव भक्ति-आन्दोलन का मूल ग्रन्थ माने जाने के कारण भागवतम् में बताया गया है कि दक्षिण में ही भक्ति का आर्विभाव हुआ।[1]

प्रबन्धम एवं भागवतम् के भक्ति एवं दार्शनिक तत्वों में अधिक समानता को देख सकते हैं।

प्रबन्धम् एवं भागवतम् के पूर्व लिखे गये संस्कृत के भक्ति-ग्रन्थों में निम्नलिखित भक्ति के तत्वों का प्रयोग कहीं नहीं हुआ है।

भक्ति की महिमा

भगवान के नामोच्चारण की महिमा

शरणागति या प्रपत्ति

सत्संग

वैराग्य,

गोपियों का भक्ति-भाव

---

1 संस्कृति के चार अध्याय-रामधारी सिंह दिनकर पृ. 298

श्रीकृष्ण की विभिन्न लीलायें

आलवारों के प्रबन्धम में उक्त प्रकार की भक्ति के तत्व सर्वप्रथम प्रयुक्त किये गये हैं।

भागवत पुराण में वर्णित माधुर्य भक्ति पर आलवारों की माधुर्य भक्ति के प्रभाव को देख सकते हैं। आलवारों की माधुर्य भक्ति और भागवतम् की रास-लीला का वर्णन-इन दोनों ने, मध्यकालीन भारत में कृष्ण-भक्ति रूपी बाढ़ को दोनों किनारों को छूकर, बहने दिया। इस प्रकार, प्रबन्धमम् एवं भागवतम् मध्यमकालीन भारतीय वैष्णव भक्ति साहित्य के सृजन के लिये, प्रेरणा-ग्रन्थ साबित होते हैं।

'भागवतम्' का रचना-काल

भागवत पुराण पर अधिक श्रद्धा एवं मर्यादा रखने वाले वैष्णव भक्त लोग उसे एक बहुत प्राचीन ग्रन्थ मानते हैं।

भागवतम् में तमिल प्रदेश के आलवारों की अधिक प्रशंसा की गयी है।

उनकी भक्ति-भावना की भी अधिक प्रशंसा हुई है।[1] इससे यह स्पष्ट होता है कि आलवारों के परवर्ती काल में भागवतम् लिखा गया था। बारह आलवारों का समय सन् ५वीं शती से ९वीं शती तक माना जाता। अतः अधिकांश विद्वानों की राय है कि भागवत पुराण सन् ९वीं शती में लिखा होगा।[2] एनसाइक्लोपीडिया ब्रिटानिका' नामक ग्रन्थ में लिखा गया है- "It can hardly have been written after 900A.D. and must be due to a community of Singers in the Tamil country." (4th Edition, Vol 12, Page 162)

डा. सिद्धेश्वर भट्टाचार्य नामक 'विद्वान का कहना है-"तमिल प्रदेश के आलवार भक्तों की रचनाओं के भक्ति एवं दार्शनिक विचार भागवतम् में संकलित किये गये हैं। उनके भावपूर्ण भक्ति का मिश्रण कर 'भागवतम्' लिखा गया है। प्रारंभ में भागवतम् कोई एक आकार में था; तमिल प्रदेश के आलवारों की भक्ति के विचारों के प्रभाव से उसे आज का आकार मिला है।[3]

श्रीमद्भागवतम् के सृजन के काल के संबंध में डा. फरकूहर का कहना है कि "The Bhagavata Purana is really a great work. Bhakti in this work is a surging emotion which chokes the speech, makes the tears flow and hair thrill with pleasurable excitement. It thus seems natural to conjecture that the Bhagavata was written about 900A.D. in the Tamil-country in some community of ascetics, belonging to the Bhagwata Sect who felt and gave expression to the Bhakti characteristic of the work.[4]

---

1 श्रीमद्भागवत - 11-5-38, 39, 40

2 (i) Vaishnavism and saivism- R.G. Bhandarkar- P. 49
(ii) Outline of Religious Literature of India-Farquhar p. 229.
(iii) Ancient Indian Historical Tradition, Pargiter. p. 30

3 Philosophy of Srimad Bhagvata-Siddheswar Bhattacharya, Part-I, Introduction P.XIV-XV

4 The Religious quest of India. Dr. J.N. Farquhar, P. 230-32

भागवतपुराण का रचयिता

आलवारों का युग लगभग सन् 850 में समाप्त हो जाता है। उसके पश्चात आचार्यों का युग प्रारंभ होता है। वैष्णव आचार्य, जिन्होंने प्रबन्धम् के महत्व को समझा था। उस पर मणिप्रवाल शैली में व्याख्या-ग्रंथ (भाष्यग्रन्थ) लिखने लगे।

इन भाष्य ग्रन्थों से आकर्षित होकर संस्कृत भाषा में विद्वता प्राप्त तमिल-प्रदेश के किसी एक कवि ने १०वीं शती के प्रारंभ में श्रीमद्भागवत पुराण की रचना की होगी। भावगतम् का रचयिता प्रबन्धम् के भक्ति-भावपूर्ण पदों से बहुत आकर्षित हुए थे। इसलिये उन भक्ति पूर्ण पदों के असर को हम भागवतम् में देख पाते हैं।

भागवतम् कोई एक अलग कवि द्वारा लिखा गया हैं। क्योंकि उसमें बताये गये विषय सब क्रमिक रूप से हैं और एक दूसरे से संबंधित भी हैं। इस में जो अंत साक्ष्य प्राप्त होते हैं उनसे यह साबित होता है कि भागवतम् तमिल प्रदेश में लिखा गया है। भागवतम् के रचयिता ने तमिल प्रदेश को ही द्रविड़ देश कहा है। उत्तर भारत के प्राकृतिक दृश्यों से बढ़कर दक्षिण भारत के दृश्यों का वर्णन भागवतम् में अधिक हुए हैं। प्रत्यक्ष रूप में देखे गये दृश्यों की भांति उत्तर भारत के दृश्य इसमें यथार्थ रूप में चित्रित नहीं किये गये हैं। पर्वत, गुफायें, नदियाँ, घने वन, ताड़ के वृक्ष आदि गोकुल से बढ़कर दक्षिण भारत में ही अधिक देखने को मिलते हैं। इनके अतिरिक्त दक्षिण भारत में पाये जानेवाले विभिन्न पुष्पों का वर्णन भागवतम् में किया गया है।[1] कवि जिन चीजों को प्रत्यक्ष देखता है उनका वर्णन ही अपनी रचनाओं से स्वभावत: करता है। इसलिये भागवत में किये गये विभिन्न चीजों एवं वस्तुओं के वर्णनों से स्पष्ट रूप से यह पता चलता है कि भागवतम् ख़ासकर तमिल प्रदेश में ही लिखा गया होगा।[2]

प्रबन्धम एवं भागवतम् में अद्भुत विचार-साम्य देखा जाता है। भागवतम् प्रबन्धम् का व्यवस्थित रूप है। मध्यकालीन भारतीय वैष्णव साहित्य के लिखे जाने के लिये प्रबन्धम् के जिन प्रधान तत्वों ने प्रेरणा-शक्ति के रूप में काम किया वे सब भागवतम् में भी पाये जाते हैं। इसलिये भागवतम् को तमिल को छोड़कर भारतीय वैष्णव साहित्य का द्विलीय मूल और आधारभूत ग्रन्थ कह सकते हैं।

प्रबन्धम के सभी पद किसी एक अलग आलवार द्वारा नहीं लिखे गये थे। वे सब विभिन्न कालों में, विभिन्न आलवारों द्वारा, भक्ति के आवेश में गाये गये हैं। लेकिन भागवतम एक अलग कवि द्वारा लिखे जाने के कारण, प्रबन्धम से बढ़कर वह अत्यन्त बढ़िया और सुन्दर बन पड़ा है। प्रबन्धम् में श्री कृष्ण की लीलायें क्रम से नहीं बतायी गयी हैं; भागवतम् में वे क्रमिक रूप से वर्णन की गयी हैं। प्रबन्धम मे भिखरे हुए भक्ति-तत्व, भागवतम् में शास्त्रीय ग्रन्थों के आधार पर विवेचन किये गये हैं। प्रबन्धम में यत्र-तत्र बताये गये भक्ति-तत्वो के आधार पर श्री रामानुज ने विशिष्ट द्वैतवाद सिद्धान्तों को बनाया था। प्रबन्धम् में बतायी गयी उपासना की पद्धतियां, भक्ति के प्रकार को एवं दार्शनिक विचारों को ध्यान में रखकर भागवतकार ने भागवत पुराण की रचना की। प्रबन्धम में नप्पिन्नै के नाम से राधा का चित्रण हुआ है। राधा-कृष्ण का प्रेम, उनकी प्रेम-क्रीडायें, रास-लीला इत्यादियो का

---

1 श्रीमद् भागवतम् 10, 20, 27 and 28

2 भागवतदर्शन डा. हरवंशलाल शर्मा पृ.84

वर्णन पहले से ही आलवारों द्वारा प्रबन्धम में किये गये हैं। इनके आधार पर आलवारों के पश्चात् लिखे गये भारतीय वैष्णव साहित्य में, राधा-कृष्ण की प्रेम-क्रीडायें वर्णित हुई हैं।

भागवतम् की महिमा

श्रीमद् भागवतम. वैष्णव साम्प्रदायिक ग्रन्थों में बहुत ही महत्वपूर्ण ग्रन्थ माना जाता है। जिस प्रकार खजाना अनेक अनूठे पदार्थों से भरा पड़ा रहता है उसी प्रकार भागवत पुराण भी कई विरले दार्शनिक विचारों से भरा पड़ा है। श्रृति और वेदों में पाये गये विषयों को साधारण जनता आसानी से समझ नहीं सकती।

सूक्ष्म दार्शनकि तत्व भागवतम् में सरल भाषा में इस ढंग से समझाये गये हैं, ताकि आम जनता भी उन्हें आसानी से समझ सके। आलवारों के प्रबन्धम् की भांति, वैष्णव धर्म के लिये, भागवतम् भी तत्वों से भरा हुआ खजाना है।

वेदों के भीतरी अर्थ को समझाने के लिये, विभिन्न नीति एवं तत्व संबन्धी कथायें, भागवतम् मे बतायी गयी हैं। भागवतम् मनुष्य समाज को मार्ग-दर्शन करानेवाला एक श्रेष्ठ दाशनिक ग्रन्थ है। भागवतम् जनता को ईश्वर की प्राप्ति का सरल-भक्ति-मार्ग सिखाता है। यह ग्रन्थ लोगों को समझाता है कि भगवान को समझना ही मनुष्य के जीवन का लक्ष्य है। पूरे ग्रन्थ में प्रभु की कीर्ति का गायन किया गया है। साहित्यिक सौन्दर्य से युक्त यह ग्रन्थ, पढ़नेवालों के मन में, आध्यात्मिक भावनाओं को जागृत करके, उनके मन में ज्ञान और वैराग्य को उत्पन्न करता है।

वेद और उपनिषदों की तुलना में भागवतम् एक पके हुए फल के समान माना जाता है।

जीने की कला की श्रेष्ठ पद्धति, ज्ञान, भक्ति आदि विषयों को समझाने के लिये भागवत के रचियता ने छोटी-छोटी कथाओं का प्रयोग भागवतम् में किया है। इनके द्वारा श्रेष्ठ धार्मिक सिद्धान्तों को उन्होंने समझाया है। ये कहानियाँ गुड से लेपित गोलियो का काम करती हैं।

भागवतम् में 18000 श्लोक, 332 अध्याय और 12 कांड हैं। भगवान विष्णु का गुण-गान करने के कारण यह ग्रन्थ भागवतम् कहलाता है। इस ग्रन्थ में सभी पुराणों का सारांश समाविष्ट है। ज्ञान से युक्त भक्ति का उपदेश यह ग्रन्थ देता है। भक्ति से ज्ञान को अलग नहीं किया जा सकता हैं। ज्ञान मिश्रित मिसरी नामक भक्ति ही भागवत ग्रन्थ है।

परमप्रभु का दर्शन सभी वस्तुओं और जीवराशियों में करना चाहिये; उसके शरण में पूर्ण रुप से चले जाना चाहिये। हमारे समस्त कार्य उस सर्वेश्वर के लिये होना चाहिये। यही मानव जाति के लिये भागवतम् द्वारा दिया जाने वाला उपदेश है।

भागवतम् के १०वीं अध्याय में श्री कृष्ण की समस्त लीलाओं का वर्णन किया गया है।

भागवतम् में बताये गये श्रेष्ठ भक्तों के गुण

सभी जीवराशियों में सर्वव्यापी प्रभु निवास करते हैं; चित् और अचित, चेतन और अचेतन सब सर्वेश्वर के अंग हैं; जो भक्त इस तथ्य को समझता है वहीं श्रेष्ठ भक्त माना जाता है। जो भक्त समस्त जीवों

में भगवान का दर्शन नहीं करता, केवल मंदिरों में प्रतिष्ठित मूर्तियों में ही ईश्वर का दर्शन करता है वह प्रारांभिक श्रेणी का भक्त समझा जाता है।

श्रेष्ठ भक्त इस संसार को ईश्वर की माया समझता है। वह अपनी भक्ति की क्षमता से जन्म और मृत्यु के चक्र से छुटकारा पाता है। साधु-सन्तलोग सुख-दुख, वृद्धावस्ता, रोग, मृत्यु आदि से विचलित नहीं होते।

कर्म के कारण होने वाला जन्म और मृत्यु, शरीर से संबंधित हैं। इन्द्रियाँ ही सुख और दुख का अनुभव करते हैं; आत्मा नहीं।

जो भक्त इस सत्य को अच्छी तरह जानता है वह इन दुनियादारी विषयों से अपने को अलग करके, भगवान के चिन्तन में सदा डुबा हुआ रहता है और परब्रहम से ऐक्य होने का प्रयत्न करता रहता है। धनवान होने पर भी सच्चा भक्त ईश्वर के कमल-चरणों को एक क्षण के लिये भी नहीं भूलता।

अत्यन्त कठिनाई से इकाड्ठित धन-दौलत, घर-द्वार, पत्नी-संतान, रिश्ते-नाते-इन सब से ठिकाऊ सुख प्राप्त नहीं होता। ये सब अस्थिर है।

ये सब आज रहेंगे; कल नहीं रहेंगे।

भगवान ने जो कुछ दिया है उससे तृप्त होकर श्रेष्ठ भक्त अपना जीवन बिताता है; वह भगवान के श्री चरणों में अपना भार उतारकर भक्ति एवं श्रद्धा के साथ अपना कर्तव्य करता है ओर माया के ऊपर विजय प्राप्त करने के प्रयत्न में लगा रहता है। वह सुख-दुखों को समान मानता है और सदा अपने चित्त को शान्त रखता है। सभी जीव राशियों में वह ईश्वर के अस्थित्व को देखता है और किसी भी जीव को हानि नहीं पहुँचाता। इस प्रकार एक वैष्णव भक्त भविष्य के संबन्ध में चिन्तित न होकर अच्छे आचार, व्यवहारों का अनुसरण करते हुए अपना जीवन बिताता है।

भागवत में चित्रित परब्रहम की विशिष्टतायें

ब्रहम सारे जगत की सृष्टि करता है; वह संहारकर्ता और रक्षक भी है। वहीं देह, इंद्रिय, मन, बुद्धि, प्राण आदि के संचालन के लिये आवयश्क शक्ति प्रदान करता है। परब्रहम के बारे में पूरी जानकारी प्राप्त करना मुश्किल है। "ऐसा नहीं है; ऐसा नही है; इस प्रकार 'नेति' 'नेति', कहकर वेदों में ब्रहम को समझाया गया है (वेद भी ब्रहम को पूर्ण रूप में समझाने में असमर्थ रह जाते हैं। ईश्वर की अपार शक्ति को अनुमान ही किया जा सकता है; उसकी शक्ति की व्याख्या पूर्ण रूप से नहीं की जा सकती।

ईश्वर कभी जनम् नहीं लेता। उसकी मृत्यु कभी नहीं होती; वह जन्म और मृत्यु से परे हैं। उसका आदि और अन्त नहीं। वह सगुण है और उसी समय निर्गुण भी है। वह पुष्प में सुगन्ध की भांति रहता है। वह सर्वशक्तिमान है। वह सृष्टि के पूर्व और सृष्टि के नाश के बाद भी जीवित रहता है।

भागवत में आत्मा का वर्णन

शरीर, मन, प्राण, बुद्धि आदि आत्मा नहीं हैं; आत्मा स्वयं प्रकाशक है। वह सदा प्रफुल्ल और पवित्र रहता हैं "तलवार उसे काट नहीं सकती; अग्नि उसे जला नहीं सकती; जल उसे भिगा नहीं सकता;

पवन उसे सुखा नहीं सकता; वह अविनाशी है और स्थिर है"-भगवतगीता में आत्मा के संबन्ध में उक्त विचार प्रकट किया गया है। वैष्णव संप्रदाय का कहना है कि भक्ति एवं प्रपत्ति का अनुकरण कर, आत्मा आसानी से परमात्मा की प्राप्ति कर सकता है। चेतन और अचेतन जड़ और अजड़, चर और अचर, सब की आत्मा परमात्मा है।

विविध वैष्णव संप्रदायों मे 'भागवत' का स्थान

मध्यकाल में (15वीं, 16वीं एवं 17वीं शती) वैष्णव भक्ति-आन्दोलन को देश भर में फैलाने में विविध वैष्णव संप्रदायो ने बड़ी सहायता की। दक्षिण के वैष्णव संप्रदाय एवं उत्तर के वैष्णव संप्रदायों के बीच घनिष्ट संबन्ध है।

उत्तर के वैष्णव संप्रदायों के लिये श्रमद भागवत पुराण ने मार्ग-दर्शन का काम किया। भागवत के प्रभाव से इन संप्रदायों में अधिक वैष्णव भक्ति-साहित्य का सृजन हुआ। ज्यों-ज्यों भागवत पुराण का प्रचार बढ़ता गया त्यों-त्यों वैष्णव धर्म भी देश भर में फैलने लगा। भागवत ग्रन्थ पर लिखे गये अनेक व्याख्या एवं अनूदित ग्रन्थों द्वारा इसकी महिमा का पता संसार भर में चला।

इस प्रकार आलवारों का 'नालायिर दिव्य प्रबन्धम' तथा 'श्रीमद् भागवत पुराण' ने वैष्णव भक्ति-आन्दोलन को देश भर में फैलाने में बड़ी प्रेरणा शक्ति का काम किया।

दक्षिण एवं उत्तर के वैष्णव संप्रदायों में श्रीमद्भागवत के लिये अत्यन्त महत्वपूर्ण स्थान दिया गया है। तमिलनाडु के श्री संप्रदाय में 'बडकलै' एवं 'तेनकलै' नामक दो शाखायें हैं। 'बडकलै' के वैष्णव भक्त लोग 'भागवत' को तथा 'तेनकलै' के भक्त लोग आलवारो के 'प्रबन्धम को अधिक प्रधानता देते हैं।

निंबार्क संप्रदाय में 'भागवत' के लिये श्रेष्ठ स्थान प्रदान किया गया है। इस संप्रदाय के अनेक आचार्यों ने रामलीला संबन्धी स्वारस्यपूर्ण व्याख्या प्रस्तुत की है। निवार्क संप्रदाय में प्रेमा भक्ति को अधिक प्रधानता प्रदान की गयी है। श्री कृष्ण के साथ राधा की उपासना के लिये भी इस संप्रदाय में अधिक महत्व दिया गया है। मध्व एवं चैतन्य संप्रदाय में भी भागवत को गौरवपूर्ण स्थान दिया गया है। भागवत के भीतरी सूक्ष्म विचारों एवं तत्वों को व्यक्त करने के वास्ते श्री मध्वाचार्य ने 'भागवत तात्पर्य निर्णय' नामक ग्रन्थ को लिखा।

वल्लम संप्रदाय के कारण उत्तर भारत में भागवत पुराण अत्यन्त प्रसिद्ध हुआ। वल्लभाचार्य ने भारत भर की यात्रा की और भागवत पुराण के तत्वो का प्रचार किया। उन्होंने कहा कि 'भागवत' वेदों का आभूषण है। इसी भागवत ग्रन्थ के आधार पर सूरदास ने अपने भक्ति-पदों की रचना की। उनका 'सूर सागर' हिन्दी साहित्य का प्रसिद्ध कृष्ण-भक्ति-काव्य माना जाता है। वल्लभ संप्रदाय में राधा को प्रमुख स्थान दिया गया है। इसी प्रकार राधावल्लम संप्रदाय तथा हरिदासी संप्रदाय में भी 'भागवत' को ऊंचा स्थान दिया गया है।

भागवत के दर्शन एवं भक्ति-तत्व उक्त बताये गये विविध संप्रदायों द्वारा उत्तर भारत भर में फैला। तमिल को छोड़कर भारतीय भाषाओं में मध्यकाल में वैष्णव साहित्य का सृजन होने के लिये भागवत

पुराण ने द्वितीय प्रेरणा श्रोत काव्य का काम किया। आलवारों का प्रबन्धम' प्रथम प्रेरणा स्रोत काव्य रहा।

भारतीय वैष्णव साहित्य और भागवत पुराण

'मध्यकालीन भारतीय वैष्णव साहित्य पर श्रीमद्भागवत पुराण का प्रभाव अधिक रहा'- इस तथ्य को कोई भी मना नहीं कर सकता। तमिल को छोड़कर अन्य भारतीय भाषाओं के वैष्णव साहित्य पर, भागवत के प्रभाव को, हम समान रूप से देख सकते हैं। भागवत पुराण ने भारतीय वैष्णव साहित्य के भक्ति एवं दार्शनिक विचारों में साम्य लाने का महत्वपूर्ण कार्य किया है।

तेलुगु वैष्णव साहित्य पर भागवत का प्रभाव

तेलुगु वैष्णव साहित्य को भागवत पुराण ने अत्यन्त प्रभावित किया है। तेलुगु का प्रसिद्ध कवि पोतना का अमर काव्य 'महाभागवत' तेलुगु वैष्णव साहित्य का बहुमूल्य रत्न माना जाता है। पोतना ने संस्कृत भागवत का अनुवाद तेलुगु में, पद्य के रूप में, किया है। अनूदित काव्य होने पर भी, कवि की कल्पना, विचार एवं काव्य-सौंदर्य से युक्त भाषा ने इसे एक महत्वपूर्ण ग्रन्थ बना दिया है। संस्कृत भागवत की तुलना में, पोताना भागवत का आकार बहुत बड़ा है। इस ग्रन्थ का दसम स्कन्ध, भक्ति-भावों से भरा पड़ा है। प्रहलाद चरित्र, गजेन्द्र-मोक्ष, वामनावतार, सुदामा चरित्र आदि का इसमें विस्तृत वर्णन किया गया है। अन्नमाचार्थ (सन् 1408-1503), वरदय्या (सन् 17वीं शती) आदि कवियों की कृतियों पर श्रीमद्भागवत के प्रभाव को स्पष्ट रूप से हम देख सकते हैं।

आजकल समस्त संसार का कृष्ण भक्ति आयोजन (ISKCON) अंग्रेजी एवं अन्य भारतीय भाषाओं में भागवत पुराण का अनुवाद कर दुनिया भर में भक्ति का प्रचार कर रहा है।

मलयालम वैष्णव साहित्य पर भागवत का प्रभाव

मलयालम भाषा में श्रीमद्भागवत पुराण के आधार पर पर्याप्त मात्रा में वैष्णव भक्ति साहित्य का सृजन हुआ है। निम्नलिखित मलयालम भक्त कवियों की रचनाओं पर भागवत महापुराण के असर को अधिक मात्रा में देख सकते हैं-

भागवत भारतीय वैष्णव साहित्य का द्वितीय प्रेरणा स्रोत-ग्रन्थ

राम पणिक्कर (सन् 14वीं शती)

चेरुच्चेरी नंबूतिरि (सन् 16वीं शती)

तुन्चत्तु एलुन्तच्चन (सन् 16वीं शती)

पून्तानम नंबूतिरि (सन् 17वीं शती)

तथा

कुंचन नंवियार (सन् 18वीं शती)

पून्तानम नंबूतिरि के 'कृष्णगानामृतम' नामक काव्य में भागवत पुराण के दसम स्कन्द के समस्त संभवों का वर्णन हुआ है।

भागवत पुराण के आधार पर लिखा गया चेरुच्चेरी का 'कृष्णगाथा' नामक काव्य, मलयालम कृष्ण भक्ति साहित्य का सुन्दर काव्य माना जाता है।

कन्नड वैष्णव भक्ति साहित्य पर भागवत का प्रभाव

मध्वमत के हरिदास-कवियों ने भागवत पुराण के आधार पर कन्नड भाषा में कृष्ण भक्ति काव्य का सृजन किया है। मध्वाचार्य के द्‌वैतमत के सिद्धान्तों का असर कन्नड वैष्णव भक्ति साहित्य पर पड़ा है। श्री पादराय (सन् 15वीं शती) का रुक्मिणी सत्यभामा विलास' भागवतपुराण के आधार पर लिखा गया है।

पुरन्दरदास के भक्ति-पदों मे भागवत पुराण में बतायी गयी नवधा भक्ति का वर्णन हुआ है। भागवत के दार्शनिक विचारों को पुरन्दरदास ने अपने भक्ति पदों में सुन्दर काव्यमयी भाषा में व्यक्त किया है। वात्सल्व भक्ति के वर्णन के लिये पुरन्दरदास अत्यन्त प्रसिद्ध हैं।

कनकदास ने अपना काव्य 'मोहन तरंगिनी' को भागवत पुराण के आधार पर लिखा है।

हरिदास-परंपरा के श्री प्रसन्न वेंकटदास ने अपने भजन के संकीर्तनों को छोड़कर श्रीमद्भागवत पुराण के दसम स्कन्द के प्रथम भाग का अनुवाद कन्नड भाषा मे किया है।

सन् 16वीं शती के साटू विट्ठलनाथ नामक कवि ने कन्नड भाषा में भागवत का रूपान्तर किया।

करनाटका में कृष्ण भक्ति का प्रचार करने में यह ग्रन्थ बहुत महत्वपूर्ण माना जाता है।

मराठी वैष्णव साहित्य पर भागवत का प्रभाव

मराठी भाषा में भी 'श्रीमद्भागवत' के आधार पर मराठी वैष्णव साहित्य का सृजन अधिक संख्या में हुआ। भागवत के 11वीं स्कन्ध के आधार पर, अधिक संख्या में, व्याख्या ग्रन्थ मराठी में लिखे गये। उनमें से 'उद्धवगीता' नामक टीका-ग्रन्थ महाराष्ट्रा में अधिक प्रसिद्ध है। सन 1308 में महानुभाव संप्रदाय का पट्टवारिकर नामक कवि ने इस व्याख्या-ग्रन्थ को लिखा था।

वारकरि संप्रदाय का प्रसिद्ध कवि एकनाथ ने सन् 1575 में भागवत के 11वीं स्कन्ध पर 'भागवतम्' नामक व्याख्या-ग्रन्थ मराठी में लिखा। महाराष्ट्रा में यह व्याख्या-ग्रन्थ 'नाद भागवत' के नाम से मशहूर है। सन् 16वीं शती के पश्चात् बारकरी संप्रदाय के परवर्ती वैष्णव भक्ति साहित्य का सृजन होने में, इस ग्रन्थ का बड़ा हाथ रहा है।

एकनाथ के पश्चात् 'भागवत' पर टीका ग्रन्थ लिखने वालों में शिवराम कवि, वामन पंडित (सन् 1608-1695), मोरोपन्त, शिव कल्याण कवि, आदि प्रधान माने जाते हैं। इनमें से मोरोपन्त का मंत्रभागवत' महाराष्ट्र में अत्यन्त विख्यात है।

गुजराती वैष्णव साहित्य पर श्रीमद्भागवत का प्रभाव

सन् 15वीं; 16वीं एवं 17वीं शतियो में लिखे गये गुजराती वैष्णव साहित्य पर श्रीमद्भागवत का प्रभाव अधिक रहा है। सन् 15वीं शती के गुजराती कवियों में बालन तथा भीम प्रधान माने जाते हैं। बालन कवि का 'दसमस्कन्ध' नामक ग्रन्थ, 'श्रीमद्भागवत' का अनूदित ग्रन्थ होने पर भी, गुजराती वैष्णव साहित्य में, अधिक प्रधान ग्रन्थ माना जाता है। भीम कवि का 'हरिलीला झोडसकला' श्रीमद्भागवत का सार माना जाता है।

सन् 16वीं शती के गुजराती वैष्णव भक्त कवि नरसी महेता, केशवदास, नागर आदि कवियों की कृतियों पर श्रीमद् भागवत का अधिक प्रभाव पड़ा है। गोविन्दगमन, दानलीला, सुदामा चरित, सुरत संग्राम, श्रृंगारमाला, बाल लीला आदि नरसी रचनायें श्रीमद्भागवत पुराण के आधार पर लिखी गयी हैं। केशवदास की प्रधान रचना 'कृष्ण क्रीड़ा काव्य' श्रीमद् भागवत के दसम स्कन्ध का अनूदित ग्रन्थ है।

बंगाली उडिया तथा असामी वैष्णव साहित्य पर भागवत का प्रभाव

सन् 16वीं शती के प्रसिद्ध जगन्नाथ कवि का 'उडिया भागवत' ओडिसा में बहुत प्रसिद्ध ग्रन्थ माना जाता है। पंचसखा कवियों द्वारा स्थापित उडिया वैष्णव संप्रदाय में, भगवान श्री कृष्ण जगन्नाथ का अंश माने जाते हैं।

ओडिसा के घर-घर में श्रीमद्भागवत पुराण का पारायण किया जाता है। श्रमिकों के बीच जगन्नाथ कवि का 'उडिया भागवत' अत्यन्त प्रसिद्ध है।

सन् 16वीं शती के चैतन्य महाप्रभु के व्यक्तित्व के प्रभाव से, उडिया भाषा में, अधिक संख्या में प्रेम-गीतों की रचना की गयी।

भक्त चरण दास नामक कवि का 'मधुर मंगल' नामक काव्य श्रीमद्भागवत के आधार पर, लिखा गया है।

चैतन्य महाप्रभु ने श्रीमद्भागवत को अधिक महत्व देकर, ओरिसा एवं बंगाल में, कृष्ण-भक्ति का प्रचार किया। चैतन्य संप्रदाय में श्रीमद्भागवत के लिये बहुत ऊँचा स्थान दिया गया है। उस संप्रदाय में राधा की उपासना के लिये अधिक मुख्यत्व दिया गया है। बंगाल के कवियों ने भागवत के आधार पर कृष्ण-लीला संबन्धी गीतों की रचना की है।

सन् 15वीं शती के मालातापसु नामक बंगाली कवि ने, 'श्रीकृष्ण विजय' नाम से, सर्वप्रथम श्रीमद्भागवत का अनुवाद बंगाली भाषा में किया। वह ग्रन्थ बंगाल में बहुत प्रसिद्ध है।

सन् 15वीं शती के शंकरदेव द्वारा असाम में महाधर्म संप्रदाय की स्थापना की गयी। इस संप्रदाय के लोग श्रीमद्भागवत के सिद्धान्तों का अनुसरण करते हैं। श्री वैकुण्ठ भट्ट देव ने (सन् 1558-1638) आसामी भाषा में गद्य में श्रीमद्भागवत ग्रन्थ लिखा। इसलिये वे 'भागवत भट्टाचार्य' नाम से प्रसिद्ध हुए।

इस प्रकार मध्यकाल में (15, 16 और 17वीं शती) भारतीय भाषाणों में वैष्णव साहित्य का सृजन होने के लिये श्रीमद्भागवत पुराण प्रेरणास्रोत ग्रन्थ रहा।

वैष्णव भक्ति-आन्दोलन को भारतीय जनता के आंदोलन के रूप में परिवर्तित करने में 'भागवत' एवं 'आलवारों के प्रबन्धम' का बहुत बड़ा योगदान रहा है। आलवारों के प्रबन्धम एवं श्रीमद्भागवत पुराण के प्रभाव के कारण मध्यमकालीन भारतीय वैष्णव साहित्य के भक्ति तथा दार्शनिक विचारों में अधिक साम्य दिखाई पड़ता है।

श्रीमद्भागवत की भक्ति एवं दार्शनिक विचार-धारा

श्रीमद्भागवत समस्त श्रुतियों का सार माना जाता है। इसके प्रारंभ, मध्य एवं अंत में, लोगों के मन में, वैराग्य भाव को जागृत करने वाली बहुत सी कथायें बतायी गयी हैं। श्रीमद्भागवत समस्त उपनिषदों का भी सार माना जाता है। वह जीवात्मा एवं परमात्मा को जुटाने वाला, एक अद्भुत दार्शनिक ग्रन्थ है। कैवल्य मोक्ष की प्राप्त कराना श्रीमद्भागवत् का प्रधान लक्ष्य है।[1]

परमात्मा के निर्गुण एवं सगुण-वर्णन श्रीमद्भागवत के 10वीं और 12वीं स्कन्ध में किया गया है। श्रीकृष्ण सगुण परब्रह्म के रूप में भागवत में चित्रित किये गये हैं।

वेद, उपनिषद, तथा भगवत गीता में बताये गये तथ्य परब्रह्म के प्रतिपादन के लिये प्रयुक्त किये गये हैं। इसीलिये प्रबन्धम तथा भागवत एक ही भक्ति एवं आध्यात्मिक विचारों का प्रचार करते हैं। अर्थात्, प्रबन्धम एवं भागवत के तात्विक विचारों में अद्भुत साम्य दिखायी पड़ता है। इसी कारण, इन दोनों ग्रन्थों की प्रेरणा से लिखे गये मध्यकालीन भारतीय वैष्णव साहित्य में व्यक्त किये गये भक्ति एवं दर्शन संबंधी विचारों में अधिक साम्य दिखायी पड़ता है।

सन् 13वीं शती के पश्चात वैष्णव भक्त आचार्य लोग, प्रबन्धम एवं भागवत के भक्ति एवं दार्शनिक विचारों से बहुत आकर्षित हुए। प्रबन्धम एवं भागवत के तात्विक सिद्धांतों के आधार पर, इन वैष्णव आचार्यों ने विविध वैष्णव संप्रदायों की स्थापना की और अपने-अपने संप्रदाय में भक्ति-पद्धति का निर्णय किया। इन संप्रदायों के आराध्य देव के रूप में भिन्नता होने पर भी, उसकी भक्ति-पद्धतियों में अधिक साम्य देखने को मिलता है।

श्रीमद्भागवत में भक्ति की महिमा का वर्णन

श्रीमद्भागवत में भक्ति की महिमा के बारे में सविस्तार बताया गया है। श्रीमद्भागवत् भगवान पर निष्काम भक्ति करने का उपदेश देता है। भगवत भक्ति से ज्ञान का उदय होता है। पापात्मा भगवद भक्ति से पवित्र बनता है। भक्ति के द्वारा हम पापों से छुटकारा पा सकते हैं। जिस प्रकार सूर्य ओस को मिटाता है उसी प्रकार भक्ति पापों का नाश करती है। भक्ति-मार्ग हित करने वाला राजमार्ग है।[2] भगवान पर भक्ति करने से अंतकरण पवित्र बनता है। अहंकार दूर होता है। दान, धर्म, तपस्या, योग

---

1 श्रीमद् भागवत - स्क12, अध्य13, श्लोक 11 एवं 12

2 श्रीमद् भागवत - 6-1-16

आदि करने से प्राप्त होने वाले वैकुण्ठ को, भक्त अपनी पवित्र भक्ति के द्वारा आसानी से प्राप्त करता है। कृष्ण परमात्मा भागवत में कहते हैं कि भक्त लोग स्वर्ग की प्राप्ति से बढ़कर भक्ति करते रहना ही अधिक पसन्द करते हैं।[1]

श्रीमद्भागवत में बताये गये भगवत नामोच्चारण की महिमा के बारे में

भगवान के नामोच्चारण की महिमा का वर्णन भागवत में सविस्तार किया गया है। भक्त लोग विश्वास करते हैं कि भगवद नाम रूपी नाव के द्वारा भवसागर को आसानी से पार कर सकते हैं। अजामिल की कथा में इसका प्रतिपादन किया गया है। जिस प्रकार दवा के गुण को जाने बिना उसे खाने से जो भलाई होती है, उसी प्रकार भगवद् नाम की महिमा को जाने बिना उस का उच्चारण करने से अच्छा फल प्राप्त होता है।[2] सदा-सर्वदा भगवान की कीर्ती का गान करने वाले के निकट प्रभु निवास करता है।[3] भगवान के नाम का उच्चारण न करने वाले मनुष्य का जीभ मेढ़क के जीभ के समान है।[4]

ईश्वर की स्तुति करना भक्ति का एक प्रधान अंश माना जाता ह। घोर कठिनाइयों से घिरे रहते समय, प्रभु के वात्सल्य गुण का गान करने से भक्त के मन को शान्ति मिलती है। भक्ति के उपायों में, भगवान का गुण-गान करना एक आवश्यक साधन माना जाता है।[5] प्रारंभ से अंत तक श्रीमद्भागवत, एक श्रेष्ठ स्तुति काव्य माना जाता है। आलावारों ने भी भगवान के असंख्य कल्याण-गुणों का गान करने का कारण उनका काव्य कीर्तिन काव्य माना जाता है।

श्रीमद्भागवत में बतायी गयी प्रपत्ति अथवा शरणागति की महिमा

शरणागति अथवा प्रपित के अंश निम्नप्रकार से हैं-

1. अपने किये हुए पाप-कर्मों को सोचकर चिन्तित होना
2. अपने कर्मों तथा दोषों को प्रभु के समक्ष प्रकट करना
3. भगवान को ही अपना आश्रय मानकर रहना
4. प्रभु के वात्सल्य गुण पर अतीत विश्वास रखना
5. अपने पापों को क्षमा करके, भवसागर से पार कराने की विनती करना तथा
6. आत्म समर्पण करके भगवान से आश्रय मांगना
7. भगवान की सेवा करना, उसके दिव्य नामों को जपना आदि मना

न किये जाने पर भी प्रपत्ति या शरणागति में उनको करने की जबरदस्ती नहीं।

---

1 वही 11-28-32, 34

2 श्रीमद् भागवत 6-2-19

3 वही, 10, 36-47

4 वही, 2-6-20

5 वही, 11-19-20

प्रतिफल की चाह रहित भक्ति ही प्रपत्ति है। श्रीमद्भागवत में इस प्रतिफल रहित भक्ति की महिमा का प्रतिपादन अनेक कथाओं द्वारा किया गया है।

इस शरणागति अथवा प्रपत्ति-तत्व खास करके, आलवारों के तमिल प्रबन्धम् की देन है। इस प्रपत्ति-तत्व ने भारतीय वैष्णव भक्त कवियों के मन को अत्यन्त आकर्षित किया है। इस तत्व के प्रभाव को हम उनकी कृतियों में सर्वत्र देख सकते हैं।

आत्मसमर्पण भक्त को भगवद् भक्ति में डूबे रहने के लिये अत्यन्त सहायता करती है। दूसरा कोई आश्रय न मिलने के कारण भक्त भगवान के आश्रय में आता है। अतः उसकी रक्षा करने का उत्तरदायित्व भगवान का होता है।

श्रीमद्भागवत में बतायी गयी गुरुभक्ति की महिमा

आध्यात्मिक साधना करने वाले भक्त को सही मार्ग दिखाने के लिये अच्छे गुरू की आवश्यकता पड़ती है। सगुण एवं निर्गुण उपासना करने वाले तथा हठयोगियों के लिए अपनी साधनाओं में मार्ग दिखाने के लिये गुरू की आवश्यकता को समझकर उनकी महिमा का गान किया है। साधक के आध्यात्मिक जीवन में गुरु मार्ग दर्शक का काम करता है। अज्ञान रूपी अंधकार को दूर करने के लिये गुरु ज्ञान रूपी दीपक का काम करता है। गुरु ईश्वर के समान होने के कारण, उन्हें साधारण मानव न समझना चाहिये।[1] तन, मन, धन, सर्वस्व गुरु को समर्पित करके एक सेवक की भांति रात-दिन उनकी सेवा करनी चाहिये। गुरु की सहायता के बिना, अपनी इच्छा से काम करने वाला साधक, नाविक रहित नाव में यात्रा करनेवाले वणिक की भांति आपत्ति में फंस जायेगा।[2]

श्रीमद्भागवत में सत्संग का वर्णन

आलवारों ने अपने भक्ति-पदों में सत्संग की प्रशंसा की है। भागवत में भी सत्संग की प्रशंसा की गयी है। ज्ञानियों के बीच रहते समय मन शान्ति एवं आनंद का अनुभव करता है। उनके उपदेशों का श्रवण करने से विषय वासनाओं का मोह दूर होता है। भक्तों की सेवा करने से एवं उनके दिखाये हुए मार्ग पर चलने से दैविक ज्ञान की उपलब्धी होती है। ज्ञानियों एवं साधु-सन्तों के बीच एक क्षण रहने से मिलने वाला आनंद, स्वर्ग में मिलने वाले आनंद से बड़ा माना जाता है।[3] सांसारिक माया से छुटकारा प्राप्त करने के लिये, सत्संग, राम-बाण के समान श्रेष्ठ औषद माना जाता है।[4] सत्संग जन्म-मरण नामक भयंकर रोग का निवारण करने वाले वैद्य के समान है।

तपस्या, योग, ज्ञान की भांति भक्ति तन्हाई में की जानेवाली साधना नहीं। भक्ति करने के लिये अनुकूल वातावरण की अपेक्षा है।

---

1 श्रीमद् भागवत् - 11-17-27

2 वही 10 87-3

3 श्रीमद् भागवत - 4-30-34, 37

4 वही, 3, 30-38

श्रीमद्भागवत में 'वैराग्य' का वर्णन

वैराग्य, भगवद्प्राप्ति के रास्ते में उपस्थिति होने वाले, अड़चनों का नाश करता है। धन, दौलत, रिश्ते, नाते, पति-पत्नी, बाल-बच्चे-इन पर रखे हुए मोह का नाश, वैराग्य करता है। मोह ही ईश्वर प्राप्ति के मार्ग में विघनों को उपस्थित करता है।

पंचेन्द्रियों को वश में रखकर उन पर विजय प्राप्त करना, स्त्रियों से दूर रहना, देह एवं संपत्ति की अनित्यता को समझना, आदि विषयों पर तमिल प्रबन्धम एवं श्रीमद्भागवत् जोर देता है।

जीव अपने नश्वर शरीर, संपत्ति, धन-दौलत, पत्नी, बाल-बच्चे, इन सब को शाश्वत एवं नित्य मानता है। बन्धन नामक मोह-जाल में फंसकर, अपने को बड़ा भाग्यवान मानता है। लेकिन अपने प्रयत्नों में हार खाकर, जब गरीबी उसे सताने लगती है तब वह अपनी पत्नी एवं बाल-बच्चों की रक्षा करने में असमर्थ होकर अपने को असहाय महसूस करता है।

विषय-वासना में डूबे हुए मानव की दयनीय दशा का वर्णन प्रबन्धम एवं भागवत में किया गया है। भगवत प्राप्ति के लिये प्रयत्न करने वाले साधकों के मन में प्रबन्धम् एवं भागवत वैराग्य भाव को जागृत करते हैं।

श्रीमद्भागवत में काम-भाव एवं मोह का चित्रण

आलवारों के तमिल-प्रबन्धम एवं श्रीमद्भागवत में बताया गया है कि काम वासना जीवों की सब से बड़ी बलहीनता हैं। महिला के रूप में रहने वाली माया अधिक शक्तिशाली है। काम योगियों के लिये नरग का द्‌वार माना जाता है। वह सूखे पत्तों से ढ़का हुआ मृत्यु-कुवां है।[1]

धन-दौलत, संपत्ति से मोह रहित रहना वैराग्य का प्रथम सोपान है। संपत्ति के कारण मानव विविध-पाप-कर्म करता है। अतः ईश्वर-प्राप्ति को चाहने वाले भक्त को सर्वप्रथम संपत्ति का त्याग करना चाहिये।

जब संपत्ति का नाश होने लगता है तब मनुष्य के मन में वैराग्य-भाव जागृत होता है। धन-दौलत के घमंड के कारण मानव के सत्वगुण का नाश होता है। घमंडीला धनवान भगवान के बारे में सोचता ही नहीं। अतः भक्त को संपत्ति के प्रति मोह न करना चाहिये। यह नश्वर शरीर ही भगवान की प्राप्ति का एकमात्र साधन है। मनुष्य-जन्म मिलना बहुत कठिन है; अतः मनुष्य को मृत्यु के पूर्व ईश्वर-प्राप्ति के प्रयत्न में अपना जीवन बिताना चाहिये। अनेक योनियों में जन्म लेने के पश्चात इस अपूर्व मानव-जन्म की प्राप्ति होती है; उसे सुख-भोगों का अनुभव करने में व्यर्थ न खोना चाहिये।

श्रीमद्भागवत में नवधा भक्ति का वर्णन

भक्त की साधना के अनुसार भक्ति नौ प्रकार की मानी जाती है। इस नवधा भक्ति के अन्तर्गत श्रवण, कीर्तन, स्मरण, पादसेवन, अर्चना, वन्दना, दास्य, सख्य और आत्मनिवेदन भक्ति आ जाती है।[2]

---

1 श्रीमद् भागवत - 3-31-42

2 श्रीमद् भागवत - 11-23-23

श्रवण, कीर्तन, स्मरण-ये प्रथम तीन प्रकार की भक्तियाँ भक्त के मन में ईश्वर के प्रति श्रद्धा एवं विश्वास को जागृत करने में सहायता करती हैं।

पादसेवन, अर्चना, वन्दना- ये द्‌वितीय तीन प्रकार की भक्तियाँ ईश्वर की सेवा करने के साधन माने जाते हैं।

दास्य, सख्य, आत्म निवेदन- ये तृतीय तीन प्रकार की भक्तियाँ, प्रभु के साथ रिश्ता जोड़कर, उससे प्रेम करने के साधन मानी जाती है। ये तीनों भक्तियाँ भावपूर्ण हैं। ईश्वर के प्रति भक्त के गहरे प्रेम का पता इन तीन प्रकार की भक्तियों के द्‌वारा चलता है। भक्त की भक्ति के विकास में आत्म-निवेदन भक्ति के द्‌वारा साधक भक्ति की चरम सीमा पर पहुँच जाता है। रागात्मिका भक्ति, आत्मनिवेदन अथवा आत्म-समर्पण में, पूर्णता को प्राप्त करती है। आत्म-निवेदन भक्ति में प्रपत्ति अथवा शरणागति तत्व को प्रधानता दी जाती है।

आलवार भक्तों ने अपने भक्ति-पदों में, इन नवधा भक्तियों को प्रधानता दी है। तमिल प्रबन्धम् तथा भागवत का अनुकरण करके, परवर्ती भारतीय वैष्णव भक्त कवियों ने नवधा भक्ति की प्रशंसा अपनी रचनाओं में की है।

भागवत में बतायी गयी नवधा भक्ति की व्याख्या

श्रवण भक्ति

परब्रह्म के गुण, यश, लीलाओं को भक्ति एवं श्रद्धा के साथ सुनना और सुनाना श्रवण भक्ति कहलाती है। भगवान के दिव्य चरित को सुनने से मन शान्ति एवं आनंद का अनुभव करता है। भगवान के अद्भुगत गुणों की महिमा का श्रवण करने से निम्नकुल के लोगों को भी मुक्ति मिलती है। प्रभु के दिव्य नाम एवं उसकी लीलाओं को सुनने और सुनाने से भक्त को संकटों से छुटकारा मिलती है। वह भगवद् अनुभव में डूब जाता है।[1]

कीर्तना भक्ति

भक्ति एवं श्रद्धा से ऊँचे स्वर में भगवान की महिमा, गुण एवं लीलाओं का गान करना कीर्तना भक्ति कहलाती है। भक्त के कीर्तनों को सुनते ही प्रभु उसके निमंत्रण को स्वीकार करके उसके अंतःकरण में प्रवेश कर देते है। इस प्रकार कीर्तन की महिमा भागवत में विस्तृत रूप से बताया गया है।[2]

परवर्ती काल में लिखा गया भारतीय कृष्ण-काव्य एक प्रकार से कीर्तन-काव्य ही है। सस्वर गाये-जाने वाले कीर्तन आत्मा को भक्ति में डुबो देता है।

---

1 श्रीमद् भागवत 49, 30, 3-7, 14

2 श्रीमद् भागवत 1 6 34

स्मरण-भक्ति

सदा-सर्वदा हरि-ध्यान में मग्न रहना स्मरण-भक्ति कहलाती है। जो भक्त प्रभु के दिव्यनाम एवं उसके स्वरूप का चिन्तन एवं कीर्तन करता रहता है उसे जन्म-मरण रूपी चक्र से छुटकारा मिल जाता है। हरि-स्मरण भक्त के क्लेशों को दूर करने वाला दिव्य मंत्र माना जाता है।[1]

पादसेवन-भक्ति

भगवान के श्रीचरण, भव सागर को पार कराने वाले नौका के समान है। प्रभु के चरणों का स्पर्श करने से भक्त को आसानी से परमपद की प्राप्ति हो जाती है। भगवान के पाद-कमलों की उपासना करने वाले भक्त को, यह भवसागर गोवत्स पद-चिन्ह के बराबर है। प्रभु के श्री-चरणों की सेवा करके वह आसानी से परमपद को प्राप्त कर लेता है।[2]

अर्चना भक्ति

भगवान के पाद कमलों को पुष्पों से अर्चना करने वाले भक्त को समस्त संपत्ति, योग-सिद्धि एवं मुक्ति की प्राप्त होगी।[3]

वन्दना भक्ति

भक्ति एवं श्रद्धा से भक्त अपने दोनों करों को ऊपर उठाकर अपने उपास्य देव की वन्दना एवं आराधना करता है। वह कभी पागल की भांति ऊँचे स्वर से भगवान को बुलाने लगता है। कभी वह प्रभु की माया को सोचकर हँसता है; कभी वह सिसक-सिसककर रोने लगता है। कभी वह अपनी भीतरी आँखों से भगवान के दिव्यस्वरूप को निहारकर हर्ष के मारे उछलने, कूदने और गाने लगता है।[4]

दास्य, सख्य तथा आत्मनिवेदन भक्ति

इन तीनों प्रकार की भक्ति संबंधी वर्णन तमिल प्रबन्धम् तथा श्रीमद् भागवत में सविस्तार किया गया है। परवर्ती भारतीय वैष्णव भक्ति साहित्य में इस नवधा भक्ति के प्रभाव को हम देख सकते हैं। अर्थात् नवधा भक्ति का वर्णन भारतीय वैष्णव कवियों ने अपनी रचनाओं में किया है। तमिल प्रबन्धम एवं भागवत में वर्णित कृष्ण की विविध लीलायें, उनका दैविक सौन्दर्य, गोपियों का निष्काम प्रेम आदि विषयों से प्रेरित होकर परवर्ती वैष्णव भक्त कवियों ने उक्त विषयों का विस्तृत वर्णन अपने काव्यों में किया है।

---

1 वही, 10-2-37

2 वही, 10-14-58

3 वही- 10-9-19

4 श्रीमद् भागवत- 10-2-39 एवं 40

निम्नलिखित विषयों का वर्णन तमिल प्रबन्धम एवं भागवत पुराण में विस्तृत रूप से किया गया है-

1. गोकुल में कृष्ण जयन्ती उत्सव
2. पूतना, तृनावर्धन आदि असुरों का वध
3. माखन-चोरी
4. कालिंग नृत्य
5. गोपियों के वस्त्रों को चुराना
6. रास-लीला
7. कंस का वध
8. श्री कृष्ण-सुदामा-मिलन आदि

परवर्ती भारतीय वैष्णव भक्त कवियों ने भी उक्त विषयों से प्रेरित होकर उनका वर्णन अपनी रचनाओं में सविस्तार किया है।

श्रीमद्भागवत् में परब्रहम तत्व का चित्रण

आलवारों के प्रबन्धम एवं भागवत में श्रीकृष्ण परब्रहम के रूप में चित्रित किये गये है। श्रीकृष्ण को मानव के रूप में जीवित परब्रहम कहा गया है। प्रबन्धम तथा भागवत में भी श्री कृष्ण और श्री राम एक ही परब्रहम के दो रूप माने गये हैं। परवर्ती वैष्णव भक्त कवियों ने भी राम और कृष्ण को एक ही परब्रहम के रूप में चित्रित किया है।

श्रीमद्भगवत में गोपियों का प्रेम-तत्व

कृष्ण एवं गोपियों के बीच का प्रेम भारतीय वैष्णव भक्ति साहित्य का मेरूदण्ड माना जाता है। गोपियों ने माधुर्य भक्ति से श्री कृष्ण की उपासना की थीं। भक्ति शास्त्रों में माधुर्य भक्ति को श्रेष्ठ स्थान दिया गया है। यह माधुर्य रस लौकिक नहीं अलौकिक है। वह देह से संबंधित नहीं; आत्मा से संबंधित है। वह आत्मा को परमानंद प्रदान करनेवाला है। माधुर्य भक्ति में भक्ति के समस्त भावों का समावेश हो जाता है।

श्रीमद्भागवत की रास-लीला तथा मुरली-गान का भीतरी अर्थ

माखन-चोरी,गोपियों के वस्त्रों को चुराना, मुरली-गान, रास-क्रीडा प्रभृति श्री कृष्ण की विविध लीलाओं के लिये श्रीमद्भागवत में दार्शनिक अर्थ प्रदान किया गया है।

श्रीकृष्ण की मुरली-गान गोपियों को उनकी ओर आकर्षित करके खींचती है; इस अलौकिक आकर्षण को कोई भी रोक नहीं सकता। अपना घर छोड़कर बाहर आने में उन्हें किंचित भी भय अथवा हिचकिचाहट नहीं होती। उनके पति भी उन्हें रोकने में असमर्थ हैं। कृष्ण की वेणु-गान सुनने मात्र में ही उनकी आत्मा में एक प्रकार की चेतना एवं जागृति उत्पन्न हो जाती है।

कृष्ण के प्रति गोपियों का प्रेम मानवीय प्रेम नहीं; वह दैविक प्रेम है। वह परमात्मा और जीवात्मा को ऐक्य कराने वाला प्रेम है। वह इन्द्रियो का संगम नहीं; वह परमात्मा में जीवात्मा के संगम की दशा है, वह परमानंद की दशा है। वह परमात्मा से जीवात्मा का ऐक्य होने का वैभव है।

श्रीमद्भागवत की रास-लीला, माधुर्य भक्ति के श्रेष्ठ भक्तिभाव, आत्मसमर्पण तथा शरणागति-तत्व को समझाती है। गोपियाँ रास-लीला के इस रहस्य को भली भांति समझती थीं। कृष्ण के प्रति गोपियों का प्रेम,देह-सुख से संबधित नही, वह एक श्रेष्ठ प्रेम है। ईश्वर के साथ ऐक्य होने की समाधि-दशा को गोपियों ने अनुभव किया।

माधुर्य भक्ति नवधा भक्ति का शिखर माना जाता है। परिशुद्ध एवं पवित्र प्रेम मात्र से ही प्रभु से ऐक्य होने की दशा का अनुभव किया जा सकता है। इस प्रेम में 'शरीर-ऐक्य के लिये कोई स्थान नहीं। रोजाने सांसारिक कार्यों को भूलकर, कृष्ण के प्रेम में ही गोपियाँ डूबे रहने के कारण, उनका मन कृष्णमय हो गया था। उनके मन में काम-सुख की इच्छा किंचित भी नहीं थी। उन्होंने कृष्ण को परब्रह्म का चलता-फिरता मानव रूप समझा।

श्रीमद्भागवत में भ्रमर-गीत का तत्व

भागवत का 'भ्रमरगीत' गोपियों के गहरे प्रेम एवं विरह दुख के लिये प्रसिद्ध है। उद्धवने गोपियों को निर्गुण ब्रहम की उपासना करने का उपदेश दिया। गोपियों ने निरूपित किया कि निर्गुण उपासना से सगुण उपासना ही श्रेष्ठ है। भागवत का यह भ्रमरगीत, परवर्ती वैष्णव भक्त कवियों को 'भ्रमरगीत काव्य' की रचना करने का प्रेरणा स्रोत काव्य रहा। भागवत के 'भ्रमर-गीत' के आधार पर उन्होंने अपनी कल्पना-शक्ति द्वारा भ्रमर गीत-काव्य को अत्यन्त सुन्दर बनाया।

श्रीमद्भागवत में चित्रित कृष्णावतार का लक्ष्य

जब-जब अधर्म अपना सिर उठाने लगते हैं, मानव-समुदाय में कलह धबराहट, अस्त व्यस्त, हलचल, गडबड़ी उत्पन्न होने लगते हैं, गलत मार्ग पर, बुरे कार्य किये जाने लगते हैं, स्वार्थ तथा कठौर दिलवाले मनुष्यों द्वारा समुदाय डगमगाने लगता है, तब तब भगवान अनेक रूपों में अवतार लेकर दुनियाँ में धर्म की स्थापना करते हैं ताकि मानव शांतिपूर्ण जीवन बिता सके।

संसार नाश-मार्ग पर अग्रसर होते समय श्रीकृष्ण ने पूर्णावतार के रूप में इस धरती पर जन्म लिया। उनके अद्भुत कार्य तथा उपदेशों ने लोगों के मन में आध्यात्म्कि भाव को जागृत किया। इस अवतार में सर्वशक्तिमान ईश्वर ने अपने को अति अद्भुत ढंग से पूर्ण रूप से प्रकट किया है। इस के पूर्व, उन्होंने जो अवतार लिये थे वे सब कोई न कोई एक खास कार्य को निभाने के लिये हुए थे। लेकिन कृष्णावतार अनेक कार्यों को निभाने के लिये हुआ था। अतः कृष्णावतार पुर्ण अवतार माना जाता है।

कृष्णावतार में भगवान ने अनेक पात्रो का रूप धारण किया है। शिशु एवं बाल पर्व में उन्होंने विविध अद्भुत कार्यों को करके दिखाया; माता यशोदा को अपने मुंह में सारे जगत को दिखाया; नंदगोपाल के यहाँ गायों को चराने का कृष्ण ने काम किया; वेणु-गान के द्वारा गोपियों के मन में आध्यात्मिक ज्ञान को जगाया; उनके साथ रास-क्रीडा की; लीला पुरुषोत्तम के रूप में अनेक कार्यों को किया;

पांडवों के साथ रहकर, युद्ध भूमि में अर्जुन के रथ को चलाया; ज्ञानी बनकर उसे गीता उपदेश दिया; गोपियों के लिये वे प्रेम-देवता बनकर रहे; योगी एवं भक्तों के लिये निर्गुण एवं सगुण ब्रहम बनकर रहे; कंस के लिये यम बनकर रहे; वे प्रपंच के आत्मा हैं; वे ही श्रीमन नारायण हैं; अपने आपकों दुनिया वालों के लिये परिचित कराने के वास्ते वासुदेव एवं देवकी के पुत्र के रूप में इस धरती पर उस परबह्म नारायण ने अवतार लिया था।

रामावतार का उद्देश्य

भगवान श्री मन नारायाण रामावतार में, श्रेष्ठ पुरुषोत्तम के रूप में, आज्ञाकारी पुत्र के रूप में, भ्रातुओं से प्रेम करने वाले अग्रज के रूप में आदर्श मित्र के रूप में, प्रजा का हित चाहने वाले नरेश के रूप में, अपने आश्रय में आनेवालों की रक्षा करने वाले रक्षक के रूप में, अपने आदर्श गुण एवं सिद्धान्तों से मानव समुदाय का मार्ग-दर्शक के रूप में, रावण के लिये यम के रूप में, आदर्श पति, मित्र, सहोदर, शत्रु के रूप में, इस भूलोक पर जीवन बिताकर श्रीराम ने अपने नाम को कायम किया था।

विविध युगों में लोगों की ईश्वर की आराधना

सत्य (कृता) युग में लोगों ने शत्रुता, एवं द्वेष भाव रहित शान्तिपूर्ण जीवन बिताया। वे सबको मित्र और समान मानते थे। इन्द्रियों को अपने वश में करके तपस्या, ध्यान एवं स्मरण द्वारा वे सर्वव्यापी भगवान की उपासना करते थे। उस युग में आदिअंत रहित ब्रहम, ईश्वर, योगेश्वर, अमलन, अव्यक्त आदि नामों से बुलाये जाते थे।

त्रेतायुग

त्रेतायुग में ईश्वर, यज्ञेश्वर के रूप में उपासना किये जाते थे। वेदाध्ययन, याग, यज्ञ द्वारा लोग इस युग में प्रभु की प्राप्ति करना चाहते थे और सत्य-मार्ग का अनुकरण करके जीवन बिताते थे। इस युग में ईश्वर, हरि, विष्णु, यज्ञन आदि नामों से बुलाये जाते थे।

द्वापरयुग

द्वापरयुग में लोग ईश्वर को नारायण, पूर्ण पुरुष, प्रपंच नायक, सर्वव्यापी, अन्तर्यामी आदि नामों से पुकारते थे और उसका गुणगान करके अपना जीवन बिताते थे।

कलियुग

इस युम में, लोग, आराधना करनेवालों के रक्षक के रूप में, ईश्वर को मानते हैं,। उस परम पुरुष के पाद-कमलों को भवसागर को पार कराने वाले नौका के रूप में, भक्त लोग मानते हैं।

साधुसन्त एवं ज्ञानियों का कहना है कि उक्त चारों युगों में कलियुग ही श्रेष्ठ है। क्योंकि इस युग में, तपस्या, योग, यज्ञ आदि से शरीर को कष्ट न देकर, प्रभु का नामोच्चारण एवं यश-गान करने मात्र से ही भक्त को आत्मानुभूति एवं मुक्ति की प्राप्ति हो जाती है। इससे बढ़कर आसान एवं सरल मार्ग अन्य तीन युगों में (सत्य, त्रेता एवं द्वापर युग) नहीं रहे।

लौकिक बन्धन एवं भवसागर से छुटकारा पाने के लिये, आत्मज्ञान की अपेक्षा है। भगवान के पाद कमलों का आश्रय लेकर भक्त आसानी से जन्म-मरण के आवागमण नामक चक्र से छुटकारा प्राप्त कर लेता है।

कलियुग में भक्ति एवं श्रद्धा से प्रभु की उपासना करनेवालों का पाप नष्ट होता है; उनका मन परिशुद्ध होकर, वे नित्यानंद का अनुभव करने लगते हैं; वे सांसारिक माया से छुटकारा प्राप्त करते हैं; मुक्ति-दुनिया अथवा परपपद की प्राप्ति करते हैं।

स्थायी एवं अविनाशी परब्रहम इस धर्ती पर धर्म की रक्षा करने के लिये, अपनी दैविक प्रकृति को छिपाकर मानव के रूप में अवतार लेते हैं। बुरे लोगों का संहार करके, भले लोगों की रक्षा करते हैं।

अध्याय 3

भारतीय वैष्णव साहित्य का प्रथम प्रेरणा स्रोत ग्रन्थ नालायिर दिव्य प्रबन्धम नामक तमिल वैष्णव साहित्य

भारतीय साहित्य के विकास होने में आलवारों की रचना 'नालायिर दिव्य प्रबन्धम्' ने मूल आधार ग्रन्थ के रूप में काम किया है।

द्वादस आलवार

'नालायिर दिव्य प्रबन्धम्' के भक्ति-पदों के रचियता वैष्णव भक्त कवि, साधारणतया तमिल में 'आलवार' कहलाते हैं। इन बारह आलवारोंकी रचनाओं का संकलन 'नालारिय दिव्य प्रबन्धम्' के नाम से तमिलनाडु में प्रसिद्ध है। 'प्रबन्धम्' में 'आलवार' नामक शब्द कहीं भी प्रयोग नहीं किया गया हैं। नम्मालवार की रचनाओं में 'अडियारगल' नामक शब्द वैष्णव भक्तों के लिये प्रयोग किया गया है।

आलवार शब्द परवर्ती काल में लोगों के बीच विख्यात हुआ।

भगवत् भक्ति में डूबकर उनपर अधिकार चलाने वालों को तमिल में 'आलवार' कहते हैं। द्वादस आलवारो में किसी ने भी अपने पदों में अपने समय की परिस्थितियों के बारे मे कुछ भी नहीं बताया है।

सन् 5वीं शती से 9वीं शती तक का काल साधारणतया आलवारों का काल माना जाता है।

भारतीय वैष्णव साहित्य का प्रथम प्रेरणा स्रोत ग्रन्थ नालायिर दिव्य प्रबन्धम श्री वैदान्त देशिक नामक वैष्णव आचार्य ने आलवारो का क्रम निम्न प्रकार से बताया है। तमिल और संस्कृत में प्रयुक्त इन बारह आलवारों के नाम नीचे दिये जा रहे हैं।

क्रम	आलवारों का तमिल नाम	उनका संस्कृत नाम
1.	पोय्कैयालवार	सरोयोगी
2.	भूतत्तालवार	भूतयोगी
3.	पेयालवार	महायोगी, भ्रान्त योगी
4.	तिरुमलिशैयालवार	भक्तिसार
5.	नम्मालवार	शडगोप
6.	मधुरकवियालवार	मधुरकवि
7.	कुलशेखरालवार	कुलशेखर
8.	पेरियालवार	विष्णुचित्तर

9.	आण्डाल	गोदा
10.	तोण्डरडिप्पोडियालवार	भक्ताम् घ्रेणु
11.	तिरुप्पाणालवार	योगवाहन
12.	तिरुमगैयालवार	परकालन

इस क्रमानुसार प्रथम तीन आलवार प्राचीन काल के माने जाते हैं (पोयकै, भूतम्, पेंय)

इनके पश्चात् आनेवाले पाँच आलवार मध्यकालीन माने जाते है (तिरुमलिशै, नम्मालवार, मधुरकवि, कुलशेखर, पेरियालवार)

शैष चार आलवार अंतिम कालीन माने जाते हैं- (आण्डाल, तोण्डरडिप्पोडि, तिरुप्पाण, तिरुमंगै)

उक्त बारह आलवारों की मातृभाषा तमिल थी। ये सब तमिलनाडु में अपने तमिल-नाम से विख्यात थे।

आलवारों की रचना 'नालायिर दिव्य प्रबन्धम'

बारह आलवारों द्वारा रचित भक्ति पद उनके समय में इकट्ठे नहीं किये गये थे। उन्होंने अपनी रचनाओं के लिये कोई नाम भी नहीं दिया था।

आलवारों के भक्ति पद अनेक शताब्दियों तक भक्त जनों से गाये जाते रहे; इसलिये उनका नाश नहीं हुआ था। दूसरे शब्दों में कहें तो वे मौखिक रूप में जीवित थे। बहुत गीत गाये न जाने के कारण कालान्तर में नष्ट हो गये।

नायमुनि

सन् 9वीं शती के अंतिम भाग में श्री नायमुनि नामक एक वैष्णव आचार्य ने अत्यन्त श्रम उठाकर बारह आलवारों के भक्ति-पदों को इकट्ठा किया और उन्हें 'नालायिर दिव्य प्रबन्धम' नामक ग्रन्थ के नाम से संकलित किया।

श्री रामानुज के जीवन काल में उनका एक शिष्य अमुदन ने अपने गुरु की प्रशंसा में रचित 108 अन्तादि पदों को 'रामानुज नूट्रन्तादि' नाम से 'नालायिर दिव्य प्रबन्धम' में मिलाया। प्रबन्धम में

संकलित कुल पदों की संख्या 4000/- है। प्रबन्धम में संकलित द्वादश आलवारों की कृतियों के नाम और उन कृतियों के पदों की संख्या निम्न प्रकार से हैं-

प्राचीन काल के प्रथम तीन आलवार

	नाम	कृतियों का नाम	पदों की संख्या
1.	पोय्कैयालवार	प्रथमतिरुवन्तादि	100
2.	भूतत्तालवार	द्वितीय तिरुवन्तादि	100
3.	पेयालवार	तृतीय तिरुवन्तादि	100

मध्यकालीन पाँच आलवार

1.	तिरुमलिशै	1) नानमुकन तिरुवन्तादि	96
		2) तिरुच्चन्द विरुत्तम	120
2.	नम्मालवार	1) तिरुविरुत्तम	100
		2) तिस्वाचिरियम	7
		3) पेरिय तिरुवन्तादि	87
		4) तिरुवायमोलि	1102
3.	कुलशखेरालवार	पेरुमालतिरुमोलि	105
4.	तिरुमंगै	1) पेरिय तिरुमोलि	1084
		2) तिरुक्कुरुनतांडकम	20
		3) तिरुनेडुंताण्डकम	30
		4) पेरिय तिरुमडल	78
		5) चिरिय तिरुमडल	40
		6) तिरुवेलुक्कूट्रिरुक्कै	1
5.	तोण्डरडिप्पोडि	1) तिरुप्पल्लियेलुच्चि	10
		2) तिरुमालै	45

अंतिम कालीन चार आलवार

1.	तिरुप्पाणालवार	अमलनादिपिरान	10
2.	पेरियालवार	1) तिरुप्पल्लांडु	461
		2) तिरुमोलि	12

3.	आण्डाल	1) नाच्चियार तिरुमोलि	143
		2) तिरुप्पावै	30
4.	मधुरकवि	1) कण्णिणुन चिरुत्तांबु	11
5)	अमुदन	रामानुज नूट्रन्तादि	108
कुल पदों की संख्या			**4000**

द्वादस आलवारों का जीवन वृत्त, तथा उनकी रचनायें तथा उनमें बताये गये विचारों का विवरण नीचे प्रस्तुत किये जाते हैं

पोय्यकैयालवार

(पोयकैथालवार सन् 5वीं अथवा 6वीं शती)

पोय्कैयालवार के जीवन-वृत्त संबन्धी समाचार अधिक प्राप्त नहीं हुए हैं। बचपन से बड़े विष्णु-भक्त थे और इनका मन कृष्ण की लीलाओं एवं विष्णुपुराण की कथाओं का श्रवण करने में अधिक लगता था।

पोय्कैयालवार बड़े ज्ञानी थे और तीर्थ स्थलों की यात्रा करते हुए वैष्णव भक्ति का प्रचार करते थे। एक ही स्थान में न ठहरकर अनेक स्थानों में घूमा करते थे। अन्य आलवारों की भांति इन्होंने दूसरे धर्मा का खंडन नहीं किया। सदा सर्वदा, ये भगवान के चिन्तन में डूबे रहते थे। परतर्वी नम्मालवार तथा तिरुमंगैथालवार ने इनकी भक्ति की महानता की प्रशंसा की है। कान्चिपुरम के तिरुवेक्का नामक सरोवर में पोयकै का जन्म होने के कारण ये 'पोय्कैयालवार' के नाम से प्रसिद्ध हुए।

पोय्कै की रचनायें

पोय्कै की रचना 'प्रथम् तिरुवन्तादि' नामक ग्रन्थ में 'अन्तादि' नामक तमिल छंद में रचे गये, एक सौ भक्ति-पदों का संकलन हुआ है। सर्वप्रथम 'अन्तादि' छन्द में इनके पद लिखे जाने के कारण, इनकी कृति 'प्रथम तिरुवन्तादि' कहलाती हैं। पोय्कै ने अपने आध्यात्मिक विचारों को इसमें व्यक्त किया है। इनके पदों की शब्दावालियों में संगीतत्व का गुण पाया जाता है।

पोय्यकैयालवार का कहना है कि पंच इन्द्रियों को अपने वश में रखने वाले श्रेष्ठ भक्त लोग ही परब्रह्म का साक्षत्कार कर सकते हैं। अपने एक पद में वे कहते हैं-"मेरा मुंह सिर्फ चक्रधारी विष्णु भगवान का

ही गुण -गान करेगा; मेरे श्रवनेंद्रियाँ उनके दिव्य गुणों का ही श्रवण करेंगे; मेरे हाथ उनका ही नमन करेंगे; मैं अन्य देवताओं की उपासना नहीं करूँगा।[1] इससे पता चलता है कि वे कट्टर वैष्णव भक्त थे।

और एक पद में वे कहते हैं-"मुझे दूसरों की संपत्ति को हड़पने की इच्छा नहीं है; मैं दुष्टों के संग में रहना नहीं चाहता; साधु और सन्यासियों की सदा सेवा करते रहना चाहता हूं।"[2]

श्रीकृष्ण की रास-लीलीओ से संबन्धी पदों की रचना भी पोयकै ने की है। श्रीरंगम एवं तिरुवेंकडम के अर्चावतारों का गुण-गान इन्होंने अपने पदो में किया है। "दूसरे मार्गों से भक्ति-मार्ग ही ईश्वर की प्राप्ति करने के लिये अत्यन्त सरल मार्ग हैं। भक्त भगवान की उपासना जिस आकार में करना चाहता है वही उसका आकार है। जिस नाम से भक्त भगवान को बुलाना चाहता है वही उसका नाम है। भक्त जिस ढंग से ईश्वर की पूजा करना चाहता है बही उसकी पूजा करने का ढंग है। कुछ भक्त अपने आरध्य देव का चित्र दीवार पर बनाकर, उसकी आराधना करते हैं; कुछ भक्त अपने आराध्य देव के विग्रह की प्रतिष्ठा करके उसकी पूजा करते हैं। भगवान तिरुमाल (नारायण) ही पूर्ण परब्रह्म हैं"[3]

पौयकै ने अपनी रचना 'प्रथम तिरुवन्तादि' में बताया है कि तिरुमाल ही समस्त जीओं की रक्षा करने वाले परब्रह्म हैं; अन्य समस्त देवी-देवतायें उनसे ही सृष्टि किये गये हैं; जीवों की संरक्षा के हेतु वे विभिन्न अवतार धारण करते हैं। तिरुमाल की उपासना करने से हम अपने पूर्व जन्म के कर्म-फलो से बच सकते हैं। भक्ति एवं प्रपत्ति-मार्ग का अनुकरण करने से भक्त आसनी से भगवान की प्राप्ति कर सकता है। इस प्रकार भगवान के नामों का उच्चारण करने से मिलने वाले फलों का उल्लेख पोयकै ने अपने अनेक पदों में उल्लेख किया है।

गुरु- परमरंपरा ग्रन्थों में बताया गया है कि पौय्कैयालवार का जन्म ईसा के 420 वर्षों पूर्व हुआ था। लेकिन विद्वानों का कहना है कि पौय्कै ने सन् 5वीं अथवा 6वीं शती में अपना जीवन बिताया था। संक्षेप में इनका जीवन वृत्त नीचे प्रस्तुत किया जाता है-

जन्मस्थान	कांचिपुरम
संस्कृत-नाम	सरोयोगि
जीवन काल	सन् 5वीं या 6वीं शती
रचनायें	प्रथम तिरुवन्तादि

तीर्थ स्थलों की यात्रा -श्रीरंगम, तिरुपति, उपिलियप्पन-मंदिर आदि तीर्थ स्थल

जनश्रुति-इनका जन्म सरोवर के कमल पुष्प में हुआ। तिरुमाल के पाँचजन्य (शंख) का अंश माने जाते हैं।

1 प्रथम तिरुवन्तादि-पौयकेयालवार, पृ.सं. 11

2 प्रथम तिरुवन्तादि- पौयकेयालवार पृ.सं. 64

3 प्रथम तिरुवन्तादि-पौयकेयालवार, पृ.सं. 14

भूतत्तालवार (सन् 5 वीं शती)

अन्तः साक्ष्य से पता चलता है कि भूतत्तालवार का जन्म-स्थान मामल्लै (महाबलिपुरम) था। इन्होंने भी अपने जीवन के संबन्ध में अपने पदों में कुछ भी नहीं बताया हैं। ये पोय्कैयाल्वार के समकालिक माने जाते हैं। श्री राघवयंगार की राय है कि ये सन् 5वीं शती के पिछले भाग में जीवित थे।[1]

भूतत्तालवार के पदों से पता चलता है कि उन्होंने वेद, उपनिषद आदि ग्रन्थों का अध्ययन किया था। इन्होंने अनेक तीर्थ-स्थलों की यात्रा की थी तथा भक्ति का प्रचार किया था। ये बड़े सिद्ध पुरुष थे। इन्होंने सरल जीवन बिताया था और ईश्वर की उपासना, पूजा एवं भजन में अपना समस्त जीवन व्यतीत किया था। इन्होंने अपने एक पद में उल्लेख किया है कि ये अपनी मातृभाषा तमिल को अत्यधिक प्यार करते थे।

भूतत्लालवार की रचनायें

भूतत्तालवार की रचना का नाम 'द्वितीय तिरुवन्तादि'[1] है। इसमें इन्होंने भगवान नारायण का गुण-गान किया है। भक्ति की महिमा, शरणागति-तत्व, भगवान के विभिन्न अवतार, श्री कृष्ण की बाल्य लीलायें प्रभृति विषयों का सुन्दर वर्णन इन्होंने अपने भक्ति-पदों में प्रस्तुत किया है। तीर्थ स्थलों की यात्रा करते हुए वहाँ के मंदिरों के अर्चावतारों का गुण-गान किया है। प्रकृति -वर्णन इनके पदों की विशिष्टता है।

भूतत्तालवार अपनी कृति 'द्वितीय तिरुवन्तादि' के प्रथम पद में कहते हैं -"तिरुमाल की उपासना करने के लिये मैंने ज्ञान-दीप जलाया। प्रेम ही उस ज्ञान-दीप का प्याला है। भक्ति ही उसकी घी है; भक्ति से पिघलने वाला मन ही उस दीप का बात है"।[2]

भूतत्तालवार लोगों को उपदेश देते हैं - "मन-चाहे पदार्थ को खाकर पेट को मत बढ़ाइये; जाने-अनजाने किये गये गुनाहों को, फिर मत किया कीजिये, तीर्थ-स्थलों की यात्रा करके, वहाँ के भगवान का नामोंचरण कर, मन को पवित्र बनाइये"[3]

भूतत्तालवार का संक्षिप्त जीवन-वृत्त

जन्म-स्थान	-	मामल्लै (महाबलिरपुरम)
संस्कृत-नाम	-	भूतयोगी
जीवन-काल	-	सन् 5वीं शती का पिछला भाग
तीर्थ-स्थलों की यात्रा	-	श्रीरंगम, तिरुप्पति, कांचिपुरम् प्रभृति तीर्थ-स्थल
रचनायें	-	द्वितीय तिरुवन्तादि
जनश्रुतियाँ	-	नाराण के गदा का अंश माने जाते हैं।

---

1 आलवारगलिन काल निलै-राघवयगार, पृ.39

2 द्वितीय तिरुवन्तादि-भूतत्तालवार, पृ.सं.1

3 द्वितीय तिरुवन्तादि-भूतत्तालवार, पृ.सं. 14

श्री पेयालवार

पेयालवार (सन् 6वीं शती)

कहा जाता है कि पेयालवार का जन्म चेननै के मैलापुर (तिरुमयिलै) में हुआ था। चेन्नै में पेयालवार के नाम में एक मंदिर भी है। भक्ति के भावावेश में, ये ईश्वर के चिन्तन में डूबकर कभी हंसते थे; कभी रोते थे; कभी भगवान का गुण-गान करते हुए नृत्य करते थे; कभी पागल की भांति शोर मचाते थे। इनकी इन कर्तूतों को देखकर लोग इन्हे पेयालवार नाम से बुलाने लगे। तमिल में 'पेय' का अर्थ 'पागल' है।

पोय्कै तथा भूतत्तालवार के समय में पेयालवार ने अपना जीवन बिताया था। ये अपने जीवन के अंतिम समय तक वैष्णव धर्म का प्रचार करते रहे।

पोय्कै, भूतम् तथा पेयालवार, 'मुनित्रय' कहलाये। संपद्राय के विचार के अनुसार ये तीनों, लोगों के अज्ञान रूपी अंधकार को दूर करके, भक्ति का प्रचार करने हेतु, भगवान से धर्ती पर भेजे गये थे। ये तीनों समकालिक होने पर भी, एक दूसरे से इनकी मुलाकात नहीं हुई थी।

उक्त तीनो आलवार अनेक नगरों में जाकर भक्ति का प्रचार करते थे। एक दिन ये तीनों इत्तफाक से तिरुकोविलूर नामक शहर पहुँचे। वर्षा होते रहने के कारण ये तीनों एक ही कमरे में ठहरे। पोयकैयालवार के एक पद से पता चलता है कि उस समय इन तीनों को भगवान नारायण लक्ष्मी सहित उस कमरे में दर्शन दिया था।[1]

कहा जाता है कि तीव्र शैव भक्त तिरुमलिशैयालवार को शास्त्र-तर्क में पराजित कर उनहें पैयालवार ने वैष्णव भक्त के रूप में परिवर्तन किया।

पेयालवार की रचनाएं

पेयालवार द्वारा रचित एक सौ पद 'तृतीय तिरुवन्तादि' नाम से नालायिर दिव्य प्रबन्धम में समाविष्ट किये गये हैं। भक्तों के हृदय को पिघलवाने की क्षमता इनके भक्ति-पदों में पायी जाती है। भगवान विष्णु के अवतार, उनके कल्याण कारी गुण, श्री कृष्ण की बाललीलायें आदि का वर्णन इनके पदों में उपलब्ध होता है। प्रकृति का वर्णन भी इन्होंने किया है।

---

1 प्रथम तिरुवन्तादि-पोयकेयालवार, पृ.सं. 86

पेयालवार ने अपने पदों मे कहा है कि पवर्त, जल या अग्नि में खड़े होकर तपस्या करने की आवश्यकता नहीं। सच्ची भक्ति तथा श्रद्धा से, पुष्पों से, भगवान की अर्चना एवं पूजा करने से हमारे पाप सब नष्ट हो जायेंगे। लक्ष्मी सहित तिरुमाल की उपासना करने से वांछित संपत्ति उपलब्ध होगी। जगत की समस्त वस्तुयें नारायण का शरीर बनकर रहती हैं।

पेयालवार ईश्वर से प्रार्थना करते हैं कि सात जन्मों में दास बनकर वे भगवान की सेवा कार्य में लगे रहें। इन्होंने श्रीरंगम, कुम्बकोणम, कांचिपुरम, तिरुपति, तिरुवल्लिकेणी-मंदिर आदि स्थलों के अर्चावतारों का गुण-गान किया है।

पेयालवार का संक्षिप्त जीवन-वृत्त

जन्म स्थान	- तिरुमयिलै (मैलापूर)
समय	- सन् 6वीं शती
समकालिक	- पोय्कै एवं भूतत्तालवार
रचनायें	- तृतीय तिरुवन्तादि
यात्रा किये गये तीर्थ स्थल	- काँचिपुरम, कुबंकोणम आदि
जनश्रुतियाँ	- (1) तिरुमाल के तलवार के रूप में चेव्वाल्लिप्पुष्प में अवतरित हुए (2) तिरुक्कोविलूर के एक कमरे में इनके साथ पोयक्के एवं भूतत्तालवार को भगवान ने अपना दर्शन दिया था।

प्राचीन कालीन प्रथम तीन आलवारों ने अपने पदों में वैष्णव धर्म के सिद्धान्तों की व्याख्या की हैं। तिरुमाल ही समस्त जीवों की रक्षा करने वाले पूर्ण परब्रह्म हैं। अन्य देवतायें सब तिरुमाल से ही सृष्टि किये गये हैं। ये तिरुमाल के अंग हैं। भगवान नारायण ही समस्त सृष्टि को अपने में रखे जुए हैं। जीवों को मोक्ष प्रदान करने वाला एक मात्र ईश्वर भगवान नारायण मात्र ही हैं। अन्य अवतारों की तुलना में कृष्णावतार के संबध में ही प्रथम तीन आलवारों ने अधिक पदों की रचना की है।

भूतत्तालवार का कहना है कि माधव का नामोच्चारण करना ही वेदों का सार है। वे ही पंच भूतों के रूप में दिखायी पड़ते है।[1] तिरुपति तिरुमला मंदिर के आस-पास का प्रकृति-चित्रण, प्रथम तीन आलवारों ने अपने पदों मे किया है।

डा.कुलशेखर का कहना है कि ये प्रथम तीनों आलवार सन् 6वीं शती में जीवित रहे होंगे।

ये तीनों, सन्यास धारण करके हरेक शहर में जाकर भक्ति का प्रचार करते थे। तिरुक्कोविलूर नारायण ने इन तीनों आलवारों को एक ही समय में अपना दर्शन दिया था। अतिम काल में ये तीनों तिरुक्कोविलूर में रहते हुए वैकुण्ठ की प्राप्ति की।

---

1 द्वितीय तिरुवन्तादि-भूतत्तालवार, पृ.सं.24

तिरुमलिशैयालवार

तिरुमलिशैयालवार (सन् 6वीं तथा 7वीं शती)

तिरुमालिशै का जन्म तिरुमलिशै (महिशापुर) नामक गाँव में हुआ था। कहा जाता है कि ये पल्लव राजाओं के शासन काल में जीवति थे। श्री राघवयंगार की राय है कि ये सन् 6वीं शती के पिछले भाग से लेकर 7वी शती के प्रथम भाग में जीवित रहे होंगे। स्वयं तिरुमलिशै ने अपने एक पद में बताया है कि इनका जन्म निम्न कुल में हुआ था। कनिक्कण्णन तिरुमलिशें के प्रधान शिष्य थे। तिरुमलिशै ने जैन एवं बोद्ध धर्म के तत्वों का अध्ययन किया था। पहले ये शिव भक्त थे; बाद में पेयालवार से दीक्षा प्राप्त कर वैष्णव भक्त हुए। शैव धर्म का प्रचार करते समय तिरुमलिशै का नाम 'शिववाक्य' था। पेयालवार से हुए वाद-विवाद में शिववाक्य पराजित होकर पेयालवार का शिष्य बने। वैष्णव भकत बनने के बाद वे तिरुमलिशैयालवार के नाम से अत्यन्त विख्यात हुए। इन्होंने अपने पदों में जैन, बौद्ध, एवं शैव धर्मों का खंडन किया है। अपने एक पद में वे बताते हैं- जैन धर्म को मानने वाले बेवकूफ हैं; बौद्ध, धर्म को मानने वाले माया जाल में पड़े रहते हैं; शैव धर्म के अनुयायी अज्ञानी हैं; माधव की उपासना न करने वाले हीन (नीच) माने जाते हैं।[1]

तिरुमलिशै तमिल तथा संस्कृत के बड़े विद्वान थे। महाभारत, रामायण, विष्णुपुराण प्रभृति हिन्दु धर्म के ग्रन्थों का इन्होंने भली-भांति अध्ययन किया था। जैन और बोद्ध धर्म के शास्त्र-ग्रन्थों का भी इन्होंने अध्ययन किया था। सांक्यम्, न्याय, वैशेशिकम्, पतंजलि योग आदि के विचारों के ज्ञाता भी थे। ये बड़े सिद्ध और योगी-पुरुष भी थे।

श्री संप्रदाय के तात्विक विचार तिरुमलिशै के पदों में भरे पड़े हैं। पांचरात्र धर्म के 'व्यूह' संबन्धी विचार इनके पदों में पाये जाते हैं।[2] 'वीरवैष्णव' कहकर तमिल वैष्णव जगत इनकी प्रशंसा करती है।

1 नानमुकन तिरुवन्तादि-तिरुमलिशै, पद सं. 6.

2 Journal of Indian History, Dr. K.C. Varadachary

वैष्णव भक्ति में इनकी दृढ़ता तथा योग-शक्ति को देखकर लोग तिरुमालिशै को 'भक्तिसार' नाम से बुलाते थे। इन्होंने वैष्णव धर्म के विकास के लिये बड़ी मेहनत की। विद्वानों की राय है कि ये सन् 6वीं 7वीं शती के प्रथम भाग मे जीवित रहे होंगे।

वैष्णव धर्म के अनुयायी 'श्रीचूर्ण' को तिलक के रूप में धारण करने की प्रथा को सर्वप्रथम तिरुमलिशै ने ही प्रारंभ किया था।[1]

तिरुमलिशै के जीवन के निम्नलिखित संभव से पता चलता है कि वेदों में उन्होंने विद्वत्ता प्राप्त की थी।

एक बार तिरुमालिशै कुंबकोणम के वैष्णव मंदिर जा रहे थे। रास्ते में कुछ विप्र लोग वेद का पारायण कर रहे थे। तिरुमलिशै निन्म कुल के होने के कारण उनको देखते ही उन्होंने वेदों का पारायण करना बन्द कर लिया। विप्रों के ख्याल को जानते ही, तिरुमलिशै रास्ते से हटकर दूसरी ओर चले गये। उनके जाते ही विप्रलोग पुनः वेद पारायण करने लगे। परंतु कहाँ से वेद-परायण को बन्द किया था इस बात को वे भूल गये। तिम्मलिशै का अपमान करने के कारण ऐसा हुआ होगा, यह सोचकर उन्होंने तिरुमलिशै से माफी मांगी।

तिरुमलिशै ने श्रीरंगम, तिरुवेंकडम, (तिरूपति) कुंबकोणम प्रभृति चौदह वैष्णव स्थलों की महिमा का वर्णन अपने पदों में किया है।

तिरुमलिशैयालवार की रचनायें

तिरुमलिशै ने निम्न लिखित ग्रन्थों की रचना की थी-

1. तिरुचन्दविरुत्तम और
2. नान मुकन तिरुवन्तादि

उक्त दोनो ग्रन्थों की रचना उन्होंने कुंबकोणम में रहते समय किया। तिरुच्दविस्तम में 120 पद एवं नानमुकन तिरुवन्तादि में 96 पद पाये जाते हैं। इनके अतिरिक्त उनके द्वारा रचित अनेक पद कावेरी नदी के बाढ़ में बह गये थे।

नानमुकन तिरुवन्तादि

इस ग्रन्थ के सब पद 'वैण्पा' नामक छन्द में लिखे गये हैं। निम्नलिखित विषय इस ग्रन्थ में बताये गये हैं-[2]

संसार की नश्वरता
ईश्वर के ध्यान से प्राप्त होने वाली प्रसन्नता

1 तमिल भाषा और उसके साहित्य का इतिहास-एस.वैण्यापुरी पिल्लै, पृ.120

2 नानमुकन तिरुवन्तादि-तिरुमलिशै, पद सं. 7.

शरणागति-तत्व
वात्सल्य भक्ति
भगवद्गीता के चरम श्रलोक का तत्व एवं कृष्णावतार संबन्धी विषय

अपने एक पद में तिरुमलिशै बताते हैं- जिस प्रकार समुद्र के जल से तरंगे उत्पन्न होकर, पुनः उसी जल में समाविष्ट हो जाती हैं, उसी प्रकार परब्रह्म नारायण से इस प्रपंच की समस्त वस्तुयें उत्पन्न हुई हैं; महाप्रलय के समय वे सब उसी प्ररब्रह्म में ऐक्य हो जाती हैं।[1]

अपनी रचना 'तिरुच्चन्द विरुत्तम' के एक पद में तिरुमलिशै ने परत्व, व्यूह, विभव, अन्तर्यामित्व, अर्चा-पाँचरात्र के इन पाँचों तत्वों का उल्लेख किया है।

रामावतार, कृष्णावतार नरसिंहावतार, तथा बराहवतार आदि अवतारों की लीलाओं का वर्णन इनके पदों में पाया जाता है।

'तिरुच्चन्द्रवृत्त' में वैष्णव धर्म के सिद्धान्तों का वर्णन अधिक हुआ है। द्वादस आलवारों की रचनाओं में, प्रथम बार तिरुमालिशै के पदों में ही माधुर्यभक्ति का वर्णन हुआ है। हृदय को पिघलाने वाले ढंग से नायिका के विरह-दुख का वर्णन इनके पदों में किया गया है।

तिरुमलिशैयालवार का संक्षिप्त जीवन-वृत्त

जन्म-स्थान	-	तिरुमलिशै नामक गाँव
संस्कृत नाम	-	भक्तिसार
जीवन-काल का समय	-	पल्लव शासकों का काल सन् 6&7वीं शती
कुल	-	निम्नकुल
शिष्य	-	कणिकण्णन
तीर्थ-स्थलों की यात्रा	-	कुंबकोणम, कांचि, श्री रंगम, तिरुप्पति प्रभृति 14 स्थलों की यात्रा की थी।

रचनायें - 1. तिरुच्चन्द विरुत्तम तथा
2. नानमुकन तिरुवन्तादि

जनश्रुतियाँ

1. पार्धवा मुनि एवं देवलोक की सुन्दरी कनकांकी से तिरुमलिशै का जन्म हुआ था। जन्म होते ही शिशु को एक एकान्त स्थान में छोड़कर माता कनकांकी इन्द्रलोक चली गयी।
2. अपनी योग-शक्ति से वृद्ध स्त्री को युवति में तिरुमलिशै ने परिवर्तित किया था।
3. कांचिपुरम के राजा ने कणिक्कणणन को देश निकाला दंड दिया था। तिरुमालिशै के शिष्य को देश से बाहर निकालने के कारण, भगवान नारायण भी नाग-शैया सहित कांची से बाहर निकले।

---

1 नानमुकन तिरुवन्तादि-तिरुमलिशै, पद सं. 10.

4. राजा ने अपने किये गये कार्य के लिये तिरुमलिशै के शिष्य कणिक्कण्णन से माफी मांगी। तिरुमलिशै ने भी नारायण से प्रार्थना की कि वे पुनः कांचिपुरम् पधारे; भगवान ने भी उनकी प्रार्थना सुन ली।
5. तिरुमालशै ने कई ग्रन्थ लिखे; लेकिन वे उनसे संतुष्ट न हुये। उन सब को उन्होंने कावेरी नदी के बाढ़ में फेंक दिया। तिरुच्चन्द विरुत्तम और नामुकन तिरुवन्तादि किनारे पर पहुंचे।

नम्मालवार

नम्मालवार (सन् 7वीं शती)

द्वादश्स आलवारों में नम्मालवार बहुत ही श्रेष्ठ एवं प्रसिद्ध माने जाते हैं। दक्षिण भारत के समस्त वैष्णव साहित्यों में नम्मालवार को ऊँचा स्थान प्रदान किया गया है।

शठकोप, परांकुश, वकुलाभरन, मारन आदि नामों से भी नम्मालवार बुलाये जाते हैं। 'जडम्' नामक वायु मनुष्यों को पकड़कर सताया करता था। उस पर नम्मालवार ने अपना क्रोध दिखाकर उसे भगा दिया। अतः इनका नाम 'जडकोप' पडा। (तमिल में 'कोप' शब्द का अर्थ क्रोध है) 'वकुल' नामक पुष्प-माला पहनके रहने के कारण ये 'वकुलापरन' कहलाये। अन्य धर्म के लोगों को अपने तर्क 'रूपी अंकुश से पराजित करने के कारण, इनका नाम 'परांकुश' पडा।

तिरुनेलबेली जिले में 'ताम्रपरणी' नदी-किनारे स्थित तिरुक्कुरूकूर (तिरुनगरी) नामक नगर में नम्मालवार का जन्म हुआ था। ये 'अवयवी'

और अन्य आलवार सब 'अवयव' माने जाते हैं।

नम्मालवार के जीवन-काल के संबन्ध में मत-भेद पाया जाता है। बी. आर.आर.दीक्षित नामक विद्वान इन्हें सन् 7 वीं शती के मानते हैं। अन्य विद्वानों ने इनके मत को स्वीकार किया है।

नम्मालवार का जन्म 'बेलालर' (कृषक) कुल में हुआ था। इनके पिता का नाम कारियार तथा माता का नाम 'उदयनंगै' था। इनके पिता जी ने पाण्डव राजा के पास नौकरी की थी। लंबे समय तक इन दंपतियों को पुत्र-प्राप्ति नहीं हुई थीं।

इसलिये उन्होंने भगवान नारायण से प्रार्थना की कि उनकों पुत्र-प्राप्ति का सौभाग्य मिले। भगवान ने इनकी प्रार्थना सुनली। इन दोनों के पुत्र के रूप में नम्मालवार का जन्म हुआ। जन्म होते ही वह शिशु दस दिन तक न रोया और न माँ के दूध का पान किया। इसलिये माँ-बाप बच्चे को तिरुक्कुरुकूर के विष्णु मंदिर ले जाकर वहाँ एक इमली-पेड़ के रन्द्र में छोड़कर घर लौटे।

मुधुरकवि नामक एक ब्राह्मण नम्मालवार के बारे में सुनकर, अपनी तीर्थ-यात्रा को समाप्त कर तिरुक्कुरुक्कूर पहुंचे। नम्मालवर अन्न-आहार के बिना केवल वायु मात्र का सेवन करते हुए 16 वर्ष तक निष्टा में इमली -पेड़ के रन्द्र में बैठे रहे। निष्ठा में बैठे हुए नम्मालवार को जगाने के लिये एक छोटे से पत्थर को उन पर डाला। तुरन्त नम्मालवार ने आँखें खोलकर देखा।

मधुरकवि ने नम्मालवार को प्रणाम करके एक प्रश्न को उनसे पूछा-"मृत शरीर के पेट में छोटा से जीव का जन्म हों तो वह जीव क्या खाकर कहां पडा रहेगा? "नम्मालवार ने उत्तर दिया-" उसी को खाकर वहीं पड़ा रहेगा। फिर दोनों के बीच में आध्यात्मिक चर्चा हुई। नम्मालवार के दार्शनिक ज्ञान को देखकर मधुर कवि आश्चर्य चकित हुए। उन्होंने नम्मालवार से प्रार्थना की कि वे उन्हें शिष्य के रूप में स्वीकार करें। परांकुश ने मधुरकवि को अपने शिष्य के रूप में स्वीकार कर लिया।

नम्मालवार की रचनायें

नम्मालवार से गाये गये पदों को उनके शिष्य मधुरकवि ने ताड पत्र पर अंकित किया। नम्मालवार ने निम्नलिखित ग्रन्थों की रचना की थी-

1. तिरुविरुत्तम
2. तिरुवाचिरियम
3. पेरियतिरुवन्तादि तथा
4. तिरुवायमोलि

उक्त चारों ग्रन्थ, रिग, यजूर, साम, अथर्वन,-इन चारों वेदों का सार माने जाते हैं।

नम्मालवार की तिरुवायमोलि

नम्मालवार द्वारा लिखित ग्रन्थों में 'तिरुवायमोलि' बहुत वृहद, ग्रन्थ हैं। द्वादस आलवारों की रचनाओ में 'तिरुवाय्मोलि' एक विशिष्ट एवं दार्शनिक ग्रन्थ है।

भट्टर द्वारा लिखे गये 'तनियन्' नामक पद में 'तिरुवायमोलि' के संबन्ध में बताया गया है कि तिरुनगरी में अवतरित नम्मालावार की रचना 'तिरुवायमोलि' के गीत वीणा-नाद की भांति मीठे हैं। वे, परब्रह्म नारायण का स्वरूप, आत्मा के गुण, भगवान को प्राप्त करने का मार्ग, उसको पाने के लिये विघ्न के रूप में रहने वाला पूर्व जन्म का कर्म एवं मोक्ष के बारे में बताते हैं।

तिरुवायमोलि में कुल 1102 पद हैं। ये पद सब विविध राग-रागिनियों में गाये जाते हैं। साम, अथर्व वेदों का सार, इन पदों में बताया गया है। इस ग्रन्थ के समस्त पद, दस दशकों में विभाजित किये गये हैं। हरेक दशक के ग्यारवें पद में इसे पढ़ने वाले को प्राप्त होने वाला फल बताया गया है।

भक्ति की महिमा, शरणागति-तत्व, गुरुमहिमा प्रभृति विषय 'तिरुवायमोलि' ग्रन्थ में बताये गये हैं। इस ग्रन्थ के पद सब श्रेष्ठ दार्शनिक विचारों से भरे पडे हैं। माधुर्य भाव में ईश्वर की उपासना करने की पद्धति इस में उल्लेख की गयी है। नायक-नायकी भाव में जीवात्मा तथा परमात्मा के बीच का संबन्ध भी बताया गया है।

तिरुवायमोलि-ग्रन्थ का महत्व 'आचार्य-हृदय नामक पुस्तक में विस्तार से बाताया गया है। 'तिरुवायमोलि' पर कुल पाँच निम्नलिखित व्याख्या ग्रन्थ लिखे गये हैं

1. आराथिरप्पडी (6000 पृष्ठ)
2. ओन्पनायिरप्पडी (9000 पृष्ठ)
3. पन्निरायिरप्पडी (12,000 पृष्ठ)
4. इरुफ्तुनालायिरप्पडी (24,000 पृष्ठ)
5. मुप्पत्तारायिरप्पड़ी (36,000 पृष्ठ)

तिरुवायमोलि-ग्रन्थ, 'अन्तादि' वृंद में लिखा गया है। 'आसिरिय वृत्तम', कोच्चकक् कलिप्पा', आदि तमिल छन्दों का प्रयोग भी इस ग्रन्थ में किया गया है। आदि-अंत रहित परब्रह्म नारायण का अनुग्रह, उनकी सौलभ्यता आदि का वर्णन इस ग्रन्थ में हुआ है। मनुष्य-प्रेम को दैविक प्रेम के लिये प्रयोग करने की प्रथा को सिखाने वालों में नम्मालवार भी एक माने जाते हैं। भगवान को नायक तथा जीवात्मा को नायकिा के रूप में कलपना करके नम्मालवार ने अपनी माधुर्य भक्ति की अभिव्यक्ति की है।

कुलशेखर, तिरुमंगै, आण्डाल, तिरुप्पाणालवार आदि आलवारों ने नम्मालवार का अनुकरण कर, अपने माधुर्य भक्ति-पदों की रचना की है। वेद, उपनिषद्, भगवतगीता प्रभृति ग्रन्थों के आध्यात्मिक विचारों को अत्यन्त काव्य-सौन्दर्य से युक्त अपने पदों में अपने समय की बोलचाल की भाषा में नम्मालवार ने लिखा है ताकि साधारण जनता उन ग्रन्थों के विचारों को आसानी से समझ सके। तमिल भक्ति-साहित्य में,नम्मालवार, अन्य आलवार कवियों से बढ़कर अत्यधिक विख्यात हुए।

नम्मालवार की रचनाओं में व्यक्त श्रेष्ठ दार्शनिक तत्व श्री वैष्णव संप्रदाय के मूल आधार भूत तत्व माने जाते हैं। अतः श्री अन्नंगराचार्य ने नम्मालवार को श्री वैष्णव कुल का अधिपति कहकर बुलाया है।

तमिलनाडु के वैष्णव आलयों में भगवान नारायण की पादुकायें 'शठकोप' नाम से प्रसिद्ध हैं। वैष्णव भक्त जन उन्हें अपने सिरस पर रखकर नम्मालवार का गौरव करते हैं।

कवि संम्राट कंबर ने नम्मालवार की प्रशंसा मे 'शठकोप-अन्तादि' नामक ग्रन्थ लिखा है। उस में कंवर ने लिखा है-“संसार के समस्त काव्य नम्मालवार के एक शब्द की बराबरी कर सकते हैं क्या? सूर्य के सामने जुगनू प्रकाशित हो सकता है क्या?"

नम्मालवार को जिस इमली पेड के नीचे ज्ञानोदय हुआ था वह पेड आज भी आलवार तिरुनगरी मंदिर में विद्‌यमान हैं। वैष्णव भक्त लोग आज भी उस वृक्ष को देखकर आश्चर्य चकित होते हैं।

'तिरुवायमोलि' पर लिखे गये भाष्य ग्रन्थों का अनुवाद तेलुगु एवं कन्नड में हुआ है। संस्कृत में 'सहश्रगीति' के नाम से इस का रूपान्तरण हुआ है।

परवर्ती भक्ति साहित्य पर तिरुवायमोलि का अत्यधिक प्रभाव पड़ा है। इससे इसका काव्यात्मक महत्व का पता चलता है। परवर्ती कवियो ने तिरुवायमोलि की उक्ति, शैली, अलंकार, छंद आदि का अपने काव्यों में अनुकरण किया है। अनेक साहित्यकार एवं व्याकरण-ग्रन्थकारों ने अपने ग्रन्थों में, नम्मालवार के पदों को दृष्टान्त के रूप में प्रस्तुत किया है। अनुपम विचारों को नम्मालवार ने अपनी रचनाओं में श्रेष्ठ उपमाओं द्‌वारा व्यक्त किया है।

नम्मालवार की रचना 'तिरुविरुत्त्म'

'विरुत्तम' शब्द का अर्थ तमिल में 'समाचार' अथवा 'खबर' है। एक सौ पदों से युक्त इस ग्रन्थ में, भगवान पर माधुर्य भक्ति करने की पद्धति बतायी गयी हैं। नम्मालवार ने अपने को नायकी एवं भगवान को नायक मानकर, माधुर्य भक्ति के पदों की रचना की है। इन पदों में माधुर्य भक्ति संबन्धी निम्नलिखित विषयों का विस्तारपूर्ण वर्णन मिलता है

1. नायिका (नम्मालवार) नायक (भगवान) से मिलना चाहती है।
2. समस्त प्रकृति नायिका के खिलाफ काम करती है।
3. नायिका सदा-सर्वदा नायक की स्मृति में चिन्तित रहती है।
4. नायक की प्रतीक्षा में, नायिका का शरीर दुर्बल एवं क्षीण हो जाता है।
5. नायिका मेघ तथा पक्षी को दूत के रूप में नायक के पास भेजती है।
6. अंत में नायिका मृत्यु का आलिंगन करने के लिये तैयार हो जाती है।

'तिरुविरुत्तम' ऊपरी तौर से देखने पर, मानव-प्रेम को चित्रित करने वाले काव्य जैसा दिखायी पडेगा।

लेकिन यह एक माधुर्य भक्ति-काव्य है। माधुर्य भक्ति के रहस्यपूर्ण अनुभव इस में व्यक्त किये गये हैं। संघकालीन समस्त साहित्यिक प्रथायें इस ग्रन्थ में नम्मालवार से प्रयुक्त की गयी हैं। कडुवी दवा को मधु में घोलकर देने की भांति श्रृंगारिक वर्णन द्‌वारा नम्मालवार ने आलौकिक आनंद को अपनी रचना 'तिरुविरुत्त्म' में व्यक्त किया है।

नम्मालवार की रचना 'तिरुवाचिरियम'

परब्रह्म की महिमा एवं परमपद के सुखों का वर्णन नम्मालवार ने अपनी रचना तिरुवाचिरियम' में बताया है। इस ग्रन्थ में कुल सात पद हैं जो 'आचिरियप्पा' नामक छंद में लिखे गये हैं। इसलिये इस ग्रन्थ का नाम 'तिरुवाचिरियम' पडा। अविद्‌या माया में फंसकर भटकने वालों को मुक्ति-प्राप्ति का

सही मार्ग दिखाने के लिये परांकुश आलवार ने इस ग्रन्थ की रचना की थी। वेद का गूढ अर्थ इस ग्रन्थ में बताया गया है।

भगवान को अपने भकित-पद रूपी अंकुश से नम्मालवार ने अपने वश में कर लिया था। इसलिये वे परांकुश आलवार के नाम से प्रसिद्ध हुए।

हाथी को अंकुश से वश में करने की भांति परांकुश आलवार अन्य धर्म के अनुयायियों को वैष्णव भक्त बनाने में सिद्धहस्य थे।

पेरियतिरुवन्तादि

'पेरियतिरुवन्तादि' के समस्त 87 पद 'वैण्पा' नामक छंद में लिखे गये हैं। शब्द एवं अर्थालंकारों से युक्त होने के कारण, इस ग्रन्थ का नाम 'पेरियतिरुवन्तादि' पडा। इसमें अथर्वनवेद का सार बताया गया है। इस ग्रन्थ के समस्त पद भक्ति तथा उपदेश से संबंधित हैं। इनके अतिरिक्त निम्नलिखित विषय भी इस में बातये गये हैं-

1. भगवान का स्वरूप
2. उसके गुण एवं वैभव
3. भक्ति की महिमा तथा
4. प्रपत्ति-तत्व

गुरु-परंपरा ग्रन्थ सब बताते हैं कि लौकिक जीवन से हटकर, इमली-पेड के नीचे निष्ठा में बैठे रहते समय, नम्मालवार को आध्यात्मिक ज्ञान की उपलग्धि हुई। अपने काल के सामाजिक दशा पर उन्होंने प्रकाश डाला है। तमिलनाडु के अनेक तीर्थस्थलों का वर्णन भी इनके पदों में देखने को मिलता है। इन्होंने अपने पूर्ववर्ती तमिल-साहित्य का अध्ययन किया था। वे संस्कृत के भी विद्वान थे। नम्मालवार का कहना है-

1. नारायण ही परब्रह्म हैं।
2. परब्रह्म सत्य है, असत्य नहीं।
3. परब्रह्म काल की सीमा से परे हैं।
4. वह बडा ज्ञानी है।
5. वह अविनाशी है।
6. उसकी महिमा का वर्णन शब्दों से नहीं किया जा सकता।
7. जिस प्रकारं जीव शरीर को कार्यान्वित करता रहता है उसी प्रकार परब्रह्म समस्त प्रपंच को कार्यान्वित करता रहता हैं।

8. जिस प्रकर नीर फसल की रक्षा करता है उसी प्रकार ईश्वर समस्त जीवों के भीतर रहकर उन्हें जीवित एवं कार्यान्वित करता रहता है।
9. ईश्वर समस्त जीवों के भीतर अन्तर्यामी के रूप में निवास करता है।
10. भगवान दुष्टों का नाश करने एवं भक्त और नेक लोगों की रक्षा करने हेतु समय-समय पर विभिन्न रूपों में इसी धर्ती पर अवतार लेते हैं और धर्म को बनाये रखते हैं।

नम्मालवार ने भक्ति एवं प्रपन्ति मार्ग का उपदेश दिया। भगवान पर भक्ति करते हुए उनकी सेवा में अपना जीवन बिताना ही वैष्णवों का परमलक्ष्य है। भगवान ने नम्मालवार के शरीर को साधन बनाकर उनके द्वारा 'तिरुवायमोलि' को लिखवाया। नम्मालवार 35 वर्ष तक इस धरती पर जीवित रहे।

नम्मालवार के जीवन वृत्त का सार

जन्म-स्थान	-	तिरुक्कुरुकूर (तिरुनगरी) तिरुनेलवेली जिला
काल	-	सन् 7वीं शती
नम्मालवार के दूसरे नाम	-	शठकोप, परांकुश, वकुलाभरन, मारन
माता-पिता का नाम	-	कारियार, उदयनगै
कुल	-	वेलालर कुल (कृषक)
यात्रा किये गये तीर्थ-स्थल	-	तिरुवेंकटम, श्रीरंगम, तिरुवेक्का, कुंबकोणम, तिरुमालिरुंचोलै आदि 35 तीर्थ-स्थल
शिष्य	-	वृद्ध ब्राह्मण मधुरकवियालवार
रचनायें		१. तिरुवायमोलि २. तिरुवाचिरियम ३. तिरुवृत्त्म ४. पेंरियतिरुवन्तादि,

जनश्रुतियाँ

1. नम्मालवार विष्णु भगवान के विश्वशेन का अवतार माने जाते हैं।
2. जन्म होते ही 10 दिनों तक वे न रोये और उन्होंने न माँ का दूध पिया।
3. 16 वर्ष तक अन्न-आहार के बिना वे इमली-पेड के तले निष्ठा में बैठे रहे।
4. मनुष्यों को कष्ट देते रहने वाले 'झटम' नमक वायु को उन्होंने भगाया; अतः वे शटकोपर कहलाये।
5. नम्मालवार की प्रशंसा में कवि सम्राट कंबर ने 'शटकोपर अन्तादि' पदों को गाकर सुनाया; उस समय अशरीरी-वाक्य सुनायी पडा कि नम्मालवार ही हमारे आलवार हैं।

मधुरकवियालवार

मधुरकवि और नम्मालवार, इन दोनों का जीवन एक दूसरे से संबंधित है।

मधुरकवियालवार का जन्म 'तिरुनगरी' (नम्मालवार का जन्म-स्थान) के समीप 'तिरुक्कोलूर' नामक नगर में एक ब्राह्मण-परिवार में हुआ था। गुरु परंपरा-ग्रन्थों में इनके जीवन-संबंधित समाचार अधिक उपलब्ध नहीं होते हैं।

मधुरकवि ने बचपन की अवस्था से ही वेद एवं अन्य शास्त्रों का विधिवत अध्ययन किया। संस्कृत तथा तमिल में इन्होंने विद्वता प्राप्त की थी। बाल्यावस्था से ही कविताओं की रचना करके उन्हें अपने मीठे कंठ से गाया करते थे। इनकी मीठी आवाज सुनकर लोग इन्हें 'मुधरकवि' कहकर बुलाने लगे। इनके असली नाम के बारे में अबतक पता नहीं चला है।

मधुरकवि भगवान के बडे भक्त थे। अपने लिये एक योग्य गुरु की तलाश में वे थे। उन्होंने अनेक तीर्थ-स्थलों की यात्रा की। कहीं भी इन्हें अपने मनपसन्द सद्गुरु की उपलब्धी नहीं हुई। मधुरकवि ने नम्मालवार को अपने गुरु के रूप में कैसे प्राप्त किया- इस संबन्ध में नम्मालवार के जीवन वृत्त में पहले ही बताया जा चुका है।

मधुरकवि नम्मालवार को अपने गुरू के रूप में प्राप्त करने के लिये, अपने को बडा भाग्यशाली मानते हैं। उन्होंने अपने शेष दिनों को नम्मालवार की सेवा करने में बिताना चाहा। उन्होंने नम्मालवार को अपना गुरु ही नहीं, बल्कि माँ-बाप तथा ईश्वर माना। 19 वर्ष तक वे अपने गुरु की सेवा करते हुए उनके द्वारा गाये गये समस्त भक्ति-पदों को खुद अपने हाथ से लिखा करते थे। एक वृद्ध ब्रह्मण, युवक नम्मालवार को जो निम्नकुल के थे, अपने गुरु के रूप में स्वीकार करना सन् 7वीं शती में अविश्वसनीय एवं आश्चर्यजनक बात मानी जाती थी।

जब नम्मालवार का देहान्त उनकी 35 वर्ष की आयु में हुआ तब उनसे बिछुडकर मधुरकवि बहुत दुखी हुये। अपने गुरु के भक्ति-पदों को जनता के बीच प्रचार करते रहना अपने शेष जीवन का मधुरकवि ने अपना लक्ष्य माना।

कहा जाता है कि मधुरकवि ने अपने गुरु नम्मालवार के स्मरणार्थ उनके जन्म-स्थान तिरुकुरुकूर में उनके विग्रह की प्रतिष्ठा की। उनके पदों को जनता के बीच प्रचार करके, उनके मन में भक्ति-भाव को जागृत किया। उन्होंने कहा कि नम्मालवार के पद दैविक वाणी हैं और वे स्वयं एक दैविक-कवि है। मदुरै के तमिलसंघ में उन्होंने निरूपण किया कि उनके गुरु नम्मालवार एक श्रेष्ठ भक्तकवि तथा ज्ञानी पुरुष थे।[1]

कहा जाता है कि द्वादस आलवारों में मधुरकवि ही लंबी समय तक जीवित रहे। अपनी 171 वीं आयु में अपने गुरु का स्मरण करते हुए तिरुक्कोलूर (जन्म-स्थान) में मधुरकवि ने अपने देह का त्याग किया। नम्मालवार के पादुकाओं को 'मधुरकवि' नाम दिया गया था।

मधुरकवियालवार की रचनायें

मधुरकवि ने 'कण्णिणुण चिरुतांबू' नामक एक ही ग्रन्थ को लिखा था। इसमें कुल 11 (ग्यारह) ही पद हैं जो नम्मालवार की महिमा का बयान करते हैं।

सत्गुरु की आवश्यकता, श्रेष्ठ गुरु के गुण, भक्ति की अपेक्षा आदि विषय मधुरकवि की कृति में बताये गये हैं। मधुरकवि की इस रचना से प्ररित होकर कंबर ने नम्मालवार की प्रशंसा में 'शटकोपरन्तादि' नामक काव्य की रचना की।

वैष्णव -मदिरों में 'कण्णिणुण चिरुतांबु' के पदों का गायन करने के पश्चात् ही तिरुवायमोलि के पद गाये जाते हैं।

मधुरकवियालवार के जीवन-वृत्त का सार

जन्म-स्थान	तिरुक्कोलूर (तिरुनलवेली जिला)
समय	नम्मालवार के समकालिक (सन् 7वीं शती)
गुरु	नम्मालवार
कुल	ब्राहमण
यात्रा किये गये तीर्थ स्थल	अयोध्या, मथुरा, गया, कासी, द्वारका, काँची आदि तीर्थ-स्थल
रचनायें	कण्णिणुण चिरुतांबू

जनश्रुतियाँ

ये आदिशेष के अवतार माने जाते हैं।

२. अयोध्या में एक विचित्र जोति को देखकर, उसकी दिशा में यात्रा करके, नम्मालवार का दर्शन किया।

३. 171 वर्ष तक जीवित रहे।

---

1 वेदान्त केशरी, वाल्यूम 32-मधुरकवि- लेखक श्रीशैला, पृ.34

कुलशेखरालवार

कुलशेखरालवार (सन् 8वीं शती)

चेर वंश के राजाओं की परंपरा में अवतरित कुलशेशरालवार ने वैष्णव भक्तों के हृदय में एक श्रेष्ठ स्थान को प्राप्त किया है। तमिल-वैष्णव साहित्य में इनकी रचनायें अत्यधिक प्रसिद्ध हैं। कहा जाता है कि 'तिरुडविरदन' नामक नरेश की कटुतपस्या के फलस्वरूप कुरुशेखर का जन्म हुआ।

अंतः साक्ष्य एवं बहि साक्ष्य से पता चलता है कि ये सन् 8वीं शती में जीवित थे।[1] अपनी रचना पेरुमाल तिरुमोलि' में कुलशेखर ने कहा है कि वे क्षत्रिय कुल के थे। कोंगु देश का नृप थे। उन्होंने यह भी कहा है कि अनकी राजधानी 'कोल्लभ' था और वहाँ से उन्होंने केरल देश का शासन किया था।[2]

राज-परिवार में जन्म लेने के कारण वे विद्या हासिल करने में तथा अस्त्र-शस्त्र चलाने में बडे निपुण सिद्ध हुए। तमिल एवं संस्कृत के भी बडे विद्वान थे। ठीक समय पर सिंहासन पर आरूढ़ होकर चोल और पाण्ड्य राजाओं को इन्होंने युद्ध में पराजित किया। चेर, चोल, पाण्डय राजाओं का शासन इनके अधीन होने के कारण ये 'कोल्लिक्कावलन', 'कूडल नायक', कोलिक्कोण' आदि नामों से बुलाये गये।

कुलशेखरालवार नीतिमान शासक थे। प्रजा की भलाई को चाहने वाले थे। एक दिन रात भवान नारायण ने इनके स्वपन में प्रत्यक्ष होकर कहा कि लौकिक विषयों से मन को हटाकर, उनके प्रति भक्ति करने में अपना मन लगावें। उस दिन से वे शासकीय कामों में अधिक ध्यान न देकर, ईश्वर के प्रति भक्ति, संतसंग, दर्शन आदि विषयों पर अधिक ध्यान देने लगे।

खासकर, भगवान श्री राम के वे बड़े भक्त थे। राजा राम पर अधिक भक्ति रखने के कारण वे 'कुलशेखरप्पेरुमाल' कहलाये। तमिल में 'पेरुमाल' शब्द का अर्थ 'नारायण' है। आज भी एक कहावत है कि जो कुलशेखरपेरुमाल को नहीं जानता वह विष्णु भगवान श्री राम को नहीं जानता।

कुलशेखर वैष्णव भक्तों के प्रति बडी श्रद्धा रखते थे; उनका बहुत आदर-सत्कार किया करते थे। कहा जाता है कि जब कभी वे राजकीय भार को छोड़ कर, श्री रंगम जाना चाहते तब उनके अमात्य कोई-

---

1 पेरुमालतिरुमोलि-कुलशेखर- 3: 9

2 वही, पृ. 6:10

न-कोई वैष्णव भक्त को ले आकर उनके पास छोड़ देते थे। राजा कुलशेखर उनका आदर-सम्मान एवं सेवा करने में लगे रहने के कारण श्री रंगम की यात्रा स्थगित हो जाती थी।

कुलशेखर सदा-सर्वदा भगवद् चिन्तन एवं वैष्णव भक्तों की सेवा-कार्य में लगे रहने के कारण राजकीय कार्यो को ठीक रूप से निभाने में वे असमर्थ रहे। कहा जाता है कि राजा की इस मानसिक दशा में परिवर्तन लाने तथा वैष्णव भक्तों के प्रति उनके मन में बुरा अभिप्राय उत्पन्न करने के हेतु, अमात्य एवं बडे अधिकारियों ने मिलकर एक षडयन्त्र-योजना बनायी।

राजमहल में प्रतिष्ठित भगवान श्री राम के विग्रह के गले में पहनाई गयी एक बहुमूल्य नवरत्न माला को अमात्यों ने राजमहल में कही छिपाकर रख दिया। उन्होंने राजा से शिकायत की कि राजमहल में ठहरे हुए किसी वैष्णव भक्त ने उसे चुराया होगा। नृप ने कहा कि वैष्णव भक्तों ने इस चोरी को कथमपि न किया होगा। सब के समक्ष इस बात का निरूपण करने के लिये राजा ने आज्ञा दी कि एक विषैले सांप को घडे में डालकर दरबार में प्रस्तुत किया जाय। तुरन्त राजा के हुकुम का पालन किया गया। कुलशेखर ने घोषणा की कि यदि वैष्णव भक्तों में किसी ने नवरत्न माला की चोरी की होती, तो काला विषैला नाग मुझे डस ले।" राजा ने घड़े के भीतर अपना हाथ छोड़ा। थोड़ी देर के बाद उसमे से अपने हाथ को निकाला। कहा जाता है कि विषधर नाग ने उन्हें नहीं डसा।

अमात्य एवं अधिकारी लोग अपमानित हुये और राजा से विनती की कि वे उन्हें क्षमा करें। उन्होंने सच्चाई बता दी। राजा कुलशेखर ने क्षमा कर दिया'।

एक दिन कुलशेखरालवार, राजकीय कार्य-भार को, मंत्रियों के पास सौंपकर श्रीरंगम की यात्रा के लिये निकल पड़ें। तिरुपति जाकर भगवान बालाजी का दर्शन किया। पुण्यस्थलों की यात्रा के दौरान उन्होंने संस्कृत में 'मुकुन्दमाला' नामक काव्य की रचना की। गुरु-परंपरा ग्रन्थों से पता चलता है कि कुलशेखर 67 वर्ष तक इस धर्ती पर जीवित थे।

कुलशेखरालवार की रचनायें

1. पेरुमाल तिरुमोलि-कुलशेखर ने इस ग्रन्थ को तमिल में लिखा था।
2. मुकुन्दमाला- यह काव्य कुलशेखर द्वारा संस्कृत में लिखा गया है।

'पेरुमाल तिरुमोलि' का विवेचन

'पेरुमाल तिरुमोलि' में कुल 105 पद हैं। प्रथम पाँच दशकों के गीत आत्म निवेदन से संबंधित हैं। श्री रंगम आलय में भक्तों के साथ उछल कूदकर भजन करने की अपनी अभिलाषा उन्होंने इन पदों में व्यक्त की है। "सीढ़ी के रूप में रहकर मैं सदा तेरे मुँह को देखता रहूँगा।" कहकर कुलशेखर ने तिरुपति भगवान वेंकटेश से अपनी इच्छा प्रकट करते हैं। इसलिये वैष्णव मंदिरों में भगवान के समक्ष की सीढ़ी 'कुलशेखर सीढ़ी' कहलाती है।

'पेरुमाल तिरुमोलि' के 6 वीं दशक के पदों में बाल गोपाल की विशिष्ट चेष्टाओं का चित्रण किया गया है। 7वीं दशक के गीतों में देवकी अपनी व्यथा प्रकट करती है कि उसे कृष्ण का पालन-पोषण

करने का सौभाग्य न प्राप्त हुआ। देवकी विलाप करती है-'हे कृष्णाः मै अभाग्यवती हूँ। तुम्हें पालने में लिटाकर लोरी नहीं सुनायी। तुम्हे मेरा स्तन-पान कराने का सौभाग्य मुझे उपलब्ध न हुआ। भाग्यवती यशोदा को ये सब सौभाग्य मिले।

श्रीकृष्ण से गोपियों का मिलन आदि इन सबका वर्णन श्रृंगारिक भाषा में कुलशेखर ने 'पेरुमालतिरुमोलि' में किया है

8वीं दशक में तिरुकण्णपुरम-मंदिर के भगवान नारायण को श्रीराम समझकर लोरी गाते हुए कुलशेखर ने रामायण की कथा बतायी है। वैष्णव भक्त, श्री राम को 'पैरिय(बड़ा) 'पेरुमाल' कहते हैं। कुलशेखर ने रामावतार की महिमा का गान इस ग्रन्थ में करने के कारण इन्हें भक्त लोग 'कुलशेखरप्पेरुमाल' कहकर भी बुलाते हैं। इस ग्रन्थ के समस्त गीत 'पेरुमाल तिरुमोलि' के नाम से प्रसिद्ध हैं।

9वीं दशक में, श्रीराम बनवास के लिये प्रस्थान करने के पश्चात, दशरथ महाराजा की दुखी मनोदशा चित्रित की गयी है। 10वीं दशक में पूरे रामायण की कथा संक्षेप में बतायी गयी है। सर्वप्रथम रामायण-कथा से संबंधित पदों की रचना कुलशेखर ने तमिल में की थी। इन पदों से प्रेरित होकर कंबन ने 'कंब रामायण' को लिखा।

कुलशेखर के पदों में निम्नलिखित प्रपत्ति-मार्ग के तत्व बताये गये है

1. **अनुकूल्य संकल्प**- भगवान का अनुग्रह पाने के लिये अनुकूल कार्यों को करना
2. **प्रतिकूल्य वर्जनम**- जो कार्य भगवान पसन्द नहीं करते वैसे कार्यों को न करना।
3. **महाविश्वास**- भगवान पर दृढ विश्वास करना कि वह अवश्य भक्त की रक्षा करेगा।
4. **गोपत्रुवरण** - अपनी रक्षा के हेतु भगवान की प्रतीक्षा में रहना।
5. **कार्पणयम**- भगवान के सामने भक्त अपने को नगन्य समझना।
6. भक्त भगवान से कहता है कि उसके पास मुक्ति पाने का कोई भी उपाय नहीं है।

कुलशेखरालवार की रचना 'मुकुन्दमाला'

'मुकुन्दमाला' में कुलशेखर अपने मधुर कंठ से भगवान विष्णु की स्तुति करते है। इस ग्रन्थ में कुल ४० श्लोक हैं। यह ग्रन्थ अनेक बार प्राकशित हो चुका है। 'मुकुन्दमाला' अपने अद्भूत काव्य-सौन्दर्य के लिये अत्याधिक प्रसिद्ध है। संस्कृत में लिखे गये स्तोत्र काव्यों में 'मुकुन्द माला' श्रेष्ठ स्तोत्र काव्य माना जाता है। इसमें कुलशेखर ने उपदेश दिया है कि मनुष्य को संसारिक माया से छुटकारा पाकर भगवान का चिंतन एवं गुण-गान करने में अपने मन को लगाना चाहिये। कृष्ण परमात्मा की विविध लीलाओं का वर्णन भी इस काव्य में किया गया हैं।

श्री राघवानन्द स्वामी ने सन् 17वीं शती में 'मुकुन्दमाला' पर एक टीका ग्रन्थ लिखा था जो 'मुकुन्दमालातात्पर्य दीपिका' नाम से अत्यन्त प्रसिद्ध है।

श्री मु. राघवयंगार का कहना है कि तिरुमंगै तथा तोण्डरडिप्पोडियालवार, कुलशेक्षर के समकालिक थे।

कुलशेखरालवार का संक्षिप्त जीवन वृत्त

जन्म-स्थान	केरल देशा
कुल	क्षत्रिय
समय	सन् 8 वीं शती
समकालिक	तिरुमगैयालवार तथा तोण्डराडिप्पोडियालवार
यात्रा किये गये पुण्य-स्थल	श्रीरंगम, तिरुपति, तिरुक्कण्णपुरम, आदि स्थल
आयु	67 वर्ष तक जीवित रहे
रचनायें	१. पेरुमाल तिरुमोलि २. मुकुन्दमाला

जनश्रुतियाँ

1. कुलशेखरालवार 'कौस्तूपमणि' के अवतार माने जाते हैं; कौस्तूपमणि को तिरुमाल अपने वक्ष स्थल पर धारण किये हुए हैं।
2. एक समय कथावाचक रामायण कथा को सुना रहे थे, कुलशेखर कथा का श्रवण करने में डूबे हुये थे। कुलशेखर अपने को रामायण काल में जीवित रहते हुये सोचकर भ्रम में, सेनापति को आज्ञा दी कि वे सेना को राम की सहायता करने के लिये तैयार रखें।
3. कथावाचक ने बताया कि रावण सीता को उठाकर लंका ले गये। इसे सुनते ही सीता को रावण से छुड़ाने के लिये कुलशेखर समुद्र में उतरने लगे।
4. अपने भक्तों पर रखे हुए अपने दृढ़ विश्वास का निरूपण करने के लिये विषैले नाग को रखे हुए घडे में कुलशेखर ने अपना हाथ डाला।

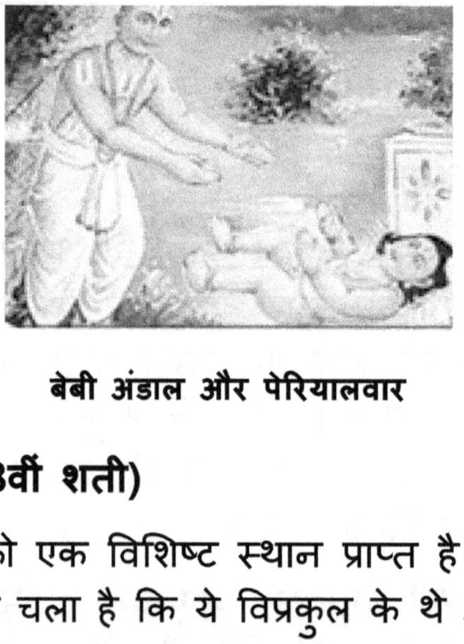

बेबी अंडाल और पेरियालवार

पेरियालवार (विष्णुचित्त) (सन् 8वीं शती)

द्वादस आलवारों में पेरियालवार को एक विशिष्ट स्थान प्राप्त है। बचपन में ये 'विष्णुचित्तर' नाम से बुलाये गये। अंतः साक्ष्य से पता चला है कि ये विप्रकुल के थे और पांडिय देश के श्रीविल्लिपुत्तूर' शहर में इनका जन्म हुआ था।

पेरियालवार ने अपने पदों में अनेक स्थानों पर पांडिय देश का नरेश श्रीवल्लभ देव के बारे में उल्लेख किया है। इतिहास बताता है कि राजावल्लभदेव ने सन् 740 से 767 तक 27 वर्ष पांडिय देश पर शासन किया था। वल्लभ दैव ने पेरियालवार को अपना आध्यात्मिक गुरु समझा।[1]

इससे पता चलता है कि पेरियालवार का जीवन-काल सन् 8वीं शती था।

गुरूपरंपरा-ग्रन्थों से पता चलता है कि पेरियालवार के पिता जी का नाम मुकुन्दाचार्य तथा माता का नाम पद्मावती था।

बचपन से पेरियालवार भगवान विष्णु के बड़े भक्त थे। अपने समवयस्क बालकों की भांति न होकर वे भगवान के चिन्तन एवं निष्टा में अपना अधिकांश समय बिताया करते थे।

श्रीविल्लपुन्तूर के बटपत्रशायी- मंदिर में, नन्दवन (उद्यान) बनाकर, उसमें पुण्पित पुष्पों से माला बनाकर, उन्हें तिरुमाल को अर्पित किया करते थे। विष्णु सहस्त्रनामों का उच्चारण कर ये भगवान शेषशायी की उपासना किया करते थे। मदुरै महानगर के शासक श्री बल्लभदेव ने एक दिन दरबार के सदस्यों को बुलाकर घोषणा करवायी की देवताओं मे कौन पूर्ण परब्रह्म है और मोक्षदायक है। इसका निरूपण करनेवाले को 'पोरकिली' (धनराशी) पुरस्कार के रूप में दी जायेगी।

कहा जाता है कि श्रीविल्लिपुत्तूर मंदिर के भगवान रंगमन्नार विष्णुचित्त के स्वप्न में प्रकट होकर कहा-"तुम पांडिय राजा से बुलायी गयी सभा में जाकर इसका निरूपण करो कि भगवान नारायण पूर्ण परब्रह्म एवं मोक्षदायक है। धनराशी का पुरस्कार तुम्हें प्राप्त होगा।" भगवान की आज्ञा को निभाने के लिये विष्णुचित्त मदुरै गये।

मदुरै का नेरेश वल्लभदेव से बुलायी गयी सभा में विष्णुचित्त ने तर्करीति से निरूपित किया कि भगवान श्री मन नारायण ही पूर्णपरब्रह्म हैं। और मोक्ष दायक है। उनके आश्रय में जाने से मुक्ति की प्राप्ति आसानी से होती है। विष्णुचित्त के अकाट्य तर्क को सुनकर राजा ने उन्हें विजेता घोषित किया और :पोर्किली' को पुरस्कार के रूप में प्रदान किया। विष्णुचित्त की महिमा को जानकर लोग उन्हें 'भट्टरपिरान; के नाम से बुलाने लगे। 'भट्टर पिरान' का अर्थ तमिल में 'ब्राह्मणों में श्रेष्ठ' है।

राजा की आज्ञा के अनुसार, हाथी पर बैठकर मदुरै शहर की परिक्रम करते समय विष्णुचित्त ने भगवान के अनुग्रह पर सोचते हुए आकाश की ओर देखा। कहा जाता है कि उस समय भगवान विष्णु लक्ष्मी सहित गरुड पर आरूढ़ होकर विष्णुचित्त को अपना दर्शन दिया। अपने इष्ट देव के सौन्दर्य को देखकर विष्णुचित्त फूले न समाये। तुरन्त उन्होने अत्यन्तभक्ति-भाव से गाया कि यह अनुपम सौन्दर्य अनेक करोड़ सौ हजार वर्षों तक जीवित रहें।[2]

इस कारण वे 'पेरिवालवार' (पेरिय-बड़ा) के नाम से अत्यन्त प्रेम से बुलाये जाते हैं।

---

1 भगवानें वलरत भक्तर- श्री पी.श्री.आचार्य पृ.59

2 तिरुप्पल्लाण्डु- पेरियालवार - पृ. 1-10

अपने घर के तुलसीवन में पडी हुई शिशु आण्डाल को पुत्रीवत मानकर पेरियालवार ने उसका पालन-पोषण करके बडा किया। गोदा द्वारा 'तिरुप्पावे' 'एवं' नाच्चियार तिरुमोलि' भक्ति काव्यों की रचना किये जाने के लिये पेरियालवार ने ही आण्डाल को (गोंदा) प्रेरणा दी थी। अपनी पुत्री आण्डाल को, श्री रंगमन्नार को अर्पित करने के कारण पेरियालवार को तिरुमाल के ससुर बनने का सौभाग्य प्राप्त हुआ।

पाण्डय नृप से प्राप्त धनराशी को श्रीरिवल्लिपुत्तूर वटपत्रशायी-मंदिर के गोपुर का निर्माण करने में पेरियालवार ने खर्च किया।

पेरियालवार की रचनायें

पेरियालवार ने न्मिनलिखित दो ग्रन्थों की रचना की थी

1. तिरुप्पल्लाण्डु और
2. पेरियालवार तिरुमोलि

तिरुप्पल्लाण्डु' के बारे में

पेरियालवार के पदों के साथ 'नालायिरदिव्य प्रबन्धम' ग्रन्थ शुरु होता है। तिरुप्पल्लाण्डु-काव्य में कुल १२, पद संग्रहीत हैं। इन पदों मे पेरियालवार ने अपनी हार्दिक अभिलाषा व्यक्त की है कि भगवान का अनुपम सौन्दर्य अनेक हजार करोंडों वर्षों तक बना रहें। श्री कृष्ण के अवतार की विशिष्टता तथा अन्य अवतारों का वर्णन इस काव्य में हुआ है। यह काव्य श्रेष्ठ स्तुति-काव्य माना जाता है। परब्रह्म श्रीमन नारायण को रक्षित किये जाने वाले और अपने को उनके रक्षक के रूप में कल्पना करके पैरियालवार ने इस स्तुति-काव्य की रचना की है। वैष्णव धर्म में यह काव्य अत्यन्त महत्वपूर्ण माना जाता है। वैष्णव मंदिर एवं वैष्णवों के गृहों में रोज इस काव्य के पदों का भक्ति तथा श्रद्धा के साथ पारायण होता रहता है।

छोटे आकार के 'तिरुप्पल्लण्डु' काव्य में अर्थ पंचक तत्वों का उल्लेख मिलता है।

'पेरियालवार तिरुमोलि' का विवेचन

'पेरियालवार तिरुमोलि' नामक इस काव्य में कुल ४६१ पद हैं जिनमें से २७३ पदों में कृष्ण के बाल्य एवं युवावस्था की लीलाओं का वर्णन किया गया है। इस काव्य में पेरियालवार अपने को निम्नलिखित चार रूपों में कल्पना करके पदों की रचना की है-

1. यशोदा के रूप में
2. गोपियो के रूप में जो कृष्ण के प्रति शिकायत करती है।
3. श्रीकृष्ण से प्रेम करनेवाली गोपियों के रूप में
4. उक्त गोपियों की माँ के रूप में।

पेरियालवार 'पिल्लैत्तामिल' नामक साहित्यिक प्रथा के मार्ग -दर्शक माने जाते हैं। कृष्ण के जीवित काल में प्रवेश कर, अपने को माँ यशोदा के रूप में परिवर्तन करके, शिशु कान्हे को पालने में रखकर उसे सुलाने के लिये, लोरी-गीत सुनाते हैं; चाँद को बुलाते हैं; कृष्ण के केशों को फूलों से सजाते हैं। बालक कृष्ण का नख-शिख वर्णन काव्यात्मक शैली में सुंदर ढंग से वे करते हैं।

कृष्ण का जन्मोत्सव, गोकुल में हर्षोल्लास, कृष्ण को सुलाने के लिये लोरी-गीत गाना, कृष्ण चन्दा-मामा को बुलाना, कर्ण-भेद संस्कार, द्रष्टीदोष परिहार, माखन-चोरी, यशोदा से गोपियों की शिकायतें, कृष्ण को गाय चराने वन भेजने पर यशोदा का विलाप, कृष्ण के अपार सौन्दर्य पर गोपियों का मोहित होना, मुरली-माधुरी प्रभृति अनेक प्रसंगों का सरस चित्रण 'पेरियालवार तिरुमोलि' में किये गये हैं।

शिशु के लोटने, मचलने, किलकने, रोने, हँसने आदि का कवि ने मार्मिक चित्र प्रस्तुत किया है। शिशु की चेष्टाओं में होने वाले परिवर्तनों को मनोवैज्ञानिक ढंग से पेरियालवार ने इस काव्य में चित्रित किया है।

कतिपय आलवारों ने अपने को कृष्ण का, सखा, सेवक, नायकी मानकर पदों की रचना की; पैरियालवार की भांति, अपने को मां के स्थान पर रखकर पदों का सृजन नहीं किया। 'पिल्लैत्तमिल शैली में लिखते समय पेरियालवार बिलकुल यशौदा बन जाते हैं। परवर्ती भारतीय वैष्णव कवियों ने इन की शैली का अनुकरण करके, कृष्ण की बाल्य लीलाओं का वर्णन किया है।

पेरियालवार ने निम्नलिखित विषयों को भी अपनी कृतियों में उललेख किया है-

1. तिरुमंत्रम्, द्वयम, चरमश्लोक आदि की विशिष्टतायें
2. परम्, व्यूह, विभव, अन्तर्यामी, अर्चा 'भगवान की इन पाँचों अवस्थायें।

पेरियालवार के जीवन वृत्त का सार

जन्म-स्थान	-	श्रीविल्लिपुत्तूर
समय	-	सन् 8वीं शती
अन्य नाम	-	विष्णुचित्तर, भट्टरपिरान
पिता का नाम	-	मुकुन्दाचार्य
माँ का नाम	-	पद्मावति
कुल	-	ब्राह्मण
(पोषित) स्वीकृत पुत्री	-	आंडाल (गोदा)
अंतिम काल का निवासस्थान	-	मुदरै के समीप का अलकरकोविल
आयु	-	85 वर्ष
रचनायें		तिरुप्पल्लांडु एवं पेरयिालवार तिरुमोलि

जनश्रुतियाँ

1. गरुड का अंशावतार माने जाते हैं।
2. भगवान रंगमन्नार इनके स्वप्न में प्रकट होकर आदेश देना
3. हाथी पर आरूढ होकर मदुरै नगर की परिक्रमा करते समय नभ में भगवान नारायण लक्ष्मी देवी सहित इन्हें दर्शन देना।
4. भारतीय वैष्णव साहित्य को इनकी देन - पिल्लैत्तमिल-शैली

आण्डाल कोर्दे

आंडाल (गोदा) (सन् 8वीं शती)

भारतीय वैष्णव भक्ति साहित्य में राजस्थान की भक्त मीरा की भाँति, आण्डाल ने भी अपने लिये एक पृथक स्थान प्राप्त कर लिया है। उसका जन्म ही नहीं अन्तर्धान भी विचित्र माने जाते हैं। कृष्ण की प्रेमिका के रूप में उसने काव्य-सौन्दर्य से युक्त मीठे पदों की रचना तमिल में की।

आंडाल पेरियालवार की पोषित पुत्री थी। द्वादस आलवारों में केवल गोदा ही कवयित्री थी। श्रीबिल्लिपुत्तूर-मंदिर के भगवान रंगमन्नार की सेवा करने के वास्ते, पेरियालवार अपने घर के समीप एक वाटिका को बनाया था। एक दिन आषाढ़ महीने में, भगवान के लिये माला गूंथने के लिये वे वाटिका में पुष्पो का चयन कर रहे थे। उस समय तुलसी-पौधे के नीचे फूलों के गुच्छों पर पड़ी हुई एक नवजात बच्ची को उन्होंने देखा। ब्रह्मचारी होने के कारण उस सुन्दर बच्ची को भगवान की देन मानकर बड़े प्यार से वे उसका पालन-पोषण करने लगे।

फूलों के गुच्छों पर प्राप्त होने के कारण पेरियालवार ने उस नन्हीं शिशु का नाम 'गोदा' रखा।

एम. राघवैयंगाट सदृश कुछ विद्वान लोग, आंडाल (गोदा) का समय सन् ८वीं शती मानते हैं।[1]

पेरियालवार के आश्रम के भक्तिपूर्ण वातावरन ने आंडाल के मन में भगवान तिरुमाल (कृष्ण) के प्रति भक्ति तथा प्रेम भाव को जगाया। कृष्ण का सौन्दर्य, शक्ति तथा उनकी अदभुत लीलाओं का अपने पिता जी से श्रवण कर, गोदा बहुत प्रसन्न चित्त रहा करती थी। कालान्तर में उसकी भक्ति कृष्ण के प्रति प्रेम के रूप में बदली।

तिरुमाल को समर्पित करने के लिये उद्यान में फूलों का चयन कर, उनसे माला बनाने के कार्य में आण्डाल अपने पिता जी, पेरियालवार की सहायता किया करती थी। भगवान रेंगा पर रखे गये अपने प्रेम के कारण उसने दृढ़ निश्चयम किया कि उसकी शादी भगवान रेंगा के साथ होनी चाहिये।

भगवान रंगमन्नार के लिये गूंथी गयी मालाओं को, अपने पिता की अनुपस्थिति में, आण्डाल अपने गले में रोज पहनकर दर्पण में अपना मुँह देखा करती थी कि रंगमन्नार की पत्नी बनने का सौन्दर्य उसके पास है कि नहीं।

एक दिन पेरियालवार ने इसे देख लियाः वे बहुत चिन्तित हुए; आण्डाल पर उन्होंने अपना क्रोध प्रकट किया। उस दिन गोदा से पहनी हुई माला को भगवान के लिये नहीं भेजा। उन्होंने एक नयी माला गूंथकर भेजा।

उस दिन रात, भगवान वटपत्रशायी पेरियालवार के स्वप्न में प्रकट होकर कहा-"आण्डाल से पहनी हुई माला को मुझे भेजा करो; मैं उसे सहर्ष स्वीकार कर लूँगा।" उस दिन से आण्डाल 'सूडिक्कोडुत्त सुडरकोंडि' के नाम से प्रसिद्ध हुई। इस का अर्थ है 'माला को खुद पहनकर देने वाली'।

आज भी आण्डाल के विग्रहों को पहनायी गयी मालायें ही अलकर कोविल के चैत्र-उत्सव एंव तिरुपति के ब्रंमोत्सव के अक्सर पर, भगवान नारायण को भेजी जाती हैं।

जब आण्डाल युवती हुई तब से पेरियालवार उसके लिये योग्य वर ढूँढने लगे। अच्छा वर न मिलने के कारण वे बहुत चिन्तित हुये। अपने पिता की चिन्ता का कारण समझकर आण्डाल ने कहा-"मैं श्रीरंगम में निवास करने वाले श्री रंगनाथ को अपने पति के रूप में प्राप्त करना चाहती हूँ। किसी मानव से मेरी शादी हुई तो मैं मर जाऊँगी।"[2]

उस दिन रात भगवान श्री रंगनाथ पेरियालवार के स्वप्न में आकर कहा-"आन्डाल को अलंकृत करके श्रीरंगम ले आओ; मैं उससे विवाह कर लूंगा।"

भगवान रंगनाथ की आज्ञा के अनुसार पेरियालवार ने अपनी मानसिक पुत्री की शादी शास्त्रों के अनुसार विधिवत् भगवान नारायण से करायी। श्रीरंगम मंदिर के गर्भगृह में पहुँचते ही गोदा श्री रंगनाथ से एक्य हो गयी।

1 आलवारगल काल निलै - एम. राघवयांगार, पृ. 38

2 नाच्चियार तिरुमोलि-आण्डाल पद 1:5

आज भी दक्षिण भारत के वैष्णव मंदिरों में आण्डाल की शादी भगवान से घूम-घाम से करायी जाती है। गुरु-परंपरा ग्रन्थों से पता चलता है कि भगवान से ऐक्व होते समय आण्डाल की आयु १६वर्ष की थी। इस प्रकार पेरियालवार को श्रीरंगनाथ का ससुर बनने का सौभाग्य प्राप्त हुआ।

श्रीरंगम से श्री विल्लिपुत्तूर पहुँचने के बाद पुत्री के वियोग-दुख ने पेरियालवार को बहुत सताया। "मैंने अपनी इकलौती पुत्री को महालक्ष्मी की भांति पालकर बड़ा किया। उसकी कीर्ति दुनिया भर में फैली हुई थी। भगवान तिरुमाल ने मेरी पुत्री को अपने साथ ले चला।"[1]

आण्डाल की रचनायें

आण्डाल एक श्रेष्ठ भक्त कवयित्री थी। इनकी कृतियों से भारतीय वैष्णव साहित्य अत्यन्त गौरवन्वित हुआ है। इनकी रचनायें अपने काव्य-सौन्दर्य के लिये अत्यन्त प्रसिद्ध हैं; उनकी दो रचनायें उपलब्ध हुई हैं

1. तिरुप्पावै
2. नाच्चियार तिरुमोलि

तिरुप्पावें का विवेचन

तिरप्पावै में संगृहीत ३० पद राग-रागिनयों में गाये जाने के योग्य हैं। इन पदों मे तमिल समुदाय का प्रसिद्ध 'मार्गलीनोन्वू' (कात्यायिनी व्रत) का सुन्दर वर्णन किया गया है। 'मृगशीर्श' महिना तमिल महीनों में श्रेष्ठ महीना माना जाता है। इस महीने में युवतियाँ अच्छे पति को प्राप्त करने के लिये व्रत धारण करती है। इस प्रकार के व्रत धारन करने से, व्रत धारन करने वालियों का जीवन तथा उनका देश भी धन, धान्य से संपन्न होते हैं।[2]

आण्डाल अपनी सखियों से बताती है कि वे मृगशीश महीने में पूर्णिमा के दिन 'मार्गली नोन्बु' का अनुसरण करें। इस प्रकार करने से भगवान रंगनाथ हमारी सब की कामनाओ को पूरा करेंगे। कार्त्यायनी व्रत की महिमा तथा उसके अनुसरण करने की पद्धतियाँ तिरुप्पावै-काव्य के प्रारंभिक पदों में बताये गये हैं। प्रातःकाल स्नान करना इस व्रत का मुख्य अंश माना जाता है। इसलिये आण्डाल सूर्योदय की खबर को अपनी सहेलियों को सुनाती है। नींद को छोड़कर अपने साथ नहाने के लिये बुलाती है।[3]

जब सहेलियाँ सब आती हैं तब गोदा उन्हें कृष्ण के निवासस्थान पर ले चलती है। वह द्वारपाल से अपने को परिचित करने के पश्चात् उनसे बताती है कि, गीत गाकर कृष्ण को नींद से उठाने के लिये वे सब आयी है। कृष्ण से उनके आने का समाचार बताने की बिनती द्वारपाल से आण्डाल करती है। उसके बाद नप्पिन्नै से कृष्ण से मिलने के लिये, अनुमति माँगती है। 'राधा' तमिल में नप्पिन्नै

1 पेरियालवार तिरुमोलि पद 3:8:4

2 तिरुप्पानै-आण्डाल- पद सं. 3

3 वही- वही पद 1-5

कहलाती है। उसके पश्चात् सब मिलकर कृष्ण से प्रार्थना करती हैं कि वे उनकी मनोकामनाओं को पूरा करें। फिर वे सब मिलकर कृष्ण का गुण-गान करने लगती हैं।

तिरुप्पावै-काव्य के पदों में आण्डाल की अतुलनीय भक्ति एवं उस काल के लोगों के जीवन संबन्धी सजीव चित्र उपलब्ध होते हैं। प्रकृति का भी सुन्दर चित्रण इस काव्य में हुआ है। 'तिरुप्पावै' के गीत भक्ति और श्रद्धा के साथ वैष्णव आलय और भक्तों के घरों में मृगशीश महीने के सभी दिन गाये जाते हैं।

तिरुप्पावै-काव्य, अज्ञान रूपी अंधकार में डूबे जीवों के हृदय में ज्ञान-दीप जलाकर, भगवान से ऐक्य होने से प्राप्त होने वाले आलौकिक आनंद की व्याख्या करता है।

आण्डाल अपने जन्म-स्थान श्रीविल्लिपुत्तूर को गोकुल मानती है; अपने को और अपनी सहेलियों को गोपियों के रूप में वह कल्पना करती है। उस के लिये श्री विल्लिपुत्तर मंदिर में विराजमान भगवान वटपत्रशायी ही, उसके के लिये श्री कृष्ण है। इस प्रकार की कल्पना करके, आण्डाल कात्यायिनी व्रत का पालन करती हैं। 'तिरुप्पावै' कल्पना तथा काव्य सौन्दर्य से युक्त अनुपम काव्य माना जाता है।

पेरियालवार ने वात्सल्य प्रेम से भगवान श्री कृष्ण की आराधना की थी; उसकी पोष्य पुत्री आण्डाल ने श्री कृष्ण को अपना पति मानकर, उनसे माधुर्य भक्ति की थी।

आण्डाल की कृति 'नांच्चियार तिरुमोलि'

राग-रागनियो में गाये जाने वाले कुल १४३ गीत 'नाच्चियार तिरुमोलि' में संगृहीत किये गये हैं। इस काव्य के गीत आण्डाल द्वारा नायकीभाव से गाये गये हैं। निम्नलिखित विषयों का चित्रण इस काव्य में हुआ है-

1. आण्डाल कामदेव से वितनी करती है कि वे उसे कृष्ण से मिलावें।
2. वह कोयल तथा मेघों को दूत के रूप में कृष्ण के पास प्रेषित करती है।
3. आण्डाल स्वप्न देखती है कि उसका पाणिग्रहण भगवान माधव के साथ धूम धाम से हो रहा है।
4. आण्डाल के विरह-दुख का हृदय स्पर्श वर्णन[1]

नाच्चियार तिरुमोलि के कतिपय गीत विवाह-उत्सव के अवसर पर वैष्णव भक्तों द्वारा आज भी गाये जाते हैं।

तमिलनाडु के लोगों के जीवन पर आण्डाल के काव्यों का गहरा प्रभाव पड़ा है। कहा जाता है कि श्री रामानुजाचार्य आण्डाल के भक्ति-पदों का गायन करते करते भक्ति-भावावेश में अपने को भूल जाते थे। तिरुप्पावै-काव्य पर वे अत्यन्त श्रद्धा रखते थे। इसलिये तिरुप्पावैजीयर' नाम से वे अत्यन्त प्रसिद्ध हुए। श्री वेदान्तदेशिक ने आण्डाल की प्रशंसा करते हुए 'गौढ़ा स्तुति' नामक पुस्तक को लिखा है। एक

1 द्राविड मुनिवरगल- श्री राधाकृष्णनपिल्लै- पृ.61

वैष्णव भक्त का कहना है कि जिसने 'तिरुप्पावै' के 30 पदों का हृदयंगम नहीं किया है वह इस धर्ती के लिये भार स्वरूप माना जायेगा।

प्रसिद्ध शैव भक्त माणिक्कवाचकर ने 'तिरुप्पावै' का अनुकरण करके, तिरुवेंपावै, नामक काव्य की रचना की। विजय साम्राज्य के सम्राट श्री कृष्णदेवराय ने आण्डाल के जीवन को आधार बनाकर, तेलुगु में 'आमुक्तमाल्यदा' नामक महाकाव्य की रचना की जो अपने काव्य सौन्दर्य के लिये अत्यन्त प्रसिद्ध है।

आण्डाल के जीवन वृत्त का सार

पिता का नाम	पेरियालवार जिसने आण्डाल को अपनी मानसिक पुत्री माना।
असली माता-पिता	इनसे संबांधित अन्तः साक्ष्य अथवा बहिः साक्ष्य से कोई समाचार नहीं उपलब्ध हुआ है।
समय	सन् 8वीं शती

भगवान से ऐक्य होते समय गोदा की आयु- 16वर्ष

रचनायें	1. तिरुप्पावै 2. नाच्चियार तिरुमोलि

जनश्रुतियाँ

1. गोदा भूमादेवी का अंश मानी जाती हैं।
2. भगवान ने आण्डाल से पहनी हुई माला को पसन्द किया।
3. श्रीरंगम मंदिर रैंगनाथ ने आण्डाल से विवाह करना चाहा;पेरियालवार के स्वप्न में प्रकट होकर आण्डाल को अपने पास ले आने के लिये भगवान ने कहा।
4. विवाह वैभव के समाप्त होते ही आण्डाल श्री रैंगनाथ से ऐक्य हो गयी।

→ **देवदेवी**

तोण्डरडिप्पोडियालवार

तोण्डरडिप्पोडियालवार (सन् 8वीं शती)

चोल देश के 'मंडंकुडि' नामक नगर में विप्रकुल में तोण्डरडिप्पोडियालवार का जन्म हुआ था। इनके पिता का नाम 'वेदविशारद' था; माँ का नाम अब तक पता नहीं चला है। इनके बचपन का नाम विप्रनारायण था। तोण्डरडिप्पोडियालवार ने बचपन की अवस्था से ही शास्त्राध्ययन करना शुरु कर दिया। तमिल एवं संस्कृत में इन्होंने पर्याप्त पांण्डित्य प्राप्त किया था। छोटी सी अवस्था में ही ये रंगनाथ भगवान का बडा भक्त बन गये थे।

भगवान रंगनाथ की सेवा करने हेतु ये श्रीरंगम गये और वहाँ एक उपवन बनाकर वहीं रहने लगे। रोज फूलों की माला बनाकर, श्री रंगनाथ को समर्पित किया करते थे। वे एक सन्यासी का जीवन बिता रहे थे। वे युवावस्था में अति सुन्दर तथा सुद्दढ़ देह वाले थे। अपने को दासों का दास कहने में इन्हें अपार आनंद मिलता था। अतः लोगों ने इन्हें "तोण्डरडिप्पोडियालवार' के नाम से बुलाना शुरु किया। ये 'भक्तांधिरेणु' के नाम से भी बुलाये गये।

भक्तांधिरेणु' एक संस्कृत शब्द है जिसका अर्थ है 'भगवत्दासों की चरण धूली।

विद्वानों की राय है कि विप्रनारायण सन् 8वीं शती मं जीवित थे तथा तिरुप्पाण एवं तिरुमंगैयालवार इनके समकालीन थे।

देव-देवी नामक एक सुन्दरी चोल राजा के महल में नृत्य किया करती थी। उसका जन्म दासी कुल में हुआ था। एक दिन राजमहल से घर लौटते समय रास्ते में विप्रनारायण के उद्यान में विश्राम करने के लिये देवदेवी बैठी।

उस समय युवक विप्रनारायण अपने उपबन में पुष्पों को तोड़ रहे थे। उनके शारीरिक सौन्दर्य को देखकर उनपर देवदेवी मुग्ध हो गयी। ईश्वर घ्यान में डूबे रहने के कारण विप्रनारायण ने देवदेवी को नजर उठाकर नहीं देखा। देवदवी के साथ उसकी दीदी एवं अन्य सहेलियाँ भी राजमहल से घर लौट रही थीं। उसने अपनी दीदी से कहा कि विष्णु भक्त विप्रनारायण को वह अपने वश में करके दिखायेगी।

देवदेवी विप्रनारायण के उद्यान में ठहर गयी। उसकी दीदी तथा सहेलियाँ घर वापस चली गयीं। देवदेवी ने विप्रनारायण की कुटी में रहने के लिये उनसे अनुमति मांगी। उसने कहा कि दासी-जीवन से वह ऊब गयी है; आगे ईश्वर की सेवा करने में अपना जीवन बिताना चाहती है। विप्रनारायण ने देवदेवी की बात को सच मानकर, अपने साथ रहने के लिये सम्मति दे दी।

देवदेवी की काम-जाल में विप्रनारायण फस गये; एक मिनट भी उसे बिछुडकर रहना विप्रनारायण के लिये असाध्य हो गया। भगवत् सेवा को वे भूल गये; अपनी सारी संपत्ति खो दी। जब विप्रनारायण के पास देवदेवी को देने के लिये कुछ न रहा तब देवदेवी भी उसे छोड़कर चली गयी।

विप्रनारायण देवदेवी को भूलने में असमर्थ थे। जब वे उसके घर के द्वार पर गये तो देवदेवी के नौकरों ने उसे घर के भीतर घुसने न दिया।

विप्रनायराण की इस दयनीय हालत को देखकर, लक्ष्मी देवी के मन में उसके प्रति दया उत्पन्न हुई। उसने प्रभु नारायण से प्रार्थना की कि वे विप्रनारयण पर अनुग्रह करें।

भगवान रंगनाथ स्वयं विप्रनारायण के मित्र का रूप धारण करके, राजमहल के एक स्वर्ण थाली को विप्रनारायण की ओर से देव देवी के पास ले जाकर दिया। राजमहल की स्वर्ण-थाली की चोरी करने के कारण, राजा ने विप्रनारायण को जेल में डाला।

दूसरे दिन स्वयं भगवान राजा के स्वपन में आकर कहा कि विप्रनारायण निरपराधी है; वे स्वयं अपने भक्त के मित्र का रुप धारण करके स्वर्ण-थाली को देव देवी को दिया था। सच्चाई मालूम होते ही नृप ने विप्रनारायण को आजाद किया।

जेल से बाहर आने के बाद विप्रनारायण पुन; ईश्वर के सेवा-कार्य में मन लगाने लगे। भगवान के भक्तों की सेवा करना अपने जीवन का लक्ष्य समझा। अपने जीवन पर्यन्त भगवान और उनके भक्तो की सेवा करते रहे और तोण्डराडिप्पोडियालवार के नाम से वे अत्यन्त प्रसिद्ध हुए। 'तोण्डरडिप्पोडि' शब्द का अर्थ तमिल में 'भक्तों' के चरणों की घूली है।

कहा जाता है कि देवदेवी भी भगवान की भक्तिन बन गयी; अपना धन-दौलत सब श्रीरंगम मंदिर को अर्पित किया और अनेक सेवा-कार्य करके, अंत में उसने मुक्ति प्राप्त की।

तोण्डरडिप्पोडियालवार की रचनायें

निम्नलिखित दो काव्यों की रचना तोण्डराडिप्पोडियालवार ने की थी-

1. तिरुमालै तथा
2. तिरुप्पल्लि एलुच्चि

तिरुमालै के बारे में

'तिरुमालै' के कुल ४५ पदों में अधिकांश पद, आत्मनिवेदन से संबंधित हैं। तोण्डरडिप्पोडि भगवान रंगनाथ से प्रार्थना करते हैं कि उन्हें भवगत् भक्तों के दासों के दास के रूप में स्वीकार करने का अनुग्रह करें। इस काव्य के समस्त पद सुन्दर शब्द-चयन एवं काव्य-सौन्दर्य के लिये बहुत प्रसिद्ध हैं।

तमिल मे एक कहावत प्रसिद्ध है कि "तिरुमालै अरियान तिरुमालै (विष्णु) अरियान"। इस का अर्थ है कि जो तिरुमालै-काव्य को नहीं जानता वह भगवान तिरुमाल (नारायण) को नहीं जानता।

"पच्चैमा मलै पोल मेनी पवल वाय कमलच्चेंकण" से प्रारंभ होनेवाला इस ग्रन्थ का यह पद बहुत ही प्रसिद्ध पद है जो वैष्णव भक्तों से श्री रंगनाथ की स्तुति में गाया जाता है।

तोण्डरंडिप्पोडियालवारकी ' तिरुप्पाल्लिएलुच्चि'

तिरुप्पाल्लिएलुच्चि-काव्य का अर्थ है-'भोर होते ही भगवान को नींद से जगाना'। इस काव्य के कुल दस पदो में कवि ने प्रातःकाल होने की सूचना देने वाले प्राकृतिक वातावरण का चित्रण अत्यन्त काव्य-सौन्दर्य से युक्त भाषा में किया है। सूर्योदय के समय के प्राकृतिक दृश्य का सुन्दर वर्णन इस काव्य में किया गया है। वैष्णव मंदिरों में प्रतिदिन सुबह इस काव्य के पदों का गायन किया जाता है और भगवान नारायण को नींद से जगाया जाता है।

तोण्डरडिप्पोडियालवार का संक्षिप्त जीवन वृत्त

जन्म-स्थान	-	मण्डंकुडि (चोल देश)
असली नाम	-	विप्रनारायण
संस्कृत नाम	-	भक्तांघिरेणु
वैष्णव भक्तों द्वारा दिया गया नाम	-	तोण्डरडिप्पोडियालवार
समय	-	सन् ८वीं शती।
समकालीन आलवार	-	तिरुमंगै एवं तिरुप्पाणालवार
पिता का नाम	-	वेदविशारद

जनश्रुतियाँ

1. तिरुमाल की वनमाला का अंश माने जाते है।
2. देवदेवी के काम-जाल में फंसने की कर्ण परंपरा-कथा।
3. भगवान नारायण विप्रनारायण के मित्र के रूप में राजमहल की स्वर्य थाली को देवदेवी के पास सौंपना
4. भगवान राजा के स्वप्न में आंकर विप्रनारायण को निरपराधी होने की बात कहना।

रचनायें १.तिरुमालै तथा २. तिरुप्पल्लिएलुच्चि

तिरुप्पाणालवार (योगीवाहन)

तिरुप्पाणालवार (योगीवाहन) सन् 8वीं 9वीं शती)

कहा जाता है कि कावेरी नदी तट पर स्थित 'उरैयूर' नामक शहर के एक विप्र के खेत में तिरुप्पाणालवार पड़े हुए थे। 'पाणर' कुल का एक आदमी उन्हें ले जाकर पालन-पोषण किया। तिरुप्पाण के असली माँ-बाप के संबन्ध में कुछ भी पता नहीं चला है।

'पाणर' जाति के लोग गायन-कला में निपुण थे। वे धनवान एवं राजाओं को वीणा बजाते हुए अपने मीठे कंठ से गीत गाकर सुनाया करते थे और उनसे पुरस्कार पाकर अपना जीवन बिताते थे। तिरुपाण के समय में 'पाणर' लोग निम्नजाति के माने जाते थे। एक 'पाणर'आदमी से पालन-पोषण किये जाने के कारण ये 'तिरुप्पाण' कहलाये।

तिरुप्पाणालवार के जीवन संबंधी समाचार अधिक नहीं मिले हैं। तोण्डरडिप्पोडि-आलवार ने अपने एक पद में बताया है-"हे भगवान! निम्न कुल का होने पर भी, तुम्हारा भक्त होने से उसे (तिरुप्पाण को) अपने पास बुला लिया। उच्च कुल का होने पर भी यदि जिसके मन में तुम्हारे प्रति भक्ति नहीं है तो बह निम्न कुल का ही माना जायेगा। इसे तुम ने साबित कर दिया।"

ऐसा लगता है कि शायद तिरुप्पाणालवार को मन में रखकर तोण्डरडिप्पोडि ने उक्त पद को लिखा होगा। इसलिये अधिकांश विद्वानों ने तिरुपाण तथा तोण्डरडिपोडि को समकालीन समझकर तिरुण्पाण के समय को सन् 8वीं शती का पिछला भाग तथा ९वीं शती का प्रथम भाग निश्चित किया है।

बचपन की अवस्था से ही तिरुप्पाणावार अच्छे गायक थे। कहा जाता है कि श्री रंगम के रंगनाथ के प्रति उनके मन में असीम भक्ति होने के कारण भक्ति-भावावेश में उनके सौन्दर्य का गान करते-करते वे मूर्चित होकर गिर जाया करते थे। वे अपने को अस्पृश्य समझकर, भगवान की उपासना करने श्रीरंगम आलय के भीतर न जाते थे; कावेरी नदी के दक्षिण किनारे पर खडे होकर वीणा बजाते हुये अपने मीठे कंठ से भगवान का गुण-गान किया करते थे।

एक दिन लोकशारंगन नामक एक ब्राह्मण भगवान श्री रंगनाथ का स्नान कराने वास्ते, हाथ में घडे को लेकर कावेरी-नदी में जल लेने आया। उस समय तिरुप्पाणालवार नदी के किनारे पर खडे होकर, भक्ति-भावावेश में अपने को भूल कर भगवान का गुण-गान कर रहे थे।

लोकसारंग ने तिरुप्पाण से कहा कि वह रास्ता छोड़कर हट जावें; लेकिन तिरुप्पाण को उनका कहना सुनायी नहीं पड़ा। इसलिये लोकशारंग ने तिरुप्पाण पर पत्थर फेंका। उनसे फेंका हुआ पत्थर पाणर के माथे पर लगकर खून बहने लगा। तब पाणर ने अपनी गलती को समझकर, लोकशारंग को रास्ता छोड़ा। लोकशारंगर घडे में जल लेकर जब मंदिर पहुँचे तब भगवान के माथे से खून बहता हुआ देखकर हैरान हो गये।

उस दिन रात भगवान ने लोकशारंग के स्वप्न में प्रकट होकर कहा-"इस गलती का प्रायश्चित करने के लिये तुम्हें पाणर को अपने कन्धे पर बिठाकर मंदिर ले आना पडेगा और उसे मेरे समक्ष खडा करना पडेगा।"

दूसरे दिन प्रातः काल लोकशारंग पाणर के पास जाकर, भगवान की आज्ञा को सुनाया, उन्हें अपने कन्धे पर बिठाकर भगवान के सामने ले आये। भगवान के अद्भुत सौन्दर्य को देखकर पाणर के नयनों से आनंदाश्रु बहने लगा। अन्धे को दृष्टि प्राप्त होने की भांति वे फूले न समाये। श्रीरंगनाथ के शरीर का नख-शिव वर्णन करते हुए पाणर ने गीत गाना शुरू किया। उन्होंने भगवान के प्रत्येक अंग की प्रशंसा करते हुए दस गीतों को गाकर भगवान को सुनाया। अंतिम गीत में उन्होंने कहा श्री रंगनाथ

के अद्भुत सौन्दर्य को देखने के बाद, उनकी आँखें और किसी भी वस्तु को देखना नहीं चाहती। काव्य-सौन्दर्य से युक्त उनकी मीठी एवं सुन्दर कविताओं को सुनकर भगवान अत्यन्त प्रसन्न हुए। उन्हें सायुज्य मुक्ति प्रदान की। गुरु परंपरा-ग्रन्थों का कहना है कि सायुज्य मुक्ति प्राप्त करते समय पाणर की आयु ५० वर्ष की थी।

तिरुप्पाणालवार की रचनायें

तिरुप्पाण ने एक ही एक पुस्तक लिखी; उसका नाम 'अमलनादिपिरान' है। परबह्म को इन्होंने 'अमलन', आदिपिरान' कहकर प्रंशसा करने से इस काव्य का नाम 'अमलनादिपिरान' पडा। तिरुप्पाण ने अपने पदों में भगवान विष्णु के विविध अवतार, खासकर श्रीकृष्ण की लीलाओं का अधिक उल्लेख किया है।

भगवान के अवयवों का नख-शिख वर्णन करने की प्रथा को सर्वप्रथम तिरुप्पाण ने ही प्रारंभ किया था।

परम्, व्यूह, विभव, अंतर्यामी, अर्चा-भगवान के इन पाँचों रूपों का भी उल्लेख इनके पदों में देखने को मिलता है।

आलवारों की रचनाओं में वेदान्त देशिक ने केवल 'अमलनादिपिरान' पर ही 'मुनिवाहन भोग' नामक टीका ग्रन्थ को लिखा था।

लोकशारंग मुनी के कन्धों पर बैठकर श्रीरंगम आलय में प्रवेश करने के कारण तिरुप्पाण 'मुनिवाहन'नाम से प्रसिद्ध हुये।

तिरुप्पाणालवार के जीवन-वृत्त का सार

असली माता-पिता का नाम	-	अब तक पता न चला है।
पिरुप्पाण के अन्य नाम	-	योगी वाहन, मुनिवाहन, प्राणप्पेरुमाल
कुल	-	माता-पिता के कुल के बारे में अब तक पता न चला है। पाणर कुल के एक व्यक्ति से पालन-पोषण किये जाने के कारण वे तिरुप्पाण कहलाये। वे अपने को अस्पृश्य मानते थे।
समय	-	सन् 8वीं शती का पिछला भाग तथा 9वीं शती का प्रथम भाग। तोण्डरडिप्पोडि इनके समकालीन माने जाते हैं।
आयु	-	30 वर्ष तक जीवित रहे
जनश्रुतियाँ		1. खेत में पड़े हुए इन्हें, पाणर कुल के एक व्यक्ति ने पाल पोषकर बड़ा किया। 2. लोकशारंग द्वारा फैका हुआ पत्थर भगवान के माथे पर लगा। उनके माथे से रुधिर बहने लगा। 3. लोकशारंग के स्वप्न में प्रकट होकर भगवान ने कहा कि वे पाणर को अपने कन्धे पर बिठाकर मंदिर में ले आवें।

4. भगवान ने अपने सौन्दर्य का दर्शन कराके पाणर को अपने साथ ऐक्य कर लिया।

रचना	अमलनादिपिरान
अमलनादिपिरान पर लिखे गये व्याख्या ग्रन्थ का नाम	'मुनिवाहनभोगम्'

तिरुमंगैयालवार (परकालन) (सन् 8वीं शती)

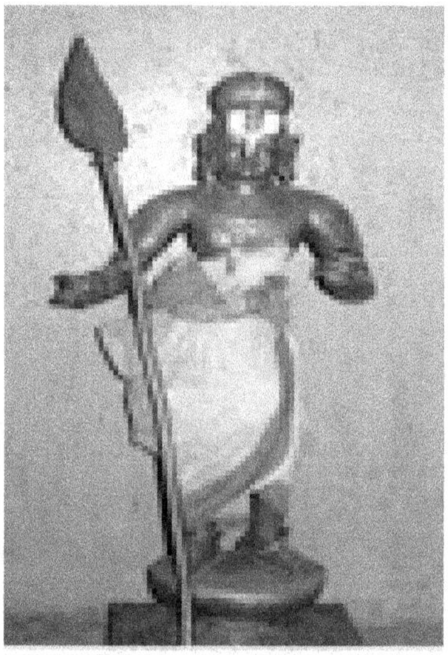

तिरुमंगैयालवार (परकालन)

आलवार-परम्परा में तिरुमंगैयालवार अंतिम आलवार माने जाते हैं। इनका जन्म चोल राज्य के 'तिरुक्कुरैयलूर' नामक नगर में हुआ। ये कल्लर कुल के थे। इस कुल के लोग प्राचीन समय में वन-प्रदेश में रहते थे तथा यात्रियों को लूटकर अपना जीवन चलाया करते थे।

तिरुमंगैयालवार के पिता चोल नृप के यहाँ सेनापति थे। तिरुमंगै का असली नाम 'नीलन' था। ये कलियन, अरुलमारी एवं परकालन नामों से भी बुलाये जाते थे।

अंतः साक्ष्य से तिरुमंगै के जीवन से संबंधित समाचार प्राप्त हुए है। इन्होंने अपने एक पद में 'परमेश्वर विण्णकर' नामक एक मंदिर का उल्लेख किया है। कहा जाता है कि द्वितीय पल्लव नरेश नंदवर्मन के शासन काल में (सन् 731-796) इस आलय का निर्माण किया गया था। शिलालेखों से पता चलता है कि सन् 8वीं शती के उत्तरार्ध में तिरुमंगै ने अपना जीवन बिताया था।

परकालन युद्ध विद्या में निपुण थे। ये बड़े घुड़सवार तथा हाथी सेना का संचालन करने में सिद्ध-हस्त थे। अतः इनके पिता के वीर-स्वर्ग की प्राप्ति के पश्चात् चोल राजा ने परकालन को अपना सेनापति बनाया। युद्ध-क्षेत्र में शत्रुओं को आसानी से पराजित करने के कारण ये 'परकालन' (शत्रुओं का यम) नाम से प्रसिद्ध हुए।

परकालन के पराक्रम को देखकर चौल राजा ने इन्हें तिरुमंगै देश का नृप बनाया। इसलिये ये तिरुमंगैराजा के नाम से भी विख्यात हुए।

समर विद्या में निपुणता प्राप्त करने की भांति संगीत, नृत्य, नाटक साहित्य आदि कलाओं में भी निपुणता हासिल की थी। तमिल तथा संस्कृत में भी ये पारंगत थे। ये बडे कवि एवं दानी भी थे। अन्याय करने वालों को कड़ी सजा दिया करते थे। अन्य आलवारों की तुलना में तिरुमंगै श्रेष्ठ साहित्यकार भी थे।

राजकीय सुविधाओं के बीच तिरुमंगै का पालन-पोषण होने के कारण अनकी युवावस्था विलासमय जीवन में बीती। लंबे समय तक ये अविवाहित ही रहे। इनके विवाह सबन्धी निम्नलिखित वदन्ती प्रसिद्ध है-

चोल देश के 'तिरुवेल्लक्कुलम' नामक शहर में वैष्णव धर्मावलंबी वैद्य रहते थे। इनकी पुत्री 'कुमुदवल्ली' अत्यन्त रूपवती थी। अतः बडे-बडे राजा लोग उससे शादी करना चाहते थे। कुमुदवल्ली के रूप-सौन्दर्य के बारे में सुनकर तिरुमगै राजा ने भी उसके माता-पिता से उनकी पुत्री से पाणि-ग्रहण करने की अपनी इच्छा को व्यक्त किया।

वैद्य जब तिरुमंगै की विनती सुनकर हिचाकिचाते रहे तब स्वयं कुमुदवल्ली ने कहा कि यदि तिरुमगै सचमुच उससे शादी करना चाहते हैं तो उन्हें निम्नलिखित दो शर्तों को निभाना पडेगा-

1. परकालन को पंचसंस्कार करके एक शुद्ध वैष्णव होना पड़ेगा।
2. रोज 1008 वैष्णव भक्तों को अन्नदान कराने के उपरान्त उसे भोजन करना पड़ेगा।

कुमुदवल्ली के उक्त दोनों शर्तों को स्वीकार करके तिरुमगै ने उससे शादी कर ली।

विवाह के बाद रोज 1008 वैष्णव भक्तों को अन्नदान कराते -कराते तिरुमंगै गरीबी-अवस्था तक पहुँच गये। यहाँ तक कि ये चोल सम्राट को अपना कर अदा करने में असमर्थ रहे। इससे कृद्ध होकर चोल सम्राट ने तिरुमगै राजा को कारावास का दंड दिया।

कारावास का जीवन बिताते समय तिरुमंगै को अपनी दैविक शक्ति द्वारा एक गुप्त धन का पता चला। उसे उन्होंने चोल सम्राट को बताया। उनसे अनुमति प्राप्त कर, तिरुमंगै ने धर्ती खोदकर उस निधि को बाहर निकाला और सम्राट को अपना कर अदा किया। सम्राट ने तिरुमंगै को बंदीगृह से मुक्त किया।

कुमुदवलली को दिये हुये बचन को निभाने के वास्ते, तिरुमंगै ने यात्रियों से धन लूटना शुरू किया और उस धन को वैष्णव भक्तों को खिलाने में खर्च करने लगे।

भगवान विष्णु ने तिरुमंगै पर अनुग्रह करना चाहा। वे लक्ष्मी सहित नवविवाहित दंपतियों का रूप धारण कर, उस स्थान पर गये जहाँ परकालन यात्रियों को लूटा करता था। परकालन तथा उसके साथियों ने नवविवाहित दंपतियों के आभूषणों को लूटा। जब उन्होंने आभूषणों को एक थैली में डालकर उठाया तो उनसे वह गटरी उठायी नहीं गयी। दूल्हे के वेष में आये हुये भगवान नारायण ने परकालन

को अपना दिव्य दर्शन देकर उन्हें अनुगृहीत किया। इस घटना के बाद तिरुमंगै ने चोरी करना छोड़ दिया और एक परम वैष्णव भक्त बन गये।

तिरुमंगै ने प्रधान वैष्णव तीर्थ स्थलों की यात्रा की तथा वैष्णव भक्ति का प्रचार किया। जैन और बौद्ध धर्मों के सिद्धान्तों का खंडन किया। 'नागप्पट्टिणम' नामक शहर के समीप प्राप्त बुद्ध के स्वर्ण -विग्रह को तोडकर, उससे प्राप्त धन को तिरुमगैयाल्वार ने श्रीरंगम मंदिर का तीसरा प्रहार बनाने में खर्च किया।[1] श्रीरंगम-आलय में नम्मालवार के भक्ति-पदों का परायण करने का उन्होंने सर्वप्रथम प्रबन्ध किया।

तिरुविष्णकर, तिरुक्कुडदै, तिरुक्कण्णपुरम, तिरुनरैयूर, तिरुक्कडलमल्लै, तिरुवल्लिक्केणी, तिरुवल्लूर, तिरुनीरमलै, तिरुवेंकडम, बद्रीकाश्रम, शालीग्राम, नैमिशारण्यम प्रभृति तीर्थ-स्थलों की तिरुमंगैयालवार ने यात्रा की। इन पुण्य स्थलों का वर्णन उनके पदों में देखने को मिलता है।

कहा जाता है कि तिरुमंगैने अन्य धर्म के आचार्यों के साथ भी वाद-विवाद किया था। गुरु-परंपरा ग्रन्थों से पता चलता है कि ये 105 वर्षों तक जीवित रहकर अनेक भक्ति-ग्रन्थों की रचना करते रहे। 'तिरुक्कुरूंकुडि' नामक शहर में इनका स्वर्गवास हुआ।

तिरुमंगैयालवार ने तमिल-साहित्य का अच्छा अध्ययन किया था। इन्होंने तमिल-साहित्य में प्रचलित काव्य परंपरा एवं शैलियों का अनुकरण अपनी रचनाओं में किया है।

आसु, मधुरम्, चित्तम, विस्तारम-इन चार तमिल शैलियों में कविता की रचना करने के कारण तिरुमगैयालवार 'नालुकविप्पेरुमाल' कहलाये।

अन्य आलवारों की तुलना में तिरुमंगै ने अत्यधिक संख्या में पदों का सृजन किया है। इनके समस्त पद विविध राग-रागिनियों में गाये जाते हैं। इनकी रचनाओं का नाम नीचे प्रस्तुत किये जा रहे हैं-

1. पेरियतिरुमोलि
2. तिरुक्कुरूंतांडकम
3. तिरुनेडुंताण्डकम
4. तिरुयेलुक्कूटिरुक्कै
5. चिरिय तिरुमडल तथा
6. पेरिय तिरुमडल

तिरुमंगै की उक्त छः रचनाओं को वेदो का अंग समझकर वैष्णव भक्त लोग उनकी प्रशंसा करते हैं। इन छः ग्रन्थो में संगृहीत समस्त पदों की कुल संख्या 1361 है।

तिरुनेडुन्ताण्डकम के प्रथम दशक के पदों में 'तिरुमंत्र' का, द्वितीय दशक के पदों में द्वयम् तथा तृतीय दशक के पदों में चरमश्लोक का अर्थ बताया गया है।

---

1 कादलाल गति पेट्खर श्री पी. श्री आचार्य पृ 40

तिरुमंगै की पेरिय तिरुमोलि

1084 पद 'पेरिय तिरुमोलि'-काव्य में संगृहीत हुए हैं। इस काव्य के प्रारंभिक पदों में कवि अपनी युवावस्था में किये गये पाप-कार्यों के लिये पछताते हैं। क्षमा करने की प्रार्थना करते हुये वे भगवान के श्री चरणों में आत्मसर्पण करते हैं।

पेरियतिरुमोलि के अधिकांश पद आध्यात्मिक विचारों से भरे पड़े हैं। इस काव्य के माधुर्य भक्ति संबंधी पदों में निम्नलिखित विषयों का सविस्तार वर्णन किया गया है

1. नायिका का विरह-दुख
2. नायक से मिलन की तीव्रता
3. मेघ, कोयल, भ्रमर आदि के द्वारा नायक को अपने विरह दुख का समाचार भेजना।

अनेक तीर्थ स्थलों के मंदिरों में प्रतिष्ठित अर्चावतारों का गुण-गान कवि ने अपने इस काव्य में किया है। श्री कृष्ण की विविध लीलाओं का भी चित्रण इस काव्य के पदों में देखने का मिलता है।

तिरुमंगैयालवार का तिरुक्कुरुण्तांडकम तथा तिरुनेडुन्ताण्डकम

काम, क्रोध, माया, मोह आदि से छुटकारा प्राप्त कर भगवान के श्री चरणों में आश्रय लेने का उपदेश तिरुमंगै ने उक्त काव्यों में दिया है। भवसागर को पार करने के लिये भगवान का अनुग्रह तथा उनकी सहायता अपेक्षित हैं।

'तांडकम' का अर्थ 'दंड' (लाठी) है। भव सागर को पार करने के लिये वृद्ध जीओं को लाठी की भांति ये काव्य सहायता करते हैं।

'तिरुक्कुरुण्ताण्डकम' में कुल 20 पद तथा 'तिरुनेडुन्ताण्डकम' में कुल 30 पद संगृहीत किये गये हैं।

तिरुयेलुक्कूट्रिरुक्कै

कवि के आत्म समर्पण संबन्धी पद इस लंबे काव्य में पाये जाते हैं।

चिरिय तथा पेरिय तिरुमडल

इन दोनों काव्यों में मडल पर चढ़ने की तमिल-प्रथा का उल्लेख हुआ है। नायक तथा नायिका के बीच में होनेवाला प्रेम पहले रहस्य बनकर रहता है। उसके पश्चात् उनका प्रेम शनैःशनैः बढ़ता हुआ चरम सीमा तक पहुँचता है। इस प्रकार चरम सीमा तक पहुंचते ही प्रेमी अपने प्रेम का निरूपण करने के लिये 'अग्नि परीक्षा के लिये तैयार होता है। वह लोगों को डराने लगता है कि यदि उसे उसकी प्रेमिका न मिली तो वह मडल पर चढ़कर आत्म-हत्या कर लेगा।

'मडल' शब्द का अर्थ है-ताड-पत्तों से बनाघोडा जिस पर चढ़कर निराश प्रेमी आत्महत्या करने की धमकी देता है और अंत में अपनी प्रेमिका को प्राप्त करता है।

धन, देह, युवावस्था, आदि अस्थायी हैं। भगवान परन्दामा भक्तों के हृदय में सदा निवास करते हैं। वह ज्ञान-दीप की भांति प्रकाशमान है। सच्ची भक्ति करने वाले भक्तो को वे आसानी से प्राप्त होते हैं। भक्तों के लिये वे गन्ने की भांति मीठे लगते हैं। वह सर्वव्यापी है। इस प्रकार तिरुमंगै ने ईश्वर का गुण-गान किया है।

तिरुमंगै के काव्यों में सुन्दर प्रकृति-चित्रण भी देखने को मिलता है।

तिरुमंगैयालवार के जीवन-वृत्त का सार

तिरंमंगैयालवार के अन्य नाम	परकालन, कलियन, अरुलमारी, नालुकविप् पेरुमाल तथा नीलन
जन्म-स्थान	'तिरुक्कुरैयलूर (चोल राज्य)
समय	सन् 8वीं शती
कुल	'कल्लर'
आयु	105 वर्ष
यात्रा किये गये पुण्य स्थल	तिरूवलिल्क्केणी, तिरूवल्लूर, तिरुनीरमलै, तिरुवेंकटकम, बद्रीकाश्रम, नैमिशारण्यम, शालिग्राम, तिरुविण्णकर, तिरुक्कुडंदै, तिरुक्कण्णपुरम, तिरुनरैयूर
रचनायें	1. पेरियतिरूमोलि, 2. तिरुक्कुरुन्ताण्डकम, 3. तिरुनेडुन्तांडकम्, 4. तिरुयेलुक्कूट्रिरूक्कै, 5. चिरिय तिरुमडल 6. पेरिस तिरुमडल (कुल 1361 पद)

जनश्रुतियाँ

1. विष्णु के शारंग-धनुष का अंश माने जाते हैं।
2. अपनी दैविक शक्ति से गुप्त धन का पता लगाकर चोल सम्राट को अपना कर अदा करना।
3. विष्णु भगवान लक्ष्मी सहित इन्हें दर्शन देकर, चोरी करने के धन्धे से इन्हें छुडाना।

निष्कर्ष (द्वादस आलवारों के जीवन संबंधी कतिपय बातें)

1. पोयकै, भूतम एवं पेय-ये तीनों आलवार सन् 5वीं, 6वीं शती में जीवित थे। ये तीनों समकालीन थे।
2. तिरुमलिशैयालवार, पल्लवनृपों का शासन काल, सन् ६वीं ७वीं शती में जीवित थे। नम्मालवार का समय सन् 7वीं शती मानी जाती है।

3. नम्मालावार की कृति 'तिरुवायमोलि' पर अधिक संख्या में टीका ग्रन्थ लिखे गये। मधुरकवि नम्मालवार के शिष्य थे।
4. कुलशेखरालवार केरल देश का नरेश थे। वे एक क्षत्रिय थे। तिरुमंगै तथा तोण्डरडिप्पोडि इनके समकालिक थे। कुलशेखर सन् 8वीं शती में जीवित थे। इन्होंने सर्वप्रथम 'प्रपत्ति-मार्ग' अपनाने का उपदेश भक्तों को दिया था। वे बड़े राम भक्त थे।
5. पेरियालवार सन् ८वीं शती में जीवित थे। वे 'पिल्लैत्तमिल' नामक काव्य-प्रथा के अग्रज माने जाते हैं। तिरुमन्त्रम्, द्वयम, चरमश्लोक एवं परम्, व्यूह, विभव, अंतर्यामी, अर्चा आदि का उल्लेख, पेरियालवार ने सर्वप्रथम अपने काव्यों में उल्लेख किया। ये तिरुमाल के ससुर माने जाते हैं। आण्डाल इनकी पोषित पुत्री थी।
6. श्रेष्ठशैव भक्त कवि माणिक्कवाचकर ने आण्डाल की तिरुप्पावें का अनुकरण कर; तिरुवैम्बावै नामक काव्य का सृजन किया। आण्डाल के जीवन चरित को आधार बनाकर विजयनगर सम्राट श्री कृष्ण देवरायर ने 'आमुक्तमाल्यदा' नामक काव्य का तेलुगु में सृजन किया था।
7. तोंडरडिप्पोडियालवार' तिरुप्पल्लियेलुच्चि' नामक साहित्य-प्रथा के जन्मदाता माने जाते हैं।
8. तिरुमलिशै, नम्मालवार, तिरुप्पाण, और तिरुमंगै, -ये चारों आलवार निम्न कुल के थे। तिरुप्पाण के माता-पिता का पता नहीं चला है।
9. मधुरकवि, पेरियालवार, तोण्डरडिपोडि, ये तीनों विप्र कुल के थे। आण्डाल के माता-पिता का पता न चला है। अतः यह निश्चित रूप में कहा नहीं जा सकता कि आण्डाल का कुल क्या था।
10. द्वादस आलवारों में नम्मालवार श्रेष्ठ माने जाते हैं। विप्र कुल का वृद्ध मधुर कवि निम्नकुल के नम्मालवार का शिष्य बना, यह उस जमाने में आश्चर्य की बात मानी जाती थी।
11. नम्मालवार माधुर्य भक्ति के मार्ग-दर्शक समझे जाते हैं। उनका अनुकरण कर आण्डाल, तिरुमंगै तथा अन्य परवर्ती भारतीय वैष्णव कवियों ने मधुरभक्ति-काव्य की रचना की है।
12. द्वादस आलवारों ने स्वयं भक्ति पदों की रचना करके उन्हें भक्ति-भावावेश में गायन कर, वैष्णव भक्ति का प्रचार किया।
13. समस्त आलवारों ने भगवान श्री कृष्ण की विनोदमय, विभिन्नलीलाओं का चित्रण अपने पदों में किया है।
14. आलवारों के पद आध्यात्मिक विचारों का कोष माना जाता है। उन्होंने भक्त जनों के मन में ज्ञान-दीप जलाया था।
15. समस्त आलवारों की राय है कि लोगों को अपने कर्म-फल के अनुसार सुख-दुख को भोगना पड़ता है।
16. अन्य मार्गों की अपेक्षा भक्ति-मार्ग ही ईश्वर प्राप्ति का सरल मार्ग है। समस्त आलवार भक्ति-मार्ग को अपना कर अपना जीवन बिताया था और भवसागर को पार किया था।

17. समस्त आलवार अवतार-पुरुष माने जाते हैं।

18. आलवारों के संबन्ध में जो जन श्रृतियों तमिलनाडु में विख्यात हैं। वे सब आलवारों की प्रतिष्ठा को बढ़ाने के लिये भक्तों द्वारा बतायी गयी कालपनिक कथायें हैं।

19. ब्रह्म, जीव, जगत, माया, कर्म, मोक्ष, तथा नवधाभक्ति संबंधित श्रेष्ठ विचार आलवारों के पदों में बताये गये हैं।

20. साहित्यिक क्षेत्र में आलवार अनेक नयी प्रथाओं के जन्म दाता माने जाते हैं। तिरुप्पाणालवार की रचना 'अमलनादिपिरान' ने नख-शिख-वर्णन करने की प्रथा को साहित्यिक-क्षेत्र में परिचित कराया।

21. नालायिर दिव्य प्रबन्धम् के भक्ति-पदों ने तमिलनाडु में वैष्णव भक्ति-आन्दोलन को जन्म दिया जो शनैः शनैः पूरे भारत में फैला।

22. भारतीय वैष्णव साहित्य का मूल आधार एवं प्रेरणा स्रोत ग्रन्थ आलवारों का नालायिर दिव्य प्रबन्धम माना जाता है।

23. आलवारों के काव्यों के आधार पर श्री रामानुजाचार्य ने विशिष्टाद्वैत संप्रदाय के सिद्धान्तों को बनाया था। उनके सिद्धान्तों के आधार पर भारत में अनेक वैष्णव संप्रदायों का जन्म हुआ।

अध्याय 4

आलवारों के दार्शनिक विचार

आलवारों के 'प्रबन्धमंकाव्य' में दार्शनिक विचार

आलवारों का प्रबन्धम-काव्य भारतीय वैष्णव साहित्य का प्रथम वैष्णव काव्य माना जाता है। इसी प्रबन्धमकाव्य के आधार पर, अनेक वैष्णव संप्रदायों के आध्यात्मिक विचारों का जन्म हुआ।

तमिलनाडु के द्वादस आलवार प्रधानतःपरम वैष्णव भक्त थे। वे तत्ववादी नहीं थे। भक्ति की महिमा को अपने पदों द्वारा प्रकट करना मात्र ही उनके जीवन का लक्ष्य था। दार्शनिक विचारों का विवेचन उन्होंने अपनी रचनाओं में कथमपि नहीं किया था।

भक्ति और दर्शन एक दूसरे से घनिष्ठ संबन्ध रखते हैं। अतः भक्ति की महिमा को व्यक्त करते समय ब्रह्म, जीव, माया, मोक्ष संबन्धी तत्व आलवारों के पदों में स्वतः ही बिना किसी प्रयास से समाविष्ट हो गये हैं।

आलवारों का अपना कोई संप्रदाय नहीं था। उनके जीवन काल के पश्चात् ही, वैष्णव आचार्यों द्वारा विविध संप्रदाय प्रारंभ किये गये। श्री रामानुज ने श्री वैष्णव संप्रदाय की स्थापना करके विशिष्टाद्वैतवाद के सिद्धान्तों का प्रचार, जनता के बीच किया था।

(11th and 12th Century) Founder of Visistadvaita - Philosophy Ramanuja Sampradaya

रामानुजाचार्य

रामानुजाचार्य के बारे में

पिता का नाम	-	केशवन भट्टर
मौसेरे भाई का नाम	-	गोविन्द भट्टर
गुरु	-	कांची निवासी यादव प्रकाश
प्रमुख रचनायें	-	श्रीभाष्य, वेदान्तसार, वेदार्थसंग्रह वेदान्तदीप, गीता भाष्य
रामानुज का दार्शनिक सिद्धान्त	-	विशिष्टाद्वैतवाद

अपने गुरु यादव प्रकाश से रामानुज का मतभेद हो गया था। यादव प्रकाश ने रामानुज को गंगा में डुबाने की योजना बनाई थी। रामानुज को अपने मौसेरे भाई गोविन्द भट्टर के द्वारा यादव प्रकाश की दुर्भावना का पहले से ही पता चल गया था। इससे रामानुज के प्राण बच गये।

वैष्णव-दर्शन के सिद्धान्तों में रामानुज का दार्शनिक सिद्धान्त अत्यन्त महत्वपूर्ण माना जाता है।

रामानुज का 'श्रीभाष्य', 'ब्रह्मसूत्र' का समीचीन भाष्य माना जाता है।

श्री रामानुजाचार्य के बाद वैष्णव भक्त कवियों ने विविध वैष्णव संप्रदायों में दीक्षा प्राप्त करके, अपने-अपने संप्रदायों के सिद्धान्तों के अनुसार वैष्णव भक्ति-साहित्य का सृजन किया।

नालायिर दिव्य प्रबन्धम के दार्शनिक विचारों ने निम्नलिखित वैष्णव संप्रदायों को, दक्षिण एवं उत्तर भारत में, उत्पन्न होने के लिये, आधारभूत तत्वों का काम किया।

दक्षिण में रामानुज संप्रदाय, मध्व संप्रदाय, निम्बार्क संप्रदाय और विष्णुस्वामी संप्रदाय, उत्तर भारत में वल्लभसंप्रदाय, राधावल्लभ संप्रदाय, हरिदासी संप्रदाय एवं चैतन्य संप्रदायों का आर्विभाव हुआ। जिस प्रकार उक्त सभी संप्रदायों के दार्शनिक विचारों में, पायी जानेवाली कतिपय असमानताओं को छोड़कर, अधिक मात्रा में समानतायें, पायी जाती हैं उसी प्रकार विविध संप्रदायों के सिद्धान्तों का अनुकरण कर लिखे गये भारतीय वैष्णव साहित्यों में एकाध मत-भेदों को छोड़कर, अधिक मात्रा में मत-ऐक्यता पायी जाती है।

भारत एक दार्शनिक देश है। प्राचीन समय से लेकर यहाँ ब्रहमज्ञान संबन्धित चिन्तन-मनन साधु-संत एवं भक्त लोग करते आ रहे हैं। फलस्वरूप भारत में हिन्दु, बौद्ध, जैन प्रभृति धर्मों का आर्विभाव हुआ।

भक्तों को ज्ञानी बनकर रहने की ज़रूरत नहीं। भगवान पर भक्ति करते हुए उसके अद्भुत गुण एवं कार्यों का गान करते समय उनके गीतों में ईश्वर से संबंधित विविध दार्शनिक विचार अपने आप ही व्यक्त हो जाते हैं। आलवारों का काव्य भक्ति प्रधान काव्य है। प्रभु की भक्ति में जब उनका मन डूबा रहता है तब उनके अन्तःकरण से भक्ति पूर्ण विचार कविताओं के रूप में निकल पड़ते हैं; उन कविताओं का संकलन आज नालायिर दिव्य प्रबन्धम् नामक काव्य के रूप में अत्यन्त विख्यात हुआ है।

आलवारों के जीवन-काल के बाद ही वैष्णव आचार्यों का समय प्रारंभ होता है। आलवारों के आध्यात्मिक विचारों ने परवर्ती वैष्णव आचार्यों के ध्यान को अपनी ओर आकर्षित किया। श्री नाथमुनि नामक वैष्णव आचार्य ने सर्वप्रथम आलवारों के भक्ति-पदों का संकलन करके उन्हें ग्रन्थ के रूप में प्रकाशित किया। उसके तात्विक विचारों का थोड़ा-बहुत विवेचन भी किया था। श्री नाथमुनि के पश्चात अवतरित श्री रामानुजाचार्य प्रभृति आचार्यों ने आलवारों के दार्शनिक विचारों को, विशिष्टाद्वैत सिद्धान्तों के रूप में प्रसिद्ध किया। आलवारों के दार्शनिक विचार, ब्रह्म, जीव, जगत, माया, कर्म, मोक्ष आदि शीर्षकों के अंतर्गत नीचे प्रस्तुत किये जा रहे हैं।

आलवारों के ब्रह्म संबन्धी विचार

वेद ईश्वर को 'परब्रह्म' नाम से बुलाते हैं; वैष्णव धर्म उसी 'ब्रह्म' को 'श्रीमन्नारायण' कहता है। परब्रह्म के सभी गुणों को हम प्रभु नारायण में भी देखते हैं। भगवान नारायण को ही सब से श्रेष्ठ मानकर आलवारों ने उसका गुण-गान किया है।

द्वादस आलवारों ने भगवान का रूप, गुण एवं लीलाओं के बारे में बताया है; नम्मालवार और तिरुमंगैयालवार ने उनके बारे में बहुत ही विस्तार पूर्वक वर्णन किया है।

साधारणतया सभी आलवारों ने कृष्ण परमात्मा को परब्रह्म विष्णु के अवतार के रूप में चित्रित किया है।

सभी आलवारों ने ईश्वर का वर्णन निम्नप्रकार से किया हैः-

श्री कृष्ण परमात्मा ही पुरूषोत्तम हैं। उनका, आदि और अंत नहीं; परब्रह्म पूरे प्रपंच और उसमें दिखायी पड़ने वाले चित् और अचित्, चेतन और अचेतन सभी वस्तुओं के आविर्भाव का मूल कारण माने जाते हैं; वे ही प्रपंच के सभी वस्तुओं में अन्तर्यामी के रूप में निवास करते हुए, उन्हें कार्यान्वित करते रहते हैं। वे निर्गुण, निराकार तथा सगुण, साकार भी हैं।

सृष्टि, संहार, एवं संरक्षा, इन तीनों कार्यों को करनेवाला सर्वशक्तिमान नारायण, न्याय और नीति को समझानेवाले वेदों के सार रूप में रहते हैं। ये ही सब के लिए आदि तथा मूल कारण बने रहते हैं।[1]

नम्मालवार अपने एक पद में कहते हैं-शीतल चाँद को सिर पर रखे हुए शिव, चार मुँहवाला ब्रह्म, प्रकाशमान देवेन्द्र-इन तीनों देवों के लिये श्रीमन् नारायण नेता बने रहते हैं। प्रलय काल में वे सब, भगवान नारायण के पेट में पड़े रहते थे; बाहर उन सब को दिखायी पड़े बिना, अपने पेट में रखकर, भगवान नारायण ने उनकी रक्षा की। आकाश, पृथ्वी, अग्नि, जल, हवा, इन पाँचों भूतों को सूर्य और चाँद को भी उसने अपने उदर में रख लिया था। नभ में दिखायी पड़ने वाले अन्य प्रकाशमान चीज़ों को भी अपने उदर में छिपाकर वट पत्र पर शयन कर लिया। उस मायावी कृष्ण परमात्मा को छोड़कर दूसरा बड़ा ईश्वर कोई है क्या? अन्य किसी भी ईश्वर की उपासना हम नहीं करेंगे।[2]

1 पेरिय तिरुमोलि तिरुमंगैयालवार 3-5-9

2 तिरुवायविरयम नम्मालवार पद सं. 7

नम्मालवार ने ईश्वर को प्रकाशमान ज्योति के रूप में वर्णन किया है-

हे गोविन्दा! तुम सब से बढ़कर श्रेष्ठ तेजोमय, ज्योति, स्वरूप हो। तुम जैसा तेजोमय दूसरा वस्तु कोई नहीं है। तुम उपमा रहित ज्योति स्वरूप हो। सभी लोकों को अपने भीतर रखनेवाला परमज्योति तुम हो। तुम्हारे गुणों का कथन करने की क्षमता मुझ में नहीं है।[1]

"परब्रह्म कभी भी बड़ा नहीं होता; छोटा और क्षीन नहीं होता; वह अविकारी है। चित् अचित् आदि सब चीजों में भगवान केशव अन्तर्यामी रूप में रहकर उन्हें कार्यान्वित करते रहते हैं। शरीर के भीतर रहनेवाला आत्मा, घिसना, बुढ़ापा आदि विकारों से रहित रहता है; इसी प्रकार भगवान भी अविकारी रूप में रहता है। पंचेन्द्रिय सब भगवान को समझने में असमर्थ रहते हैं। इन पंचेन्द्रियों के संवेदनों का मूल कर्ता भगवान श्रीमन्नारायण हैं।[2]

"आकाश, पृथ्वी, अग्नि, जल, हवा-इन पंचभूतों के रूप में तिरुमाल (नारायण) फैलकर रहता है। ब्रह्म, शिव इन दोनों देवताओं के अंतरात्मा के रूप में रहते हुए सृष्टि, संहार, रक्षा आदि तीन कार्यों को भगवान तिरुमाल (नारायण) ही किया करते हैं। मेरे आत्मा के भीतर वे ही निराकार रूप में रहते हैं।[3]

तिरुमलिशै कहते हैं कि साधु, सन्यासी एवं ज्ञानी लोगों ने खूब सोच-समझकर कहा है कि परब्रह्म के रूप में श्रीमन नारायण मात्र रहते हैं। उस परब्रह्म की महिमा पूर्ण रूप से कोई भी नहीं जानता। वेद भी यही कहते हैं। श्रीमन्नारायण के अनुग्रह मात्र से ही, कठिन तपस्या करने वाले साधु, सन्त तथा ज्ञानी लोग अंत में अपनी तपस्या का फल प्राप्त करते हैं।[4] सभी देवताओं के अंतिम काल को भी भगवान नारायण ही निर्णय करते हैं। वे ही प्रलय-काल का भी निर्णय करते हैं। ऐसे नारायण को जाननेवाला कौन है?[5]

नम्मालवार अपने एक पद में कहते हैं-"गरीबी, अमीरी, स्वर्ग-नरक, मित्रता-शत्रुता, विष-अमृत, जैसे एक दूसरे से विरोध गुणवाले चीज़ों में परब्रह्म व्याप्त हैं। वह मुझ पर शासन करने के लिये अमीरों का निवासस्थान तिरुविण्णगर में रहते हैं। सुख और दुख, दुख से होनेवाली गड़बड़ी एवं आकुलता, करुणा, क्रोध, छाया, अग्नि आदि के रूप में भगवान माधव दिखायी पड़ते हैं।[6]

ज्ञान और अज्ञान, दिन और रात, ज़मीन और आसमान के रूप में परब्रह्म व्याप्त है। वे ही तीन लोकों के रूप में दिखायी पड़ते हैं। परमपद उसका निवासस्थान है। लक्ष्मी (धन) यश, अपयश, धूप, छाया, ये सब उसी के कार्य हैं। चल, अचल, आदि सब चीजें वे हीं हैं। इन चीजों में होने वाले विकार परब्रह्म में नहीं होते हैं।[7]

---

1 तिरुवायमोलि वही, 3 1 3

2 तिरुवायमोलि 3 4-10

3 तिरुवायमोलि 1 10-12

4 नाममुकन तिरुवन्तादि-तिरुमालिशै पद 2

5 तिरुचंदविरुतम तिरुमलिसैयालवार पद 8

6 तिरुवायमोलि नम्मालवार 6 3 1& 2

7 तिरुवायमोलि नम्मालवार 6 - 3 6 एवं 10

नम्मालवार कहते हैं-परब्रह्म ही सब से बड़ा है। यह पृथ्वी और परमपद उसमें हैं। इतना बड़ा तू मेरे श्रवणेन्द्रिय से घुसकर मुझ में रहता है। मुझमें समाविष्ट होने के पश्चात मैं बड़ा हूँ? या तू बड़ा है? असुरों के खून का पान करने वाले चक्रायुध अपने हाथ में रखनेवाले श्रीमन्नारायण! बताओ।[1]

पोयकैयालवार कहते हैं- "पुरुषोत्तम कृष्णपरमात्मा भक्तों के ह्रदय में निवास करते हैं। क्षीर सागर में शयन करने वालें एवं वेंकटगिरि में निवास करने वाले नारायण अब हमारे अन्तःकरण में निवास करते हैं।[2]

पेयालवार कहते हैं-"ईश्वर के आकार को हम नहीं जानते: यह भी हम नहीं जानते कि उसका शरीर सफदे है या लाल है या हरा है या काला है।[3]

नम्मालवार कहते हैं-"अन्न जिसे हम खाते हैं, जल जिसे हम पीते हैं और ताम्बूल (पान-सुपारी) आदि सब श्री कृष्ण परमात्मा ही हैं।[4] बहने वाला पवन, विशाल अन्तरिक्ष, दृढ़ पृथ्वी, विशाल समुद्र जलने वाली अग्नि, सूर्य, चन्द्र, देवी-देवतायें, मानव, जानवर, पेड़-पौधे, दो बड़ी दीप शिखायें, पर्वत-मालायें, वर्षा, तारे, हीरा, मोति, मणि, माणिक, सोना, चाँदी आदि के रूप में, नम्मालवार सर्वशक्तिमान ईश्वर को देखते हैं।[5]

कृष्ण परमात्मा स्वयं 'भगवतगीता' में कहते हैं कि दुनियाँ में दिखायी पड़ने वाले सब से श्रेष्ठ वस्तुयें सब मेरे प्रकाश के अंश से उत्पन्न हुए हैं।[6] नम्मालवार भी हीरे, मोती, जवाहरात, सोना, चाँदी आदि जगमगाने वाली चीज़ों में ईश्वर का दर्शन करते हैं।

नम्मालवार कहते हैं कि ईश्वर को "है" कहें तो भी वह रहता है; नहीं है, कहें तब भी वह रहता ही है, अतः ईश्वर है, नहीं है, इन दोनों ही स्वभाव वाला बनकर रहता है वह सर्वव्यापी भगवान, आकार और निराकार सभी चीजों को अपने भीतर रखता है।[7]

अपनी नाभि के कमल पुष्प से भगवान नारायण ने चार मुँह वाले ब्रह्म को उत्पन्न किया; उसी ब्रह्म के शरीर के भीतर रहते हुए उन्होंने सब की सृष्टि की।[8]

भक्त जन चाहे जो भी ईश्वर की उपासना करें श्रीमन् नारायण ही उन सब पर अनुग्रह करते हैं। श्रीमन्नारायण के अनुग्रह से ही भगवान शिव ने भी मारकण्डेय को दीर्घायु प्रदान की थी।[9]

---

1 तिरुवायमोलि नम्मालवार 3-6-5, 3-4-2, 3-4-4

2 मुदल तिरुवन्वादि - पौयकेयालवार पद 99

3 मूंराम तिरुवन्वादि पेयालवार पद 56

4 तिरुवायमोलि - नम्मालवार 3-6-5

5 तिरुवायमोलि - नम्मालवार 3-6-5

6 भगवतगीता 10:20 एवं 40

7 तिरुवायमोलि नम्मालवार 1 1 9

8 वही, 5 10-8

9 तिरुवायमोलि नम्मालवार 8-1-5

सब की सृष्टि एवं संरक्षा करने पर भी, प्रलय काल में, भगवान नारायण उन्हें निगलकर अपने पेट में रख लेते हैं; बाद में उन्हें थूककर पुनःसृष्टि, संहार, संरक्षा-इन तीनों कार्यों को करने लगते हैं।[1]

मन में जिस रूप की कल्पना कर परब्रह्म की उपासना करते हैं उसी रूप को धारणकर वे भक्त जनों पर अनुग्रह करते हैं।[2]

देह ही आत्मा पर निर्भर रहता है; आत्मा कथमपि शरीर पर निर्भर नहीं रहता। सर्वशक्तिमान ईश्वर की इच्छा एवं कामनाओं से ही यह दुनियाँ गतिमान है। यह प्रपंच ही ईश्वर पर निर्भर है ईश्वर कथमपि प्रपंच पर निर्भर नहीं रहता। श्रीकृष्ण भी भगवतगीता में कहते हैं कि पंचभूत सब मुझ पर निर्भर हैं परन्तु मैं उन पर निर्भर नहीं रहता।[3]

आकाश, पृथ्वी, अग्नि, जल, हवा आदि वस्तुओं के रूप में ईश्वर दिखायी पड़ने पर भी, उन सब में ईश्वर आसानी से दिखायी नहीं पड़ता। दुध में जिस प्रकार नवनीत छिपा रहता है उसी प्रकार ईश्वर भी उक्त सभी चीज़ों में छिपे रहते हैं। नम्मालवार का कहना है कि अण्ड-पिण्ड सब में व्याप्त ईश्वर को हम बुद्धि से समझ नहीं सकते; ज्ञान से भी समझ नहीं सकते; जीवों के गुण और स्वभाव को समझना आसान है; लेकिन ईश्वर के गुण और स्वभाव को समझना कठिन है। ईश्वर पंचेन्द्रियों की जाँच पड़ताल के पकड़ में नहीं आ सकता।[4]

भगवान तीनों कालों को चलाते हैं। वहीं भूत, वर्तमान, और भविष्य है। सर्वअन्तर्यामी ईश्वर कालों को चलाने के कारण 'कालचक्रताय' (कालचक्रमाता) कहलाता है।[5]

चित्, अचित् सब चीजों में ईश्वर क्षण-क्षण विकारों को उत्पन्न करता रहता है; लेकिन इन विकारों के बीच वह सदा अविकारी बना रहता है। ईश्वर वृह्द होने पर भी, भक्तों की उपासना और प्राप्ति के लिये वह सदा सरल बना रहता है।[6]

श्री कृष्ण को परब्रह्म माननेवाले आलवार उसके विराट रूप का चित्रण यों करते हैं- "छोटे मुँह से बड़े-बड़े लोकों को, पर्वत, समुद्र, पवन, नभ आदि को, निगलना कठिन है; इसलिये प्रलय काल में उन सब को निगलते समय, उनके रूप और विस्तीर्ण के अनुसार तुम्हारा मुँह भी वृह्द था क्या?[7]

अपने अनुग्रह को दिखाने के लिये, जन्म और मृत्यु से रहित ईश्वर, स्वयं इस भूलोक पर जन्म लेते हैं। ईश्वर, स्वयं इस भूलोक पर जन्म लेते हैं। नम्मालवार ईश्वर को 'पिरप्पिल पल, पिंरविप् पेरुमाल, कहकर बुलाते हैं। 'जन्म में अनेक जन्म लेने वाला ईश्वर इसका अर्थ है।[8]

---

1 वही 3 10.9

2 वही 3 6 9

3 भगवत गीता - श्लोक 9 - 4

4 तिरुवायमोलि नम्मालवार 1 3 6, 2 3 5

5 वही 7 2 7, 8 1 7

6 तिरुवायमोलि - नम्मालवार, 1-3-1

7 मुदल तिरुवन्तादि पोयकैयालवार पद 10

8 तिरुवायमोलि नम्मालवार 2-9-5

यद्यपि ईश्वर जन्म रहित है तो भी वह मनुष्य और दूसरे अनेक रूपों में पृथ्वी पर अवतरित होता रहता है। मनुष्य अपने कर्मों के कारण इस धरती पर जन्म लेता है। लेकिन ईश्वर अपने अनुग्रह के कारण संसार में जन्म लेता है। सशरीर उनका अवतरण होने पर भी वह अपने कर्म-फलों से दूर रहता है और उसके जीवन में कोई कमी नहीं आती। परत्व स्थिति में रहनेवाला ईश्वर जीवों पर करुणा करने के वास्ते इस भूलोक पर जन्म लेता है।

पाताल में पड़ी हुई धरती को भगवान विष्णु वराह अवतार लेकर ऊपर ले आये और उसकी रक्षा की। कृष्णावतार में आलवारों का मन अधिक लगा। उनकी लीलाओं के बारे में उन्होंने अधिक संख्या में पदों की रचना की है। भगवान की अर्चा-स्थिति की प्रशंसा में आलवारों ने बहुत से गीतों को गाया है।

भगवान परमपद में निवास करते हैं। भगवान की इस दशा को आलवारों ने 'परत्वदशा' कहकर बुलाया है। नित्यसूरी और सभी देवतायें वहाँ उनकी सेवा करते रहते हैं।

क्षीर सागर में योग-निंद्रा में डूबकर आत्माओं की रक्षा के बारे में सोचना 'व्यूह दशा' कहलाती है।

धर्म की रक्षा तथा अधर्म का नाश करने के लिये, भगवान विष्णु इस धरती पर विविध अवतार लेते रहते हैं। इन अवतारों की दशा को, 'विभव दशा' कहते हैं। इन अवतार-रूपों में भी ईश्वर कर्मों के बन्धनों से मुक्त रहते हैं। अण्ड-पिण्डों में और उनमें स्थित चित, जड़-अजड़, चेंतन-अचेतन, अचित सब चीजों में ईश्वर छिपकर निवास करते हैं। इस दशा को अन्तर्यामित्व दशा कहते हैं। जिस प्रकार काष्ठ में छिपी हुई अग्नि को हम देख नहीं सकते, उसी प्रकार चित्, अचित् चीजों में निवास करने वाले परब्रह्म को हम देख नहीं सकते। काष्ट का मन्थन करने से अग्नि प्रकट होती है; उसी प्रकार ज्ञानी लोग अपने हृदय का मन्थन करके, उसमें अन्तर्यामी के रूप में वास करनेवाले परब्रह्म का दर्शन कर, उसकी उपासना करते हैं।[1]

घर, ग्राम, नगर आदि स्थानों में बने हुए मंदिरों में, तिरुमला, श्रीरंगम, कांचिपुरम आदि दिव्य क्षेत्रों के मंदिरों में पाँचरात्र विधि के अनुसार एवं निगमानुसार प्रतिष्ठित किये जानेवाले पत्थर, चाँदी, पंचलोक आदि चीजों से बनाये गये विग्रहों में भगवान निवास करते हैं। भगवान की इस दशा को अर्चा दशा कहते हैं। रोज ये विग्रह अर्चा किये जाने के कारण, ईश्वर के इस रूप को 'अर्चावतार' अथवा 'नित्यावतार' कहते हैं। इस रूप में भगवान की उपासना किसी भी काल का भक्त जब चाहे कर सकता है। परब्रह्म के सभी गुणदिशयों की कल्पना अर्चारूप में कर, इन विग्रहों की उपासना भक्त करता है। विभिन्न पुण्यक्षेत्रों के मंदिरों में प्रतिष्ठित विग्रहों को परब्रह्म का अर्चावतार मानकर आलवारों ने उनका गुणगान किया है। विशिष्टाद्वैत संप्रदाय में ऊपर कथित ईश्वर की पाँचों प्रकार की दशा को अधिक मुख्यत्व दिया गया है। इन पाँचों रूपों में भक्त प्रभु की उपासना करता है। आलवारों ने अपने पदों में इन पाँचों प्रकार के रूपों में ईश्वर का गुणगान किया है।

परव्व, व्यूह, विभव अर्चा अन्तर्यामी, इन पाँचों रूपों में दिखायी पड़नेवाला परब्रह्म बाहर दिखायी पड़े बिना सब चीजों में छिपा रहता हैं।[2]

---

1 श्रीमदभागवत 1-7-1-9

2 तिरुवायमोलि - नम्मालवार 6-9-5

परब्रह्म संबन्धी आलवारों के विचारों का सार

1. 'चित्' नामक सभी जीव राशियाँ और 'अचित्' नामक सभी निर्जीव वस्तुओं में परब्रह्म श्रीमन्नारायण आत्मा के रूप में निवास करते हैं; उन्हें कार्यान्वित कर उन पर शासन करते रहते हैं; ऐसा होने पर भी चित् और अचित् (प्रकृति) के ज्ञानहीनता, दुख, बढ़ना, घटना, सिकुड़ना, जन्म, मृत्यु आदि कोई भी गुण परब्रह्म में नहीं होता। चित् और अचित् से बना यह सारा प्रपंच परब्रह्म का शरीर है।
2. श्रीमन नारायण असंख्य कल्याण गुणों वाला है। वह पापों से दूर रहता है; बुढ़ापा, मृत्यु, शोक, भूख, प्यास, आदि से रहित है; ज्ञानियों के लिये वह सत्य है; वह अमल और निर्मल है; उसका आदि और अंत नहीं; वह निर्गुण, निराकार और सगुण, साकार भी है। वह ज्योति तथा प्रकाशमय है; वह विराट रूप वाला है। ऐसा सर्वशक्तिमान मायावी कृष्ण परमात्मा आयरकुल (यदुकुल) में जन्म लेता है।
3. चित्, अचित् नामक चेतन और अचेतन चीज़ें सब परब्रह्म से उत्पन्न होकर, उसी ब्रह्म में समाविष्ट हो जाते हैं। परब्रह्म ही आकाश, पृथ्वी, अग्नि, जल, हवा इन पंच भूतों में अन्तर्यामी के रूप में निवास करते हैं। अदृश्य रूप में रहने वाला यह सर्वशक्तिमान ब्रह्म आगे, पीछे, बायीं और दायीं और, ऊपर नीचे सब जगह पर व्याप्त है। परिशुद्ध भक्ति से इस अदृश्य ब्रह्म को भक्त आसानी से प्राप्त कर सकता है।
4. मकड़ी जाल बनाने के लिये अपने मुँह से धागा उत्पन्न कर जाल बनाती है; वह अपनी इच्छा के अनुसार उस धागे को अपने मुँह में खींच भी सकती है। उसी प्रकार ईश्वर भी इस पूरे प्रपंच की सृष्टिकर उसका नाश भी कर लेता है।
5. काष्ट में छिपी अग्नि जिस प्रकार अदृश्य रहती है उसी प्रकार परब्रह्म श्रीमन नारायण भी बाह्य चक्षुओं द्वारा दिखायी पड़े बिना, चेतन, अचेतन सब चीजों को अपना शरीर बनाकर उनमें अन्तर्यामी रूप में निवास करता रहता है।
6. भलों की रक्षा करना तथा बुरों का संहार करना भगवान के अवतार लेने के लक्ष्यों में एक है। अपने आकार रूपों में उसे अपने कर्मों का फल भुगतने की ज़रूरत नहीं; वह कर्म-फलों से दूर रहता है।
7. भगवान जितना भी बड़ा क्यों न हो, भक्त लोग अपनी निर्मल भक्ति के द्वारा उसे आसानी से प्राप्त कर सकते हैं।
8. प्रपंचों के विस्तीर्ण के अनुसार उसका आकार भी वृहद् है।
9. सभी जीवराशियों में विकारों को उत्पन्न करने वाला ब्रह्म सदा-सर्वदा अविकारी रहता है और वह सृष्टि के पूर्व और पश्चात् भी अविनाशी बना रहता है।
10. जीवों को जानना आसान है; परन्तु ब्रह्म को जानना मुश्किल है। वह पंचेन्द्रियों की समझ के बाहर है। बुद्धि और ज्ञान, उसे पूर्ण रूप में समझने में असमर्थ रह जाते हैं।

11. शरीर आत्मा पर निर्भर रहने पर भी, आत्मा कथमपि शरीर पर निर्भर नहीं रहता। उसी प्रकार यह पूरा प्रपंच भगवान पर निर्भर रहता है; भगवान प्रपंच पर निर्भर नहीं रहता।
12. जिस प्रकार दूध में घी छिपा रहता है उसी प्रकार ब्रह्म चेतन, अचेतन सब चीजों में अदृश्य रूप में छिपा रहता है।
13. परब्रह्म नारायण ही ब्रह्म, शिव, इन्द्र, गणेश जैसे अन्य सभी देवताओं के नामों से उपासना किये जाते हैं। भक्त चाहे जिस भी देवता की उपासना करें वह देवता, नारायण की शक्ति से ही, उस भक्त पर अनुग्रह करता है।
14. भक्त जन जिस भी रूप को अपने मन में सोचकर परमात्मा की पूजा करें, उस रूप को धारण कर, परमात्मा भक्तों को दर्शन देते हैं और उन पर अपनी कृपा-दृष्टि डालते हैं।
15. भगवान को 'हैं या नहीं' कहें तो भी वह विद्यमान रहता है।
16. संक्षेप में कहें तो, भगवान एक ही है। वही अनेक नामों से पुकारा जाता है।

आलवारों के 'जीव' संबन्धी विचार

जीव, आत्मा एवं मन से संबन्धित विषय है। आत्मा स्वतः प्रकाशमान है और आनंदमय है। वह निर्मल है; आयुधों से उसका नाश नहीं किया जा सकता; अग्नि उसे जला नहीं सकती; जल उसे भिगा नहीं सकता; पवन उसे सुखा नहीं सकता; वह अनश्वर है; कोई भी शक्ति उसके अस्तित्व को मिटा नहीं सकती।

श्री वैष्णव संप्रदाय में कर्म-योग, ज्ञान-योग, भक्ति-योग, प्रपत्ति, गुरु-भक्ति आदि ईश्वर प्राप्ति के उपाय बताये गये हैं।

कर्म-फल भुगतने के लिये जीव देह के साथ अनेक योनियों में जन्म लेते हैं। अपने-अपने कर्मों के अनुसार जीव मानव, देवता, जानवर, पक्षियाँ आदि विविध शरीर के साथ- जनम लेते हैं। अतः जीवों के द्वारा अनुभव किये जाने वाले सुख-दुखों के भेद के संबन्ध में हम ईश्वर पर दोष नहीं लगा सकते।

जीव बुद्धिशाली होने पर भी, माया से लिप्त होने के कारण वह भगवान को भूल जाता है और कष्ट में डूबा रहता हैं। सभी जीवों में सत्व, राजस्व और तमस गुण पाये जाते हैं।

इन तीनों गुणों की अधिकता के कारण जीव कर्मा के जाल में फंसे रहते हैं और ईश्वर की प्राप्ति के बारे में चिन्तन नहीं करते। कर्म ही जीवों के जन्म और मृत्यु का कारण बनते हैं।

जीवन रूपी बन्धन में जकड़कर जीव दुखों का सामना करते रहते हैं। जीव इस बन्धन को काटकर बाहर आ सकता है; परन्तु अविद्या नामक अज्ञान, जीव को जीवन रूपी बन्धन को काटने से रोकता रहता है। इसलिये जन्म मरण रूपी चक्र से जीव छुटकारा न पाकर दुख का अनुभव करते रहते हैं। कष्ट और दुख देने वाले, अस्थायी और नश्वर लौकिक चीजें, मीठें अमृत की भाँति, दिखायी पड़ने पर भी वे रात और दिन लगातार जीवों को दुख पहुँचाती रहती है। अस्थायी वस्तुओं को स्थायी मानने के

कारण जीव ईश्वर की प्राप्ति नहीं कर पाते हैं। आलवारों का कहना है कि जीव को अस्थिर और नश्वर धन-दौलत, युवावस्था, शरीर आदि पर रखे हुए मोह को दूर करना चाहिये; भक्ति द्वारा भगवान को समझने का प्रयास करना चाहिए; कर्म के बन्धन से छुटकारा पाकर जीव को मोक्ष प्राप्ति का प्रयास करना चाहिये।

आलवार जीव और ईश्वर के बीच के संबन्ध को अंश-अंशी, शेष-शेषी, शरीर-शरीरी और अवयव-अवयवी रूप में मानते हैं।

हे ईश्वर! दुनियाँ में स्थिररूप से खड़े रहनेवाले पर्वत, पेड़ आदि सब चीज़ें इधर-उधर घूमने वाले जानवर, पक्षियाँ मनुष्य आदि सभी जीव जन्तुयें तुम में ही उत्पन्न होते हैं और तुमहीं में समाविष्ट हो जाती हैं। सागर में उठने वाली तरंगे पुनःसागर में समाविष्ट हो जाती हैं। चेतन, अचेतन आदि सब चीजें ब्रह्म से उत्पन्न होकर, फिर उसी ब्रह्म में समाविष्ट हो जाती हैं। जिस प्रकार लहरों के लिये अलग अस्तित्व नहीं है, उसी प्रकार जीवों के लिये भी अलग अस्तित्व नहीं है। चित्, अचित, चेतन, अचेतन रूपी सब चीजें परब्रह्म के शरीर, अवयव, अंश और अंशी माने जाते हैं।[1]

अंश रूपी जीव अंत में अंशी रूपी परब्रह्म में समाविष्ट हो जाता है। पोयकैयालवार इस तत्व को निम्नलिखित उपमाओं द्वारा यों समझाते हैं-

नदियाँ सब सागर की ओर बहती है; कमलपुष्प आकाश में उदय होने वाले सूर्य की किरणों से ही पुष्पित होता है: जीव भी यम भवान की प्रतीक्षा में रहता है। इसी प्रकार आत्मा लक्ष्मी-पति श्रीमन नारायण के अनुग्रह की प्रतीक्षा करता रहता है। जीव ब्रह्म से ही उत्पन्न हुआ है; उसकी सेवा करना ही जीव का लक्ष्य है।[2]

उक्त कथित तत्व को तिरुमंगैयालवार निम्नलिखित उपमा द्वारा स्पष्ट करते हैं-

जिस प्रकार आग जैसे गरम किये हुए लोहे पर गिरनेवाली पानी की बूँदें उस लोहे में अदृश्य हो जाती हैं उसी प्रकार मैं भी भगवान में समाविष्ट हो जाऊँगा।

अविद्या रूपी माया की जाल में फंसकर जीव को यह मालूम नहीं होता है कि उसे क्या करना है, क्या नहीं करना है। ज्ञान या ईश्वर के अनुग्रह से यह माया रूपी पर्दा हट जाये तो जीव की समझ में आ जायेगा कि वह परब्रह्म का अंश है। सांसारिक माया में फंसकर जीव अपने सच्चे रूप को और सर्वन्तर्यामी ईश्वर के स्वरूप को भूल गया है।

नम्मालवार कहते हैं-"भगवान के अनुग्रह से मात्र ही जीव माया से छुटकारा पा सकता है। इस बात को मैं भली-भाँति जानता हूँ कि भगवान का गुणगान करना अच्छा और उसका चिन्तन न करना बुरा है; लेकिन ये कार्य सब मेरे वश में नहीं है। मुझसे कोई भी कार्य किया नहीं जा सकता। तेरे अनुग्रह मात्र से ही हे भगवान! मैं सांसारिक माया से छुटकारा पा सकता हूँ।[3]

---

1 तिरुच्चन्द विरुत्तग - तिरुमलिक्षैयालवार पद 10

2 मुदल तिरुवल्तादि - पोयकैयालवार पृ.67

3 पैरिय तिरुवन्नादि - नम्मालवार पद 3

आत्माओं का वर्गीकरण तीन प्रकार से किया गया है-भक्त, मुक्त, और नित्य आत्मा। भक्त आत्मा यद्यपि सांसारिक माया जाल में फँसा हुआ है तो भी वह मोक्ष प्राप्त करने के प्रयास में लगा रहता हैं।

संसार में जन्म लेकर, भक्तों की भाँति प्रयत्न कर, ईश्वर की कृपा से मोक्ष प्राप्त किये हुए आत्मा को मुक्त आत्मा कहते हैं। वे पुनः इस धरती पर जन्म नहीं लेते। वे नित्यसूरी, नित्य आत्मा कहलाते हैं। इनका जन्म इस पृथ्वी पर नहीं होता; ये असीम काल तक ईश्वरीय आनंद का अनुभव करते रहते हैं। इनको नम्मालवार ने 'बड़े देवों का झुंड' कहा है।

आलवारों के 'जीव' संबंधी विचारों का सार

जीव नित्य है; नश्वर है; वह ईश्वर के अधीन रहता है। जन्म और मृत्यु के चक्र से छुटकारा पाने के बाद भी वह ईश्वर से भिन्न रहता है। भक्ति और प्रपत्ति द्वारा जीव अपने कर्म-फलों से छुटकारा पाकर ईश्वर की प्राप्ति कर सकता है। यह भगवान के अनुग्रह मात्र से ही साध्य है। भगवान पर भक्ति कर उसे प्राप्त करने के लिये सब से श्रेष्ठ जन्म मानव-जन्म ही है। शरीर नश्वर है; लेकिन उसमें वास करने वाला आत्मा अनश्वर है। अज्ञान के कारण जीव माया में फंसकर विविध योनियों में जन्म लेता रहता है। जीव के लिये मुक्ति हासिल करने का एक ही उपाय 'हरि-भक्ति' है। ईश्वर पर ध्यान न देकर देह को ही प्रधान समझकर जीव कर्म करता रहता है और दुखों का अनुभव करता है। यह ज़रूरी नहीं कि जीव सदा लौकिक सुख-दुख में पड़ा रहे। जीव भक्ति के द्वारा कर्म-बन्धन को काटकर मोक्ष की प्राप्ति कर सकता है। जीव का कोई स्वतंत्र अस्तित्व नहीं। अविद्या माया में फंसे रहने के कारण जीव भगवान को समझ नहीं पाता। अपने कर्मों के कारण जीव अनेक योनियों में जन्म लेता रहता है। जीव नश्वर; आत्मा अनश्वर हैं।

आलवारों के 'प्रपंच' संबन्धी विचार

जिस प्रकार मकड़ी जाल बनाती है उसी प्रकार भगवान प्रपंच की सृष्टि करता हैं प्रपंच की सभी चीजों में निवास करते हुए, वह संसार रूपी लट्टू को घुमाता रहता है। पूरा प्रपंच भगवान का शरीर माना जाता है।

घड़ा बनाने के लिये कुम्हार, मिट्टी, चक्र, जल आदि की आवश्यकता पड़ती है। कुम्हारा प्रथम कारण, मिट्टी द्वितीय कारण, चक्र, जल आदि तृतीय कारण माने जाते हैं।

प्रपंच की सृष्टि प्रथम प्रकार की सृष्टि मानी जाती है; ईश्वर अपनी नाभी में चार मुँह वाले ब्रह्म की सृष्टि करता है; ब्रह्म के द्वारा संसार की सृष्टि करवाना द्वितीय प्रकार की सृष्टि मानी जाती है; उस ब्रह्म का भी मूल जन्म स्थान भगवान ही है। जड़-अजड़, चित्-अचित्, चेतन-अचेतन आदि का मूल सृष्टिकर्ता ईश्वर ही है।

नम्मालवार अपने एक पद में बताते हैं- "माया जालों को बनाने में सिद्धहस्थ ईश्वर मूल सृष्टि कर्ता माना जाता है। बहुत काल तक, पहले कोई भी सृष्टि नहीं हुई थी। सर्वशक्तिमान ईश्वर के मन में

संसार की सृष्टि करने की कामना उत्पन्न हुई। उसने ब्रह्म को अपने नाभी-कमल में उत्पन्न किया। उसके द्‌वारा ब्रह्म ने तीन नेत्रों वाला शिव एवं अन्य कई देवी-देवताओं की सृष्टि की। इस प्रकार उसने तीनों लोकों की सृष्टि की। अंडचराचरों की सृष्टि का मूल पुरुष उस परब्रह्म के श्री चरणों को स्पर्श कर हमें नमस्कार करना चाहिए।[1]

नम्मालवार का कहना है कि भगवान ही इस पूरे संसार का रूप धारण किये हुए हैं और उसकी आत्मा के रूप में उस में विनाश करते हैं। उसी शक्ति से दुनिया के सभी कार्य चलते रहते हैं। दुनिया के लोगों से वही सभी कार्यों को करवाता रहता है। वही चित् अचित् भी चीजों का आत्मा बनकर उनमें निवास करता रहता है।

परब्रह्म ही ब्रह्म, विष्णु, शिव-इन तीनों का रूप धारण किये हुए हैं। इन तीनों देवताओं के भीतर अन्तर्यामी के रूप में रहते हुए सृष्टि, संरक्षा एवं संहार-इन तीनों कार्यों को करते हैं।[2]

तिरुमंलिशैयालवार अपने एक पद में कहते हैं- "संसार में दिखायी पड़ने वाली सब चीजें परब्रह्म ही है। सारा संसार उन्हीं के शासन के अन्तर्गत हैं। उन्हीं के अनुग्रह से वस्तुयें शक्ति प्राप्त कर खड़े रहते हैं। सबी देवी-देवताओं का ईश्वर श्रीमन् नारायण है। बृहद पर्वत मालायें, आठों दिशाओं में रहने वाली सभी चीज़ें, सूर्य, चंद्र, ये सब परब्रह्म नारायण ही हैं।[3]

तिरुमलिशैयालवार और एक पद में कहते हैं- "इस दुनियाँ में कोई भी चिरंजीवी बनकर रह नहीं सकता। उसे या तो जन्म लेते ही मरना है, अथवा सौ वर्ष तक जीने के बाद मृत्यु को प्राप्त करना है। इसे जानते हुए भी मनुष्य, भगवान के श्री चरणों का चिन्तन कर परमपद को प्राप्त करना क्यों नहीं चाहता? वहाँ नित्य सूरियों के साथ मिलकर रहना क्यों पसन्द नहीं करता?[4]

सभी आलवारों ने संसार को सत्य और नित्य माना। श्री आदिशंकाराचार्य ने संसार को असत्य और अनित्य माना। बाद में उत्पन्न आचार्य सबने भी शंकराचार्य के मायावाद का खंडन किया और आलवारों के संसार संबन्धी विचारों का आमोदन किया।

आलवारों के 'प्रपंच' सम्बन्धी विचारों का सार

दोनों निभित एवं उपादान कारण बनकर परब्रह्म ने ही अंडचराचरों की सृष्टि की है। सृष्टि सत्य है, माया नहीं। यह धरती भगवान की लीला-भूमि है। वही इस संसार को चलाता रहता है। चेतन, अचेतन, चित्, अचित् सब चीजें उसी के अधीन हैं और उसी परब्रह्म में समाविष्ट हो जायेंगी। आकाश, पृथ्वी, अग्नि, जल, हवा, सूर्य, चंद्र, एवं अंतरिक्ष में दिखायी पड़ने वाली सभी कान्तिमय चीजें उसी परब्रह्म में समाविष्ट हो जायेंगी। प्रलय के समय श्रीमननारायण उक्त सभी चीजों को अपने उदर में छिपाकर

1 तिरुवाचिरियम नम्मालवार पद 4

2 वही 8-4-2

3 नानमुकन तिरुवन्तादि तिरुमलिशैयालवार पद 20

4 तिरुवन्तादि तिरुमलिशैयालवार पद 66

एक वट पत्र पर शयन करते हैं। नम्मालवार का कहना है कि भगवान श्री कृष्ण परमात्मा, यह विशाल संसार, समाविष्ट होने का स्थान बनकर रहता है।[1]

सांसारिक जीव अनित्य है; इस संसार में कोई भी चिरंजीवी बनकर रह नहीं सकता। सब को एक न एक दिन मृत्यु को प्राप्त करना ही होगा।

संसार ही परब्रह्म है; उसकी आत्मा भी वहीं है। दुनिया रूपी लट्टू को वही घुमाता रहता है। यह पूरा प्रपंच परब्रह्म का शरीर बनकर रहता है।

आलवारों के 'माया' संबंधी विचार

भगवान से उत्पन्न की गयी अत्यन्त शक्तिशाली एवं असत्य रूप को माया कहते हैं। इस शक्तिशाली माया में फंसकर, जीव बहुत दुख का अनुभव करता रहता है।

भगवद् भक्ति मात्र से ही मनुष्य माया से छुटकारा पा सकता है। भगवान माया के अधीन नहीं रहता। माया रूपी जाल में फंसा मानव, दुनियाँ के बन्धन में बन्धा हुआ है। ईश्वर को माया संबंधी खेल खेलने में प्रसन्नता होती हैं। वह अपने माया के खेलों द्वारा लोगों में बेहोशी की दशा को उत्पन्न करता है।[2]

माया जीवों को भ्रम में डालकर, लौकिक विषय वासनाओं में फंसाती है और उनके मन में अज्ञान को उत्पन्न करती हैं। इस अज्ञान रूपी माया के कारण जीव सुख, दुख, मोह, राग, द्वेष, काम, क्रोध, अहंकार, ईर्ष्या आदि बुरी भावनाओं में फंसकर भ्रम में पड़ा रहता है। अज्ञान के कारण जीव अपने वास्तविक स्वरूप को भूलकर रहता हैं। नम्मालवार कहते हैं कि-"मैं अनादि काल तक अहंकार में डूबा रहा। मैंने अपने को समझे बिना अपना नाश कर डाला। 'मैं ही तू, मेरा सब कुछ तू'- इस सत्य को अज्ञान के कारण मैं समझ न सका। मैं अपने निजरूप को भूल गया था।[2]

माया के कारण हम सत्य को भूल जाते हैं। ममता, मोह, लालच, लोभ, काम आदि इस माया के अनेक रूप हैं। तैल धारावत भक्ति, वैराग्य तथा भगवान के अनुग्रह से मानव इस माया की पकड़ से बच सकता है।

"माया भरी संसार की दशा विचित्र है। बुरे लोग सुख तथा भले लोग दुख का अनुभव करते हैं। शत्रु जन प्रसन्नता से रहते हैं। रिश्ते-नातों का मन दुखी रहता है। संसार की नियति यही है क्या?"-नम्मालवार पूछते हैं?[3]

माया की पकड़ में आकर तिरुमंगैयालवार ने अनेक पाप-कर्मों को किया है। वे अपने पद में कहते हैं- "मेरे लिये कोई आश्रय नहीं था; लक्ष्य हीन होकर इधर-उधर घूमने में मैं समय को व्यर्थ करता रहा और अनेक पापकार्यों को करके बड़ा पापी बना। हे माधव! हे मायावी! माया से छुटकारा पाने का कोई

---

1 1 व 2 तिरुवायमोलि नम्मालवार 3-10-7.

2 तिरुवायमोलि - नम्मालवार 2-9-9

3 वही 4-9-1

भी रास्ता मैं नहीं जानता। अब मैं तेरे चरण-कमलों में आश्रय लिया हूँ। माया से मुझे छुड़वाकर मुझ पर अनुग्रह करो और मुझे मुक्ति दो।[1]

माया से बचने के लिए कामिनियों पर रखे हुए मोह को छोड़ने का उपदेश तिरुमंगैयालवार देते हैं। शरीर युवावस्था में रहते समय स्त्रियाँ मर्द से प्रेम करती हैं। शरीर में बुढ़ापा आते ही वे घृणा करने लगती हैं। वे कहने लगती हैं-"छीं!छीं! यहाँ मत रहिये; बाहर चले जाइये; खाँस-खांस कर तुम्हारा शरीर दुबला हो गया है।" इस प्रकार बोलने वाली सुन्दर आँखों वाली स्त्रियों के ऊपर रखे हुए मोह को छोड़ दीजिये। स्त्रियों का संबंध हानि को उत्पन्न करता है। काम से छुटकारा पाने के लिये भक्ति-मार्ग को अपनाइये"

तिरुमंगैयालवार अपने दूसरे एक पद में कहते हैं-

"माता-पिता, पत्नी, सन्तान आदि पर रखे हुए मोह की अधिकता के कारण उनके संबंध को सच्चा मानकर मैं कष्टों का सामना करता रहा। हिरण जैसी आँखों वाली स्त्रियों के काम-मोह में फंसकर नरक में पहुँचाने वाले कई कुकर्मों को मैं करता रहा।[2]

नम्मालवार अपने पद में कहते हैं।-"भगवान से बनायी गयी माया में फँसकर मैं अनेक योनियों में जन्म लेता रहा। मैं अपने को तुम्हारी माया से छुड़ाना चाहता हूँ; तुम मुझ पर दया करो, ताकि मैं अपने पुराने शक्तिशाली कर्मों के जंजीरों को तोड़ सकूँ और तुम्हारे शरण में आ सकूँ।[3]

तिम्मलिशेयालवार का कहना है कि भगवान से उत्पन्न की गयी माया में फँसकर तड़पनेवाले लोगों की पकड़ में ईश्वर नहीं आते।[4]

तिरुमलिशैयालवार अपने दूसरे एक पद में कहते हैं-"ईश्वर ने जीवों की सृष्टि की; उन्हें अपनी बनायी हुई माया में फंसाया; भगवान से किये जाने वाले सभी कार्य माया से भरे रहते हैं।[5]

माया को शंकराचार्य ने 'भ्रम' कहा। लेकिन श्रीबल्लभाचार्य ने उसे भगवान का शक्ति स्वरूप कहा। बल्लभाचार्य का कहना है कि माया दो प्रकार की हैं-विद्या माया तथा अविद्या माया। विद्या माया भक्त के मन में वैराग्य को उत्पन्न करती है; अविद्या माया जीवों को लौकिक विषय वासनाओं में गिराती है इन दोनों मायायें मनुष्य को बहुत नचाया करती हैं।

जीव ईश्वर का अंश है; अविद्यामाया के कारण जीव इस सत्य को भूला हुआ रहता है; उसे मोह में डुबाया रखती हैं यह अविद्या माया। ठीक इसके विपरीत विद्या माया अज्ञान का नाश करती है; मोह के अंधकार को दूर करती है।

---

1 पेरियतिरुमोलि - तिरुमंगैयालवार 1-9-9

2 पेरिय तिरुमोलि - तिरुमंगैयालवार 1-9-1, 2

3 तिरुवायमोलि - नम्मालवार 3-2-2

4 तिरुच्चन्दविरुत्तम - तिरुमलिशैयालवार पृ.45

5 वही पद 41

सभी भारतीय वैष्णव भक्त कवियों ने अपनी रचनाओं में इन दोनों मायाओं का वर्णन किया है। जीव अविद्या माया में फँसकर अज्ञान में डूबा रहता है। भक्ति के द्वारा मानव शक्तिशाली माया से बच सकती है।

सभी वैष्णव भक्त कवियों ने अविद्या माया का खूब खंडन किया है।

आलवारों के माया संबन्धी विचारों का सार

माया में फँसा हुआ मानव लौकिक बन्धनों में बंधा हुआ पड़ा रहता है। माया का असर ईश्वर पर नहीं होता; वह माया के अधीन नहीं रहता; बल्कि माया ही उसके अधीन रहती है।

भक्ति एवं भगवान के अनुग्रह मात्र से ही मनुष्य माया की जाल से छुटकारा पा सकता है। बेवकूफी, ममता, मोह, लालच, काम आदि माया के विविध रूप माने जाते हैं।

आलवारों के मोक्ष संबन्धी विचार

परब्रह्म श्रीमन नारायण के निवास स्थान परमपद या वैकुण्ठ पधारकर वहाँ के सुख-भोग का अनुभव करते रहना-मुक्ति' अथवा मोक्ष-दशा मानी जाती है। मोक्ष प्राप्त करने के उपायों का अनुसरण कर भगवान नारायण के अनुग्रह को प्राप्त भक्त मात्र ही परमपद की प्राप्ति कर सकता है। जन्म-मरण के चक्र से छुटकारा प्राप्त कर, परमपद को प्राप्त आत्मा, पुनः इस धरती पर जन्म नहीं लेता। अतः परमपद को 'वापसी रहित लोक; कहते हैं। प्रलय काल में भी वहाँ के निवासियों को कोई हानि नहीं पहुँचती। परमपद प्राप्त आत्मा सभी प्रकार के दुखों से छुटकारा पाकर, परमानन्द का अनुभव करता है।

मनुष्य-जन्म मात्र ही, भगवान पर भक्ति कर, मोक्ष प्राप्त करने लायक जन्म माना जाता है। परब्रह्म श्रीमन नारायण मात्र ही परमपद को प्रदान करने वाले ईश्वर माने जाते हैं। वैष्णव धर्म भी यही बताता है। भक्ति द्वारा मोक्ष की प्राप्ति करने के लिये भी, भगवान का अनुग्रह बहुत आवश्यक माना जाता है।

श्रीमद्भागवत पुराण में चार प्रकार की मुक्तियों का उल्लेख हुआ है-सालोक्य, सामीप्य, सारूप्य और सामुज्य मुक्ति। इन चारों मुक्ति संबन्धी उल्लेख, आलवारों ने अपने पदों में नहीं किया है। लेकिन इन चारों मुक्तियों की दशाओं का अनुभव करके आलवारों ने गाया है।

आत्मा शरीर के साथ रहते काल में, वैकुण्ठ में प्राप्त होने वाले आनंद से बढ़कर अधिक आनंद का अनुभव, इस भूलोक पर करते रहने की दशा को जीवन मुक्त दशा कहते हैं।

जीवन-मुक्ति-दशा में प्राप्त होने वाले परमानंद के बारे में नम्मालवार अपने एक पद में कहते हैं-

"हे लाल नेत्रों वाला परब्रह्म नारायण! मैं तुमसे एक बात कहना चाहता हूँ। तुम सदा अपने भक्तों की भलाई के संबंध में सोचते रहते हो; ऐसा सोचते समय तुम उनको परमपद देना चाहोगे। परन्तु उस परमपद-सुख से बढ़कर तेरा गुण-गान करने में मिलने वाला सुख ही बड़ा है। सदा तेरा ध्यान करते

रहने में मिलने वाला आनंद, वैकुण्ठ-सुख से भी बड़ा है। सदा तेरे चिन्तन में रहने वाला भक्त, परमपद को एक चीज नहीं मानता।"[1]

भक्त लोग लगातार ईश्वर के चिन्तन में डूबे रहते हैं; उनकी असीम भक्ति से उनका आत्मा पिघलने लगता है तैलधारावत उनकी भक्ति से उत्पन्न अमृत का पान करना वे गौरव की बात समझते हैं। नारायण की भक्ति-बाढ़ में डूबे रहने वाले ज्ञानी लोग, धनवानों जैसे जीवन बिताना नहीं चाहते; तीनों लोकों के लिये नरेश बनने की पदवी को भी नहीं चाहते; मोक्ष प्राप्त करने का सौभाग्य प्राप्त होने पर उसे पाने के संबन्ध में वे सोचना भी पसंद नहीं करते। ईश्वर की भक्ति में डूबकर अलौकिक आनंद का अनुभव करते रहना मात्र ही, उनका एक मात्र लक्ष्य बना रहता है।[2]

भगवान के पवित्र नाम की महिमा, इन्द्र लोक को शासन करने में प्राप्त होने वाले आनंद से बढ़कर श्रेष्ठ है। इस संबंध में तोण्डरडियप्पोडियालवार अपने एक पद में कहते हैं-"हे श्री रंगम में शेष नाग पर शयन करने वाले रेंगा! हरे पर्वत जैसा शरीर धारी! प्रवाल जैसा मुँह वाला! हे अच्चुदा! हे नित्यसूरियों का नेता! हे यदुकुल का नेता, तेरे इन नामों का उच्चारण करने से मिलने वाले आनंद को छोड़कर, इन्द्र लोक का शासन करने से प्राप्त होनेवाले हर्ष को भी, मैं पसन्द नहीं करूँगा।[3]

तिरुमलिशैयालवार अपने पद में इस संबंध में कहते हैं-"मैं देवलोक, शिवलोक, इन्द्रलोक आदि को प्राप्त करना नहीं चाहता; तुझसे ऐक्य होने की कामना के अतिरिक्त, दूसरा कोई मोक्ष-सुख मैं पसन्द नहीं करता। मैं सायुज्य मुक्ति को पाना चाहता हूँ।[4]

नम्मालवार का कहना है कि पाप और पुण्य से आत्मा को दूर रहना चाहिये; क्योंकि सुख और दुख के, वे ही मूल कारण बने रहते हैं। ऐसा करने से जीव सांसरिक विषयवासनाओं से छुटकारा पाकर, मुक्ति की प्राप्ति करेगा। सांसारिक बन्धनों से आत्मा भिन्न है; आत्माओं को अपने इस स्वभाव का ज्ञान होना चाहिये। संसार का मोह त्यागने पर ही आत्मा को मोक्ष-सुख की उपलब्धी होगी।[5]

सायुज्य मुक्ति पाने की अपनी इच्छा को तिरुमंगैयालवार अपने एक पद में, एक सुन्दर उपमा द्वारा यों समझाते हैं- "अच्छी तरह गरम किये हुए लोहे पर गिरनेवाली पानी की बूँदे जिस प्रकार उस लोहे में ही ऐक्य होकर अदृश्य हो जाती हैं, ठीक उसी प्रकार, मैं भी ईश्वर पर भक्ति करके, उनमें ऐक्य ही जाना चाहता हूँ। सामीप्य मुक्ति पाने की अपनी इच्छा को कुलशेखरालवार यों प्रकट करते हैं- "दिन-ब-दिन शरीर को मोटा बनाने वाले धनवान जैसे जीवन बिताना नहीं चाहता। नप्पिनै के लिये सात वृषभों पर जीत प्राप्त करने वाले नारायण की सेवा करते रहना मैं पसन्द करता हूँ। भगवान श्री वेंकटेश्वर

---

1 पेरिय तिरुवन्तादि - नम्मालवार पद सं. 53

2 तिरुवाचिरियम - वही, पद 2

3 तिरुमालै तोंडरडिप्पोडियालवार पद 2

4 तिरुचंदविरुतम तिरुमलिशैयालवार पद 108

5 तिरुवायमोलि नम्मालवार 8-8-6

का निवास-स्थान तिरुमला पर्वत पर बसा हुआ कोनेरी नामक पवित्र सरोवर में, जीवन बिताने वाले सारस पक्षी के रूप में जन्म लेना चाहता हूँ।[1]

कुलशेखरालवार अपने दूसरे एक पद में अपनी कामना को यों व्यक्त करते हैं-"तिरुमला गिरि पर चंपक पेड़ के रूप में जन्म लेकर चंपक पुष्पों से भगवान वेंकटेश्वर की सेवा में लगा रहना चाहता हूँ।[2]

फिर कुलशेखर कहते हैं- "बहुत से बुरे कर्मों को मैंने किया है, श्रीरंगम की शैष-शैया पर शमन करने वाले नारायण का मैं दर्शन करना चाहता हूँ उनके साथ संभोग श्रृंगार का सुख अनुभव करना चाहता हूँ। इस शुभ दिन की प्रतीक्षा में रहता हूँ।[3]

वैष्णवों का विश्वास है कि परब्रह्म श्री नारायण के निवास-स्थान परमपद अथवा वैकुण्ठ, उद्यान एवं सुन्दर सरोवरों से भरा रहता है। वहाँ रात-दिन, सुबह-शाम, आज और कल ये दशायें नहीं रहती। भूख, प्यास, यमभय आदि वहाँ नहीं होते।

तिरुमलिशैयालवार वैकुण्ठ प्राप्त करने के लिये बाधा अथवा रूकावट के रूप में रहने वाले अपने देह को रोग के रूप में समझते हैं। इस संबंध में वे कहते हैं-सृष्टि के मूल कर्ता भगवान को अपने वक्षस्थल में रखने वाले भक्त लोग परमपद की प्राप्ति शीघ्र करना चाहते हैं। इसके लिये अड़चन के रूप में रहने वाले अपने शरीर को रोग की भाँति समझते हैं। परमपद को जल्दी प्राप्त करने के दिन की वे प्रतीक्षा करते हैं।[4]

मोक्ष अथवा मुक्ति संबंधी आलवारों के विचारों का सार

जन्म एवं मृत्यु के चक्र से छुटकारा पाकर, परमपद को प्राप्त आत्मा पुनः इस भूलोक पर जन्म नहीं लेता। वहाँ वह सब प्रकार की चिन्ताओं से छुटकारा पाकर परमानंद का अनुभव करता रहता है। वैष्णव धर्म का कहना है कि भगवान नारायण ही मोक्ष प्रदान करनेवाला ईश्वर है। इसके लिये उनके अनुग्रह की अत्यन्त आवश्यकता है। भक्तों का विश्वास है कि मोक्ष-सुख से बढ़कर भगवान पर भक्ति करते रहने से प्राप्त होने वाला सुख ही श्रेष्ठ है। अतः भगवान नारायण की भक्ति बाढ़ में डूबे हुए ज्ञानी लोग मोक्ष-सुख को तुच्छ समझते हैं।

परवर्ती समस्त भारतीय वैष्णव भक्त कवियों ने आलवारों के ब्रह्म, जीव, जगत, माया, कर्म तथा मोक्ष संबंधी विचारों का अनुमोदन अपने काव्यों में किया है। कहने का तात्पर्य है कि नालायिर दिव्य प्रबन्धम में बताये गये दार्शनिक विचारों का प्रभाव परवर्ती भारतीय वैष्णव साहित्य पर अधिक पड़ा है।

---

1 पेरुमालतिरुमोलि - कुलशेखरालवार 4-1

2 वही 4-4

3 वही 1-8

4 नानमुकन तिरुवन्तादि तिरुमालिशैयालवार 79

अध्याय 5

आलवारों की भक्ति-साधना

सन् 6वीं शती से 9वीं शती तक का लगभग 400 वर्ष का काल, तमिल साहित्य के इतिहास में भक्ति-काल माना जाता है। ईश्वर को आसानी से प्राप्त करने के मार्गों में भक्ति-मार्ग सरल-मार्ग माना जाता है। आलवारों का युग भक्ति-युग था। आलवारों से श्री गणेश किया गया भक्ति-आन्दोलन तमिल में बहुत ही श्रेष्ठ वैष्णव भक्ति-साहित्य उत्पन्न होने का कारण बना। इस काल में ही तमिल में अधिक मात्रा में भक्ति साहित्य का सृजन हुआ।

गृहस्थ जीवन को अपना कर, सांसारिक सुखों का अनुभव करते हुए, परिशुद्ध भक्ति द्वारा भगवान को प्राप्त किया जा सकता है; आलवारों ने इस विचार को अपनी रचनाओं में व्यक्त किया है। आलवारों ने अपनी भक्ति के विकास के लिये नृत्य, संगीत आदि कलाओं को भी साथ-साथ विकास किया।

आलवार इस बात पर विश्वास करते थे कि संगीत-सौन्दर्य से युक्त मीठे गीतों द्वारा भगवान की प्राप्ति आसानी से हो सकती है। उनका यह विचार लोगो के ध्यान को बहुत आकर्षित किया। आलवार भक्त अपने पदों द्वारा लोगों के बीच भक्ति का प्रचार किया करते थे कि ईश्वर की प्राप्ति के लिये याग, यज्ञ, तप आदि करने की जरूरत नहीं; भक्ति ही सरल उपाय है; ईश्वर पर की गयी भक्ति, अवश्य ही फल दायक सिद्ध होगी। उन्होंने प्रचार किया कि ईश्वर-भक्ति करने से मिलने वाला सुख, स्वर्ग में मिलनेवाली प्रसन्नता से बढ़कर श्रेष्ठ है। ईश्वर के अतुलनीय गुण, वात्सल्य, करुणा, सौलभ्य-आदि के बारे में उन्होंने गाया है।

राग-ताल के साथ गाये जाने वाले आलवारों के भक्ति-भाव से भरे पदों में मन को पिघलाने की अद्भुत शक्ति है। आलवारों ने काव्य-सौन्दर्य से युक्त अपने गीतों में, अपने मन में उठने वाली भक्ति-भावनाओं को, व्यक्त किया है।

आलवारों के भक्ति-तत्व दो प्रकार के हैं-

1. आम तत्व .
2. विशिष्ट तत्व

'आम तत्व' के अन्तर्गत निम्नलिखित विषय आते हैं-

1. भक्ति की महिमा
2. नाम-महिमा (निर्गुण एवं सगुण ब्रह्म की उपासना)
3. भवान की तुति (संकीर्तनों द्वारा)

4. शरणागति अथवा प्रपति
5. गुरु-महिमा
6. सत्संग तथा
7. वैराग्य

'विशिष्ट तत्व' के अन्तर्गत आनेवाले विषय

1. श्री कृष्ण की विविध लीलाओं का गान
2. श्री कृष्ण के दैविक सौन्दर्य की प्रशंसा
3. श्री कृष्ण परमात्मा के परत्व को समझाना
4. गोपियों के प्रेम की प्रशंसा
5. श्री राम एवं श्री कृष्ण को एक ही ब्रह्म समझना
6. आलवार और भारतीय वैष्णव साहित्य

आलवारों की भक्ति के आम-तत्वों का विवेचन

भक्ति की महिमा

सभी आलवारों ने भक्ति को ईश्वर-प्राप्ति का श्रेष्ठ साधन बताया है।

तिरुमंगैयालवार का कहना है कि याग, यज्ञ, तप आदि कठिन उपायों से बढकर, भक्ति-मार्ग बहुत ही सरल एवं फलदायक है। फल-मूल खाकर, गरम साँस छोड़ते हुए लंबी अवधि तक, पंचाग्नि के बीच खड़े होकर, कठिन तपस्या करने की जरूरत नहीं। श्री लक्ष्मी देवी को अपने वृक्षस्थल में रखे हुए भगवान श्री नारायण का ध्यान करने से मुक्ति की प्राप्ति आसानी से हो सकती हैं।[1]

तिरुमलिशैयालवार कहते हैं- सभी प्रपंचों की सृष्टि के मूल कर्ता श्रीमन नारायण की उपासना, प्रीति से करते हुए उसे अपने वक्षस्थल पर रखने में समर्थ भक्तजन, वैकुण्ठ को अति शीघ्र ही पधारना चाहेंगे। उस के लिये बाधा के रूप में रहने वाले अपने शरीर का नाश कब होगा? ऐसा सोचते हुये अपना जीवन बिताते रहेंगे।[2]

तोन्डरडिप्पोडियालवार अपनी रचना तिरुमालै में बताते है।- भक्ति करने से मिलने वाला सुख, स्वर्ग में मिलने वाले सुख से बढ़कर श्रेष्ठ माना जायेगा।

"श्री रंगम में वास करने वाले, पर्वत जैसे शरीर वाले, (पवलम्) मृगा जैसे मुँह वाले, कमल पुष्प जैसे नेत्रों वाले, श्री अच्छुता! श्री परन्दामा! यदुकुल में उत्पन्न हे कृष्णा! तेरे इन दिव्य नामों का उच्चारण सदा करते रहना चाहता हूँ; इससे मिलने वाला आनंद इन्द्रलोक का शासन करने में मिलने वाले आनंद

1 पेरियतिरुवन्तादि- तिरुमंगैयालवार 3-2-2

2 नानमुकन तिरुवन्तादि-तिरुमलिशैयालवार पद 79

से बढ़कर श्रेष्ठ मैं मानता हूँ। भगवान यदि मुझे इन्द्रलोक का शासक बनायेंगे तो भी मै उस पद को नहीं चाहूँगा।"[1]

पेरियालवार अपनी रचना 'तिरुमोलि' में कहते है-"सात लोकों को निगलकर अपने उदर में रहने वाले नीले शरीर वाले, श्री मननारायण की उपासना जो नहीं करता, धरती पर उसका जन्म व्यर्थ माना जायेगा; अपनी माता को प्रसव वेदना देने के लिये ही उसका जन्म हुआ है। ऐसा वह अपनी माता के पेट को कलंक करने वाला समझा जायेगा।[2]

भगवान नास्तिकों की समझ के लिये कठिन और आस्तिकों की समझ के लिये सरल बनकर रहते हैं।

माखन की चोरी करने के कारण, माता यशोदा, भगवान कृष्ण को साधारण बालक समझकर ऊखल से बाँधती है। भगवान के इस सौलभ्य स्वभाव को देखकर नम्मालवार अपना विस्मय प्रकट करते हैं।[3]

भगवद नाम-महिमा की प्रशंसा

तिरुमंगैयालवार अपनी रचना पेरिय तिरुमोलि' के एक पद में, 'नारायणा' नाम की महिमा के बारे में बताते हैं-"नारायणा' नामक नाम ऊँचे कुल को देगा; धन देगा; कष्टों को चुकनाचूर कर देगा; मोक्ष प्रदान करेगा; भक्तों के स्तर को बढ़ायेगा; शक्ति को बढ़ायेगा; माता से बढ़कर अधिक भलाई करेगा।"[4]

अपने बच्चों को भगवान का नाम रखने का उपदेश देते हुए पेरियालवार कहते हैं-"धन, कपड़ा और धान्य पाने की इच्छा में लोग अपने बच्चों को मनुष्य का नाम रखते है। हे नीच मानव! अपने बच्चों को 'केशव का नाम रखिये। ऐसा करने से उसकी माता नरक' न पहुंचेगी।[5]

नम्मालवार अपनी रचना 'तिरुवायमोलि' के एक पद में कहते है कि वेंकट पर्वत मात्र का नमन करने से हमारे सब कर्म कट जायेंगे।[6]

इस प्रकार आलवारों ने भक्ति की महिमा का गान किया है। भक्ति मात्र ही ईश्वर-प्राप्ति का सरल साधन है; ज्ञान, योग, कर्म आदि मार्गों से भगवान की प्राप्ति करना कठिन है; जन्म एवं मृत्यु चक्र से छुटकारा पाने के लिये श्रेष्ठ उपाय भक्ति मात्र ही है।

निर्गुण और सगुण ईश्वर की उपासना के संबन्ध में आलवारों के विचार

जो लोग ईश्वर को निर्गुण तथा निराकार मानते है वे, उनके अवतार एवं मूर्ति -पूजा का खंडन करते है। सगुण ब्रह्म की उपासना करनेवाले सगुणवादी सर्वव्यापी ईश्वर पर तैलधारावत भक्ति करना आवश्यक समझते हैं। पूजा, उपासना, ध्यान, नामोच्चारण आदि के लिये सगुण ब्रह्म ही श्रेष्ठ माना जाता है।

---

1 तिरुमाले-तोण्डरडिपपोडियालवार पद 2

2 पेरियालवार तिरुमोलि - 1-1-9

3 तिरुवायमोलि-नम्मालवार -3-3-1

4 पेरियतिरुमोलि-तिरुमंगैयालवार - 1-1-9

5 पेरियालवार तिरुमोलि -4-6-1

6 तिरुवायमोलि-नम्मालवार-3-3-8

भगवान विष्णु के सहस्त्र नामों मे किसी एक नाम का उच्चारण सदा-सर्वदा करते रहने से, जीभ से उनके कीर्तनों का गान करते रहने से, श्रवणेन्द्रियो से उनकी महिमा का श्रवण करते रहने से, कर्मों से उत्पन्न हमारे सब पापों का नाश हो जाता हैं।

सगुण-उपासना सरल और निर्गुण उपासना कठिन माना जाता है। पूजा, नामोच्चारण एवं ध्यान करने के लिये कोई भी आधार न होने के कारण, निर्गुण ईश्वर की उपासना भक्त को गड़बड़ में डाल देती हैं

जिस प्रकार गूंगा मीठे फल रस का पान करने के बाद, उसकी मिठास का वर्णन करने में असमर्थ रहता है, ठीक उसी प्रकार निर्गुण ब्रह्म का उपासक भी अपने मन से अनुभव किये परब्रह्म का वर्णन करने में असमर्थ रहता है।

आलवारों ने ब्रह्म को साकार और निराकार मानने पर भी, साकार ब्रह्म की उपासना को ही उन्होंने अधिक प्रधानता प्रदान की है।

पोयकैयालवार का कहना है कि भक्तों को जो रूप पसन्द है उसी रूप को चक्रधारी विष्णु स्वीकार करते हैं। वे कहते हैं -"भक्तो को जो नाम पसन्द है उसी नाम को अपने नाम के रूप में भगवान नारायण स्वीकार कर लेते हैं। जिस प्रकार भकत ईश्वर के संबन्ध में चिन्तन करता है उसके चिन्तन के अनुसार ईश्वर अपने को बदल लेता है।

अण्डचराचरों में अंतर्यामी के रूप में रहनेवाले निर्गुण ब्रह्म के बारे में और परमानंदमय सगुण ब्रह्म के बारे में यद्यपि आलवारों ने वर्णन किया है तोभि उन्होंने सगुण ब्रह्म की उपासना को ही अधिक मुख्यत्व दिया है। अनेक दिव्य स्थलों में विराजमान श्री मन्नारायण के अर्चावतारों की प्रशंसा में उन्होंने पदों की रचना की है।

नम्मालवार ने सगुण ईश्वर की प्रशंसा अपने पदों में की है। अर्चावतार की सौलभ्यता की महिमा पर उन्होंने अपने पदों में प्रकाश डाला है। भगवान नारायण आदि और अंत रहित होने पर भी, सभी साकार एवं नश्वर चीजें उनका शरीर बनकर रहते हैं। आकाश, पृथ्वी, अग्नि, जल, हवा, सूर्य, चन्द्र, नक्षत्र, सभी जीवराशियाँ, पेड़-पौधे आदि ईश्वर के आकार हैं। कमों से आने वाला जन्म उसके लिये नहीं। दुर्गन्ध, सुगन्ध, शोर, ध्वनि, प्रकाश, भावना आदि के रूप में भगवान रहते हैं। अपने शरण में आनेवालों को वह अवश्य आश्रय देता हैं। हम जिस भी रूप में उसका ध्यान करते हैं उसी रूप धारण करके हम पर प्रभु अनुग्रह करते हैं। उसे हम आँखों से देख नहीं सकते; परन्तु मन से उसे आसानी से समझ सकते हैं।[1]

सगुणों भक्ति उपासना व्यवहार में सरल है; शीघ्र ही फल देनेवाला है। बहुत ही चेष्टाओं को करने वाले कान्हा का रूप, पेरियालवार को बहुत पसन्द था। लीला नायक श्री कृष्ण के सौन्दर्य ने आण्डाल (गोदा)को मुग्ध किया। सभी आलवार सगुण ब्रह्म के उपासक थे।

---

1 तिरुवायमोलि-नम्मालवार 3-6, 1-10

आलवारों के पदों में संकीर्तनों की महिमा का वर्णन

भगवान की लीलाओं की महिमा का गान करना भक्ति का एक अंग माना जाता है। ईश्वर के दिव्य नाम, उसके अद्भुत गुण, उसके-अवतारों की लीलायें, उसके निवासस्थानों की महिमा आदि के बारे में, ऊँची आवाज में, संगीत-सौन्दर्य युक्त कविताओं में भक्ति एवं श्रद्धा के साथ गाना 'संकीर्तन' कहलाता है। कीर्तनों का गान करने से भक्त शान्ति और आनंद का अनुभव करता है।

आलवारों के पद सब, एक प्रकार से, ईश्वर की तारीफ में गाये गये स्तुति गीत कहे जा सकते हैं। विविध नामोंसे भगवान को बुलाकर उसकी लीलाओं की प्रंशसा का गान करने में, भक्त परमानंद का अनुभव करता है। आलवारों के कीर्तन-पद भक्त जनों को बहुत आकर्षित करते हैं। वैष्णव मंदिरों में उनके कीर्तन आज भी भक्ति एवं श्रद्धा से गाये जाते हे।

संस्कृत में रचित कुलशेखर की 'मुकुन्दमाला' एक श्रेष्ठ स्तुति काव्य के रूप में अत्यन्त प्रसिद्ध है।

भूतत्तालवार कहते हैं कि भगवान के गुण एवं लीलाओं का बयान करना तपस्या करने के बराबर माना जाता है।[1]

चोल देश का राजा कुलशेखरालवार अपने वक्षस्थल को संबोधन करके बताते हैं-"हे मेरा वक्षस्थल ईश्वर की गुण-गान करने में आनंद का अनुभव करने वाले भक्तों के श्री चरणों की प्रशंसा का गान करो।"[2]

पेरियालवार का कहना है कि जो जीभ ईश्वर की स्तुति नहीं करता वह फिजूल माना जायेगा।[3]

नम्मालवार अपनी तिरुवायमोलि' में कहते हैं-"ईश्वर मात्र ही प्रशंसा किये जाने का पात्र है। मै मानव की प्रशंसा करनेवाला मूर्ख नहीं हूँ। अतः हे कवि जन! सर्वशक्तिमान एवं श्रेष्ठगुणों से युक्त भगवान श्रीमन्नारायण मात्र की प्रशंसा में कविता लिखिये।"[4]

"अपने मुँह से मानवों का गुण-गान करने वाला कवि मैं नहीं हूँ; ऐसा करने के लिये मेरे लिये चक्रधारी भगवान उपस्थित है।"[5]

पोयकैयालवार कहते हैं कि "मेरा मुँह भगवान को छोड़कर दूसरे किसी की तारीफ नहीं करेगा।[6]

इस प्रकार आलवारों के संगीत - सौन्दर्य से युक्त गीतों ने परवर्ती भक्त कवियों को बहुत ही आकर्षित किया। आलवारों द्वारा उत्पन्न की गयी यह 'कीर्तन पद्धति' आज भी भक्त कवियों द्वारा अनुसरण की जाती है।

---

1 इरण्डाम तिरुवन्तादि- भूतत्तालवार पद 77

2 पेरुमाल तिरुमोलि - कुलशेखरालवार पद 21-4

3 पेरियालवार तिरुमोलि- पेरियालवार पृ.5-1-1

4 तिरुवायमोलि-नम्मालवार पद 3-9,1-10

5 वही, 3-9-9

6 ओन्राम तिरुवन्तादि - पोय्कैयालवार पद 11

शरणागति अथवा प्रपत्ति संबंधी आलवारों के विचार

श्री यमुनाचार्य नामक प्रसिद्ध वैष्णव आचार्य प्रपत्ति के स्वरूप के बारे में अपनी रचना 'गीतार्थसंग्रह' नामक ग्रन्थ में बताते हैं-"मैं बिलकुल शक्तिहीन हूँ; तेरे अनुग्रह को पाने को असमर्थ दशा में हूँ; किसी भी एक धर्म के सिद्धान्तों का अनुकरण करने में मैं असमर्थ हूँ; अतः मेरी और मेरे मान की रक्षा करना तुम्हारा काम है; इस भवसागर से मुझे बचाने के लिये तुम्हारे अतिरिक्त दूसरा और कोई इस संसार में नहीं हैं; इसलिये मैं तुम्हारे शरण में आया हूँ।" इस प्रकार पूर्ण भरोसा से पुरुषोत्तम श्री कृष्णपरमात्मा के चरण कमलों पर अपने पूरे भार को उतारकर उसकी शरण में जाना 'शरणागति' या 'प्रपत्ति' कहलाती है।

हर कोई प्रपत्ति-मार्ग का अनुसरण कर सकता है। इस पद्धति को अपनाने के लिये किसी भी योग्यता की जरूरत नहीं है। परब्रह्म की इच्छा के अनुसार सब कुछ होता है; ऐसा सोचकर उस पर दृढ़ विश्वास रखना चाहिये; अपने को इस भवसागर से बचाने की प्रार्थना उससे विनम्रता पूर्वक करनी चाहिये; अपनी कमी एवं दोषों को सोचकर दुखी होना चाहिये।

भगवान से अपने ऊपर करुणा करने की प्रार्थना करनी चाहिये।

भगवान की सेवा करना, पुष्पों से उसकी अर्चना करना, उसका नामोच्चारण करना, उसका गुण - गान करना आदि का इनकार प्रपत्ति-मार्ग में न किये जाने पर भी, उन्हें करने की आवश्यकता नहीं।

अपने पाप-कर्म एवं योग्यहीनता को प्रकट करना, भगवान के वात्सल्य गुण पर दृढ़ विश्वास रखना, आश्रय प्रदान करने की विनती करते हुए आत्मसमर्पण करना आदि प्रपत्ति-तत्व में समाविष्ट होते हैं।

आलवारों ने बहुत प्रपत्ति-गीतों को गाया है जिसमें उन्होंने अपनी गल्तियों का उललेख किया है और उन पर अनुग्रह करने की प्रार्थना भगवान से की है। तिरुमंगैयालवार अत्यन्त विनम्रता से श्रीमन् नारायण से प्रार्थना करते हैं-" हे तिरुमला गिरि पर वास करनेवाला वेंकटेशा! मैं आश्रय रहित हूँ; मैं पाप कर्म करके बड़ा पापी बन गया हूँ; दूसरा कोई भी उपाय मैं नही जानता; अब तुम्हारे श्री चरणों में शरण मांगकर आया हूँ, मुझ अकिंचन पर कृपा-दृष्टि डालकर मुझे भवसागर से पार कराओ।[1]

आलवार और भारतीय वैष्णव साहित्य तोण्डरडिप्पोडियालवार भक्तों के मन को पिघलानेवाले कंठ से गाते हैं- "शहर में मुझे एक बीघा जमीन भी नहीं है; मेरा कुशल पूछने वाला कोई भी नहीं है; इस प्रकार अनाथ होते हुए भी हे परममूर्ति! तेरे चरणों का आश्रय लिये बिना ही रह गया। हे घने मेघ जैसे काला शरीरवाला। श्यामला! हे कृष्णा! अब मैं तेरे सामने खड़ा होकर रो रहा हूँ। हे श्रीरंगम मंदिर में शयण करनेवाला नारायण! मेरी रक्षा करनेवाला अब कौन है?"[2] अपने और एक पद में वे अपने दोषों का उल्लेख करते हुए गाते हैं- "मेरा मन अशुद्ध हैं; मुँह से मीठे वचन नहीं निकलते; क्रोध एवं शत्रुता भाव से दूसरों के मन को अग्नि जैसे कटुवचनों से घायल करता हूँ; ऐसे दोषों से युक्त मुझ जैसे पापी की क्या गति होगी? बताओं हे रंगा!"[3]

---

1 पेरियतिरुमोलि तिरुमंगैयालवार 1-9-9

2 तिरुमालै-तोण्डरडिप्पोडियालवार पद 29

3 वही पद 30

कुलशेखरालवार अपनी रचना 'तिरुमोलि' के एक पद में कहते हैं-"तुमने मुझे दुख दिया है; उसे तू न दूर करने पर भी, मुझे दूसरा कोई आश्रय नहीं है। यद्यपि माता अपने बच्चे को क्रोध के कारण धक्का मारकर नीचे गिराने पर भी वह अपनी माता की कृपा दृष्टि की प्रतीक्षा में रोता ही रहेगा। ऐसे बच्चे के जैसे अब मैं रो रहा हूँ।"[1]

उक्त उदाहरणों से पता चलता है कि आलवारों ने ईश्वर की प्राप्ति के लिये प्रपत्ति-मार्ग को अधिक अपनाया था।

श्री रामानुज ने प्रपत्ति-मार्ग को अधिक प्रधानता देकर विशिष्टाद्वैत मत की स्थापना की थी।

प्रपन्ति के संबन्ध में विषिष्टाद्वैतवादियों में दो प्रकार के मत पाये जाते हैं। श्री लोकाचार्य से स्थापित 'तेनकलै' नामक मत के अनुसार, ईश्वर के अनुग्रह को प्राप्त करने के लिये भक्त को किसी भी कर्म का अनुष्ठान करने की आवश्यकता नहीं। उनका यह सिद्धान्त 'माँजरी किशोर न्याय' कहलाता है। इसके लिये वे एक दृष्टान्त प्रस्तुत करते हैं-माता माँजरी अपने बच्चों को एक जगह से दूसरी जगह, अपने बच्चों के किसी भी प्रयास के बिना पहुँचाती है। उसी प्रकार भगवान भक्त को उसके किसी भी प्रयास की प्रतीक्षा किये बिना अपने पास आश्रय देता है।

श्री वेदान्त देशिक नामक आचार्य द्वारा स्थापित 'बडकलै' नामक सिद्धान्त के अनुसार भक्त को भगवान का अनुग्रह प्राप्त करने के लिये कर्मानुष्ठान करने की आवश्यकता है। उनका यह सिद्धानत 'कपिकिशोर-न्याय' कहलाता है। इस सिद्धान्त को समझाने के लिये वे निम्नलिखित उदाहरण प्रस्तुत करते हैं-कपि के बच्चे माता कपि के पेट को दृढ़ता से पकड़ लेते हैं; माता कपि उन्हें एक जगह से दूसरी जगह पहुँचाती है। इसी प्रकार प्रपन्न को भी ईश्वर का अनुग्रह प्राप्त करने के लिये आत्मप्रयास करना जरूरी है; तभी भगवान उसे अपने शरण में लेते हैं। प्रपत्ति-मार्ग में आत्मनिवेदन को अधिक प्रधानता दी जाती हैं।

श्री रामानुजाचार्य के समय में संस्कृत के वेद, उपनिषद, भगवतगीता, श्रीमद्भागवत महापुराण जैसे ग्रन्थों तथा आलवारों की रचना 'नालायिर दिव्य प्रबन्ध' को भी मुख्यत्व दिया जाता था। रामानुज के पश्चात् कतिपय वैष्णवाचार्यों ने उक्त संस्कृत के ग्रन्थों को, मुक्ति पाने के लिये, 'प्रबन्धम' से बढ़कर श्रेष्ठ समझा। संस्कृत-ग्रन्थों का आदर करने वाले 'वडकलै' नाम से तथा आलवारों के प्रबन्धम का आदर करनेवाले 'तेनकलै' नाम से पुकारे गये। प्रपत्ति-मार्ग में वैष्णव भक्तों की सेवा किये बिना भगवान की सेवा मात्र, पूर्ण न माना जायेगा।

वैष्णव धर्म में 'गुरुमहिमा' की प्रधानता

जीवात्मा स्वयं परमात्मा के पास नहीं जा सकता; सतगुरू की सहायता से ही वह श्रीमन्नारायण के श्री चरणों के पास पहुँच सकता है। इसलिये श्री संप्रदाय में गुरु को अधिक प्रधानता दी गयी है। गुरु अपने शिष्य के आध्यात्मिक जीवन में मार्ग दर्शक का काम करता है; वह अपने ज्ञान-दीप से शिष्य के आत्मा को प्रकाशित करता है। शिष्य के सन्देहों को दूर करके, उसे अपनी आध्यात्मिक साधना में

1 पेरुमाल तिरुमोलि- कुलशेखरालवार 5-1

प्रगति करवाता है। जैन, बौद्ध, शैव जैसे सभी धर्मों का कहना है कि गुरु की सहायता के बिना जीवात्मा परमात्मा की प्राप्ति नहीं कर सकता।

आलवारों ने भी गुरु को साक्षात ईश्वर मानकर उनका गुण-गान किया है। गुरु-भक्ति के बारे में मधुरकवियालवर ने 'कण्णिणुण चिरुतांबु' नामक एक ग्रन्थ को ही लिख डाला है। नम्मालवार को अपने गुरु के रूप में पाने के लिये वे अपने आप को बड़ा भाग्यशाली मानते हैं। वे कहते हैं कि गुरु भगवान से भी श्रेष्ठ हैं। वे अपने एक पद में बताते हैं-

"नम्मालवार ने मुझे वेद के सूक्ष्म अर्थ को समझाया'। मैं उनकी कीर्ति को आठों दिशाओं में पहुँचाता हूँ।"[1]

वृद्ध मधुकवियालवार ने आयु में अपने से छोटे एवं निम्नकुल के नम्मालवार को अपने गुरु के रूप में स्वीकार किया था। यह बात उनके समय में आन्दोलन को उत्पन्न करनेवाली समझी गयी। जाति भेद को न मानने वाले आलवारों के श्रेष्ठ सिद्धान्तों ने लोगों के ध्यान को बहुत आकर्षित किया।

'सत्संग' संबन्धी आलवारों के विचार

मुक्ति मिलनी चाहिये-यह विचार मन में उत्पन्न होकर, विकसित होने के लिये 'सत्संग' बहुत आवश्यक है। सत्संग के बारे में भगवान कृष्ण उद्धव से कहते हैं-"व्रत, यज्ञ, वेद, पुण्यक्षेत्रों की यात्रा, यम-नियम आदि भी, सत्संग की भांति मुझे आकर्षित नहीं करते।"[2]

सत्संग में रहते समय आत्मा दैविक आनंद और शान्ति का अनुभव करता है।

आलवारों ने सत्संग की महिमा का गान किया है। कुलशेखरालवार राजमहल के सुख भोगों का त्याग करके सत्संग में रहना चाहते हैं, वे अपनी इस इच्छा को निम्नप्रकार से प्रकट करते हैं-

"तुलसी माला को पहने हुए भगवान श्री रंगनाथ स्वामी को प्रणाम करके, उनको पाने के मोह में पागलों की भांति नृत्य एवं गान करते हुए और उनके दिव्य नामों को लगातार उच्चारण करके गाने वाले भक्तों के झुण्ड को देखकर उनका साष्टांग नमस्कार करना चाहता हूँ, इसे मैं अपनी आँखो को पाने का सौभाग्य समझूगा।"[3] और वे गाते हैं-"भक्त जन श्री रंगनाथ स्वामी की लीलाओं को उच्च स्वर में गाते हैं; भक्ति के आवेश में वे पागलों की भांति नाचते कूदते हैं; उनकी अद्भुत लीलाओं का गान करते समय कावेरी नदी के जल जैसे उनकी आँखों से अश्रुधारा बहती रहती है; इससे मंदिर के आंगन में कीचड़ जमा होती है; इस प्रकार के भक्तों से उत्पन्न कीचड़ को मैं अपने भाल पर तिलक के रूप में लगाना चाहता हूँ।[4] इस प्रकार आनंदाश्रू बहाते हुए भक्ति के आवेश में आनंद-नृत्य करनेवाले भक्तों को यदि कोई पागल कहें तो वे ही पागल समझे जायेंगे।[5]

---

1 कण्णिणुन चिरुतांबू -मधुरकवियालवार-1-7

2 श्रीमदभागवत-स्कन्ध 11, अध्याय 12, श्लोक 2

3 पेरुमालतिरुमोलि-कुलशेखरालवार -2-1

4 पेरुमालतिरुमोलि-कुलशेखरालवार-2-3

5 वही 2-9

भक्तों के समूह में जाति-भेद के लिये कोई स्थान नहीं है। भक्तों के रूप में वे सब समान है। इस संबन्ध में तोण्डरडिप्पोडियालवार कहते हैं-"ईश्वर के ऊपर असीम भक्ति करते हुए उनको अपने वक्षस्थल पर बिठाकर निर्मल जीवन बितानेवाले भक्त निम्नकुल के होने पर भी उनकी पूजा कीजिये; उनकी सेवा कीजिये और उनकी मित्रता पसन्द कीजिये।"[1]

'वैराग्य' संबन्धी आलवारों के विचार

आलवार सब ने कहा है कि पंचोन्द्रियों को अपने वश में रखने वाला ही श्रेष्ठ भक्त है। सभी आलवारों ने मोह रहित जीवन बिताया है। ईश्वर की प्राप्ति के मार्ग में विघ्नों को उत्पन्न करने वाली सभी चीजों पर विजय प्राप्त करना ही 'वैराग्य' कहलाता है।

कुलशेखरालवार ने घर-द्वार, राजमहल के सुख-भोग सबका त्याग करके वैराग्य जीवन को अपनाया था। तिरुमंगैयालवार एके छोटे देश का राजा थे; उसके बाद लूट, चोरी करके जीवन बिताना शुरु किया; अंत में वे भगवान नारायण के बड़ा भक्त और वैरागी बने।

आलवारों के पदों में वैराग्य संबंधी निम्नलिखित बातें बतायी गयी हैं-

1. पंचोन्द्रियों को वश में करना
2. सुन्दरियों के सौन्दर्य के चकाचौंध की निन्दा करना।
3. धन-दौलत, संपत्ति की निन्दा करना
4. शरीर की नश्वरता को समझना

पंचेन्द्रियों पर विजय प्राप्त करना

अपने इन्द्रियों को सुख पहुँचाने के लिये मनुष्य पाप कर्मों को करने लगता है। बुरे मार्गों पर ले जाने वाले अपने पंचेन्द्रियों को अपने वश में करने का प्रयास वह नहीं करता।

सभी आलवारों ने पंचेन्द्रियों को अपने वश में रखने का उपदेश दिया है। आध्यात्मिक मार्ग पर चलने वाले भक्त को अपने लक्ष्य की प्राप्ति के लिये पंचेन्द्रियों पर विजय प्राप्त करना अत्यन्त आवश्यक है।

सभी आलवारों ने एक मन से कहा है कि जो भक्त पंचोन्द्रियों को अपने वश में रखते हुए भगवान पर तैलधारावत भक्ति करता है उसी भक्त पर ईश्वर अनुग्रह करते हैं। इस संबन्ध में भूतत्तालवार अपने एक पद में कहते हैं- "भगवान की महिमा और सुख भोगों की बुराइयों को जानते हुए पंचेन्द्रियों को वश में कर भक्ति एवं श्रद्धा से उनकी पूजा एवं अर्चना करने वाले भक्त, सागर जैसे रंगवाले भगवान नारायण के श्री चरणों को देखकर परामानंद का अनुभव करेंगे।[2]

---

1 तिरुमालै-तोण्डरडिप्पोडियालवार पद 42

2 इरण्डाम तिरुवन्तादि- भूतत्तालवार पद 6

पेयालवार इन्दियों को वश में करने के संबन्ध में अपने एक पद में कहते हैं-पंचेन्द्रियों को बाहर जाने से रोकना चाहिये; मन रूपी दृढ़ किवाड़ को ज्ञान रूपी कील से बंद करना चाहिए; चारों वेदों का अच्छी तरह अध्ययन कर, भगवान का ध्यान करने वाले भक्तजन रोज उनका दर्शन करेंगे।[1]

तिरुमंगैयालवार का कहना है कि पंचेंद्रियाँ रूपी द्वार को बंद करने से ज्ञान रूपी द्वार अपने आप खुलेगा। ये पंचेन्द्रियाँ पाँच राक्षसों के बराबर हैं। ये भयंकर राक्षस मनुष्य को कोल्हू में डालकर पीसते हैं; उनको जीतने से ही मानव आध्यात्मिक मार्ग पर आगे बढ़ सकता है। नम्मालवार ने पंचेन्द्रियों को चोर, धोखेबाज, मदगज आदि शब्दों में वर्णन किया है।[2] पंचेन्द्रियाँ ही भगवदनुभव के लिये विघ्न बनकर रहते हैं।

स्त्रियों के सौन्दर्य की चकाचौंध का निंदन करना

महिलायें पुनीत माता के रूप में रहने पर भी उनका यौवन-सौन्दर्य आध्यात्मिक मार्ग पर आगे बढ़ने वालों के लिये विघ्न बनकर रहता है। इसलिये भक्ति-काव्य में स्त्री के यौवन-सौन्दर्य की निन्दा की गयी है। आध्यात्मिक साधना में लगे रहने वाले प्रपन्न को स्त्रियों की प्रेम-जाल में फँसे बिना सतर्क रहना चाहिए। इस संबन्ध में तिरुमंगैयालवार का कहना है-"फूलों के उद्यानों से घिरे हुए तिरुवेंकटगिरि पर रहनेवाले हैं हाथी जैसा श्री वेंकटेशा! सुन्दर आँखों वाली स्त्रियों की माया-जाल में फंसकर नरक में गिराने वाले नाना प्रकार के पाप कार्यों को मैंने किया है। उसके लिये दुखी होकर अब मैं तुम्हारे पास आया हूँ। मुझ पर अनुग्रह कर मुझे तेरे शरण में ले लो।"[3]

स्त्रियों के सुरत-सुख का अनुभव करने में तिमंगै ने अपने जीवन के बहुतांश समय को व्यर्थ किया था। इस के लिये वे अब शरमाते हैं और कहते हैं-"नैमिशारण्य-मंदिर में विरासजमान हे मेरी माँ! मधुर मुस्कान, छोटा सा माथा, बड़े कंधों एवं स्तनों वाली सुन्दर महिलाओं के साथ सुरत-सुख का अनुभव करना, जन्म लेने का फल समझकर रहा। उसे गलत समझने पर भी भवरोग से बचने का उस समय ख्याल नहीं आया। युवतियों से अनुभव किये हुए सुरत-सुख की याद करके मैं शरमीला होता हूँ। तेरे शरण में आया हूँ।"[4]

संपत्ति,धन-दौलत की नश्वरता संबन्धी आलवारों के विचार

आवश्यकता से बढ़कर संपत्ति इकट्ठा करने की लालच में पड़कर मनुष्य नाना प्रकार के बुरे कार्यों को करता रहता है। यह जानते हुए भी कि संपत्ति नश्वर है; अग्नि की भाँति नाश करने वाली है; अस्थिर है, लोग उसे चाहते हैं। उस पर रखे हुए मोह से वे बाहर आने में असमर्थ हैं। उसके लिये अधिक महत्व देते हैं। इसलिये आलवारों का कहना है कि धन पर रखे हुए मोह का नाश करना चाहिये। कुलशेखर ओर तिरुमंगैयालवार ने अपनी संपत्ति का त्याग करके भगवान पर भक्ति किया था।

---

1 मूल्राम तिरुवल्तादि-पैयालवार पद 12

2 तिरुवायमोलि-नम्मालवार 7-1-7

3 पेरिय तिरुमोलि-तिरुमंगैयालवार 1-9-2

4 वही 1-6-1

नम्मालवार अपने एक पद में कहते हैं- «बड़े-बड़े चक्रवर्ती राजाओं के अधीन में रहनेवाले छोटे-छोटे राजा लोग अपने क्रीडों को उनके चरणों पर रखकर प्रणाम करते थे। ये चक्रवर्ती राजा लोग सभा में पधारते ही नगाडे बजने लगते थे और उनसे वज्र जैसी ध्वनि निकलती थी। ऐसे बड़े-बड़े राजा लोग जब युद्ध में हार जाते तब उनका सारा वैभव मिट्टी में मिल जाता था। इसे जानकर माधव के श्री चरणों को ध्यान में रखकर, उसकी उपासना करो।"[1]

ऐश्वर्य के स्वभाव के संबन्ध में नम्मालवार बताते हैं-"न चाहने पर भी मिलनेवाला धन, बाद में आग जैसे चारों ओर घेर कर आदमी का नाश करता है। यह जानने पर भी, धन ही नाश का कारण बनता है, लोग उसे अधिक मात्रा में इकट्टा करना चाहते हैं। लोगों के इस लालच-स्वभाव को देखकर नम्मालवार अपना विस्मय प्रकट करते हैं। वे कृष्ण परमात्मा से अनुरोध करते हैं कि वे उन्हें अपने श्री चरणों में आश्रय दान करने का अनुग्रह करें।[2]

'शरीर की नश्वरता' संबन्धी आलवारों के विचार

यदि मानव यह सत्य जानेगा कि देह अनित्य है तो वह मोह रहित जीवन बीताना शुरू करेगा। ईश्वर की अपार शक्ति जानकर वह उन पर भक्ति करना शुरु कर देगा। 'मृत्यु को कोई भी टाल नहीं सकता'[3] इस सत्य को जानने पर भी मनुष्य भगवान पर भक्ति क्यों नहीं करता? तिरुमलिशैयालवार यह प्रश्न अपने एक पद में करते हैं-"जन्म होते ही मृत्यु को प्राप्त करना, अथवा सौ वर्ष जीने के बाद मरना- इन दोनों के बिना इस संसार में कोई भी चीरंजीवी बनकर रह नहीं सकता। इस सत्य को जानते हुए भी मनुष्य, अपने पैरों से सारी दुनिया को नापनेवाले नारायण पर भक्ति करके परमपद की प्राप्ति क्यों नहीं करना चहता? उसके मन में नित्यसूरियों के साथ मिलकर रहने की इच्छा क्यों नहीं होती?"

शरीर की नश्वरता के संबन्ध में नम्मालवार कहते हैं-"आत्मा का निवासस्थान शरीर बिजली के समान अस्थिर और नश्वर है।"[4]

वृद्धावस्था की कठोरता को समझाकर, यह शरीर स्वस्थ रहते समय ही, भगवान पर भक्ति करने का उपदेश नम्मालवार अपने एक पद में देते हैं-"बुढ़ापे में आवाज क्षीण और दुर्बल हो जाती है; कफ कंठ को ढक लेता है; शरीर दुर्बल बन जाता है; खाँस-खाँस कर शरीर कमजोर हो जाता है; पागल जैसे अंट संट बोलने और विलाप करने लग जाता है; इस दयनीय वृद्धावस्था के आने के पूर्व ही, तिरुबदरी में विराजमान भगवान नारायण की पूजा करो।[5]

उक्त कथित भक्ति के आम तत्वों का अनुसरण परवर्ती सभी भारतीय वैष्णव कवियों ने अपनी रचनाओं में क्रिया है।

---

1 तिरुवायमोलि-नम्मालवार 4-1-3

2 वही 4-9-4

3 तिरुचन्दविरुतम तिरुमलिशैयालवार पद 66

4 तिरुवायमोलि-नम्मालवार 1-2-2

5 पेरियतिरुमोलि-तिरुमंगैयालवार 1-3

आलवारों के तात्विक विचारो को आधार बनाकर श्री रामानुजाचार्य ने श्री संप्रदाय की स्थापना की; श्री संप्रदाय के सिद्धान्तों के आधार पर दक्षिण एवं उत्तर भारत में विविध वैष्णव संप्रदायों का आविर्भाव हुआ।

आलवारों द्वारा प्रयुक्त विशिष्ट तत्वों के बारे में इस प्रकरण के अंत में व्याख्या की गयी है। इस के पहले नवधा भक्ति संबन्धी आलवारों के विचारों का विवेचन नीचे प्रस्तुत किया जा रहा है-

नवधा भक्ति संबन्धी आलवारों के विचार

श्रीमद्भागवत के रचयिता नवधा भक्ति के बारे में निम्न प्रकार से उल्लेख किया है

"श्रवणमकीर्तनमाविष्णो स्मरणम पाद सेवनम

अर्चनम वन्दनम दास्यम् सख्यात आत्मनिवेदनम"[1]

उक्त नौ प्रकार की भक्तियों में प्रथम तीन-श्रवणम, कीर्तनम तथा स्मरणम-भगवान के दिव्य नामों एवं उनकी लीलाओं से संबन्धित हैं।

दूसरे तीन प्रकार की भक्तियाँ-पादसेवनम्, अर्चनम् तथा वन्दनम्-भगवान के स्वरूप और सौन्दर्य से संबन्धित हैं।

तीसरी तीन प्रकार की भक्तियाँ दास्थम, सख्यम् एवं आत्मनिवेदनम्-भगवान से घनिष्ट रिश्ता बनाकर उनके श्रीचरणों में आश्रय लेने से संबन्धित हैं।

नवधाभक्ति की प्रथम छः प्रकार की भक्तियाँ शास्त्रों में स्वीकृत वैदिक अथवा मर्यादा भक्ति के अंग मानी जाती हैं। अंतिम तीन प्रकार की भक्तियाँ रागात्मिका अथवा ईश्वर से प्रेम स्थापित करने की भक्ति के अंग मानी जाती हैं।

श्रवण भक्ति संबन्धि आलवारों के विचार

श्री रूपगोस्वामी जी ने श्रवण भक्ति की परिभाषा निम्नप्रकार से लिखते हैं-

"श्रवणम नाम चरित गुणातीनाम श्रृतिर्भवत"[2]

(भगवान के दिव्य नाम महिमा, गुण, कीर्ति और उनकी दिव्य लीलाओं का श्रद्धा के साथ सुनना अथवा सुनाना श्रवण भक्ति कहलाती हैं।)

सभी आलवार परन्दामा के गुणादिशयों की महिमा ओर उनके दिव्य चरित को सुनते और दूसरों को सुनाया करते थे; ऐसा किये बिना उनसे एक मिनट भी रहा नहीं जाता था। ईश्वर की कीर्ति और लीलाओं को आलवारों ने अपने संकीर्तनों द्वारा लोगों को बताकर भक्ति प्रचार किया था। भगवान

---

1 श्रीमद् भागवद स्क 7, अध्या.5, श्लोक 23

2 हरिभक्ति रसामृत सिंधु- श्रीरुपगोस्वामी पृ.2 श्लोक 23

के नाम तथा लीलाओं को, भक्ति एवं श्रद्धा के साथ श्रवण करने और कराने से होनेवाले लाभ तथा भलाइयों के बोर में, उन्होंने अपने पदों में उल्लेख किया है।

इसके लिये कतिपय उदाहरण आलवारों के प्रबन्धम् से नीचे उद्धृत किये जाते हैं-

परकाल नायकी कहलाने वाले तिरुमगै आलवार बताते हैं कि उनके भक्ति पदों का गायन करनेवालों के पाप सब कट जायेंगे। वे गाते हैं-

"अपने कोदंड से लंका का नाश करने वाले, कुवलय पीट नामक गजराज के दन्तों को तोड़नेवाले श्रीमन् नारायण नित्यवास करने की जगह 'तिरुक्कुरुंकुडि' के बारे में तिरुमंगै द्वारा गाये गये पदों का गायन करने वालों के सब पाप अदृश्य हो जायेंगे।"[1]

नम्मालवार श्रवण भक्ति की महिमा के बारे में अपने एक पद में यों बताते हैं-"हे नारायणा! तुम्हारी कीर्ति नामक फल रूपी कविताओं को शहद में डुबाकर श्रवण करने के लिये मेरे दोनों श्रवणेन्द्रिय चाहते हैं।

इस धरती पर मुझे यह अलौकिक अनुभव मिलना चहिये। हे चक्रधारी परन्दामा! तेरी महिमा को मेरा आत्मा, लगादार अपने दोनों श्रवणेन्दियों से सुनकर आनंद का अनुभव करना चाहता है। तेरा अनुग्रह अपने आप आने तक जीवित नहीं रहूँगा। अतः अभी मेरी आत्मा तेरी कीर्ति का श्रवण करना चाहता है। मुझ अकिंचन पर दया करो।[2]

कीर्तनाभक्ति संबन्धि आलवारों के विचार

ईश्वर के दिव्य नाम, लीलायें गुण आदि को भक्ति और श्रद्धा के साथ ऊँचे स्वर में नादसौदर्य के साथ गायन करना 'कीर्तना भक्ति' कहलाती है।[3]

श्रवण भक्ति की भाँति कीर्तना भक्ति भी परमात्मा की प्राप्ति का एक मीठा साधन माना जाता है। तपस्या, योग, समाधि आदि से मिलनेवाला फल, इस कलियुग में, केशव की कीर्ति का गान उच्च स्वर में राग-ताल के साथ करने से उपलब्ध होता है।

'श्रीमद्भागवत महात्मियम्' नामक ग्रन्थ में कहा गया है कि कीर्तनों से भगवान प्रसन्न होकर शीघ्र ही भक्त पर अनुग्रह करते हैं।

मीठे संगीत के लय और स्वर से आकर्षित होकर भक्तों का मन इधर-उधर न घूमकर भक्ति में डूब जाता है।

वैष्णव मंदिरों में गायन करने के उद्देश्य से आलवारों ने संकीर्तनों की रचना की। उनका प्रबन्धम् बहुत बड़ा कीर्तन-काव्य माना जाता है। उनके कीर्तन भक्तों के मन को एकाग्रित कर भगवद्भक्ति में डुबा देते हैं। भक्त सांसारिक मोह से छुटकारा पाने लगता है।

---

1 पेरियतिरुमोलि-तिरुमंगैयालवार 9-6-10

2 तिरुवायमोलि-नम्मालवार 3-8-6

3 हरि भक्ति रसामृत सिंधु-श्रीरुपगोस्वामी श्लोक 29

श्रीमद्भागवद में बताया गया है कि जिसके जीभ पर भगवान का दिव्य नाम वास करता है वह चाण्डाल होने पर भी ऊँचा मनुष्य समझा जायेगा।[1]

भगवान की यश का गान करने से जो हर्ष मिलता है वह मानव की यश का गायन करने से नहीं उपलब्ध होता। इसलिये भक्त कवि ईश्वर की कीर्ति का गान करने को ही अपने जीवन की साधना मानते हैं। "अतः नश्वर धन को श्रेष्ठ माननेवाले मानव की यश का गान मत कीजिये"-ऐसा कहते हैं नम्मालवार। पुनः अपने एक पद में कहते हैं-"हे कविगन! आप को प्राप्त होने वाला फल कुछ भी नहीं है। कूड़ा बराबर नीच धन पाने के लिये दोष से युक्त मानव की यश का गायन कर, अपनी सच्चाई को मत खोइये। श्रीमन नारायण दोष रहित दानी हैं। उसके अतुलनीय गुणों का गान कर जो कुछ आप चाहते उन सब को उनसे प्राप्त कीजिये। अतः श्याम पर कविता की रचना कीजिये"[2]

पेरियालवार भक्तिहीन मानवों को देखकर चिन्ता के साथ कहते हैं-तिरुक्कोष्टियूर में शयन करने वाला श्रीमननारायण भकतों के नरकतुल्य कष्टों को दूर करेगा। उनके बारे में अपने जीभ से न गानेवाले मनुष्य का पीनेवाला जल तथा पहनने वाला कपड़ों ने कोन सा पाप किया था।[3]

भूतत्तालवार का कहना है कि भगवान के दिव्य नामों को जपना, तपस्या करने के बराबर है। वे अपने एक पद में बताते है-हे मेरा नेकअन्तःकरण! तुम यह सोचा कर कि श्रीमन नारायण के श्री चरण ही हमारा गन्तव्य स्थान है। उनकी स्तुति करते हुए उनकी पूजा करो; उनके सहस्त्र दिव्य नामों का जपन करना, कठिन तपस्या करने के बराबर है।[4]

चेर देश का नरेश कुलशेखरालवार समझते हैं कि परन्दामा के नाम-संकीर्तिनों का गायन करने वाले भक्तो की सेवा करने से हम परमानन्द का अनुभव कर सकते हैं। वे अपने एक पद में इसके संबन्ध में बताते हैं-"भक्त लोग यशोदा से बाँधे गये रंगनाथ स्वामी का नामोच्चारण अपने जीभ पर दाग पड़ने तक करते रहते हैं, शरीर पर दाग पड़ने तक नीचे गिरकर साष्टांग प्रणाम करते हुए, उनकी स्तुति करते हैं। इस प्रकार की उपासना से आनन्द का अनुभव करनेवाले भक्तों के श्री चरणों का, हे मेरा हृदय! तू स्तुति कर।[5]

आलवारों के पश्चात् आनेवाले सभी भारतीय वैष्णव भक्त कवियों ने भक्ति और श्रद्धा से संकीर्तनों का मधुर कंठ से गायन किया है।उनके संकीर्तन सब कीर्तना भक्ति के लिये श्रेष्ठ उदाहरण माने जा सकते हैं। भक्त मीरा का एक कीर्तन नीचे प्रस्तुत किया जाता है -

"मेरा मन राम ही नाम रटैरे,

राम नाम जपलीजै पिराणी कोटिक पाप कटैरे"[6]

---

1 श्रीमद्भागवत स्क 3, अध्या 33, श्लोक 7

2 तिरुवायमोलि नम्मालवार 3-9-5

3 पेरियालवार तिरुमोलि-पेरियालवार 4-4-4

4 इरन्डामतिरुवन्तादि- भूतत्तालवार पद सं. 2-4

5 पेरुमालतिरुमोलि कुलशेखरालवार 2-4

6 मीरा की पदावली - भक्त मीरा-गीत से 200

(भक्त मीरा कहती है "मेरा मन सदा राम नाम का जपन करता रहता है। राम नाम का जपन करने से जीवों के करोड़ों पाप कट जाते हैं।)

आलवारों की "स्मरण-भक्ति" संबन्धी विचार

श्रवण, कीर्तिन, स्मरण-ये तीनों प्रकार की भक्तियाँ भक्त की प्रथम तीन दशायें मानी जाती हैं।

इनके द्वारा भक्त की भगवद् भक्ति, शैनः शैनः अधिक होती जाती है।

श्रवण-भक्ति द्वारा, भक्त के मन में भगवान पर होनेवाला प्रेम, प्रेम की प्रथम दशा मानी जाती है। यह प्रथम दशा का प्रेम बढ़ते-बढ़ते, वह कीर्तन-भक्ति के रूप में परिणमित होता है। इस के फलस्वरूप, भक्त भगवान की महिमा को, कीर्तन रूप में अपने मधुर कंठ से गाना शुरू करता है। इस दशा में उसका मन लौकिक विषयों से हटकर अपने इष्ट देव का स्मरण एवं चिंतन करने में पूर्ण रूप से लग जाता है।

भगवान का रूप, सौन्दर्य, गुण महिमा, लीलायें, अद्भुत कार्य, सर्वव्यापकता, अर्तयामित्व, नाम आदि के बारे में हरेक मिनट चितंन करते हुए भक्त भगवान के चिन्तन में डूबकर रहना, स्मरण-भक्ति कहलाती है।

चलते, उठते, बैठते, खाते, पीते और सोते समय सदा-सर्वदा भगवत चिन्तन में डूबकर रहनेवाला भक्त आसानी से परमात्मा की प्राप्ति करता हैं

स्मरण-भक्ति के लिये कतिपय उदाहरण नीचे उद्धृत किये जाते हैं-

पेरियालवार अपने एक पद में भगवान का ध्यान न करनेवालों का खण्डन करते हुए बताते हैं

हरे भरे तिरुक्कोष्टियूर में हाथ में चक्रायुध के साथ विराजमान मुकुन्दा का ध्यान न करनेवाले कठोर चित्तवाले, इस धरती के लिये भार स्वरूप समझे जायेंगे। पेरियालवार अत्यन्त क्रोध से कहते हैं कि वे जो भात खाते हैं उसे निकालकर उसके बदले उनके मुँह को घास से भरिये।[1]

पोयकैयालवार अपने एक पद में कहते हैं कि ज्ञानी लोग, श्रीरंगनाथ स्वामी के श्रीचरणों का दर्शन करना तथा उनके दिव्य नामों का सदा श्रवण करना पसन्द करेंगे। वे आगे कहते हैं-"मुक्ति को चाहनेवाले ज्ञानी जन सुबह उठते ही भगवान के श्री चरणों का दर्शन करना पसन्द करेंगे। चक्रधारी भगवान नारायण के दिव्य नामों का वे सदा-सर्वदा चिन्तन-मनन करते रहेंगे।"[2]

भूतत्तालवार कहते हैं कि जो मनुष्य भगवान का नाम -जपन करना भूल गया है उसका जन्म मनुष्य की योनि में न हुआ है। फिर वे आगे बताते हैं-

"भक्तों की सहायता करनेवाले कमल-नयन वाले श्रीमन्नारायण के दिव्य नामों का उच्चारण करना भूलकर रहने वालों को मैं मनुष्य नहीं

---

1 पेरियालवार तिरुमोलि-पेरियालवार 4-4-5

2 मुदल तिरुवन्तादि पोयकैयालवार पृ.66

समझूँगा। अतः हे मानव! तुम धर्म की रक्षा करने वाले माधव के दिव्य नामों को सदा-सर्वदा जपन करते रहो। वह तेरा भला करेगा।[1]

एक समय मुर्कलन नामक एक पापी ने इपने किये पापों के लिये प्रायचित करने के लिये तील से बनायी गयी गाय को 'कृष्णार्पणम्' बताकर दान में दिया। उसके मरते ही यमदतू उसे नरक पहुँचाने के लिये घसीटकर ले गये। यम भगवान ने उठकर उसका आदर सत्कार किया। यम ने मुर्कलन से कहा कि भगवान श्री कृष्ण के नाम को एक बार उच्चारण करने के कारण इस प्रकार मैंने तुम्हारा आदर सत्कार किया। तब नरकवासियों के कान में श्री कृष्ण परमात्मा का नाम सुनायी पड़ते ही, उनके सब पाप दूर हो गये और नरक वेदना से भी उन्हें आजादी मिली। तोण्डरडिप्पोंडियालवार इस के बारे में अपने एक पद में यों उल्लेख करते हैं-

"यम और मुर्कलन की बातचीत को नरक में रहने वाले सुनते ही नरक भी स्वर्ग में बदल गया। लोग ऐसे परन्दामा का नाम भूलकर सांसारिक सुख भोग नामक गड्डे में गिरकर चिन्ताओं से घिरे रहते हैं। वे यह भी नहीं जानते कि गोविन्दा का निवासस्थान श्रीरंगम है। ऐसे लोगों को देखकर मैं चिन्तित हूँ।"[2]

आलवारों के पश्चात् आने वाले सभी भारतीय वैष्णव भक्त कवियों ने स्मरण भक्ति को अपनी रचनाओं में मुख्यल्ब प्रदान किया है।

पादसेवन-भक्ति संबन्धी आलवारों के विचार

पादसेवन-भक्ति के संबन्ध में श्रीमद्भागवत में कहा गया है-"भगवान के चरण रूपी नौके को जो अपना आश्रय बना लेता है उसके लिये यह भवसागर गाय के खुर से उत्पन्न छोटे से गड्डे के समान है। वह भवसागर को आसानी से पार कर परमपद पहुंचेगा। कष्ट उस के पास नहीं आते।"[3]

श्रवण, कीर्तन तथा स्मरण-भक्ति, भगवान के दिव्य नाम एवं उनकी अद्भुत लीलाओं से संबन्धित हैं। स्मरण-भक्ति की दशा को पार करते ही भक्त के मन रूपी परदे पर उसके इष्ट देव का सुन्दर रूप अंकित हो जाता है। भक्त उस सुन्दर रूप की उपासना, अर्चना, पादसेवन तथा वन्दना इत्यादि उपायों से करने लगता है।

भक्त अपने इष्ट देव को अपना यजमान तथा अपने को उसका सेवक मानकर उनकी सेवा करता है; इस प्रकार भगवान पर भक्ति करना पादसेवन-भक्ति कहलाती है। जिस प्रकार एक नौकर अपने मालिक की सेवा श्रद्धा से करता है, उसी प्रकार भक्त इस प्रकार की भक्ति में, भगवान की सेवा करता है। नीचे पादसेवन भक्ति के लिये कतिपय दृष्टान्त आलवारों की रचनाओं से दिये जाते हैं-

कुलशेखरालवार अपने एक पद में श्री रंगनाथस्वामी की पाद-सेवा करने की अपनी अभिलाषा को व्यक्त करते हैं-"श्रीरंगम के रंगनाथ स्वामी जों शेषशैया पर लेटे हुए हैं उनके श्री चरणों पर पुष्प डालकर

---

1 इरण्डाम तिरुवन्तादि-भूतत्तालवार पद 44

2 तिरुमालै-तोण्डरडिप्पोडियालवार पद 12

3 श्रीमद भागवत 10-2-30

उनकी उपासना करना चाहता हूँ तथा वहाँ के भक्तों से मिलकर रहना चाहता हूँ। हे रंगा! वह शुभ दिन कब आयेगा?"[1]

पायकैयालवार भगवान के श्री चरणों को अपने सिरस पर रखकर, निश्चिन्त रहते हैं। वे अपने एक पद में कहते हैं-"हे नारायणा! तेरे चरण-कमलों का ही चिन्तन करता रहूँगा। हर दिन तेरी कीर्ति का गान करता रहूँगा। चक्रधारी श्री नारायण के श्रीचरणों को अपने सिर पर धारण किये हुए मुझे किसी से भयभीत होने की आवश्यकता नहीं।"[2]

नम्मालवार मानते हैं कि भगवान श्री नारायण के श्री चरणों की पूजा न करने का दिन दुख भरा दिवस समझा जायेगा। इस भावना को अपने एक पद में वे यों व्यक्त करते हैं-"जन्म, मरण, बुढ़ापा, बीमारी आदि से आजाद होने के बाद आत्मा आनन्दमय कैवल्य की दशा को प्राप्त करेगा; लेकिन मैं उस कैवल्य दशा को भी नहीं चाहूँगा। तीनों लोगों को अपने पैरों से मापने वाले श्रीमन नारायण के श्री चरणों की उपासना किये बिना, बीतने वाले दिन को दुख से भरा दिन समझूँगा।"[3]

अपनी माँ के स्तन का दूध पीनेवाला छोटा सा बच्चा अपनी माँ के अन्य अवयवों को छोड़कर खुद जीने के लिये उसके स्तन पर अपना मुँह रखता है। ठीक उसी प्रकार भगवान के अन्य सभी अवयवों को छोड़कर, खुद भवसागर को पार करने के लिये, भक्त उसके श्री चरणों को ही पकड़ता है। नम्मालवार अपने इस विचार को यों प्रकट करते हैं-"तुम्हें छोड़कर मेरे लिये इस धरती पर कौन रहता है? अपने श्री चरणों को तूने मेरे लिये आश्रय के रूप में दिया है। तेरी इस करुणा के उपलक्ष्य में तुझे देने के लिये मेरे पास कुछ भी नहीं है। मेरी आत्मा भी तेरा ही है।"[4]

श्रीमन् नारायण के दिव्य नामों का उच्चारण करते हुए उसके श्री चरणों पर फूलो को समर्पित करने के लिये भूतत्तालवार अपने मन से यों प्रार्थना करते हैं -

"वानर (कपि) सूर्योदय के समय सरोवर मे स्नान करके वहाँ पुष्पित फूलों को तोड़कर लाते हैं और श्री वेंकटेश के चरणों में समर्पित करते हैं। उसी प्रकार हे मेरा मन! भगवान श्री वेंकटेश्वर के दिव्य नामों का उच्चारण करते हुए उनके श्री चरणों पर पुष्पों को तू समर्पित कर।[5]

तिरुमंगैयालवार ने कई पाप-कर्मों को किया था। बाद में श्री रंगनाथ की कृपा से वे सुधर गये थे। वे अपने एक पद में यों कहते हैं-"नैमिचारण्य में उपस्थित, ओ मेरी माँ! मैं अपने शब्दों रूपी फूलों से तेरे श्री चरणों को अलंकृत कर, तुम्हारे शरण में आया हूँ।"[6]

सभी परवर्ती भारतीय वैष्णव भक्त कवियों ने आलवारों का अनुसरण कर पादवन भक्ति की महिमा का गान किया है।

---

1 पैरुमाल तिरुमोलि -कुलशेखरालवार 1-3
2 मुदलतिरुवन्तादि-पोयकैयालवार पद 88
3 पेरियतिरुवन्तादि-नम्मालवार पद 80
4 तिरुवायमोलि-नम्मालवार5-7-10
5 इरण्डाम तिरुवन्तादि भूतत्तालवार पद 72
6 पेरिय तिरुमोलि तिरुमंगैयालवार 1-6-8

'अर्चना'-भक्ति संबन्धित आलवारों के विचार

अत्यन्त श्रद्धा के साथ पूजा के लिये आवश्यक अनेक उपकरणों से भगवान की पूजा करना अर्चना-भक्ति कहलाती है।

श्रीमद्भागवत के रचयिता अर्चना भक्ति के बारे में कहते हैं-" निर्मल मन से, पत्र, पुष्प फल आदि से भगवान के श्री चरणों की अर्चना करना, स्वर्ग, मोक्ष, धन, धान्य, ऐश्वर्य तथा सभी योग सिद्धियों को प्राप्त करने के बराबर समझा जायेगा।[1]

भगवत गीता में श्री कृष्ण परमात्मा कहते हैं- "पत्र, पुष्प, फल, इनमें किसी भी एक को भक्ति एवं श्रद्धा के साथ समर्पित किया जाय तो उसे मैं प्रेम से स्वीकार कर लेता हूँ"[2]

अर्चना-भक्ति में श्रद्धा, भक्ति और मर्यादा को अधिक महत्व दिया गया है। अर्चना-भक्ति दो प्रकार की मानी जाती है।

धूप, दीप आदि शोडष उपकरणों से की जाने वाली पूजा बाह्य अर्चना कहलाती है।

भगवान का ध्यान करते हुए मानसिक रूप से आत्म समर्पण करना मानसिक अर्चना-भक्ति कहलाती है।

अर्चना भक्ति के संबंध में भूतत्तालवार अपने एक पद में कहते हैं "चंदन का गाढा रस, बहुमूल्य आभूषण, सुगधित चमेली फूल, रेशमी वस्त्र, आदि सभी चीजों को एकत्रित करके, सब लोकों का अधिपति श्रीमन् नायायण के श्री चरणों की स्तुति करनी चाहिए।"[3]

नम्मालवार अपने एक पद में बताते हैं- शेष नाग को अपनी शैया के रूप में रखनेवाले हे नारायण! खुश्बूदार फूल, जल, धूप-दीपों से मै तुम्हारी आराधना करूँगा। फिर भी इस प्रकार की उपासना, अति मानी जायेगी। तुम्हारे श्री चरणों का स्पर्श कर तुम्हारी सेवा करने का रास्ता मैं नहीं जानता हूँ। इस प्रकार उपासना करने के लिये मैं योग्य नहीं हूँ।[4]

परवर्ती सभी भारतीय वैष्णव भक्त कवियों ने अर्चना भक्ति की प्रशंसा की है।

वन्दना भक्ति संबन्धि आलवारों के विचार

भगवान के अतुलनीय गुणों का चिन्तन करते हुए भक्ति एवं श्रद्धा से सिरस झुकाकर विनम्रता से दोनों करों को जोड़कर वन्दन करना 'वन्दना भक्ति› कहलाती है।

अर्चना और वन्दना, इन दोनों भक्तियों में समानता दिखायी पड़ती है। इन दोनों प्रकार की उपासनायें एक ही समय में होती हैं। बड़ों, वृद्धों और ऋषि-मुनियों के प्रति जो मर्यादा तथा नम्रता हम दिखाते हैं

---

1 श्रीमद् भागवत 10-8-19

2 भगवत गीता 9-2-6

3 इरण्डाम तिरुवन्तादि भूतत्तालवार पद 76

4 तिरुवायमोलि नम्मालवार 9-3-9

वहीं मर्यादा एवं नम्रता को भक्त भगवान के प्रति दिखाता है। ज्ञानी लोग पूरे प्रपंच को भगवान का रूप मानकर उनको प्रणाम करते हैं। भक्त जन भगवान का वन्दन करते समय, उनके दिव्य नामों का उच्च स्वर से उच्चारण करते हुए गाने और नृत्य करने लगते हैं। कभी-कभी वे भक्ति के आवेश में आकर, रोने लगते है और कभी-कभी हँसने लगते हैं।

कुलशेखरालवार श्री रंगनाथ स्वामी को वन्दना करने के बारे में अपने एक पद में यों कहते हैं -"श्रीरंगम में शयन करने वाले श्री रंगनायस्वामी की स्तुति. जीभ में दर्द होने तक करना चाहता हूँ; उनके श्री चरणों पर पुष्प चढ़ाकर उनकी अर्चना करना और अपने दोनों करों को जोड़कर उनको प्रणाम करना चाहता हूँ। वह शुभ दिन कब आयेगा?"[1]

पोयकैयालवार भगवान को अपने दोनों करों को जोड़कर प्रणाम करने से होने वाले फायदों को अपने एक पद में यो बताते हैं-"सहस्त्र नामों वाले भगवान श्रीमन् नारायण को दोनों करो को जोड़कर वन्दन करनेवाले कुकर्मों से दुखी नहीं होंगे; भयंकर नरक मे न घुसेंगे; बुरे मार्ग पर नहीं जायेंगे।"[2]

आलवारों के बाद आने वाले सभी भारतीय वैष्णव भकत कवियों ने 'वन्दना भक्ति' की महिमा का गान किया है।

'दास्य भक्ति' संबंधित आलवारों के विचार

निःस्वार्थता, दास्य भावना आदि इस भक्ति (दास्य भक्ति) के लक्षण माने जाते हैं। श्रीमद्भागवत के रचयिता भक्त प्रहलाद द्‌वारा, दास्य भक्ति की व्याख्या निम्नप्रकार से करते हैं-"अपने यजमान द्‌वारा अपनी इच्छाओं को पूरा करने वाला नौकर वास्तव में सच्चा नौकर नहीं है; उसी प्रकार अपने नौकर की कामनाओं को पूरा करने के लिये उससे सेवाओं को प्राप्त करने वाला यजमान वास्तव में सच्चा यजमान नहीं है। प्रहलाद भगवान से कहता है-"मैं आपका निस्वार्थ सेवक हूँ; आप प्रतिफल न चाहने वाले मेरे निस्वार्थ मालिक हैं; राजा और नौकर के बीच का रिश्ता प्रतिफल के ऊपर निर्भर करता रहा है; आप के और मेरे बीच का रिश्ता वैसा रिशता नहीं हैं।"[3]

दास्य भक्ति में भक्त अपने को भगवान का दास मानकर अपने दोष, गलती और कमियों को उनसे प्रकट करता है। बल्लभाचार्य कहते हैं- भक्त अपने को अभयहीन और योग्यता हीन मानकर भगवान से प्रार्थना करता है-"हे भगवान! तेरे चरणों में मुझे आश्रय देकर मेरा उद्धार करो; मैं अपने आपको आप की सेवा में अर्पित करता हूँ और आप के अनुग्रह के लिये रोता रहता हूँ।"[4]

दास्य भक्ति में भक्त और भगवान के बीच अधिक दूरी का अनुसरण किया जाता है। भगवान देनेवाला है तो भक्त लेने वाला है; उनकी दया एवं अनुग्रह के लिये रोने वाला है।

1 पेरुमालतिरुमोलि-कुलशेखरालवार 1-4
2 मुदलतिरुवन्तादि-पोयकैयालवार पद 65
3 श्रीमद् भागवत 7-10, 5-6
4 कृष्णाश्रय षोडष ग्रन्थ- वल्लभाचार्य पृ.18-69

दास्य भक्ति में भक्त अपने इष्ट देव को अपना यजमान, पिता, गुरु तथा करुणा मूर्ति मानकर अपनी अज्ञानता, गरीबी, बुरे गुण और दोषों को उनसे विनम्रता से प्रकट करता हैं। भवसागर से अपने को पार कराने की प्रार्थना करने में वह असीम आनंद का अनुभव करता है।

भगवान की सेवा करना, उनकी आज्ञा के अधीन रहना, इनके अतिरक्त भक्त भगवान से और कुछ भी नहीं चाहता। प्रभु के वात्सल्य गुण एवं कीर्ति का गान कर, उनकी कृपा दृष्टि को पाने की प्रतीक्षा में भक्त आतुर रहता हैं।

दास्य भक्ति में मन निर्मल बनता है; अहंकार दूर होता है। अपने दास्य भक्ति-भाव को व्यक्त करने के लिये आलवारों ने बहुत से पदों की रचना की है।

तिरुमलिशैयालवार अपनी रक्षा करने की प्रार्थना करते हुए भगवान केशव से प्रार्थना करते हैं-"हे प्रेम को बरसानेवाला! मेरे अमृत जैसा रहनेवाला! मुझे आनन्द प्रदान करनेवाला! गोरे रंगवाली लक्ष्मी देवी के भर्ता! प्रकाश रूपी हे केशव! किसी भी कमी के बिना मेरी रक्षा करने में समर्थ तेरा नौकर बनकर रहने में मैं परामानंद का अनुभव करता हूँ। मुझ दास पर तुम शासन करो।"[1]

नम्मालवार भगवान वेंकटेश का दास बनकर जीवनपर्यन्त उनकी सेवा करना चाहते हैं। वे अपनी इस कामना को अपने एक पद में यों व्यक्त करते हैं-

"सुन्दर ओर जोति रूप में रहनेवाला भगवान नारायण, मेरे पिता और पिता के पिता भी हैं। वह शोर मचाते हुए गिरनेवाली झरनो के तिरुवैकट गिरि पर वास करते हैं। जीवन पर्यन्त मैं उनका दास बनकर रहना चाहता हूँ। उनकी सेवा करने में कोई भी कमी नहीं आने दूँगा।"[2]

तोंडरडिप्पोडियालवार अपने दुर्गुणों का उल्लेख करते हुए श्रीरंगम के रंगनाथ स्वामी से बिनती करते हैं कि वे उनकी रक्षा करने की कृपा करें। अपने एक पद में यों बताते हैं-"तुलसी माला पहनकर कावेरी नदी से घिरे हुए श्रीरंगम में वासकरने वाले हे रंगनाथा! मुझे अपना दास बनाकर रहने वाले हे मेरा मालिक! मेरा मन निर्मल नहीं है। मेरे मुँह से एक भी मीठा शब्द नहीं निकलता। दूसरों को अपना शत्रु समझकर उनको अग्नि जैसे कटु शब्दों को सुनाता हूँ। मुझ पर शासन करने वाला हे मेरा राजा! कृपया बताओ कि मेरा क्या हाल होगा।"[3]

अपने एक पद में आण्डाल अपने को भगवान की दासी बताती है "हे पुरुषोत्तम केशवा! मुझे तेरे पैरों को दबानेवाली दासी बनने का सौभाग्य प्रदान करने की कृपा करो।"[4]

तिरुमंगैयालवार अपने दोषों पर प्रकाश डालते हुए अपने पद में बताते हैं-"युद्ध में विजय की कामना करता रहा; नश्ववर चीजों को पाने के लिये उनके पीछे भागता रहा; भाले की तरह नुकीली आँखोंवाली स्त्रियोंके सुख को प्रधान मानकर जीता रहा; मेरी बुद्धि स्थिर नहीं है। मैं क्या करूँ? भवसागर को

1 नान्मुकनतिरुवन्तादि-तिरुमंगैयालवार पद 59

2 तिरुवायमोलि-नम्मालवार 3-3-1

3 तिरुमालै-तोण्डरडिप्पोडियालवार पद 30

4 नाच्चियार तिरुमोलि आंडाल पद 1-8

पार करने के लिये अब मुझे भगवान श्री नारायण का नाम मिल गया है।[1] फिर वे प्रभु से प्रार्थना करते हैं-

“हे मायावी! माघबा! हे तिरुमल्लम गिरि पर विराजमान वेंकटेशा! मुझे में अब मोह नहीं है; किसी भी चीज के प्रति चाह नहीं है; पाप कार्यों को करके बड़ा पापी बना। मुक्ति पाने का कोई भी मार्ग मैं नहीं जानता। अब मैं तेरे शरण में आया हूँ। भवसागर से पार कराने का अनुग्रह मुझ अकिंचन पर करो।[2]

तोण्डरडिप्पोडियालवार यह सोचकर दुखी होते हैं कि उन्होंने स्त्रियों की काम-जाल में फंसकर अपने जीवन को व्यर्थ कर डाला। अपने पद में अपनी इस दुर्बलता के संबन्ध में यों बताते हैं- “सच्चा सुख सब छोड़कर घने केशोवाली स्त्रियों की जाल में पड़ा रहा; क्षणभर अस्थिर सुख के पीछे दौड़ता रहा। अब मै निराश्रय हो गया हूँ तेरे अनुग्रह प्राप्त करने के लिये हे बैंकटेशा! तेरे समक्ष खड़ा हूँ। तन,मन और वाक् से मैं एक झूठा आदमी हूँ। मेरा जैसा एक झूठा मनुष्य इस संसार में और कोई नहीं हो सकता।”[3]

उक्त प्रकार से आलवारों ने अपनी कमी, दोष एवं गलतियों को बताकर भगवान पर दास्य भक्ति की है। परवर्ती भारतीय वैष्णव कवियों ने भी आलवारों का अनुसरण कर दास्य भक्ति संबन्धी पदों की रचना की है।

सख्य भक्ति संबन्धी आलवारों के विचार

भगवान को अपना सखा समझकर उन से निःस्वार्थ भाव से प्रीति करना सख्य-भक्ति कहलाती है। इस भक्ति में ऊँचा-नीचा, छोटा-बड़ा अमीर-गरीब आदि भेद-भाव नहीं होता। भक्त ईश्वर को अपना घनिष्ठ मित्र मानता है; इसलिये वह अपने को उनका बराबर मानता है। मित्र होने के नाते भकत अपने मन के सभी भावों को, छिपाये बिना प्रभु से बताता है।

माखन की चोरी करते समय, वन में गायों को चराते समय, एक साथ बैठकर खाते समय, श्री कृष्ण अपने मित्रों से सहज मित्रता के साथ बर्ताव करते हैं। ये सब तथा उनके बालपर्व खेल आदि सख्य-भक्ति के अच्छे नमूने माने जाते हैं।

आलवार-काव्य में सख्य भक्ति को प्रकट करनेवाले पद बहत कम हैं। पेरियालवार की रचनाओं में से कतिपय नमूने नीचे दिये जाते हैं-

गायों को चराने के पश्चात् शाम को घर लौटते समय श्री कृष्ण एक हाथ से अपने एक सखा के कंधे को पकड़कर और दूसरे हाथ से पांचजन्य को पकडत्रकर चले आ रहे थे।[4]

---

1 पेरियतिरुमोलि-तिरमंगैयालवार 1-1-4

2 वही 1-9-9

3 तिरुमालै तोंडरडिप्प्योडियालवार पद 33

4 पेरियालवार तिरुमोलि पेरियालवार 3-4-3

आत्मनिवेदन भक्ति (प्रपत्ति, शरणागति) संबंधी आलवारों के विचार

आत्मनिवेदन भक्ति में भक्त ईश्वर की प्राप्ति के लिये, अपने प्रयत्न और उपायों पर भरोसा न रखकर, प्रभु के अनुग्रह पर अधिक भरोसा रखता हैं। इस संबंध में भूतत्तालवार कहते हैं -

जब भगवान स्वयं भक्त पर अनुग्रह करते हैं तब उन्हें अपने अन्तः करण मे स्थान देकर उन पर भक्ति करना भक्त के लिये उत्तम माना जाता है। ऊँची भूमि को खोदकर उसे सरोवर या तालाब के रूप में मनुष्य बदल सकता है। लेकिन उसे भराने के लिये पानी कौन बरसा सकता है? वर्षा करवाना मनुष्य से संभव नहीं; भगवान के अनुग्रह से ही वर्षा हो सकती है। इसी प्रकार यदि भगवान का अनुग्रह मिल जाय तो काफी है; अपनी ओर से कोई प्रयत्न करने की जरूरत नहीं।

हम जो पाप कार्य करते हैं उनमें से कोई न कोई अच्छे कार्य को भगवान खोज निकालता है और उसके लिये हमारी सहायता करता है। इस प्रकार वह हमारी भलाई करते समय, उसकी प्राप्ति के लिये, हमें अपनी और से कुछ भी करने की जरूरत नहीं।

तोण्डरडिप्पोडियालवार बताते हैं कि प्रभु के अतिरिक्त और कोई भी उनकी रक्षा नहीं कर सकता। इस संबन्ध में वे गाते हैं-

"हे प्रभु! शहर में मेरे लिये आधा बीघा जमीन भी नहीं हैं। मेरे कोई रिश्ते नाते नहीं; हे परममूर्तीः ऐसा होने पर भी तेरे चरणो को मैंने नहीं पकड़ा। हे मेघवर्ण कृष्णा! रो-रोकर तुम्हें बुला रहा हूँ। हे श्रीरंगम में वास करने वाली मेरी माता! तुम्हारे अतिरिक्त कौन मेरी रक्षा कर सकता है?"[1]

कुलशेखरालवार आत्मनिवेदन भक्ति के सम्बन्ध में बताते हैं -

"तूने मुझे जो कष्ट दिया है उसे तू ही हे प्रभु! दूर न करने पर भी, मुझे तेरे श्री चरणों को छोड़कर और कोई शरण नहीं। माता क्रोध से अपने बच्चे को हटाने पर भी वह छोटा सा बच्चा उसकी करुणा के लिये रोता रहता है। मेरी हालत भी उस बच्चे के समान अब है।[2]

आलवारों का अनुसरण करते हुए परवर्ती भारतीय वैष्णव कवियों ने आत्मनिवेदन भक्ति के संबन्ध में पदों की रचना की है।

अब नीचे शान्त भक्ति पर प्रकाश डाला जाता है। शान्त भाव भक्ति संबन्धी आलवारों के विचार

शान्त भक्ति के सबन्ध में आचार्य श्री विश्वनाथ का विचार है कि इस प्रकार की भक्ति उत्पन्न होने के लिये भक्त के मन में सुख, दुख, क्रोध, शत्रुता, घृणा, भय आदि कोई भाव न होना चाहिये।[3]

शरीर एवं संसार की नश्वरता संबन्धी ज्ञान मन में उत्पन्न होते ही अन्तः करण में एक प्रकार की शान्ती का मीठा अनुभव होने लगता है। उस अनुभव को ही शान्त रस अनुभूति कहते हैं। इस शान्त

---

1 तिरुमालै-तोडंरडिप्पोडियालवार पद 29

2 पेरुमालतिरुमोलि-कुलशेखरालवार पद 5-1

3 साहित्य दर्पण -आचार्य विश्वनाथ श्लोक 249

रस अनुभव से मन में शान्ति होती है। सुख भोगों को प्रदान करनेवाले किसी भी वस्तु से इस अलौकिक शान्ति की प्राप्ति नहीं हो सकती।

साधु-संन्यासी तथा ज्ञानियों के सत्संग में रहने से, उनके उपदेशों को सुनने से, और आध्यात्मिक ग्रन्थों का अध्ययन करने से मन शान्त होकर आनंद का अनुभव करता है।

यह जानते हुए कि संपत्ति, धन और दौलत आदि नश्वर एवं अस्थिर हैं, मनुष्य का मोह उन पर बढ़ता ही जाता है और वह अनेक पाप कार्यों को करता ही रहता है। उन नश्वर चीजों पर रखे हुए मोह को छोड़ना, मनुष्य के लिये असंभव कार्य बन जाता है। धन-दौलत पर रखे हुए अपने मोह का नाश करने से ही उसे शान्ति मिल सकती है।

वासनाओं में डूबा मन कदापि शान्ति का अनुभव नहीं कर सकता। शान्ती का अनुभव करने के लिये, मन को भगवान पर भक्ति करने की दिशा में मोड़ना चाहिये। लौकिक विषयों से मन को छुटकारा प्राप्त करवाना चाहिये। इस के लिये वैराग्य की अत्यन्त आवश्यकता है। अतः शान्त भक्ति का अनुभव करने के लिये पंचेन्द्रियों पर विजय प्राप्त करने का उपदेश आलवारों ने दिया है। संपत्ति और धन-दौलत की निन्दा करके, आलवारों ने बहुत से पदों की रचना की है। दास्य भक्ति के अन्तर्गत दिये गये सब उदाहरण, शान्त भक्ति के लिये भी लागू होते हैं।

भगवान के श्रीचरण ही शान्त भक्ति का श्रेष्ठ औषद है। मुँह को भगवान नारायण के नामों का उच्चारण करना चाहिये; करों को उनको प्रणाम करना चाहिये; दूसरे इन्द्रिय सब प्रभु का अनुभव करने के लिये, अन्तःकरण को उनका साथ देना चाहिये।

मन में शान्त भक्ति का उदय होने के लिये सन्तान, पत्नी, रिश्ते-नाते-इन पर रखे हुए मोह का त्याग करना आवश्यक है। नीचे लिखे हुए चरम श्लोक का अनुसरण कर तिरुमंगैयालवार ने अपने सभी कलेशों का नाश किया था-

"सर्वधर्मान परित्यज्य मामेकम् शरणम् ब्रज
अहंत्वा सर्वपापेभ्यो मोक्षयिस्यामी मा शुसः।

आत्मनिवेदन, दास्य भक्ति, वैराग्य आदि शान्त भक्ति से संबन्धित हैं। उक्त भक्तियों की व्याख्या तथा दृष्टान्त शान्त भक्ति के लिये भी लागू होते हैं।

सामीप्य भक्ति से संबन्धित आलवारों के विचार

भगवान की सेवा करते हुए किसी न किसी रूप में उनके समीप निवास करने के अपने विचार को आलवारों ने अपने पदों में प्रकट किया है।

अगले जन्म में तिरुवेंकटगिरि के सरोवर में सारस पक्षी के रूप में जन्म लेने की अपनी इच्छा को कुलशेखरालवार अपने निम्नलिखित पद में यों व्यक्त करते हैं-

"नप्पिण्णै के लिये सात वृषभों (बैल) पर जीत प्राप्त करनेवाले भगवान श्री मन नारायण का दास बनकर उनकी सेवा करना चाहता हूँ। मोटे शरीरवाले धनवान के रूप में इस धर्ती पर जन्म लेना मैं

पसन्द नहीं करता। पाँचजन्य को अपने बायें हाथ में रखनेवाला प्रभुनारायण के तिरुवेंकटगिरि में उपस्थित 'कोनेरी' नामक सरोवर में, रहने वाला सारस पक्षी के रूप मे जन्म लेना चाहता हूँ।"[1]

कुलशेखरालवार आगे पुनः अपनी कामना को यों प्रकट करते हैं-

"परलोक का शासन करने के लिये पर्याप्त धन, और इस धरती को शासन करने का सौभाग्य बिना किसी प्रयत्न के उपलब्ध होने पर भी, मैं उन्हें नहीं चाहूँगा। सुन्दर उद्यानों से भरे वैकटगिरि के तालाब में मीन (मछली) के रूप में जन्म लेना मैं पसन्द करूँगा।"[2]

इसी प्रकार कुलशेखरालवार अपने एक पद में बैंकटगिरि पर चंपक तरु बनकर अपने फूलों से श्रीमन नारायण की सेवा करना चाहते हैं।[3] और एक पद में, तिरुपति मंदिर के भीतर के द्वार की सीढ़ी बनकर, भगवान के प्रवाल जैसे मुँह को सदा देखते हुएआनंद का अनुभव करना चाहते हैं। इस के लिये वे प्रभु से यों प्रार्थना करते हैं- "घने घासों के जैसे पाप कर्मों का नाश करने वाले नारायण! विष्णु! वेंकटेशा! तेरे मंदिर के द्वार को भक्त जन, देवतायें, रंपा जैसी महिलायें आदि, पार करके आने के लिये सीढ़ी बनकर रहना चाहता हूँ ताकि मैं तेरे प्रवाल जैसे मुँह को सदा देखते हुए प्रसन्नता से रह सकूँ।"[4]

कुलशेखरालवार के जैसे रसखान, विख्यात् हिन्दी भक्त कवि ने अपने सामीप्य भक्ति-भाव को अपनी एक प्रसिद्ध कविता में निम्नप्रकार से व्यक्त किया है-"मानव के रूप में यदि मेरा जन्म होगा तो मैं गोकुल में जन्म लेना चाहता हूँ; गाय के रूप में जन्म लूँगा तो नंदवाबा के गायों में एक गाय बनकर रहना चाहता हूँ, पत्थर के रूप में जन्म लूँगा तो गोवर्धन गिरि का पत्थर बनकर रहना चाहता हूँ; पक्षी के रूप में यदि मेरा जन्म होगा तो, श्री कृष्ण ने जिस सरोवर में कालिंग-नृत्य किया था उस सरोवबर के किनारे पर कदंब वृक्ष की शाखा में वास करना चाहता हूँ।"[5]

'अनन्याश्रय भक्ति' संबन्धी आलवारों के विचार

श्री बल्लभाचार्य कहते हैं कि एक सच्चे वैष्णव भक्त को, अपने इष्ट देव श्री कृष्ण परमात्मा के अतिरिक्त अन्य किसी भी ईश्वर की उपासना नहीं करनी चाहिए और उस ईश्वर की शरण में भी नहीं जाना चाहिये।[6]

अपने इष्ट देव के श्री चरणों में मात्र आश्रय लेना 'अनन्याश्रय भक्ति' कहलाती है। आलवारों के पदों मे से इस प्रकार की भक्ति के लिये कतिपय दृष्टान्त नीचे दिये गये हैं-

तोण्डरडिप्पोडियालवार अपने एक पद में लोगों को यों उपेदश देते हैं-"हे बुद्धिहीन मनुष्य! आश्रय लेने के लिये दूसरा कोई इश्वर है क्या? यदि तुम दूसरे ईश्वर में शरण लोगे तो आफतकाल में कौन

---

1 पेरुमाल तिरुमोलि कुलशेखरालवार 4-1
2 वही 4-2
3 वही 4-4
4 पेरुमाल तिरुमोलि-कुलशेखरालवार 4-9
5 रसखान का अमरकाव्य -रसखान पृ.45
6 विवेक धर्याश्रयम सोडषग्रंथ श्री बल्लभाचार्य पृ.64

तुम्हारी मदद करेगा? क्या तुम इस बात को नहीं जातने हो? शास्त्रों में भगवान श्री मन नारायण ही श्रेष्ठ ईश्वर माने जाते हैं। क्या तुम इस सत्य को भी नहीं जानते हो? इसलिये श्री कृष्ण परमात्मा जिन्होंने गायों को चराया था उनके श्री चरणों में तुम आश्रय लो। उन्हें छोड़कर शरण में जाने योग्य दूसरा ईश्वर कोई भी नहीं है।[1]

इसी प्रकार के विचार को हिन्दी के भक्त कवि सूरदास अपने एक पद में यों व्यक्त करते हैं-"कमल नयन श्री कृष्ण को छोड़कर कोई भी दूसरे ईश्वर को नहीं चाहेगा। प्यासा अपने प्यास को बुझाने के लिये गंगा नदी को छोड़कर कुआँ खोदेगा क्या? कमल पुष्प के शहद के स्वाद का अनुभव करनेवाला भ्रमर कडुवे फल को खायेंगा क्या? कामधेनु के दूध को दुहनेवाला किसी और एक प्राणी का दूध दुहेगा क्या? ज्ञानी लोग श्रीकृष्ण परमात्मा के श्री चरणों को अपना आश्रय बनाना चाहेंगे।"[2]

अनन्याश्रय भक्ति में भक्त भगवान की करुणा एवं वात्सल्य प्रेम पर अधिक भरोसा रखकर उनकी आराधना करता है। इस संबन्ध में कुलशेशरालवार भगवान से कहते हैं -"क्रोध के कारण यदि माँ अपने बच्चे को दूर हटाने पर भी वह नन्हा सा बच्चा माँ की करुणा के लिये रोता रहता है; ठीक उस बच्चे के समान मेरी स्थिति है हे मेरे प्रभु!"[3]

कुलशेखरालवार अपने और एक पद में कहते हैं-"विन्तुबक्कोट में विराजमान है मेरा-नेता! दूसरों से निन्दित किये जानेवाले कार्यों को करने पर भी, कुलवघु अपने भर्ता के अतिरिक्त और किसी मर्द के बारे में नहीं सोचती। इसी तरह तू मुझे अपना दास बनाकर मेरी रक्षा न करने पर भी, मैं तेरे श्री चरणों को ही अपना आश्रय बनाऊँगा।"[4]

कुलशेखरालवार भगवान नारायण के अनुग्रह की प्रतीक्षा में ही रहते हैं। वे बताते हैं-"हरे भरे खेतों से घिरे हुए वित्तुवकोट मे विराजमान है मेरी माता! तेरी कृपा और करुणा दृष्टि मुझ पर न पड़ने पर भी तुझे छोड़कर दूसरे किसी भी ईश्वर के आश्रय में मैं नही जाऊँगा। राजा जितना भी अत्याचार करें, प्रजा उसके अच्छे शासन की प्रतीक्षा करती रहेगी। उसी प्रकार मैं भी तेरे अनुग्रह की प्रतीक्षा करता रहूँगा।[5] और एक सुन्दर उपमा द्वारा वे अपनी अनन्याश्रय भक्ति को यों प्रकट करते हैं-"हे वितुवक्कोट्टम्मा! वैद्य तलवार से काटकर इलाज करने पर भी रोगी उस पर अपना अटूट प्रेम को दिखाता रहता है। इसी तरह तुम अपनी माया से सदा दुख देते रहने पर भी मैं तेरी करूणा एवं कृपा के लिये रोता रहूँगा।"[6]

अपने और एक पद में वे लिखते हैं-"हे वित्तुवक्कोट्टम्माने! तेरे श्री चरणों को छोड़कर और कहाँ जाकर में आश्रय ढूँढूँगा? बीच समुद्र में चारों दिशाओं में उडकर देखने के बाद भी कहीं भी किनारा न दिखायी पड़ने पर पूनः अपने जहाज पर वापस आने वाली बड़ी पक्षी के समान में रहता हूँ1"[7]

---

1 तिरुमालै-तोडरडिप्पोडियालवार पृ.9

2 सूर सागर -सूरदास- प्रथम स्कन्ध पृ. 17

3 पेरुमाल तिरुमोलि- कुलशेखरालवार 5-1

4 वही, पृ. 5-2

5 पेरुमाल तिरुमोलि-कुलशेखरालवार 5-2

6 वही, पद 5-4

7 पेरुकाल तिरुमोलि-कुलशेखरालवार 5-5

उक्त प्रकार के विचार को हिन्दी कृष्ण भक्त कवि सूरदास ने भी (१६ वी शती) अपने एक पद में प्रकट किया हैं- "है कृष्णा! मेरा मन और कहाँ सुख पा सकता है? बीच समुद्र में जहाज पर यात्रा करनेवाली पक्षी चारों दिशाओं में उठती हुई किनारे की तलाश करती है; लेकिन कहीं भी किनारा दिखायी न पड़ने के कारण पुनः अपने जहाज पर लौट आती है। ठीक उस पक्षी के समान तुम्हारे श्री चरणों को छोड़कर और किसी के शरण में नहीं जाऊँगा।[1]

फिर कुलशेखरालवार गाते हैं-"लाल अग्नि की गरमी से कमल पुष्प नहीं खिलता; सूर्य की लाल किरणों से मात्र ही वह खिलता है। जिन कष्टों को मुझे भोगना ही है, उनके दूर न होने पर भी, मेरा मन विचलित नहीं होगा। वह तो सदा तुम्हारे अतुलनीय गुणों का चिन्तन करता रहेगा।"[2]

"हे मेघवर्ण श्री कृष्णा! पुण्यात्मा! बाढ़ से भरकर नदियाँ सब, इधर-उधर फैलकर बहने के बाद अन्ततोगत्वा सागर में संगम होती हैं। उसी प्रकार तुम्हें छोड़कर और किसी के शरण में मैं नहीं जांऊगा।"[3]

भक्त जन कुल और गोत्र की परवाह नहीं करते।

ऊँच-नीच, अमीर-गरीब, यह भेद-भाव भक्तों में नहीं होना चाहिये। आलवारों ने अपने जीवन में इस विचार का अनुसरण किया था।

बारह आलवारों में कुछ आलवार निम्न जाति के और कुछ आलवार ऊँच जाति के थे। मधुर कवि आलवार एक ब्राह्मण थे; नम्मालवार का जन्म बेलालर कुल (निम्न जाति) में हुआ था। ऐसा होने पर भी मधुरकवि ने नम्मालवार को अपने गुरु के रूप में स्वीकार किया था; वह इस बात का निरूपण करता है कि आलवारों के युग में भक्तजनों में ऊँच-नीच का भेदभाव नहीं था। तोण्डरिडिप्पोडियालवार इस संबंध में अपने एक पद में बताते हैं-" जिसने चार वेदों का अध्ययन किया है और जिनका चरित्र दोषरहित है, यदि वे निम्न जाति के होने पर भी, यदि वे भगवान श्री मन नारायण के भक्त है तो आप उनको प्रणाम कीजिये; आपके विचारों को उनको सुनाइये; यदि उनके पास श्रेष्ठ विचार हैं तो उन्हें सुनकर अपने सन्देह का निवारण कर लीजिये; उन्हें आप के बराबर समझकर उनका आदर सत्कार कीजिये।"[4]

"ब्राह्मण जो चार वेदों के पंडित हैं यदि वह जाति को मन में रखकर दूसरे भक्तों की निन्दा करें तो उसी क्षण वे चण्डाल समझे जायेंगे।[5]

---

1 सूरसागर-सूरदास- प्रथम स्कन्ध पृ.17

2 पेरुमाल तिरुमोलि-कुलशेखरालवार पद 5-6

3 वही पद 5-8

4 तिरुमालै-तोण्डरडिप्पोडियालवार पद 42

5 वही पद 43

भाव भक्ति संबंधी आलवारों के विचार

श्रीवल्लभाचार्य अपने सोडषग्रन्थ में कहते हैं-"श्री कृष्ण परमात्मा की उपासना भक्त वात्सल्य, माधुर्य, सख्य, दास्य आदि भावों से कर सकता है।

"सर्वदा सर्वभावेन भजनियो विरजाधिप"[1]

"मन को एकाग्र बनाकर, काम, क्रोध, शत्रुता, मित्रता, प्रीति आदि भावों में किसी एक भाव से हरि की उपासना करने से वह भाव लौकिक दशा को छोड़कर अलौकिक दशा को प्राप्त करेगा। परन्दामा को हासिल करने का वह मार्ग बनेगा।[2] यहाँ ध्यान देने की बात यह है कि शिशुपाल ने भगवान श्री कृष्ण की आराधना शत्रुता भाव से करके, मोक्ष की प्राप्ति की थी।

"भक्त जिस रूप में भगवान की आराधाना करना चाहता है उसी रूप को वे धारण करते हैं; जिस नाम को वह चाहता है उसी को वे स्वीकार करते हैं; जिस रिश्ते की वह कल्पना करके उपासना करता है। उसी रिश्ते को भगवान स्वीकार करते हैं।"[3]

मित्रता, दास्यता, माता, नायक, नायकी आदि सभी भावों से आलवारों ने भगवान नारायण की उपासना की है। 'नारद भक्ति सूत्र' नामक ग्रन्थ में कहा गया है-"काम,क्रोध, मद आदि भावों से यदि भक्त छुटकारा पाने में असमर्थ है तो उन भावों को भी परन्दामा को ही समर्पित कर देना चाहिये।"[4]

असंख्य प्रकार के भाव पाये जाते हैं, उनमें से किसी एक भाव से भगवान की आराधना करने से भक्त का मन लौकिक विषय वासनाओं से छुटकारा पाकर भगवान में ही लय हो जाता है। भक्त की वह साधना, भाव-योग' कहलाती है। भक्ति का मूल आधार भाव ही माना जाता है।

भक्ति का विवेचन करनेवाले आचार्यों ने मानव के रिश्तेपन से संबंधित दास्य, सख्य, वात्सल्य एवं माधुर्य (दाम्पत्य)-इन चार प्रकार के रिश्तेपनों को लौकिक विषयों से हटाकर उनका संबंध परमात्मा के साथ स्थापित किया है। प्रपत्ति-मार्ग में उक्त चारों भाव-भक्तियों को, प्रधानता दी गयी है। वात्सल्य, दास्य तथा माधुर्य भक्ति आलवारों को बहुत पसंद था। अतः उन्होंने इन भाव भक्तियों को अपने पदों में अधिक व्यक्त किया है।

नवधा भक्ति में दास्य एवं सख्य भक्ति का विस्तृत विवेचन हो चुका है। अतः वात्सल्य और माधुर्य भक्ति का विवेचन नीचे प्रस्तुत किया जाता है आलवारों को माधुर्य भक्ति अधिक पसन्द होने के कारण उस भकित का विस्तृत विवेचन अलग एक अध्याय में प्रस्तुत किया जायेगा।

आलवारों की वात्सल्य भक्ति संबंधी विचार धारा

वात्सल्य भक्ति भी सख्य भक्ति की भांति निस्वार्थ भक्ति मानी जाती है। भक्त इस भक्ति में अपने को माँ, दाई माँ, या पिता समझता है और भगवान को बच्चा समझकर उनकी उपासना करता है।

---

1 सोडष ग्रन्थ वल्लभाचार्य श्लोक 1

2 श्रीमद्भागवत 10-29-15

3 मुदल तिरुवन्तादि-पायकैयालवार पद 44

4 नारद भक्ति सूत्र श्लोक 65

ऐसी उपासना वात्सल्य भक्ति उपासना कहलाती है। जिस प्रकार एक माँ अपने बच्चे से प्रतिफल की कामना नहीं करती हैं उसी प्रकार भक्त भी इस भक्ति में भगवान से कोई प्रतिफल नहीं चाहता है। वातसल्य भक्ति में बच्चा भोलाभाला तथा असमर्थ होने के कारण, प्रतिफल के रूप में किसी भी चीज को प्राप्त करने की कामना भक्त के मन में नहीं होती।

आलवारों में पेरियालवार ने वात्सल्य भक्ति का प्रयोग अधिक किया है। मनोवैज्ञानिक ढंग से उन्होंने श्री कृष्ण के बालपर्व-चेष्टाओं का चित्रण बहुत सुंदर ढंग से किया हैं शैशवावस्ता से युवावस्ता तक, श्री कृष्ण की विनोदपूर्ण एवं चिचित्र करर्तूतों का क्रमिक ढंग से उन्होंने वर्णन किया है।

जितने विस्तृत रूप में भगवान श्री कृष्ण के बाल्य-जीवन का चित्रण पेरियालवार ने किया है उतना विशद वर्णन तमिल के किसी अन्य कवि ने नहीं किया है।

पेरियालवार अपने को यशोदा मानकर अपनी सहेलियों से यों कहती है-"शिशु कान्हे को गोद में उठा लूँ तो कमर तोड़ देता है। छाती से लगा लूँ तो अपने नन्हें पैरों से मेरा पेट फाड देता है। हे सखि! मैं इस नटखट शिशु को संभाल नहीं सकती। मैं क्या करूँ।"[1]

कान्हा के बाल सुलभ चेष्टा का पेरियालवार यों वर्णन करते हैं-यशोदा की पडोसियाँ यशोदा से शिकायत करती हैं-"कान्हा पड़ोस के घरों से मक्खन चुराकर खाता है; खाने के पश्चात् खाली घड़े को पत्थर पर दे मारता है और उसके टूटकर बिखरने की आवाज सुनकर तालियाँ बजाता हुआ नाच उठता है।"[2]

कुलशेखरालवार अपने को देवकी की कल्पना कर लिखते हैं-" हे मेरा पुत्र! तुम्हें पालने में लिटाकर लोरी गाते -गाते सुलाने का भाग्य मुझे नहीं मिला। आभूषणों से अलंकृत तेरे कोमल शरीर का आलिंगन करके आनंदित होने का भी भाग्य मुझे नहीं मिला। "बाबा" कहकर पुकारते हुए सुनने का सौभाग्य मेरे पति (वसुदेव) को नहीं मिला। लेकिन तुम्हारी बाल-चेष्टाओं को देखकर पुलकांकित होने का सौभाग्य यशोदा को ही मिला। मैं अभागिनी हूँ।"[3]

पेरियालकर ने इसी प्रकार कान्हा के शैशवकालीन चेष्टाओं का मनोवैज्ञानिक व्याख्या अपनी रचना पैरियालवार तिरुमोलि 'में प्रस्तुत की है। शिशु के लोटने, मचलने, किलकने, रोने, हँसने आदि का कवि ने मार्मिक चित्र उपास्थित किया हैं।

कृष्ण का जन्मोत्सव, गोकुल में हर्षोल्लास, कान्हे को पालने में रखकर यशोदा का लोरी गाना, कान्हा चन्दा-मामा को बुलाना, कर्ण-बेध-संस्कार, दृष्टि दोष परिहार, माखन-चोरी, कान्हा के अपार सौन्दर्य पर गोपियों का मोहित होना, मुरली-माधुरी आदि अनेक प्रसंगों का सरस वर्णन पेरियालवार ने अपने पदों में किया है। 'पिल्लै तमिल' कहलाने वाली इन गीतों की प्रणेता स्वयं पेरियालवार ही माने जाते हैं। परवर्ती भारतीय वैष्णव भक्त कवियों ने उक्त विशिष्ट शैली को अपना कर पिल्लैतमिल काव्य का सृजन किया।

---

1 पेरियालवार तिरुमोलि-पेरियालवार - 1-1-9

2 पेरियालवार तिरुमोलि 2-9-1

3 पेरुमाल तिरुमोलि - कुलशेखरालवार 7:1

कृष्ण-भक्त हिन्दी-कवियों में सूरदास और परमानन्द ने कान्हा के बाल सुलभ लीलाओं का सुन्दर चित्रण अपने पदों में प्रस्तुत किया है।

माधुर्य भक्ति से संबंधित आलवारों के विचार

मोटे तौर पर भक्ति को दो भागों में विभक्त कर सकते हैं- रागानुगाभक्ति, और वैदिक भक्ति।

अपने इष्ट देव पर गहरा प्रेम दिखाना रागानुगा भक्ति कहलाती हैं। इस भक्तिमें भक्त को किसी भी नियम अथवा बन्धन का अनुकरण करने की आवश्यकता नहीं।

नवधा भक्ति वैदिक भक्ति के अन्तर्गत आती है। वैदिक भक्ति किनारों के भीतर बहनेवाली नदी के समान है। रागानुगा भक्ति किनारों को तोड़कर बहनेवाली नदी के समान है। माधुर्य भक्ति रागानुगा भक्ति के अन्तर्गत आती है।

जीवात्मा एवं परमात्मा के बीच की दांपत्य-रिश्ता माधुर्यभक्ति कहलाती है। आण्डाल, (गोदा) नम्मालवार, तिरुमंगैयालवार तथा कुलशखरालवार ने माधुर्य भक्ति का अनुकरण कर, बहुत से माधुर्य भक्ति-पदों की रचना की है।

दास्य, संख्य, वात्सल्य, माधुर्य-इन चार भावों में माधुर्य-भाव श्रेष्ठ माना जाता है। स्त्री में आत्मसमर्पण करने का भाव नैसर्गिक रूप से अधिक मात्रा में पाया जाता है।

भगवान को प्राप्त करने के मार्गों में माधुर्य भक्ति-मार्ग को अधिक प्रधानता दी गयी है।

भक्तिमार्ग पर चलनेवाले भक्त को काम-वासना एक विघ्न के रूप में रहती है। भक्ति-शास्त्र-ग्रन्थों में कहा गया है कि काम वासना से बचने के लिये साधक अपने काम-सुख की तृप्ति के लिये भगवान को ही उपाय के रूप में स्वीकार कर सकता है। क्योंकि काम भी ईश्वर की ही देन है। माधुर्य भक्ति-उपासना अत्यन्त कठिन साधना मानी जाती है।

नायकी-भाव में उपासना करनेवाले भक्त को अपने को एक अत्यन्त सुन्दरी के रूप में कल्पना कर लेनी चाहिये; सर्वशक्तिमान ईश्वर द्वारा रति-भोग किये जाने वाली सुन्दरी के रूप में कल्पित करके, अपने को तन-मन से उसी परमात्मा के सुख-भोग के लिये अर्पण कर लेना चाहिये।

मन, बुद्धि और इन्द्रियों से इस माधुर्य रस का अनुभव किया नहीं जा सकता। सूक्ष्म आत्मा द्वारा ही इस माधुर्य-सुख का अनुभव किया जा सकता है। माधुर्य-भक्तिमें आत्मसमर्पण का भाव अत्यन्त आवश्यक माना जाता है। आध्यात्मिक मार्ग में विघ्न डालने वाले काम-असुर से बचने के लिये भक्त अपने इन्द्रिय सुखों की तृप्ति के लिये भगवान को ही साधन बना लेता है।

वैद्य जिस प्रकार कड़ुवे औषद पर गुड़ का लेपन करके रोगी को देता है उसी प्रकार भक्त कवि भी श्रृंगार नामक गुड़ का लेपन कर लोगों का ध्यान माधुर्य-भक्ति की ओर आकर्षित करता है।

मनोवैज्ञानिक रीति से देखें तो श्रृंगार और माधुर्य रस के बीच बहुत बड़ा भेद कोई नहीं हैं। इन दोनों रसों का पान करने के लिये एक ही प्रकार की मानसिक दशा की आवश्यकता है। भक्ति-भाव से भरे

हुए भक्त के लिये माधुर्य भक्ति केवल भक्ति ही है; कामभाव से भरे हुए मन के लिये वह श्रृंगार ही मानी जायेगी।

माधुर्य रस श्रृंगार रस से थोड़ा भिन्न माना जा सकता है। लौकिक दापत्य-रिश्ते में स्वार्थता रहती है। लेकन भक्त और ईश्वर के बीच के दांपत्य रिश्ते के बीच में स्वार्थता के लिये कोई जगह नहीं। वह दैविक अथवा अलौकिक रिश्ता है। यदि लौकिक दांपत्य संबन्ध को काम वासना पर आधारित कहें तो अलौकिक दांपत्य रिश्ते को काम-सुख रहित दैविक प्रेम कह सकते हैं।

साँसारिक दांपत्य-रिश्ते में पतिव्रता पत्नी अपने पति को तन-मन से अपने को अर्पित करती है। इसी प्रकार माधुर्य भक्ति में भक्त रूपी पत्नी,भगवान रूपी अपने पति के श्री चरणों में अपने को समर्पित करती है। भक्ति क्षेत्र में माधुर्य भक्ति अन्य प्रकार की भक्ति से श्रेष्ठ मानी जाती है।

माधुर्य भक्ति दो प्रकार की होती हैं

१. प्रत्यक्ष कान्ता भक्ति और २. अनुगा कान्ता भक्ति।

प्रत्यक्ष कान्ता भक्ति में भक्त अपने को गोपी स्त्री अथवा पत्नी मानकर भगवान श्री कृष्णपरमात्मा पर प्रीति करता है। अनुगा भक्ति में भक्त मध्यस्त रुप से राधाकृष्ण की प्रेम लीलाओं को और श्री कृष्ण, गोपी स्त्रियों के साथ जो प्रेम-लीलायें करते हैं उनको भक्ति एवं श्रद्धा के साथ वर्णन करता है।

उक्त कथित दो प्रकार की माधुर्य भक्तियों को छोड़कर और एक प्रकार की माधुर्य भक्ति है जिसे सखी-भाव माधुर्य भक्ति कहते हैं। इस प्रकार की भक्ति का अनुसरण करने वाला भक्त, राधा और श्याम की श्रृंगार लीलाओं को देखते हुए आनंद का अनुभव करेगा और उनके परस्पर प्रेम की जीत के लिये सहायक बनकर रहेगा।

माधुर्य-भक्ति की उपासना करने वाले कतिपय भक्त, एक सुन्दर युवती के जैसे साड़ी पहनकर अपने को आभूषणों से अलंकृत कर लेते हैं और भगवान श्री कृष्ण की पत्नी के जैसे बर्ताव करते हैं। ऐसी उपासना भ्रम को उत्पन्न करती है।

आलवारों ने ही सर्वप्रथम भक्ति-क्षेत्र में माधुर्य भक्ति की उपासना का अनुसरण किया था। अपने काल के पूर्व के संघकाल के अकम् साहित्य में उपलब्ध प्रेम की सभी प्रथाओं का प्रयोग आलवारों ने सर्वप्रथम अपनी माधुर्य भक्ति के पदों में किया और बाद में उत्पन्न माधुर्य-भक्ति-काव्य के सृजन के लिये मार्गदर्शक का काम किया।

'तोलकाप्पियम' नामक प्राचीन तमिल व्याकरण ग्रन्थ में अकम् साहित्य के निम्नलिखित प्रेम-प्रथायें बतायी गयी हैं-

प्रारंभ में नायक और नायिका दोनों इत्तफाक से एक गुप्त स्थान पर मुलाकात करते हैं। दोनों के मन में एक दूसरे के प्रति प्रेम उत्पन्न होता है। दिन-ब-दिन उनके प्रेम का विकास होने लगता है। नायक कोई न कोई बहाना करके नायिका से मिलने आता है। नायक अपनी नायिका की सहेली से विनती करता है कि वह उन दोनों की मुलाकात करने में मदद करें।

सहेली भी उसी प्रकार बार-बार वे दोनों आपस में मिलने में सहायकता करती है। नायक और नायिका दोनों चोरी से एक दूसरे से मिला करते हैं। दोनों गान्धर्व विवाह कर लेते हैं। पास-पड़ोस में रहने वाले सब को यह खबर मालूम हो जाती है। दोनों के परिवार के नेता विवाह के लिये अपनी सम्मति देते हैं।

शादी के पूर्व का काल 'कलवु' कहलता है और बाद का काल 'कर्पू' कहलाता है। प्रेमी और प्रेमिका दोनों सर्वप्रथम आपस में मिलना, दोनों आपस में अपनी प्रीति को प्रकट करना, चोरी से मुलाकात करने में होनेवाले कष्ट आदि 'कलवु' नामक अध्याय में बताये गये हैं। विवाह के पश्चात् पति-पत्नी का प्रेम, वयवसाय करने हेतु पति का दूसरे देश को जाना, पत्नी की विरह-पीड़ा, उसका रोते रहना, अंत में पति का वापस लौट आना-ये सब बातें 'करपु' नामक प्रकरण में कही गयी हैं।

प्रेमी और प्रेमिका, दोनों के प्रेम की बात को जानने के पश्चात् भी, दोनों के माता-पिता जब विवाह के लिये स्वीकृति नहीं देते हैं, तब नायक 'मड़ल' पर चढ़कर अपनी प्रेयसी को प्राप्त करने का प्रयत्न करता है। वह चौराहे पर खड़ा होकर घोषित करता है कि यदि उसकी प्रेयसी उसे न मिली तो वह 'मडल' पर चढ़कर आत्महत्या कर लेगा।

ताड़ के पत्तों का बना घोडा (मडल) जिस पर चढ़कर प्रियतम अपने शरीर को घायल करता है और खून की धारा बहाकर अंत में अपनी प्रेयसी को पाने में विजयी होता है।

आण्डाल की माधुर्य भक्ति का विवेचन

नम्मालवार, तिरुमंगैयालवार एवं कुलशेखरालवार ने अपने को स्त्री मानकर भगवान से माधुर्य भक्ति की उपासना की थी। लेकिन आण्डाल (गोदा) स्त्री भक्त होने के कारण भगवान से माधुर्य भक्ति की उपासना करते समय इस कल्पना की जरूरत नहीं रही। गोदा ने भगवान श्री कृ ष्ण पर जो माधुर्य भक्ति की थी वह दूसरे आलवारों की तरह कृत्रिम न होकर स्वभाविक थी। जिस प्रकार झरना ऊँची भूमि पर स्वभावित रूप से चढ़ नहीं सकता उसी प्रकार नम्मालवार, तिरुमंगैयालवार और कुलशेखरालवार के लिये माधुर्य भक्ति अस्वाभाविक थी। लेकिन वही झरना नीचाई की ओर आसानी से बहती है; आण्डाल, स्त्री होने के कारण, उसके लिये माधुर्य भक्ति स्वाभाविक थी।

आण्डाल की दो प्रसिद्ध रचनायें 'तिरुप्पावे' और 'नाच्चियार तिरुमोली' प्रेम जाल में फंसी हुई एक स्त्री की विविध मनोदशाओं को चित्रित करने वाले अमरकाव्य माने जाते है।

मुरलीधर माधव ने आण्डाल के मन को बालपर्व में ही आकर्षित कर लिया था। पेरियालवार ने (आण्डाल के पिता जी) जो पुष्पमालायें श्री रंगमन्नार स्वामी के लिये गूंथकर रखी थी उनको आण्डाल अपने गले में पहनकर, अपना चेहरा बार-बार आइने में देखा करती थी और सोचा करती थी कि वह श्री कृष्ण की पत्नी बनने योग्य है कि नहीं। इस प्रकार अपने गले में पहनी हुई मालाओं को भगवान को पहनाने के लिये अपने पिताजी द्वारा भेजा करती थी। शनैःशनै उसका दैविक प्रेम विकसित होकर पूर्णता को प्राप्त हुआ।

जब आण्डाल पूर्ण यौवण को प्राप्त हुई तब पेरियालवार उसके लिये योग्य वर की तलाश करने लगे। उसने अपने पिता जी से स्पष्ट रूप से कह दिया कि यदि उसकी शादी किसी मानव से निश्चित

होगी तो वह अपना प्राण त्याग देगी। क्योंकि उसने श्रीरंगम के भगवान श्री रंगनाथ स्वामी को अपने पति के रूप में वरण कर लिया था। इस संबंध में गोदा, काव्य-सौन्दर्य से युक्त अपने एक पद में, यों कहती है-"हे मनमद! (कामदेव) देवलोग में रहने वाले देवों के लिये यहाँ के ब्राह्मण अपने यागों में हवि (अन्न) उत्पन्न करते हैं। वन में घूमनेवाला सियार (लोमड़ी) उस हवि को अपना बनाकर उसे सूंघने लगता है। इसी प्रकार चक्रायुध और पाँचजन्म को अपने करों में रहने वाले पुरुषोत्तम श्री कृष्ण के लिये विकसित मेरे बृहद् स्तनों को मनुष्य के भोग के लिये यदि कहा जाय तो मैं अपना प्राण त्याग दूंगी।"[1]

गोदा कभी-कभी अपना प्रेमी श्री कृष्ण से मुलाकात करने की अपनी इच्छा को प्रकट करती है; श्री कृष्ण के पत्थर जैसे हृदय के बारे में सोचकर रोती हूँ। विरह दुख से उत्पन्न पीड़ा उसे सताती है; अपनी दयनीय दशा का वर्णन करती हुई वह श्री कृष्ण से मिलने के लिये आतुर होती है; मेघों से वह विनती करती है कि वे कृष्ण से संबांधित खबरें, उसे सुनाये। वे मेघों से विनती करती है -"श्रेष्ठ मोतियों जैसी बूंदो को बरसने वाले श्याम रंग के मेघों! तिरुपति वेंकटगिरि पर विराजमान नीलरंग के श्रीमन नारायण से संबंधित कोई खबर तुम ले आये हो क्या? कामाग्नि मेरे देह को जलाने के पश्चात् अब मेरी आत्मा को भी जलाने लगी है। पवन इसके लिये सहायक बनकर रहने के कारण, मेरा आत्मा तीव्रगति से जल रहा है। इस प्रकार कामाग्नि में जलने के पश्चात् भी मैं जीवित रहूँगी ऐसा यदि भगवान वेंकटेश सोचें तो वह झूठा साबित होगा। हे मेघों के झुंड! वेंकटेश से संबंधित खबरों को मुझे सुनाइये।[2]

मेघों से गोदा फिर यों बताती है- "तिरुपति पर्वत पर वास करने वाले हे गज जैसे काले मेघों! शेष नाग को अपना शैया बनाकर रहने वाले श्रीमन् नारायण का वचन क्या हुआ? उनके आलिंगन की इच्छा करनेवाली बेल जैसी मुझ पर उनकी कृपा-दृष्टि क्यों नहीं पड़ती? वे क्यों मुझे इस प्रकार सताते हैं? एक स्त्री की उन्होंने हत्या की-इस बात को दुनियावाले नहीं मानेंगे। इस अपशब्द से भगवान को होने वाले अपमान को मैं सह नहीं पाऊँगी।"[3]

स्वप्न में गोदा की शादी भगवान मधुसूदन से होती है। अपने इस स्वप्न को आण्डाल अपनी सखी से यों कहती है-"हे मेरी सखी! मैंने एक स्वप्न देखा। मृदंग की आवाज गूंज उठी; बहुत देर तक पाँचजन्य से आवाज निकलती रही; पंडाल में मोती की मालायें लटक रही थीं; फूफी-पुत्र रिश्तेवाला श्री कृष्ण पंडाल में आकर मुझ से शादी की।"[4]

आण्डाल अपने को गोपी स्त्री के रूप में कल्पना करके कहती है-"श्री कृष्ण ने जबरदस्त उसे आलिंगण कर उसके साथ रति-भोग किया। उसके बाद वे उसे छोड़कर चले गये। अण्डाल उनके लौट आने का इंतजार करती है। वे यह कहकर गये थे कि वर्षा ऋतु में वे जरूर वापस आयेंगे। लेकिन वे न आये।

---

1 नाच्चियार तिरुमोलि- आण्डाल पद 1-5

2 नाच्चियार तिरुमोलि-आंडाल पद 1-2

3 वही पद 8-9

4 वही पद 6-6

इसलिये वह कोयल से विनती करती है कि वह कृष्ण को बुलाते हुए अपनी मीठी ध्वनि निकाले। आण्डाल मेघों को भगवान बैंकटेश के पास दूत भेजती हैं।

वियोग दुख में गोदा दुबली-पतली हो जाती है; उससे चला नहीं जाता था। इसलिये पास रहने वालों से वह वितनी करती है कि वे उसे श्रीकृष्ण के पास पहुँचावें। लेकिन पुनः वह सोचती है कि यह असंभव कार्य है। इसलिये वह उनसे पुनः प्रार्थना करती है कि वे श्रीकृष्ण से संबन्ध रखने वाली कोई न कोई एक वस्तु को लाकर उसके शरीर को स्पर्श कराये ताकि वह जीवित रह सकें।"[1]

आण्डाल कामदेव से प्रार्थना करती है कि वे उसे श्री कृष्ण से मिलावे। वह कामदेव से यों कहती हे- "हे मनमदा! तुम श्री कृष्ण से जाकर कहो कि उसके भोग के लिये ही आण्डाल के स्तन बृहद रूप में विकसित हुए हैं। मेरे स्तन मुरझाने के पूर्व हे कामदेव! मुझे तुम कृष्ण से मिला दो।"[2]

श्री कृष्ण के अधरामृत के स्वाद के बारे में श्वेत पाँचजन्य से गोदा यों पूछती है-"हे सफेद शंख! कृष्ण के लाल अघरों से हरी कर्पूर की सुगन्ध आती है क्या? या कमल पुष्प की सुगन्ध आती है? अथवा उनके अधरों का स्वाद मीठा है क्या? उनके अधरों का सुगन्ध और स्वाद कैसा होगा-मैं तुमसे जानना चाहती हूँ।"[3]

अपने विरह-दुख को दूर करने के लिय तड़पने वाली, गोदा अपने एक पद में यों कहती है

"विरह-दुख से पिघलनेवाली मेरे बारे में कृष्ण ने यह नहीं पूछा कि मैं जीवित हूँ? या मर गयी हूँ? उसने मेरी यौवनता सब को लूट लिया। यदि मैं उस नटखट गोवर्धन को देखूँगी तो फिजूल अपने स्तनों को जड़ सहित खींचकर उसके वक्षस्थल पर फेंक दूंगी और अपनी विरह पीड़ा को दूर कर लूँगी।"[4]

नम्मालवार की माधुर्य भक्ति का विवेचन

नम्मालवार ने स्वयं को विरहिनी नायिका के रूप में और भगवान को प्रियतम के रूप में मानकर माधुर्य भाव से ईश्वर की उपासना की है। नायिका का प्रियतम से मिलने के लिये आतुर होना, समस्त प्रकृति को अपने प्रतिकूल पाना, विह्वल होना, नायक के आने की प्रतीक्षा करते-करते क्षीण होना, मेघ, पक्षी द्वारा अपने विरह दुख का सन्देश भेजना, अन्त में मरने तक तैयार हो जाना आदि बातों का विशद वर्णन इनकी रचना 'तिरुविरुत्तम' में हुआ है।

नम्मालवार ने तमिल के संघकालीन काव्यों में प्राप्त होने वाली लौकिक प्रेम संबन्धी सभी साहित्यिक परंपराओं का उपयोग अपनी माधुर्य भक्ति उपासना में किया है।

अपनी रचना तिरुविरुत्तम में एक जगह पर नम्मालवार अपने विरह-दुख का अनुभव अपनी सहेली से यों बताते हैं-"जब मैं अपने प्रियतम के साथ रहती थी, उस संयोग दिनों के रात का समय बहुत घट

1 नाच्चियार तिरुमोलि आण्डाल पद

2 वही, पद 1-1-4

3 वही 7-1-1

4 वही 13-1-8

जाता था। वही रात का समय वियोग के दिनों में बहुत लंबा हो जाता है। वियोग में मैं बहुत दुखी और चिन्तित रहा करती हूँ।"[1]

नायक के पास विरहिनी नायिका अपेन ह्रदय को दूत के रूप में भेजती है; लेकिन वह वापस उसके पास लौट नहीं आता। इस संबंध में विरहिणी नायिका बताती है-"मेघ, तोता, भ्रमर, अन्न पक्षी, सहेली आदि को श्रीकृष्ण के पास दूत के रूप में न भेजकर मैंने अपने कपटहीन ह्रदय को भेजा। परन्तु मेरा ह्रदय कृष्ण के पास जाकर अपने को उन्हीं में खो गया। उसका यजमान मुझे भी उसने छोड़ दिया। आज तक वह कृष्ण के साथ घूमते फिरते हुए आनंद का अनुभव कर रहा है।"[2]

परांकुश नायकी के 'पीलापन'रोग को देखकर उसकी दाईमाँ यों कहती है-"ओह! इसे सताने के लिये ही ठंडी हवा कंकुल को फेंक रही है; चाँद भी अग्नि की वर्षा कर रहा है। श्री कृष्ण से मिलने की इसकी कामना पूरी न होने के कारण दुख के मारे वह दुबली-पतली हो गयी है। वह इतनी दुबली हो गयी है कि हाथ में पहनी इसकी चूडियाँ अपने आप नीचे गिर जाती हैं।"[3]

तिरुमंगैयालवार की माधुर्य भक्ति का विवेचन

तिरुमंगैयालवार ने तमिल के संघ साहित्य की 'अहम' काव्य शैली में नायिका की विरह-वेदना, नायक से मिलने की उसकी आतुरता, मेघ, कोकिल, भ्रमर इत्यादि द्वारा संदेश भेजना आदि का वर्णन अपने पदों में किया है। इन्होंने अपने को चिरहिनी नायिका मानकर भगवान को प्राप्त करने हेतु 'मडल'पर चढ़कर अपने तीव्र प्रेम की परीक्षा देने की घोषणा की है। ताड के पत्तों का बना घोड़ा जिस पर चढ़कर निराश प्रेमी आत्महत्या करने की घोषणा करता है और अन्त में अपनी प्रेमिका को प्राप्त करता है। इसे 'मडल' कहते हैं जो प्रेम की अग्नि परीक्षा मानी जाती थी।

तिरुमंगैयालवार अपने को कृष्ण की प्रेयसी मानकर भगवान के नामों को वीणा में बजाती है। उस समय उसे संयोग की अवस्था में उसने अपने प्रेमी के साथ जो रति-भोग किया था इसकी याद आती है। वीणा को श्री कृष्ण मानकर उसे अपने स्तनों पर रख लेती है और अपनी उंगलियों से स्पर्श करते हुए अपने रति-सुख को वीणा की मीठी वानी में व्यक्त करती है।[4]

आलवरों द्वारा अनुकरण किये गये भक्ति के विशिष्ट तत्वों का विवेचन

आलवारों ने अपने पदों में निम्नलिखित भक्ति के विशिष्ट तत्वों का प्रयोग किया था-

श्री कृष्ण की विविध लीलाओंका वर्णन
श्री कृष्ण के अलौकिक सौन्दर्य का वर्णन
श्री कृष्ण के परत्तुव को समझाना
श्री कृष्ण के प्रति गोपियों के प्रेम का वर्णन

---

1 तिरुविरुन्तम-नम्मालवार पद 16

2 वही पद 46

3 वही पद 47

4 तिरुनेडुण्तांडकम-तिरुमंगैयालवार पद 15

राम और कृष्ण को एक ही परबह्म का स्वरूप मानना

उक्त लिखित भक्ति के विशिष्ट तत्वों का विशद वर्णन नीचे प्रस्तुत किया जाता हैं -

श्री कृष्ण के जन्म दिवस का वर्णन।

गोकुल में यशोदा के पुत्र के रूप में, बलदेव के अनुज के रूप में, यदुकुल नायक के रूप में तथा ब्रज भूमि को अलंकृत करने वाले दीपक के रूप में श्री कृष्ण बड़ा हुआ।

पेरियालवार ने श्री कृष्ण के जन्म-दिवस के उत्सव का चित्रण अपने एक पद में यों किया है कि मानों उन्होंने उस उत्सव को प्रत्यक्ष देखा हो:

“नन्दबाबा को पुत्र रत्न की प्राप्ति हुई, यह खबर सुनकर गोकुलवासी सब फूले न समाये। इस प्रसन्नता में वे किंकर्तव्यमूढ हों गये। कुछ लोग इधर-उधर दौड़े; कुछ लोग खिसककर नीचे गिरे; कुछ लोगों ने शोर मचाया; कुछ लोगों ने जन्म हुए शिशु को ढूँढा; कुछ लोगों ने पूछा-“हमारा नेता कहाँ है? हर्ष की अधिकता में कुछ लोगों ने गाया; कुछ लोगों ने ढिंढोरा पीटा; कुछ लोगों ने नृत्य किया। इस प्रकार अपने अति आनंद और उल्लास को प्रकट करने के लिये घी, दूध, दही के घड़ों को गोकुल के वासियों ने घर के सामने लुढका दिया। घर के आंगन में उछलने और कूदने लगे। नवजात शिशु के स्वास्थ्य के हेतु कुछ गोपियों ने घी, दूध और दही को दान में दिया। सामुद्रिका लक्षण को जानने वालों ने कहा कि इस शिशु की बराबरी करने वाला दूसरा कोई भी नहीं है। कुछ लोगों ने कहा कि तिरुवोण नक्षत्र के अधिपति भगवान तिरुमाल की दुनिया का यह शासन करेगा।[1]

पेरियालवार की रचना 'पेरियालवार तिरुमोलि' में वात्सल्य भाव की उपासना के उच्चकोटि का चित्रण हुआ है। पेरियालवार ने बाल चेष्टा एवं बाल स्वभाव के सूक्ष्म चित्रण द्वारा वात्सल्य भाव को रस की कौटि तक पहुंचा दिया है।

अपने आराध्य देव के बाल रूप का वर्णन करने की पद्धति को तमिल में “पिल्लैतमिल” कहते हैं। पेरियालवार ही इस शैली के जन्मदाता माने जाते हैं।

पेरियालवार ने श्री कृष्ण के बाल्यकाल को दस भागों में विभाजित किया है; वे निम्नप्रकार के हैं-काप्पु, चेंकीरै, ताल, चप्पाणी, मुत्तग, वारानै, अम्बुलि, चिरुपरै, चिट्रिल चिदैत्तल और चिरुतेरोट्टल।

काप्पु- काप्पु का अर्थ रक्षा है। यह शिशु के दो मास की अवस्था को सूचित करता है। माता अपने बालक पर दृष्टि लगने के भय से प्रभु से उसकी रक्षा की प्रार्थना करती है।

चेंकीरै परुवम- चेकीरै का अर्थ पौधा है। इस पर्व में शिशु अपना सिर ऊपर उठाकर देखने लगता है। लगभग पाँच महीने की अवस्था में शिशु अपने सिर को ऊपर उठाने की चेष्टा में लग जाता है।

तालपरुबम- बाल पर्व की अवस्था में शिशु माता द्वारा गायी जाने वाली लोरी को सुनते हुए पालने में चुपचाप सो जाता है।

1 पेरियालवार तिरुमोलि -1-2-3 तथा 4

चप्पाणी परुवम- चप्पाणी अवस्था में शिशु अपने दोनों हाथों को उठाकर ताली बजाता और हर्ष के मारे हँसता है।

मुत्तप्परुवम- 'मुत्तम' का अर्थ तमिल में चुंबन है। इस मुन्तप्पर्व में शिशु चुंबन दिये जाने के लिये अपने मुख को आगे बढ़ाता है। रिश्ते-नाते शिशु को चुंबन देकर पुलकांकित होते हैं।

वारानैप्परुवम- वारानैप्पर्व की अवस्था में शिशु की आयु लगभग एक वर्ष की हो जाती है। इस पर्व में माता-पिता से बुलाये जाने पर बालक अपने घुटनों के बल रेंगता हुआ उनके पास धीरे-धीरे पहुँचता है।

अंबुलिप्परुवम- अंबुलिटपर्व में बालक खेलने के लिये खिलौना माँगकर हट करता हैं। चाँद को देखकर उसे पकड़कर उसके साथ-खेलना चाहता है।

निरुपरैप्परुवम- इस अवस्था में बालक आवाज उत्पन्न करने वाले खिलौनों पर हाथ मारकर उससे निकलने वाली आवाज को सुनकर हर्षित होता है और अपनी तुतली भाषा में कुछ बोलना शुरु कर देता है।

चिट्रिल चिदैत्तलपरुवम- इस पर्व में बालक दूसरे बच्चों से मिलकर खेलने लगता है। दूसरे बच्चों द्वारा रेत पर बनाये गये छोटे से घरों को तोड़कर उन्हें चिढ़ाता है।

चिरुतेरोट्टल परुवम- इस पर्व में बालक में चलने, फिरने और दौड़ने की शक्ति आ जाती है। काष्ट से बने हुए रथ के खिलौने को रस्सी से खींचता हुआ वह गली में चलने और दौड़ने लगता है।

पेरियालवार ने उक्त अवस्थोओं से बालक के द्वारा की जाने वाली विभिन्न चेष्टाओं का मार्मिक तथा मनोवैज्ञानिक चित्रण अपने पदों में प्रस्तुत किया है।

बच्चों की साधारण से साधारण चेष्टायें भी माता-पिता को आनंद दायक हैं। पेरियालवार की यशोदा अपनी सहेलियों से शिकायत करती हैं- बालक कृष्ण को पालक में छोड़ती हूँ तो अपने नन्हें-नन्हें पैरों से ऐसा प्रहार करता है कि पालना के टूटने का भय होता है। गोद में उठा लेती हूँ तो मेरे कमर को तोड़ देता है। छाती पर रख लूँ तो पेट पर लात मारने लगता है। हे सखी! अब मैं इसे संभाल नहीं सकती हूँ।[1] इस शिकायत में यशोदा की ममता प्रकट होती है।

पेरियालवार की यशोदा कृष्ण को दृष्टि-दोष से बचाने के लिये मंत्र फूंका हुआ कंकण पहनाने बुलाती है- हे मेरे लाल! गोधूलि बेला में चौराहे पर मत जाया करो। लोंगो की नजर लगजायेगी। मेरे पास आओ। दृष्टि-दोष परिहार के लिये मैं तुझे यह कंकण पहनाऊँगी।[2]

बालक कृष्ण का उलट पड़ना, घुटनों चलना, देहली पार करना, यशोदा द्वारा चलना सीखना, डगमगाकर चलना, दूध का दाँत निकलना, तोतली बोली बोलना आदि अनेकानेक बातों का चित्रण पेरियालवार तथा हिन्दी का कृष्ण भक्त कवि सूरदास ने अत्यन्त स्वाभाविक ढंग से अपने पदों में किया है।

---

1 पेरियालवार तिरुमोलि-पेरियालवार 1-8-9

2 वही-1-8-2

पेरियालवार ने कर्णछेदन प्रसंग का अच्छा वर्णन किया है। कर्णछेदन करते समय होने वाले दर्द से भयभीत होकर कहीं कृष्ण न भाग जाय, पेरियालवार यशोदा के स्थान पर अपने को रखकर लिखते है- 'हे मेरे लाल! आज तुम कर्णछेदन करा लो। मैं तुम्हारी मांगी सभी चीजें दूँगी। तुम्हें मीठा फल दूंगी, मीठा पकवान खिलाऊँगी। तुम्हारे कानों में सुन्दर गहने पहनाऊँगी। देखो, तुम्हारे जैसे सब बालकों का कर्णछेदन हुआ है और वे सब गहने पहने हुए है। इसलिये तुम भी कर्णछेदन कर लो।"[1]

गोपियाँ यशोदा से शिकायत करती है- 'तेरा लाल! हमारे घरों से केवल मक्खन ही नहीं चुराता, बल्कि खाली घड़ों को पत्थर पर दे मारता है और उनके टूटने की आवाज सुनकर तालियाँ बजाता हुआ नाच उठता है।"[2]

कुलशेखरालवार ने वियोग-वात्सल्य-भाव का वर्णन किया है। देवकी का सबसे बड़ा दुख यह है कि उसे मातृत्व के अधिकारों एवं सुखों से वंचित रहना पड़ा। देवकी की इस व्यथा को कुलशेखरालवार अपने एक पद में यों व्यक्त करते है- "मैं बड़ा अभागिनी हूँ। अपने पुत्र कृष्ण को पालने में लिटाकर लौरी गाकर सुलाने का भाग्य मुझे नहीं मिला। सुन्दर शिशु को छाती से लगाकर आनन्दित होने का भाग्य मुझे नहीं मिला। बालक की विविध चेष्टाओं को देखकर आनंद का अनुभव करने से मैं वंचित रह गयी। हे कृष्णा! तुम्हारी तुतली बोली को सुनकर तेरे चेहरे पर चुंबन अंकित करने का सौभाग्य मुझे नहीं मिला, यशोदा को ही सब प्राप्त हुआ। मैं बड़ी अभागिनी हूँ"[3] इस प्रकार पुत्र-वियोग में देवकी की मानसिक दशा का अत्यन्त मार्मिक चित्रण कुलशेखरालवार ने किया है।

कृष्ण के यौवन का वर्णन

कृष्ण के बाह्य सौंदर्य का वर्णन एक गोपी के शब्दों में पेरियालवार यों करते हे-"मुरली बजाते हए बन से लौटने वाले श्याम के मोहक रूप ने गुझ पर बड़ा जादू कर डाला है। हे सखि! मैंने ऐसा कोई युवक अब तक नहीं देखा जो सौन्दर्य में गोविन्द की बराबरी कर सके। मोहन के रूप-लावण्य ने मुझ पर ऐसा जादू कर डाला है कि मेरे हाथ से कंगण गिर रहे हैं; मेरे वस्त्र शितिल हो रहे हैं और मेरे स्तन भी मेरे वश में नहीं हैं।»[4]

श्रीकृष्ण के परब्रहम-तत्व का वर्णन

श्री कृष्ण भगवान विष्णु के अवतार स्वरूप हैं। इस सत्य को मन में रखकर ही आलवारों ने उनके शिशु पर्व, बालक पर्व एवं युवक पर्व की उनकी लीलाओंका वर्णन अपनी रचनाओंमें किया है। उनके हरेक पद में यह सत्य प्रकट होता है कि स्वयं परब्रहम नारायण ही श्रीकृष्ण परमात्मा हैं।

आलवारों के काल में, भगवान विष्णु की अवतार-कथायें जनता के बीच बहुत प्रसिद्ध थीं। लोगों के बीच भक्ति का प्रचार करने के लिये दशावतार की कहानियाँ अत्यन्त उपयोगी रहीं। भक्तों पर वात्सल्य

1 पेरियालवार तिरुमोलि-पेरियालवार 2-3-3

2 पेरियालवार तिरुमोलि-पेरियालवार, 2-9-1

3 पेरुमाल तिरुमौलि-कुलशेखरालवार पद 7-1 से 5 तक

4 पेरियालवार तिरुमोलि-पेरियालवार - पद 3-4-4

प्रेम दिखाना, सत्य एवं धर्म को स्थापित करना, दुखों का नाश करना, भले लोगों की रक्षा करना आदि भगवान के कल्याण गुणों ने जनता के मन को बहुत आकर्षित किया।

आलवारों ने सभी अवतारों को श्रीमननारायण के विविध रूप माना। अन्य अवतारों से बढ़कर कृष्णावतार ने उनके मन को बहुत आकर्षित किया। श्री कृष्ण की सभी लीलाओं का चित्रण करते समय, आलवार इस बात को बताना कथमपि नहीं भूले कि वे सब परब्रह्म नारायण की ही लीलायें हैं।

श्रीकृष्ण की अलौकिक शक्ति और उनके अद्भुत अमानुष करतूतों को बताकर आलवारों ने अपने आराध्य देव के परत्व को स्थापित किया था। श्री कृष्ण साधारण मनुष्य नहीं हैं; वे परमात्मा के ही अवतार स्वरूप हैं। इस सत्य का निरुपण करने के लिये आलवारों ने कृष्णावतार की लीलाओं के साथ अन्य अवतारों की लीलाओं का वर्णन भी अपने पदों में किया है।

पूतना तथा शक्टासूर जैसे असुरों का वध करना, कालिंग नाग पर नृत्य करना, गोवर्धन गिरि को उठाना आदि अद्भुत कार्यों से कृष्ण के परत्व का पता चलता है।

पेरियालवार श्री कृष्ण के ईश्वरत्व को अपने एक पद में यशोदा के स्थान पर अपने को रखकर यों स्पष्ट करते हैं - "हे चंद्रमा महोदय! यदि तुम कृष्ण को बालक समझकर उसके बुलाने पर ध्यान नहीं दोगे तो तुम पर क्रोधित होकर कृष्ण ऊपर उठकर तुम्हें पकड़ लेगा। यह वही परब्रह्म है जो प्रलय की समाप्ति पर बरगद-पेड़ के पत्ते पर सोते हुए दिखायी पड़ा था। साक्षात उस परब्रह्म नारायण से तुम बुलाये गये हो। इसलिये प्रसन्न चित्त में तुम दौडकर कृष्ण के पास आ जाओं।"[1]

श्री कृष्ण के परब्रह्मत्व का निरूपण करने वाला और एक पद का अर्थ नीचे बताया जाता है- पेरियालवार अपने को यशोदा मानकर चन्द्रमा से कहते हैं-"हे पूर्णिमा की रात्री का पूर्ण चन्द्रमा! सिंह के बच्चा जैसा मेरे कान्हे को छोटा बालक समझकर उसका अपमान मत कर। इसकी महिमा कों चक्रवर्ती बलि के पास जाकर सुनो। इसे यदि तुम बड़ा समझोंगे तो तुम इसका दास बनने योगय बन जाओंगें। नारायण तुम्हें जल्दी आने के लिये कहता है। यह बालक 'साक्षात नारायण ही है।"[2]

आलवारों की तरह परवर्ती काल के सभी वैष्णव भक्त कवियों ने श्रीराम और कृष्ण को एक ही परब्रह्म के दो विभिन्न अवतार मानकर पदों की रचना की है।

आलवारों की भक्ति-साधना-अध्याय का सारांश

आलवारों ने अपने भक्ति संबन्धी पदों में उपदेश दिया है कि गृहस्थ जीवन को अपनाकर लौकिक सुखों का अनुभव करते हुए अपनी निर्मल भक्ति द्वारा भक्त, ईश्वर की प्राप्ति कर सकता है। व्रत, याग, यज्ञ, तपस्या आदि करने की जरूरत नहीं है। भगवान की प्राप्ति के लिये भक्ति ही एक सरल उपाय है। सभी आलवार यह मानते हैं कि भक्ति करने से उपलब्ध होने वाला सुख, स्वर्ग में मिलने वाले सुख से श्रेष्ठ है। आलवारों ने भगवान के बाल्सल्य-प्रेम, करुणा आदि अतुलनीय गुणों की महिमा का गान किया है।

---

1 पेरियालवार तिरुमोलि-पेरियालवार 1-5-7

2 पेरियालवार तिरुमोलि-पेरियालवार, 1-5-8

भक्ति की महिमा, भगवान के दिव्य नामों की महिमा, प्रपत्ति, गुरु महिमा, सत्संग, वैराग्य आदि भक्ति के सामान्य तथ्यों तथा कृष्ण के शैशव, बाल एवं यौवन पर्व की लीलाओं, उनका नख-सिख-वर्णन, श्री कृष्ण के परत्व को समझाना, श्री राम और कृष्ण को एक ही परब्रह्म का रूप मानना आदि भक्ति के विशिष्ट तत्वों का वर्णन आलवारों ने अपने भक्ति काव्य में किया है।

श्रवण, कीर्तन, स्मरण, पादसेवन, अर्चना एंव वंदना इत्यादि नवधा-भक्ति के प्रथम छः प्रकार की भक्तियाँ वैदिक अथवा मर्यादा भक्ति के अंग मानी जाती हैं। नवधा भक्ति के अंतिम तीन प्रकार की भक्तियाँ रागानुगा भक्ति के अंग मानी जाती है। उक्त प्रकार की भक्तियों से होने वाले फलों का भी उल्लेख आलवारों ने अपने पदों में किया है। इन भक्तियों के अतिरिक्त आलवारों ने दास्य, सख्य, वात्सल्य एवं माधुर्य भाव से भी अपने आराध्य देव की उपासना की। आण्डाल, नम्मालवार, कुलशैखरालवार तथा तिरुमंगैयालवार ने भगवान से माधुर्य भक्ति की उपासना की थी। इनके अतिरिक्त आलवारों ने शान्त भाव भक्ति और अनन्यभाव भक्ति संबंधित पदों की रचना भी की थी।

कुल और गोत्र को आलवारों ने मुख्यत्व नहीं दिया। उन्होंने कहा कि भगवान पर निर्मल भक्ति करने वाले भक्त निम्न कुल के होने पर भी, ऊँचे कुल के ही माने जायेंगे। पेरियालवार ने वात्सल्य भाव संबन्धी बहुत से पदों की रचना की है। आण्डाल ने प्रत्यक्ष कान्ता भाव से भगवान की आराधना की थी।

भक्ति का वर्गीकरण

- भक्ति
  - वैदिक भक्ति
    - श्रवण
    - कीर्तिन
    - स्मरण
    - पादसेवन
    - अर्चन
    - वन्दना
  - रागानुगा भक्ति
    - दास्य
    - सख्य
    - वात्सल्य
    - माधुर्य

नवधा भक्ति

- श्रवण
- कीर्तिन
- स्मरण
- पादसेवन
- अर्चन
- वन्दना
- दास्य
- सख्य
- आत्मनिवेदन

अन्य प्रकार की भक्तियाँ

- शान्त भाव भक्ति
- अनन्याश्रय भक्ति

माधुर्य भक्ति

- प्रत्यक्ष कान्ता भाव भक्ति
- अनुगा भाव भक्ति,
- सखी भाव भक्ति

आलवारों ने उक्त सब प्रकार की भक्तियों की व्याख्या नहीं की है। उनके पद उक्त सभी प्रकार की भक्तियों के श्रेष्ठ उदाहरण माने जाते हैं। आलवार और नायनमार उक्त सभी प्रकार की भक्तियों के मार्ग दर्शक माने जाते हैं। परवर्ती भारतीय वैष्णव भक्त कवियों ने आलवारों की विविध भक्तियों का अनुकरण करके अपने भक्ति-काव्यों की रचना की है।

अध्याय 6

आलवारों की रचनाओं का काव्य-सौंदर्य

आलवारों ने अपनी भगवत भक्ति संबन्धी अनुभवों को काव्यसौन्दर्य के साथ अत्यन्त सुन्दर ढंग से अपनी कृतियों में व्यक्त किया है। उन्हें काव्य-शास्त्र का अच्छा ज्ञान था। अपने भक्ति-पदों में काव्य-सौन्दर्य को लाने के लिये उन्होंने अधिक परिश्रम नहीं किया। नैसर्गिक रूप से उनके काव्य में, श्रेष्ठ कल्पनायें, एवं आध्यात्मिक विचार, शब्द तथा अर्थालंकारों के साथ व्यक्त हुए हैं। कहावतें एवं लोकोक्तियों के लिये आलवारों का काव्य बहुत विख्यात है।

आलवारों का कीर्तनकाव्य

आत्मा की प्रबल भावनायें कीर्तन-काव्य की जीव-नाडियाँ मानी जाती हैं। आलवारों ने अपनी शक्तिशाली दार्शनिक विचारों को, संकीर्तन रूप में व्यक्त किया है। उनके समस्त कीर्तन ताल एवं लय के साथ गाये जा सकते हैं।

आलवार भक्तों ने तमिलनाडु के विभिन्न तीर्थ-स्थलों की यात्रा कर, अपने मीठे कंठ से भक्ति-गीतों को गाकर, जनता के बीच वैष्णव भक्ति का प्रचार किया। भक्त जनों ने उनके भक्ति गीतों को गाकर अत्यन्त प्रसन्नता का अनुभव किया। राग-ताल में गाये जाने के कारण आलवारों के गीत अनेक शताब्दियाँ तक जीवित रहे।

वैष्णव मंदिरों में आलवारों के गीतों को अभिनय के साथ गायन करने वाले 'अरैयर' नाम से बुलाये जाते हैं। नाथ मुनि के काल से लेकर, आलवारों के गीतों का गायन करने का प्रबन्ध, सभी वैष्णव आलयों में किया गया था। मीठे कंठ से गाये जाने के कारण आलवारों के गीतों ने भक्त जनों के मन को अत्यन्त आकर्षित किया। नालायिर दिव्य प्रबन्धम के हरेक गीत के लिये राग-ताल का निर्णय हुआ है।

आलवार के पदों के रागों का नाम

यमुना, कल्याणी, नीलांबरी, मुरारी, भूपाली, बिलहरि, केदारगौर, शंकराभरणम, सारंगम्, भैरवी, कामपोदि, सहाना आदि रागों को आलवारों ने अपने गीतों के लिये प्रयुक्त किया था।

आलवारों द्‌वारा प्रयुक्त किये गये तालों के नाम

आदिताल, अडताल, रूपकताल, त्रिपुडैताल, आदि, आलवारों द्‌वारा प्रयुक्त तालों में प्रधान माने जाते हैं। आलवारों के पद चालीस के ऊपर रागों में गाये जाते हैं। पदों के अर्थों के अनुसार राग-ताल निर्णय किये गये हैं। बसन्त, देवगांधारी, भैरवी आदि रागों को माधुर्य भक्ति के पदों के लिये, तथा सहाना, पूर्व कल्याणी आदि रागों को भक्ति-भाव को प्रकट करने के लिये आलवारों ने प्रयोग किया है।

तोंडरडिप्पोडियालवार का तिरुमालै नामक ग्रन्थ के समस्त गीत भक्ति-भाव को व्यकत करने के लिये, 'सहाना' राग में रचे गये हैं। उनका श्रवण करने मात्र से ही मन में भक्ति की लहरें उठने लगती हैं। इस प्रकार आलवारों के भक्ति-गीत संगीत-शास्त्र की विधि के अनुसार लिखे गये हैं। नाद और राग श्रवणेन्दियों को प्रसन्नता देनेवाले हैं।

आलवारों की छन्द-योजना

आलवारों के पद छंद-शास्त्र की विधि के अनुसार लिखे गये हैं। पोय्कै, . भूतम, पेय-प्रथमतीन आलवारे ने अपने पदों की रचना 'वेण्पा' नामक छंद में की है। 'वेण्पा' 'छन्द' दो से बारह लकीरों में लिखे जाते हैं।

तिरुमंगै की रचनायें (पेरिय तिरुमडल एवं चिरिय तिरुमडल) 'कलिवेण्पा में लिखी गयी हैं। 'कलिवेण्पा' 'वेण्पा' छन्द का एक भेद माना जाता है।

प्रायः सभी आलवारों के पद 'अन्तादि' (अन्त्यानुप्रास) शैली में लिखे गये हैं 'नालायिर दिव्य प्रबन्धम के लगभग 1726 के ऊपर के पद 'अन्तादि-' शैली में लिखे गये हैं।

आलवारों की भाषा-शैली

आलवार-काल के पूर्व (सन् 5वीं, 6वीं शती से पूर्व) का तमिल-साहित्य शुद्ध तमिल में लिखा गया है। आलवार काल में संस्कृत-शब्द तमिल में प्रयोग किये जाने लगे। आलवार भक्त संस्कृत के बड़े विद्वान थे। वेद, उपनिषद, भगवत गीता, आदि ग्रन्थों का उन्होंने सम्यक अध्ययन किया था। उन ग्रन्थों के सार को अपने पदोंमें बताते समय उनकी भाषा-शैली में संस्कृत-शब्द आवश्यकता के अनुसार प्रयोग किये गये हैं। संस्कृत-शब्दों को ज्यों का त्यों प्रयोग न कर, तमिल -शैली के अनुसार, उनमें किंचित परिवर्तन कर, आलवारों ने अपने पदों में प्रयोग किया है। सरल, मीठे संस्कृत-शब्दों के प्रयोग से तमिल भाषा ने संगीत सौंदर्य को प्राप्त किया।

आलवारों द्वारा तमिल में प्रयुक्त संस्कृत-शब्द

पेरियालवार ने 'नमोनारायणा' मुनि, मूर्ति, केशव, वरुण, कनक, नरक जैसे संस्कृत शब्दों का प्रयोग किया है।

आण्डाल ने निम्नलिखित संस्कृत शब्दों का प्रयोग किया है:

कमलम्, देवादि देव, क्षेमम्, कुशलम्, विमलम् आदि।

तिरुमलिशै ने तरंगम, नीति, कीर्ति जैसे शब्दों का प्रयोग किया है। कुलशेखर ने उन्मत्तन, वीदि, नगरम्, मंगलम जैसे शब्दों का प्रयोग किया है।

तिरुमंगै ने आदि मूर्ति, नाशम, अनल, अंबर, मुखम, कमलम जैसे शब्द, नम्मालवार ने माया, कारण, पाद, कमलम आदि शब्द, भूतत्तालवार ने पाणि, भूमि, गति, कवि आदि संस्कृत शब्दो का प्रयोग अपने पदों में किया हैं।

संस्कृत शब्दों को, तमिल-शब्दों के उच्चारण के अनुसार बदलने के लिये उनको आलवारों ने नया रूप प्रदान किया है। कठिन संस्कृत-शब्दों में अधिक परिवर्तन करके उनको तमिल शब्दों के जैसे बना दिया है। इस प्रकार अधिक परिवर्तित कतिपय शब्द नीचे तालिका रूप में प्रस्तुत किये जाते हैं

पेरियालवार से प्रयुक्त अर्धतत्सम एवं तद्भव शब्द- कंठम, उदरम, सिंदूरम, मेधम, गीतम, गुणम् नगरम, नागम, सेवकम, कर्मम, देय्वम, हारम, जाति, जलम, श्री उदरन, पद्मनाभम, सिरम, अनियायम् पुत्तकम, अलंकारम आदि।

पेरियालवार द्वारा प्रयुक्त शब्द- पुरुषोत्तमन, आशै, चक्करपाणि वैकुंठम, पत्रम, शास्त्रम, आदि।

आंडाल द्वारा प्रयुक्त शब्द- यशोदै, पिच्चे, उत्तमन, मायन, माले, आकुलम, धरुमम, पाशम, इंदिरन, मंत्रम, यमुनै आदि।

कुलशेखरालवार- मनिदन, अनंतम, दिशै, पादुकम, कलै आदि।

तिरुमलिशैयालवार - गंगै, ज्योति, भोगम, अनन्त शयनन, भारम्, उपायम्, गदै, आदि।

तिरुमगैयालवार- नामम्, पासम, आसै आदि।

नम्मालवार- रागम्, पासम, आसै आदि।

निम्नलिखित कतिपय संस्कृत शब्दों को अधिक परिवर्तित कर दिये जाने के कारण वे तमिल शब्द माने जाने लगे हैं-

पेरियालवार द्वारा प्रयुक्त तद्भव शब्द

तुलसी	-	तुलाय
मोति	-	मुव्तु
चक्र	-	चक्करम्
पंकज	-	पंकजम
लोक	-	उलकम्
कंश	-	कंशन
श्री	-	तिरु
भक्त	-	भक्तर
कुतूहल	-	कुतूकुलम
वेष	-	वेडम्
पुत्र	-	पुत्रन
गोपाल	-	गोपालन
श्रृंगार	-	श्रृंगारम
अद्भुत	-	अरपुदम्
शिला	-	शिलै

व्रत - विरतम्
धान्य - धानियम्
चित्त - चित्तम
वैष्णव - वैट्णवन
तपस - तवम्
ब्रह्म - ब्रह्मन
विग्रह - विग्रकम

आण्डाल द्वारा प्रयुक्त तद्भव शब्द

मृगशीस - मार्गली
क्रिया - क्रिया
स्वर्ग - सुवर्गभ़
पुण्यवान - पुण्णियन
गंध - गन्धम्
कार्य - कारियम
काम - कामम्
शंख - शुंगु
द्वारका - द्वारकै
मानव - मान्तर
रूप - उरुवम्
कोयल - कुयिल
अमृत - अमुदम् आदि

कुलशेखरालवार द्वारा प्रयुक्त तद्भव शब्द

राघव - इराघवन
श्रीरंग - अरंगम्
श्रद्धा - सिरद्दै
वर्ण - वरुणम आदि

तिरुमंगैयालवार

शाप - शापम्
महामुनि - भामुनि
रोम - उरोमम
लक्ष्मण - इलक्कुमणन आदि

भूतत्तालवार

हृदय - इदयम्
कष्ट - कटिनम आदि

पेयालवार द्वारा प्रयुक्त तद्भव शब्द

धन - धनम्
आकाश - आकायम्
स्थान - स्तानम् आदि

नम्मालवार से प्रयुक्त तद्भव शब्द

कल्प - कल्पम
तुलसी - तुलाय
यम - नमन आदि

मुहावरें एवं लोकोक्तियाँ

अनुभव-वाक्य तथा वाक्यांशों को लोकोक्तियाँ और मुहावरें कहते हैं। ये अपने अर्थ-गांभीर्य तथा मार्मिकता के लिये प्रसिद्ध हैं। इनमें मानव-समुदाय के चिरकाल का अनुभव संचित है। यह देश और काल की सीमा से परे हैं। आलवारों की कृतियों में मुहावरें एवं लोकोंक्तियों का पर्याप्त प्रयोग हुआ है।

आलवारों की कृतियों में प्रयुक्त मुहावरे और लोकोक्तियाँ

1. विण्णेल्लाम केट्क अलुदल (तिरुमोलि 2-3-6) (आकाश को गुंजायमान करके जोर-जोर से रोना)
2. पुण्णिल पुलि तेयत्ताल पोल (तिरुमोलि 2-9-1, (घाव पर इमली का रस छिड़कना)
3. पोन्नैक्कोण्डु उरैकल मेल उरैत्तारपोल (तिरुमोलि 5-4-5) (कसौटी पर स्वर्ण को कसने के समान)
4. अरुल निनैतलुम कुलवि पोल (पेरुमाल तिरुमोलि 5-4) (माँ की करुणा के लिये रोने वाले शिशु के समान)
5. आट्रंकरै वाल मरम पोल (पेरिय तिरुमोलि 10-9-1) (नदी के तट पर उगे तरु के समान)
6. पांबोडु ओरु कूरौयिल इरुन्दार पोल (परिय तिरुमोलि 11-8-3) (शर्प के साथ एक ही छत में रहने के समान)
7. इरु पायेरि कोल्लियिनुल येरुबे पोल (तिरुमोलि 11-8-4) (दोनों तरफ से जलती लकड़ी के बीच फंसी चींटी के समान)
8. मक्कल पेराद मडलै येन्न अरिवाल? (पेरिय तिरुमोलि 11-8-6) (बाँझ क्या जाने वाटसल्य -सुख)

9. येन्न नोन्बु पट्रालो इवलैप्पेट्र वायिरुडैयाल (पेरियतिरुमोलि 2-2-6) (इसको जन्म देने के लिये इसकी माँ ने कितनी तपस्या की होगी।)
10. अरुकिलिरुनदारै अनियायम चेय्दल नियायमों? (पेरिय तिरुमोलि 2-9-3) (पड़ोस से वैर ठीक नहीं!)
11. इरुंबुंड नीर पोल- (तिरुमंगैयालवार) गरम लोहे पर गिरी जल की बूंदों के समान
12. ऊमनार कंड कनड पोल- (तिरुमंगैयालवार) (गूंगे से देखे गये स्वप्न के समान)
13. पालिनुल नेय पोल-(तिरुवायमोलि 8-1-7) (दूध में घी के समान)
14. नाय कूलै वालाल कुलैक्किंडदु पोल (तिरुवामोलि 9-4-3) (यजमान के सामने पूँछ हिलानेवाले कुत्ते के समान)
15. ताय अरियाद कन्रिल्लै (तिरुमंगैयालवार) अपने बछड़े को हर गाय जानती है।
16. तिरुवुडै मन्नरै काणिन तिरुमालैक्काणल (तिरुवास मोलि 4-4-8) (अच्छे नृप का दर्शन करना भगवान के दर्शन करने के बराबर है)
17. आक्क मुण्डेल अट्टै पोल स्वैप्पर (तिरुवाय मोलि 9-1-2) (ताकतवाले जोंक की तरह स्वाद लेते हैं।)

अलंकार

शब्दालंकार एवं अर्थालंकारो से कविता का सौन्दर्य बढ़ता हैं। कवि अपने विचारों को स्पष्टता पूर्वक बताने के लिये अलंकारों का प्रयोग अपनी कविता में करता है। जिस प्रकार आभूषणों से स्त्रियों का सौन्दर्य बढ़ता है, उसी प्रकार अलंकारों के प्रयोग से कविता का सौन्दर्य बढ़ता है।

आलवारों का काव्य भक्ति-भाव से भरा सागर है। उन्होंने अपने काव्य-शास्त्र संबन्धी ज्ञान को प्रकट करने के लिये नहीं बल्कि अपने आध्यात्मिक एवं भक्ति संबन्धी विचारों को स्पस्टतापूर्वक व्यक्त करने के लिये विविध प्रकार के शब्द तथा अर्थालकारों का प्रयोग अपने पदों में किया है।

आलवारों के द्वारा प्रयुक्त शब्दालंकारों में अनुप्रास, पुनरुक्ति, वीप्सा आदि प्रधान माने जाते हैं। अर्थालंकारों में उपमा, रूपक, अतिशयोक्ति, उत्प्रेक्षा आदि मुख्य माने जाते हैं।

उपमा अलंकार- आलवारों की कृतियों से उपमाअलंकार के लिये कतिपय उदाहरण नीचे प्रस्तुत किये जातें हैं

1. मच्छरो से खायी गयी विलांकनि जैसे (फल विशेष) मैं बन गयी हूँ। (नाच्चियार तिरुमोलि-8-6)
2. स्वर्ण में जड़ित मोती और रत्न के समान बाल कृष्ण के चरण कमलों की नन्हीं सी उंगलियाँ सुन्दर दिखायी पड़ती हैं। (पेरियालवार तिरुमोलि 1-3-2)

- कमल-पत्ते पर पड़ी हुई बूंदों के समान बालक कृष्ण के मुख के पसीने की बूंदें चमक रही हैं (पेरियालवार तिरुमोलि 2-1-9)

मालोपमा के लिये उदाहरण

सूर्य की किरणें पड़ने पर ही कमल-पुष्प खिलता है; बच्चा अपनी माँ की करुणा पर आश्रित रहता है; जहाज का पक्षी अन्य कहीं सहारा न मिलने के कारण बार-बार जहाज के खंभे पर आकर बैठता है; इसी प्रकार भक्त भी ईश्वर पर ही आश्रित रहता है। (पेरुमालतिरुमोलि 5-1-5)

उत्प्रेक्षा आलंकार के लिये उदाहरण

1. विरहिणी नायिका के नेत्रों से अश्रुधारा उसके उभरे हुए स्तनों के बीच से होकर बह रही; मानों दो पर्वतों के बीच कोई सरिता बह रही हो। (तिरुवृत्तम, 52)
2. पर्वत की निर्झरनी दूर से ऐसी दिखायी पड़ती है मानों कई धवल ध्वजा पवन में उड़ रहा हो। (पेरियतिरुमोलि 1-4-3)

रूपक अलंकार के लिये उदाहरण

1. आँसुओं के सरोवर में मीन रूपी नेत्र तड़पते हैं। (तिरुविरुत्तम-२)
2. महिलाओं की भ्रकुटि रूपी धनुष से नेत्र रूपी बाण मर्दो के हृदय को घायल करते हैं। (पेरियतिरुमोलि 4-4 and 5)
3. श्याम आया; मेरी हरिणी रूपी पुत्री को ले गया। (पेरियतिरुमोलि 3-7-1)

अतिशयोक्ति अलंकार के लिये उदाहरण

1. हे कृष्ण! तुम्हारे जन्म होने के बाद, घर में मैंने घी, मक्खन, दही का दर्शन नहीं किया है। (पेरियालवार तिरुमोलि 2-4-7)
2. हे यशोदा! तेरा पुत्र कान्हा ये सब करतूते कर हवा से भी तेज दौड़कर तेरे घर में छिप गया है।(पेरियतिरुमोलि 2-10-1)
3. सूखे बाँसों के टकराने से उत्पन्न आग से सारा नभ लाल हो गया है। (पेरियतिरुमोलि 1-7-8)
4. बिजली और लता से भी पतली कमर वाली (पेरियतिरुमोलि 3-7-7)
5. माधवी लतायें इतनी ऊँची बढ़ी हुई हैं कि बादलों को स्पर्श कर रही हों। (परियतिरुमोलि 1-2-3)

भ्रांतिमान अलंकार के लिये उदाहरण

1. लाल अशोक पुष्प को आग समझकर भौंरा भयभीत हो गया (पेरियतिरुमोलि 1-2-9)

उक्तिचमत्कार के लिये उदाहरण

1. "हे भगवान! तुम सब कुछ जानते हो। लेकिन मेरा कष्ट तुम्हें क्यों मालूम नहीं होता।" (परियतिरुमोलि 4-9-6)
2. "हे भगवान! तुम सर्वव्यापी हो। परन्तु मैंने तुमको अपने भीतर ही बन्द कर रखा है।" (पेरियतिरुवन्तादि, 75)
3. श्री रंगम में तोते भी वेद-पाठ करते हैं) (पेरियतिरुमोलि 3-2-6)
4. "अन्दर-अन्दर पिघलने वाली मोमबत्ती की तरह मेरी भी दशा है।" (नाच्चियार तिरुमोलि 10-8)

अध्यागत निष्कर्ष

आलवारों के समस्त भक्ति पद राग-तालो में गाये जाते हैं। सभी आलवार संगीतज्ञ थे। आध्यात्मिक क्षेत्र में उन्होंने संगीत का प्रयोग कर, अपने मीठे कंठ से भगवान का गुण-गान किया।

आलवारों के कीर्तन सब विविध-छन्दों में लिखे गये हैं। अधिकांश पदों की रचना उन्होंने अन्तादि शैली में की है।

अपने भक्ति एवं आध्यात्मिक विचारों को काव्य-सौन्दर्य से युक्त भाषा में व्यक्त करने के लिये आलवारों ने अपनी रचनाओं में विविधि शब्द एवं अर्थालकारों का प्रयोग किया है। उनके प्रिय अलंकार उपमा एवं रूपक अलंकार थे। आलवारों से प्रयुक्त कहावतों से उनका काव्य अत्यन्त प्रसिद्ध हुआ।

परवर्ती समस्त भारतीय वैष्णव कवियों ने अपने क्लिष्ट आध्यात्मिक विचारों को, लोगों को, सरलता पूर्वक समझाने के लिये अपने पदों में नाना प्रकार की अलंकारों का प्रयोग किया है। वे आलवारों के उपमा अलंकारों से अत्यन्त प्रभावित हुये थे।

अध्याय 7

तमिलनाडु की सौराष्ट्री भाषा और उसका वैष्णव साहित्य

'सूरदास व नटनगोपाल नायकी' नामक निम्नपुस्तक से इस अध्याय का विषय संक्षिप्त रूप से प्रस्तुत किया गया है।

"सूरदास और संतकवि नटनगोपाल नायकी स्वामीगल का तुलनात्मक अध्ययन"-लेखक डा. के आर. विट्ठलदास

प्राध्यापक डा. के आर. विट्ठलदास जी उक्त शोध-ग्रन्थ के लेखक हैं, सन् 1979 में सूरदास और संत कवि नाटनगोपाल नायकी स्वामीगल का तुलनात्मक अध्ययन नामक शोध-ग्रन्थ लिखकर लेखक ने हरियाणा के 'कुरुक्षेत्र विश्वविद्यालय' से 'पी.एच.डी की उपाधि प्राप्त की थी। आगरा के विनोद पुस्तक मंदिर ने सन् 1981 में इस पुस्तक को प्रकाशित किया था। उसी वर्ष में यह पुस्तक बिहार सरकार द्वारा पुरस्कृत भी हुई थीं। विहार सरकार ने 'राजकीय सम्मान' नामक ताम्रपत्र से लेखक डॉ. विट्ठलदास जी को पटना में आयोजित एक उत्सव में सम्मानित किया था। तमिलनाडु के भूतपूर्व राज्यपाल महामहिम श्री प्रभुदास पटवारी जी ने लेखक की पुस्तक 'सूर और नायकी स्वामींगल' के लिये प्रस्तावना लिखकर लेखक को गौरवान्वित किया था।

तमिलनाडु के सौराष्ट्र लोगों के पूर्वजों का इतिहास

देशान्तरण

चौथी शती में रेशमी वस्त्रों को बनाने में निपुणता प्राप्त तन्तुवायों का एक प्रसिद्ध समूह लाट प्रदेश से देशान्तरित होकर दासपुरा आकर बसा। दासपुरा आजकल 'माण्डसर' (मन्दसौर) कहलता है।[1]

माण्डसर में प्राप्त एक शिलालेख में यह बताया गया है कि कुमारगुप्त नामक राजा ने, 'पट्टवायकार' कहलाने वाले इन तन्तुवायों के, रेशमी वस्त्रों को बुनने की निपुण्ता से आकृष्ट होकर, दासपुरा में बसकर, रेशम के हयकरधे के अपने व्यवसाय को जारी रखने के लिये विवश किया था।

(रेशम के वस्त्रों को बनाकर बेंचने के अपने इस व्यवसाय द्वारा, तन्तुवायों ने खूब धन कमाया और अपनी प्रचुर धन-राशि से सूर्य भगवान के लिये एक बृहत् मंदिर का भी निर्माण किया था।

1 At some unspecified date before A.D. 434. Possibly at the time when Chandragupta II conquered Surashtra, a commuity famed for their skill as silk wearers migrated collectively from the province of lata to Dasapura, the modern Mandasor in western Malva."- The sourashtrans of south India Dr. H.N. Randle. p.20

उक्त शिलालेख यह भी बताता है कि लाट प्रेदश से देशान्तरित उस तन्तुवायों के समाज में कुशल धनुर्धर, उच्चकोटि के साहित्यकार, कलाकार, ज्ञानी, साधुजन एवं कुशल ज्योतिषी विद्यमान थे।[1]

विद्वानों द्वारा यह अनुमान किया जाता है कि माण्डसर के उक्त समाज के लोग ही तमिलनाडु में रहने वाले वर्तमान सौराष्ट्र लोगों के पूर्वज थे। आज भी तमिलनाडु के सौराष्ट्र समाज में देश-भक्त, ज्ञानी, साधुजन, प्रवचनकर्ता, ज्योतिषी, संगीतज्ञ, कलाकार, साहित्यकार, व्यापारी आदि लोग विद्यमान है।

एडगर थर्सटन का कहना है कि मुसलमानों द्वारा माण्डसर के विनाश किये जाने पर 'पट्टवायकर' कहलाने वाले ये तन्तुवाय लोंग दक्षिण भारत की ओर निकल पड़े और यादवों की राजधानी देवगिरि (वर्तमान दौलताबाद) में आकर बसे। 14वीं शताब्दी में जब देवगिरि पर मुसलमानों का पुनः आक्रमण हुआ तो वे वहाँ से निकलकर विजयनगर जा बसे और अन्तोगत्वा मदुरै पहुँचे।[2]

16वी शती में जब नायकर नरेश मदुरै पर शासन कर रहे थे तथा विजयनगर-साम्राज्य के पतन के पश्चात् अधिकांश सौराष्ट्र लोग तमिलनाडु पहुँचकर वहाँ के विभिन्न नगरों में जाकर बस गये और उनको स्थायी रूप से अपना निवासस्थान बना लिया। कतिपय परिवार तमिलनाडु की और देशान्तरित होते समय कर्नाटक प्रदेश में बस गये। तमिलनाडु के सौराष्ट्र लोगों की एक बड़ी संख्या आजकल मदुरै-शहर में निवास करती है। तंजाऊर, कुंभकोणम, तिरूच्चिराप्पल्लि, परमक्कुडि, चेन्नई, पांडिचेरी, पालयकोट्टै, कोटार, सेलम, डिण्डुकल आदि शहरों में भी ये लोग अधिक संख्या में निवास करते हैं।

एक मत के अनुसार विजयनगर-साम्राज्य और अन्य स्थानीय नृपों ने रेशम वस्त्रों को बनाने की सौराष्ट्र लोगों की निपुणता को देखकर इन लोगों को अपने राज्यों में बसकर, रोशमी वस्त्रों को उत्पन्न करने के अपने व्यवसाय को करने के लिये, विवश किया था। प्रसिद्ध इतिहासकार सेवेल का कहना है कि श्री कृष्णदेवराय ने उक्त तन्तुवायों को देवागिरि से विजयनगर आकर बसने के लिये निमंत्रित किया था।[3]

एडगर थर्सटन के मतानुसार, तंजाऊर पर आक्रमण कर लौटते समय हैदरअली अपने साथ इन तन्तुवायों के पच्चीस परिवार के लोगो को पकड़कर ले गया था और श्री रंगपट्टणम के आस-पास बसाकर रेशमी वस्त्रों को बनाने के लिये विवश किया था।[4]

उक्त नरेशों ने, इन लोगों को बहुत सी सुविधाये प्रदान कर इनका सम्मान किया था और इनके व्यवसाय के विकास में इन्हें बहुत प्रोत्साहित किया था।

तमिलनाडु में लगभग पाँच सौ वर्षों में रहने कारण सौराष्ट्र लोग आजकल तमिलनाडु को ही अपना प्रदेश मानते हैं। गुजरात के सौराष्ट्र प्रदेश से अब इनका कोई भी संबन्ध नहीं रह गया है। बहुत लंबी

---

1 The Mandasor inscription of Malva-483-529 A.D. Fleet's Gupta Inscription No. 18.

2 Castes and Tribals of Southern India, Vol VI EdgarThurston, p. 160-167

3 AForgotten Empire Vijayanagar-Sewell

4 Castes and Tribes of South India, Vol. VI p.153

अवधी से तमिल लोगों के बीच रहते हुए भी, वे लोग निज संस्कृति, आचार-विचार, रहन-सहन एवं भाषा को सुरक्षित रखने में सफल हुए हैं।

तमिलनाडु की सौराष्ट्री भाषा और उसकी लिपि-समस्या

तमिलनाडु के सौराष्ट्र लोगों की मातृभाषा "सौराष्ट्री" कहलाती है जो एक स्वतन्त्र भारतीय आर्य भाषा मानी जाती है। सौराष्ट्र लोगों की मूल भाषा नागर अप्रभंश ने, दक्षिण के विभिन्न भाषा-भाषियों के प्रान्तों में शताब्दियों तक विकसित होते-होते, अब एक नवीन रूप को धारण कर लिया हैं जिसमें गुजराती, मराठी, तेलुगु, कन्नड एवं तमिल के तत्भव शब्दावलियों का समावेश होने पर भी, अपनी मूल भाषा नागर अपभ्रंश की शिशिष्टताओं को सुरक्षित रखने में यह सौराष्ट्री भाषा सफल हुई है।

प्राचीन नागरी लिपि तमिलनाडु के सौराष्ट्र लोगों की आदि लिपी रही। उनके पूर्वज सौराष्ट्र देश से बहिर्गमन करने के पश्चात् शनै-शनैः अपनी प्राचीन नागरी लिपि को भूलने लगे। विजयनगर में लगभग दो शतियों तक निवास करते समय उन्होंने तेलुगु लिपि को अपनी मातृभाषा के लिये प्रयोग किया। तमिलनाडु में प्रवेश करने के बाद, तमिल लिपि को अपनी मातृभाषा के लिये प्रयोग करने लगे। तेलुगु और तमिल लिपि में उपलब्ध सौराष्ट्री साहित्य इस सत्य का निरूपण करता है।

श्री रामाराय ने १९वीं शती के अंतिम भाग में सौराष्ट्री भाषा के लिये एक नवीन लिपि का आविष्कार किया। देवनागरी, गुजराती, उड़िया, कन्नड आदि भाषाओं की लिपियों के अक्षरों में थोड़ा सा परिवर्तन कर, उन्होंने इस नवीन लिपि को बनाया। लेकिन बहुतांश सौराष्ट्र लोगों ने उसे स्वीकार करने से इनकार किया।

सौराष्ट्री भाषा के शब्दों के उच्चारण को तमिल लिपि द्वारा व्यकत करना कठिन है। अतः क, च, ट, त,प, अक्षरों पर उच्चारण की विशिष्टता के अनुसार १,२,३,४ संख्याओं को लिखकर सौराष्ट्री शब्दों के उच्चारणों को तमिल लिपि द्वारा व्यक्त करते हैं। उदाहरण के लिये

4 2

मी पात कारियो - मैं भात खाता हूँ।

3 1 2

काय काय काय - गाय कया खाती हैं।

श्री रामाराय (सन् 1852-1913) के समकालीन सौराष्ट्री कृष्ण काव्य के प्रसिद्ध कवि श्रीमन नटनगोपाल नायकी स्वामिगल (सन् 1843-1914) ने अपने कृष्ण भक्ति संबंधित पदों को रमाराय लिपि में न लिखकर तमिल-लिपि में लिखा था। इसका कारण यह है कि सभी सौराष्ट्र लोग तमिल-लिपि को अच्छी तरह जानते थे।

तमिल लिपि के अक्षरों के ऊपर 1,2,3,4 को लिखकर सौराष्ट्री शब्दों के उच्चारणों को प्रकट करने के बदले सौराष्ट्र लोगों के पूर्वजों की मूल लिपि देवनागरी-लिपि का प्रयोग करना उचित रहेगा। बहुंताश सौराष्ट्र लोग इस मत का समर्थन करते हैं।

भारत सरकार द्वारा मैसूर में स्थापित केन्द्रिय भारतीय भाषाओं का शोध संस्थान एवं सौराष्ट्र मध्य सभा मिलकर काफी शोध-कार्य करने के पश्चात देवनागरी लिपि के कतिपय अक्षरों में, थोड़ा सा परिवर्तन कर, देवनागरी-लिपि को ही, सौराष्ट्री भाषा की लिपि के रूप में स्वीकार कर लेना चाहिये-ऐसी एक घोषणा सन् २००९ में की थीं। देवनागरी लिपि एक वैज्ञानिक लिपि है जिसके द्वारा सौराष्ट्री भाषा के शब्दों का उच्चारण स्पष्ट रूप से व्यक्त किया जा सकता है। इस लिपि में जो लिखा जाता है वैसा ही उसका उच्चारण किया जाता है। फिलहाल देवनागरी लिपि संस्कृत, हिन्दी, मराठी, कोंकणी, नेपाली आदि भाषाओं की लिपियों के रूप में प्रयुक्त की जाती है।

देवनागरी लिपि को सौराष्ट्री भाषा की लिपि के रूप में स्वीकार करना एक प्रकार से सौराष्ट्रा लोग, अपनी आदि लिपि को अंगीकार करके, उसे गौरवान्वित करने के बराबर समझा जायेगा। क्योंकि ११वीं शती में तमिलनाडु के सौराष्ट्र लोगों के पूर्वजों से प्रयुक्त पुरातन नागरी लिपि से वर्तमान देवनागरी लिपि का विकास हुआ है-यह भाषा-विज्ञान के विद्वानों की राय हैं। तमिलनाडु में हिन्दी का विरोध होने के कारण देवनागरी लिपि को अपनी भाषा के लिये कुछ लोग अपनाना नहीं चाहते।

तमिलनाडु की सौराष्ट्री भाषा में उपलब्ध वैष्णव वांग्मय

फिलहाल तमिलनाडु के सौराष्ट्र लोग मदुरै, चैन्नै, पांडिचेरी, परमक्कुडि, डिण्डुगल, कुंभकोणम, तंजाऊर, सेलम, बेंगलूर, दिल्ली जैसे बड़े नगरों में तथा अमेरिका, सिंगापुर, सऊदी, आदि विदेशों में अधिक संख्या में वास करते हैं। लगभग बीस लाख लोगों की मातृभाषा, 'सौराष्ट्री' भाषा में सर्वप्रथम सन् 16वीं शती से भक्ति साहित्य का आविर्भाव होने लगा। 19वीं शताब्दि में बहुत से वैष्णव कवि एवं लेखकों का जन्म हुआ और उन्होंने अपनी रचनाओं द्वारा सौराष्ट्री साहित्य को संपन्न किया था।

सौराष्ट्री भाषा के प्रधान वैष्णव कवि और उनकी रचनाओं का विवेचन आगे के पृष्ठों में प्रस्तुत किया जा रहा है-

सौराष्ट्री वैष्णव कवि सुगन्थ धूप तीर्थार्य

विद्वानों का मत है कि सौराष्ट्री भाषा के आदिकवि श्री सुगन्ध धूप तीर्थार्य स्वामिगल का जन्म सन् 1551 में तंजाऊर के निकट रामचन्द्रपुरम (अय्यम्पेट्टे) नामक नगर में हुआ था। ये बड़े योगी एवं भक्त कवि थे।

श्रीरंगम-मदिर में विराजमान श्री रंगनाथ स्वामी की सेवा करने में धूपतीर्थ स्वामी ने अपना पूरा जीवन बिताया था। इनके जीवन-काल में सन् 1609 में वर्षा की कमी से अकाल पड़ा था। उस समय अच्चचुदनायक्कर नामक नेरश तंजाऊर के शासक थे। उनके मंत्री श्री गोविन्द दीक्षित ने तीथार्य स्वामिगल की योग महिमा तथा भक्ति के बारे सुनकर, अकाल से पीड़ित लोगों की रक्षा करने की विनती उनसे की।

धूपतीर्थार्य स्वामी ने अपने आराध्य देव श्री रंगनाथ स्वामी से वर्षा द्वारा दुर्भिक्ष को दूर करने की प्रार्थना की और "तदिकु-पोब्स अवडि तल, हीरू, नेद्दी भोव्री हे रंगा!" नामक गीत गाया। (उकत गीत का अर्थ है-हे रंगा! वर्षा द्वारा तालाब, कुआँ, नदी आदि को जल से भराकर दुर्भिक्ष को दूर करने की कृपा करों।) कहा जाता है कि भगवान श्री रंगनाथ ने श्री भक्त तीर्थार्य स्वामी की प्रार्थना सुन ली। पानी बरसाकर नदी, तालाब, कुयें आदि को जल से भरकर दुर्भिक्ष को दूर कर दिया। इस घटना के स्मरणार्थ आज भी श्रीरंगम मंदिर में धूपतीर्थार्य स्वामी का नाम-जपन करते हुए भक्तजनों को तीर्थ प्रदान किया जाता है।

धूपतीर्थार्य स्वामी ने 'दैवीक वरवाक्कु कृतिगल' नामक ग्रन्थ की रचना की जिसमे इनके द्वारा सौराष्ट्री भाषा में रचित बहत से भक्ति-पद समाविष्ट किये गये हैं। अब भी सौराष्ट्र लोग इनके भक्ति-गीतों को सस्वर गाया करते हैं।

'वैद्यनाथ' नाम की छाप लगाकर तीर्थार्थ स्वामी ने अपने भक्ति-गीतों की रचना की है। यह महान वैष्णव भक्त कवि 'धूपुन देतारी भवतुल' के नाम से आज तमिलनाडु के सौराष्ट्र लोगों के बीच प्रसिद्ध हैं।

सौराष्ट्री वैष्णव साहित्य के मुकुट को अलंकृत करने वाले रत्नों में धूपतीर्थार्य के अतिरिक्त नटनगोपाल नायकी स्वामी, श्रीमत भतरा मन्नारार्य, वेंकटरमण भागवतर, कुरुक्कु सुब्बार्थ स्वामिगल, वेंकटसूरी स्वामिगल, रामराय, रेंगधामय्यर आदि का नाम बड़े सम्मान के साथ लिया जाता है।

श्री मन्नारार्य भागवतर (1768-1848)

भक्त कवि मन्नारार्य का जन्म सन् 1768 में तंजाऊर के समीप रामचन्द्रपुरम (अय्पंपेट्टै) में हुआ था। ये संस्कृत, सौराष्ट्री, तेलुगु एवं तमिल के बड़े विद्वान थे। ये श्री कृष्ण और हनुमान की उपासना किया करते थे।

तंजाऊर के महाराजा सर्फोजी द्वितीय ने मन्नारार्य की विद्वत्ता से प्रसन्न होकर, (इन्हें रामचन्द्रपुरम में एक विशाल गृह पुरस्कार रूप में प्रदान किया था जिसमें) आज भी मन्नारार्य की संतति के लोग रहा करते हैं। कवि होने के अतिरिक्त मन्नरार्य बड़े हठयोगी भी थे। सौराष्ट्री भाषा में इनके द्वारा रचित ग्रन्थों की पाण्डुलिपियाँ तंजाऊर के प्रसिद्ध संगीतज्ञ श्री कृप्पुस्वामी भागवतर के घर में सुरक्षित रूप से रखी गयी हैं।

तेलुगु में मन्नारार्य भागवतर के द्वारा रचित 'कृष्णपरमात्मा चरित्रम' 'श्रीमत्भगवद गीता' तथा अन्य बहुत सी रचनायें मदुरै सौराष्ट्र सभा के 'सौराष्ट्री ग्रन्थ संग्रहालय' में उपलब्ध हैं।

मन्नारार्य जी अपनी योग-सिद्धि के लिये भी अत्यन्त विख्यात थे। तंजाऊर के नरेश ने इनके रूप का एक सुन्दर चित्र बनवाया था; यह चित्र भी उक्त संग्रहालय में उपलब्ध है। ये अस्सी वर्ष तक जीवित रहे; सन् 1848 में इनका देहान्त हुआ था।

संगीतज्ञ श्री वेंकटरमण भागवतर

श्री वेंकटरमण भागवतर का जन्म सन् 1781 में तजाऊर के निकट अय्यमपेट्टै में सौराष्ट्र विप्रकुल में हुआ था। दक्षिणात्य संगीतज्ञ श्री त्यागराज स्वामी के प्रधान शिष्य होने के नाते संगीत क्षेत्र में इनका नाम बड़े सम्मान के साथ लिया जाता है। ये परम योगी पुरुष थे। संगीत-शास्त्र में इनकी निपुणता तथा सौराष्ट्री, संस्कृत, तेलुगु, तमिल आदि भाषाओं में इनके पाण्डित्य को देखकर प्रसिद्ध कर्नाटक संगीतज्ञ श्री त्यागराज स्वामी ने इन्हें अपना प्रधान शिष्य बना लिया था।

श्रीवंकटरमण भागवतर ने अपने गुरु के नाम की छाप लगाकर विभिन्न राग-रागिनियों में सैकडों भक्ति-पदों की रचना कर, अपनी गुरु भक्ति को प्रदर्शित किया था।

बाल्यावस्था मे वेंकटरमण भागवतर रोज तिरुवैयारु पैदल जाकर त्यागब्रह्म के भक्ति-संकीर्तणों को उनके गृह के बाहर खड़े होकर, अत्यन्त श्रद्धा भाव से श्रवण किया करते थे। एक दिन वेंकटरमण भागवतर बड़ी तन्मयता से त्यागब्रह्म के सकंतीर्णनों का रसास्वादन कर रहे थे। उस समय अचानक वर्षा होने लगी। उनका सारा शरीर वर्षा से भीग गया। परन्तु वे अपना सुधबुध खोकर संगीत का आनंद ले रहे थे। जब त्यागराज स्वामी बाहर आये तो बैंकटरमणर को भीगी अवस्था में अपने गृह के बाहर खड़ा देखकर अत्यन्त प्रभावित हुए। वे अत्यन्त प्रेम से वेंकटरमणर को अपने घर के भीतर ले गये और उन्हें संगीत-शास्त्र की दीक्षा देना शुरु-किया। कालांतर में वेंकटरमण भागवतर त्यागराज के प्रधान शिष्य बन गये।

श्री त्यागराजस्वामी ने अपने जीवन के अंतिम काल में अपनी रचनाओं की पाण्डुलिपियाँ तथा अन्य उपयोगी वस्तुओं को अपना प्रधान शिष्य वेंकटरमण भागवतर को सौंपा था; वे सभी वस्तुयें मदुरै सौराष्ट्र सभा के 'त्यागराज-वेंकटरमण-मंदिर' में सुरिक्षत रूप से रखी गयी हैं। आज भी प्रतिवर्ष अय्यम्पेट्टै में श्रीवेंकटरमणर का जन्म-दिवस धूम-धाम से मनाया जाता है। सौराष्ट्री भाषा में रचित उनके समस्त भक्ति-कीर्तनों का प्रकाशन हो चुका है। तेलुगु मं रचित अपने गुरु के 'नौकाचरितम' की भांति इन्होंने संस्कृत भाषा में नौका चरितम की रचना की। आज भी भजन के अवसर पर सौराष्ट्र लोग इनके संकीर्तनों को सस्वर गाया करते हैं। अनकी कृतियाँ अपने काव्य-सौष्ठव एवं गीतात्मक गुणों के लिये अत्यन्त विख्यात हैं।

सौराष्ट्री भाषा का वैष्णव भक्त कवि श्रीकुरुक्कु सुब्बार्य स्वामिगल (सन् 1814-1874)

श्रीकुरुक्कु सुब्बार्य स्वामिगल का जन्म सन् 1814 में तमिलनाडु के परमक्कुडि (परमपुरि) नामक शहर में हुआ था। ये बड़े योगी-पुरुष एवं परम वैष्णव भक्त कवि थे। अपनी योग-सिद्धि द्‌वारा अनेक पराप्राकृतिक एवं चमत्कारपूर्ण करामतों को करके दिखाने के कारण नायकी स्वामी की भांति ये भी अपने जीवन-काल में ही अत्यन्त लोक प्रिय योगी पुरुष बन गये थे। बताया जाता है कि परमक्कुडि में श्री नागलिंग अडिगल के यहाँ नायकी स्वामी रहते समय वे कुरुक्कु सुब्बार्य के यहाँ अष्टांग योग के संबन्ध में परामर्श करने के लिये जाया करते थे।

श्री सुब्बार्य स्वामी जी ने, नायकी स्वामी को, शिव भक्त से वैष्णव भक्त बनाकर, नायकी-भाव से श्री कृष्ण परमात्मा की आराधना करने का उपदेश दिया था।

श्रीकुरुक्कु सुब्बार्य स्वामी ने श्री धूप तीर्थार्य स्वामी को अपना मानसिक गुरु माना था। श्री सुब्बार्य स्वामी अपनी मातृभाषा सौराष्ट्री के भी बड़े विद्‌वान थे। सौराष्ट्री भाषा में रचित इनके समस्त कीर्तनों का संकलन 'अनुभव-पंचरत्न' नामक ग्रन्थ में हुआ है। योग, ज्ञान, भक्ति, नीति आदि विषयों पर इन्होंने सौराष्ट्री भाषा में लिखा था। इनके अतिरिक्त इन्होंने 'सीतारामांजनेयम' नामक ग्रन्थ की रचना की थी, जिसमें सीता जी, भक्त हनुमान को भक्ति-मार्ग का अनुकरण करने का उपदेश देती है। इनकी अन्य रचनाओं के नाम:

श्रीराम अक्षरनामावली,
श्रीरामकृष्ण अक्षरनामावली

लव-कुश चरित्र, कार्तिक पुराण और 'राघव शतकम, भक्ति द्‌वारा मुक्ति प्राप्त करने का उपदेश सुब्बार्य स्वामी लोगों को दिया करते थे। सन् 1874 में ध्यानावस्था में इन्होंने अपने नश्वर शरीर का त्याग किया। सेलम, परमक्कुडि, मदुरै आदि शहरों में प्रतिवर्ष इनकी जन्म-जयन्ती आज भी मनायी जाती है। मदुरै में 'श्री कुरुक्कु सुब्बार्थ स्वामी समाजम' की स्थापना की गयी है जो इनकी रचनाओं का प्रकाशन करने के महत्व कार्य में लगा हुआ है।

श्री वेंकटसूरी स्वामिगल

सौराष्ट्री भाषा का तुलसीदास श्री वेंकटसूरी स्वामिगल
(सन् 1817-1889)

श्री वेंकटसूरी स्वामिगल का अवतरण सन् 1817 में तंजाऊर के निकट अय्यम्पेट्टै में हुआ था। इनके पिता पुरोहित थे। माता-पिता ने इनका नाम वेंकटसुब्बु रखा। इन्होंने तंजाऊर-महाराजा के दरबारी कवि श्रीवेंकटाचारी को अपनी विद्वत्ता से हराया था। इससे प्रसन्न होकर महाराजा ने 'सूरि' विरुद से इन्हें सम्मानित किया था। उस समय से वे वेंकटसूरी नाम से विख्यात हुए। 'सूरी' एक मराठी शब्द है जिसका नाम हैं विजेता! सन् १८३३ से १८५५ तक महाराष्ट्र का नृप शिवाजी महाराज ने तंजाऊर पर शासन किया था। उन्होंने विविध भाषाओं में (संस्कृत, मराठी, सौराष्ट्री, तमिल, तेलुगु आदि) वेंकटसूरी के पांडित्य को देखकर इन्हें अपना दरबारी कवि बना लिया था। शिवाजी महाराजा की पुत्री के विवाहोत्सव में वेंकटसूरी ने अपनी मातृभाषा सौराष्ट्री में मंगलाष्टकम लिखकर राजा को भेंट की थी।

वेंकटसूरी स्वामी जी ने अपना गुरु वेंकटरमण भागवतर से संगीत-शास्त्र तथा योग-साधना की दीक्षा प्राप्त की। वेंकटसूरी द्वारा सौराष्ट्री भाषा में रचित 'संगीत रामायण' सौराष्ट्री वैष्णव साहित्य का उत्कृष्ट प्रबन्ध-काव्य माना जाता है। इनका यह काव्य, अपने काव्य-सौष्टव के लिये अत्यन्त प्रसिद्ध है।

वेंकटसूरी ने अपनी प्रसिद्ध रचना संगीत-रामायण' को तेलुगु लिपि में लिखा था। इस में कुल 592 श्लोक तथा 300 कीर्तन हैं जो विभिन्न राग-रागगियों तथा तालों में रचित हैं।

त्यागराज स्वामी द्वारा तेलुगु में रचित 'नौकाचरितम' नामक काव्य का रूपान्तर वेंकटसूरी स्वामी ने संस्कृत भाषा में किया था। स्वयं त्यागराज स्वामी ने इस संस्कृत-अनुवाद की मुक्तकंठ से प्रशंसा की थी। श्री रांडेल नामक अंग्रेजी-लेखक ने वेंकटसूरी के संगीत-रामायण के 'सुन्दर काण्ड' का अनुवाद, अंग्रेजी में किया और लंदन की रायल एशियाटिक सोसाइटी के जर्नल में प्रकाशित करवाया था।

सूरी स्वामी की अन्य सौराष्ट्री रचनायें निन्मलिखित हैं-

1. सुगन्ध धूपतीथार्य स्वामिन दिव्य चरित्रों
2. श्रीमत्सौराष्ट्र बालरामायण श्लोकुन
3. रामाली
4. कृष्णाली
5. सालग्राम महिमो
6. नाच्यारम्मो सदकम
7. होली पंडिकै जावालिगल
8. इकपर साधन नीति कृतिगल
9. दत्तात्रेय मन्त्र-तन्त्र-कल्पम

10. धन्वंत्रि चाणक्वादि
11. वैद्यशास्त्रम
12. बाल रामायण
13. स्कूल के छात्रों के लिये कतिपय पाठय पुस्तके आदि।

सूरी स्वामी के शिष्यों के नाम निम्नलिखित हैं-

1. कन्दाडै रामुडु भागवतर
2. लक्ष्मण भागवतर और
3. पुट्टा अलगरार्य भावतर

पुट्टा अलगरार्य भावतर अपने गुरु की संगीत रामायण को सस्वर गाकर लोगों को सुनाया करते थे।

श्रीवेंकटसूरी स्वामी अपनी वृद्धावस्था में काशी एंव नेपाल की यात्रा कर लौटते समय यमुना नदी के तीर पर स्थित श्रीरंगम क्षेत्र में सन् 1889 में अपने नश्वर शरीर का त्याग किया।

प्रतिवर्ष मुदरै की सौराष्ट्र सभा द्वारा वेंकटसूरी जन्म-जयन्ती आज भी मनायी जाती है।

सौराष्ट्री महाकवि अलकरार्य स्वामिगल
(सन् 1822-1906)

सौराष्ट्र विप्रकुल में अलकरार्य स्वामिगल का जन्म तमिलनाडु के सेलम् नामक शहर में सन 1832 में हुआ था। ये संगीत-शास्त्र के बड़े विद्वान थे और बैंकटसूरी स्वामी के प्रधान शिष्य भी थे। आपने निज भाषा सौराष्ट्री तथा उसके साहित्य के विकास के लिये अपना सारा जीवन अप्रित किया था। अपनी मातृभाषा सौराष्ट्री में अलक्ररार्य स्वामिगल ने निम्नलिखित ग्रन्थों की रचना की थी-

1. श्री विष्णुपुराणम्
2. नरसिंह शतक
3. आचौस विधि
4. सौराष्ट्री व्याकरण
5. भक्ति-मार्ग कीर्तनान
6. पंचल चरित्रु और
7. श्रृंगार वर्गारोहन कीर्तनान्

उक्त ग्रन्थों का प्रकाशन अभी तक नही हुआ है। इन्होंने अपने गुरु की आज्ञानुसार त्यागराज स्वामी के काव्य 'नौकाचरितम' को सौराष्ट्री भाषा में लिखकर प्रस्तुत किया था। तेलुगु लिपि में लिखित उसका

प्रकाशन सन् 1904 में हुआ था। निज समाज की उन्नति के लिये आपने सन् 1838 में सौराष्ट्र विप्रों के सम्मेलन का आयोजन किया था। सेलम नगर में स्थापित श्री कृष्ण विकास मठ द्वारा प्रतिवर्ष आचार्य स्वामी की जन्म-जयन्ती मनायी जाती है।

तेलुगु अय्यान, सुन्दरार्यर, जत्वसौवली आदि नामों से अलकरार्य स्वामी अत्यन्त प्रसिद्ध हैं।

सौराष्ट्री लिपि के आविष्कार कर्ता दोप्पे श्री मुनिसौली रामाराय (सन् 1852-1913)

भारतेन्दु हरिशचन्द्र एवं महावीर प्रसाद द्विवेदी ने हिन्दी भाषा और उसके साहित्य की उन्नति के लिये जो सेवा की थी, वैसी सेवा श्री रामराय ने भी अपनी मातृभाषा सौराष्ट्री तथा उसके साहित्य के विकास के लिये की थी। श्री रामराय का जन्म सन्१८५२, में मदुरै में सौराष्ट्र विप्रकुल में हुआ था। सौराष्ट्री भाषा के लिये एक पृथक लिपि के अभाव को दूर करने के लिये एक नवीन सौराष्ट्री लिपि का आविष्कार किया और उस लिपि में अनेक पाठ्य पुस्तकों की भी रचना की।

रामारायजी ने सौराष्ट्री गद्य में रामायण की कथा लिखी। ये शुद्ध सौराष्ट्री में लिखा करते थे। इनकी रचनाओं के नाम निम्नलिखित है-

1. सौराष्ट्री नंदी निघन्टु
2. सौराष्ट्र नीतिचंपु और
3. चतुर्भाषा वल्लरी

सौराष्ट्री नंदी निधन्टु एक अधुरा सौराष्ट्री कोष है। सौराष्ट्री नीति चंपु के समस्त दोहें जनप्रिय सूत्र और सूक्तियों से भरे पड़े हैं। चतुर्भाषाबल्लरी चार भाषाओं का (संस्कृत, सौराष्ट्री, तेलुगु, तथा तमिल) शब्द कोष है। श्री राण्डेल ने 'सौराष्ट्र नीति चंपु' का अंग्रेजी भाषा में अनुवाद कर, लंदन की रायल एशियाटिक सोसाइटी के जर्नल में प्रकाशित करवाया था। डॉ. सुनीत कुमार चटर्जी ने 'नीतिचंपु' का अनुवाद बंगाली भाषा में किया था।[1]

मद्रास के क्रिश्चियन कालेज में श्री रामराय ने अध्ययन किया था। रजिस्ट्रार पद से त्यागपत्र देकर मृत्युपर्यन्त निज भाषा की उन्नति के कार्य में वे लगे रहे। संस्कृत, प्राकृत, अपभ्रंश तमिल, तेलुगु, मराठी, गुजराती, उडिया, कन्नड आदि अनेक भाषाओं की जानकारी इन्हें थी।

कुवे. पद्मनाबैय्यर सन् (1894-1973)

निज भाषा की उन्नति और उसके साहित्य के विकास के लिये श्री कु. वे पद्मनाबैय्यर ने अपना समस्त जीवन न्योच्छावर कर दिया था। सौराष्ट्री भाषा के महान कवियों की जीवनी लिखकर समय-

1 वेल्लि विला चिरप्पुमलर में प्रकाशित कुवे. पद्मनाबैय्यर के निबन्ध से उद्धृत

समय पर उन्हें प्रकाशित करते रहे। सौराष्ट्री भाषा और उसके साहित्य के विकास से संबंधित प्रश्नों एवं समस्याओंपर विचार-विनिमय करने के हेतु प्रतिवर्ष सौराष्ट्र विद्वत सम्मेलन का आयोजन किया करते थे। इनके द्वारा प्रकाशित 'सौराष्ट्र साहित्य अभिधान घोषम्' में सौराष्ट्री भाषा में अब तक प्रकाशित तथा अप्रकाशित समस्त ग्रन्थों के लेखकों का नाम, प्रकाशन वर्ष आदि सब विवरण प्रस्तुत किये गये हैं।

विद्याबोधिनी (1920), सौराष्ट्र विप्रबंधु (1947), सौराष्ट्र मित्रन (1953) आदि पत्रिकाओं का संपादक बनकर उन्हें कु.वे.पद्मनावैय्यर ने सफलतापूर्वक चलाया था।

हिन्दी के श्री महावीर प्रसाद द्विवेदी की भांति श्री पद्मनावैय्यर भी अपने समय के सौराष्ट्री लेखकों को विविध विषयों पर सौराष्ट्री गद्य और पद्य में लिखने के लिये प्रोत्साहित करते रहे। लंदन के निवासी डा. राण्डोल ने पत्र-व्यवहार द्वारा इनसे संपर्क स्थापित कर सौराष्ट्री भाषा और उसके साहित्य पर शोध-कार्य किया था।

सौराष्ट्री भाषा और उसके साहित्य संबंधित विषयों पर श्री पमनाबैय्यर ने डा. राण्डोल से जो पत्र-व्यवहार किया था उसे पुस्तक के रूप में प्रकाशित किया था।[1]

कु.वे.पद्मनाबैय्यर की रचनायें

1. श्रीमननटनगोपाल नायकी स्वामी चरित्र संग्रहम
2. महात्मा गाँधी बोहल्लुवास
3. नन्नगीतुन
4. पतिव्रता लक्षण और
5. वेंकटसूरी स्वामी चरित्रम

सौराष्ट्र अष्टावधानी दोप्पे रा. पद्यनाबैय्यर

आप महात्मा गाँधी जी के मित्र एवं देशभक्त कवि थे। आपने 'श्रीमद्भगवतगीता' को सौराष्ट्री भाषा में रूपान्तरित किया था। 'गीता' के संदेश को जनता के बीच फैलाने के लिये आपने मदुरै में 'गीताभवनम्' की स्थापना की। **दोप्पे श्री रा. पद्मनावैय्यर की रचनायें:**

१.अध्यात्म रामायणु २.सप्तऋषि रामयणम,

३. शंकराचार्युन प्रश्नोत्तरी, और ४. आत्मबोधत् तालाट्टु

---

1 Glimpses of the Sourastra Language and Literature' - A true abstract of the correspondence between Dr. H.N. Randle and Sri K.V. Padanabhaier 1945 AD.

कुप्पुसामी भागवतर

श्रीकुप्पुसामी भागवतर का जन्म तंजाऊर में १८९२ में हुआ था और सन् १९९९ में देहान्त हुआ। आपने श्री वेंकटसूरी कृत संगीत रामायण एवं बालरायज की सौराष्ट्री में टीका लिखी। आप सौराष्ट्र भाषा के कवियों द्वारा रचित ग्रन्थों की पाण्डुलिपियों का संकलन करने के कार्य में लगे रहे। आज आप के गृह में सौराष्ट्री में लिखित बहुत सी पाण्डुलिपियाँ सुरक्षित रूप से रखी गयी हैं। आप संगीत शास्त्र के प्राध्यापक थे।

श्री गोविन्ददास स्वामी

आपने मदुरै में 'गोविन्ददास सेवा समाज' की स्थापना की। आप के द्वारा रचित कीर्तन 'गोविन्दम् भजनै कीर्तनैगल' के नाम से प्रसिद्ध हैं। कीर्तिनों के अतिरिक्त आपने 'सौराष्ट्र द्राविड़ भाषोदयम्"नामक ग्रन्थ भी लिखा था।

निष्कर्ष

माण्डसर शिला-लेख में उल्लेख किये हुये तमिलनाडु के सौराष्ट्र लोगों के पूर्वज पट्टवायकारों के गुणों की विशिष्टतायें सब वर्तमान तमिलनाडु के सौराष्ट्र लोगों में पायी जाती हैं। आज भी अपने पूर्वजों के समान सौराष्ट्र लोग भक्तिपूर्ण धार्मिक जीवन बिताते हैं। इस समाज में बहुत से संगीतज्ञों का अविर्भाव हुआ है। अपने पूर्वजों के समान आज भी सौराष्ट्री समाज में बहुत से भक्त कवि, साहित्यकार, साधुजन, ज्ञानी पुरुष कपड़े के व्यापारी, ज्योतिषि आदि विद्यमान हैं।

तमिलनाडु के सौराष्ट्र लोगों की मूल भाषा नागर अपभ्रंश ने दक्षिण के विभिन्न भाषा-भाषियों के प्रान्तों में शतियों तक विकसित होते होते आज ऐसे एक नवीन रूप को धारण कर लिया है जिस में गुजराती, मराठी, तेलुगु, कन्नड और तमिल के तत्भव शब्दावलियों का समावेश होने पर भी, अपनी मूल भाषा अपभ्रंश की प्रधान विशिष्टताओं को अपने में सुरक्षित रखने में सौराष्ट्री भाषा सफल हुई है।

अपने देशानतरण की यात्रा के दौरान जिस प्रान्त में भी सौराष्ट्र लोग लंबी अवधी तक रहे वहाँ की भाषा इन लोगों की द्वितीय मातृभाषा बनी। विजयनगर में रहते समय वहाँ की भाषा तेलुगु सीखकर उसमें इन लोगों ने पाण्डित्य प्राप्त किया और उसमें उत्कृष्ट साहित्य का सृजन भी किया। तमिलप्रदेश में आकर बसने के पश्चात, तमिल इनकी द्वितीय मातृभाषा बनी। तमिल में उच्चकोटि के साहित्य का सृजन करने वाले लेखक इस समाज में आज विद्यमान हैं।

रामराय की नवीन सौराष्ट्री लिपि के होते हुए भी अधिकांश सौराष्ट्र लोग अपने पूर्वजों की मूल लिपि से विकसित देवनागरी लिपि को निजी भाषा की लिपि के रूप में स्वीकार करने के पक्ष में हैं। लेकिन तमिलनाडु में हिन्दी विरोध के कारण वे ऐसा कर नहीं पाते है।

अन्य भारतीय भाषाओं की तरह तमिलनाडु की सौराष्ट्री भाषा में भी सर्वप्रथम भक्ति साहित्य का निर्माण हुआ। उन्नीसवी शती मे वेंकटरमण भागवतर, वेंकटसूरि, नटनगोपाल नायकी स्वामी, सुब्बार्य स्वामी प्रभृति महान भक्त कवियों का आविर्भाव हुआ जिन्होंने अपनी उत्कृष्ट कृतियों द्वारा सौराष्ट्री-

साहित्य-भण्डार को समृद्ध किया। इसलिये 19वीं शताब्दी को सौराष्ट्री-साहित्य के इतिहास में स्वर्णयुग कहते हैं।

तेलुगु, तमिल, रामराय-लिपि, देवनागरी लिपि तथा रोमन लिपि में सौराष्ट्री भाषा आजकल लिखी जाती है। सौराष्ट्री के लोक प्रिय कवि श्रीमन नटनगोपाल नायकी का जीवन एवं काव्य का विस्तृत विवरण आगे के पृष्ठों में प्रस्तुत किया जाता है

नटनगोपाल नायकी स्वामिगल

वैष्णव संत कवि नटनगोपाल नायकी (सन् 1843-1914)

जिस प्रकार नम्मालवार 'परांकुशनायकी नाम से प्रसिद्ध है उसी प्रकार संत नटनगोपाल नायकी स्वामी 'नटनगोपाल नायकी' के नाम से तमिलनाडु के सौराष्ट्र लोगों के बीच अत्यन्त प्रसिद्ध हैं।

मदुरै नगर में, सौराष्ट्र लोगों के वैष्णव मंदिरों में, द्वादश आलवारों के विग्रहों के साथ नायकी स्वामी के विग्रह की प्रतिष्ठाकर, सौराष्ट्र लोग उनकी आराधना करते हैं।

हिन्दी के अष्टछाप कवियों में विख्यात कृष्ण भक्त कवि सूरदास तथा परमानंददास, राजस्थान की भक्त मीरा, गुजरात का प्रसिद्ध कृष्ण भक्त कवि नरसिंह मेहता, मराठी के प्रसिद्ध कृष्ण भक्त कवि तुकाराम, नामदेव और ज्ञानेश्वर, कन्नड का वैष्णव कवि भक्त पुरन्दरदास, तेलुगु का कृष्ण भक्त कवि पोतना, मलयालम का प्रसिद्ध कृष्ण भक्त कवि येलुत्तच्छन और तमिलनाडु के द्वादस आलवारों की पंक्ति में श्रीमन् नटनगोपाल नायकी स्वामी भी विख्यात कृष्ण भक्त कवि माने जाते हैं।

नायकी स्वामी ने भक्ति, विशिष्टद्वैतवाद और कृष्णलीलाओं से संबंधित सैंकड़ों पदों की रचना सौराष्ट्री एवं तमिल भाषा में की है। इनके अतिरिक्त इन्होंने माधवराज योग संबंधित पदों की भी रचना सौराष्ट्री में की है। इन्होंने अपने पदों में कहा है कि अन्य धर्मों से बढ़कर वैष्णव धर्म ही श्रेष्ठ है। सांसारिक माया से छुटकारा प्राप्त कर, भगवान को प्राप्त करने का सरल मार्ग, भक्ति-मार्ग ही है। इनके पद अपने दार्शनिक एवं भक्ति संबंधी विचारों के लिये अत्यन्त प्रसिद्ध हैं।

नायकी स्वामी १९वीं शती के होने के कारण उनका जन्म, मृत्यु, कुल, माता-पिता, शिक्षा आदि के बारे में जानकारी प्राप्त करने में लेखक श्री विठ्ठलदास को कोई कठिनाई नहीं हुई है। नायकी स्वामी

ने अपनी योग सिद्धियों के द्वारा अद्भुत कार्यों को करके दिखाया था। इसलिये ये अपने जीवन काल में ही लोगों के बीच बहुत विख्यात हो गये थे।

नायकी स्वमी का पावन जीवन-वृत्त अनेक जनुश्रुतियों से आच्छन्न है। नायकी स्वामी का प्रामाणिक एवं क्रमिक जीवन-वृत्त उपलब्ध होता है। नायकी स्वामी १९वीं शताब्दी में जीवन बिनाने के कारण उनका विश्वसनीय जीवन-वृत्त की प्राप्ति में कोई कठिनाई नहीं हुई है। उनकी जीवन-गाथा उनके काव्य में कम तथा बहि-साक्ष्य-स्रोतों पर अधिक आधारित है।

नायकी स्वामी की जन्म-तिथि, मृत्यु-तिथि, जन्म-स्थान, माता-पिता, जाति, शिक्षा, श्री संप्रदाय-प्रवेश प्रभृति विषयों पर विद्वानों में मतैक्य पाया जाता है। इनके उत्तम कवि एवं गान-विशारद होने के विषय में उनकी सहज प्रतिभा, साधु-संगति, पूर्व जन्म का संस्कार तथा विलक्षण ग्रहण शक्ति को ही प्रमुख कारण मान सकते हैं। कवि, संगीतज्ञ और परम भक्त के रूप में इन्होंने अत्यन्त ख्याति प्राप्त की थी।

नायकी स्वामी योगी-जीवन बिताते समय अणिमा, लघिमा, गरिमा, आदि अष्ट-सिद्धियों का प्रयोग कर पराप्राकृतिक तथा चमत्कार पूर्ण क्ररामतों को दिखाया करते थे। इस कारण ये अपने जीवन-काल में ही अत्यन्त प्रसिद्ध और लोकप्रिय बन गये।

बाल्यकाल में ही नायकी स्वामी में संस्कारजन्य ज्ञान का उदय हो गया था। अतः वे तम से ज्योति तथा असत् से सत्य की खोज में अपने आध्यात्मिक जीवन की यात्रा शुरू कर दी थी। उपलब्ध प्रमाणों के आधार पर ज्ञात होता है कि नैसर्गिक रूप से नायकी स्वामी भगवद्-भक्ति में प्रवृत्त हुए थे।

योग-साधना के द्वारा जब नायकी स्वामी को आत्म-दर्शन की प्राप्ति नहीं हुई तब उन्होंने सिद्धियों के लोभ में फँसकर, अपने जीवन को व्यर्थ-गंवाना उचित नहीं समझा। जन्म-मरण के चक्र से मुक्ति दिलाने वाले वास्तविक मार्ग की खोज में वे निकल पडे। वटपत्रार्य स्वामी के व्यक्तित्व एवं विशिष्टाद्वैत दर्शन से प्रभावित होकर नायकी स्वामी शिव भक्त से वैष्णव भक्त के रूप में परिणत हुए। वटपत्रार्य के अनुग्रह से उनको नवधा-भक्ति का ज्ञान हुआ और वे प्रत्यक्ष कान्ता-भाव की भक्ति की ओर विशेष रूप से आकृष्ट हुए।

ग्रहस्थ न होने के कारण नायकीस्वामी को अपने जीवन में पारिवारिक कष्टों का सामना न करना पड़ा था। इन्होंने अपने जीवन-यापन के लिये मृत्युपर्यन्त उंछवृत्ति को अपनाया था। वटपत्रार्य आचार्य द्वारा दीक्षित होने के पश्चात् ये अन्त तक अनन्य भाव से कृष्ण-भक्ति में तल्लीन रहे और अपने आराध्य देव श्री कृष्ण की लीलाओं का गान करते रहे।

इस प्रकार नायकी स्वामी ने संप्रदाय बद्ध कवि बनकर, भजन, पूजा-पाठ, संकीर्तनों की रचना, सम्त्संग, भक्ति का प्रचार तथा लोगों को सदुपदेश देने में अपना शेष जीवन बिताया था। इनके द्वारा प्रारंभ किये गये भजन संकीर्तन-केन्द्र आज भी तमिलनाडु के विभिन्न नगरों में क्रियाशील हैं।

भक्ति के प्रचारार्थ नायकी स्वामी ने तमिलनाडु के कतिपय नगरों की यात्रा अनेक बार की थी। वैष्णव भक्त में परिणत होने के पश्चात श्री रंगम मंदिर से उन्होंने निरनतर रूप से अपना संबन्ध बनाये

रखा था। वे अपने भक्ति-पदों के द्वारा लोगों को भक्ति का सन्देश पहुँचाया करते थे। ये संप्रदाय बद्ध होते हुए भी सौराष्ट्र लोगों के प्रिय कवि थे।

नायकी स्वामी ने अपने समय की बोलचाल की सौराष्ट्री भाषा में कृष्ण भक्ति से संबन्धित पदों की रचना की थी। इन्होंने सर्वप्रथम तत्कालीन जनसाधरण सौराष्ट्री भाषा को साहित्यिक रूप प्रदान किया था। बोलचाल की सौराष्ट्री भाषा में सर्वप्रथम काव्य-सृजन करने का श्रेय नायकी स्वामी को प्राप्त हुआ है। इन्होंने जनसाधरण की तमिल भाषा में भी भक्ति-पदों की रचना की थी। ये तमिल साहित्य के पूर्ववर्ती भक्ति काव्य-धाराओं और शैलियों से प्रभावित रहे और उन्हीं के आधार पर अपने समस्त भक्ति-काव्य का सृजन किया था।

नायकी स्वामी ने ठीक एक वर्ष पूर्व ही अपने अन्त समय की तिथि शिष्यों को बता दी थी। इन्होंने ठीक वैकुण्ठ एकादशी के दिन षटचक्र भेदन की रीति से हरि का नामोच्चारण करते हुए ब्रह्म रंध्र द्वारा अपने प्राण का त्याग किया।

नायकी स्वामी के जीवन में अदभुत तथा पराप्रकृत प्रसंगों का बाहुल्य है जिससे इनके लोकेतर महत्व का पता चलता है। इनमें ईश्वरीय अंश की परिकल्पना की जाती है। ये राधा,गोदा, नम्मालवार, नरसिंह मेहता, तथा गोपी स्त्री के अवतार माने जाते हैं।

नायकी स्वामी बड़े वीतरागी भक्त ये और मुक्ति की प्राप्ति के लिये ज्ञान, योग, तप और कर्म-मार्ग की अपेक्षा भक्ति-मार्ग पर ही अधिक बल दिया था। संगीत एवं काव्य कला के क्षेत्र में इन्होंने बड़ी निपुणता प्राप्त की थी। इन्होंने गुरु और ईश्वर में कोई भेद नहीं माना था।

नायकी स्वामी को भक्ति में अटल विश्वास था। 'कलियुग मे केवल भक्ति ही सार हैं'- इस बात को ये भली भांति मानते थे। तप, ज्ञान, कर्म आदि किसी भी साधन ये भगवान वंश में नहीं किये जा सकते, केवल भक्ति से ही वें भक्तों के वशीभूत होते हैं। इसलिये नायकी स्वामी ने योग साधना द्वारा सिद्धियाँ प्राप्त करने पर भी, योग-साधना की अंतिम सीमा तक पहुँचने के लिये प्रपत्ति-मार्ग को अपनाकर भगवान में चित्त लगाया था। भक्ति की प्राप्ति से योग-सिद्धि की प्राप्ति भी स्वंय सहज बन जाती है।

नायकी स्वामी का व्यक्तित्व

नायकी स्वामी का व्यक्तित्व निरन्तर परिवर्तनशील रहा हैं। भगवान का साक्षात्कार करने के लिये वाल्यावस्था में ही घर छोड़कर बाहर निकलना,मदुरै के समीप निरुपरन्कुन्रम के गुफाश्रम में बारह वर्ष की लंबी अवधी तक कड़ी तपस्या करते रहना, योगाभ्यास द्वारा सिद्धियाँ प्राप्त करना, बारह वर्ष तक मौन-व्रत धारण किये रहना, शिव भक्त से वैष्णव भक्त में परिणत होकर श्रीसंप्रदाय में प्रविष्ट होना, शास्त्रानुशीलन, पूजा-पाठ भजन-संकीर्तन, कैंकर्य तथा भक्ति पदों की स्वना में शेष जीवन बिताना एवं अन्त में योग-साधना द्वारा ब्रह्म में एक्व होना-ये सब ऐसी अवस्थायें हैं जिनकों हम नायकी स्वामी के व्यक्तित्व तथा अन्तः विकास का सोपान मान सकते हैं। इस प्रकार नायकी स्वामी बाल्यावस्था से लेकर, जीवन के अंतिम समय तक अपने जीवन का परम लक्ष्य, मुक्ति प्राप्त करेन की ओर नित्य निरन्तर प्रयत्नशील और अग्रसर होते रहे।

नायकी स्वामी भगवत परायण योगी एवं मुमुक्षु पुरुष ये। श्री संप्रदाय में प्रवेश के पश्चात् इन्होंने तैलधारावत अविच्छिन्न रूप से अपने आराध्य देव श्री कृष्ण के प्रति अनन्य भक्ति करते हुए निवृत्रिपरक भक्ति-मार्ग पर चलकर भगवान के चिन्तन से अपने जीवन के कर्मों की बड़ी-बड़ी गाँठों को काट डाला था। ये बड़े महात्मा पुरुष, सन्त-सेवी, आत्मज्ञानी और भक्त शिरोमणि थे तथा ज्ञान एवं वैराग्ययुक्त भक्ति से अपने अन्तःकरण में नित्य-निरन्तर परमतत्व स्वरूप भगवान का अनुभव करते रहे। इस प्रकार उन्होंने अत्यन्त आनंद के साथ एकाग्र मन से भगवान का सदा-सर्वदा ध्यान तथा आराधन किया था।

नायकी स्वामी निर्लोभ-प्रकृति के व्यक्ति ये और धन के प्रति उनके मन में मोह नहीं था। भक्ति की प्रबल प्रेरणा ही उनके जीवन की संचालिका शक्ति थी और यही उनका बाह्य एवं आभ्यानतर व्यक्तित्व था। दैन्य तथा विनय से प्रारंभ कर उन्होंने प्रत्यक्ष कान्ता भाव से माधुर्योपासना की थी। पुरुष होते हुए भी बाहर एवं भीतर से स्त्री बनकर कान्ता भाव से अपने इष्ट देव की उपासना करने से नायकी स्वामी के व्यक्तित्व की विशिष्टता निहित हैं। अपने इसी विशिष्टता के कारण वे 'नटनगोपाल नायकी' के नाम से अत्यन्त प्रसिद्ध हुए।

नायकी स्वामी का कृष्णभक्ति-काव्य

नायकी स्वामी के भक्तिपरक पदों की संख्या निम्नलिखित है-

सौराष्ट्री भाषा में लिखित संकीर्तनों की संख्या	129
सौराष्ट्री में लिखित नामावलियों की संख्या	72
तमिल भाषा में लिखित कीर्तनों की संख्या	71
तमिल में रचित नामावलियों की संख्या	9
कुल पदों की संख्या	281

विनय-पदों में नायकी स्वामी ने दीनता, विषय-वासना में मानव की लिप्तता, संसार की नश्वरता, देह की अनित्यता आदि का उल्लेख किया है। इन पदों में कवि ने विनय भरे स्वरों में आत्म दैन्य के भाव प्रकट किये हैं और भगवद्द भक्ति को ही मानव-जीवन को सार्थक बनाने का मूलमन्त्र बताया है। इनके अतिरिक्त नाम-महिमा, हरिविमुख निन्दा, सत्संग की महिमा आदि विषयों पर भी कवि ने प्रकाश डाला है।

माधवराज योग और ज्ञान संबंधित पदों में योग-साधना द्वारा षटचक्र भेदन की रीति से प्राण-वायु को ऊपर चढ़ाकर सहस्रार-चक्र में लक्ष्मी सहित भगवान नारायण का साक्षात्कार करने की बात बतायी गयी है।

नायकी स्वामी ने अपने काव्य में विशिष्टाद्वैत दर्शन का निचोड़ तथा माधुर्य भक्ति का सार भर दिया है। दर्शन से संबंधित पदों में ब्रह्म, जीव, जगत, माया, कर्म-फल आदि विषयो का प्रतिपादन हुआ है। मानव कल्याण हेतु कुछ हितोपदेश भी नायकी स्वामी ने अपने पदों में दिये हैं।

नायकी स्वामी के दार्शनिक विचार

श्री रामानुज संपद्राय के अनुयायी होने के कारण नायकी स्वामी द्वारा व्यक्त बह्म संबंधी विचारों में विशिष्टाद्वैत मत की ही छाप अधिक है। उन्होंने ब्रह्म को एक माना है, वे विष्णु हैं। वे ही सारी सृष्टि में दृष्टिगोचर होते हैं। वे सर्वन्तर्यामी, सर्वात्मा और सर्वशक्तिमान हैं। समस्त जगत तथा चर-अचर सब प्राणी उन्हीं के अधीन होकर रहते हैं। चेतन-अचर सब प्राणी उन्हीं के अधीन होकर रहते हैं। चेतन-अचेतन सब उनके शरीर बनकर रहते हैं। ब्रह्म के भीतर रहकर भगवान नारायण सृष्टि करते हैं और रुद्र के भीतर रहकर वे सारी सृष्टि का संहार करते हैं। वे ही सब के आराध्य देव हैं।

वे ही नारायण रूप से समस्त लोकों का पालन-पोषन करते हैं। वे तिल में तेल की तरह और फूल में सुगन्ध की भांति सर्वत्र व्याप्त हैं।

पर, व्यहू, विभव, अन्तर्यामी और अर्चाब्रह्म के इन पाँचों का वर्णन भी नायकी स्वामी ने अपने पदों में किया है। परब्रह्म के रूप में श्रीमन्नारायण क्षीरसागर में शेष-शैया पर अनन्त शयन करते हैं। नित्य मुक्त जीव उनके पास रहकर सदा उनकी स्तुति किया करते हैं। जगत् के कल्याण निमित, धर्म की रक्षा तथा अधर्म को नाश करने के लिये वे ग्यूह विभव, अन्तर्यामी और अर्चा के रूप में अवतार धारण करते हैं।

नायकी स्वामी ने अपने श्री संप्रदाय के सिद्धान्तों के अनुसार, अधिकांश रूप में ब्रह्म का प्रतिपादन किया है। जगत के शरीरधारी समस्त प्राणियों में ब्रह्म जीव रूप में निवास करते हैं।

नायकी स्वामी के दार्शनिक विचार संबन्धी कतिपय दृषान्त उनके काव्य से प्रस्तुत किये जाते हैं।

सृष्टि

सृष्टि के संबन्ध में नायकी स्वामी अपने एक पद में कहते हैं-

मव्डिवेंडिक सारे ताक् सोडि
खलोरेस्ते लोकुर
होव्डि सोडि सेव्लाम हरि
भित्तर खलरेस्ते
सृष्टि ब्रह्मा भित्तरुम रीःय (सौराष्ट्री)
हरीस करोरेस्ते
सृष्टि सम्टे रुद्रुमरीःय
हरि संहार करोरेस्ते।[1]

जैसे मकड़ी अपने मुँह से जाला फैलाती है, उसी में विहार करती है और फिर उसे निगल जाती है, वैसे ही ब्रह्म भी इस जगत को अपने में से उत्पन्न करता है; उसमें जीव रूप में विहार करता है और फिर उसे अपने में लीन कर लेता है।

---

1 नायकी स्वामिगलिन संकीर्तनगल, पृ0 35-2, 3 तथा 4

श्रीमद्भागवतकार ने भी परेमेश्वर की सृष्टि की तुलना मकड़ी से की है।[1]

ब्रह्म का निराकर रूप

तेलतीलुम भेरिरियेसोकन खाल, होल्ले कोम्मिमु भौरिरुःयेहाल[2]

(तिल में तेल की तरह ब्रह्म ऊपर, नीचे सब जगह व्याप्त है।)

जीव

ब्रह्मम् मी मेनि मेंनन होना
ब्रह्म भी मेनेत् पाप अवै जाना।[3]

(मैं ब्रह्म हूँ-ऐसा जीव को नहीं कहना चाहिये। ऐसा कहने से पाप बढ़ता जायेगा।

आत्मा

शरीर रा:ना शरीर रा:ना शरीर
शेर अस्कि जाय कय अवना (सौराष्ट्री)
आत्मा अपुल आत्मा अपुल
जीवात्मा मेनस्ते आत्मा अपुल[4]

(शरीर नश्वर है, वह शाश्वत नहीं। उसके पतन होते ही सब विनिष्ट हो जायेंगे। कुछ भी साथ नहीं आयेगा। मैं शरीर नहीं हूँ; 'मैं जीवात्मा हूँ। ऐसा मानना चाहिये)

मनुष्य जन्म की श्रेष्टता

मोक्षि पोन्दस्तक जेलुम येस ऐकिरे मोन्नु
मोक्षि पोन्दस्तक जेलुम येस[5]

(मोक्षि-प्राप्ति के लिये मनुष्य जन्म ही उत्तम जन्म है।)

अष्टाक्षरी मन्त्र

कट्टैतुवाय मायाक् अष्टाक्षरी मन्तुर
कटको हाथ खल्ले मेनिकित्क संगरेस तोक[6]

(ओम नमो नारायणाय' नामक अष्टाक्षर मन्त्र रूपी गंडासा से माया को काट सकते है। इसलिये उस मन्त्र को सदा जपते रहो।)

---

1 श्रीमदभागवतम,एकादश स्कन्ध अ.9, श्लोक 21
2 नायकी स्वामिगलिन संकीर्तनगल पृ0 73-4
3 वही पृ0 29
4 वही पृ0 188, 29
5 नायकी स्वामिगलिन संकीर्तनगल पृ. 41-7
6 वही पृ0 23

स्वर्ग

भूखशोक होंगु नीःस्ते गामवि बुद्धि
भोव्रेसतेदि कोन्दिन्नु-येम
घाक् नीःस्ते परमपदमवि घन्यु
होस्ते कोन्दिन्नु[1]

(भूख, प्यास, नींद तथा यम भय रहित परमपद में कब पहुँचूँगा)

कर्म-फल

पुन्नु पापुनु जेलुम देयी
पुन्पु पापुन्धानुक दुःखुन्अवयी[2]

(पाप और पुण्य के अनुसार मनुष्य को अनेक योनियों में जन्म लेना पड़ता है। पाप और पुण्य के अनुसार हमें सुख और दुख भोगना पड़ता है।

नायकी स्वामी की भक्ति-साधना

भक्ति-मार्ग की श्रेष्ठता

नायकी स्वामी के भक्ति संबन्धी विचारों के लिये उनके काव्य से उदाहरण)
तेरादु तेरादु सारमिल्ला ज्ञानम् (तमिल)
तेरादु तेरादु आयिरनामम् चोल[3]

(सार हीन ज्ञान से कोई फायदा नहीं। इसलिये भगवान का शहस्त्र नामों को जाप करो।)

निच्चु श्री हरि भजन कारि
हेच्चु वाटेस लोकुरु श्री
अच्चुदा गोविन्दा मेनि
रेच्चो सेर लाजु सोडि निकिली।[4]

(रोज हरि का भजन करों; इस जगत् में यही श्रेष्ठ मार्ग है। लज्जा छोड़कर ऊँचे स्वर में अच्चुदा! गोविन्दा का नामोच्चारण करो।)

आगे नायकी स्वामी उपदेश देते हैं:
एदिन्नु तोर दिन्नु
एफल्ला दिन्नु कोनक्कि मोन्नु

---

1 वही पृ0 65

2 नायकी स्वामिगलिन संकीर्तनगल पृ. 49

3 वही, पृ0 230 (नायकी स्वामिगलिन संकीर्तनगल)

4 वहीं पृ07

एभित्तरुम हरिक गवले
हरि कृप करयी तू जिबले
मोस जानको[1]

(आज का दिन तुम्हारा दिन है। आने वाले दिन में क्या होगा, कोई नहीं जानता। इसलिये अभी हरि का भजन करो। वह तुम्हारे ऊपर कृपा करेंगा। तुम बच जाओगे।)

गुरुभक्ति

द्वादश आलवारों की भांति नायकी स्वामी ने भी गुरुको साक्षात् हरि माना है-
गुरु ध्यान कारि श्री हरि तेनोस मेनिहट्वी
तिरुमन्तुर दिव्य चरम शलोकुन् अब्बै।[2]

(गुरु का ध्यान करो; गुरुको ही साक्षात् हरि मानो। गुरु की कृपा से अष्टाक्षरी मन्त्र, द्वयम् एवं चरमशलाक का मंत्र तुम्हें प्राप्त होगा।

सत्संग

कूडिवाल कूडिवाल आडियारगलुडन नी
कूडिवाल कूडिवाल नीडिय विनैयरुम[3]

(साधु और सन्यासियों के सत्संग में रहा करो। लंबी अवधी का कर्म कट जायेगा।)

भगवत् दासुन सेर मिल्ले-हरि
भक्तिवाट संगन् तेनु ते खल्लें
जेगतुर संसार सेंकल मोल्ले[4]

(भगवान के भक्तों से मिला करो। हरि की प्राप्ति का भक्ति-मार्ग वे बतायेंगे। उसे सुनलो। इस जगत में संसार की जंजीरों को काट डालो)

चोक्कट साधु सेर मिल्लेरे
चोक्कट गति पोन्दि येगियान खल्लेरे
नोक्को विवेक नीः स्तेंको सेंगु लोकुरु
होना भक्ति नीःस्तेंको सेंगु गो
राःना पालन करयी सत्संगु[5]

1 नायकी स्वामिगलिन संकीर्तनगल पृ. 195
2 नायकी स्वामिगलिन संकीर्तनगल पृ. 1
3 वही पृ0 230-9
4 वही, पृ0 18
5 वही पृ0 172, 2-4

(नेक साधुजनों से मिलली। तुम्हें मुक्ति मिलेंगी। इस ज्ञान की बात को तुम सुन लो। वेवकूफ लोगों की मित्रता को काट डालो। नाश्तिकों से भी न मिला करो। सत्संग का फल अवश्य मिलेगा।)

नवधा भक्ति संबन्धी नायकी स्वामी के विचार

कीर्तन भक्ति

कीर्तन-भक्ति की महिमा के संबन्ध में नायकी स्वामी बताते हैं-

निच्चुनिच्चु श्री अच्चुद नारायणा मेनि गविनासीतू
निच्चु हरिनमम् केरेत भित्तर
जेज्जु जाय गविनासी[1]

(हर रोज श्री अच्चुदा, नारायण कहते हुए नृत्य किया करो। हरि का नाम जपन करने से तुम्हारा अंतः करण परिशुद्ध हो जायेंगा।)

उलकुण्ड पेरुवायानै पाडिडादवाय
उयिरैमात्तिडुम शर्प बिल्मे[2]

सात लोकों को निगलनेवाले बड़े मुँहवाले का गान न करने वाले का मुँह, जीव को मारने वाले शर्प का बिल है।

स्मरण भक्ति

हुडिनुम् बिसिनुम चल्लिम् होंगुम
नटनगोपाल ध्यान सोन्नको मोन्नु[3]

(उठते समय, बैठते समय, चलते समय, सोते समय, हे मन! नटनगोपाल का ध्यान करना मत छोड़ो।)

ध्यान करेत् सेंगोराय् रेंगो, ध्यान
करनास्तेंको पापुनराय सेंको[4]

(हरि का ध्यान करने वालों के साथ श्री रंगनाथ स्वामी साथ रहेंगा। जो हरि का ध्यान नहीं करता उसके साथ पाप ही रहेगा।)

पादसेवन-भक्ति

धेल्लुवो दासुन पदाल घेरि धुवि
तीर्तु लीलुवों धेरेकलो धमिजैडै[5]

---

1 नायकी स्वामिगलिन संकीर्तनगल पृ. 86-3
2 वही पृ. 266
3 वही पृ0 70
4 वही पृ 49-8
5 नायकी स्वामिगलिन संकीर्तनंगल पृ. 96-2

(भक्तों के चरणों को स्पर्श करके, उन्हें धोकर तीर्थ पीने से हमारे पाप सब कट जायेंगे।)

अर्चना भक्ति

फूल तोलसी अनि पुजेकरेति करवायी
बालगोपाल मेनि बोवि भात जेमेदिन्नु पुजेहोथी[1]

(पुष्प, तुलसी लाकर हरि की पूजा कर सकते हैं। बालगोपाला कहकर नैवेद्य चढ़ा कर भी पूजा कर सकते हैं।)

वन्दना भक्ति

कटे झाट सोक पोडि फुल्ले करे
करुम जाय पायिर पोडि[2]

(कटे गये पेड़ की भांति हरि के श्री चरणों पर गिर कर उपासना करो। पूर्व जन्म में किये सब पाप नष्ट हो जायेंगे

दास्य भक्ति

कोट् जी मी रोडु कोंक जोवलु संगु
मोककोनु हरि मोक कोनु हरि दुसर कोनु हरि
येटतू अवनास्त रिःयेस मोरे पोट शिल्ले होस्ते कोनक्[3]

(कहाँ जाकर मैं रोऊ? किससे जाकर कहूँ? हे हरि! तेरे सिवा मेरे कौन है? यहाँ पधारकर मुझपर कब कृपा करोंगे? मुझे दर्शन न देने से मैं कैसे प्रसन्न रहूँगा)

रामा कृप सारे राक् छोडरे श्री
रामा कृप सारे।[4]

(हे राम! मुझ पर कृपा करो! श्री राम मुझ पर अपनी कृपा-दृष्टि डालो।)

हूनुम सम्टे किडो होयरिः येस सेव देनावी
होलठर औरगन्ना मुललाम सेब देनावी[5]

(धूप में पड़े कीड़े की भांति तड़पता हूँ। मुझे दर्शन दौ। शरीर से आत्मा अलग होने के पूर्व मुझे दर्शन दौ।)

1 वही, पृ0113-12
2 वही पृ0 2-4
3 वही पृ0 140-2
4 नायकी स्वामिगलिन संकीर्तनगल पृ. 140-2
5 वही पृ0 215-12

मण्णिल उडलेडुत्तु कण्णिलन्द माडाय
पण्णिनेन येण्णिलाद पावम् यान[1]

(इस धरती पर जन्म लेकर अंधे बैल की भांति मैंने अनगिनित पाप किया।)

बोविरोडरियो मोको
भुविरहाथ सोडन् होकि, बोव्ले मोरे दुखकु जायरे[2]

(तुम्हे बुलाकर रोने वाले मुझको धोका मत दो। मुझे अपने पास बुला लो। मेरे दुख सब मिट जायेंगा।)

कोनवेलुम कोट पोडि जेडैकि ये शरीर जियेत
कोन जेलुमवैकि कोनोक्कि ते कोंकहालति जनन् होयकि[3]

(कब, कहाँ यह शरीर गिर कर नष्ट हो जायेगा? शरीर के गिरने पर कौन सा जन्म लेना पड़ेगा। इसे कोई भी नहीं जानता।)

मोन्नु तोको पायम पोडुस
मोरेवाक् ऐकिरेबा-सत्
गुण्णुवाट्ट चलेत संसार
संदुर दटवायरेबा[4]

(रे मन! मैं तुम्हें प्रणाम करता हूँ। मैं जो कहता हूँ उसे सुनो। सत्य-मार्ग पर चलने से संसार-सागर को तुमपार कर सकते हों।)

चोक्क्ट घेरुम् करनास्तको
झक्कु पाप करेस तेनो मी
कोक्कि धक्कुनास्तक भात बुक्कि
शरीर होटवरेस मी
सापुतोन बेस्कलि होग्रेस ये संसारुमु
कृप सास्ते कोनदिन्नु हरि-हरि।[5]

(मैंने बहुत पाप कर्मों को किया है; एक भी नेक काम नहीं किया; पाप-पुण्यों का डर मुझे नही या। किसी से न डरकर, भात खाकर मैंने शरीर को बड़ा किया। इस संसार में शर्प के मुँह में पड़े कूपमंडु बनकर रहता हूँ। कब मुझ पर तुम कृपा करोंगे?)

---

1 वही पृ0 70-3
2 नायकी स्वामिगलिन संकीर्तनगल पृ.79
3 वही पृ0 110-1
4 नायकी स्वामिगलिन संकीर्तनगल पृ. 110-1
5 वही पृ0 174-2, 180-5

गोपियों का यशोदा से शिकायत करना

नायकी स्वामी अपने को गोपिका स्त्री मानकर लिखते हैं-

श्रीकृष्ण की माखन-चोरी के वर्णन में नायकी स्वामी ने बड़ी मौलिकता दिखायी है। उन्हें बाल लीलाओं के वर्णन की प्रेरणा पेरियालवार के पदों तथा श्रीमद्भागवत से प्राप्त हुई थी। गोपियाँ यशोदा से माखन-चोरी की शिकायत करती हैं। जब यशोदा कृष्ण को बुलाकर पूछती है तो कृष्ण अपने को निर्दोष सिद्ध करने के लिये जो युक्तियाँ प्रस्तुत करते हैं वे उनके विनोद प्रिय बाल स्वभाव तथा बुद्धिचातुर्य को व्यक्त करते हैं

चोड्डो कामुन मी कोट सिक्केसवो तोरजोवल
गोपिन नीःते वत्तान कंचिल्लिअवरास
घेड्डेःय लोनि तूप येट नीः हाओ मोको

सोन्ना पात्रमुम् देस्ते लोनि मोको खास्तक् फुन्नाकि

मोरे बापु सोत्तु उन्नकि (सौराष्ट्री)
ऊँचों सिकान् मोको अन्दायकि
देंचु मोको येखहोललो सेकि-रात
मोंचुमु मोको तू भराट् घड्डस्ते सेकि
चोड्डो बत्तान करेली अवरासवो चोड्डिन येनुन्वो
येनुन् अड्डो नीःस्त मोवसतेनु असक चोड्डिनवों।[1]

(हे माँ! मैंने तुझसे-चोरी करने का काम कब सीखा? दही, माखन और घी हमारे घर में नहीं हैं क्या? इनके कथन में कुछ भी सत्य नहीं हैं। हमारे घर में माखन की कमी है क्या? स्वर्ण-पात्र में खाने के लिये मुझे इतना नवनीत तुम देती ही कि उसी को मैं खा नहीं पाता। ऐसी हालत में इनके घर में चोरी कर मैं माखन क्यों खाता? मेरे पिता जी की सपत्ति मेरे लिये कम है क्या?

रात ठंड मैं त् कैसे मुझे बाहर जाने देती? ऊँचे छिको में रखे माखन को मैं कैसे छू सकता? मुझे इन गोपियों से कुछ भी बैर नहीं हैं। अग्रज बलराम मुझे छोड़कर एक मिनट भी अलग नहीं होते। तुम उन्हीं से पूछकर सत्य को जान लो। झूठ बोलने के कारण ये गोपियों ही चोर हैं।)

श्रीमन् नारायण मोक्ष-प्रदान करने वाला ईश्वर

मोक्ष प्रदान करने वाले श्री हरि कों ही नायकी स्वामी ने अपना आराध्य देव माना।

सेंगु चेक्कुर सेर सेवोदेनावी
सियेते मौरे पाप जाय् सवो देनावी
कोंकिक् नोम्मेनि तोकोस सेवोदेनाबी
कोट् जऊ कोनसे सेनम् सेवदेनावी।[1]

1 नायकी स्वामिगलिन संकीर्तनगल पृ. 20-2, 3,4, पृ.21

(तुम्हे छोड़कर हे नारायण! मुझे और किसी भी देवता पर भरोसा नहीं। मैं कहाँ जाऊँ? तुम्हे छोड़कर मैं किसका आश्रय लूँ? इसलिये शीघ्र ही शंख, चक्र के साथ आकर, मुझे दर्शन देने का अनुग्रह करो। तुम्हारा दर्शन करने से मेरे सब पाप कट जायेंगे। मैं केवल तुम पर ही भरोसा करता हूँ।)

नायकी स्वामी की माधुर्योपासना

नायकी स्वामी ने अपने को भगवान श्री कृष्ण की स्वकीया मानकर मधुर भाव की उपासना की है। उन्होंने संयोगावस्था के प्रसंगों को बहुत कम वर्णन किया है। परन्तु वियोग में संयोग के जो चित्र उनके काव्य में उपलब्ध होते हैं, वे संयोग की परिस्थितियों में नायकी की मनोदशाओं का चित्रण करने में सफल हुए हैं। विप्रलंब श्रृंगार से संबंधित विभिन्न भावों का मार्मिक चित्रण नायकी स्वामी के काव्य में प्रस्तुत हुआ है।

नायकी स्वामी अपनी सखियो से पूछते हैं -

'कुट्रमो कोन्डाडिनदु कूरुवायडितोलि।
भर्ता नीये येन्नोम इदु पावमडि तोली।[1]

(हे मेरी सखी! तुम ही बताओं-"हरि से मैंने कहा कि तुम ही मेरा पति हो। ऐसा कहने में क्या कसूर है?")

पालुम तन्नीरुम पोल परन्दामनुडन यिरुन्देन[2] (तमिल)

(सुरत-काल के समय दूध और पानी की भांति हम दोनों एक हो जाया करते थे) आलैक्करुम्बदु पोल नान् आनेने (रति-संग्राम में, रति-रमण के पश्चात् कोल्हू में पिसे हुये गन्ने की भांति, मेरे देह की अवस्था हो जाती थी।)

मलैयैक्कण्ड पयिरदु पोल मकिल्देने[3]

(वर्षा को देखकर जिस प्रकार फसल आनंद के मारे झूम उठता है, उसी प्रकार मैं प्रिय को देखकर हर्ष तथा उल्लास के मारे झूम उठी।)

कट्टिलिन मेल नान यिरुक्क
गेट्टिक्कारण येप्पडियों
तिरुट्वासल बलिवन्दु कट्टियणैतान[4]

(सेज पर मैं लेटी थी। उस समय रणधीर श्रीकृष्ण ने बड़ी चालाकी से पिछवाड़े से भीतर घुस कर मुझे अपने अंक में भर लिया और कोक-कला को प्रकट करते हुए नाना प्रकार से मुझ से रति-रमण किया)

---

1 नायकी स्वामिगलिन संकीर्तनगल पृ. 128-1

2 वही पृ 252

3 वही पृ 241

4. 1. नायकी स्वामिगलिन संकीर्तनगल पृ. 258

4 वही पृ0 263

येकान्त लीलै यैल्लाम येन्नि अलच्चेयदाने
वन्दु मुकत्तोडे मुकम् वैत्तु बाल्विप्पानो
तन्द यिन्बंगल पोल इन्नुम तन्दु वाल्विप्पानो[1]

(अब में एकान्त में की गई समस्त रति-विहार की लीलाओं का स्मरण कर आँसू बहा रही हूँ। कब कृष्ण यहाँ पधारेंगे और अपने कपोलों को मेरे कपोलों पर रखकर मुझे सान्तवना प्रदान करेंगे?)

'पलविदमाय नडित्तु एन इदल परुकिय मोकन (नानाविध बहाना कर कृष्ण अपने दसनों से मेरे अधरों को खंडित करके अधरामृत का पान किया करते थे।)

तिरुवायमुदम चीनी, तेने नल्ल कल्कण्डो,
अमुद वायिन तेन् परुकादु अल्लल पोमोवडी,

(कोविद कला में प्रवीण श्री कृष्ण का अधरामृत चीनी से भी बढ़कर मीठा और मधुर है क्या? उसके अघरामृत का पान किये बिना हे सरवी! कैसे मेरा वियोग-दुख दूर होगा?)

मनमट्र पुषपम् पोल माघवनिल्लामल नान् मकिमैयट्रोम्[2]

(सुघन्ध-रहित पुष्प के समान में जी रही हूँ।)

नायकी स्वामी के काव्य का कला-पक्ष

नायकी स्वामी का प्रधान विषय भक्ति ही है। अतः काव्य के ब्राह्य पक्ष की ओर उनका विशेष ध्यान जाना स्वाभाविक ही था। रस-सिद्ध कवि नायकी स्वामी की वाणी सहज ही अलंकृत बन गयी है। इसके अतिरिक्त उनके पद, संगीत की माधुर्य से भी उल्कृष्ट बन पड़े हैं।

नायकी स्वामी काव्य-शास्त्र के मर्मज्ञ थे और उन्होंने अपने इस ज्ञान का उपयोग अपनी भवगद् भक्ति के प्रतिपादन के एक साधन-मात्र रूप में किया था। इनके पदों में अभिव्यंनना-शिल्प स्वमेय सुन्दर बन पड़ा है।

नायकी स्वामी का काव्य गीत-काव्य की कोटी में आता है। भजन या संकीर्तन के लिये गाये जाने के कारण उनके पद संगीत मय बन गये हैं।

अलंकार-योजना

उपमा या रूपक अलंकारों का प्रयोग ही नायकी स्वामी के पदों में प्रचुर मात्रा में हुआ है।

शब्दालंकार के लिये उदाहरण-अनुप्रास

चिडिहुडिजी झाट मुडि
पोडि जानामुल्लाभ[3]

---

1 वही पृ0 256

2 नायकी स्वामिगलिन संकीर्तनगल पृ0 269

3 वही पृ0 96

(चिड़िया उठकर जाने के पश्चात् पेड़ के गिरने के पूर्व)

हुटिनम् विसिनिम् चल्लिम् होंगुम (सौ) (उठते, बैठते, चलते और सोते समय)

तुक

मोन्नु थोवि सन्दि
देवुकतू अन्दि
मोक्षि देय जीवुक् शांति[1]

(मनको लगाकर योग करो। ईश्वर को प्राप्त करो। वे मोक्ष एवं शान्ति प्रदान करेंगे)

उपमा अलंकार-योजना

सापुतोनुम बेस्कलि सोको रघुनाथा मी।[1]

सम्टिलि रिःयेस्बा रघुनाथा। (शर्प के मुँह में फसे मंडूक की भांति, हे रघुनाथ मैं माया के मुंह में फसा हुआ हूँ।)

होये भात साल होय्कि शरीर उजि
होडे फल्लो नः न्ननुरु होय्कि घरीरु।[2]

(चावल को पकाने के बाद वह भात बन जाता है। पका हुआ भात पुनः चावल नहीं बन सकता। उसी प्रकार जरावस्था को पहुंचने के पश्चात् यह शरीर शैशवास्था को प्राप्त नहीं कर सकता।)

तूपनीःस्ते दिवहोय पोडि तोनुम
पनि गेलि अव्नामुल्लाम
साप संसाररस्को सोडि सत्गुरुवुक सवो[3]

(घी रहित दीप के समान शरीर का पतन होने के पूर्व साँप रूपी इस संसार का परित्याग करो और सद्गुरु का ध्यान करो।),

अब्वैकि गोविन्द नमम्
कोब्बु सोम्मर अदि गुल्ले[4]

(गोविन्द का नाम गन्ने के रस से भी बढ़कर अति मधुर है।)

कटे झाड सोको ये शरीर
खल्ल पोंडि जानमुल्लाम
नटनगोपालुक् दास होयलुओं[5]

---

1 वही पृ 3-2

2 वही पृ. 40-6

3 वही पृ. 62-3

4 वही पृ. 85

5 नटनगोपाल नायकी स्वामिगलिन संकीर्तनगल पृ. 97-5

(कटे वृक्ष के समान यह शरीर नीचे गिरने के पूर्व नटनगोपाल का दास बन जाओ)

(हूनुम् सम्टे किडो होयरेस सेवदेनावी[1] (धूप में पड़े कीड़े की भांति तेरे दर्शन के लिये तडप रहा हूँ। दशन देने आओ।)

झाड्नुम-चलस्ते झाड, ये झाडुकु ऊँचो मूल (मनुष्य, पेड़ों में चलनेवाला पेड़ है; इस पेड़ का मूल ऊपर है।)

रूपक अलंकार

नायकी स्वामी के रूपक अलंकारों के प्रयोग में नवीन कल्पनाओं को देख सकते हैं। कमल चरण, पंकज-मुख आदि कृष्ण के सौन्दर्य को स्पष्ट करते हैं।

कैंकर्यमु कतको करुमु राण कटितैत्तेय[2]

(कैंकर्य रूपी तलवार कर्म रूपी बन को काट डालेगी)

अन्नु हाल होय शरीर भोन्नो धुलिजेडै[3]

(अन्न से बना हुआ शरीर रूपी घड़ा टूट जायेगा।)

सोममुख मण्डल श्री हरि राघवेन्द्र[4]

(चंद्रमुख बाले श्री राघवेन्द्र)

भाषा

तमिलनाडु की सौराष्ट्री तथा तमिल दोनां ही भाषाओं में नायकी स्वामी का काव्य उपलब्ध है। बोलचाल की सौराष्ट्री एवं तमिल में नायकी स्वामी ने अपने पदों की रचना की है। शब्दों के प्रयोग से इसमें संगीतमकता आ गई है। नायकी स्वामी ने संस्कृत के तत्सम और तद्भव शब्दो का प्रयोग किया है।

मुहावरे और लोकोक्तियाँ

नायकी स्वामी के पदों में प्रयुक्त मुहावरों और लोकोक्तियों द्वारा, उनकी भाषा में अर्थगांभीर्य, मार्मिकता, कौतूहल आदि गुणों का समावेश हो गया है। उन्होंने अपने कथन की पुष्टि के लिये लोकोक्तियों का प्रयोग किया है। इनके द्वारा प्रयुक्त कतिपय मुहावरे और लोकोक्तियाँ नीचे प्रस्तुत किये जा रहे हैं

फोट्टु तोर गट्टुनस्कि (तुम्हारे रहस्य का भंडार फोड डालूँगा।)
धूम देककस्ते-(कष्ट देना)

1 वही पृ 124-4
2 वही पृ0 145-3
3 वही पृ0 52
4 वही पृ0 46-2

फल्लि तोल्कि मोल्लि जाना मुललाम- (अपना संबन्ध तोड़कर संसार से जाने के पूर्व) तोन बव्जस्ते (अंट, संट बकना) आदि

लोकोक्तियाँ (नायकी स्वामी के पदों में प्रयुक्त)

हद्दु कोड्डुम तेल्कै जानको (अधजल गगरी छलकत जाय)

पिक्के वेन्नु नित्तराःयकी

(पकी हुई फसल सीधे खड़ी नहीं होती)

हातुम् लोनि थोवली तूपुक कोक हिण्डुनरे

(हथेली पर नवनीत रखकर घी को क्यों ढूंढते हो?) मीटु घोड़ों होर हिंगी पनि दडस्ते

(नमक से बने घोड़े पर चढ़कर नदी को पार करना) भुंजे बीक होडकि ये भोःयिर?

(भुना हुआ बीज इस धर्ती पर कहीं उगता है क्या?) नट्टाट्रिल कै विट्टालपोल (नदी की बीच-धारा में हाथ छोड़ने के जैसे)

नायकी स्वामी ने दक्षिनात्य संगीत की विशिष्ट गीति-शैली, कीर्तनम्, पदम् एवं कृति शैली में अपने भक्ति परक पदों की रचना की थी। पद रूप में दिखायी पड़ने वाला उनका काव्य वास्तव में विविध छन्दों में बद्ध है। उनके छन्दात्मक पद विविध राग-रागिनियों तथा टेक से परिपूर्ण हैं।

नायकी स्वामी ने अपने पदों की स्वना तमिल भाषा के कण्णियों में की है। वे कण्णियों गेय पदों के लिये अत्यन्त उपयुक्त माने जाते हैं। उनकी नामावलियाँ 'वेण्पा' नामक छन्द में रची गयी हैं।

प्रयोग, औचित्य, यथार्थता तथा अभिव्यंजन-कला की दृष्टि से नायकी स्वामी का उपमान-संयोजन सराहनीय है।

सूक्ष्म और गहनतर विचारों को सहज रूप से अभिव्यक्त करने की क्षमता नायकी की भाषाओं में (तमिल और सौराष्ट्री) विद्यमान है।

नायकी स्वामी ने अपने आराध्य देव के लिये विभिन्न नामों का प्रयोग किया था। वे निम्नलिखित हैं-

सौराष्ट्री में प्रयुक्त श्री कृष्णपरमात्मा के विविध नाम

दाशरदे श्री दामोधरा
अच्चुदा श्री नारायणा
रामा, कृष्णा, हरि
गोविन्दा, केशवा, नटनगौपाला
वामणा, श्री विष्णु, शंखु चक्रापाणी
माधवा, श्री जानकी रमणा, सीतारामा
मधुशूदना, श्री धरा, राम कृष्णा

राघवा, जगन्नाथा, रेंगा
नीलांगरी, रघुनाथा, नरहरि
श्री मुरारी हरि, मुकुन्दा
षुण्डरिकाक्षा, गजेन्द्रवरदा
फूल भोंबी देव (कमल पुष्प नाभीवाला ईश्वर)
गौवर्धन-धारी, पंचायुतपाणी
रिशिकेशा, मोहनरंगा,
गोदंडपाणी, कीष्टु, परन्दामा
सरस्वती सोसुरा (सरस्वती का सषुर)
कस्तूरी रंगा, कावेरी रंगा,
नावशशरू देवा (सहस्त्र नामोंवाला देव)
सुन्दर राजा, नटनकृष्णा, उरगशयना,
वटपत्रशयना, कपटनाटका, शूत्रधारी आदि

तमिल में प्रयुक्त नाम

कण्णन, आरावमुदन,
पण्डरिवासन, आलिवण्णन
पट्टाभिरामकृष्ण, राजगोपाल
मायवन् आदि

निष्कर्ष

नायकी स्वामी ने बाल्यकालमें ही घर का त्याग किया। युवावस्था में माता-पिता के द्वारा विवश किये जाने पर भी इन्होंने शादी नहीं की। अंत तक नैष्टिक ब्रह्माचारी रहे और उंछवृत्ति द्वारा जीवन बिताया। काव्य-सौन्दर्य से युक्त भक्ति-कीर्तनों की रचना तमिल एवं सौराष्ट्री में करते हुए लोगों के बीच भक्ति का प्रचार करने में अपने दिनों को बिताया। वे एक क्षण के लिये भी भगवान हरि को न भूले। अंत समय में भी हरि का नाम जपते हुए स्वर्गलोक पधारे। इनके काव्यों पर आलवारों की काव्यों का प्रभाव पड़ा है।

नायकी स्वामी के जीवन-वृत का सार

जन्म	सन् 09-01-1843
मृत्यु	सन् 08-01-1914
कुल जीवित वर्ष	74 वर्ष
पिता का नाम	रेंगय्यान
माता का नाम	लक्ष्मी
माता-पिता का दिया हुआ नाम	रामभद्र

अन्य नाम	सदानंद सिद्ध, मौणम् ओल्डियान, कोप्पान सामियार, नटन गोपाल नायकी
घर का नाम	कोप्पान
मौन व्रत धारण का काल	12 वर्ष
कुल व्यवसाय	हाथ करघे की पेशा
यज्ञोपवीत संस्कार	7 वर्ष की आयु में
गृह-त्याग	11 अथवा 12 वर्ष की आयु में
तपस्या का स्थान	तिरूप्परनकुन्नम की गुफा
शिक्षा	पाँचवी कक्षा तक
सन्यास-धारण	23 या 24 वर्ष की आयु में
कुल	सौराष्ट्राविप्रकुल
योग सिखाने वाला गुरु	नागलिंग अडिगल
गुरु का दिया हुआ नाम	सदानंद योगी
योग-सिद्धि का परीक्षण करने वाला नरेश	सिबगंगै का नृप श्री गौरी बल्लभ तेवर
इनको सम्मानित करने वाले राजा का नाम	रामानाथपुरम् का सेतुपति राजा
शिवभक्त से वैष्णव भक्त में परिणत होने का स्थान	नम्मालवार का जन्म-स्थान 'आलवारतिरुनगरी'
श्री संप्रदाय का दीक्षा-गुरु	वटपत्रार्य
वैष्णव भक्त में परिणत होते समय इनकी आयु	लगभग 31 या 32 वर्ष
जीयर स्वामी और वटपत्रार्य द्वारा दिया गया नाम	नटनगोपालनायकी
मौन व्रत के समाप्त करने का स्थान	तिरुपति का तिरुमला-मंदिर
स्त्री-वेंश-धारण का स्थान	तिरुभुवनम्
जीवनोपाय	उंछवृत्ति
इनके द्वारा प्रारंभ किया गया योग	माधवराज योग
समाधि स्थान	मदुरै के समीप 'कादक्किनरु' नामक स्थान
रचनायें	सौराष्ट्री में रचित पद -129 नामावलियों की संख्या -72 तमिल में विरचित कीर्तिन- 71 नामावलियाँ 9

पुण्य स्थलों की यात्रा	आलवारतिरुनगरी, श्रीविल्लिपुत्तूर, अलगरकोबिल, श्री रंगम, तिरुभुवनम, चेन्नै, कांचिपुरम तथा तिरुपति
जनश्रुतियाँ	1. विडिन्तोप नामक उपवन में सोते समय एक नागराज ने अपने फन से इनके मुँह पर धूप पड़ने न दिया। 2. श्रीरंगम-मंदिर के उत्सव के समय, अपनी भक्ति की महिमा से, वर्षा को रोकना।
शिष्य	पिडुकुन लक्ष्मणय्यो कण्दाल्लु नागसामैय्यो धुमट्टिन देवेन्द्रय्यो तोप्पलिन कु. वेंगट्रामैय्यो भज्जि कौण्डान पेरुमाल गोम्डो, गुड़गा कुडुवान, नारायण सामैय्यो भोवन्नु श्रीनिवासय्यो, भदेन हनुमन्तय्यो भाज्जि कुडुवान मुनिकृष्णय्यो कोप्पान हरिकृष्णय्यो।

अध्याय 8

मलयालम वैष्णव साहित्य

मलयालम भाषा

मलयालम भाषा द्रविड परिवार के अन्तर्गत आती है। द्रविड भाषा तमिल से, मलयालम, कन्नड, तेलुगु आदि भाषाओं का आविर्भाव हुआ। यद्यपि मलयालम, संस्कृत भाषा-परिवार के अन्तर्गत न आती है, फिर भी इसमें संस्कृत के शब्द अधिक मात्रा में पाये जाते हैं। इस भाषा पर संस्कृत का प्रभाव अधिक होने पर, यह तमिल से भिन्न होने लगी। केरल में आजकल लगभग तीन करोड़ चालीस लाख के ऊपर लोगों की मातृभाषा मलयालम है।

कुलशेखरालवार का जन्म मलयालम-प्रदेश में हुआ था। वे केरल के नरेश थे। आलवारों में कतिपय आलवारों ने केरल के विभिन्न स्थानों में जाकर लोगों के बीच वैष्णव भक्ति का प्रचार किया था। इसलिये वहाँ आलवारों के भक्ति-पद प्रसिद्ध हुए।

केरल के मंदिरों में भक्ति-कीर्तनों को गाने की प्रथा 'पाटकम्' कहलाती है। भक्ति-गीतों को गाना 'पाणर' नामक जाति के लोगों का कुल-धन्धा था। तिरुप्पाणालवार 'पाणर' जाति के थे।

आलवारों द्वारा प्रारंभ किया गया वैष्णव भक्ति-आन्दोलन ने केरल में बहुत से श्रेष्ठ वैष्णव भक्त कवियों को जन्म दिया; उनमें से निरणम कवि, माधव पणिक्कर, शंकर पणिक्कर, राम पणिक्कर, चेरुच्छेरी नंपूतिरि, पून्तानम् नंपूतिरि, येलुत्तच्छन, कुन्छन नंबियार आदि अत्यधिक प्रसिद्ध माने जाते हैं।

इनकी कृतियों से मलयालम वैष्णव साहित्य का अच्छा विकास हुआ। आलवारों की भक्ति-रचनाओं का प्रभाव मलयालम वैष्णव साहित्य पर हम देख सकते हैं।

इस प्रकरण में मलयालम वैष्णव-साहित्य का विवेचन सविस्तार प्रस्तुत किया जाता है।

निरणम कविगण

मलयाल वैष्णव भक्त-कवियों में, माधव पणिक्कर, शंकर पणिक्कर एंव राम पणिक्कर-ये तीनों कवि प्रथम स्थान प्राप्त करते हैं। निरणम नामक गाँव में इनका जन्म होने के कारण ये 'निरणमकवि' के नाम से विख्यात हुए। इनका जीवन-काल सन् 1375 से 1475 तक माना जाता है। निरणम नामक गाँव आलप्पुला जिले मे पंपा नदी के तीर पर बसा है।

माधव पणिक्कर

शंकर पणिक्कर तथा रामपणिक्कर से माधव पणिक्कर आयु मे बड़े थे। इन्होंने पहले पहल मलयालम भाषा में भाषा भगवत 'नाम से श्रीमद्भगवत गीता का रूपान्तरण किया था। श्रीमद्भगवद्गीता

उपनिषदों का सार माना जाता है। 'भाषा भगवत गीता', संस्कृत भगवत गीता का संक्षिप्त अनुवाद माना जाता है।

शंकर पणिक्कर

शंकर पणिक्कर माधव पणिक्कर के अनुज थे। इन्होंने श्री कृष्ण विजय' तथा 'भारत माला' नामक दो कृतियों की रचना की थी।

राम पणिक्कर

राम पणिक्कर

निरणम कवियोमें राम पणिक्कर बहुत ही श्रेष्ठ कवि माने जाते हैं। इन्होंने निम्नलिखित काव्यों का सृजन मलयालम भाषा में किया थाः

१.रामायणम, २.भारतम् ३.ब्रह्मण्डपुराणम्, ४.शिवरात्री महात्मियम, ५. भागवत दशम स्कन्धम आदि। अपने पापों को दूर करने के लिये उन्होंने सर्वप्रथम रामायण की रचना की; तत्पश्चात् श्रीकृष्ण की कथा लिखी। 'भाषा भारतम' नामक अपनी कृति के अंत में इन्होंने इसका उल्लेख किया है।

निरणम कवियों की कवितायें मलयालम भाषा में 'कन्नच्चछ्नगीत' के नाम से पुकारे जाते हैं। राम पणिक्कर का 'कन्नच्छ रामायण' मलयालम भाषा में रचित प्रथम संपूर्ण रामायण माना जाता है। इस रामायण से केरल में राम भक्ति फैलने लगी।

तुलसीदास के रामचरितमानस की भांति केरल के लोग रोज कन्नच्छ रामायण को श्रद्धा एवं भक्ति-भाव से पारायण करते हैं। राम पणिक्कर की भक्ति एवं विद्वत्ता का इस रामायण द्वारा पता चलता है।

निरणम कवियों के जीवन के बारे में अब तक अधिक विश्वसनीय समाचार उपलब्ध नहीं हुये हैं। 14, 15वीं शताब्दी में अपनी भक्ति-रचनाओं द्वारा केरल की जनता को भक्ति मार्ग पर ले जाने का श्रेय इनको लपलब्ध हुआ है। अतः ये केरल के प्रथम वैष्णव भक्ति-कवि के रूप में विख्यात हैं। शंकर पणिक्कर ने अपनी रचना 'भारत माला' में पाँचाली के दुख का हृदय स्पर्श वर्णन प्रस्तुत किया है।

पून्तानम नंपूतिरि

पून्तानम नंपूतिरि का जीवन वृत्त

बहुतांश विद्वानों की यह राय है कि पून्तानम नंपूतिरि का जन्म मलबार-जिले के एक गाँव में सन् 1555 में हुआ था। इनके घर का नाम 'पून्तानम' होने के कारण ये पून्तानम नंपूतिरि के नाम से अधिक विख्यात हुए। नंपूतिरि इनकी जाति का नाम है। ये नीलकंठ कवि के शिष्य थे। बचपन से ही पून्तानम ईश्वर के बड़े भक्त थे। धर्म से संबंधित याग, यज्ञ, आदि को ये बड़ी श्रद्धा के साथ किया करते थे। दक्षिण भारत के प्रसिद्ध गुरुवायूर मंदिर में ये श्री कृष्ण परमात्मा की आराधना किया करते थे। श्रीमद्भावत का पारायण करना इनके दैनिक कामों में एक था। श्री कृष्ण के ऊपर इनकी अपार भक्ति को देखकर लोगों को बड़ा विस्मय होता था।

पून्तानम के दार्शनिक विचार

दार्शनिक विचारों को साहित्यिक सौन्दर्य के साथ-व्यक्त करने के लिये पून्तानम नंपूतिरि ने 'पाना' नामक एक शैली का श्रीगणेश किया।

पून्तानम ने अपने इष्टदेव श्री कृष्ण परमात्मा का वर्णन निर्गुण एवं सगुण रूप में किया हैं। वे उपदेश दिया करते थे कि ईश्वर जोति स्वरूप है; वह विषयवासनाओं से दूर है; वह इच्छा एवं कामना रहित है; नास्तिकों को वह दिखायी नहीं पड़ेगा। केवल ज्ञान और भक्ति से ही वह जाना जाता है। जीव माया में फँसकर पाप कर्म करता है। विभिन्न योनियों में निरन्तर जन्म लेता रहता है। सत्कार्यों को करने से मानव मुक्ति प्राप्त कर, स्वर्ग जाता है; ऐसा न करने पर वह चाण्डाल के रुप में जन्म लेता है। माया के विचित्र रुपों का वर्णन उन्होंने अपने काव्य में किया है।[1]

पून्तानम का भक्ति मार्ग

मुक्ति पाने का श्रेष्ठ साधन भक्ति ही है। ऐसा पून्तानम विश्वास करते है। अज्ञानी लोग धन-दौलत, स्त्री-सुख पाने के लिए अनेक पाप-कर्म करते रहते है। पून्तानम कृष्ण परमात्मा से प्रार्थना करते है

1 पून्तानम की रचनाएं - पृ.65 के. वासुदेवन

कि वे उनके हृदय को अपना निवास-स्थान बनाकर उनको शांति प्रदान करें। वे अपने मन को उपदेश देते है कि वह भगवान के चरण कमलों को अपना आश्रय बनावें।

इस कलियुग में मुक्ति पाने का श्रेष्ठ उपाय हरि का नामोच्चारण करते रहना है। बहुत से भक्तों ने नामोच्चारण द्वारा जन्म-मरण नामक साँसारिक सागर को पार किया है। वे प्रभु से अनुरोध करते है कि-"हे प्रभु मुझे तेरे नामों का सदा-सर्वदा जप करने की शक्ति एवं उत्साह प्रदान करें।"

आलवारो की भांति पून्तानम ने भी नवधा भक्ति की महिमा का उल्लेख अपने कीर्तनों में किया है। दुखों का कारण और उनसे छुटकारा प्राप्त करने का उपाय आदि को पून्तानभ ने अत्यन्त सरल भाषा में अपने कीर्तनों मेंबताया है। त्रिकालज्ञानी हरि, हमारे सब दुखों को दूर करनेवाला है। हम अपने किये हुए कर्मों के कारण नाना प्रकार की योनियों में जन्म लेकर असहय कष्टों का अनुभव करते हैं। हमारा राग-द्वेष, हमारे कर्मों का कारण बनता है। मानव अपनी यथार्थता एवं प्रभु की श्रेष्टता को भूल जाता है। इसलिये उसके मन में गर्व उत्पन्न होता है। अज्ञान के कारण, वह ईश्वर की महानता एवं अपनी अकिंचनता के बारे में चिंतन नहीं करता; हरि की भक्ति करने से हमारे सब अडचन दूर हो जाते हैं; अतं में हम मुक्ति प्राप्त कर सकते हैं।

पून्तानम की वात्सल्य भक्ति

पेरियालवार और सूरदास की भाँति पून्तानम् ने भी वात्सल्य भक्ति की कवितायें लिखी हैं। रात और दिन, सदा-सर्वदा श्री कृष्ण की याद में डूबकर उन्होंने अपने वात्सल्य प्रेम को अपनी कविताओं में व्यक्त किया है। श्री कृष्ण के बाल्य-चेष्टाओं का भी चित्रण उन्होंने किया है।

बाल कृष्ण अपनी माँ यशोदा से आकाश में निकले हुए चाँद को माँगकर हट करता है। यशोदा कैसे चाँद को पकड़कर कृष्ण को दे सकती है? इस संबंध में पून्तानम अपनी कविता में कहते हैं-बाल कृष्ण ने नभ में संचालन करनेवाले चाँद को बुलाया। कृष्ण के प्रति मर्यादा के निमिनत चाँद नभ से नीचे उतरकर उसके पास आता है इस विचित्र दृश्य को अपनी माँ यशोदा को दिखाकर कृष्ण चाँद को पुनः आकाश वापस भेज देता है।[1] पून्तानम् की यह नयी कल्पना प्रशंसनीय है।

कृष्ण की बाल सुलभ-चेष्टाओं एवं लीलाओं का सुंदर चित्रण पूनतानम ने अपनी कविताओं में किया है। कृष्ण का आलौकिक सौन्दर्य, घुटनों के बल-चलना, रेंगना, अजकर, धेनुकासुर आदि असुरों का वध करना, गोवर्धन गिरि को उँगली पर धारण करना इत्यादि उनमें से प्रधान माने जाते हैं।

पून्तानम की रचनायें

श्री कृष्णकर्णामिरुतम

पून्तानम के गुरु नीलकंठ कवि थे; उनकी कृपा से पून्तानम श्री कृष्ण की लीलाओं का वर्णन साहित्यिक सौन्दर्य युक्त भाषा में इस ग्रन्थ में कर सके; इस काव्य के प्रारंभ में पून्तानम ने इस बात का उल्लेख कर, अपने गुरु के प्रति अपनी कृतज्ञता प्रकट की है।

---

1 श्रीकृष्ण कर्णामिरुतम-पून्तानम के श्लोक-1

श्री कृष्ण कर्णामृतम मलयालम-साहित्य रूपी वाटिका को अलंकृत करनेवाला सुन्दर पुष्प है। कवि ने इस ग्रन्थ को अत्यन्त सरल भाषा में लिखा है ताकि सब तरह के लोग इसे आसानी से समझ सके। कलियुग में मुक्ति प्रदान करनेवाले भगवत् नाम-महिमा के बारे में पून्तानम ने इस पुस्तक में सविस्तार लिखा है। इस ग्रन्थ के हरेक गीत में श्री कृष्ण के प्रति कवि की अपार भक्ति को हम देख सकते हैं। श्री कृष्ण के अलौकिक रूप-सौन्दर्य का दर्शन करने की अपनी असीम कामना को कवि ने इस काव्य में व्यक्त किया है। इस ग्रन्थ के एक गीत में पून्तानम ने निम्नलिखित विषयों का सुन्दर ढंग से वर्णन किया है:

1. श्री कृष्ण गोकुल के सौन्दर्य को बढ़ाते हैं।
2. वृन्दावन में गोपियों के साथ रास-क्रीडा करके श्रीकृष्ण उनको आनन्द प्रदान करते हैं।
3. गोपियों के घरों में दूध, दही, मक्खन-चुराकर वे चेष्टायें करते हैं।
4. कपट वेशधारी असुरों का वध कर उनके मन में भय उत्पन्न करते हैं।

कृष्णकर्णामृतम-ग्रन्थ मलयालम-साहित्य को पून्तानम की एक अद्भुत देन है। इस काव्य की रचना करने के कारण ये मलयालम-साहित्य के विलवमंगल कहे जाते हैं। उदाहरण के रूप में कवि के कतिपय वर्णन नीचे दिये जाते हैं:

1. बाल कृष्ण चोरी से मिट्टी खाते है; इस बात का पता चलते ही, एक दिन, मिट्टी खाते समय, यशोदा कान्हे को पकड़ लेती है। उस समय कान्हा रोते हुये कहता हे: "माँ मैंने मिट्टी नहीं खायी; यदि तुम यकीन नहीं करती हों तों मैं मुँह खोलकर दिखाऊँगा; कान्हा ने अपना मुँह खोलकर दिखाया। अंड-पिंड, चर-अचर सब को अपने पुत्र के मुँह में देखकर यशोदा हैरान हो जाती है। अपनी माता को आश्चर्य चकित होते देखकर, कान्हा ने अपनी अलौकिकता को छिपाना चाहा; एक साधारण शिशु की भाँति, माँ का स्तन-पान करने के लिये हट करने लगा। जब माँ उसे स्तन-पान कराने लगी तो कान्हा बड़ी चातुरी से दूध पीने लगा।[1]

एक बार यशोदा प्रभु की पूजा करने के लिये पुष्पों के साथ नीचे बैंठी हुई थी। उस समय कान्हा वहाँ आता है; "मैं ही ईश्वर हूँ, "कहकर पूजा के सभी फूलों को अपने सिर पर रख लिया। यशोदा के बार-बार मना करने पर भी, कान्हा ने न माना। यशोदा को इस बात का पता नहीं था कि श्री कृष्ण ही वास्तव में परमात्मा हैं। वह अपने बेटे के सौंदर्य को निहारकर फूले न समाती है।[2]

सन्तानगोपालम

इस पुस्तक में पुत्र की मृत्यु के कारण होनेवाली पीड़ा का मार्मिक चित्रण किया गया है। यह लघु काव्य पाना' शैली में लिखा गया है; मलयायम-साहित्य में यह एक प्रसिद्ध काव्य माना जाता है।

---

1 श्रीकृष्ण कर्णामृतम - पून्तानम श्लोक 40

2 श्रीकृष्ण कर्णामृतम-पून्तानम-श्लोक 34

इस पुस्तक में निम्नलिखित विषयों का सुन्दर ढंग से वर्णन किया गया है:

1. श्री कृष्ण और अर्जुन वैकुण्ठ जाकर विष्णु भगवान का दर्शन करते हैं।
2. वैकुण्ठ की यात्रा
3. वैकुण्ठ से गरीब ब्राह्मण के सभी बच्चों को वापस लाकर उसके पास सौपना।

दरिद्र ब्राह्मण की इस कथा को आधार बनाकर बहुत से कवियों ने अनेक काव्यों का सृजन किया है। लेकिन पून्तानम् की अमर रचना 'सन्तानगोपालम्' की भाँति, उन्होंने साधारण जनता को आकर्शित नहीं किया।

ज्ञानप्पाना

पून्तानम् ने इस उद्देश्य से 'ज्ञानप्पाना' ग्रन्थ लिखा है कि साधारण लोग आसानी से उपनिषदों का सार और दार्शनिक तत्वों को समझ सके। शरीर की नश्वरता, मानव-जीवन का लक्ष्य, वैराग्य आदि विषयों का उल्लेख इस ग्रन्थ में विद्वता पूर्ण भाषा में किया गया है। सन्तानहीन एक पिता का मानसिक दर्द, अपनी विवाहित पुत्री के पुत्रों को देखकर अपना ही पुत्र समझकर तृप्त होने की उस सन्तानहीन पिता की मानिसिक दशा आदि का चित्रण इस ग्रन्थ में हुआ है। भक्ति रूपी गंगा नदी के प्रवाहको आदि से अंत तक इस पुस्तक में देखा जा सकता है।

'ज्ञानप्पाना' एक दार्शनिक ग्रन्थ है। इस में कवि ने अपने जीवन के अनुभवों के साथ, हिन्दु धर्म के सभी तत्वों को सरल मलयालम भाषा में बताया है ताकि साधारण जनता उन्हें आसानी से समझ सके।

पून्तानम की अन्य रचनायें 'घनसंग', नूंट्टेट्टुहरि' आदि उत्तम कीर्तन-काव्य माने जाते हैं। 'नूट्टेट्टुहरि' नामक पुस्तक में 108 हरि कीर्तन हैं। ये सभी कीर्तन लोगों के मन में भक्ति उत्पन्न करते हैं, भक्ति-मार्ग के मार्ग-दर्शक का काम करते हैं।

'पार्थसारथी स्तवम्' एक लघु काव्य है। श्री कृष्ण के विराट रूप के दर्शन करने के बाद होनेवाली प्रसन्नता को प्रकट करने के हेतु पून्तानम ने 'आनदनृत्य' नामक ग्रन्थकी रचना की थी। इस पुस्तक में कवि ने श्रीकृष्ण का नख-शिख वर्णन किया है और उनकी स्तुति की है।

जनश्रृतियाँ

एक बार पून्तानम ने अपने मित्रों को श्री कृष्ण परमात्मा के साथ दावत देने का निश्चय किया। इसे सुनकर उनके सब मित्र हंसने लगे। पून्तानम की हंसी मजाक करने के उद्देश्य से वे सब दावत में शामिल हुए। बहुत देर होने के बाद भी श्री कृष्ण परमात्मा दावत में भाग लेने न आने के कारण वे पून्तानम से प्रश्न करने लगे-"हे मित्र, पून्तानम श्री कृष्ण क्यों अबतक नहीं आये? देर हो गयी है; जल्दी उन्हें बुलाओं। " इतने में श्रीकृष्ण के पाँचजन्य की ध्वनि सुनायी पड़ने लगीं। दावत में भाग लेने आये हुये मित्र श्री कृष्ण को देख नहीं सके। लेकिन पून्तानम की आँखों के लिये श्री कृष्ण दिखायी पड़े। पून्तानम उनका हार्दिक स्वागत कर उनकी स्तुति करने लगे। श्री कृष्ण का दर्शन करने

के कारण, पून्तानम को असीमित प्रसन्नता हुई। इस आनंद में उन्होंने 'आनंदनृत्य' नामक काव्य का सृजन किया।

पून्तानम का संक्षिप्त जीवन वृत्त

जन्म स्थान	मलबार जिले का एक गाँव
जन्म-तिथि	सन् १५५५
घर का नाम	पून्तानम
जाति	नंपूतिरि
गुरु	नीलकंठ कवि

उत्पन्न की गयी काव्य शैली-'पाना' नामक साहित्यिक शैली

रचनायें

1. श्री कृष्णकर्णामृतम
2. सन्तानगोपालम
3. ज्ञानप्पाना
4. धनसंग
5. पार्थसारथी स्तवम
6. आनंदनृत्यम्
7. नूट्टेट्टु हरि
8. कृष्णलीला
9. मणिप्रवाल शैली में लिखे गये वेदान्त तत्व संबंधी ग्रन्थ

जनश्रुतियाँ- पून्तानम से आयोजित दाव में श्री कृष्ण परमात्मा ने भाग लेकर उन्हें सम्मानित किया। पून्तानम प्रभु के दिव्यरूप का दर्शन करके फूले न समाये।

चेरुच्चेरी नंपूतिरि

चेरुच्चेरी नंपूतिरि

चेरुच्चेरी का समय 16वीं शती मानी जाती है। ये कोलत्तु देश का नरेश उदयवर्मा के राज्य सभा को अलंकृत करने वाले बहुमूल्य रत्न थे। चेरुच्चेरी इनके घर का नाम होने के कारण ये चेरुच्चेरी नंपूतिरि के नाम से अत्यन्त विख्यात हुए।

उदयवर्मा नरेश के अनुरोध पर चेरुच्चेरी ने कृष्णगाथा नामक काव्य की रचना की। इसके अतिरिक्त 'भारतगाथा' नामक काव्य भी इनकी प्रसिद्ध कृति मानी जाती है। बोलचाल की मलयालम भाषा को साहित्यिक भाषा का रूप प्रदान करने का श्रेय इनको प्राप्त है। संस्कृत के शब्द और छंन्दों युक्त मणिप्रवालशैली के बदले इन्होंने 'पाटू' नामक जनप्रिय छन्द में अपने काव्यों की रचना की। इनका अद्भुत काव्य 'कृष्णगाथा' मलयालम-साहित्य का श्रेष्ठ काव्य माना जाता है।

'कृष्णगाथा' के बारे में

चेरुच्चेरी ने अपने इस काव्य को श्रीमद्भागवत पुराण के 10वीं स्कन्ध के आधार पर लिखा है। इसलिये भागवत पुराण के प्रभाव को इस काव्य पर हम अधिक मात्रा में देख सकते हैं। श्रृंगार एवं भक्ति संबन्धी विषय 'कृष्णगाथा' में बताये गये हैं। जयदेव, सूरदास, भक्त मीरा प्रभृति वैष्णव भक्त कवियों की कृतियों की भांति यह काव्य भी लिखा गया है। संस्कृत शब्दों के बदले, 16वीं शती की मलयालम भाषा के बोलचाल के शब्दों का प्रयोग, इस ग्रन्थ में अधिक हुआ है। यह काव्य मलयालम भाषा में रचित प्रथम महाकाव्य माना जाता है। अपने काव्य सौन्दर्य के कारण चेरुच्चेरी का 'कृष्णगाथा-काव्य' 'मलयालम-साहित्य के अतुलनीय काव्य के रूप में केरलीय जनता के बीच अत्यधिक प्रसद्धि हुआ है।

'कृष्णगाथा' में चेरुच्चेरी ने श्री कृष्णपरमात्मा को निर्गुण-निराकर और सगुण साकार रूप में चित्रित किया है। एक गीत में वे कहते हैं-"हे कृष्णा! तुम्हारी महिमा का वर्णन मुझ से नहीं किया जा सकता। इस सृष्टि के मूल कारणकर्ता तू, तील में छिपा तेल की भांति लोगों के नेत्रों को दिखायी नहीं पड़ता; सभी जीवों में तू निवास करता है। इन्द्र चन्द्र, मंत्र-तंत्र, वेद-उपनिषद आदि सब तेरे ही रूप हैं। आकाश, पृथ्वी, अग्नि, जल, हवा, सूर्य, नक्षत्र आदि सब तेरे ही विभिन्न रूप हैं। मृत्यु मेरे समीप आ रही है। जन्म-मरण के चक्र से मुझे छुड़ाने की कृपा करो" ईश्वर की कृपा एवं करुणा पर चेरुच्चेरी को अपार भरोसा था। एक कविता में वे कहते हैं-"इस शरीर रूपी मंदिर में नौ द्वार हैं। यह शरीर रूपी आलय जर-जर होने पर उसमें निवास करने वाला आत्मा दूसरे एक शरीर को पाता है। हेकृष्ण! तेरे चरण-कमलों में मुझे आश्रय दो! जन्म-मरण रूपी चक्र से मुझे छुटकारा दो।"

संसार की नश्वरता, जीवन में होने वाले नानाप्रकार के कष्ट और वेदनायें आदि का वर्णन चेरुच्चेरी ने अपने 'कृष्णगाथा-काव्य में किया है। भक्ति रूपी नाव से भवसागर को हम आसानी से पार कर सकते हैं। मनुष्य अपने रिश्ते नातों पर भरोसा रखकर वेदनाओं का अनुभव करता है। भवसागर में डूबकर कष्टों को झेलनेवाले मनुष्यों को, हरि-चरण के बिना दूसरा आश्रय और कोई नहीं है। सायुज्य मुक्ति प्रदान करने की प्रार्थना चेरुच्चेरी ईश्वर से करते हैं।

चेरुच्चेरी का संक्षित जीवनवृत्त

समय	16वी शती
जन्म स्थान	केरल का कोलत्तु नामक गाँव
पेशा	राजा उदयवर्मा का दरबारी कवि
रचनायें	कृष्णगाथा, भारत गाथा

एलुत्तच्छन

एलुत्तच्छन का जीवनवृत्त

केरल के मलबार जिले के 'तिरिकंडियूर' नामक एक छोटे से गाँव में तुन्चत्तु एलुत्तच्छन नामक परम वैष्णव कवि का जन्म हुआ था। इनके जीवन-काल के विषय में विद्वानों में मत ऐक्यता नहीं है। बहुतांश विद्वान इनका समय १६वी शती मानते हैं। इनका नाम भी चर्चा का विषय बना रहता है। कुछ विद्वान लोग मानते हैं कि इनका नाम रामानुज रहा होगा। चाहे इनका नाम जो भी हो, केरल की जनता इन्हें तुनचत्तु एलुप्तच्छन कहकर बुलाने में गौरव का अनुभव करती है। इनके घर का नाम 'तुनचत्तु' है। 'ऐलुत्तच्छन' शब्द का अर्थ है-शिक्षा और ज्ञान प्रदान करने वाला पिता या गुरु।

जिस समय एलुत्तच्छन का जन्म हुआ था, केरल नाना प्रकार के कष्ट एवं प्रश्नों से घिरा हुआ था। एकता के अभाव में वहाँ के छोटे-छोटे राजा लोग आपस में युद्ध, किया करते थे। युद्ध में हजारों लोग मारे जाते थे। जनता में मनुष्यता लुप्त हो गयी थी। असभ्य लोगों की भांति नम् पूतिरि लोग बर्ताव करते थे। ऐसी परिस्थिति में एलुत्तच्छन, पून्तानम भट्टतिरि प्रभृति वैष्णव भक्त कवियों का अवतरण केरल में हुआ था।

वे अपने भक्ति-काव्यों द्वारा लोगों के बीच भक्ति का प्रचार कर, समाज में शन्ति स्थातिप करने के सत्कार्य में लगे रहे।

एलुत्तच्छन मलयालम, तमिल तेलुगु और संस्कृत आदि भाषाओं के बड़े विद्वान थे। इन्होंने अपना पूरा जीवन श्रीकृष्ण परमात्मा की आराधना करने तथा ज्ञान प्राप्त करने के लिये भारत भर के तीर्थ स्थलों की यात्रा करने में बिताया; बीच-बीच में भक्ति काव्यों की रचना भी किया करते थे और जनता

के बीच दार्शनिक विचारों का प्रचार भी किया करते थे। तिरिकंडियुर नामक स्थान में इन्होंने एक पाठशाला की स्थापना की; वहाँ ये अध्ययन-अद्यापन-कार्य में मृत्यु पर्यन्त लगे रहे। केरल में 'चिट्टूर' नामक स्थान में इन्होंने एक गुरु-मठ को भी स्थापित किया। अपनी धर्म-पत्नी की मृत्यु के पश्चात् जीवन से विरक्त होकर इन्होंने सन्यास को धारण किया।

यद्यपि एलुत्तच्छन का जन्म शूद्र कुल में हुआ था तो भी ये ऊँचे लक्ष्य वाले महानपुरुष थे। इनकी कृति हरिनाम कीर्तनम से पता चलता है कि इनका गुरु नीलकंठ नामक महान पुरुष थे। इनके आध्यात्मिक गुरु के नाम के संबन्ध में विद्वानों मे मत भेद पाया जाता है। इनकी अद्भुत रचना अध्यात्म रामायण से पता चलता है कि ये किसी एक विशिष्ट द्वैतवादी आचार्य के शिष्य रहे होंगे।

एलुत्तच्छन के असीम ज्ञान और भक्ति से आकर्षित होकर बहुत से भक्त उनके शिष्य बने। ऐसा बताया जाता है कि 'किसक्कनचिट्टा' नामक जगह में इन्होंने एक राम मंदिर को बनवाया और 'चिटूर' नामक स्थान पर इन्होंने अपने गुरु के नाम पर एक मठ की स्थापना की। जीवन पर्यन्त ये अपना इष्ट-देव श्री कृष्णपरमात्मा की आराधना तथा वैष्णव भक्ति के प्रचार-कार्य में लगे रहे। सन् 1556 में इनका स्वर्गवास हुआ।

एलुत्तच्छन ने एक नयी साहित्यिक शैली को प्रारंभ किया; उस शैली का नाम हैं किलिप्पाटु'। इस प्रकार मलयालम भाषा के लिये इन्होंने एक स्थायी साहित्यक रुप प्रदान किया। इनके द्वारा शुरु की गयी किलिप्पाटु शैली में आज भी मलयालम भाषा के कविगण काव्य की रचना किया करते हैं।

एलुत्तच्छन ने अपनी विद्वत्ता को व्यक्त करने के उद्देश्य से अपने काव्यों का सृजन न किया था; अपनी श्रेष्ठ रचनाओं द्वारा केरल की जनता के बीच वैष्णव भक्ति का प्रचार करना मात्र ही उनके जीवन का प्रमुख लक्ष्य था। मलयालम भाषा के लिये इन्होंने एक स्थायी भाषाको जन्म दिया और ये मलयाल साहित्य के एक वरिष्ठ कवि भी थे। इन कारणों से मलयालम भाषा के कवियों में इन्हें अग्रगन्य स्थान उपलब्ध हुआ है।

केका, काकली, कलकांचि, अन्ननटा-इन चार छन्दों में येलुतच्छन ने किलिप्पाटु शैली में अपने काव्यों की रचना की है। किलिप्पाट्टु शैली का आविर्भाव करके, उसमे काव्यों की रचना करने के कारण ये किलिप्पाट्टु-शैली के पिता कहलाते हैं।

एलुत्तच्छन की रचनायें

एलुत्तच्छन एक श्रेष्ठ वैष्णव भक्त, परोपकारी तथा उत्तम कवि भी थे। लोगों के मन में भगवान के प्रति भक्ति उत्पन्न करने तथा उन्हें सभ्य मानव बनाने के निमित्त, उन्होंने निम्नलिखित काव्यों की रचना कीः

1. अध्यात्मरामायण 2. महाभारत 3. श्रीमद्भागवत 4. चिन्तासन्तानम, 5. हरिनाम कीर्तनम, 6. ब्रह्माण्ड पुराण, 7. देवी महात्मियम् 8. रामायणम इरुपन्तुनांगुवृत्तम आदि। इन्होंने अपने सभी काव्यों को लोगों की बोलचाल की मालयालम भाषा में ही लिखा था। इनके द्वारा रचित रामायण और

महाभारत मलयालम साहित्य के दो अतुलनीय काव्य माने जाते हैं। उनकी सभी रचनाओंसे उनकी साहित्यिक विद्वत्ता, भक्ति ज्ञान, धार्मिकता, सत्चरित्र आदि बातों का पता चलता है।

अध्यात्म रामायण, महाभारत एवं श्रीमद्भावतम अनूदित काव्य होने पर भी वे सब कवि की विद्वत्ता, कविता लिखने की क्षमता एंव कल्पना की बाहुल्यता के लिये अत्यधिक प्रसिद्ध माने जाते हैं। जनता में सदाचार को उत्पन्न करने के लिये येलुत्तच्छन ने भगवान श्री राम के श्रेष्ठ गुण एवं चरित्रों को आधार बनाकर, अध्यात्म रामायण की रचना की। उनका महाभारत, विस्तृत महाभारत का संक्षिप्त रूप माना जाता है। अपनी सभी कृतियों में उन्होंने ईश्वर की महिमा का हार्दिक वर्णन किया है। उनके अध्यात्म रामायण और महाभारत, मलयालम साहित्य रूपी आकाश के जाज्वल्यमान सूर्य और चंद्र माने जाते हैं। एलुत्तच्छन की सभी रचनायें 'किलिप्पाटु' नाम से केरल में अत्यधिक विख्यात हैं। सरस्वती के हस्थ पर विराजमान तोते के द्वारा सभी काव्यों की कथायें बतायीं गयी हैं। आज भी शाम के वक्त, केरल के लोग बड़ी भक्ति एवं श्रद्धा के साथ इनके भक्ति-गीतों को गाया करते हैं। केरल के लोग विश्वास करते हैं कि एलुत्तच्छन के भक्ति-गीतों का गान करने से उनके पाप सब विनष्ट हो जाते हैं। मेलपुत्तूर नारायण भट्टतिरि, अडुवेचेरी तंपिरान, राम पणिक्कर आदि कावियों के प्रति येलुन्तच्छन ने अपना प्रणाम और कृतज्ञता को अपने काव्यों में प्रकट किया है।

एलुत्तच्छन का अध्यात्म रामायण

मलयालम-साहित्य के श्रेष्ठ काव्यों में एलुत्तच्छन का अध्यात्म रामायण प्रथम स्थान प्राप्त करता हैं। एलुत्तच्छन को इस रामायण लिखने की प्रेरणा संस्कृत अध्यात्म रामायण, वाल्मिकी रामायण, रघुवंश, निरणम राम पणिक्कर से लिखित कन्नच्च रामायण आदि राम-काव्यों से प्राप्त हुई थी। इनका रामायण संस्कृत में रचित अध्यात्म रामायण का रूपातंरण माना जाता है।

एलुत्तच्छन के अध्यात्म रामायण के प्रत्येक काण्ड के प्रारंभ में कवि तोते से रामायण की कथा बताने की प्रार्थना करता है; कवि के अनुरोध के अनुसार तोता रामायण की कथा बताता है। इस प्रकार किलिप्पाट्टु के रूप में रामायण की कथा आगे बढ़ती है। सन्दर्भ के अनुसार आध्यात्मिक विचार अत्यन्त सरल भाषा में बताये गये हैं ताकि सब तरह के लोग उन्हे आसानी से समझ सके। पाठकों के मन में भक्ति को जागृत करने के ढंग से इनका राम काव्य लिखा गया है। इस काव्य को बोलचाल की भाषा में लिखने में कवि को न केवल सफलता मिली है बल्कि इस अद्भुत काव्य ने मलयालम भाषा को एक अत्यन्त सुंदर साहित्यिक रूप भी प्रदान कर दिया है। मलयालम-साहित्य के लिये एलुत्तच्छन की यह बड़ी देन है। इस काव्य में बतायें गये दार्शनिक विचार लोगों को भक्ति-मार्ग पर ले जाने वाले हैं।

साहित्यिक सौन्दर्य, एवं वैष्णव धर्म के महत्व की दृष्टि से एलुत्तच्छन का अध्यात्मरामायण अन्य मलयालम के राम काव्यों से कई गुणा श्रेष्ठ माना जाता है। यह काव्य भारतीय वैष्णव साहित्य में तुलसीदास कृत रामचरितमानस और तमिल के कंबरामायण के टक्कर का माना जाता है। हिन्दी-रामचरितमानस की भांति मलयालम राम काव्य भी केरल की जनता द्वारा अत्यन्त भक्ति और श्रद्धा के साथ पारायण किया जाता है।

एलुत्तच्छन का महाभारतम् किलिप्पाट्टु

'महाभारतम् किलिप्पाट्टु' तुन्चन्तु एलुत्तच्छन का अमर काव्य माना जाता है। पूरी महाभारत की कथा, आवश्यकता के अनुसार, इस काव्य में बतायी गयी है। तोते के बताने के अनुसार इस ग्रन्थ में भी महाभारत की कथा कही गयी है। कवि ने इस काव्य में भक्ति को अधिक प्रधानता प्रदान की है। कवि श्री कृष्ण परमात्मा के गुणों का वर्णन साहित्यिक सौन्दर्य से युक्त भाषा में इस ढंग से करता है कि उसे पढ़ने वाला भले ही नास्तिक क्यों न हो, आस्तिक बन जाता है। कर्ण-कथा इस के लिये अच्छा उदाहरण माना जाता है।

श्रृंगार, रौद्र, वीर, भयानक आदि रसों से संबंधित विषयों का चित्रण हृदय को स्पर्श करने के ढंग से किया गया है। गान्धारी का विलाप, दुःशासन का वध आदि संभवोंके चित्रण में कवि का काव्य-सौन्दर्य निखर उठा है।

एलुत्तच्छन के अध्यात्मिक रामायण का महत्व अधिक होने पर भी, श्रेष्ठ साहित्यिक-सृष्टि की दृष्टि से उनका महाभारत-काव्य अत्यन्त प्रशंसनीय है।

अध्यात्म रामायण एलुत्तच्छन की प्रारंभिक रचना है। महाभारत के लेखन के समय तक कवि की भाषा-शैली अत्यन्त विकसित हो चुकी थी। इसलिये इसके परवर्ती कवियों ने इनके महाभारत की भाषा-शैली का अनुकरण कर, काव्यों की रचना की है।

एलुत्तच्छन का 'हरिनाम कीर्तनम'

'हरिनाम कीर्तनम' तुन्चत्तुयेलुत्तच्छन का काव्य माने जाने पर भी बहुतांश विद्वान इसे मानने के लिये तैयार नहीं। कोष के क्रम से रचित इस काव्य का हरेक कीर्तन 'नारायण नमः' स्तुति के साथ पूरा होता है। इस कृति में भी भक्ति को अधिक महत्व दिया गया है। कवि ने इसमें अपने श्रेष्ठ आध्यामिक विचारों को प्रकट किया है। हरिनाम कीर्तनम मलयालम-कीर्तन काव्यों में श्रेष्ठ माना जाता है।

रामायण इरुपत्तुनालु विरुत्तम

येलुत्तच्छन ने रामायण की कथा को चौबीस भागों में बाँटकर, उन्हें 24 विभिन्न छन्दों में कीर्तन के रूप में लिखा है। इस काव्य के सभी कीर्तनों का अंत एक ही प्रकार से होता है। कवि ने इस काव्य के द्‌वारा लोगों के बीच भक्ति का प्रचार किया है।

येलुत्तच्छन की भक्ति-साधना

येलुत्तच्छन श्री कृष्ण और श्री राम के परम भक्त थे। फिर भी शिव, ब्रह्मा आदि सब ईश्वरों को बराबर मानते थे। मर्यादा पुरुषोत्तम श्री राम, और श्री कृष्ण परमात्मा की प्रशंसा किसी भी भेद के बिना, एक ही तरह से, अपनी कृतियों में इन्होंने की है। ईश्वर का नामोच्चारण करने का अवसर मिलने पर, एक या दो नामों का उच्चारण कर ये तृप्त नहीं होते, बहुत से नामों से सुन्दर माला बनाकर, अत्यन्त भक्ति के साथ भगवान को समर्पित किया है। ईश्वर के सगुण, साकार रूप का चित्रण करने

मे येलुत्तच्छन कदापि थकते नहीं। भकित के माध्यम से लोगों को ज्ञान संबन्धी विषयों को सिखाना इनका लक्ष्य था। ईश्वर जन्म, मृत्यु, मुक्ति रहित है। अध्यात्मक रामायण के प्रारंभ में ये कहते हैं कि ईश्वर को एक लाख वर्षों में भी मुक्ति उपलब्ध नहीं होगी।

येलुत्तच्छन उपेदश देते हैं कि ईश्वर को पाने के लिये ज्ञान-मार्ग से बढ़कर भक्ति-मार्ग ही श्रेष्ठ हैं। सांसारिक दुखों से छुटकारा प्राप्त करने का एक ही सरल मार्ग भगवान पर तैलधारावत भक्ति करते रहना है।

'चिन्तासन्तानम' नामक अपने ग्रन्थ में येलुच्तच्छन बताते हैं- "मानव-जन्म प्राप्त होने के बारे में सोचकर कथमपि घमंडी न होना चाहिए। भगवान की पूजा करने से हमारे पाप-कर्मों के जड़ कट जायेंगे। काम, क्रोध, मद, मोह, लोभ, आश्चर्य आदि हमारे दोष विनष्ट हो जायेंगे; भगवान के प्रति मन में भक्ति-भावना उत्पन्न होने लगेगी; अंत में मोक्ष की उपलब्धि होंगी।"

मौका मिलते समय श्रेष्ठ भक्त एतुप्तच्छन ने स्मरण, कीर्तन, वन्दन आदि नवधा भक्तियों की महिमा का वर्णन अपने काव्यों में सविस्तार किया है। चिन्तासन्तानम' नामक अपनी कृति के एक गीत में वे कहते है- ईश्वर की लीलाओं का श्रवण करने से और दूसरों को सुनाने से विषय-वासनाओंका मोह दूर होता है। श्रवण भक्ति से भक्त का अन्तः करण पवित्र होता है; उसे तत्व ज्ञान की उपलब्धि आसानी से हो जाती है। "जब हमारा मन काम, क्रोध मद आदि भावनाओं से पीड़ित होने लगता है तब हरि की महिमा का स्मरण कर, उनके दिव्य नामों का उच्चारण करना चाहिये। ऐसा करने से मन के मैल सब दूर होकर, मन पवित्र हो जायेगा। इस कलियुग में मुक्ति पाने के लिये कठिन याग, यज्ञ, तपस आदि करने की आवश्यकता नहीं है। प्रभु पर भक्ति करते हुए उनकी महिमा का गान करने मात्र से हमारी सब कामनाओं की पूर्ति हो जायेगी; जीवन सफल हो जायेगा।

जन्म के साथ मरण भी हमारा पीछा करता रहता है। जिस प्रकार शर्प मेंढक को निगलने के लिये उसका पीछा करता है उसी प्रकार मृत्यु भी सदा हमारा पीछा करती रहती है। दुनिया के कष्टों से तंग आकर अपने एक कीर्तन में येलुत्त्च्छन बताते हैं-

इच्छा नामक राक्षसी के पकड़ में फसे रहेते समय यह दुनियां सच्चा और हमारा जीवन शास्वत मालूम पड़ता है। हे कृष्णा! जाने-अनजाने में मैंने अनेक पाप-कर्म किये हैं। तुम्हारे अनुग्रह के बिना मेरे पाप दूर नहीं होंगे। दुख एवं चिन्ताओं से छुटकारा पाने के लिये मानव को हरि के चरण-कमलों का आश्रय लेना चाहिये।

येलुत्तच्छन के दार्शनिक विचार

येलुत्तच्छन का काव्य दार्शनिक विचारों का भंडार माना जाता हैं उनका काव्य निम्न स्तर के लोगों को भी सन्मार्ग पर ले जाने वाले नीति-उपदेशों से भरा पड़ा है। आशा-निराशा, सुख-दुख आदि से छुटकारा पाने के उपाय इनके काव्य मे बताये गये हैं। इसलिये केरल के लोग इनके काव्यों को चाव से अध्ययन करते हैं। ये जनता का प्रतिधि कवि माने जाते हैं। जितना तुलसीदास के रामचरितमानस ने उत्तर भारत के लोगों के मन को आकर्षित किया है उतना ही एलुत्त्च्छन की रचनाओं ने केरल

की जनता के मन को आकर्षित किया है। ईश्वर, माया, मोक्ष आदि से संबंधित येलुत्तच्छन के विचार नीचे प्रस्तुत किये जाते हैं-

ईश्वर

एलुत्त्च्छन ने निर्गुण-निराकार और सगुण-साकार ब्रह्म की उपासना की हैं। शंकराचार्य के अद्वेतवादी विचारों के प्रभाव को भी हम इनकी रचनाओं पर देख सकते हैं। फिर भी इन्होंने श्री राम और श्रीकृष्ण, दोनों को ही, अपना इष्ट देव मानकर उनकी उपासना की थी। इन्होंने ईश्वर का वर्णन निम्नप्रकार से किया है-

1. इनका ईश्वर श्रीमन् नारायण है।
2. वे निर्गुण, निराकार और जोति स्वरूप हैं।
3. उनका जनम नहीं होता और मृत्यु भी नहीं होती।
4. वे बढ़ते नहीं एवं घटते नहीं।
5. वे ही सभी तत्वोका मूल हैं।
6. वे सदा जीवित रहेंगे, बुढ़ापा, रोग, मृत्यु आदि से परे हैं। वे अतुलनीय हैं।
7. साधु-सन्यासी, मुनि, योगी, ज्ञानी, वैज्ञानिक आदि ब्रह्म को सम्यक रूप से समझ नहीं सके हैं। इस प्रकार का निर्गुण ब्रह्म, कृष्ण के रूप में अवतरित होकर गोपियो के अन्तः करण को आकर्षित करते हैं। उन्होंने पूतना का वध किया। वे भक्तों के दुख को दूर करने वाले हैं।

एलुत्तच्छन की 'जीव' संबंधी विचार

एलुत्तच्छन कहते हैं-जीवात्मा में 'अंह' का धमंड दूर होते ही वह परमात्मा बन जाता है।

माया में फसे रहने के कारण वह ब्रह्म से भिन्न एवं अलग दिखायी पड़ता है। फूल में सुगन्ध उत्पन्न होने की भांति, आत्मा में माया उत्पन्न होती हैं। जल से उत्पन्न झाग जल में ही लुप्त हो जाने की भांति, आत्मा से उत्पन्न माया, आत्मा में ही लुप्त हो जाती है। जीव जब अपने को ब्रह्म समझता हे तब उसे सायुज्य मुक्ति मिल जाती हैं। इस मुक्ति के उपलब्ध होते ही जीव जन्म-मरण, युवावस्था-बुढ़ापा, सुख, दुख आदि से सदा के लिये छुटकारा प्राप्त कर लेता है। मंदिरों में भगवान निवास करने की भांति जीवोंके हृदय में भी परब्रह्म निवास करते हैं। उस परब्रह्म को निष्कलंक एवं पवित्र मन से पूजा करने से माया से छुटकारा पाकर मुक्ति प्राप्त कर सकते हैं। जीव माया में फँसकर, साँसारिक सुखों का अनुभव करना चाहता है। 'अपनी पत्नी, बाल-बच्चे, रिश्ते-नाते, किसी को भी किंचित भी कष्ट न पहुँचे-ऐसा सोचते रहने के कारण जीव जन्म-मरण के चक्र में फँसकर वेदनाओं का अनुभव करता रहता है। जीवात्मा परमात्मा में ऐक्य होते ही वह माया की जकड़ से छुटकारा पाकर परमानंद का अनुभव करने लगता है। समुद्र का जल और उसमे डूबे हुए घडे का जल एक ही है, इसी-भाँति

जीवात्मा और परमात्मा एक ही है। अंह ब्रह्मास्मी; (मैं ब्रह्म हूँ।) जीव जब इसे समझता है तब वह ब्रह्म में ऐक्य हो जाता है।[1]

अपने किये हुए कर्मों का फल भुगतने के लिये जीव विभिन्न योनियों में जन्म लेकर दुखों का अनुभव करता रहता है। जीव माया में फँसकर कहता है-

"यह मेरा शरीर है; यह मेरी संपत्ति; यह मेरा शत्रु है; यह मेरा मित्र है। ऐसा भेद भाव दिखाता है।"[2]

आत्मा, परमात्मा, जीवात्मा-यें तीनों एक ही अर्थ को प्रकट करनेवाले विभिन्न शब्द हैं। एक दृष्टान्त के द्वारा येलुत्तच्छन इसे यों समझाते हैं-

"देवदत नामक एक मनुष्य था। उसके पुत्र, पौत्र और नाते थे) वे सब विभिन्न नामों से बुलाये जाने पर भी, देवदत्त से ही वे सब उत्पन्न हुए हैं। इसी प्रकार आत्म और जीवात्मा भी, परमात्मा से ही उत्पन्न हुए हैं।"[3]

एलुत्तच्छन अपने एक गीत में बताते हैं-

हे भगवान! माया में फँसा हुआ मैं यह भूल गया हूँ कि मैं और आप एक ही है; माया में उलझे हुये मुझे, आप मुझसे भिन्न दिखायी पड़ते हैं। कष्टों से घिरा हुआ मै बहुत चिन्तित हूँ। हे प्रभु! मुझ पर दया कर, मुझे आप के मूल तत्व से जुड़ा लीजिये।"[4]

येलुत्तच्छन ब्रह्म से बिनती करते हैं-हे भगवान! आप से ऐक्य होने के लिये, मुझ अकिंचन पर दया कीजिये। मेरे मन को अहंकार से रहित "संपूर्ण प्रपंच मैं ही हूँ"-ऐसा विचार मेरे अन्तः करण में उत्पन्न होना चाहिए। इस के लिये आप की कृपा की जरूरत है।[5]

मानव के मन में अहंकार रूपी पौंधा यदि उगने लगेगा तो उसमें काम, क्रोध, मद, मोह रूपी शाखायें भी उत्पन्न होने लगेंगी, दुश्कर्म रूपी फल भी उत्पन्न होंगे। फलस्वरूप मुझे अनेक जनम लेना पडेगा। इसलिये येलुत्तच्छन प्रभु से प्रार्थना करते हैं कि अहंकार रूपी पौधा, उनके मन में उगने न पावें।[6]

माया संबंधी येलुत्तच्चन के विचार

येलुत्तच्छन का कहना है कि माया दो प्रकार की होती है-शुद्ध माया और मलिन माया। शुद्ध माया से जीव पवित्र होकर ब्रह्म से ऐक्य होता है। मोक्ष प्राप्त करने के लिये यह शुद्ध माया जीव की सहायता करती है।

---

1 चिन्तासन्तानम - येलुन्तच्छन- पृ. 16

2 वही पृ 6 और 7

3 वही पृ0 6 और 7

4 वहीं गीत 2

5 हरिनामसंकीर्तन- येलुन्तच्छन

6 हरिनाम संकीर्तनन येलुच्दछन कीर्त 47

मलिन माया जीवात्मा के मन में भ्रम को उत्पन्न करती है। उसके प्रभाव से जीव लौकिक विषय वासनाओं में बंधा रहता है; जन्म-मरण के चक्र में घूमता रहता है।

येलुत्तच्छन के शिष्य

करुणाकरण, सूर्यनारायण, देवन एवं गोपालन येलुत्तच्छन के शिष्य माने जाते हैं। चिटटूर में स्थापित गुरुमठ में रहकर वे लोगों के बीच भक्ति का प्रचार करते रहे। येलुत्तच्छन का निवासस्थान, 'तुन्चनपरंपु', लंबे समय से पुण्य क्षेत्र माना जाता है। वह पवित्र स्थान ज्ञान का निवासस्थान माना जाता है। वहाँ का 'कुम्पाक्' नामक वृक्ष ने रामायण की कथा को बार-बार श्रवण कर, अपने तीखेपन को छोड़ दिया है। उस दिव्य क्षेत्र में बच्चों को लिपि अभ्यास कराया जाता है। केरल के लोग यह विश्वास करते है कि ऐसे बच्चे भविष्य में बड़े विद्वान बनेंगे।

येलुन्तच्छन मलयालम साहित्य के पिता माने जाते हैं। तमिलनाडु में उत्पन्न भक्ति-आन्दोलन 16वीं शती में भारत भर में फेला केरल में फैले इस भक्ति-आदन्दोलन के प्रमुख कवि एलुत्तच्छन माने जाते हैं।

एलुत्तच्छन का संक्षिप्त जीवन वृत्त

जन्म स्थान	मालवार जिले का तिरिकांडियूर नामक गाँव
समय	16वीं शती
घर का नाम	तुन्चत्तु
सीखी हुई भाषायें	मलयालम, तेलुगु, तमिल और संस्कृत
पेशा	अध्ययन और अध्यापन
गुरु का नाम	नीलकंठ
रचनायें	1. रामायण 24 वृत्तम 2. अध्यातम रामायण (तेलुगु लिपि में लिखा हुआ है) 3. महाभारत, 4. श्रीमद् भागवतम, 5. चिन्तांसन्तानम, 6. हरिनाम कीर्तनम, 7. ब्रह्मांडपुराणम 8. देवी महात्मियम
शैली	'किलिप्पाट्टु' शैली
शिष्य	करुणाकरण, सूर्य नारायण, देवन, गोपालन
मृत्यु	सन् 1556 में
कुल	शूद्र कुल

मेम्पुत्तर नारायण भट्टतिरि

मेम्पुत्तर नारायण भट्टतिरि

कहा जाता है कि इनका जन्म भारतपुला नामक नदी के किनारे तिरुनाना नामक शहर में हुआ था। मात्तुरुदत्तर इनके पिताजी थे। इनके घर का नाम मेलपुत्तुर था। इनका समय १६ और १७वीं शती मानी जाती है। १०६ वर्ष तक ये जीवित रहे। नंपूतिरि और येलुत्तच्छन इनके समकालीन कवि थे। इनकी युवावस्था के संबन्ध में अनेक किंवदिन्तयाँ पायी जाती हैं। युवावस्था में विद्या हासिल करने की चाह इनमें न थी; एक कामुक के रूप में ये इधर उधर घूमा करते थे। श्री अच्चुत पिचारडि नामक आचार्य के ज्ञान एवं विद्वत्ता से आकर्षित होकर उन्हें अपने गुरु के रूप में इन्होंने स्वीकार किया और उनके यहाँ अध्ययन करना प्रारंभ किया।

नारायण भट्टतिरि के पिता जी मादत्त मीमांश-शास्त्र के बड़े विद्वान थे। भट्टतिरि ने मीमांस को अपने पिताजी से, वेदों को माधव गुरु से, तर्क शास्त्रों को दामोधर नामक महापुरुष से और व्याकरण को तिरिकंडियूर अच्छुत पिसारडि से सीखा।

वाद रोग से पीड़ित रहते समय गुरुवायूर जाकर भट्टतिरि ने श्री कृष्ण परमात्मा का दर्शन किया। उस समय से, ये गुरुवायूरप्पन के बड़े भक्त बने। अपनी भक्ति के बल से इन्होंने वाद रोग से निवारण प्राप्त किया। ये श्रेष्ठ कवि थे; गुरुवायूर में रहकर भक्ति-कीर्तनों की रचना करने में इन्होंने अपने शेष जीवन को बिताया।

नारायण भट्टतिरि की रचनायें

'नारायणीयम'

नारायणीयम नामक काव्य को भट्टतिरि ने संस्कृत भाषा में लिखा था। इसमें पवित्र भक्ति का वर्णन किया गया है। श्रीमद्भागवत पुराण का सार इसमें कड़ा गया है। भगवान विष्णु की कथा इसमें संक्षिप्त रूप से बतायी गयी है। इस अद्भुत कृति में आध्यात्मिक विचार, पाठकों के मन को आकर्षित करने के ढंग से, बताये गये हैं।

भट्टतिरि ने गुरुवायूरप्पन को गुरुपवन, पुरादीश आदि नामों से बुलाकर, उनसे अपनी दरिद्रता, एवं वाद रोग के बारे में स्पष्ट रूप से बताया है। रोज ये गुरुवायुद मंदिर में अपने कीर्तनों को अत्यन्त भक्ति -भाव से गाया करते थे और उनका अनुज उन्हें श्रद्धा के साथ लिपिबद्ध किया करते थे।

भक्त और भगवान के बीच होनेवाले संभाषण के रूप में भट्टतिरि ने 'नारायणीयम' की रचना की है।

भट्टतिरि की भक्ति-साधना

भट्टतिरि गुरुवायूरप्पन के परम भक्त थे। अद्वैतवादी होने पर भी उन्होंने अपना इष्ट देव श्री कृष्ण के रूप का अधिक वर्णन किया है। स्वयं परब्रह्म श्री कृष्ण परमात्मा पत्थर की मूर्ति के रूप में गुरुवायूर मंदिर में विराजमान हैं। ऐसा भट्टतिरि ने विश्वास किया। नारायणीयम के प्रथम पद में उन्होंने बताया है कि भगवान विष्णु का अवतार, श्रीकृष्ण, भक्तों को मोक्ष प्रदान करने वाले हैं। श्री कृष्ण के सगुण रूप का चित्रण कवि ने इस काव्य के प्रारंभ से अंत तक किया है। गुरुवायूरप्पन, सौन्दर्य को सौन्दर्य प्रदान करने वाले हैं; उनका आकार तीन लोकों से भी बड़ा है। वे ज्योति स्वरूप हैं। ज्ञान और कर्म मार्ग से बढ़कर, मुक्ति प्राप्त करने के लिये, भक्ति-मार्ग ही श्रेष्ठ मार्ग हे। वेदान्तज्ञान मोक्ष प्रदान करनेवाला होने पर भी, उसे समझना अत्यन्त कठिन है। कर्म-मार्ग लंबे समय के पश्चात् फल प्रदान करने वाला है। भगवान पर की गयी पवित्र भक्ति, इसी जन्म में फल प्रदान करने वाली है। इस प्रकार भट्टतिरि ने भक्ति की महिमा का वर्णन कर, ईश्वर से प्रार्थना की है कि वे उन्हें अच्छा आरोग्य प्रदान करें ताकि वे गुरुवायूरप्पन की सेवा अच्छी तरह कर सके।

पौराणिक कथाओं के पात्रो को ईश्वर का साक्षात्कार करने का सौभाग्य मिला था; वैसा ही सौभाग्य उन्हें भी प्रदान करने की कृपा करने के लिये भट्टतिरि गुरुवायूरप्पन से अनुरोध करते हैं। वृन्दावन की गोपियाँ एवं अक्रूर की प्रशंसा में इन्होंने बहुत से पद गाये हैं। इनके सब कीर्तन दैविक गीतों के रूप में केरल में अत्यन्त प्रसिद्ध हैं।

नारायण भट्टतिरि के दार्शनिक विचार

ब्रह्म

परबह्म श्री कृष्ण परमात्मा की अपार शक्ति से सारे प्रपंचों की सृष्टि हुई है; उसके प्रकाश से ही सारा संसार प्रकाशमान होता है। वह परबह्म श्रीकृष्ण, ज्ञानियों और योगियों की समझ शक्ति से बाहर है। वह परबह्म अजन्मा और मृत्यु रहित हैं; वह दोषों से रहित है; वह संसार के लोगों की रक्षा करने के लिये वामन, नृसिंह, राम, कृष्ण आदि अवतारों को धराण करता है। संसार के लोग भक्ति करने के वास्ते वह विभिन्न नाम एवं रूपों को धारण करता है।

'नारायणीयम्' में भट्टतिरि की भक्ति एवं दार्शनिकता की गहराई दिखायी पड़ती हैं। मलयालम में रचित इतर भक्ति काव्यों की भांति केरल के लोग संस्कृत में लिखित इस काव्य का आदर करते हैं और श्रद्धा से इसका पारायण करते हैं। केरल के लोगों का विश्वास है कि इस काव्य को पढ़ने से शरीर के सब रोग दूर हो जाते हैं। वे यह भी मानते है कि भट्टतिरि बीमारियों को दूर करनेवाले वैद्य हैं और उनका नारायणीयम एक संजीविनी दवा है।

नारायण भट्टतिरि का संक्षिप्त जीवन वृत्त

जन्म स्थान	केरल के 'भारतपुला' नदी-किनारे वसा हुआ 'तिरुनावा' नामक शहर है।
घर का नाम	मेलपुत्तूर
समय	16 और 17वीं शती। 106 वर्ष तक जीवित रहे।
समकाल के कवि	पून्तानम् नंपूतिरि और एलुत्तच्छन
इष्ट देव	गुरुवायूर का श्री कृष्ण
रचनायें	संस्कृत में लिखित नारायणीयम

बिल्वमंगल (लीलासुगर)

बिल्वमंगल के जन्म स्थान, जीवन-काल आदि के बारे में विद्‌वानो में मत भेद पाया जाता है। कहा जाता हे कि सन् 1300 इनका जीवन-काल है। 14वीं शती के प्रथम भाग में ये जीवित रहे।

इनके पिता जी का नाम दामोदरन था।

एक किम्वदन्ति लोगों में प्रचलित है कि चिन्तामणि नामक नृत्य करने वाली स्त्री बिल्वमंगल की प्रेमिका थी; बाद को उस महिला पर इन्होंने जो प्रेम और मोह रखा था, उसे श्री कृष्ण परमात्मा परकने लगे। नृत्य करनेवाली उस स्त्री के कारण ही वे भगवान श्री कृष्ण के परम भक्त बने थे। मलयालम वैष्णव भक्तकवियों के क्रम में बिल्वमंगल का स्थान प्रमुख माना जाता है।

बिल्वमंगल की रचनायें

बिल्वमंगल ने निम्नलिखित काव्यों की रचना की थी-

1. विष्णुस्तुति
2. बालगोपाल स्तुति
3. कृष्ण स्तोत्रम
4. सुमंगल स्तोत्रम
5. बिल्वमंगल स्तोत्रम
6. बिल्वमंगल कोष काव्य
7. कृष्णकर्णा मिरुतम

'कृष्णकर्णामिरुतम'

बिल्वमंगल के इस प्रसिद्ध कृष्णकर्णा मिरुतम-काव्य में कवि ने कृष्ण की बाल लीलाओं, राधा और गोपियों की प्रेम-लीलाओं का सुन्दर वर्णन किया है। भक्ति की महिमा का अद्भुत वर्णन इस काव्य

में किया गया है। आदि और अंत रहित परब्रह्म भक्तों की प्रेम-जाल में फँस जाता है। ज्ञानी लोग कठिनतपस्या कर परब्रह्म श्री कृष्ण का साक्षात्मकार करते हैं; उसी परब्रह्म को भक्त लोग यशोदा का पुत्र, कान्हा के रूप में देखते हैं।

जिस परबह्मा का मुनि और योगी लोग कठिन तपस्या के पश्चात् भी दर्शन नहीं कर पाते उसी परब्रह्म को गोपिकायें अपनी भक्ति के द्‌वारा नित्य प्रति गोकुल में दर्शन करती हैं। रास-क्रीडा द्‌वारा जीवात्मा और परमात्मा के ऐक्य होने तत्व का चित्रण कवि ने सुन्दर ढंग से इस काव्य में किया है।

कृष्णकर्णामृत काव्य ने परवर्ती कवियों को बहुत आकर्षित किया। बिल्वमंगल की कीर्ति एवं प्रसिद्धि को देखकर दूसरे प्रान्त के लोग इन्हें अपने प्रान्त का कवि मानते हैं। सत्य चाहे जो भी हो, कृष्णकर्णामिरूत-काव्य भारतीय वैष्णव साहित्य का एक अतुलनीय काव्य माना जाता है। 'लीलासुखर' नाम से कृ ष्ण-कर्णामृत काव्य की रचना कर बिल्वमंगल कवि ने लाखों भक्त जनों के मन में भक्ति को जागृत किया।

लीलासुखर का सक्षिप्त जीवन वृत्त

जन्म-स्थान	विद्‌वानों मे मत भेद पाया जाता है।
कृतियाँ	1. विष्णुस्तुति 2. बालगोपालस्तुति, 3. कृष्णस्तोत्रम 4. सुमंगलस्तोत्रम, 5. बिल्बमंगलस्तोत्रम 6. बिल्वमंगल कोष काव्यम् और 7. कृष्णकर्णामृतम
किम्वदन्ति	नृत्य करनेवाली स्त्री पर का इनका प्रेस कृष्ण भक्ति में परिणत हुआ।

कन्चन नंपियार

कन्चन नंपियार

कहा जाता है कि कन्चन नंपियार का जन्म सन् 1705 में हुआ था। ये तिरुवांगूर नरेश मारतांडवर्मा, एवं धर्मराजा के 'कवि-दरबार' का सदस्य थे।

कन्चन नंपियार ने तुल्लल-कदक्कलि शैली में सृजित अपने रामायण एवं महाभारत की कथाओं द्वारा लोगों के मन मै कर्तव्य निभाने के भाव को जागृत किया। जो पात्र अपना कर्तव्य ठीक रूप से नहीं निभाता उसका इन्होंने हँसी मजाक किया है। इनकी कृति 'कृष्णचरितम्' बच्चों की पाठ्य-पुस्तकों में इस काव्य के गीतों को स्थान प्राप्त हैं। कन्चन नंपियार का जन्म केरल के 'किल्लिक कुरिचि' नामक गाँव में हुआ था। नारायण भट्टतिरि इनके गुरु थे। ये बड़े आंशुक कवि थे।

रामपुरत्तु वारियर

रामपुरत्तु वारियर

रामपुरतुवारियर 18वीं शती के प्रमुख कृष्ण भक्त कवि ये। तिरुवांगूर का राजा मारतांडवर्मा एक बार नाव में यात्रा करते समय कुचेलवृत्तम (वंचिप्पाट्ट) गीत गाकर इन्होनें राजा को प्रसन्न किया; इस प्रसन्नता के कारण राजा ने रामपुरत्तु वारियर को ऐश्वर्य प्रदान कर, उनका सम्मान किया था।

रामपुरत्तु वारियर ने कुचेलवृत्तम, भाषाष्टपति, वियाशोत्पति आदि काव्यों की रचना की थी। इनमें से इनका कुचेलवृत्तम काव्य अत्यन्त विख्यात हुआ।

वांचिप्पाट्ट नामक 'नाव-गीत' शैली में कविता लिखने वाले कवियों में रामपुरत्तु वारियर प्रधान माने जाते हैं। 'वंचि' शब्द का अर्थ नाव है। केरल के लोग नाव में यात्रा करते समय इनके वंचि गीतों को गाया करते हैं।

मलायालम कृष्णकाव्यों में वात्सल्य भक्ति

वात्सल्य भक्ति में निस्वार्थ प्रेम नन्हें बच्चों पर दिखाया जाता है। भक्त भगवान को अपनी सन्तान मानकर और अपने को उसकी माता या पिता के स्थान पर रखकर जो प्रेम करता है उसे वात्सल्य भक्ति कहते हैं।

पेरियालवार और सूरदास की भांति चेरुच्छेरी, नंपूतिरि, येलुत्तच्छन आदि केरल के कवियो ने बाल कृष्ण की लीलाओं का वर्णन वात्सल्य भक्ति-भाव से किया है। कृष्ण के साथ मिलकर रहते समय

और उससे बिछुड़कर रहते समय गोपियों ने जिन सुख-दुखों का अनुभव किया था उन्हें अपनी वात्सल्य भक्ति-कविताओं में उन्होंने चित्रण किया है।

चेरुच्छेरी ने अपना काव्य 'कृष्णगाथा' में कृष्ण की निम्नलिखित लीलाओंका सुन्दर वर्णन वात्सल्य भक्ति-भाव से प्रस्तुत किया हैं-

1. कृष्ण की जन्म-तिथि को मनाना।
2. पूतना, तिरिणावर्तन आदि असुरों का वध
3. माता यशोदा को कृष्ण अपना विश्वरूप दिखाना
4. कृष्ण के बाल्य पर्व की चेष्टायें
5. यशोदा बाल कृष्ण को डोरी से बांधना
6. बकासुर, अकासुर, घेनुकासुर आदि राक्षसों का वध
7. कालिय दमन
8. गोपियों के वस्त्रों को चुराना
9. गोवर्तनगिरि को कृष्ण अपनी उंगली पर उठाना आदि,

कृष्ण यशोदा को अण्ड, पिण्ड और प्रपंचों को अपने मुँह में दिखाते हैं। इसका वर्णन भक्त कवि चेरुच्छेरी ने अपनी एक कविता में निम्नप्रकार से वर्णन किया है-

कान्हा मिट्टी खाता है; खबर मिलते ही यशोदा उसका मुँह खोलकर देखती है। पृथ्वी, स्वर्ग, पाताल, बेताल, नरक, आकाश, मेघों का झुण्ड, तारे, हिमालाय, महामेरु आदि पर्वतें, ब्रह्मा, विष्णु, शिव, मुनिगण, गोकुल, गोपियाँ, बिजलियों की चमक, यमराज आदि सबको यशोदा कृष्ण के मुँह में देखती है। यमराज की भंयकर छवि को देखकर यशोदा भय से कांपने लगती है और कृष्ण से कहती है- "कान्हा! बस, बंद कर अपना मुंह।" आश्चर्य चकित होकर वह कृष्ण को अपने हृदय से लगा लेती है।[1]

चेरुच्छेरी का वात्सल्य भक्ति-भाव हास्य से भरा पड़ा है। गोवर्धन गिरि को अपनी उँगली पर उठाकर खड़े हुए कृष्ण को देखकर यशोदा पूछती है- हे बेटा! जिन मृदु हाथों से तुमने माखन-चुराकर खाया या उस हाथ की छोटी सी उँगली से गोवर्धन गिरि को उठाकर खड़े होने से, क्या तुम्हें दर्द महसूस न होता? क्या पहाड़ को उठाने के लिये बचपन से तुम मक्कखन खाया करते थे? माखन समझकर पहाड़ को मुँह में डालकर निगल मत जाओ। माता यशोदा की बात को सुनकर हँसते हुए कृष्ण ने कहा-धबराओं मत माँ! मेरी उँगली से फिसलकर पहाड़ नीचे न गिरेंगा। आप लोग पहाड़ के नीचे आकर नहीं मरेंगी।"[2]

---

1 कृष्णगाथा-चेरुच्छेरी पृ. 18 और 19

2 वही पृ. 58

छोटा सा कान्हा जिन चेष्टाओंको करता है उनका चित्रण वात्सल्य भाव से करने में चेरुच्चेरी बड़ी प्रसन्नता का अनुभव करते हैं। कान्हा की बालसुलभ करतूतों का वर्णन चेरुच्छेरी निम्नलिखित ढंग से करते हैं- कान्हा अपने पिताजी नंदबावा की भाँति कपड़ा पहनकर, उनके पीठ पर बैठता है और हाथी का खेल खेलता है। भगवान की आरती के लिये फूलों को इकट्ठा कर लाने के लिये, बाल कृष्ण अपने पिता जी से कहता है; कभी-कभी उनसे मल्ल युद्ध करता है, सुबह उठते ही अपने चेहरे का दर्शन करने के लिये कहते हुए, बाल कृष्ण हरेक घर के सामने जाकर खड़ा होता है। कभी-कभी वर्षा में भीगते हुए उछल कूदकर खेलता है। खिलौने को अपनी माँ को देकर उसे भी पीने के लिये दूध देने के लिये कहता है। सोते समय खिलौने को अपने पास रखकर उसे भी सुलाता है। आइने जैसे जमीन पर अपनी परछाई को देखकर उसे पकड़ने के लिये बाल कृष्ण दौड़ता है। रत्न जड़े खंबे में अपने आकार को देखकर उसे जोर से पकड़कर उसे भी दूध पिलाने के लिये कान्हा अपनी माँ यशोदा से कहता है।[1]

यद्यपि कृष्ण गाथा-काव्य श्रीमद्भागवत पुराण के 10वीं स्कन्ध के आधार पर कीर्तन-शैली में लिखा गया है तो भी चेरुच्छोरी का अपना काव्य जैसा दिखायी पड़ता है, इसका कारण यह है कि उसमें कवि की ऊँची कल्पना को देख सकते हैं। एक कीर्तन में चेरुच्छेरी वर्णन करते हैं। "एक बार यशोदा कृष्ण के हाथ में खाने के लिये मक्खन देती है; उसको खाने के बाद बाल कृष्ण नटखटपन से कहता है-"हे माँ! तुमने जो मक्खन मुझे खाने के लिये दिया वह गले में फँसकर नीचे उतरता नहीं; दूध पीने पर ही वह गले से नीचे उतरेगा। बाल कृष्ण के इस कथन को सत्य मानकर यशोदा उसे पीने के लिये दूध देती है। कान्हा ने अपनी सफलता को देखकर मुस्कराया।

कृष्ण से बिछुड़कर रहने वाली गोपिकाओं के दुख का वर्णन, पढ़ने वालों के हृदय को पिघलाने के ढंग से चेरुच्चेरी ने 'कृष्णगाथा' में किया है। सदा-सर्वदा गोपी स्त्रियाँ श्री कृष्ण के बारे में ही सोचती रहती हैं; वे कहती हैं-हे कृष्णा! क्यों हम पर तुम दया नहीं दिखाते? जिस प्रकार सादक पक्षी वर्षा-मेघ की प्रतीक्षा करती है उसी प्रकार हम भी तुम्हें देखने के लिये तड़पती हैं; जल से बाहर डाली गयी मछलियों की भांति हम भी आप से बिछुड़कर तड़पती हैं। हे कृष्णा! तुम्हारी प्रतीक्षा करते करते हम थक गयी हैं; अब तुम से अलग होकर हम एक मिनट भी जीवित नहीं रह सकती; इस प्रकार हमें दुख पहुंचाना तुम्हें अच्छा लगता है क्या? हे कृष्णा! अब हमारे समक्ष प्रत्यक्ष होकर हमें मृत्यु से बचाओं।"

माखन-चोरी, गोपिका स्त्रियों से झगड़ा करना आदि कृष्ण की करतूतों का वर्णन सुंदर ढंग से एवं वात्सल्य भक्ति भाव से चेरुच्छेरी ने किया है।

अध्यायगत सारांश

13वीं शती से मलयालम भाषा में भक्ति साहित्य का आविर्भाव होने लगा। प्रारंभ में मलयाल वैष्णव भक्त कवियों ने तमिल और मलयालम-शब्दों से मिश्रित मणिप्रवाल शैली में अपने भक्ति-काव्यों का सृजन किया।

---

1 कृष्णगाथा- चैरुच्छेरी- पृ0 32-34 |

वाल्मीकी-रामायण और तमिल के कंबरामायण को आधार बनाकर श्रीराम कवि ने मलयालम में 'रामचरितम्' काव्य की रचना की। श्रीराम वाल्मीकी के समकालीन माने जाते हैं। इनके रामचरितम में युद्ध का वर्णन सुंदर ढंग से किया गया है। युद्ध का ऐसा स्वाभाविक चित्रण मलयालम के और किसी काव्य में नहीं किया गया है। श्रीराम का रामचरित्रम मलयालम साहित्य में अत्यधिक प्राचीन काव्य माना जाता है। श्रीमद्भागवत पुराण को आधार बनाकर नाराणीयम, भागवतम किलिप्पाटु, कण्णस्स भागवतम आदि ग्रन्थ लिखे गये। चेरुच्छेरी ने कृष्णगाथा-काव्य को शुद्ध मलयालम भाषा में लिखकर मणिप्रवाल शैली को समाप्त किया।

आलवारों की भक्ति के साधारण एवं विशिष्ट तत्वों का अनुसरण कर मलयालम वैष्णव भक्त कवियों ने वैष्णव भक्ति साहित्य का सृजन किया।

अध्याय 9

कन्नड वैष्णव साहित्य

कन्नड भाषा और उसकी शाखायें

दक्षिण की भाषायें 'पंच द्रविड भाषायें' नाम से पुकारी जाती हैं। तमिल, कन्नड, तेलगु, मलयालम, तुलु- ये पाँचों भाषायें पंच द्रविड भाषायें कहलाती हैं। इनमे से तुलु को छोड़कर, बाकि चार भाषायें संपन्न साहित्य एवं अलग-अलग लिपि से युक्त हैं। लोक-गीत के अतिरिक्त तुलु में कोई विशिष्ट साहित्य की उपलब्धि नहीं हुई है। तुलु के लिये अलग लिपि भी नहीं है। यह कन्नड से उत्पन्न एक बोली है; दक्षिण कन्नड प्रदेश में वह अधिक संख्या में बोली जाती है।

तुलु के अतिरिक्त कोडकु तोडा, कोटा, पडका आदि कन्नड भाषा की अन्य शाखा-भाषायें मानी जाती हैं।

कूर्ग कन्नड प्रान्त का एक छोटा सा जिला है; तोडा, कोटा, और पडका-ये तीनों बोलियाँ नीलगिरि में रहनेवाले पहाड़ी जाति के लोगों से बोली जाती हैं। फिलहाल नीलिगरि तमिलनाडु में है। कोडकु और तुलु में अधिक भिन्नता नहीं है। तोडा, कोटा और पडका ये तीनों बोलियाँ आज तक अविकसित स्थिति में ही रहती हैं।

कन्नड भाषा

दूसरी शती में रचित सिलप्पदिकारम नामक तमिल महाकाव्य में यह लिखा गया है कि कन्नड भाषा बोलने वाले 'करुनाडार' नाम से पुकारे जाते थे। ईसा के जन्म के पूर्व कन्नड भाषा में कोई भी साहित्य नहीं लिखा गया था। कन्नड भाषा में लिखा गया कोई भी शिला लेख उपलब्ध नहीं होता।[1]

सन् 7वीं शती में बिजपुर जिले के बादामी नामक गाँव में और सरवन बेलकोला में उपलब्ध शिला लेखों में कन्नड भाषा में लिखी गयी कतिपय सुंदर कवितायें देखने को मिलती हैं।[2]

कन्नड और तेलुगु लिपि में थोड़ी सी भिन्नता होने पर भी इनमें अधिक साम्य उपलब्ध होता है। भारत की प्राचीन भाषाओं में संस्कृत और तमिल के पश्चात् कन्नड भाषा तीसरी प्राचीन भाषा मानी जाती है। तमिल की भांति कन्नड को भी भारतीय सरकार ने हाल में एक प्राचीन भाषा (Classical language) घोषित की है। ऐसा कहा जाता है कि सन् 1260 में कन्नड का व्याकरण-ग्रन्थ लिखा गया। कन्नड साहित्य के इतिहास के विद्वानों का मानना है कि कन्नड साहित्य में भक्तिकाल सन् 12वी शती के पिछले भाग से प्रारंभ होता है।

---

1 हिन्दी साहित्य कोश भाग-1, पृ.208

2 कन्नड साहित्य-प्रो.के.वैंकटरामप्पा, पृ.1 और 3

सन् 12वीं शती में श्री रामानुजाचार्य ने कन्नड प्रदेश में वैष्णव भक्ति का प्रचार करना शुरू किया था। कन्नड प्रदेश भक्ति का लीला क्षेत्र माना जाता है। श्री रामानुज के विशीष्टाद्वैत एवं मध्वाचार्य के द्वैत धर्म के सिद्धान्तों के आधार पर कन्नड वैष्णव साहित्य का सृजन हुआ है। आज लगभग छः करोड़ बारह लाख लोगों की मातृभाषा कन्नड है।

हरिदासों का इतिहास

हरि (विष्णु भगवान) की उपासना करने वाले, हरिदास नामक वैष्णव भक्त कवियों ने मध्वाचार्य के द्वैतमत के सिद्धान्तों का अनुसरण कर, वैष्णव भक्ति-गीतों की रचना की थी। भगवान विष्णु के अन्य अवतारों में, कृष्णावतार के प्रति ही हरिदासों का आकर्षण अधिक था। श्री कृष्ण, हरिदासों का इष्ट देव होने के कारण, उनके बाल्य लीलाओं का वर्णन उन्होंने वात्सल्य भक्ति से किया है। फिर भी, वाल्सल्य भक्ति से बढ़कर दास्य भक्ति को ही हरिदासों ने अधिक प्रधानता दी थी। इसलिये वात्सल्य भक्ति के पद बहुत ही कम संख्या में कन्नड में उपलब्ध होते हैं। पेरियालवार और सूरदास के पदों की भाँति वे मनोतत्व रीति से न लिखे गये हैं; इसलिये ये पढ़ने वालो के मन को अधिक आकर्षित नहीं करते। हरिदासों में प्रधान माने जाने वालों में, कनकदास और पुरूदरदास ने वात्सल्य भक्ति के पदों की रचना अधिक की है। हरिदासों की भक्ति-उपासना में दास्य भक्ति को अधिक प्रधानता दी गयी है। पुरन्दरदास और कनकदास ने दास्य भक्ति के गीतों की रचना अधिक संख्या में की है। गुरुमहिमा और भगवान के नाम-महिमा संबधित गीतों को भी हरिदास भक्त कवियों ने अधिक लिखा है।

हरिदास भक्त कवि जिन्होंने अपने धार्मिक विचारों को संस्कृत भाषा में व्यक्त किया था वे 'व्यासकूट' कहलाये; भक्ति, ज्ञान, नीति संबंधित विचारों को कन्नड भाषा में व्यकत करनेवाले हरिदास कवि 'दासकूठ' कहलाये। श्री व्यासराय नामक हरिदास-कवि के जीवन-काल में (15वीं शती) हरिदासों की कीर्ति कन्नड में सब जगह फैली हुई थी। व्यासकूठ कहलाने वाले हरिदासों में ऊँचे जाति के हरिदास एवं दासकूठ कहलाने वालों में ऊँचे एवं निम्न जाति के हरिदास शामिल थे। श्री वियासराय के जीवन-काल में हरिदासों के बीच जाति-भेद के लिये मुख्यत्व नहीं दिया जाता था।

उडुप्पि और पंडरपुर

13वीं शती में कन्नड प्रान्त में स्थित 'उडुप्पी' नामक शहर, धर्म एवं वेदान्तों के अध्ययन के लिये प्रसिद्ध था। श्री मध्वाचार्य का जन्म (सन् 1199-1303) उडुप्पि के निकट एक गाँव में हुआ था। उन्होंने उडुप्पि में श्री बाल कृष्ण का विग्रह प्रतिष्ठित कर, वैदिक धर्म के तत्व एवं कृष्ण-भक्ति का प्रचार किया था। श्री पद्मनाभतीर्थ, नरहरि तीर्थ और तिरिविक्रम पंडित आदि मध्वाचार्य के शिष्य थे। श्री मध्वाचार्य से उडुप्पि में प्रतिष्ठित बाल कृष्ण-विग्रह सब हरिदासों का उपासना-देव था। महाराष्ट्र में स्थित पंडरपुर हरिदासों का द्वितीय तीर्थस्थल माना जाता है। विट्ठल भगवान पंडरपुर-मंदिर में विराजमान हैं। 'विट्ठल' शब्द 'विष्णु' शब्द से उत्पन्न हुआ है (विष्णु→विट्ठ→विट्ठल) 12वी शती से लेकर 'पंडरपुर' भगवान, विष्णु का प्रसिद्ध तीर्थ स्थल था।

श्री मध्वाचार्य (सन् 1199-1303)

श्री मध्वाचार्य ने भारत के प्रमुख वैष्णव स्थलों की यात्रा की थी। दो बार वे बदरीकाश्रम हों आये थे। यहाँ जिन्होंने उनके द्वैत मत के सिद्धान्तों का विरोध किया था उन्हें मध्वाचार्य ने तर्क में जीता, इस प्रकार उन्होंने द्वैत मत के सिद्धान्तों को दुनियाँ भर में प्रसिद्ध किया। 'प्रस्तानत्रय' पर उन्होंने एक विद्वत्तापूर्ण टिप्पणी-ग्रन्थ लिखा। श्री पद्मनाभ तीर्थ, माधवतीर्थ, अक्षोभयतीर्थ, नरहरि तीर्थ आदि मध्वाचार्य के शिष्य थे।

मध्वाचार्य

बालकृष्ण का विग्रह

एक दिन मध्वाचारी उडुप्पी के समुद्र के किनारे पर बैठे थे। उस समय उन्होंने द्वारका से आनेवाले एक जहाज को देखा; वह जहाज आँधी के चक्कर में फँसकर तड़पता हुआ किनारे की ओर आ रहा था। किनारे पर पहुँचते ही जहाज के नेता से अनुमति पाकर मध्वाचार्य जहाज के भीतर गये। वहाँ चंदन की लकड़ियों के बीच पड़े हुए बालकृष्ण एवं बलराम के विग्रहों को लेकर, वे उडुप्पी पहुँचे। रास्ते में कृष्ण भक्ति में डूबकर 'द्वादस स्तोत्र' नामक गीतों को मध्वाचार्य ने गाया। उडुप्पी-मंदिर में बालकृष्ण विग्रह की प्रतिष्ठा कर उनकी उपासना वे करने लगे। उस दिन से उडुप्पी, वैष्णव भक्तों के पुण्य तीर्थ स्थल के रूप में प्रसिद्ध है।

मध्वमठों का इतिहास

प्राचीन काल में शिक्षा, संस्कृति, नीति एवं धार्मिक सिद्धान्तों का प्रचार देश भर में करने के लिये मठों की स्थापना की जाती थी। दीर्घदर्शी मध्वाचार्य ने अपने द्वैत मत के सिद्धान्तों का प्रचार लोगों के बीच करने एवं उन्हें भक्ति-मार्ग पर ले आने के लिये, उडुप्पी में अष्ट मठों की स्थापना की। इस कलियुग में लोगों को कृष्ण भक्ति की महिमा समझाने के उद्देश्य से इन दस मठों की स्थापना की गयी थी। गुरुपरंपरा से युक्त इन आठ मठों के द्वारा प्रशंसनीय धार्मिक सत्कार्य आज भी किये जा रहे हैं। श्री मध्वाचार्य द्वारा स्थापित आठ मठ निम्नलिखित हैं

1) पालिमार मठ, 2) अधमार मट, 3) कृष्णापूर मठ,4) बुत्तिके मठ, 5) चिरुरमठ 6) सोदे मठ 7) काणूर मठ और 8) पेशावरमठ

उडुप्पी कृष्ण - मंदिर का निर्वाह, पूजा, अन्नदान आदि कार्यों को ठीक रूप से निभाने के उत्तरदायित्वों का भार उक्त मठादीशों को बारी-बारी से, दो वर्षों में एक बार, सौंपा जाता था। दो वर्ष में एक बार मठादिपतियों के बदलते समय 'पर्यायम' नाम से, उडुप्पी में महोत्सव मनाया जाता है।

मंदिर के निर्वाह-कार्य से छुटकारा प्राप्त मठादीश देश भर में यात्रा कर, अपनी बारी आने तक मंदिर के निर्वाह के लिये आवश्यक धन-दौलत को पर्याप्तमात्र में इकट्ठितकर वापस लौटता था।

सन्यास धारण किये हुए ये मठादीश, अच्छा निर्वहन करनेवाले, शिक्षिति एवं दर्शन के क्षेत्र में साधना करने वालों के लिये श्रेष्ठ मार्ग दर्शक थे।

उडुप्पी के मठों के अतिरिक्त दक्षिण भारत में कई जगहों पर मध्वमठ स्थापित किये गये हैं! आनेकोन्दि, माणूर, हम्पि, पानूर आदि स्थानों पर स्थापित मठ मध्व संप्रदाय के प्रधान केन्द्र माने जाते हैं। मध्वाचार्य का प्रधान शिष्य पद्मनाभतीर्थ ने द्वैतमत के सिन्धान्तों का प्रचार करने के निमित्त बेल्लारी जिले के हास्पेट नामक शहर में, एक मुख्य मठ की स्थापना की। दक्षिण भारत के प्रधान शहरों में इस मठ की शाखाओं ने अच्छी तरह काम किया। तुंगबद्रा नदी के किनारे में स्थित मंत्रालय में स्थापित श्रीराधवेन्द्रा मठ आज बहुत प्रसिद्ध मठ माना जाता है। हरेक वर्ष लाखों भक्त लोग मंत्रालय पधारकर श्रीराघवेन्द्रा का दर्शन करके जाते हैं। इन सभी मठों में हिन्दु धर्म शास्त्र नियमित रूप से सिखाये जाते हैं।

मध्वाचार्य के समकालीन नारायण पंडित के लिखे हुए 'मध्वविजय' नामक पुस्तक में मध्याचार्य का जीवन-वृत्त पाया जाता है। उनके जीवन वृत्त के बारे में जो कुछ उस में बताया गया है वे सब सत्य माने जाते हैं। भारत के विभिन्न भागों के लोगों ने द्वैतमत के सिद्धान्तों का अनुसरण किया। 'मध्वविजय' पुस्तक से इन सब समाचारों का पता चलता है। आज भी तुलु, कन्नड, कोंकनी, मराठी, तेलुगु आदि भाषाओं को बोलने वालो में मध्यव धर्म का अनुसरन करनेवालो की संख्या अधिक मात्रा में है।

माध्वाचार्य की रचनायें

मध्वाचार्य एक अतुलनीय सन्यासी, कृष्ण भक्त एवं श्रेष्ठ तत्वज्ञानी थे। मन को आनंद प्रदान करने वाले हिन्दु-शास्त्र से संबंधित ग्रन्थों की रचना सदा करते रहने के कारण इनके गुरू ने मध्वाचार्य का नाम आनंदतीर्थ रखा। मध्वाचार्य ने आदि शंकराचार्य के अद्वैत सिद्धान्तों का विरोध किया। श्री रामानुज के कतिपय विशिष्टाद्वैत के सिद्धान्तों को भी मानने से इनकार किया। श्रीमद्भागवत पुराण, एवं प्रस्तानत्रय (भगवत्गीता, उपनिषद और ब्रह्मसूत्र) को आधार बनाकर 13वीं शती के प्रारंभ में ही मध्वाचार्य ने अपने मध्व संप्रदाय का श्रीगणेश किया। इनकी कृतियाँ सब, संस्कृत भाषा में लिखी गयी हैं। प्रस्तानत्रय ग्रन्थों एवं वेदान्तों के लिये भी इन्होंने अधिक संख्या में टिप्पणी-पुस्तकों की रचना की। आध्यात्मिक विषयों से संबंधित कुल 37 ग्रन्थों का चयन इन्होंने किया था। निम्नलिखित ग्रन्थ इनकी रचनाओं में प्रमुख माने जाते हैं-

1. महाभारत तात्पर्य निर्णय
2. भागवतातात्पर्यम

3. नृसिंह नखस्तुति
4. द्वादस स्तोत्रम
5. सदासारस्मृति
6. जयन्ति निर्णय
7. ब्रह्मसूत्र भाष्यम
8. उपनिषदभाष्यम
9. गीताभाष्यम आदि।

भगवान विष्णु के सभी अवतारों को मध्वसंप्रदाय में मुख्यत्व प्रदान किया गया है। प्रपंच, जीव, ब्रह्म- इन तीनों के लिये अलग-अस्तित्व हैं। यह मध्वाचार्य का विचार है।

मध्वाचार्य के जीवन वृत्त का सार

जन्म और मृत्यु	सन् 1 199-1303
कुल	ब्राह्मण कुल
गुरु	अच्युत प्रेक्षर
सन्यास लेने के पश्चात् इनका नाम	पिरणपिरज्ञर
तीर्थस्थलों की यात्रा	सभी प्रधान वैष्णव तीर्थ स्थल। दो बार बद्रीकारश्रम की यात्रा इन्होंने की थी।
शिष्य	पद्मनाभतीर्थ माधव तीर्थ, अक्षोभयतीर्थ और नरहरितीर्थ
स्थापित मठ	उडिप्पी में आठ मठ, दक्षिण भारत के विभिन्न स्थानों में मध्वमठों की स्थापना
इनका दूसरा नाम	आनंद तीर्थ
स्थापित संप्रदाय	मध्यसंप्रदाय
रचनायें	महाभारत तात्पर्य निर्णय, भागवत तात्पर्य, नृसिंहनखस्तुति, द्वादस स्तोत्र, सदाचार स्मृति, जयन्ती निर्णय, ब्रह्मसूत्र भाष्यम, उपनिषद भाष्यम, गीता भाष्यम् आदि 37 ग्रन्थों की रचना संस्कृत भाषा में की है।

श्रीपादरासर

विद्वानों का मत है कि श्री पादरासर का जन्म सन् 15वी शती में हुआ था; सन् 1480 में इनका स्वर्गवास हुआ।

रचनायें

श्री कृष्ण परमात्मा की कथाओं को छोटे-छोटे गीतों में लोगों की बोलचाल की भाषा कन्नड में, इन्होंने गाया है। निम्नलिखित कृतियाँ इनकी मुख्य रचनायें मानी जाती हैं-

1. गोपी गीता 2. वेणुगीता, 3. भ्रमर गीता 4. रुक्मणी सत्य भामा विलास आदि।

पादरासर की भक्ति साधना

दासकूट भक्त सब पंडरपुर के विठ्ठल भगवान की आराधना करते थे। परन्तु पादरासर श्रीरंग के रंगनाथस्वामी की उपासना करने के कारण 'रंगविठ्ठल' नाम से प्रसिद्ध हुए। दास्य भक्ति भाव को अधिक प्रधानता देकर पादरासर ने भक्ति-गीतों की रचना की थी। अपनी एक भक्ति- कविता में वे श्री रंगनाथ स्वामी से विनती करते हैं कि 'हे रंगविठ्ठला! मैं तुमसे बहुत नहीं माँगता; तुम मुझ पर इतनी कृपा करो कि मेरे हृदय रूपी मंडप में तुम सदा के लिये निवास करो; मैं सदासर्वदा, तुम्हारे चरण-कमलों में अपना सिर रखकर जीना चाहता हूँ; मेरी आँखें सदा तुम्हारा दर्शन करती रहें; मेरे श्रवणेन्द्रिय सदा तुम्हारे गुणों की महिमा का श्रवण करते रहें, मेरा नासिक तुम्हारी पूजा-वस्तुओं के सुगन्ध का अनुभव करता रहे; मेरा जिह्वा सदा तुम्हारी लीलाओं की महिमा का वर्णन करता रहे; मेरे दोनों हाथ सदा तुम्हारी सेवा करने में संलग्न रहें; मेरे पैर तम्हारे पुण्य स्थलों की यात्रा करते रहें; हे रंगा! मेरी इस प्रार्थना को पूरा करने की मुझ पर दया करो।"

श्रीपादरासर अपने को यशोदा के रूप में कल्पना करके अपने एक लोरी-गीत में कहते हैं- "युद्ध करने में भीम की भाँति भुज-बल युक्त हे रंगा! तुम सो जाओ; भक्तों के दुखों को दूर करने वाले हे दशरथ-नंदा! तुम अपने कमल नयनों को बंद करो; धरती को सोने का हिंडोला बनाकर, वेद रूपी झुंजीरों को आकाश में लटकाकर, ब्रह्म, सरस्वती, गरुड, शेषनाग, नारदऋषि, किन्नर आदि तुम्हारी यश का गान करके, हे रेंगनाथ तुम्हें सुलाया है; हे रेंगा! वासुदेव का पुत्र, तुमने पूतना का वध किया है; तुम असुरों का शत्रु हो! तुम्ही परब्रह्म हो। ऐसा होने पर भी गोकुल में यशोदा के पुत्र के रूप में जन्म लेकर उसके मन को सुख पहुँचाया है; तुम्ही प्रपंच सब को गतिमान करते हो; जीव सब तुम्हें अपने नयनों से देख नहीं सकते; वेदों के रूप में दिखायी पड़ने वाले तुमको, हे रंगा! कैसे मैं तुम्हें एक छोटा सा बच्चा मानकर सुला सकता हूँ?

खंबे से बाहर आकर हिरण्य कशिपु का वध तूने किया; बामन के रूप में आकर चक्रवर्ती से तूने दान माँगा था; परशुराम के रुप में अवतरण कर क्षत्रियों का वध तूने किया था; दुप्ट रावण के दस सिरों

को तूने काट डाला था; गोकुल में घर-घर जाकर माखन की चोरी करके तूने खाया था; हे पद्मनाभा, भक्त वत्सला! सो जा"।[1]

कान्हा अपनी सच्चाई का निरूपण करने के लिये माता यशोदा से कहता हैं; "गोपियाँ झूठ बोलकर मुझे चोर साबित करना चाहती हैं; हे माँ! मेरी बातें सुनो; पूरे घडे भर के दूध को मैं कैसे पी सकता हूँ? ऐसा पीने के लिये मेरा पेट बड़ा तालाब हे क्या? यदि तुझे मेरे ऊपर भरोसा नहीं तो अग्रज बलराम को बुलाकर पूछ लो। मेरी बातों को यदि तू झूठ समझती हो तो मुझे ओखल से बाँध डालो। रोज तुम देनेवाले दूश को ही मुझसे पिया नहीं जाता; ऐसी हालत में ऊँचे छींके मे रखे हुए दूध को ऊपर चढ़कर मैं कैसे पी सकता हूँ? उपद्रव करने के लिये क्या मैं उतना बड़ा आदमी हूँ? व्यर्थ में ये गोपियों मेरे संबन्ध में शिकायत करती हैं। मैं तेरा बेटा हूँ माँ! मेरी बातों पर विश्वास करो माँ! इसे सुनकर यशोदा अत्यन्त स्नेह से कानहे को हृदय से लगाकर पालने में सुला दिया।[2]

श्री पादरासर भगवान से अत्यन्त भक्ति से विनती करते हैं-"हे रेंगा! तुम जानते हो कि मैं बड़ा गरीब आदमी हूँ; गरीब होने पर भी मैं तुम से धन-दौलत, कपड़े और आभूषण माँगने के लिये तुम्हारे पास नहीं आया हूँ; मैं तुम से वही प्रार्थना करता हूँ कि तुम मुझे अपने चरण-कमलों मे आश्रय दो। घर, पत्नी बच्चे, सूखपूर्ण जीवन आदि माँगने के लिये मैं तुम्हारे पास न आया हूँ। तुम्हारे परमपद द्वार को पहरा देने का सौभाग्य मिलें, तो वही मुझे पर्याप्त है। हे रंगा! तेरा दास बनकर तेरी सेवा करने का सौभाग्य मुझे दो। यही मैं तुमसे अत्यन्त नम्रता से विनती करता हूँ।"[3]

श्री पादरासर की जीवनी का सार

जीवन-काल	सन् 15वीं शताब्दि
शिष्य	व्यास तीर्थ
रचनाएं	1. गोपीगीता, 2. वेणुगीता, 3. भ्रमरगीता 4. रुकमणि सत्य मामा विलास, 5. हरिकीर्तन तरंगिनी,
जन्म एवं मृत्यु तिथि	विद्वानों में इस के संबंध में मत-भेद है।
तीर्थस्थलों की यात्रा	सभी वैष्णव तीर्थ स्थलों की यात्रा की थी।
स्वर्गवास	सन् 1480 में

1 श्रीहरिदासकीर्तन तरंगिनी-भाग 6, पृ.22-23

2 श्रीहरिदासकीर्तन-तरंगिनी-भाग 6, पृ.103-104

3 वही भाग 6, पृ.1920

श्री व्यासरास तीर्थ

श्री व्यासरासतीर्थ

श्री व्यासरास तीर्थ श्री पादरासर के शिष्य थे। मैंसूर के पास 'पन्नूर' नामक गाँव में सन् 1442 में इनका जन्म हुआ था। पुरन्दरदास और विजयदासर, दोनों ने, व्यासरासर के जीवन वृत्त को कविता के रूप में लिखा है। दोनों ने व्यासरासर को भक्त प्रहलाद का अवतार माना है।

श्री ब्रमण्यतीर्थ ने, भगवान श्री राम को अभिषेक किये हुए दूध को पिलाकर, व्यासतीर्थ को बड़ा किया था।

पाँच वर्ष की उम्र में व्यासतीर्थ का जनेऊ त्योहार पूरा होते ही उन्होंने सन्यास धारण कर लिया। श्री पादरासर से दीक्षा प्राप्त करने के थोड़े समय के पश्चात् ये प्रसिद्ध पंडित बन गये। मध्वमत के सिद्धान्तों को एक ही गीत में स्पष्ट रूप से बताकर व्यासरास ने अपनी विद्वता को प्रकट किया था। इनकी विद्वत्ता एवं भक्ति से आकृष्ट होकर विजयेन्द्र, वादिरासर तथा पुरन्दरदास ये तीनों श्री व्यासरास के शिष्य बने।

श्री पादरासर ने अपने शिष्य श्री व्यासरास को विजयनगर के विद्याकेन्द्र का नेता बनाया। ऐसा कहा जाता है कि व्यासरास तुलुवंश के राजा का राजगुरु बनकर उनको तत्व-ज्ञान की दीक्षा प्रदान की। विजयनगर का नरेश श्री कृष्णदेव राय को 'कुहि' नामक ग्रह-दोष की पीड़ा से श्री व्यासतीर्थ ने छुड़ाया था। देशभर के वैष्णव तीर्थ स्थलों की इन्होंने यात्रा की थी।

चैतन्य महा प्रभु भी व्यासराय के शिष्य-परंपरा से आये हैं। आज भी बंगाल में चैतन्य संप्रदाय के कई भक्त अपने को व्यासरास के शिष्य परंपरा के मानने में गौरव का महसूस करते हैं।

श्री व्यासरास ने संस्कृत में न्यायामृत, तर्कताण्डव, मन्तारमंजरी आदि ग्रन्थों एवं कन्नड भाषा में कृष्ण भक्ति से संबंधित विभिन्न गीतों की रचना की थी। ऐसा कहा जाता है कि सन् 1539 में इनका स्वर्गवास हुआ था। पुरन्ददास ने इनकी मृत्यु के संबन्ध में अपने एक पद में इसका उल्लेख किया है।

व्यासरास की भक्ति-साधना

व्यासरास ने मध्वमत के सिद्धान्तों के बारे में और भक्ति की महिमा के बारे में बहुत से पदों की रचना की है। सांसारिक जीवन से मुक्ति प्राप्त करने के लिये हरि का अनुग्रह और हरि-भक्तों के सत्संग की आवश्यकता हैं। हरिनाम का उच्चारण करने से हमारे सब पाप दूर हो जाते हैं। 'नमो, नमों, श्री कृष्णा' इस मंत्र का जप करते रहने से हमारे सब कष्ट दूर हो जाते हैं। जो अपने में प्ररब्रह्म का दर्शन नहीं करता वह जन्म से अन्धा माना जायेगा। श्री कृष्ण परमात्मा की दिव्य लीलाओं का श्रवण करने से इनकार करनेवाला, जन्म से बहरा माना जायेगा; श्री कृष्ण परमात्मा को छोड़कर अन्य देवी, देवताओं की उपासना करने की आवश्यकता नहीं।

श्री व्यासरास के उपदेशों का सार

केवल श्री कृष्ण परमात्मा ही एकमात्र सर्वोत्तम ईश्वर हैं; वे भले मानसों की रक्षा एवं बुरे लोगों का नाश करने के लिये इस धरती पर मानव के रूप में अवतार लेते हैं। वे ही सर्वरक्षक हैं; वे भक्त वत्सल हैं; वे सर्वज्ञ और सर्वअत्तर्यामी हैं; आफत काल में वे ही हमारी रक्षा करते हैं। सच्ची भक्ति से ही हम उस परब्रह्म को प्रसन्न कर सकते हैं। भक्ति-साधना में सत्संग और गुरु की कृपा की अत्यन्त आवश्यकता है।

व्यासरासर ने वेश धारी साधु सन्यासियों का खंडन किया है। उन्होंने मनुष्यत्व को अधिक महत्व प्रदान किया है। वे सब तरह के मनुष्यों को समान मानते हैं। उन्होंने सब प्रकार के लोगों के लिये भक्ति के द्वार को खोलकर रखा।

व्यासरास के जीवनवृत्त का सार

जन्म	सन् 1442 में मैसूर के निकट 'पन्नूर' नामक ग्राम में इनका जन्म हुआ था।
जनेऊ-त्योहार	पाँच वर्ष की उम्र में
गुरु	श्री पादरासर जिवयेंन्द्रर, चैतन्य महाप्रभु आदि व्यासरास की शिष्य-परंपरा के माने जाते हैं।
रचनायें	तर्कताण्डव, मन्दार मंजरी, आदि ग्रन्थों की रचना संस्कृत भाषा में एवं कृष्ण भक्ति से संबंधित गीतों की रचना कन्नड भाषा में व्यासरास ने की है।
स्वर्गवास	सन् 1539 में

श्री वादिरासतीर्थ

श्री व्यासरास के प्रधान शिष्यों में वादिरास भी एक माने जाते हैं। इनका जन्म सन् 1480 में दक्षिण कर्नाटका में कुम्वकाशि के पास 'हीवनगरे' नामक गाँव में हुआ था। बालपर्व से ही ये अत्यन्त बुद्धिमान थे। व्यासरास को अपना गुरु मानकर उनसे सब प्रकार के शास्त्रों का अध्ययन किया। इनके पांडित्य और वाक्चातुर्य का गौरव करने के लिये श्री कृष्णदेवरायर ने इन्हें 'प्रसंगापरणतीर्थ' नामक विरुद से सम्मानित किया।

वादिरास के जीवन-काल में, श्री चैतन्य महाप्रभु अपने दक्षिण भारत की यात्रा के समय, 'उडिप्पी' शहर पधारे थे। वहाँ वे लंबे काल तक ठहरकर मध्ववत के सिद्धान्तों का अध्ययन किया था।

वादिरास ने देश भर की यात्रा की; जहाँ भी गये उन्होंने जैन, शैव, तथा पाशुपद धर्मों का खंडन किया और निरूपित किया कि विष्णु (नारायण) मात्र ही परब्रह्म हैं।

वादिरास की रचनायें

वादिरास ने निम्नलिखित काव्यों का सृजन संस्कृत भाषा में किया:-

1) श्री रुक्मिणी विजयम् 2) श्री युक्तिमल्लिका 3) भगवतगीता टिप्पणी 4) महाभारत तात्पर्य निर्णय 5) तीर्थ प्रबंधम् आदि। अपने समय की बोलचाल की कन्नड भाषा में निम्नलिखित ग्रन्थों की रचना कर उन्होंने जनता के बीच मध्वमत के सिद्धान्तों का प्रचार किया थाः

1) महाभारत तात्पर्य निर्णय, 2) वैकुण्ठ वर्णन, और कुण्ठी क्रिया। इनके अतिरिक्त गद्य-शैली में उन्होंने कई पुस्तकों एवं पदों की भी रचना की थी। इनकी सभी रचनायें साहित्यिक सौन्दर्य के लिये बहुत प्रसिद्ध हैं।

वादिरास की भक्ति-साधना

वादिरास ने भगवान श्री हयग्रीव को अपने इष्ट देव के रूप में आराधना की थी। इनकी समस्त कृतियों में हयग्रीव की छाप लगी हुई हैं। भवसागर को पार करने के लिये आवश्यक भक्ति एवं विरक्ति, हरि कृपा के बिना, भक्त के मन में उत्पन्न नहीं होगी। वादिरास भगवान विष्णु के श्रेष्ठ भक्त थे, वे वैष्णव-मार्ग के सिद्धान्तों का अनुसरण करते थे। निन्मलिखित तत्वों को इन्होंने अपनी रचनाओं में प्रधानता दी है-

1) अर्थ और देह की अनित्यता, 2) गुरु-कृपा, 3) सत्संग, 4) नाम-महिमा, 5) सदाचार 6) भगवान के गुण इत्यादि। आज भी कर्नाटका में लोग इनके भक्ति-पदों को अत्यन्त भक्ति और श्रद्धा के साथ गाया करते हैं। इनके पश्चात् आविर्भूत जगन्नाथ प्रभृति अनेक हरिदासों ने इनकी प्रशंसा में कई पदों की रचना की हैं। 120 वर्ष तक जीवित रहने के पश्चात् सन् 1600 में इनका स्वर्गवास हुआ था।

वादिरास अपने एक पद में बताते हैं- "वैष्णव धर्म मनुष्य को जन्म एवं मृत्यु के चक्र से छुड़ाकर उसे मुक्ति प्रदान करता है। हरि साकार परब्रह्म है; वह सभी देवों का अधिपति हैं; अतः सदा-सर्वदा मन

में हरि का ध्यान करते रहना चाहिये। शेषगिरि का नरेश श्री हयवद की उपासना करने से भवसागर को आसानी से पार कर सकते हैं; सांसारिक दुखों से छुटकारा पा सकते हैं।"[1]

कान्हा एक साधारण बच्चा नहीं है; वह साक्षात परब्रह्म है। इस सत्य को वादिरास सदा सर्वदा अपने पदों में कहते रहते हैं। अपने एक गीत में यशोदा के अतुलनीय भाग्य के बारे में वे बताते हैं-"नित्य मंगलमय काण्हा को यशोदा घडे के पानी से स्नान कराती है; कंगी से केश को अलंकृत करती है; जिसने गोवर्धन गिरि को अपनी उंगली से उठाया था उसे लोरी सुनाकर पालने में सुलाती है; कृष्णपरमात्मा जो बाहरी आँखों से दिखायी नहीं पड़ते उसे बच्चा समझकर आलिंगन करके चुंबन देती है; वेदों से प्रशंसा की जाने वाले उस कृष्ण परमात्मा को सुलाने के लिये यशोदा लोरी गाती है। सौ-सौ सूर्यों की कान्तिवाले कृष्णपरमात्मा की आरती उतारती है; उस परब्रह्म को जो भय को नहीं जानता, रक्षा-बंधन करती हैं, जो सत्यगुणों का सागर माना जाता हे उसे यशोदा डोरी से बांधती है; जिसे कभी भूख ही नहीं लगती उस परब्रह्म को दूध पिलाती है; उडुप्पि मंदिर में विराजमान कृष्ण परमात्मा को अपनी गोद में बिठाकर प्यार करती है।"[2] वादिरास ने भारत के सभी तीर्थस्थलों की यात्रा की थी।

वादिरास के जीवन वृत्त का सार

समय	सन् 1480 से 1600-120 वर्ष जीवित रहे।
वृद	कृष्णदेवराय ने 'प्रसंगापरणतीर्थ' वृद से वादिरास को सम्मानित किया था।
समकालीन महान	चैतन्यमहाप्रभु
यात्रा की हुई तीर्थस्थल	भारत के सभी तीर्थ स्थल

संस्कृत भाषा में रचनायें:

कृतियाँ

1) रुक्मिणी विजय,
2) श्री युक्ति माल्लिका
3) भगवतगीता टिप्पिणी
4) महाभारत तातपर्य निर्णय
5) तीर्थ प्रबंध आदि

कन्नड भाषा में रचनायें:

1) कुण्डि क्रिया
2) महाभारत तात्पर्य निर्णय
3) भक्ति गीते

1 कन्नड साहित्य परिषद पत्रिका 1948-49, पृ. 146, 160

2 श्रीहरिदासकीर्तन-तरंगिनी-भाग 5, पृ.10

विजयीन्द्र तीर्थ

श्री विजयीन्द्रतीर्थ (Vijayendrathirth)

श्री विजयीन्द्रतीर्थ, श्री वियासरास तीर्थ के प्रधान शिष्यों में एक माने जाते हैं। इनका समय 16वीं शताब्दी माना जाता हैं। वे वादिरासतीर्थ के समकालीन माने जाते हैं। विजयीन्द्र तीर्थ ने श्री वियासरासतीर्थ को अपना गुरु माना और उनके पास रहकर हिन्दु शास्त्र का अध्ययन किया। इन्होंने कई शैव पंडितों को वाद-विवाद में पराजित किया; तमिलनाडु के कुंबकोणम शहर में रहकर इन्होंने मध्वधर्म का प्रचार किया। अप्पयदीक्ष नाम से प्रसिद्ध पंडित को वाद-विवाद में हराया और मध्वधर्म से संबन्धित 104 ग्रन्थों की रचना संस्कृत भाषा में की। मध्व धर्म से संबन्धित ग्रन्थों को अधिक संख्या में लिखने का श्रेय इनकों प्राप्त है। इनके जीवन-काल में श्री जामाता रामाराय विजयनगर का राजा थे; उन्होंने विजयीन्द्र तीर्थ को रत्नाभिषेक से सम्मानित किया था।

विजयीन्द्र तीर्थ उडुप्पि पधारकर वहाँ के कृष्ण मठ के सामने अपने एक मठ की स्थापना की थी। वैष्णव भक्त श्री पुरन्दरदास का पुत्र श्री मध्वपति ने विजयीन्द्र की प्रशंसा में अनेक पदों की रचना की थी। मध्वपति अपने एक गीत में विजयीन्द्र की तुलना हाथी से करते हुए वर्णन करते हैं-"विजयीन्द्र मुनीद्र नामक एक बलवान हाथी आ रहा है; वह दोष रूपी कीचड़ को हटाकर, हरी-कीर्तन नामक निर्मल जल को पीकर, मध्वधर्म रूपी समुद्र में स्नान कर, हरि-ध्यान में डूबकर, गंभीर चाल में आ रहा है। वह ममता रूपी काठ को चुकनाचूर करते हुए निर्मल हरि-कीर्तन रूपी मिट्टी को सिर पर डालते हुए, दूसरे धर्म रूपी पेड़ों को जड़ से उखाड़कर फेंकते हुए आ रहा है। मध्वपति विट्ठल के नवधा भक्ति रूपी जंजीर से वह कसकर बंधा हुआ है; इस प्रकार वह हिलते डुलते हुए आ रहा है।"[1]

विजयीन्द्रतीर्थ के जीवनवृत्त का सार

समय	सन् 16वीं शती
गुरु	श्री वादिरास

---

1 करनाटक हरिदास हेच.के.वेदव्यास पृ. 365-268

	मध्वधर्म संबन्धित 104 ग्रन्थों का सृजन संस्कृत में किया था।
रचनायें	मध्यधर्म से संबंधित ग्रन्थों को अधिक संख्या में रचना करने का गौरव इनको प्राप्त है।
रत्नाभिर्षक से सम्मानित होना	विजयनगर का नेरश श्री जामाता रामाराय ने इन्हे रत्नाभिषेक से सम्मानित किया था।

पुरन्दरदास

श्री पुरन्दरदास

कन्नड भाषा के भक्ति साहित्य के इतिहास में भक्त पुरन्दरदास का नाम स्वर्ण अक्षरों से लिखा गया हैं। इनके गुरु श्री वियासरास इनकी भक्ति के बारे में कहते हैं-"यदि किसी को हरिदास कहकर बुलाना हो तो केवल पुरन्दरदास ही हरिदास हैं।"

पुरन्दरदास के जन्म-काल के संबंध में विद्वानों में मत भेद पाया जाता है। डा. करमाकर, आर.आर. दिवाकर प्रभृति की राय यह है कि पुरन्दरदास 15 अथवा 16वीं शती में जीवित रहे होंगे। पुरन्दरदास वरदप्पा नामक एक बड़े स्वर्ण-आभूषण व्यापारी के पुत्र थे। इनके पिता जी वरदप्पा लेन-देन का धन्धा भी करते थे।

पुरन्दरदास का असली नाम श्रीनिवासनायकर था। श्रीनिवास लेन-देन के संबन्ध में पत्थर दिलवाले थे। इनके जीवन का एक मात्र लक्ष्य धन को इकट्ठा करना था। जिस प्रकार तुलसीदास जी अपनी पत्नी रत्नावली के कारण बड़े राम भक्त में बदले थे उसी प्रकार श्रीनिवासनायकर भी अपनी धर्म पत्नी के कारण पाँडुरंग विट्ठल भगवान के भक्त के रूप में परिणत हुए। इस संबंध में निम्नलिखित किम्वंदन्ती लोगों के बीच में फैली हुई है-

लोभी पुरन्दरदास पाँडुरंग विट्ठल के भक्त के रूप में परिणत होना।

एक दिन, एक गरीब वृद्ध ब्राह्मण ने श्रीनिवासनायकर की दुकान जाकर अपने पुत्र के जनेऊ-त्योहार मनाने के लिये धन माँगा। लेकिन लोभी एवं कंजूस श्रीनिवास उस दरिद्र ब्राह्मण को धन की सहायता

करने से एक दम मना कर दिया। इसलिये वह ब्राह्मण नायकर के घर जाकर उनकी पत्नी से सहायता माँगी। रहम नायकर की पत्नी ने उस गरीब बाह्मण को अपने नथफूल को दान में दिया। वह ब्राह्मण इस नथफूल को स्वीकार करके उसे बेचने के लिये पुनः नायकर की दुकान गया।

श्रीनिवास नायकर, उस नथ को देखते ही समझ गये कि वह आभूषण अपनी पत्नी का है। दुकान में उसे सुरक्षित जगह पर रखकर अपनी पत्नी के पास जाकर नथ के बारे में पूछताछ करने लगे। वह अपने पति से झूठ बोलना न चाहा; इस कष्ट से बचने के लिये उसने आत्म हत्या कर लेने का निर्णय किया। जब उसने विष भरे प्याले को उठाया तब उसमें अपने नथ को रखे हुए देखा। बड़ी प्रसन्नता से नथ को अपने पति के हाथ में सौंपा। श्रीनिवास तुरन्त समझ गये कि स्वयं पाँडुरंग विट्ठल ही बृद्ध ब्राह्मण के रूप में आये हैं। कहा जाता है कि उस दिन से वे पाँडुरंग विट्ठल के बड़े भक्त बन गये।

लोभी श्रीनिवास, विट्ठलभगवान के भक्त बनते ही, अपना धन सब गरीबों में बाँट दिया। श्री वियासरास का शिष्य बनकर मध्वसंप्रदाय में दीक्षा ली। उस दिन से वे पुरन्दरदास के नाम से बुलाये जाने लगे। उन्होंने उन्छवृत्ति को अपनाया और अपनी पत्नी एवं बाल बच्चों के साथ तीर्थ-यात्रा करने के लिये निकल पड़े। इस तरह वे तीर्थ यात्रा करते समय रास्ते में कन्नड की बोलचाल की भाषा में भक्ति-पदों को गाकर कर्नाटका में विट्ठल भक्ति का प्रचार करने लगे। जीवन पर्यन्त भगवान के नाम-संकीर्तनों की रचना करते हुए अस्सी वर्ष की उम्र में पुरन्दरदास ने वैकुण्ठ की प्राप्ति की।

पुरन्दरदास की रचनायें

पुरन्दरदास ने अपने पदों में द्वैतमत के सिद्धान्तों एवं निर्मल भक्ति की महिमा का वर्णन किया है। आज तक इनके द्वारा रचित लगभग पाँच हजार भक्ति-गीत पुस्तक के रूप में छापे गये हैं। कहा जाता है कि इन्होंने निम्नलिखित पुस्तकों की रचना की थी-

द्रौपति व स्त्रीहरणम, सुदामा चरित्र और परतत्वसार। लेकिन आजतक उक्त लिखित पुस्तकों की प्राप्ति नहीं हुई है। इनके कीर्तन सब भक्ति, ज्ञान, नीति, दर्शन एवं जीवन के अनुभवों का खजाना माना जाता है।

ब्रह्म संबंधी पुरन्दर के विचार

पुरनदरदासर ने अन्य धर्मी का खंडन न किया है; उन्होंने इस संसार एवं पंच भूतों को सत्य और नित्य माना है; जिन्होंने इस प्रपंच को असत्य माना है उनका इन्होंने खंडन किया है। उनका मत है कि पुरन्दरविट्ठल को छोड़कर दूसरा ईश्वर कोई नहीं है; पुरन्दर विट्ठल ही पूरे प्रपंच को कार्यान्वित करते रहते हैं; वे ही सूत्रधारी हैं और सारे संसार और जीवों को नचाते रहते हैं; वे ही इस पूरे प्रपंच के अधिपति हैं; वे ही भले लोगों की रक्षा एवं बुरे लोगों का नाश करने के लिये कई तरह के अवतार लेते हैं।

पुरन्दरदास ने सगुण ब्रह्म को अधिक मुख्यत्व प्रदान किया है, फिर भी उन्होंने निर्गुण ब्रह्म की भी उपासना की है। श्री कृष्ण परमात्मा उनकी भीतरी चक्षुओं के समक्ष खडें रहते हैं। श्री कृष्ण के सिर से पाद तक का वर्णन अत्यन्त काव्यात्मक शैली से वे करते हैं, मानों उन्हें इन्होंने प्रत्यक्ष रूप में देखा हो!

"शिशु को देखा है क्या?" नामक कविता में पुरन्दरदास कहते हैं-"यह शिशु दूसरे शिशुओं की भांति साधारण शिशु नहीं है; इसके हजारों नाम हैं; हजारों सूर्यों की भांति प्रकाशमान है; यह सुगुण भी है और निगुर्ण भी है; इसके अपार ज्ञान को स्वयं यही जानता हे।"

और एक कविता में पुरन्दरदास कहते हैं-"ईश्वर अणु की भांति लघु और पर्वत की भांति बृहद दिखाई पड़ते हैं; वे साकार और निराकार रूप में रहते है; वे आँखों से दिखायी पड़नेवाले है और न दिखायी पड़ने वाले भी हैं।" इस तरह वर्णन करते हुए वे भगवान को निर्गुण परब्रह्म' कहते हैं।

पुरन्दरदास अपने को मोति के व्यापारी के रूप में कलपना कर कहते हैं "हे भक्त जन! सच्चिदानंदमय दैविक मोति एक बिक्री के लिये आया है; ज्ञान नामक डोरी में यह मोति पिरोयी गयी है; भक्त लोग ही इसकी महिमा जानकर इसे खरीद सकते हैं; परमात्मा रूपी यह श्रेष्ठ मोती अज्ञानियों की आँखों को दिखायी नहीं पडेगा। इसे हम हाथों से पकड़ नहीं सकते; गले में माला के रूप में पहन नहीं सकते; इसे हाथ में रखकर घूम नहीं सकते; यह बहुत ही बहुमूल्य मोती है; सिर्फ ज्ञानी लोग ही इसकी महिमा को जान सकते हैं।"

पुरन्दरदास की भक्ति-साधना

पुरन्दरदास भक्ति के आवेश में पागल की तरह बर्ताव करते हैं। वे अपने एक गीत में बताते हैं-"श्री अच्छुधा के ऊपर मेरी तीव्र भक्ति की नशा सिर पर चढ़ते ही मैं पागल बन जाता हूँ; माया रूपी वस्त्र को मैं फाड डालता हूँ; बुराई रूपी घड़ों को मैं चुकनाचूर करके फोड डालता हूँ; नाश्तिक एवं दुष्टों पर मैं पत्थर फेंकता हूँ; केशव के शिरस पर रखे हुए फूलों को उठाकर मैं अपने सिर पर रख लेता हूँ; छोटे बच्चों की भाँति मैं उचल-कूद करता हूँ।"

पुरन्दरविट्ठल भगवान को ही अपने जीवन का लक्ष्य मानने वाले पुरन्दरदास अपने एक पद में कहते हैं-मेरे आराध्य देव पुरन्दर विट्ठल के रहते हुए मुझे किसी के बारे में चिन्तित होने की आवश्यकता नहीं है। वे ही मेरी माता और पिता हैं; जब वे मेरी रक्षा करते हैं, मैं कैसे गरीब या अनाथ बन सकता हूँ? वे ही मेरा धन और रिश्ते नाते हैं" पुरन्दरदास अपने भक्ति-पदों में लोगों को बार-बार यह उपदेश दिया करते हैं कि हम अपने जीवन में उत्पन्न होनेवाले कष्ट एवं विघ्नों को हरि ध्यान और नामोंजपन से दूर कर सकते हैं।

पुरन्दरदास ने विट्ठल भगवान से घनिष्ट रिश्ता रखने वाले अन्य देवी-देवताओं के साथ अपने रिश्ते को बहुत ही घनिष्ठ बना लिया था। अपने एक कीर्तन में वे बताते हैं-"हे पाण्डुरंग विट्ठला! तू ही मेरे पिता हो; हे परन्दामा! लक्ष्मी देवी मेरी माता है; ब्रह्मा मेरे अग्रज हैं; पूर्णिमा की तरह सुन्दर मुंह वाली सरस्वती देवी मेरी भाभी है; वासुदेव जी मेरे गुरु के पुत्र हैं; भक्त जन, साधु सन्यासी लोग सब मेरे घनिष्ट रिश्ते नाते हैं; जहाँ विट्ठल-भजन होता है वही मेरा मंदिर है; देह के ऊपर रखे हुए मोह को दूर करना ही मेरा स्नान है; हरि-नाम नामक जल को ही मैं सदा पीता रहता हूँ; हे पुरन्दर विट्ठला! मुझे दास्य भक्ति प्रदान कर, मेरे करों को पकड़कर मुझे पार लगाओं।"

पुरन्दरदास की माधुर्य भक्ति

पुरन्दरदास ने सहस्रनाम वाले श्री नारायन को अपना भर्ता और अपने आप को उनकी पतिव्रता भार्या मानकर अपना जीवन बिताया था। इस प्रकार, माधुर्य भक्ति की उपासना करते हुए उन्होंने असीमित आनन्द का अनुभव किया। अपने जीवन के कर्तव्यों को निभाना पाँडुरंग विठ्ठल की सेवा करना मानते थे। उन्होंने अपना तन, मन और धन सब कुछ भगवान विठ्ठल को समर्पित कर दिया था।

पुरन्दर की दास्य भक्ति

पुरन्दर ने दास्य भक्ति को अधिक प्रधानता देकर कीर्तनों की रचना की थी। कर्नाटका के हरिदासों में वे श्रेष्ठ हरिदास माने जाते हैं। वे बार-बार विठ्ठल भगवान से प्रार्थना करते हैं-"हे पांडुरंगा मुझे अपने दास के रुप में स्वीकार कर लो; तुम्हारे दासों का दास बनने का सौभाग्य मुझे प्राप्त होने की कृपा करो।" इस प्रकार वे अपने को अपने इष्ट देव का नौकर मानते थे; उनके भक्तों की सेवा करना अपने जीवन का पुरुषार्थ मानते थे।

भगवान की नाम-महिमा

पुरन्दरदास का कहना है कि हरि के स्वर्ण-चरणों का ध्यान करते हुए और उसके पवित्र नामों को सदा जपते हुए हम आसानी से माया रूपी दलदल से छुटकारा पाकर बाहर आ सकते हैं। संसार रूपी समुद्र को तैरकर पार करने के लिये ओर जन्म एवं मृत्यु से मुक्ति पाने के लिये अत्यन्त श्रद्धा तथा भक्ति से हरिनाम का जपन करना अत्यन्त आवश्यक है। पुरन्दरदास अपने इष्ट देव से बढ़कर उनके दैविक नामों को अधिक मुख्यत्व देते हुए अपने एक कीर्तन में कहते हैं-"हे कृष्णा! तुम्हारे पुनीत नामों ने गजराज, प्रहलाद, द्रौपति, अजामिल, दुरुव, वाल्मिकी प्रभृति बड़े भक्तों की रक्षा की है।

ऐसी हालत में हे परन्दामा! मैं क्यो तुम्हें अधिक प्रधानता दूँ? तुम से बढ़कर तुम्हारा नाम ही अधिक श्रेष्ठ है।"

पुरन्दरदास अपने एक संकीर्तन में ईश्वर से प्रार्थना करते हैं- "हे विठ्ठला! मैं एक चोर हूँ; तुम्हारे पवित्र नामों की चोरी करने वाला बड़ा चोर हूँ; इस चोरी के लिये यदि तुम मुझे दंड देना चाहते हो तो मुझे कैदी बनाकर तुम्हारे निवास-स्थान वैकृण्ठ में निरन्तर रूप से रख लो।" इस प्रकार उन्होंने जब भी मौका मिला, तब भगवान के नामों पर रखे हुए अपने असीमित प्रेम को अपने कीर्तनों में व्यक्त किया है।

बुराइयाँ, अन्याय, क्रूरता एवं गुनाहों से भरे हुए इस कलियुग में हरि के गुणों एवं उनकी लीलाओं का गान करना ही उन्हें प्राप्त करने का सब से श्रेष्ठ उपाय है। अपने एक पद में वे बताते हैं-"किरुदा युग में हरि-ध्यान से, त्रेता युग में याग-यज्ञ से, द्वापर युग में अभिषेक एवं अर्चना करने से, हे विठ्ठला! भक्तों ने मुक्ति प्राप्त की है। लेकिन इस कलियुग में तुम्हारे स्वर्ण चरणों को प्राप्त करने के लिये तुम्हारा नाम-जपन करना पर्याप्त है।"

सभी ईश्वरों की उपासना

पाँडुरंग विट्ठल, पुरन्दर का इष्ट देव होने पर भी, उन्होंने श्रीराम, श्री कृष्ण, शिव, पार्वती, गणपति आदि सभी देवों का गुण-गान किया है। इस प्रकार इन्होंने शैव एवं वैष्णवों के बीच एकता को बढ़ाने वाले भक्ति-मार्ग को अपनाया था।

पुरन्दरदास की वात्सल्य-भक्ति

पुरन्दरदास ने वात्सल्य भक्ति के पदों की भी रचना की है। एक लोरी-गीत में वे कहते हैं-"हे नंदबाबा का सुपुत्र मुकुन्दा! क्षीर-समुद्र में योग-निद्रा करने वाला हे कृष्णा! हे वटपत्रसायी! हे लक्ष्मी-पति! हे करुणानिधि! हे परमात्मा! हे बाल गोपाला! रत्नों से जड़ित सुन्दर पालने में लोरी गाकर मैं तुम्हे सुलाऊँगा; कमर में तुम्हें बिठा लूँ तो घर का काम कौन करेगा? शेष नाग पर शयन करनेवाला हे गोविन्दा! प्रभु पाँडुरंगा! पुरन्दर विट्ठला! जल्दी सो जाओ।" [1]

यदुकुल का तिलक कृष्ण को तेल का स्नान कराते समय पुरन्दरदास अपने को यशोदा मानकर कहते हैं-"तुम्हारी आयु दीर्घ होनी चाहिये; पढ़कर तुम्हें बड़ा बुद्धिमान होना है; असुरों का वध कर नरेशों की रक्षा तुम्हें करनी है; रुक्मिणी से विवाह कर दुवारिका पुरी का तुम्हें नरेश बनना है; हे पुरन्दर विट्ठला! तुझे बड़ा ज्ञानी बनना है।"[2]

बहुत मनाने पर भी कान्हा सोने से इनकार करता है; दूध पीना नहीं चाहता; बाहर जाकर खेलने के लिये हट करता है; तब यशोदा कान्हे को भूत, हौआ के बारे में बताकर डराती है। पुरन्दर दास के एक गीत में यशोदा कान्हा से कहती है- हे रंगा! भूत एक आया है। हे कृष्णा! चुपचाप दूध पीकर सो जा; चार मुहवाला हौंआ गोकुल में आया है; चेष्ठा करनेवाले बच्चों को उठाकर ले जाने के लिये तीन मुह वाला एक पिशाच हरेक गाँव में घूमकर अब हमारे घर के द्वार पर आकर खड़ा है। रोने वाले बच्चों को उठाकर ले जाने के लिये एक भूत आया हे जिसके शरीर भर में आँखें ही आँखें है; उसके छः मुह और बारह हाथ हैं। पुरन्दर विट्ठल को ले जाने के लिये भयंकर चेहरा वाला एक भूत पेड़ पर आकर बैठा है।"[3]

सूरदास ने भी ऐसा एक गीत लिखा है जिस में यशोदा इसी प्रकार भूत, पिशाच के बारे में कहकर कान्हे को यों डराती हे-"हे कान्हा! वन में एक भयंकर भूत आया है; अतः तुम बाहर खेलने मत जाओं। "तब कान्हा माता यशोदा से मुस्कराते हुए पूछता है-"हे माँ! भूत को किसने भेजा है? क्षीर सागर का मंथन करते समय भी वहाँ मैंने भूत को नहीं देखा; भक्त प्रहलाद की रक्षा करने के लिये जब मैंने नृसिंह अवतार लिया और हिरण्य का वध किया, तब भी मैंने किसी भूत-पिशाच को नहीं देखा।"[4]

---

1 श्रीहरिदासकीर्तन-तरंगिनी-भाग 5. पृ.104, 107

2 हरिदास कीर्तन तरंगिणी-भाग 1. पृ.61

3 वही भाग 1, पृ. 57

4 सूरसागर-दशम स्कन्ध पृ.335, 336

भूत के बारे में सुनते ही पुरन्दरदास का कृष्ण भयभीत होकर यशोदा से कहता है- "ओ माँ! भूत को मत बुलाओं; आगे मैं नहीं रोऊँगा; माखन की चोरी नहीं करूँगा; गोपियों की आँखों को खड़ा होकर बंध नहीं करूंगा; अग्रज बलराम को गालियाँ नहीं दूंगा; दोस्तों को नहीं मारूँगा; तालाब के पास नहीं जाऊँगा; साँप के साथ नहीं खेलूँगा; गाय के बछड़ों को खोलकर बाहर न जाने दूंगा; पत्थर की मूर्ति की भांति एक ही जगह पर बैठा रहूँगा।"

कृष्ण परमात्मा की इन बातों को सुनकर यशोदा ने प्रपंच के प्रभु पुरन्दर विट्ठल को गले लगा लिया।"[1]

भूत, पिशाच पर संदेह होने पर, कान्हा यशोदा से पूछता है-"ओ माँ! भूत कहाँ रहता है? जरा उसे मुझे दिखाओं तो सही! झूठ-मूठ बताकर मुझे मत डराओ। चौदह लोकों को मेरे उधर में समाविष्ट कर, पूरे प्रपंच को मैंने तुझे अपने मुँह में दिखाया; तीव्र गतिमान वायु का रूप धारण कर मैंने असुरों का वध किया; कालिंग के सिर पर खड़ा होकर नृत्य किया; नाग-पत्नियों को छुड़ाया। उन तरुणों में भी मैंने उन भूत-पिशाचों का अवलोकन नहीं किया जिन के बारे में तू बयान कर रही है। इस प्रकार भूत-पिशाचों की कथा सुनाकर मुझे भयभीत कराओं मत, हे माँ!"[2]

पुरन्दरदास का कान्हा, माँ यशोदा से शिकायत करता है-"माँ मेरे मित्र सब निम्नलिखित बातें कहकर मुझे गुस्सा दिलाते हैं-"तू मरी माँ नहीं है; मेरे पिता जी यहाँ नहीं है: मेरे मामा की क्रूर करतूतो से भयभीत होकर मेरे पिताजी ने मुझे मथुरा से लाकर तुम्हारे पास बेच दिया है; मेरी माँ देवकी और पिता जी वासुदेव हैं-ऐसा कहकर मेरे मित्र मेरी हँसी मजाक उड़ाते हैं माँ!"[3]

सूरदास का कृष्ण भी इसी प्रकार यशोदा से शिकायत करता है-"माँ! अग्रज बलराम बार-बार यह कहकर मुझे गुस्सा दिलाता है कि तुम ने मुझे पैसा देकर खरीद लिया है। तुम्हारे पिता कौन और माँ कौन है? नंद बाबा और यशोदा गोरे हैं; तुम क्यों काला है? इसे सुनकर गोप बालक सब मेरी हँसी मजाक करके जोर-जोर से हँसते हैं; मुझ मात्र को तुम दंड देती हो; बड़े भाई बलराम को तुम कथमपि दंड नहीं देती हो। इसे सुनकर यशोदा कृष्ण से कहती हे-मैं ही तेरी माँ! तू ही मेरा पूत।"[4]

पुरन्दर दास की सख्य भक्ति

पुरन्दरदास ने श्री कृष्ण को अपना मित्र मानकर सख्य भक्ति के पदों की रचना की हैं। वे अपने एक पद में अपने मित्र श्री कृष्ण से विनती करते हे-"साधु, सन्यासी और भक्त जन तुम्हें करुणा निधि आफतबान्धव, दीनदयाला आदि कहकर पुकारते हैं; लेकिन मैं इसे नहीं मानता; क्योंकि बार-बार मुझे मानव-जन्म देकर मेरे मन को दुख पहुँचाते हो। अजामिल को तुमने मुक्ति दी है। गजेन्द्र, प्रहलाद, दुरुव, बलि चक्रवर्ती, पांजाली, अहल्या आदि को तुमने कष्टों से बचाया है। वास्तव में तुम करुणानिधि हो तो मेरे करों को पकड़कर मुझे इस भव सागर से पार कराओ। 'करुणा निधि' नामक विरुद को यदि

---

1 .1 श्रीहरिदासकीर्तन तरंगिनी-भाग 1, पृ. 53

2 श्रीहरिदास कीर्तन तरंगिनी, भाग 1, वृ. 64

3 वही भाग 1, पृ. 58

4 सूरसागर दशम स्कन्ध पृ.333, 334

तुम बचाये रखना चाहते हो तो मुझे जन्म एवं मृत्यु के चक्र से छुड़ाओं। हे कृष्णा! मुझे धोखा मत दो; मुझ अकिंचन पर दया करो, कृष्णा! तेरी सेवा करने का सौभाग्य मुझे प्रदान करो; मुझ पर इतना दया करो कि मैं सदा-सर्वदा तुम्हारा ध्यान करता रहूँ। जो तुम्हारे शरण में आते हैं उनकी रक्षा करना तुम्हारा काम है कि नहीं? मुझे भवसागर से पार कराओं।"[1]

हरिनाम की महिमा

हरिनाम की महिमा के संबंध में भक्त पुरन्दरदास ने बहुत से पदों की रचना की है। एक पद में वे अपने को मुकुन्दनाम नामक मिश्री का व्यापारी मानकर भक्तजनों से उसे खरीदकर फायदा उठाने की विनती करते हैं-"हे भक्त जन! गोविन्द नामक मिश्री को खरीदों; जिन्होंने उसे चखकर देखा है उन्हीं को उसका मिठास और मुख्यत्व मालूम है। बोरों में केशव नाम नामक मिश्री को भर नहीं सकते; इस पर कोई भी राजा कर नहीं लगा सकता; भगवत्-नाम नामक यह मिठाई अधिक फलदायक है। इसे खरीदने से कोई भी नुकशान नहीं होगा; इसका नाश कथमपि नहीं होगा। इसे पैसा देकर खरीदने की कोई आवश्यकता नहीं। जितना चाहे उतना इसे मुफ्त में ले सकते हैं। चीटियाँ इसे खा नहीं सकती; इसे खरीदने के लिये दूकान जाने की जरूरत नहीं। दुकानों में इसकी बिक्री नहीं होती।"[2]

पुरन्दरदास की तरह भक्त-मीरा भी राम-नाम के महत्व के संबंध में अपने एक पद में कहती है-

"राग नाम एक बहुमूल्य रत्न धन है; इस बहुमूल्य धन को खर्च करने से बढ़ता ही जायेगा, घटेगा नहीं। चोर इसकी चोरी नहीं कर सकता। भवसागर को पार करने के लिये इस राम-नाम नामक नौकेकी अत्यन्त आवश्यकता है। इसका पान करने से मन के सब मैल दूर होकर वह पवित्र हो जायेगा।"

इसी तरह तमिलनाडु की सौराष्ट्री भाषा का कृष्ण भक्त कवि श्रीनटन गोपाल नायकी स्वामी भी, अपने एक कीर्तन में वासुदेव नाम की महिमा का वर्णन करते हैं-"भगवत नाम नामक मिठाई खाने से भव रोग दूर हो जायेगा; चौदह लोकों में व्याप्त हरि-नाम सब से श्रेष्ठ मिठाई है। 'ओम नमो नारायण' नामक अष्टाक्षर मंत्र, शहद में भीखा हुआ बहुत ही मीठा मिठाई हे। हमें वैकुण्ठ ले जाने वाले हरि के सहस्र-नाम नामक मिठाई को व्यर्थ में दिनों को न गंवाकर खाना चाहिये। दासजन! गोविन्द-नाम नामक मिठाई मीठे फल के समान है। शरीर से आत्मा अलग होने के पूर्व इसे खा लीजिये"[3]

हरिनाम का उच्चारण ऊँची आवाज में करने से शर्मिदा होने वालों को देखकर, पुरन्दरदास पूछते हैं- नारायण नाम का क्यों उच्चारण नहीं करते? आप के जीभ में काँठे चुभे हैं क्या? देश भर के तीर्थ स्थलों की यात्रा करने की आवश्कता नहीं; पत्नी एवं बाल-बच्चों को छोड़कर सन्यास धारण करने की जरूरत वहीं। व्रत के नियमों का पालन करने की आवश्यकता नहीं; जप-तपस करने की आवश्यकता

---

1 हरिभक्ति सुधे-पुरन्दरदास-पृ.109

2 श्रीहरिदासकीर्तन तरंगिनी-भाग 1, पृ.24

3 नटनगोपाल नायकी स्वामी के संकीर्तन

नहीं। हरि का नाम मुक्ति प्रदान करने का उपाय होने के कारण, उसे मन लगाकर एक बार उच्चारण करना ही पर्याप्त हे; परमपद की प्राप्ति हो जायेंगी।"[1]

पुरन्दरदास पुनः कहते हैं-वासुदेव के पवित्र नाम को सदा-सर्वदा जप करते रहनेवाले पागल की भाँति मेरा बर्ताव है; कृष्ण परमात्मा के स्वर्ण चरणों में बार-बार गिरकर मैं अपने पाप रूपी घडों को फोडता रहता हूँ; साधु-सन्यासियों के पीछे पागल की भाँति घूमता रहता हूँ; दुष्टों के ऊपर पत्थर फेंकता हूँ; हरि की निंदा करने वालों के ऊपर मिट्टी फेंकता हूँ; मुझे विट्ठल भगवान के पास मिलाने वालों के संग में मैं नाचता, गाता रहता हूँ; दुनियादारों के समक्ष पागल की तरह बर्ताव करता हूँ;।[2]

वज्र के गिरने पर जिस प्रकार बड़े-बड़े पर्वत भी फूटकर चुकनाचूर हो जाते हैं उसी प्रकार यदि हम भूलकर भी एकबार गोविन्द-नाम का उच्चारण करें तो हमारे पाप रूपी पर्वत भी फूटकर चुकनाचूर हो जायेंगे।"[3]

माधव का नाम एक महीन रेशम वस्त्र के समान है; उसे फैलाकर हम अपने शरीर को ढख सकते हैं; जिस भी प्रकार चाहे हम उसका प्रयोग कर सकते हैं। उसी प्रकार एक हरि का नाम उच्चारण करने से करोड़ यज्ञ करने का फल उपलब्ध हो जाता है।

संतीतज्ञ के रूप में पुरन्दरदास

पुरन्दरदास एक बड़े संतीतज्ञ थे। कर्नाटका संगीत की दुनिया में 'पल्लवी' 'अनुपल्लवी' पद्धति को उत्पन्न कर, दक्षिण भारतीय संगीतकला को उन्होंने क्रम में रखा। भक्ति एवं दार्शनिक विचारों से भरे हुए अपने संकीर्तनों को विभिन्न राग-ताल में मीठे कंठ से गाकर भक्त जनों को भक्ति-रस में डुबा दिया।

विद्यारण्य, विजयनगर साम्राज्य के मंत्रियों में एक प्रधान मंत्री माने जाते थे। पुरन्दर के भजन-गीतों ने उन्हें बहुत आकर्षित किया था। उन्होंने पुरन्दरदास के संगीत को 'कर्नाटका संगीत' के नाम से सम्मानित किया। बाद में दक्षिण भारतीय संगीत 'कर्नाटका संगीत' के नाम से पुकारे जाने लगा। पुरन्दर दास ने जिन संकीर्तन-पद्धतियों का आविष्कार किया था उन पद्धतियों का अनुसरन कर बाद के कर्नाटका के हरिदास भक्त कवियों ने संकीर्तनों की रचना की। कर्नाटका संज्ञीतज्ञ श्री त्यागराज स्वामी संगीतज्ञ पुरन्दरदास के संकीर्तनों से अत्यन्त प्रभावित हुए थे। इस प्रकार पुरन्दरदास ने कर्नाटका में भक्ति-मार्ग को विख्यात ही नहीं किया, बल्कि संगीत कला को और भी विकसित किया। कर्नाटका की जनता पुरन्दरदास को नारद मुनि का अवतार मानते हैं।

पुरन्दरदास के पुत्र

पुरन्दरदास के पुत्र, वरपुरन्दर, गुरुपुरन्दर, अभिनवपुरंदर एवं गुरुमध्वपति, इन चारों ने अपने पिता की भक्ति-पद्धतियों का पालन करके सैकड़ों भकित कीर्तनों का सृजन किया था। इनमें से गुरुमध्वपति ने अन्य तीनों से बढ़कर अधिक कीर्तनों की रचना की थी।

---

1 हरिदास कीर्तन तरंगिनी-भाग 3, पृ. 119

2 वही भाग 2, पृ.72-73

3 वही भाग 1, पृ.28

पुरन्दरदास के जीवनवृत्त का सार

समय	16वीं शताब्दी,80वर्ष तक जीवित रहे।
पिता का नाम	वरदप्पा
शहर जहाँ पुरन्दर ने अपना जीवन बिताया था	अनेकोन्दी और हम्पी
मूल नाम	श्रीनिवासनायकर
संगीतकला का ज्ञान	कर्नाटका संगीत के पितामः नाम से बुलाये जाते हैं।
कुल	वैश्य
धंधा	लेन-देन, पीछे जाकर उन्छवृत्ति
जनश्रुतियाँ	1) नारदमुनि के अवतार माने जाते हैं। 2) भगवान विट्ठल वृद्ध ब्राह्मण के रूप में आकर पुरन्दरदास की पत्नी के नथ द्वारा पुरन्दर के मन में ज्ञान उत्पन्न किया।
संप्रदाय	मध्वसंप्रदाय
गुरु	श्री व्यासरासतीर्थ
तीर्थ स्थलों की यात्रा	पूरे परिवार के साथ कई तीर्थस्थलों की यात्रा की थी।
रचनायें	1) सुदामाचरित्र 2) परतत्वसार 3) द्रौपति वस्त्रापहरण और 4) लगभग 5000 कीर्तनों की रचना
पुत्र	वरपुरन्दर, गुरुपुरन्दर, अभिनव पुरन्दर, गुरुमत्वपति

नारायणप्पा (कुमारव्यास)

नारायणप्पा (कुमारव्यास)

नारायणप्पा पुरन्दरदास के समकालीन माने जाते हैं। 'कदक' नामक शहर में उन्होंने अपना जीवन बिताया था। महाभारत के दस अध्यायों को इन्होंने कन्नड में भाषांतरित किया था। वे हरि और हर

को एक मानते थे। इनका समय 16वीं शती मानी जाती है। महाभारत महापुराण को इन्होंने कन्न्ड में भी लिखा था जिसे इन्होंने श्री कृष्णदेवरायर की सभा में श्री व्यासदास के समक्ष पढ़कर सुनाया था। व्यासरास ने नारायणप्पा की विद्वत्ता की भूरी-भूरी प्रशंसा की और इन्हें 'कुमारव्यास' के नाम से पुकारा। कन्नड-भक्ति-साहित्य को श्री कुमार व्यास की देन बहुमूल्य मानी जाती है।

वैकुण्ठदास 9 - 6

वैकुण्ठदास

वैकुण्ठदास 16वीं शताब्दी में जीवित थे। ये पुरन्दरदास के समकालीन माने जाते हैं। अपने बाल्यपर्व से ही ये बेलूर के चेन्न केशव की उपासना करते के थे। वैकुण्ठ अय्यंगार नामक अपने नाम को अन्य हरिदासों की भांति 'वैकुण्ठदास' के नाम में परिवर्तन कर लिया था। वैकुण्ठ-नाम का छाप लगाकर कन्नड भाषा में ये कीर्तन लिखा करते थे। इनके कीर्तनों में भगवान केशव की लीलाओं का वर्णन हुआ है।

भक्त कनकदास

कनकदास

कनकदास का जन्म सन् 16वीं शती में धारवाड जिले के 'पाट' नामक गाँव में हुआ था। कर्नाटका के 'काकिनेले' नामक स्थान मे जीवन बिताते हुए ये अपने इष्ट देव आदि केशव की उपासना किया करते

थे। ये 'व्यात' नामक निम्न जाति के थे और एक सेना के सेनापति भी थे। युद्ध में एकबार हारजाने के कारण इनके मन में विरक्ति उत्पन्न हुई। बाद में इन्होंने श्री वियासरास तीर्थ को अपने गुरु के रूप में स्वीकार किया और उनसे दीक्षा प्राप्त की।

प्रारंभ में कनकदास श्री संप्रदाय के अनुयायी थे; बाद में श्री व्यासरास से दीक्षा प्राप्त करने के पश्चात् मध्वमत के अनुयायी बन गये। इनकी भक्ति, श्रद्धा एवं विद्ववत्ता को देखकर दासकूट के अनुयायीयो के मन में इन के प्रति ईर्ष्या की भावना उत्पन्न हुई। वे इन्हें अपमानित कर कष्ट देने लगे। इनके समय में जीवित पुरन्दरदास इनका बहुत आदर करते थे।

ब्राह्मणों के गर्व को दूर करने के लिये एक बार कनकदास के गुरु ने अपने सभी शिष्यों को बुलाकर हरेक के हाथ एक केला दिया और कहा-"जहाँ कोई भी नहीं हो वहाँ जाकर इस केले को खाकर लौट आइये।" हरेक शिष्य अलग-अलग स्थान जाकर केले को खाकर लौट आये। परन्तु कनकदास मात्र फल को न खाकर लौट आये और अपने गुरु से बड़ी विनम्रता से कहा-" हे गुरु! भगवान सब जगह पर व्याप्त हैं; वह स्थान जहाँ ईश्वर नहीं है, मुझे दिखाई वहीं पड़ा। इसे सुनकर ब्राह्मण-शिष्य सब शरम के मारे अपना सिर नीचे कर लिया। सब ने कनकदास के ब्रह्म संबंधी ज्ञान की प्रशंसा की।

कनकदास हरेक साल तिरुपति जाकर गोविन्द का दर्शन किया करते थे। एक बार वे अपनी तिरुपति-यात्रा को समाप्त कर उडुप्पि पधारे। परन्तु वहाँ के कृष्णपरमात्मा का दर्शन करने से इनकार किये गये। अतःमंदिर के बाहर के दीवार के पास बैठकर भक्ति-कीर्तनों को गाते हुए उन्होंने पूरी रात बितायी। जिस स्थान पर कनकदास बैठ थे उस ओर श्री कृष्ण की मूर्ति फिर गयी। बाद में, उस दीवार में एक खिड़की भी लगा दी गयी; आज वह 'कनकदास की खिड़की' के नाम से बहुत प्रसिद्ध है। भक्त लोग उस खिड़की के द्वारा श्री कृष्णपरमात्मा का दर्शन कर प्रसन्न हुआ करते हैं।

कनकदास की रचनायें

कहा जाता है कि कनकदास ने हजारों पदों की रचना की थी। इनके कीर्तन सब 'आदिकेशव' की छाप से विख्यात हैं। निम्नलिखित पुस्तकें भी इनकी लिखी हुई मानी जाती हैं -

1. नरसिंहस्तोत्र
2. मोहन तरंगिनी
3. रामध्यान मंत्र
4. हरिभक्ति सार और
5. नल चरित्र

'कनकनमुंडिकै' नामक गीत गहरे आध्यात्मिक विचारों से भरे पडें है। दासकूट भक्त यद्यपि उन्हें चाहते हैं तोभी श्रेष्ठ ज्ञानी लोग ही उन आध्यात्मिक विचारों को समझ सकते हैं। इनके कीर्तन सब सरल शैली में लिखे गये हैं। इनकी कृतियाँ सब साहित्य-सौन्दर्य एवं उक्ति-चादुर्य के लिये प्रसिद्ध हैं।

कनकदास हरिकेशव के अतुलनीय भक्त थे।

कनकदास हरिकेशव के अतुलनीय भक्त थे। उन्होंने अपनी रचनाओं में मध्वमत के विचारो एवं रामानुज के आध्यात्मिक तत्वों को अधिक प्रधानता दी है। वे एकान्त भक्ति के प्रिय ये। अन्य हरिदासों के जैसे एक खास धर्म के व विचारों को मात्र वे मुख्यत्व देना न चाहते थे। इन्होंने अपनी कृतियों में नीति, न्याय संबन्धी उपदेशों को भी दिया है।

कनकदास के ब्रह्म संबंधी विचार

कनकदास संसार की सब चीजों में परब्रह्म के सौन्दर्य को देखते हैं। वे अपने एक कीर्तन में कहते हैं-"ऊँचे पर्वतों में, चाँदनी में, सूर्य के अस्तमान में, पेड़-पौधों में, वृद्धों की वृद्धावस्था में, पक्षियों में, पानी के भीतर रहने वाले सब प्रकार के जीवों में अदृश्य अणु-आकार जैसे जीवों में, हे केशव! मैं तुम्हारे सौन्दर्य को देखकर आश्चर्य चक्ति होता हूँ।"

कनकदास ने केवल कृष्णपरमात्मा को ही पूर्ण परब्रह्म माना है। येल्लम्मा, दुर्गा, मारीयात्ता, चामुंडि जैसे देवताओं की उपासना का खंडन किया है। बकरी, गाय, भैंस, आदि जानवरों को बलि चढ़ाने का भी उन्होंने कटु शब्दों में खंडन किया है। एक पद में अपने इष्टदेव आदि केशव से कनकदास प्रार्थना करते हैं-"सर्वव्यापी, करुणा निधि हे आदि केशव! तुम सर्वत्र हो; सभी जीवों का अन्तर्यामी हो। मैं तो मूर्ख, प्यास से पीड़ित, माया में कसा हुआ, गतिहीन मानव हूँ। हे प्रभु! मुझे इस भव-सागर से पार कराने की कृपा करो।"

और एक कीर्तन में वे बताते हैं-"पर्वतों पर उगने वाले पेड़-पौधों को कौन पानी देता है? नाना प्रकार के रंगों से मयूर जैसे पक्षियों को किसने सुन्दर बनाया? तोते को किसने हरा रंग दिया? हे मनुष्य! तुम्हें बनानेवाला ईश्वर अवश्य तुम्हारी रक्षा करेगा।"

कनकदास ईश्वर से प्रश्न करते हैं- हे केशव! तू माया में हैं? या माया तुममे? शरीर तुम्मे है या तुम शरीर में हो? मिठास चीनी में है या चीनी मिठास में है? पुष्प में सुगन्ध है या सुगन्ध पुष्प में है? हे आदि केशव! इस रहस्य की सच्चाई को तुम्हे छोड़कर और कौन जाने? सुन्दर पदार्थ, सुगंधित चीजें, जीवित एवं निर्जीव चीजें सब तुम ही हो; वही सत्य है।"[1]

तेल, बाती, दीप इन सब के होते हुए भी जब तक दीप जलाया नहीं जाता, चारों और फैला हुआ अन्धकार दूर नहीं होगा; ठीक उसी प्रकार उपासना की सभी वस्तुओं के होने पर भी यदि अंतः करण में भक्ति रूपी दीप जलाया नहीं जाता तब तक अज्ञान रूपी अंधकार दूर नहीं होगा"-कनकदास का कहना है।

गुरु का गुण-गान करना

कनकदास जब अपने जीवन में आने वाले कष्टो का सामना कर न सकने के कारण तड़पते रहते समय, गुरु ने उन्हें भवसागर को पार करने का मंत्रोप्रदेश दिया। गुरु के चरणों में उन्हें हरि-कृपा रूपी

1 कनकदास कीर्तिनैगलु भाग 1, पृ.25, 30

कवच उपलब्ध हुआ। उस समय वे आनंद रूपी समुद्र में डुबकी लगाकर अपने मन की प्रसन्नता को अपने एक कीर्तन में प्रकट करते हैं-"मेरे मन का अज्ञान रूपी अंधकार दूर हो गया; माया रूपी जाल में फँसने से मैं बच गया; सांसारिक बन्धन मुझ से हट गया; मेरे जीभ को हरितीर्थ रूपी प्रसाद मिल गया। हरिदास सब, मेरे बन्धु हो गये। मेरे कुल के 101 सदस्य स्वतन्त्र हो गये। मैं मुक्ति-मार्ग पर जाने का योग्य बन गया। मेरे पिता श्री आदिकेशव मेरे हृदय कमलों में आकर बस गये।"

प्रभु के समक्ष सब समान हैं

कनकदास ने जाति-भेद का खुल्लमखुल्ला खंडन किया है। भक्ति रूपी साम्राज्य में ऊँच-नीच का भेद नहीं है। वे कहते हैं-"आध्यात्मिक आनंद का अनुभव करने वाले साधु-सन्यासियों का कुल नहीं, जाति नहीं। कीचड़ में उत्पन्न लाल कमल पुष्प को भगवान के सिर पर रखकर पूजा करते हैं कि नहीं? गाय के खून से उत्पन्न दूध को ब्राह्मण लोग पीते हैं कि नहीं? ईश्वर का कुल और जाति है क्या? भक्ति-मार्ग का अनुसरण करने वाले भक्त को कुल और गोत्र की आवश्कता नहीं।"

मनुष्य जन्म की श्रेष्ठता

शरीर, धन-दौलत एवं दुनिया की सब चीजें नश्वर हैं; केवल परब्रहम मात्र अनश्वर है; वह सदा के लिये जीवित रहेगा। मनुष्य सांसारिक जाल में फँसकर जन्म-मृत्यु रूपी चक्र में चक्कर लगाता रहता है; अन्गिणित जन्मों को लेने के बाद मानव-जन्म की उपलब्धि होती है। कनकदास अपने एक कीर्तन में कहते हैं-"मानव, करोड़ों जन्म लेता रहता हैं। हर जन्म में वह माँ का दूध पीते समय, नीचे गिरी हुई बूंन्दों को यदि हम इक्ट्ठा करें तो वे क्षीर-समुद्र से बढ़कर बड़ा दिखायी पड़ेगा। अनगिनत जन्मों में उसने अपनी आँखों से जो जल बहाया है यदि हम उसे एकत्रित कर देखें तो नमक-जल से भरे हुए सागर से तीन गुणा बड़ा दिखाई पड़ेगा; कई जन्मों में उसने जो शरीर धारण किया है उनकी हड्डियों को यदि हम इकट्ठित करें तो वे मेरु पर्वत से चार गुणा बृहद दिखायी पड़ेगा; अनेक जन्मो में प्राप्त शरीरों के चमड़ों को एकत्रित करके फैलावे तो वे इस धर्ती से पाँच गुणा बड़ा दिखायी पड़ेगा। इस प्रकार अन्गिणित जन्मों को लेने के पश्चात् ही मानव-जन्म उपलब्ध होता है। इस मानव-जन्म मात्र में ही भगवान पर भक्ति कर मुक्ति की उपलब्धि कर सकते हैं। भक्ति के बिना जीव भव सागर को पार नहीं कर सकता।"[1]

यशोदा का भाग्य

पेरियालवार, सूरदास, एवं पुरन्दरदास की भाँति कनकदास ने भी कृष्ण जैसे दैविक पुत्र को पाने के लिये यशोदा के भाग्य की प्रशंसा की है। इस संबन्ध में वे अपने एक कीर्तन में बताते हैं-"कान्हें को यशोदा अपना पुत्र समझकर उसके साथ खेलती है और असीम आनंद का अनुभव करती है; अंडसरासरों को कार्यान्वित कराने वाले परब्रहम के दैविक मुँह को अपेन मुँह के साथ लगाकर उसे खाना खिलाती है; तीनों लोको को नापने वाले भगवान की उँगली पकड़कर धीरे से चल; धीरे से चल, कहनेवाली यशोदा

1 कनकदास कीर्तनैगलु-भाग 1, पृ.9, 41

के भाग्य को क्या कहकर पुकारें? क्षीर समुद्र में योग निद्रा करने वाले कृष्ण परमात्मा को दूध पिलाने का सौभाग्य यशोदा ने प्राप्त किया है। सभी देवों के नेता चेन्न केशव को अपने पुत्र की भाँति पालन पोषण करने वाली यशोदा का भाग्य ही भाग्य हे। पूर्वजन्म में उसने बड़ा पुण्य किया था।"[1]

गोपियों का यशोदा से शिकायत करना

कोई न कोई बहाना करके श्री कृष्ण के सुन्दर मुँह को देखने के लिये, गोपियाँ यशोदा के घर आया करती थीं। एक गोपी स्त्री यशोदा से शिकायत करती है; इसका वर्णन कनकदास अपने एकगीत में यों करते हैं-"सुन यशोदा, सुन! तुम्हारा पुत्र कान्हा एक बड़ा चोर है। जब मैं घर में दूध दुह रही थी तब ऊपर छींके में रखे हुए दूध सबको तुम्हारे लाडले ने नीचे गिरा दिया।" इसे सुनकर कान्हा यशोदा से कहता हे- हे माँ! जानबूझकर वह झूठ बोल रही है। ऊपर छींके में रखे हुए दूध को मैं कैसे छू सकता हूँ? मैं उतना बड़ा नहीं हूँ। "तब एक और गोपी यशोदा से कहती है-"तुम्हारा बेटा कृष्ण ने मेरे घर के भीतर रखे हुए पूरे माखन को खिड़की से चोरी करके खा गया। मेरे बेटों को देने के लिये भी उसने कुछ भी बाकी नहीं छोड़ा।" इसे सुनकर कृष्ण अपनी माँ यशोदा से कहता है-"इस के घर के भीतर घडे में रखे गये माखन सब को खाने के लिये क्या मेरा पेट तालाब या सरोवर है? घडे में रखे हुए माखन को इसके बेटों ने खा लिया होगा!" इसे सुनकर यशोदा गोपियों से कहती है-"आप सब माँ है; आपने भी पुत्रों को जन्म दिया है; ऐसी हालत में मेरा बेटा कृष्ण के बारे में इस प्रकार की शिकायत करना ठीक नहीं।"[2]

एब बार यशोदा कृष्ण के द्वारा की गयी गलती को स्वीकार करके एक गोपी से कहती है- केवल आज मात्र कृष्ण की गलती को माफ कर दो; वह तुम्हारे घर में कभी नहीं घुसेगा; मेरा बेटा कान्हा छोटा सा बालक है; उसे कुछ भी नहीं मालूम; तुम्हारे घर के थोड़े से माखन खाने के कारण उसके कोमल पैरों को डोरी से बाँध डालना कहाँ का न्याय है? उसे अपना ही बेटा मानकर इस बार उसे माफ कर दो; उसके ऊपर एक माँ का प्यार न दिखाकर, उसे 'चोर' कहकर पुकारो मत! कितनी बार मैं कृष्ण को रोकती हूँ; सुना, अनसुना करके, वह दूसरे दुष्ट बालकों के साथ खेलने चला जाता है; मेरी बातो को वह सुनता ही नहीं; आज से वह जितना चाहता है उतना नया मक्खन मैं दिया करूँगी; इस बार उसे छोड़ दो।"[3]

कनकदास की दास्य भक्ति

कनकदास अपने एक आत्मनिवेदन पद में बताते हैं-"मेरा कोई कुल और गोत्र नहीं; मैं व्यात 'जाति का हूँ; मैं निम्न जाति का हूँ। सहस्र नामोंवाला भगवान श्री रेंगनाथ स्वामी के दासों के और उनके दासों का दासी-पुत्र हूँ; मैं साधु सन्यासों के घर को पहरा देने वाला दरिद्र दास हूँ। हे केशव! तुम्हारे स्वर्ण-चरणों में मैंने आश्रय लिया हे; मुझे मुक्ति प्रदान कर भवसागर से पार भी कराने की कृपा करो।"[4]

---

1 वही, भाग 1, पृ.9, 41

2 कानकदास कीर्तनैगलु भाग 1, पृ.27

3 वही भाग 1, पृ.86

4 कानकदास कीर्तनैगलु भाग 1, पृ.93

कनकदास के कुल, गोत्र संबंधी विचार

कुल, गोत्र और जाति के संबंध में कनकदास अपने एक पद में कहते हैं-"हे मानव! आप सब लोग व्यर्थ में कुल और गोत्र के बारे में सोचकर आपस में झगड़ा करते है। आप लोगों को मालूम नहीं कि कुल तथा गोत्र का मूल रहस्य क्या है। सब सरोवर एवं तालाबों की माँ जल है। उस जल का कुल एवं गोत्र क्या है? इसके बारे में क्या तुम बता सकते हो? यह शरीर पानी के बुलबुले के समान अस्थायी है; इस सत्य को समझकर भगवान की उपासना किया करो। हरि ही पुरुषोत्तम है; सर्वेश्वर हे; वह जाति-भेदों का अवलोकन नहीं करता। चाहे ऊँची जाति का हो या निम्न जाति का हो, परमेश्वर सब को समान मानकर उनपर अपनी कृपा-दृष्टि डालता है। जो हरि का गुण-गान करता है, वहीं वास्तव में ऊँची जाति का माना जायेगा।

निष्कर्ष

कनकदास ने नवधा भक्ति से गुजरते हुए वात्सल्य एवं माधुर्य भक्ति संबंधी पदों की रचना की है; इन्होंने समाज-सुधार संबंधी गीतो को भी लिखा है।

निम्नजाति के लोगों के बीच फैले हुए अंथ विश्वासों का कनकदास ने अपनी कविताओ में खंडण किया है। ऊँचे एवं निम्न जाति के सब प्रकार के लोग इनके उपदेशों से आकर्षित हुए हैं। इस प्रकार कनकदास एक श्रेष्ठ भक्त, कवि एवं समाज सुधारवादी के रूप में पूरे कर्नाटका में प्रसिद्ध हुए। सौ वर्ष तक जीवित रहने के बाद, उन्होंने वैकुण्ठ प्राप्ति की। इनकी रचनायें कन्नड भक्ति साहित्य का खजाना माना जाता है।

सन् 13वीं शती से लेकर कनकदास तक का समय दासकूट कवियों का स्वर्ण युग माना जाता है। इस कालावधि में रचित हरिदासों के भक्ति-पद, उपनिषदों के वाक्यों के समान गहरे अर्थों से भरे पडे है। इस कालावधि में श्री पादराय, व्यासरास, वादिरास विजयींद्रतीर्थ प्रभृति श्रेष्ठ भक्त कवियों ने संस्कृत एवं कन्नड में सैकड़ों भक्ति-साहित्य का सृजन किया।

कनकदास के जीववृत्त का सार

जीवित समय	16वीं शती, सौ वर्ष तक जीवित रहे।
इष्ट देव	आदि केशव
जाति	'व्यात' नामक निम्न जाति
धंधा	पहले सेनापति थे; युद्ध में हार जाने पर श्रेष्ठ भक्त हुए।
गुरु	व्यासरास
जनश्रुतियाँ	उड्डुप्पि-मंदिर के बाहर बैठकर रात भर कीर्तन गाते रहने के कारण श्री कृष्ण की मूर्ति इनकी ओर मुड गयी।
रचनायें	नरसिम्मस्तोत्र, मोहनतरंगिनी, रामध्यान मंत्र, हरिभक्तिसार, नल चरित्र, एवं हजारों भक्ति-पद
यात्रा की हुई तीर्थ स्थल	तिरुपति, उडुप्पी

श्रीरागवेन्द्र स्वामी

श्रीरागवेन्द्रस्वामी

श्रीरागवेन्द्र स्वामी के प्रधान शिष्य माने जाने वालों में विजयदास, गोपालदास, अप्पण्णाचारी आदियों ने अपने गुरु की प्रशंसा में कई पदों की रचना की है। श्री नारायण आचार्य द्वारा लिखित 'रागवेन्द्र विजयम' एवं वातीन्द्र रचित गुरुगुणस्तवनम' नामक ग्रन्थो में रागवेन्द्र का जीववृत्त बताया गया है। अपण्णाचारी ने संस्कृत में अनेक सुन्दर पदों की रचना द्वारा अपने गुरु की कीर्ति को प्रकट किया है।

श्री रागवेन्द्र स्वामी ने भक्ति, ज्ञान एवं वैराग्य संबन्धी बहुत से पदों की रचना कन्नड भाषा में की है। उनके द्वारा रचित भक्ति -पदों में 'वेणुगोपाल' की मुद्रा लगी हुई है। इन्होंने आत्मनिवेदन संबन्धी पदों को अधिक संख्या में लिखा हे। वे माधव की तुति-गीतों को गाते समय अपने आप को भूल जाया करते थे।

मनुष्यों के दुखों को दूर करने के कार्य में तथा उनको संसार-सागर से पार कराने के सत्कार्य में श्री राधवेन्द्र ने अपना पूरा जीवन बिताया था।

उन्होंने अपने जीवन में अनेक अद्भुत कार्यों को करके दिखाया था; उनमें से एक निम्नलिखित है-

श्री वेंकण्णा राधवेन्द्र स्वामी के शिष्य थे। अदोनी के शासक नवाब के यहाँ वे दिवान का काम करते थे। राधवेन्द्र एक बार अदोनी गये थे; वेंकण्णा ने अपने गुरु की महिमा तथा उनके द्वारा किये गये चमत्कारों के बारे में नवाब साहब से कहा।

नवाब ने राधवेन्द्र की परीक्षा करना चाहा। उन्होंने एक थाली में माँस के टुकड़ों को रखकर उन्हें एक रेशम के कपड़े से ढका और उस थाली को भेंट के रूप में राधवेन्द्र को दिया। अपनी योग-शक्ति से श्री राधवेन्द्र ने इसे समझ लिया। अपने कमण्डल के तीर्थ को उस थाली पर छींका। रेशम के कपड़े को हटाते ही थाली पर रखे हुये माँस के टुकड़े फल-फूल में परिवर्तित हो गये। इस चमत्कार को देखकर नवाब आश्चर्य चकित हो गये। वे राधवेन्द्र के चरणों पर गिर पड़े और राधवेन्द्र से क्षमा माँगी।

मन्त्रालय का फोटो

मन्त्रालय का फोटो

नबाव ने राधवेन्द्र को कुछ न कुछ उपहार के रुप में देना चाहा। राधवेन्द्र जो भी खाली भूमि चाहे उसे उन्हें भेंट के रुप में प्रदान करने की आज्ञा, नबाब ने दिवान साहब को दी। राधवेन्द्र ने 'मांचाला' नामक ग्राम में अपने वृन्दावन को बसाना चाहा। उस सूखे गाँव को उन्होनें नबाव से उपहार के रुप में प्राप्त किया। फिलहाल उस मांचाला नामक गाँव में ही श्री राधवेन्द्र स्वामी की समाधि बनी हुई है। आज यह गाँव मन्त्रालय नाम से प्रसिद्ध है। कहा जाता है कि हजारो शिष्यों एवं भक्तों के समक्ष श्री राधवेन्द्र ने अपने दैविक शरीर के साथ वृन्दावन में प्रवेश किया और अपनी लौकिक लीलाओं को समाप्त कर लिया। उनके स्वर्गवास के पश्चात् भी उनकी कीर्ति देश भर में फैली हुई है। मध्वसंप्रदाय के ही नहीं 'इतर' संप्रदाय के अनुयायी भी मंत्रालय की यात्रा कर राधवेन्द्र की उपासना किया करते है। उनके अनुग्रह से सैंकडो परिवारो का कल्याण हुआ है।

प्रसन्न वेंकटदास

प्रसन्नवेंकटदास

17वीं शती में जीवित प्रसिद्ध हरिदासों मे प्रसन्नवेंकटदास भी एक माने जाते हैं। विजयदास और जगन्नाथ दास इनके समकालीन थे। कर्नाटका भक्ति-आन्दोलन में इनको एक श्रेष्ठ स्थान उपलब्ध हुआ है।

श्रीवेंकटदास बिजापूर जिले के पागलकोट नामक शहर के निवासी थे। कहा जाता है कि इनके पुरखों का निवासस्थान 'काखंडी' नामक गाँव था।

वेंकटदास अत्यन्त गरीब होने पर भी श्रेष्ठ भक्त थे। बाल्यपर्व से ही ये तिरुपति के भगवान नारायण की आराधना किया करते थे। गोविन्द के अनुग्रह से इन्होंने ज्ञान की प्राप्ति की और तत्वों के रहस्यों को आसानी से समझ लिया। इन्होंने 'प्रसन्न वेंकट' की मुद्रा से अपने इष्ट देव वेंकटश्वर की प्रशंसा करते हुए बहुत से भक्ति-पदों की रचना की है। श्रीमद्भागवत पुराण के दशम स्कन्द के प्रथम भाग का कन्नड में अनुवाद किया था। पुरन्दरदस की शैली का अनुकरण कर, प्रसन्नवेंकटदास ने अपने भक्ति-पदों की रचना की थी।

प्रसन्न वेंकटदास के वंशावली लोग आज भी काखण्डी नामक गाँव में निवास कर रहे हैं। उनके घरों में वेंकटदास के भक्ति-पदों के ताड़पत्र सुरक्षित रूप में रखे हुए हैं। उनके द्वारा उपयोग की गयी पैजनी, तंबूरा आदि चीजें पागलकोट में स्थित उनके घर में सुरक्षित रखी हुई हैं। हर साल उनकी जन्म-तिथि पर उनके विग्रह को पाल्किन में रखकर जुलूस निकाला जाता है। इस प्रकार आज भी भक्तजन श्री वेंकटदास की उपासना किया करते हैं।

कहा जाता है कि श्री राधवेन्द्र स्वामी की समाधि के समक्ष बैठकर वेंकटदास अपने भक्ति के पदों को गाया करते थे। वेंकटदास का स्वर्गवास सन् 1674 में हुआ था। इन्होंने अपने भक्ति-पदों में भक्ति की महिमा, आत्मनिवेदन, शरणागति संबंधित अपने विचारों को व्यक्त किया है।

श्री विजयदास

विजयदास

कहा जाता है कि श्री विजयदास का जन्म रायसूर जिला 'मान्वी'नामक गाँव में सन् 1687 में हुआ था। गरीबी के कारण इन्हें नाना प्रकार के कष्टों का सामना करना पड़ा। इससे इनके मन में विरक्ति का भाव उत्पन्न हुआ; गंगा नदी पार कर, ये वियास-काशी पहुँचे। वहाँ श्री पुरन्दरदास ने इनके स्वप्न में

प्रत्यक्ष होकर इन्हें दीक्षा प्रदान की और इनका नाम विजयविट्ठल रखा। इसके बाद विजयदास, विट्ठल भगवान की आराधना करने में अपना जीवन बिताने लगे। श्री पुरन्दरदास की कृपा से इनमें कविता लिखने की क्षमता उत्पन्न हुई। उस दिन से लेकर ये अपना इष्ट देव पुरन्दर विट्ठल की महिमा की प्रसंशा में कीर्तिनों की रचना करने लगे। इस प्रकार विट्ठल भगवान के कीर्तनों का गान करते हुए इन्होंने अपना शेष तीस वर्षों को बिताया। कन्नड में भक्ति-पदों को अधिक संख्या में लिखने वालों में इनका नाम पुरन्दरदास के बाद आता है। विजयदास और पुरन्दरदास, कीर्तनकारों के रूप में हरिदासों के बीच अत्यन्त प्रसिद्ध हैं।

विजयदास का शिष्य गोपालदास ने अपने गुरु की प्रशंसा में बहुत से गीतों की रचना की है। गोपालदास ने लिखा है कि विजयदास ने अनेक मुख्यतीर्थ स्थलों की यात्रा की थी। विजयदास ने भक्तजनों के विवाह, उपनयन आदि शुभकार्यों को करवाने में तथा लोगों के बीच परस्पर स्नेह बढ़ाने में अपना शैष जीवन बिताया था।

विजयदास कहते है जाति, गरीब, अमीर आदि भेदों को भूलकर परमात्मा पर भक्ति करनी चाहिये। मुक्ति प्राप्त करने के लिये भक्ति-मार्ग ही श्रेष्ठ मार्ग हे। नाम-महिमा, गुरु-कृपा, वैराग्य, भक्ति आदि दार्शनिक विषयों पर इन्होंने पदों की रचना की है।

भगवान श्री पुरन्दर विट्ठल इन्हें जैसा भी रखना चाहे वैसा जीवन बिताने में विजयदास ने संतुष्टि एवं प्रसन्नता का अनुभव किया। अपने दैनिक कार्यों का समर्पण हरि को समर्पित करते हुए यदि मानव अपना जीवन बितावें तो वह आसानी से ईश्वर की प्राप्ति कर सकता है। स्वतन्त्रता से कार्य करने के भ्रम में पड़कर मनुष्य अपने सच्चे स्वरूप को भूल जाता है और गर्व से बर्ताव करने लगता है। अपने एक गीत में विजयदास कहते हैं-

“हे मानव! आयु में तुम अस्वत्तामा नहीं हो; वीभीषण के जैसे तुम चिरन्जीवी नहीं हो; दान करने में तुम चिविच्चक्रवर्ती और बलिचक्रवर्ती नहीं हो; वेग में तुम हवा की भांति नहीं हो; इसे न समझकर तुम क्यों धमण्ड से घूम रहे हो? प्रभु बड़े प्रेम से पिता की भाँति रात-दिन हमें खाना खिलाते हैं; यह पूरा प्रपंच उनकी आज्ञा के अधीन कार्यान्वित है; शिव, ब्रह्म, इन्द्र आदि देवतागन श्री नारायण की इच्छा के अनुसार कार्य कर रहे हैं। भगवान चिनमयामूर्ति के आश्रय में गये हुये हरिदास लोग किसी के बारे में चिन्तित नहीं होते।”

विजयदास लोगों को उपदेश देते हैं-“काम, क्रोध, मद, मोह, माश्चर्य आदि बुरे गुणों से छुटकारा पाकर, भगवान श्री चिन्मयामूर्ति विजय विट्ठल को मन में खड़ा करके, गुणवान एवं ज्ञानी की भांति जीना ही श्रेष्ठ जीवन समझा जायेगा। सर्वरक्षक परमात्मा सब जगह पर फैले हुए हैं; रोज अपने इन्द्रियों से करनेवाले कार्यों को भगवान की सेवा माननी चाहिये; लोक भय और माया से अपने आप को छुड़ा लेना चाहिये; आध्यात्मिक विषयों के बारे में लोगों को उपेदश देते रहना चाहिये; ईश्वर की इच्छा के अनुसार ही जीवन में सब कुछ होता है। ऐसा सोचते हुए विजयदास तृप्ति एवं हर्ष के साथ अपना जीवन बिताया करते थे। इनका देहावसान कुण्डक्कल के निकट चिप्पागिरि नामक गाँव में हुआ था। बाकण्णा, मोहन तथा तिम्मण्णा इनके मुख्य शिष्य माने जाते हैं। इन तीनों शिष्यों ने अपने गुरु की प्रशंसा में बहुत से

कीर्तनों की रचना की है। ये तीनों शिष्य निम्न प्रकार से लोगों के बीच प्रसिद्ध हैं-"भक्ति में पाकण्णा, शक्ति में तिम्मण्णा, युक्ति में मोहन" बाकण्णा, बाद मे गोपाल दास के नाम से अत्यन्त प्रसिद्ध हुए।

गोपालदास का फोटो

गोपाल दास

भक्ति करने में श्रेष्ठ गोपाल दास, विजयदास का प्रधान शिष्य थे। श्री मुरारीराय इनके पिताजी थे और वेंकम्मा इनकी माता थी। गोपालदास का असली नाम बारुण्णा था। ये रायसूर जिले के थे। गरीबी के कारण बाकण्णा को बचपन से ही नाना प्रकार के कष्टो का सामना करना पड़ा। गायत्री देवी के अनुग्रह से इनकों भविष्य के बारे में बताने की अद्भुत शक्ति प्राप्त हुई थी। आरुढ बताने की धंधा करने के कारण इनके पास धन-दौलत इकट्ठा होने लगा।

वियजदास की कीर्ति के बारे सुनकर वाकण्णा ने अवाणी नामक गाँव मे विजयदास से मुलाकात की। बाकण्णा की अद्भुत विद्वत्ता को देखकर विजयदास ने इनका नाम 'गोपाल विट्ठल' रखा और इन्हें दीक्षा प्रदान की।

एक दिन रात पाण्डुरंग विट्ठल गोपाल दास के स्वप्न में आकर उन्हें पण्डरपुर की यात्रा करने का आदेश दिया। गोपाल दास ने भारत के सभी तीर्थ स्थलो की यात्रा की। जहाँ भी ये गये वहाँ सैंकड़ों भक्तजन इनकी पीछा करते थे। उडुप्पि में ठहरकर इन्होंने बहुत से कीर्तनो की रचना की। इनके द्वारा लिखित भक्ति-पद कर्नाटका भर में विख्यात हुए। इनके पद सब अपने अर्थ गाम्भीर्य तथा शब्दों के सौन्दर्य के लिये प्रसिद्ध हैं। इनके पदों में मध्व संप्रदाय के तत्व, दास्य एवं शान्त भक्ति की श्रेष्ठता का निरूपण हुआ है। इनके कीर्तनों से आकर्षित होकर 'कत्वाल'नामक शहर के शासक ने धन, दौलत प्रदान कर इन्हें गौरवान्वित किया। गोपाल दास ने अपनी सारी संपत्ति गरीबों को अन्नदान करने में खर्च किया।

गोपालदास ने अपने गुरु की भांति कीड़े-मकोड़े से लेकर सभी जीवराशियों में परब्रह्म का दर्शन कर, उनकी उपासना किया करते थे। उन्होंने लोगों को उपदेश दिया कि घर-द्वार, रिश्ते-नाते आदि सब को त्याग कर, एकान्त वास करना वास्तव में वैराग्य नहीं कहलाता; भगवान गोपाल विट्ठल का सदा सर्वदा

ध्यान करते हुए लौकिक कार्यों में डूबे रहना ही सच्चा वैराग्य कहलाता है। जाति-भेद एवं छुआछूत का इन्होंने अपने पदों में खंडण किया है। एक सच्चे भक्त का आन्तरिक भाव इनके पदों में व्यक्त हुए हैं। सत्संग के महत्त्व के संबन्ध में इन्होंने कई पदों की रचना की है। इन्होंने उपदेश दिया है कि परोपकार ही मुक्ति प्राप्त करने का श्रेष्ठ उपाय है।

वियासतत्वज्ञ, जगन्नाथ, गिरियम्मा आदि गोपाल दास के प्रधान शिष्य माने जाते हैं। सन् 1765 में 'उत्तनूर' गाँव में इनका स्वर्गवास हुआ।

हेलवन खट्टे गिरियम्मा

गिरियम्मा कर्नाटका के हरिदासों में एक अपूर्व महिला-रत्न के रुप में मानी जाती है। धाखाड जिले के 'राणेपेन्नूर' नामक गाँव में सन् 1700 में इनका जन्म हुआ। 'हरिआ' जिले के कुलकर्णी दिप्पास से इनका विवाह हुआ। बचपन से ही गिरियम्मा श्री कृष्ण से प्यार करती थी। भक्त मीरा की भाँति यह भी अपने पति के साथ जीवन बिता न सकी। गिरियम्मा की भक्ति से आकर्षित उनके पति उनका अत्यन्त आदर किया करते थे।

गिरियम्मा अपने जन्म-स्थान के निकट 'हेलवन खट्टे' नामक गाँव में स्थित मंदिर के श्री रंगनाथ की उपासना किया करती थी। मंदिर के द्‌वार को रंगोली से सजाकर, भक्ति कीर्तनों को गाकर भगवान श्री रंगनाथ को प्रसन्न किया करती थी। एक दिन रात, श्री कृष्णपरमात्मा, एक छोटे बालक के रूप में, इनके स्वप्न में आकर इन्हें दर्शन दिया था। उस दिन से गिरियम्मा ने वात्सल्य भक्ति के पदों की रचना करना शुरू किया। गिरियम्मा यशोदा का अवतार मानी जाती है।

कहा जाता है कि गिरियम्मा ने अपनी भक्ति की महिमा से अनेक अद्भुत कार्यों को करके दिखाया था। एक बार अनावृष्टि के कारण लोगों को तकलीफों का सामना करना पड़ा; उस समय गिरियम्मा ने भगवान से प्रार्थना कर वर्षा द्‌वारा सूखेपन को दूर किया था। इन्होंने माधुर्य भक्ति के गीतों की भी रचना की है। इन्होंने 'चन्द्रहास' तथा 'कालियमर्दन' नामक दो गीतकाव्यों का सृजन किया। कर्नाटका में इनकी उक्त दो रचनायें अत्यन्त विख्यात हैं।

हरिदास मोहनदास

विजयदास के शिष्यों में मोहनदास एक माने जाते हैं। कहा जाता है कि जब मोहनदास की माँ गरीबी के कारण जीवन में मोहन के साथ तुंग बद्रा नदी में डूबकर आत्म हत्या करने जा रही थी तब संयोग से विजयदास ने माँ और बेटे को बचा लिया था। रोग से पीड़ित उस बच्चे को विजयदास ने प्रेम से पाल पोसकर बड़ा किया। उसे दीक्षा प्रदान कर उसका नाम मोहनदास रखा। विजयदास ने अपने शिष्य मोहनदास को मृत्यु से भी बचाया था। मोहनदास ने अपनी एक कविता में इस घटना का उल्लेख कर अपनी कृतज्ञता प्रकट की है।

गुरु से दीक्षा प्राप्त करने के पश्चात् मोहन विट्ठल' नाम से भक्ति-पदों की रचना मोहनदास करने लगे। भक्ति-पदों के अतिरिक्त 'कोलुहाडु' नामक पुस्तक भी इन्होंने लिखी है। इस काव्य से श्री कृष्ण-अर्जुन

तथा सुभद्रा-रुक्मिणी संवाद स्वारस्य पूर्ण ढंग से लिखा गया है। मोहनदास स्वारस्यपूर्ण उक्ति लिखने के लिये विख्यात थे। ये हरिदासों के बीच 'उक्ति में श्रेष्ट मोहन' नाम से अत्यन्त प्रसिद्ध हुए।

जनन्नाथ दास

जनन्नाथ दास

कहा जाता है कि जगन्नाथ का जन्म सन् 1727 में रायचूर जिले के 'बियाकवट्टि' नामक गाँव में हुआ था। इनके पिता नरसप्पा कुलकर्णी एक ब्राह्मण थे। जगन्नाथ जी का असली नाम श्रीनिवास था। वरतेन्द्र स्वामी से दीक्षा लेने के पश्चात् ये जगन्नायदास कहलाने लगे।

धार्मिक तत्वों का निरूपण करने के लिये जगन्नाथ जी ने संस्कृत भाषा को उचित भाषा समझा। विजयदास कन्नड भाषा के प्रेमी थे; इस विषय को लेकर जगन्नाथदास और विजयदास के बीच मतभेद उत्पन्न होने लगा। जगन्नाथ दास संस्कृत भाषा के बड़े विद्वान थे। इस कारण वे धमंडी भी थे। उन्होंने विजयदास से विद्रोह भी किया। एक बार जगन्नाथ दास तीव्र पेट-दर्द से तड़पने लगे। विजयदास के अनुग्रह से उनका पेट-दर्द दूर हुआ। इस के पश्चात् अपने को उन्होंने हरिदासों का दास समझकर उनकी सेवा करने लगे। कन्नड भाषा में बहुत से भक्ति-गीतों की रचना कर विजयदास को अपनी कृतज्ञता प्रकट की। इस प्रकार जगन्नाथ दास जो पहले व्यासकूट थे अब दासकूठों के लिये भी आदरणीय बन गये। संस्कृत शब्दों से मिश्रित कन्नड भाषा में लिखा हुआ इनका काव्य 'हरिकथामृतसार' अपने काव्य-सौन्दर्य के लिये अत्यन्त प्रसिद्ध है। इस ग्रन्थ में मध्वसंपद्राय की उपासना की पद्धतियां बतायी गयी हैं। जगन्नाथ दास ने पंडरपुर विट्ठल के अतुलनीय भक्त होने के कारण अपना नाम 'जगन्नाथ विट्ठल' के नाम में बदल लिया। इनकी सभी कृतियों में 'जगन्नाथ विट्ठल' की मुद्रा लगी हुई है।

जगन्नाथ दास की रचनाओं में मध्व संपद्राय के तत्व, भक्ति, वैराग्य, ज्ञान आदि विषयों का विवेचन मिलता है। सर्वव्यापि कृष्ण परमात्मा ही परब्रह्म हैं; पूरा ब्रम्माण्ड उसका मंडप है; यह धर्ती उसका आसन है; सूर्य और चंद्र उस मंडप में जलने वाले दीप हैं; पेड़, पौधे, लतायें सब उसके सामर हैं, आकाश

उसका छाता है; वर्षा उसका स्नान है। इस प्रकार जगन्नाथ स्वामी ने भगवान नारायण की सृष्टि का वर्णन किया हैं। सृष्टि के एक-एक कण में वे श्री कृष्ण परमात्मा का दर्शन करते हैं।

जगन्नाथ दास एक श्रेष्ठ गुरु भक्त थे। गुरु-कृपा की महिमा के संबंध में उन्होंने बहुत सी कवितायें लिखी हैं। उनके बारे में डा. मुगली का कहना है-"जगन्नाथ दास संस्कृत के विद्वान ही नहीं, कन्नड भाषा को भी वे अच्छी तरह जानते थे; कन्नड भाषा के प्रति उनके मन में अपार प्रेम था; मध्व संप्रदाय पर उनका विश्वास बहुत गहरा था; वे ज्ञान और भक्ति से मिश्रित एक श्रेष्ठ दार्शनिक थे।"[1]

कर्नाटका के हरिदास, पुरन्दरदास, विजयदास और गोपाल दास को जगन्नाथदास ने 'हरिदास चतुष्टय' के नाम से पुकारा हैं। उनकी कृति 'हरिकथामृतसार' हरिदास-साहित्य का अति उन्नत काव्य माना जाता है।

पिरानेसदास जगन्नाथ स्वामी के प्रधान शिष्य माने जाते हैं। 'पिरनेस विट्ठल' नाम से उन्होंने बहुत से कीर्तन लिखे हैं। उनका पुत्र वेंकटदास भी बड़े ज्ञानी थे।

करनाटका हरिदासों के आध्यात्मिक विचार

ब्रह्माः

कर्नाटका हरिदासों की रचनाओं पर निम्नलिखित ग्रन्थों का प्रभाव देखने को मिलता है- 1) उपनिषद, 2) श्रीमद्भागवत पुराण, 3) महाभारत पुराण 4) रामायण 5) मध्वाचार्य द्वारा लिखित अनुव्याख्यान और 6) सूत्रभाष्य।

हरिदासों द्वारा संस्कृत एवं कन्नड में रचित कीर्तनों में मध्यवसंप्रदाय के भक्ति एवं दार्शनिक विचार का उल्लेख हुआ है। हरिदासों का कहना है कि श्री कृष्णपरमात्मा ही परब्रह्म हैं; वे ही सृष्टि, संहार और रक्षा आदि सब कार्यों को करते हैं; वे सर्वव्यापी हैं; सृष्टि की सब चीजों में (चेतन, अचेतन) अंतर्यामी के रूप में निवास करते हुए उन्हें कार्यान्वित करते रहते हैं।

परब्रह्म निर्गुण, निराकार और सगुण, साकार है; वह जोति स्वरूप है: वह अणु से भी छोटा है; पर्वत से भी वह बहुत बृहद है; वह सर्वशक्तिमान है; वह दीन दयालु है; गुणों की खान है; वह अपने भक्तों की रक्षा के हेतु नाना प्रकार के अवतार लेते हैं; वह विष्णु; कृष्ण, गोविन्द, नारायण, हरि, वासुदेव, राम, वेंकटेश आदि कई नामों से पुकारा जाता है। हरिदासों ने श्रीराम, कृष्ण, वेंकटेश आदि अवतारों की प्रशंसा में कवितायें लिखी हैं।

श्रीमन नारायण की सेवा में लगी हुई लक्ष्मीदेवी के अनुग्रह के बिना भक्त को हरि की कृपा प्राप्त नहीं होगी। संसार और पंचभूत सब सत्य हैं। परब्रह्म और लक्ष्मी देवी जन्म-मृत्यु, युवावस्था-वृद्धावस्था एवं सुख-दुख आदि से परे हैं। जीव सब सुख-दुख का अनुभव करने वाले हैं। परब्रह्म बिम्ब है तो जीव उसका प्रतिबिम्ब हैं। उसकी इशारे पर जीव सब नाचते हे; प्रभु अपनी इच्छा के अनुसार सब जीव राशियों को नचाता रहता है।

---

1 कन्नड साहित्य चरित्रे-डॉ. मुगली पृ.295

मनुष्य माया से छुटकारा प्राप्त करते ही, अपने सृष्टिकरता के बारे में सोचने लगता है और उसपर भक्ति करने लगता है। ईश्वर की प्राप्ति के लिये सत्संग, गुरु-कृपा, वैराग्य आदि की आवश्यकता है। मुक्ति की प्राप्ति के लिये भक्ति-मार्ग ही सब से श्रेष्ठ मार्ग है।

यद्यपि हरिदासों ने सख्य, वात्सल्य तथा माधुर्य भक्ति के गीतो की रचना की है तो भी उनका मन दास्य भक्ति के पदों को रचने में ही अधिक आनंद का अनुभव किया है। इसलिये हरिदासों द्वारा रचित दास्य भक्ति के पद अधिक संख्या में उपलब्ध हुए हैं।

अध्याय 10

तेलुगु वैष्णव साहित्य

तेलुगु भाषा

भारत की भाषाओं में हिन्दी के बाद अधिक संख्या में बोली जानेवाली भाषा तेलुगु है। तेलुगु भाषा की अपनी अलग लिपि है जिसमें समृद्ध साहित्य उपलब्ध होता है; इसकी संस्कृति अत्यन्त श्रेष्ठ है; आज लगभग साडे आठ करोड़ के ऊपर लोगों की मातृ भाषा तेलुगु है।

आँध्रा में वैष्णव भक्ति का प्रचार

11 वीं शती के पश्चात् तेलुगु में वैष्णव भक्ति साहित्य की उपलब्धी होने लगी। तमिलनाडु का भक्ति-आन्दोलन जब आंध्रा में फैलने लगा तब वहाँ भक्ति मय वातावरण उत्पन्न होने लगा। इस भक्ति-आन्दोलन ने अनेक श्रेष्ठ वैष्णव भक्त कवियों को जन्म दिया।

श्रीरामानुजाचार्य के काल से ही आंध्र में विशिष्टाद्वैत तत्वों का प्रचार होने लगा था। तेलुगु प्रदेश के शासकों ने वैष्णव धर्म के विचारों का आदर किया। उनके शासन काल के शिला लेखों में श्रीमन्नारायण के अन्य नाम, वासुदेव, संकर्षन, केशव, कृष्ण, गोपाल आदि उपलब्ध होते हैं।

कहा जाता है कि अहोबिल मठ के आचार्य श्री शठगोपयति ने आंध्रा भर में विशिष्टाद्वैत तत्वों का प्रचार किया। रामानुज के विचारों ने तेलुगु प्रदेश के लोगों को बहुत आकर्षित किया। अधिक संख्या में लोग इस धर्म में दीक्षा प्राप्त करने लगे। कई राजालोग जो पहले शैव थे, वैष्णव बने। श्रीरंग का प्रसिद्ध वैष्णव आचार्य, परासरभट्ट ने गोदावरी प्रदेश में वैष्णव धर्म का प्रचार किया और वहाँ के मुम्मडि नामक नरेश को परम वैष्णव भक्त बनाया।[1]

तमिलनाडु के कई वैष्णव आचार्य, आन्ध्रा में ठहरकर वैष्णवधर्म के प्रचार कार्य में लगे रहे। श्री वेदान्त दाशिकाचार्य का पुत्र श्री वरदाचार्य ने आँन्ध्रा के शासकों की राज्यसभा में, शैव विद्वानों को वाद-विवाद में जीता और उन शासक राजाओ से सम्मानित भी किये गये। ये सभी वैष्णव आचार्य देश भर की यात्रा करके विशिष्टात्द्वैत धर्म के सिद्धान्तों का प्रचार किया। इनके द्वारा उपदेश की गयी भक्ति की पद्धतियाँ, अनुसरण करने के लिये सरल होने के कारण, जनता उनकी ओर बहुत आकर्षित हुई।

आन्ध्रा में शैव धर्म प्रचलित होने पर भी वहाँ की जनता ने श्री रामानुज संप्रदाय के सिद्धान्तों को स्वीकार किया और श्रीराम, कृष्ण, विष्णु, बालाजी, श्री रंगनाथ, नृसिंह, वरदराज आदि वैष्णव धर्म के ईश्वरों की उपासना की। उन ईश्वरों के लिये मंदिर भी बनाये गये। आन्ध्रा में विख्यात बहुत से

---

1 हिन्दी और तेलुगु कृष्णा काव्यों का तुलनात्मक अध्ययन-एन.एस.दक्षिणामूर्ति पृ.80

तीर्थ स्थल विद्यामन हैं। देश भर से तिरुमला तिरुपति को हजारों भक्त जन रोज आया करते हैं और वेंकटेश्वर भगवान के अनुग्रह का पात्र बनकर लौटते हैं।

वैष्णव आचार्यों का मन बहुत विशाल था। उन्होंने कुल, गोत्र और जाति के लिये आधिक महत्व नहीं दिया। अहिंसा एवं शरणागति त्तत्व पर अधिक जोर देने के कारण आन्ध्रा में वैष्णव धर्म अधिक वेग से फैला।

महाकवि तिक्कण्णा

महाकवि तिक्कण्णा

कवि तिक्कण्णा 13वीं शती में नेल्लूर के शासक मनुमसिद्धि नामक नरेश के दरबारी कवि एवं मंत्री थे। शुरु में ये शिव भक्त थे; बाद में वैष्णव भक्त बने। अपने समय में वैष्णव एंव शैव भक्तों के बीच उपस्थित झगड़े को दूर करने के लिये श्री तिक्कण्णा नेल्लूर मंदिर में विराजमान हरिहरनाथ स्वामी की उपासना करने लगे। इन्होंने श्री हरिहर संप्रदाय की स्थापना की; संस्कृत महाभारत के 15 अध्यायों का अनुवाद तेलुगु में किया और उसे भगवान 'श्री हरिहरनाथ को समर्पित किया।

कोम्पनामात्य तिक्कण्णा के पिता थे और अन्नमाम्बा इनकी माता थी। तेलुगु वैष्णव साहित्य के 'कवित्रय' कहलाने वाले तीन विख्यात कवियों में तिक्कण्णा भी एक माने जाते हैं। नन्नयभट्ट तथा एरोप्रकटर, कवित्रय के दूसरे दो कवि थे।

तिक्कण्णा ने तेलुगु में प्रथम बार रामायण की रचना की थी। इस कारण तेलुगु वैष्णव भक्ति साहित्य में इनको एक विशिष्ट स्थान दिया गया है। अपने जीवन के अंतिम समय में इन्होंने सोमयज्ञ किया था; अतः ये 'सोमयाजी' के नाम से प्रेम से बुलाये जाते हैं।

मनुमसिद्धि नरेश, जिन्होंने तिक्कण्णा का आदर किया था, शत्रु राजा से देश निकाले गये। कवि तिक्कण्णा ने अपने पांडित्य और कविता लिखने की क्षमता से शत्रु राजा को प्रसन्न किया और मनुमसिद्धि नरेश को पुनः सिंहासन पर बिठाया।

तिक्कण्णा का निर्वचनोत्तर रामायण

तिक्कण्णा ने तेलुगु में रामायण की रचना की थी; उनका वह रामायण 'निर्वचनोत्तर रामायण' कहलाता है। इस में श्री राम एक साधारण मानव की भाँती चित्रित किये गये हैं।

तिक्कण्णा के समय में भक्ति-काव्य सब, पद्य एवं गद्य मिश्रित 'शम्पू' शैली में लिखे जाते थे। निर्वचनोत्तर रामायण को पद्य में रचकर तिक्कण्णा ने नवीन एक शैली को जन्म दिया।

आन्ध्र महाभारत

कहा जाता है कि नन्नय भट्ट, तिक्कण्णा, एरोप्रकटर,-इन तीनों कवियों के प्रयत्न से आन्ध्र महाभारत लिखा गया था। 11वीं शती के नन्नयभट्ट पहले पहल आन्ध्र-महाभारत को लिखने के प्रयत्न में लगे। इन्होंने आदि पर्व, सभा पर्व तथा आरण्य पर्व के कुछ भागों की रचना की। इसके बाद 13वी शती के तिक्कण्णा सोमयाजी ने वन पर्व के पश्चात् आनेवाले 15पर्वों की रचना कर महाभारत को पूरा करना चाहा; परन्तु वन पर्व उनसे पूरा नहीं हो पाया। इसके बाद 14वीं शती के एरोप्रकटर ने वन पर्व के शेष भागों को लिखकर आन्ध्र महाभारत को पूरा किया। इस प्रकार यह महाकाव्य प्रसिद्ध तीन कवियों से विभिन्न तीन शताब्दियों में लिखा गया।

आन्ध्र महाभारत साहित्यिक सौन्दर्य से युक्त एक अद्भुत महाकाव्य है। यद्यपि यह संस्कृत महाभारत का रूपान्तरण होने पर भी, स्वतन्त्र रूप से लिखें गये काव्य की भाँति दिखायी पड़ता है। मूल कथा में परिवर्तन किये बिना, आवश्यकता के अनुसार संक्षेप एवं विस्तार से आन्ध्र महाभारत का सृजन हुआ हे; मूल ग्रन्थ के काव्यगत सौन्दर्य को इस अनूदित महाभारत में लाने के प्रयतन में ये कवित्रय, तीनों ने पूर्ण सफलता प्राप्त की है। मूल महाभारत से बढ़कर आन्ध्र महाभारत में आध्यात्मिक विचार अधिक मात्रा में श्रेष्टरूप से बताये गये हैं। आन्ध्र लोगों के बीच यह ग्रन्थ बहुत प्रसिद्ध हो गया है।

आन्ध्र के लोग इस महाभारत को बड़े चाव से पढ़ा करते हैं।

"पढ़ना है तो महाभारत को पढ़ना चाहिये; खाना है तो बड़ा को खाना चाहिये।" तेलुगु का यह कहावत आन्ध्र महाभारत की महिमा को प्रकट करता है।

तिक्कण्णा का शिष्य 'केतना' ने 'दसकुमार चरित्र' नामक अपनी पुस्तक में अपने गुरु तिक्कण्णा के बारे बहुत विस्तार से लिखा है।राजनीति, अर्थशास्त्र, शास्त्रज्ञान आदि विषयों में तिक्कण्णा बड़े सिद्धहस्त थे; संस्कृत और तेलुगु में इनका पांडित्य अपार था; मंत्री के पद में रहने पर भी इनमें घमंड नहीं था; विनम्रता से सबसे पेश आते थे; बड़े गुणशाली थे; नीति और न्याय का पालन करने वाले थे। काकतीय नरेश गणपति देव के दरबार में शास्त्र-वाद-विवाद में इन्होंने बुद्ध भिक्षुओं को हराया था।

तिक्कण्णा की रचनायें

निम्नलिखित कृतियाँ तिक्कण्णा द्वारा लिखी गयी हैं-

1) विजयसेनमु 2) कविवाक् बन्धनमु तथा 3) कृष्णसदकमु।

महाकवि तिक्कण्णा के जीवन का सार

समय	13वीं शती
धंधा	मनुमसिद्धि नामक राजा के दरबारी कवि एवं मंत्री थे।
जन्म स्थान	नेल्लूर
संप्रदाय	हरिहरसंप्रदाय
रचनाएं	1) निर्वचनोत्तर रामायण 2) आन्ध्र महाभारत के 15 पर्व 3) विजयसेनमु, 4) कविवाक् बन्धनमु 5) कृष्ण सदकमु
शिष्य	केतना
भाषाओं की जानकारी	संस्कृत और तेलुगु
पिता का नाम	कोम्पनामात्य
माँ का नाम	अन्नमाम्वा

तालपाक् अन्नमाचारी

तालपाक् अन्नमाचारी

ब्राह्मण दंपति नारायण सूरी एवं इलक्कमाँबा के पुत्र के रूप में अन्नमाचारी का जन्म 'तालपाक्' नामक ग्राम में सन् 1408 में हुआ था। इनके माँ-बाप श्रीमन्नारायण के बड़े भक्त थे। यह उल्लेखनीय बात है कि नम्मालवार के जैसे इनका अवतरण भी बैसाख महीने में, विशाक नक्षत्र में हुआ था। कहा जाता है कि अन्नमाचारी सन् 1502 तक जीवित रहे।

बालक अन्नमया चेन्नै में स्थित केशव पेरुमाल मंदिर रोज जाया करता था; वहाँ भगवान केशव के समक्ष कीर्तन करते हुए नाचा करता था; उसका बचपन कष्टों से भरा हुआ था; माँ-बाप, रिश्ते-नाते सब इसे तकलीफ पहुँचाते थे; इसलिये आठ वर्ष की उम्र में ही बालक अन्नमया सांसारिक जीवन से रिक्त हो गया। संगीत कला में इसे बड़ी रुचि थी; अतः घर का काम काज यह ठीक रूप से कर नहीं

पाते थे। इनकी भाभी के कटु शब्द इनके मन को बहुत दुख पहुँचाते थे; इसलिये बालक अन्नमया ने परिवार का रिश्ता तोड़कर घर से बाहर निकलने का निश्चय किया; माता-पिता से कहे बिना तिरुपति जाने वाली भक्तों की गोष्टी में मिलकर, भगवान बालाजी का दर्शन करने हेतु तिरुपति जा पहुँचा। भगवती पद्मावती माँ के अनुग्रह से रास्ते में इन्हें कोई तक्लीफ नहीं हुई और आसानी से कोई थकावट के बिना भगवान श्रीनिवास के समक्ष जा पहुंचे।

माता-पिता अन्नमया की उपेक्षा किया करते थे। इस के बारे मे इन्होंने अपने एक पद में उल्लेख किया है। माँ-बाप, रिश्ते-नाते, किसी के मन में इनके प्रति प्रेम नहीं था। वे कहते हैं "इनके रिश्ते को सच मानकर मैं दुख में डूबा हुआ था; हरि का ध्यान करना भूल गया था।"

अपने कम उम्र में ही एक सौ पदों से युक्त श्री वेंकटेश्वरसदकम' नामक काव्य की रचना अन्नमाचार्य ने की। इय काच्य में इन्होंने भगवती पद्मावती माँ की दया की प्रशंसा की हैं।

भक्तों के कष्टों को दूर करने वाले भगवान श्री नारायण के दैविक करों की महिमा का वर्णन अपने एक पद में अन्नमाचार्या यों करते हैं-इन्हीं करों से भगवान बलि चक्रवर्ती से दान माँगा था; इन्हीं करों ने भूदेवी को हिरण्याच्च से बचाया था; इन्हीं करों से गोपियों का आलिंगन करके भगवान ने उनके साथ रासक्रीडा की थी; भगवान श्री बालाजी के हाथ सभी जीवराशियों को मोक्ष का मार्ग दिखाते हैं।"[1]

अन्नमया बचपन से ही स्वतन्त्र रूप से भक्ति पदों की रचना किया करते थे। रोज कम से कम एक कीर्तन की रचना करना उनका लक्ष्य था।

एक दिन, अन्नमाचार्य की माँ ने खोये हुए अपने पुत्र को, किसी न किसी प्रकार, अनेक कष्टों का सामना कर, तिरुपति में खोज निकाला। उसने अपने पुत्र से कहा-"बेटा, घर में रहते हुए तू अपने आध्यात्मिक कार्यों को किया कर; अब घर लौटो।"

अपनी माँ की बिनती को मानकर अन्नमाचार्य घर लौटे।

माँ-बाप के आग्रह को मानकर अन्नमयया ने तिरुमलम्मा, अक्कलम्मा नामक दो लड़कियों से शादी कर ली और दाम्पत्य जीवन बिताने लगे। तिम्मक्का कहलानेवाली तिरुमलम्मा भी कविता लिखने में पटु थी। उन्होंने 'शुभद्रा विवाह' नामक पुस्तक लिखकर तेलुगु साहित्य की प्रथम कवयत्री का नाम कमाया। तिरुमलम्मा का पुत्र नरसिंगण्णा भी एक श्रेष्ठ कवि थे। अन्नमाचार्य और उनके परिवार के लोगों ने अपनी रचनाओं से तेलुगु साहित्य को संपन्न बनाया।

भाष्यकार नामक एक आचार्य ने अन्नमाचार्य को विशिष्टाद्वैत तत्वों को समझाया। कई दिनों तक अन्नमाचार्य ने अपने गृह में रहकर आलवारों द्वारा रचित 'नालायिर दिव्य प्रबंधम' का अध्ययन और अनुशीलन किया। उस के बाद अहोबिल मठ जाकर, शडगोप्यतीन्द्र स्वामी से उन्होंने गुरु-उपदेश प्राप्त किया। अहोबिल मठ में अनेक दिन ठहरकर अपने गुरु के पास वेदान्त शास्त्रों का उन्होंने अध्ययन किया।

---

1 अध्यात्म संकीर्तनलु-भाग 2, अन्नमाचार्य

गृहस्थ जीवन बिताते हुए अन्नमाचार्य ने सभी वैष्णव तीर्थ स्थलों की यात्रा की; श्रीरंगम जाकर श्री रंगनाथ स्वामी की उपासना की। सभी मंदिरों को तिरुपति वेंकटेश्वर का मंदिर समझकर उन्होंने उपासना की। अन्य सभी देवताओं को भी अन्नमाचार्य ने श्री हरि समझकर उनकी उपासना की। उनकी भक्ति और मीठे कंठ ने भक्त जनों को अपनी और आकर्षित किया। लोग उन्हें मनुष्य रूप में विचरण करनेवाला नारद मुनि समझकर आश्चर्य चकित होते थे।

राजा चालुवनरसिंहरायलु की विनती को अस्विकार करना।

तालपाक के निकट 'डंगुडूरु' नामक शहर का शासक चालुवनरसिंहरायलु ने अन्नमाचारी की कीर्ति के बारे में सुना था; वे अन्नमाचार्य को अपने राजमहल ले गये। राजा अन्नमाचार्य के भक्ति-पदों से बहुत आकर्षित हुए।

एक बार नरसिंहरायलु ने अन्नमाचार्य से भगवान श्री वेंकटेश्वर पर एक श्रृँगार गीत रचने की विनती की। राजा की विनती के अनुसार अन्नमाचार्य ने श्रृँगार रस से भरे हुए एक माधुर्य भक्ति गीत को गाकर राजा को सुनाया। उस गीत का भाव निम्नलिखित है-"नायिका अपने नायक के साथ पूरी रात श्रृँगार सुख का अनुभव करने के बाद सुबह कमरे से वह बाहर आती है; तब उसकी सहेलियाँ नायिका की हँसी मजाक करती हैं। नायिका के अघरों में कस्तूरी तिलक क्यों दिखायी पड़ते हैं? शायद नायक उसे प्रेम का चिन्ह दिया हो; उसकी आँखें क्यों लाल हुई हैं? नायिका ने अपनी नज़र को नायक से अचानक हटाने के कारण उसकी आँखों से खून का बहाव हुआ होगा; इस के कारण उसके नयन लाल दिखायी पड़ते हैं। उस महिला के स्तन क्यों प्रकाशमय दिखायी पड़ते हैं? नायक ने उसके स्तन पर अपने नखों से चन्द्रकला का चिन्ह शायद बनाया होगाः उससे फैलनेवाला प्रकाश, शायद इसका कारण हो सकता है। उस महिला के गाल मोतियों से क्यों सजायें गये हैं? नायक से प्रेम-क्रीडा करते समय निकले हुए पसीना की बूंदें शायद वे हो सकती हैं।[1]

अन्नमाचार्य ने ऊपर कथित गीत को भगवान वेंकटेश्वर को नायक और भगवती पद्मावती को नायिका के रूप में कल्पना कर माधुर्य भक्ति भाव से गाया था। राजा नरसिंहरायलु ने अपने ऊपर भी इसी प्रकार का गीत एक गाने की विनती अन्नमाचार्य से की। अन्नमाचार्य ने क्रोध से राजा से कहा-"मेरी संगीत कला एवं कविता भगवान की सेवा के लिये अर्पण की गयी हैं; मनुष्य की प्रशंसा के लिये वे कथमपि प्रयोग नहीं की जायेंगी।" नाराज होकर राजा ने अन्नमाचार्य को जेल में डाल दिया।

वेंकटेश्वर (भगवान) अन्नमाचार्य को जेल से छुड़ाना

जेल में अन्नमाचार्य ने भगवान से अपने को बचाने की विनती करते हुए एक गीत गायाः "जिस प्रकार मानभंग के समय द्रौपति ने तुझे बुलाया था; गजेन्द्र ने अपने को मगरमच से बचाने के वास्ते तुझे बुलाया था; उसी प्रकार मुझे कारागार से बचाने की विनती करते हुए मैं तुझे बुलाता हूँ। मेरी आवाज सुनकर, जल्दी मुझे बचाओ।"[2]

---

1 श्रृँगार संकीर्तनलु ताम्रपत्र सं.14, अन्नमाचार्य गीत 316

2 अध्यात्म संकीर्तनलु ताम्रपत्र 2,47, अन्नमाचार्य

सब प्रकार के अपमान, बुराइयों एवं कष्टों को दूर करनेवाले भगवान के नामों का निरंतर उच्चारण आन्नमाचार्य करते रहें। उनके शरीर से लोहे की जंजीरें टूट कर नीचे गिर पड़ी। उनकी भक्ति की महिमा समझकर नरेश अन्नमाचार्य के चरणों में गिर पड़े और उनसे क्षमा माँगी।[1]

इस प्रकार के अद्भुत घटनाओं को हम वैज्ञानिक तौर से निरूपन नहीं कर सकते। लोगो के मन में अन्नमाचार्य के प्रति श्रद्धा उत्पन्न करने के लिये इस प्रकार की वदन्तियाँ बनायी गयी हैं।

अन्नमाचार्य अपने को देवी अलरमेल मंगै का पिता मानकर श्री वेंकटेश्वर से देवी अलरमेल मंगै की शादी कर वायी। अतः ये श्री वेंकटेश्वर के ससुर के रूप में विख्यात हुए।

कहा जाता है कि अन्नमाचार्य की वृद्धावस्था में भक्त कवि पुरन्दरदास ने इनसे मुलाकात की।

अपने जीवन के अंतिम काल में अन्नमाचार्य अपने परिवार के साथ तिरुपति में रहने लगे। भगवान श्री वेंकटेश्वर के समक्ष रोज नये-नये कीर्तनों को गाते हुए सन् 1503 में इन्होंने सायुज्य मुक्ति प्राप्त की।

अन्नमाचार्य की रचनायें

1. अध्यात्म संकीर्तनलु
2. श्रृँगार संकीर्तनलु
3. श्रृँगार मंजरी
4. संकीर्तन लक्षण ग्रन्थमु
5. वेंकटाचल महात्यमु
6. द्विपद रामायणमु और
7. श्री वेंकटेश्वर सदकमु

श्री अन्नमाचार्य अपनी कविता लिखने की क्षमता के कारण आन्ध्र के कविता-पितामहः कहलाये; भक्ति-संकीर्तनों को लिखने की पद्धति के बारे में संकीर्तन लक्षण ग्रन्थमु' नामक व्याकरण ग्रन्थ लिखने के कारण 'संकीर्तनाचार्य' के नाम से आन्ध्र प्रदेश में विख्यात हुए। वे बड़े संगीतज्ञ भी थे। इनके द्वारा रचे गये कीर्तनों के ताम्रपत्र तिरुपति के 'ओरियण्टल रिसर्च इन्स्टिट्यूट' में सुरक्षित रूप से रखे गये हैं।

अन्नमाचार्य के पश्चात् आन्ध्रा में जन्म लेने वाले क्षेत्रय्या, रामदास प्रमृति कवियों ने इनकी कृतियों का अनुकरण कर, भक्ति-कीर्तनों की रचना की है। 'संकीर्तनलक्षण ग्रन्थमु' पुस्तक को उन्होंने संस्कृत में लिखकर, कवियों को संकीर्तन लिखने का उत्साह प्रदान किया।

आलवारों ने ईश्वर की प्रशंसा में गीतों को गाने की अपनी प्रथा को देशभर में फैलाया। दक्षिण के वैष्णव मंदिरों में आलवारों के भक्ति-पदों को गाने की प्रथा चालू हैं। आलवारों का अनुसरण करते

---

1 अन्नमाचार्य चरित्रमु पृ. 39-40

हुए अन्नमाचार्य ने भी तेलुगु में सर्वप्रथम भक्ति-पदों को, वेंकटेश्वर के समक्ष खड़ा होकर गाना शुरु किया। इनके देहावसान के पश्चात् भी इनकी वंशावली लोग तिरुपति वेंकटेश्वर मंदिर में अन्नमाचार्य के भक्ति पदों को गाया करते थे। इनके परिवार के सदस्य बडे भक्त और कवि थे; उनकी रचनाओ द्वारा तेलुगु भक्ति साहित्य संपन्न हुआ।

अन्नमाचार्य की भक्ति-साधना

अन्नमाचार्य तिरुपति वेंकटेश्वर के परम भक्त थे। इन्होंने भक्ति की महिमा के बारे मे सैंकड़ों गीतों को गाया है। भगवान के प्रति भक्ति करने से हमारे पाप सब दूर हो जाते हैं। मुक्ति प्राप्त करने के लिये तप, दान, याग, यज्ञ आदि कठिन उपायों से बढ़कर ईश्वर पर भक्ति करने वाले भक्त-जन ही श्रेष्ट हैं। मन में सच्ची भक्ति के बिना कर्म-मार्ग का अनुसरण करनेवाले कर्मकांडियो को ईश्वर का अनुग्रह उपलब्ध नहीं होगा।

ब्राह्मण होने पर भी अन्नमाचार्य ने सभी जाति के लोगों को समान समझा। वे कहते हैं कि विभीषण, जटायु, वाल्मिकी आदि निम्नकुल के होने पर भी, भक्त होने के नाते श्रेष्ठ हैं। लोगों के मन में भक्ति के ऊपर अटूट विश्वास उत्पन्न करने में वे सफल हुए।

अन्नमाचार्य ने दास्य भक्ति से ईश्वर की उपासना की। अपने एक कीर्तन में ईश्वर से प्रार्थना करते हैं- हे भगवान! मुझे तुम्हारी सेवा करने वाले सेवक के रूप में स्वीकार करो; मेरे बुरे विचारों का नाश कर, मुझे नेक आदमी बनाओं; तेरे अनुग्रह नामक कवच को मुझे पहनाकर, तेरे चरणो की सेवा करने का सौभाग्य मुझे प्रदान करो; तुझ पर अटूट भरोसा कर, तेरे चरणो में शरण आया हूँ; कृपा दृष्टि से देखकर मुझे छोड़ों मत; मेरे अन्तः करण को शुद्ध करके, सदा-सर्वदा तुम्हारा ध्यान करने का सौभाग्य मुझे प्रदान करो; तुम्हारी दया के लिये मैं तडपता हूँ।"[1]

सब प्रकार की भलाईयों को करने वाले नारायण नामक बीज को शुरुआत में नारद मुनि ने बोया; बालक ध्रुव से वह अंगुर छोडने लगा। रुकमांगद ने पेंड के रूप में बड़ा किया। भगवान का नाम साथ रहते समय तप, याग, यज्ञ आदि करने की आवश्यकता नहीं।

भगवान के नाम की उपेक्षा करनेवालों को देखकर अन्नमाचार्य क्रोध से कहते हैं-नारायण के नामों को जोर से उच्चारण करने के लिये क्यों हिचकिचाते है? आप के जीभ में काँटे गड़े हुए हैं क्या? हरिनाम-जप मोक्ष का मार्ग होने के कारण, काशी-यात्रा करने की जरूरत नहीं; शरीर को कंपाने वाली ठंड में गंगा नदी में स्नान करने की आवश्यकता नहीं; अनशन रहने की जरूरत नहीं; गृहास्रम में रहते हुए भगवान पर भक्ति कर आसानी से मुक्ति प्राप्त कर सकते हैं। इसलिये बाल बच्चे एवं पत्नी को दुख पहुँचाकर सन्यास धारण करने की आवश्यकता नहीं। जन्म एवं मृत्यु के चक्र से छुटकारा प्राप्त करने के लिये दीनदयाल श्रीमन्नारायण का ध्यान करना पर्याप्त है। सभी सुखों को देनेवाला राम-नाम गरीबों का धन है; चोर उसकी चुराई नहीं कर सकता; बाढ़ और अग्नि उसका नाश नहीं कर सकते;

---

1 अध्यात्म संकीर्तनलु-अन्नामाचार्य

प्रभु के दिव्य नाम-जपन करने से सब प्रकार की संपत्ति उपलब्ध हो जायेगी;उनको प्राप्त करने से सभी अडचन दूर हो जायेंगे।

वृद्धावस्था में स्त्रियाँ मर्दों से घृणा करने लगती हैं। हमारे गुनाहों को देखकर रिश्ते-नाते अपने रिश्तेपन को हम से तोड़ लेते हैं; परन्तु प्रभु अपने भक्तों से घृणा नहीं करते; हमसे अपना रिश्ता तोड़ते भी नहीं; सदा-सर्वदा वह अपने भक्तों के दुख को दूर करता रहेगा। भक्त चाहे जिस भी अवस्था में हो भगवान उसे भूलता नहीं।[1]

पेट पालने के लिये विषय वासनाओं में चक्कर लगाता रहा; पहाड़ को खोदकर चूहा पकड़ने के प्रयत्न में लगा रहा। अपनी इस बेवकूपी एवं अज्ञान के बारे में सोचकर अन्नमाचार्य को विस्मय होता है। क्षण भंगुर देह-सुख को भोगने के कारण परिवार के भार को अपने कंधे पर उठाना पड़ा।[2]

भव रोग से मुक्ति प्रदान करनेवाला औषद हरि-भक्ति है। वैराग्य को अपनाने से मानव के सब बुरे गुण दूर हो जाते हैं। प्रभु नारायण गंगा नदी के समान हैं; उस नदी में स्नान करने से पापी भी पवित्र बन जायेगा।[3]

इस जन्म में प्रभु पर भक्ति का भाव अपने मन में उत्पन्न होने के लिये अन्नमाचार्य प्रसन्न होते हैं। माँ-बाप की तरह ईश्वर अपने भक्तों की रक्षा करता है। एक पत्नी के जैसे वह अपनों भक्तों को प्यार करता है; एक गुरु की भाँति भक्त के मन में ज्ञान का दीप जलाता है; यजमान होकर भक्त को सेवा करने का भाग्य प्रदान करता है; भक्तों का दूत बनकर उनकी सेवा करता है; इस प्रकार भगवान कई रूपों में भक्तो को प्रसन्न करता रहता है।[4]

नाना प्रकार की भक्तियों की व्याख्या अन्नमाचार्य निम्नलिखित प्रकार से करते हैं-हरि का समर्थन करते हुए वाद-विवाद करना उन्मत भक्ति है; ईश्वर पर अटूट विश्वास रखकर जीना पतिव्रता भक्ति हैं; हिम्मत और साहस करके भगवान पर भक्ति करना राक्षस भक्ति है; भक्तों का सेवक बनकर उनकी सेवा करना एक्य भक्ति है; फल की प्रतीक्षा कर की जाने वाली भक्ति तामस भक्ति है; प्रभु की इच्छा के अनुसार सब कुछ होता है, ऐसा सोचकर अपने कर्तव्यों को निभाना वैराग्य भक्ति है। मैं, मेरा, सोचकर अहंकार के साथ की जानेवाली भक्ति राजस भक्ति कहलाती है; ईश्वर के चरणो में आश्रय लेना निर्मल भक्ति हैं; तिरुपति वेंकटेश्वर की सेवा करते हुए उन पर तैल धारावत लगादार भक्ति करना सच्ची भक्ति कहलाती है।[5]

भक्ति की महिमा, शरणागति, स्वप्रशंसा, ईश्वर के साथ भक्त की रिश्ता, आदि विषयों का उल्लेख अन्नमाचार्य द्वारा रचित 'अध्यात्म संकीर्तनलु' नामक ग्रन्थ में विस्तार के साथ किया गया है। सर्वव्यापी श्रीवेंकटेश्वर को उन्होंने पर ब्रहम के रूप में प्रशंसा की हैं। भगवान नारायण के साथ उनका

1 अध्यात्म संकीर्तनलु भाग 2, गीत 64

2 वही भाग 1, गीत 49

3 वही भाग 1, गीत 74

4 अध्यात्मसंकीर्तनलु-भाग 8, गीत 97

5 वही-अन्नमाचार्य

संबंध बहुत घनिष्ट था। कभी वे नारायण की प्रशंसा करते हुए गाते हैं;कभी उनसे नाराज होकर झगड़ा करते हैं; कभी उनकी हसी मजाक करते हैं; इस के लिये उनसे माफी भी माँगते हैं। ये सब श्रीमन् नारायण के साथ उनकी असीमित घनिष्टता को प्रकट करते हैं।

प्रपन्तितत्व को छोड़कर भक्ति की विविध पद्धतियों के बारे में अन्नमाचार्य चिन्तित नहीं थे। जड़ को छोड़कर पेड़ के ऊपरी भाग के पत्तों पर पानी डालना व्यर्थ कार्य है; जल से भरे हुए तालाब को छोड़कर, सूखी जगह पर कुआँ खोदना व्यर्थ कार्य माना जायेगा। अतः ईश्वर के शरण में जाने के पश्चात् भक्ति की विविध पद्धतियों की चिन्ता अन्नमाचार्य को नहीं थी। कुछ लोग इन्द्रियों को अपने वश में करने के लिये अथक प्रयत्न करते हैं; वे इस बात को भूल जाते है कि ये इन्द्रिय सब भगवान की सृष्टि है। परब्रह्म नारायण की इच्छा से मन में कामनायें उत्पन्न होती हैं; इसलिये उमको दमन करने की कोई जरूरत नहीं।

पूर्व जन्म के कर्मों के अनुसार फल देने में भगवान बड़ी कठोरता से बर्ताव करते हैं। परन्तु भक्तों के साथ भगवान का रिश्ता कठोरता का नहीं। ईश्वर भक्तों के साथ तर्क करेंगे तो भक्तों का हाथ-ऊपर रहेंगा। केवल भक्ति का प्रयोग करके भक्तजन अपने अन्तः करण में प्रभु को जोर से पकड़ लेते हैं। एक टोकरी भर के तुलसी पत्तों को प्रभु के श्री चरणों में समर्पित कर उनसे मुकित प्राप्त कर लेते हैं। ईश्वर द्वारा सृष्टि की गयी चीजों को ही, उनको अर्पित करके भक्त उनके असीमित अनुग्रह को प्राप्त कर लेता है। अपना प्रणाम समर्पित कर भक्त अपने भार सब को ईश्वर के श्री चरणो पर उतार लेता है। बड़ी भक्ति एवं श्रद्धा से थोड़ा सा जल प्रभु पर छिड़ककर भक्त अपने माँगे हुए वरों को ईश्वर से प्राप्त कर लेता है। इस प्रकार अन्नमाचार्य ईश्वर से मजाक करते हैं कि भक्त इस प्रकार के तन्त्रों में भगवान से बढ़कर बुद्धिमान है।

भगवान नारायण की शरण में सब तरह के लोग जा सकते हैं; प्रभु करुणा सागर है; एक माँ की भाँति अपने आश्रय में आये हुए भक्तों पर कृपा करते हैं। भगवान ने जिन चीजों की सृष्टि की हे उनको समर्पित कर भक्त अपनी कामनाओं को पूरा कर लेता है। जिसे उसने चाहा उसे वह आसानी से प्रभु से प्राप्त कर लेता है। इस प्रकार 'व्याजस्तुति' अलंकार द्वारा भगवान की कृपा को अन्नमाचार्य ने प्रकट किया है। इस जन्म में जो कुछ होता है वह पूर्व जन्म के कर्मों का फल है; हिन्दु धर्म कर्म-फल पर विश्वास करता है। भगवान कर्म फलों के ऊपर निर्भर नहीं हैं; यह जानते हुए भी अन्नमाचार्य सख्यभाव से भगवान का परिहास यों करते हैं-

"भगवान नारायण मनुष्य को सुख-दुख से भरे हुए परिवार के बन्धन में फंसा देते हैं; इस पाप के कारण वे अपने हृदय में एक महिला का भार उठा रहे हैं। मनुष्यों को संसार-सागर में डुबा देते हैं; इस कारण सभी देवताओं के नेता श्रीमन्नारायण गहरे समुद्र में शेषनाग-शैया पर सोते हैं। इस प्रकार भगवान अपने किये हुए कार्यों के लिये कष्ट झेल रहे हैं। इस कथन में अन्नमाचार्य की कल्पना सराहनीय है। भगवान नारायण के साथ उनके घनिष्ट संबन्ध का भी पता चलता है।

अन्नमाचार्य दुनिया के आडंबरों से दूर रहते थे; सच्ची भक्ति द्वारा वे ईश्वर की प्राप्ति करना चाहते थे; सुख और दुख को झेलते हुए उन्होंने पूर्ण जीवन बिताया था। उन्होंने विश्वास किया था कि प्रभु के

श्री चरणों में आश्रय लेना मात्र पर्याप्त है; बाकि सब को प्रभु देख लेंगे। भगवान नारायण की महिमा को राग-ताल के साथ गाने में अन्नमाचार्य पटु थे; अतः लोगों ने उन्हें 'हरिकीर्तनाचार्य' नाम से प्रेम से बुलाया।

अन्नमाचार्य ने प्रभु नारायण को पिता एवं मित्र माना; उसी भाव से उन्होंने कीर्तनों की रचना की। नारायण ही एक मात्र ईश्वर है; उन्हीं में सभी जीव आश्रय लेते हैं। लोग एक ही ईश्वर नारायण को विविध नामों से पुकारते हैं। श्री वैष्णव लोग उन्हें नारायण नारायण कहकर उनकी पूजा करते हैं; वेदान्ती लोग उन्हें परब्रह्म कहकर उनकी महिमा का बयान करते हैं; शैव भक्त लोग उन्हें शिव मानते हैं; कपालिक लोग उन्हे आदि भैरव नाम से पुकारते हैं; महिला देवताओं की उपासना करने वाले उन्हें 'शक्ति' कहकर उनकी पूजा-पाठ करते हैं। उपनिषद एवं पुराणों में परब्रह्म श्रीमन् नारायण नाना प्रकार से कल्पना किये गये हैं। नाश्तिकों के लिये वे छोटे और आश्तिकों के लिये बड़े दिखाई पड़ते हैं। तालाब के कमल-पुष्प के समान जल की गहराई अनुसार ईश्वर बड़े और छोटे आकार में उनको नजर आते हैं। ज्ञानी के लिये वे बड़े हैं; अज्ञानी के लिये वे छोटे हैं।

अन्नमाचार्य आलवारों की परंपरा में अवतरित 'वारिश' माने जाते हैं। जाति, समाज, कुल, गोत्र, गौरव, आदि से वे परे हें। जाति भेद को मानना और उस संबन्ध में वाद-विवाद करना समय को व्यर्थ करने के बराबर है-ऐसा वे मानते थे।

अन्नमाचार्य के सत्संग एवं गुरुमहिमा संबन्धी विचार

अन्नमाचार्य को भक्ति-मार्ग पर दृढ़ विश्वास था; उन्होंने सत्संग की महिमा के बारे में बहुत से गीतों की रचना की है। अन्नमाचार्य मानते हैं कि सत्संग की भाँति भक्त को गुरु-भक्ति एवं उनकी कृपा की भी आवश्कता है। गुरु, भक्त और भगवान के बीच श्रेष्ट रिश्ते को उत्पन्न करते हैं। भक्त श्रेष्ठ गुणवान होने पर भी गुरु के अनुग्रह के बिना वह ईश्वर की प्राप्ति नहीं कर सकता। पति के करों से बाँधे गये मंगलसूत्र के बिना पतिव्रता के श्रेष्ठ गुणों का कोई मूल्य नहीं।

अन्नमाचार्य को गुरु ही आध्यात्मिक मार्ग दर्शक थे; इस संबंध में वे बताते हैं- "आँकड़ी में फंसे हुए मीन की भांति मैं काम वासना में फँसा हुआ था। महिला-मोह एक घने वन के समान है। उस वन में घूमते हुए मैं गुमराह हो गया। वहाँ से बाहर आने में मैं असमर्थ था; उस समय गुरु ने मुझे ज्ञानोपदेश दिया। उन्हीं के द्वारा मैंने ईश्वर को जाना; साँसारिक वासनाओं से छुटकारा पाकर आध्यात्मिक मार्ग का अनुसरण करने लगा।

अन्नमाचार्य की माधुर्य भक्ति

आलवारों की माधुर्य भक्ति का अनुसरन कर अन्नमाचार्य ने अपने इष्ट देव के साथ दामपत्य रिश्ता बना लिया था और श्रृंगार-वर्णन से भरे बहुत से माधुर्य भक्ति पूर्ण कवितओं का सृजन किया था।

अपना नायक भगवान नारायण के साथ रहते समय, उनके साथ अनुभव किये सुख एवं उनसे बिछुड़कर रहते समय अनुभव किये दुखों का वर्णन 'श्रृँगार मंजरी' और 'श्रृँगार संकीर्तनलु' नामक अपने काव्यों में

अत्यन्त काव्य-सौंदर्य से युक्त भाषा में अन्नमाचार्य ने व्यक्त किया है। तेलुगु वैष्णव भक्ति साहित्य में माधुर्य भक्ति-गीतों को गानेवाला प्रथम कवि अन्नमाचार्य माने जाते हैं। उनके पश्चात् आँध्रप्रदेश में उत्पन्न वैष्णव भक्त कवियों ने अन्नमाचार्य के माधुर्य भक्ति की कविताओं का अनुसरण कर ईश्वरीय प्रेम संबंधित गीतों की रचना की है।

अन्नमाचार्य की माधुर्य - भक्ति के गीत आध्यात्मिक विकास में उनकी परिपक्वता को व्यक्त करते हैं।

अन्नमाचार्य के आध्यात्मिक विचार

आलवारों के दार्शनिक विचारों के आधार पर रामानुजाचार्य ने विशिष्टात् द्वैत तत्वों को बनाया था; अन्नमाचार्य रामानुजाचार्य के दार्शनिक विचारों से बहुत आकर्षित हुए। अतः इनके गीतों में विशिष्टाद्वैत वाद के तत्वों का असर देखा जा सकता है।

अन्नमाचार्य सारे प्रपंच को हरि रूप में देखते हैं। ईश्वर स्वतंत्र हैं; जीव सब परतन्त्र हैं। परब्रह्म नारायण चित् अचित् सब जीवों में अन्तर्यामी के रूप में निवास करते हैं। ये निराकार, निर्गुण ब्रह्म हैं; साकार एवं सगुण भी हैं; वे ज्योति स्वरूप हैं। अन्नमाचार्या के गीतों में वैराग्य भाव भरे पड़े हैं।

अन्नमाचार्य ने श्रीराम, भगवान बालाजी, पाण्डुरंग विट्ठल आदि देवताओं में कोई भेद नहीं देखा। अपने एक गीत में ये कहते हैं-"कौशल्या का सुपुत्र श्री राम ही, तिरुमलागिरि पर बालाजी के रूप में विद्यमान हैं; श्री राम वेशधारी बालाजी ने ही रावण का वध किया था; हनुमान श्री वेंकटेश्वर के परम भक्त और दास हैं।"[1]

अन्नमाचार्य कहते है-"कष्टों के आने पर भगवान की निन्दा करना बुद्धिहीनता को प्रकट करता है; इस प्रकार निन्दा करना अक्षम्य गुनाह है। क्योंकि हमारे बुरे कर्म ही हमारे दुखों का कारण बनते हैं। सुख और दुख विधि के अधीन हैं। रोगी को अन्न रुचिपूर्ण नहीं लगता; नायक-नायिका जो एक दूसरे से बिछुड़कर रहते हैं, उनको चाँदनी भी आग के बराबर गर्म लगती है। कुमुद पुष्प चाँदनी में खिलने के कारण सूर्य उसका शत्रु बनता है। तिरुपति का वेंकटेश्वर दुष्टो को शत्रु के रूप में दिखायी पड़ता है।"[2]

"विधि को कोई भी हरा नहीं सकता; होनी होकर ही रहेगी। सब विधि के अनुसार होता है। भाग्य में जो लिखा है, हजार कोशिश करने पर भी, उसे रोक नहीं सकते। वह होकर ही रहती है। अतः भविष्य के बारे में चिन्तित न होकर पूरे भार को भगवान पर डालकर धैर्य के साथ कर्तव्यों को निभाना चाहिये।"[3]

"माया से मन में भ्रम उत्पन्न होता है। जब मन ईश्वर का ध्यान करने लगता है तब माया उसे रोकती है। मानव इन्द्रिय सुख का अनुभव करना भूलता नहीं; परन्तु भगवान की उपासना करना भूल जाता हैं।"[4]

---

1 अध्यात्म संकीर्तनलु-भाग 10, गीत 279, 295

2 वही वॉल्यूम 2 गीत 155

3 अध्यात्म संकीर्तनलु-वॉल्युम 3 गीत 5

4 वही गीत 109

सुअर मनुष्य के मल को खाने में आनंद का अनुभव करता है; विषैली जन्तुयें विष को मधु के बराबर मीठा महसूस करते हैं। विषय वासना में डूबी हुई जीवात्मा सुख-भोगों को अनुभव करना अपना पुरुषार्थ मानता है; ईश्वर पर भक्ति करना भूल जाता है।[1]

विविध नामों के साथ ईश्वर की उपासना करने पर भी, ईश्वर एक ही है। बड़ा-छोटा, दरिद्र धनवान इन भेदों पर ध्यान दिये बिना, परब्रह्म नारायण सभी जीवों के अन्तः करण में निवास करते हैं। हरि सब पर एक ही प्रकार से अनुग्रह करते हैं। इन तत्वों का निरूपण करने के लिये अन्नमाचार्य विविध उदाहरण प्रस्तुत करते हैं-वे निम्नप्रकार हैं-

नींद के सुख को राजा और गरीब समान रूप से अनुभव करते हैं; ऊँचे कुल के लोगों का निवासस्थान ऊँचा और निम्नकुल के लोगों का निवासस्थान नीचा होने पर भी, वे सब एक ही भूमी माता पर निवास करते हैं। सभी जीवराशियों के लिये रति-सुख समान होता है। धनवान या दरिद्र होने पर भी, सब के लिये रात और दिन समान होते हैं; स्वादिष्ट भोजन करनेवाला एवं पानी में भिगा हुआ भात खाने वाला, इन दोनों की भूख समान होती है; एक ही हवा दुर्गन्ध एवं सुगन्ध स्थान पर बहता है; एक ही सूर्य की किरण गज तथा स्वान जैसे सभी जानवरों पर पड़ती हैं; श्री वेंकटेश्वर के सर्वशक्तिमान पवित्र नाम पापी एवं दुष्टों की रक्षा करते हैं।

भक्तों के इष्ट देव विविध होने पर भी, वे विविध धर्मों के अनुयायी होने पर भी, उनके दार्शनिक विचार तथा उपासना की पद्धतियाँ विविध प्रकार के होने पर भी एक ही परब्रहा श्रीमन् नारायण उक्त सभी भक्तों पर समान रूप से अनुग्रह करता है। नभ से गिनरेवाला वर्षा-जल सागर में संगम होने की भाँति, शिव, गणेश, कार्तिक प्रभृति सभी देवताओं पर की जानेवाली उपासनायें, एक ही परब्रह्म श्रीमन् नारायण के पास पहुँचती हैं। श्रीमद् भगवत् गीता में भी यही विचार व्यक्त किया गया है। श्री कृष्ण परमात्मा कहते हैं कि विविध देवताओं की उपासना करनेवाले सब मेरी ही उपासना किया करते हैं।[2]

यह मुख्य नहीं कि कौन किस देवता की उपासना करता है; यह काफी है कि यदि वे इस सत्य को समझजावें कि उनके द्वारा उपासित उस ईश्वर में भी परमात्मा नारायण ही अंतर्यामी के रूप में निवास करते हैं। अन्य देवताओं की उपासना करनेवालों पर भी तिरुपति के श्रीवेंकटेश्वर कोई भेदभाव दिखाये बिना उनपर अपनी कृपा-दृष्टि डालते हैं। सर्वशक्तिमान श्रीमन्नारायण, सभी जीवों के पिता हैं। उनकी सन्तान हम सब संसार रूपी एक ही परिवार के हैं। अतः अन्नमाचार्य उपदेश देते हैं कि हम को द्वेष-भाव को तजकर प्रेम से इस धर्ती पर जीवन बिताना चाहिए।

अन्नमाचार्य की काव्य-शैली

अन्नमाचार्य के जीवन-काल में संस्कृत भाषा के कवि, विद्वानों से बहुत सम्मानित किये जाते थे। वे ख्याति एवं संपत्ति के पात्र थे। लोगों की मातृभाषा तेलुगु में काव्यों की रचना करनेवाले रचयिता, विद्वानों से हंसी मजाक किये जाते थे। इस प्रकार के वातावरण में लोगों की बोलचाल की भाषा सुन्दर

1 वही गीत 109

2 आनन्द भगवतगीता श्लोक 9-23

तेलुगु में अन्नमाचार्य ने भक्ति-पदों की रचना की। परन्तु संस्कृत के कवियों ने उनको ऊँचा और श्रेष्ठ न माना। तेलुगु में रचित अन्नमाचार्य के भक्ति-पदों को आम जनता आसानी से समझ जाती थी।

संस्कृत के विद्वान अन्नमाचार्य की काव्य-शैली का हंसी मजाक कर उनके मन को वेदना पहुँचाते थे। लेकिन अन्नमाचार्य इससे चिन्तित या विचलित नहीं होते थे। तमिलनाडु में भक्ति आन्दोलन को उत्पन्न करने वाले आलवार और नायनमारों ने, उनके भक्ति-आन्दोलन के फलस्वरूप कर्नाटका में उत्पन्न दासकूठ कवियों ने, मराठी, गुजराती एवं हिन्दी के भक्त कवियों ने अपने अमर काव्यों की रचना लोगों की बोलचाल की भाषाओं में की थी। आज भी उनकी कृतियाँ अपने काव्य-शैली एवं सौन्दर्य के लिये अत्यन्त प्रसिद्ध है।

अन्नमाचार्य संस्कृत भाषा के भी बड़े विद्वान थे। उन्होंने संस्कृत में सकीर्तनलक्षण नामक ग्रन्थ की रचना की थी। तेलुगु में संगीत-काव्य के विकास के लिये वे मार्गदर्शक थे। पोतना, क्षेत्रैया, तियागराज जैसे प्रसिद्ध संगीतज्ञों के लिये वे मार्ग दर्शक बने रहे।

संगीत कला के विकास में अन्नमाचार्य के भक्ति-कीर्तनों ने बड़ी सहायता पहुँचायी। उनके भक्ति-गीतों का श्रवण कर लोग बड़े आनंद का अनुभव करते हैं। वे अपने नाद-सौंदर्य के लिये अत्यन्त विख्यात हैं।

अन्नमाचार्य ने भक्ति-पदों के अतिरिक्त लोरी गीत, लोक गीत, विवाह गीत एवं बधाई गीतों की भी रचना की थी। आज भी उनके गीत विवाह के अवसरों पर गाये जाते हैं। उनके अर्थ और शब्दालंकार, कहावतें आदि उनकी काव्य-शैली को सौन्दर्य प्रदान करते हैं। उनकी उपमायें जीवन के अनुभवों को व्यक्त करते हैं उनके द्वारा प्रयुक्त कतिपय उपमायें निम्नलिखित हैं-

1. चूल्हे की अग्नि के पास रखे हुये माखन के जैसे मेरा समय पिघल गया।
2. वर्षा में भिगे हुए खेतों का गंद
3. अभी-अभी काटे गये घासों का गंद
4. यज्ञकुंड से निकलने वाले धुआ का गंद
5. यज्ञ-कुंड की राख में आहुति दी गयी घी के समान मेरा समय व्यर्थ हो गया।

इस प्रकार अन्नमाचार्य की यर्थात उपमायें, ग्रामीण दृष्यों एवं जीवन के अनुभवों को व्यक्त करते हैं। इसलिये वे अत्यन्त सुन्दर बन पड़े हैं।

अन्नमाचार्य के जीवन का सार

जन्म तिथि	सन् 1408
मृत्यु	सन् 1502
पिता का नाम	नारायण सूरी
माता का नाम	अक्कमांबा
गुरु का नाम	वडगोप यतीन्द्र

पत्नियों के नाम	तिरुमलम्मा, अक्कलम्मा
कारागार में डालने वाले नरेश का नाम	चालुव नरसिंहरायलु
कृतियाँ	1) अध्यात्म संकीर्तनलु 2) श्रृँगार मंजरी 3) श्रृँगार संकीर्तनलु 4) संकीर्तन लक्षण ग्रन्तमु 5) वेंकटाचल महात्यमु 6) द्विपद रामायण 7) श्री वेंकटेश्वर सदकम 8) विवाह की बंधाई गीतें 9) लोरी-गीतें

अनुकरन की गयी भक्ति पद्धति - विशिष्टद्वैत भक्ति पद्धति

अन्नमाचार्य के भक्ति-पद 'आँध्र वेद' के नाम से अतयन्त विख्यात हैं। 'श्रृँगार मंजरी' नामक काव्य में प्रेम रूपा' भक्ति का निरूपण किया गया है। श्री वैष्णव होते हुए भी अन्नमाचार्य ने अन्य धर्म के लोंगों से भी प्यार किया। उनका कहना है कि परब्रह्म श्रीमननारायण सर्वव्यापी एवं सर्वान्तर्यामी होने के कारण, अन्य देवताओं की उपासना गलत नहीं।

पोतना

बममेरा पोतना

परम वैष्णव भक्त कवि पोतना के जन्मस्थान एवं जीवन-समय के बारे में विद्वानों में मत भेद पाया जाता है। पोतना ने अपने एक पद में एक शिलानगर नाम का उल्लेख किया है। विद्वान लोग उसे कडप्पा जिले के 'ओप्टिमिट्टा' या 'ओरूकल' के पास का 'बम्मेर' मानते हैं। 'एकशिला नंगर का अर्थ ओरु कल्लु (एक पत्थर) या 'ओटि मिट्टा' हैं। अधिकांश विद्वान ओरुकल्लु नगर को

पोतना का जनम स्थान मानते हैं; इसी शहर में उन्होंने अपना जीवन भी बिताया था। कहा जाता है कि वे सन् 1420 से 1520 तक जीवित थे। इनकी जन्म एवं मृत्यु-तिथि अब तक निश्चित नहीं की गयी हैं।

पोतना केसना और 'लक्कमाम्बा' नामक एक गरीब, ब्राह्मण-दंपति के पुत्र थे। इन्होंने अपने पिता से संस्कृत एवं तेलुगु सीखी थी। अनेक तत्व-ग्रन्थों का स्वतः अध्ययन किया था। संस्कृत भगवतगीता का अध्ययन भी इन्होंने स्वतः किया था। इन्होंने अपनी कविताओं में कई स्थानों पर उल्लेख किया है कि भगवान के अनुग्रह से इनको कविता लिखने की क्षमता प्राप्त हुई थी। दर्शन और भक्ति के क्षेत्र में इनकी रुचि दिन ब दिन बढ़ती गयी।

पोतना कहते है कि बड़े कष्ट से मनुष्य-जन्म उपलब्ध हुआ है। इस मूल्यवान मानव-जन्म को व्यर्थ नहीं खोना चाहिए। भगवान पर भक्ति कर जन्म एवं मृत्यु के चक्र से छुटकारा प्राप्त करना ही मनुष्य-जन्म का लक्ष्य होना चाहिए। इसके लिये गुरु की कृपा, सत्संग, सदाचार आदि की आवश्यकता हैं। गुरु-कृपा के संबन्ध में पोतना बताते हैं- 'ईश्वर-प्राप्ति का मार्ग बताने वाला ही वास्तव में गुरु कहलाते हैं; गुरु दर्शन संबंधित कठिन विषयोंको अपने शिष्योंको आसानी से समझाते हैं; गुरु की कृपा से ही ईश्वर-भक्ति प्राप्त होती है।"[1] पोतना ने अपने 'भागवत' ग्रन्थ में उल्लेख किया है कि श्री राम और कृष्ण ने गुरु की सेवा कर 'गुरु-महिमा' को दुनिया को समझाया था।

पोताना विश्वास करते थे कि अपने आप को भगवान के श्री चरणों में समर्पित करने वाले भक्त को ईश्वर कथमपि धोखा नहीं देता। इसी भरोसा में वे प्रभु की सेवा में लगे रहते थे; सत्संग में रहा करते थे; सभी जीवों से प्रेम का बर्ताव करते थे; अपनी दरिद्रता को ईश्वर का दिया हुआ वर प्रसाद मानकर प्रसन्नता से वे अपना जीवन बिताया करते थे।

गरीबी में जीवन बिताने वाले को बड़ी संपत्ति मिलेगी तो वह संपत्ति के मोह में पड़कर ईश्वर को भूल जायेगा। पोतना ने सोचा कि इस बात को मन में रखकर परमात्मा ने उन्हें धनवान नहीं बनाया था।

पौतना यह अच्छी तरह जानते थे कि धन एवं देह निरंतर नहीं; वे नश्वर हैं; शास्वत नहीं। अतः भगवान ने जो कुछ दिया है उसमें संतुष्ट होकर पोतना प्रसन्न चित्त से जीवन बिताते थे। नम्रता, सदाचार, विशाल हृदय, आदि गुण उनमें कूट-कूट कर भरे थे। सत्कलत्र एवं संतान प्राप्त होने के कारण उनका गृहस्थ जीवन शांति और प्रसन्नता मे बीता।

विषय वासनाओं से पोतना दूर रहते थे। खेतीबारी करके वे अपना जीवन-बिताते थे। राजाओं के दरबारी कवि बनकर अपनी गरीबी को दूर करने की चाह उनमें न थी।

पोतना का साला, श्रीनाथ

श्रेष्ठ कवि एवं राजाओं के दरबारी कवि होने के कारण श्रीनाथ बड़े धनवान थे। उसी समय वे बड़े अहंभावी और गर्वीले थे। पोतना का अमर काव्य आँध्र महाभागवत' की महिमा एवं ख्याति के बारे में

---

1 आन्ध्र महाभागवत- पोतना, 1-42, 7-169

सुनकर, एक दिन, वे पोतना से मिलने के लिये, स्वर्ण पाल्किन में बैठकर उसके गाँव की ओर जा रहे थे। रास्ते में पोतना और उनका पुत्र मल्लन्ना को खेत में काम करते हुए देखकर श्रीनाथ जी ने परिहास करते हुए पूछा-"हे किसान! आप स्वस्थ हैं क्या ? "पोतना तुरन्त समझ गये कि श्रीनाथ जी उनकी हँसी उड़ा रहे हैं; उन्होंने अपने साले को उत्तर दिया-"हम आप के जैसे कविता नामक कन्या को बेचकर धन कमाना नहीं चाहते।" इसे सुनकर श्रीनाथ जी का सिर अपमान से झुक गया; उन्होंने पोतना से माफी माँगी।

श्रीनाथ जी संस्कृत, तेलुगु, कन्नड आदि भाषाओं में पांडित्य प्राप्त बड़े कविवर थे। पोतना भी उनके टक्कर का कवि थे। बहुत से नरेशों ने श्रीनाथ कवि का स्वर्णाभिषेक करके गौरवान्वित किया था; अतः वे अत्यन्त धमण्डी बन गये थे; पोतना का उत्तर सुनकर उनका घमंड चूर-चूर हो गया।

पोतना का गृह पहुँचकर वहाँ फैली हुई गरीबी को देखकर श्रीनाथ जी बहुत उदास हुए। अपने महाभागवत को कोई एक राजा को समपिर्त कर, इनाम के रूप से धन और यश प्राप्त करने के लिये पोतना से आग्रह किया। लेकिन पोतना टस से मस न हुए।

पोतना के महाभागवत का अध्ययन श्रीनाथ जी ने किया; उनकी विद्वत्ता को देखकर श्रीनाथ जी आश्चर्य चकित हुए। श्रीनाथ जी ने उनकी रचना के मिठास का अनुभव किया; उन्होंने पोतना से पूछा-"क्या आपने अपनी लेखनी को जीरा में भिगोकर इस अद्भुत काव्य की रचना की?" वे पोतना की प्रशंसा करते हुए बोलने लगे-"आप की कविता रूपी भक्ति-जल से सूखा पेड़ भी हरा-भरा हो जायेगा; तेलुगु-माता के नेत्रों से आनंद का अश्रु बह रहा है; तुम्हारे पूर्व के कवियों ने महाभारत का सृजन न कर, उसकी रचना का भार मानों तुम्हें सौंप दिया हैं।" श्रीनाथ की इस प्रशंसा भरे वचन को सुनकर पोतना प्रसन्न न हुए। पोतना ने विनम्रता से उत्तर दिया-"भगवान श्री राम की कृपा से मैं इस काव्य की रचना कर सका।"

पोतना की कृतियाँ

कहा जाता है कि आँध्र महाभागवत के अतिरिक्त पोतना ने 'वीरभद्र विजयमु" मोहिनी तंडकमु' और 'नारायण शतकमु' -इन तीन ग्रन्थों को लिखा था। लेकिन इन तीनों ग्रन्थों के संबन्ध में विद्वानों में मत भेद पाया जाता है।

पोतना के जीवन-काल में आन्ध्रा में वैष्णव धर्म अच्छी तरह फैल गया था। फिर भी वैष्णव और शैवों के बीच छोटा-मोटा झगड़ा हुआ करता था। पोतना के पिता जी शैव धर्म के शास्त्रों के बड़े विद्वान थे। पोतना का जन्म एक शैव परिवार में हुआ था; पोतना ने शैव और वैष्णवों के बीच में हानेवाले झगडों को रोकने के लिये, वैष्णव भक्ति का निरूपण करनेवाले श्रेष्ठ ग्रन्थ 'श्रीमद्भागवत' को तेलुगु में लिखकर लोगों को समझाया कि हरि और हर एक ही ईश्वर है; अतः शैव और वैष्णव, आपस में झगडा करना निरर्थक है।

पोतना की रचना महाभागवत की प्रसिद्धि को सुनकर भूपाल- नामक नरेश ने पोतना से विनती की कि वे अपने इस काव्य को उन्हें अर्पित करें। पोतना ने ऐसा करने से इनकार कर दिया। कहा जाता है कि क्रोधित राजा ने पोतना के तेलुगु भागवत को धर्ती में गाड़ दिया। भगवान श्रीराम ने रानी के

स्वप्न में आकर आज्ञा दी कि धर्ती में गाड़े हुए उस,ग्रन्थ को बाहर निकाले। राजा ने भी ऐसा ही किया। मिट्टी में गाडे जाने के कारण ग्रन्थ के कुछ भाग नष्ट हो गये थे। कहा जाता है कि पोतना के शिष्य गंगानाथ, नारायर और सिंगनर ने नष्ट हुए भागों को पुनः लिखकर महाभागवत को पूर्ण किया।

पोतना के आन्ध्र महाभागवत के बारे में

आन्ध्र महाभागवत में कुल १२ अध्याय हैं। यह भक्ति-ग्रन्थ 'आन्ध्र वेद' नाम से बुलाया जाता है। वेदान्त के कई विषय इस में बताये गये हैं। पोतना की विद्वत्ता पर यह काव्य प्रकाश डालता है। इस ग्रन्थ के हरेक पद में भक्ति-पद्धति की व्याख्या की गयी है। कवि के असाधारण व्यक्तित्व को हम इस ग्रन्थ में देख सकते हैं। यह ग्रन्थ गहरे आध्यात्मिक विचार, भक्ति, वैराग्य, उक्ति-चातुर्य आदि का मिश्रण माना जाता है।

आँध्र लोगों का जीवन-चित्र आंध्र महाभागवत में दर्शाया गया है। भक्ति, दर्शन, काव्य सौन्दर्य आदि सब विषय, पोतना के इस अद्भुत रचना में प्रथम स्थान प्राप्त करते है।। मूल ग्रन्थ की तुलना में वह अधिक विस्तृत ग्रन्थ बन पड़ा है। मूल ग्रन्थ में कुल बीस हजार पद हैं तो पोतना के महाभागवत में कुल तीस हजार कवितायें हैं। इनके भागवत के पात्र सब आँध्र लोगों के प्रतिनिधित्व करते हैं।

गजेन्द्र मोक्ष, प्रहलाद चरित्र, दूरूव चरित्र, रुक्मिणि-विवाह, नरकासुर-वध, गंगा नदी की उत्पत्ति आदि अनेक उपकथायें पोतना के भागवत में श्रेष्ठ रूप से बतायी गयी हैं; कृष्ण की लीलायें सब, स्वारस्य पूर्ण दंग से चित्रित की गयी है। स्कूल के विद्यार्थीयों के लिये इन उपकथाओं के कतिपय अंश हृदयंगम करने के अंशों में उनके पाठ्य पुस्तकों मे रखे गये है। इन उपकथाओं के द्वारा पोतना ने आँध्र जनता की संस्कृति एवं आचार- विचारों को अत्यन्त सुन्दर ढंग से चित्रित किया है। सत्यभामा के चरित्र-चित्रण में आँध्र महिला का स्वमर्यादा तथा आत्म गौरव का निरुपण हुआ है।

रुकिमणि का विवाह बहुत ही स्वारस्यपूर्ण ढंग से चित्रत किया गया है। यह चित्रण आंध्र की विवाह-पद्धति एवं धार्मिक अनुष्ठानों की याद दिलाता है। बचपन में रुक्मिणि अपनी सहेलयों से मिलकर मिट्टी का घर बनाकर खेलती है; गुडियों से शादी करवाती है; ये सब खेल आज भी आँध्रा में बच्चे खेला करते हैं। कुचेल के चरित्र में दरिद्रता का यर्थार्थ चित्र दर्शित किया गया है।

पोतना ने आँध्र महाभागवत को इस ढंग से लिखा है कि उसमें रूपांतरण का गंध तक नहीं आता। शुरू से अंत तक यह एक स्वतन्त्र कृति जैसी दिखायी पड़ती है। कवि के शब्दालंकारों में, संगीत के सौन्दर्य को, हम देख सकते हैं। रचना में आनेवाले पात्र सब मानव-समाज का प्रतिनिधित्व करते हैं। यह महाकाव्य इस ढंग से लिखा गया है कि पढ़नेवालों के अन्तः करण में ज्ञान,भक्ति, वैराग्य आदि आध्यात्मिक विचारों को जागृत करता हैं। जाति, धर्म, छोटा, बड़ा, स्त्री,-पुरुष आदि भेद-भाव के बिना सब आँध्र महाभागवत का अध्ययन करके आनंद का अनुभव कर सकते हैं। कुछ मानव-धर्म एवं सिद्धान्तों को श्रेष्ठ रूप से समझाने के वास्ते यत्र-तत्र कहानियाँ और उपकहानियाँ काम में लायी गयी हैं। पोतना का कहना है कि जो कोई इस ग्रन्थ को पढेगा वह अवश्य ही मोक्ष की प्राप्ति करेगा।

यद्यपि पोतना का भागवत, ज्ञान एवं कर्म-मार्गों का खंडन नहीं करता, फिर भी वह भक्ति-मार्ग को ही श्रेष्ट स्थान प्रदान करता है। उसमें बतायी गयी प्रत्येक कहानी और उपकहानी भक्ति की महिमा का वर्णन करती है।

आँध्र महाभागवत में नधवा भक्ति का वर्णन श्रेष्ठ रूप से हुआ है। जो जीवन में हरि का ध्यान नहीं करता वह एक जीवन ही समझा नहीं जायेगा। पोतना इस बात पर दृढ़ विश्वास करते हैं कि जो जीवन के दुख एवं कष्टों से छुटकारा पाकर मोक्ष की प्रप्ति करना चाहता है उसके लिये हरि-भक्ति ही एक सरल उपाय है। पोतना ने बताया है कि मानव-जीवन को उपयोगी बनाने एवं जन्म तथा मृत्यु के चक्र से छुटकारा दिलाने के लिये उन्होंने इस भागवत ग्रन्थ को लिखा है; अवश्य ही इस ग्रन्थ से मानव-समाज को भलाई पहुंचेगी। उन्होंने यह भी कहा है कि अपनी विद्वत्ता को प्रकट करने या श्रेष्ठ कवि के रूप में ख्याति उपलब्ध करने या बड़ी संपत्ति कमाने के हेतु उन्होंने इस भागवत की रचना नहीं की है। अपने जीवन के लक्ष्य को निभाने के हेतु ही उन्होंने यह साधना की है।

पोतना के आध्यात्मिक विचार

हरि का परम भक्त पोतना का आँध्रमहाभागवत एक श्रेष्ठ दार्शनिक ग्रन्थ है। पोतना एक श्रेष्ठ कवि ही नहीं पके हुए ज्ञानी भी ये। अतः उनकी कृतियों में श्रेष्ठ दार्शनिक विचार पाये जाते हैं। वे एक सगुणोपासी कवि होने पर भी, उन्होंने निगुण-उपासना को इनकार नहीं किया है। अद्वैत विचार और निर्गुण ब्रह्म संबन्धी विचारों ने पोतना को बहुत आकर्षित किया।

परब्रह्म श्री कृष्ण परमात्मा ही इस प्रपंच का मूल कारण है; वह निराकार होने पर भी चित् अचित् सब चीजों में व्याप्त है। चित्, अचित, सब चीजें परब्रह्म श्री नारायण में ही समाविष्ट हैं। यद्यपि परमात्मा दिखायी नहीं पड़ता, सभी चित् अचित जीवों के रूप में वह दृष्टिगोचर होता है; फिर भी वे कर्मों के फलों में पीड़ित नहीं होते। सदा वे स्वतन्त्र रूप से नियंत्रण करते हैं; जीव, निर्जीव सब का नियंत्रण करते है। एक ही सूर्य और चाँद संसार के सभी जीवों को दिखायी पड़ने की भाँति, परब्रह्म सब को दिखायी पड़ते हैं।

प्रहलाद और गजेन्द्र की रक्षा करते समय निर्गुण ब्रह्म को सगुण ब्रह्म की भाँति और भक्तों पर प्रेम करने वालों की भाँति पोतना ने वर्णन किया है; अर्थात भक्त वत्सल भगवान अपने भक्तों की रक्षा करने हेतु साकार रूप धारण करते हैं। ईश्वर अणुरूप में होने पर भी, विराट रूप में होने पर भी, अखण्ड होने पर भी, सदा-सर्वदा उन्हीं का ध्यान करनेवाले भक्तों के लिये वे उनकी उपासना देवों के रूपों में दृष्टिगोचर होते हैं। पोतना ने निर्गुण ब्रह्म को सगुण ब्रह्म के रूप में तथा सगुण ब्रह्म को निर्गुण ब्रह्म के रूप में उपासना की है। वामनावतार में पोतना ने ईश्वर के विराट रूप को बहुत ही सुन्दर ढंग से अपने भागवत ग्रन्थ में वर्णन किया है। आत्मा और परमात्मा के रिशते के संबंध में पोतना ने अद्वैत और विशिष्टाद्वैत तत्वों को प्रधानता दी है। पोतना का कहना है कि प्रभु प्रपंच की सृष्टि का मूल कारण है; यह जगत उनकी लीलाओं की भूमि है। सृष्टि, संहार, रक्षा, अनुग्रह नियंत्रण आदि पंचकोर्यों को परब्रह्म श्री मन नारायण ही करते हैं। पोतना की राय है कि प्रपंच हरिमय और हरि प्रपंचमय हैं।

पोतना की भक्ति-साधना

प्रभु के गुणों का श्रवण करना, और उनके भक्ति- कीर्तनों को सुनना, श्रवण-इन्दियों का लक्ष्य है। उनकी ख्याति का श्रवण न करने वालों का कान, केवल छेद मात्र हैं।[1]

श्री हरि के दिव्य नामों का स्मरण करने से अज्ञान दूर होता है और अंतः करण में ज्ञान का उदय होता है। भगवान के चरण-कमल रूपी जहाज का आश्रय लेने से भवसमुद्र को हम आसानी से पार कर सकते हैं। श्री वासुदेव के चरणों की सेवा करने से, हमारे कष्ट सब दूर होते हैं; मंगल होता है और ऐश्वर्य की प्राप्ति होती है।[2]

भक्त, भक्ति एवं श्रद्धा से समर्पित करनेवाले पत्र, पुष्प फल, जल आदि को भगवान संतुष्टि से स्वीकारता है।[3] पोतना वन्दना भक्ति के लिये प्रहलाद का उदाहरण प्रस्तुत करते हैं। प्रहलाद भक्ति की अधिकता में कभी-कभी अपने को भूलकर रोते हैं; कभी-कभी हंसते हैं; कभी कभी प्रसन्नता के मारे नृत्य करते हुए गाते हैं; उस समय उनकी आँखों से अश्रु-धारा बहने लगती है; शरीर पुलकांकित हो जाता है; मौन धारण करते हुए खड़े रहते हैं।[4] भगवान विष्णु की उपासना करने से संपत्ति बढ़ती है; भक्ति करने से दुख दूर होता है; अज्ञान रूपी अंधकार अदृष्य हो जाता है और ज्ञान रूपी प्रकाश का उदय होता है।[5]

प्रभु पर भक्ति न करनेवाला मनुष्य चाहे जितना भी धनवान क्यों न हो, दो पैरवाला जानकर माना जायेगा। पवित्र भक्ति के समक्ष कुल, गोत्र, जाति आदि नगन्य है। भक्तों की चरण-धूलि अनेक पुण्य तीर्थ-स्थलों से भी बढ़कर पवित्र मानी जाती है। ऐसे पुण्यात्मा लोग हमारे निकट रहते हैं तो नास्तिक भी आश्तिक बन जायेगा।

भक्ति पाप रूपी घने जंगल को जलाकर भस्म बनाने वाली वन-अग्नि है; भक्ति रूपी पवन के बहने पर, कष्ट रूपी बादल के झुण्ड तितर-बितर हो जोयंगे; वह मन के विकार रूपी अंधकार को भगाने वाली ज्ञान रूपी सूर्य जैसी हे। भक्ति भवसागर को पार करने के लिये जहाज के जैसे सहायता करेगी। इस प्रकार जब भी संदर्भ मिलता है तब पोतना ने भक्ति की महिमा का गान किया है।

हरि की अर्चना करनेवाले हाथ ही हाथ हैं; उसका गुण-गान करनेवाला जीभ ही जीभ है; उनका दर्शन करनेवाले नेत्र ही नेत्र हैं; शेष-शैया पर निद्रा करनेवाले परब्रहम नारायण की आराधना करनेवाला सिरस ही सिरस है; उनके ध्यान में डूबे रहनेवाला मन ही मन है; परमात्मा के बारे में चिन्तन करनेवाले सभी दिन अच्छे दिन है; जो आचार्य भगवान की प्राप्ति का मार्ग दिखलाता है, वही वास्तव में सच्चा आचार्य है; जो पिता अपने पुत्र को ब्रहम-ज्ञान का उपदेश देता है, वही सच्चा पिता है। ये उपदेश सब, पोतना की पवित्र-भक्ति के लिये, श्रेष्ठ उदाहरण माने जायेंगे।

---

1 आन्ध्र महाभागवत--पोतना 1-47 । 2-40

2 वही पृ.443

3 वही पृ.1010

4 वही पृ.7-124

5 वही 1-445

हरि-नाम रूपी औषद देह को आरोग्य पहुंचाने वाला तथा मन को हर्ष देनेवाला है। भक्ति करने के लिये वैराग्य की आवश्यकता हैं। पोतना कहते हैं -जिस भ्रमर ने कमल-पुष्प के मधु का पान किया है वह मनमत तरु के पास नहीं जायेगा; जिस अन्न पक्षी ने मन्दागिनी के जल में खेला है वह साधारण नदी नीर में नहीं खेलगा; जिस कोयल ने आम के पेड़ के कोमल पत्तों को खाया हे वह अन्य पेड़ों के निकट नहीं जायेंगा; जिस चकोर पक्षी ने पूर्णिमा की चाँदनी के प्रकाश में अमृत का पान किया है उसे साधारण ओस की बूंदें आकर्षित नहीं कर सकती; इसी प्रकार जिस भक्त ने ईश्वर-भक्ति में बड़े आहलाद का अनुभव किया है वह साँसारिक सुख-भोगों में नहीं डूबेगा।

पोतना का दृढ़ विश्वास था कि दृढ़ वैराग्य और निश्वार्त भक्ति से ही मनुष्य का आध्यात्मिक जीवन पूर्णता को प्राप्त करेगा।

पोतना ने किसी भी संप्रदाय में दीक्षा प्राप्त नहीं की थी। वे एक स्वतन्त्र भक्त कवि थे। 'हरि हराद्वैत' उनकी भक्ति-साधना की विशिष्टता थी। उनके भागवत में सम्त्व सिद्धांत को अधिक प्रधानता दी गयी है। उसमें उन्होंने शिवकेशव के अद्वैत विचार को व्यक्त किया है। उन्होंने भक्ति के अतिरिक्त धार्मिक समत्व के सिद्धान्तों का भी प्रचार किया। संप्रदाय का संकीर्ण दृष्टिकोण हानि पहुंचायेगा। उन्होंने उपदेश दिया कि परब्रह पर भीक्त करने मात्र से ही मनुष्य मुक्ति प्राप्त करेगा। पोतना के इन समत्व विचारों के कारण उनकी अतुलनीय कृति आँध्रमहाभागवत किसी भी संप्रदाय की सीमा में बद्ध न हुआ। अन्य संप्रदाय के लोग भी उसे अत्यन्त चाव से अध्ययन करते हैं।

पोतना के जीववृत्त का सार

जन्म स्थान	आंध्रा में कडप्पा जिले में स्थित 'ओण्टिमिट्टा' नामक 'बम्मेर' गाँव
जीवन काल	सन् 1420 से 1520 तक एक सौं वर्ष जीवित रहे।
पिता का नाम	केशना
माता का नाम	लक्कमांबा
कुल	ब्राहमण कुल
कृतियाँ	आँध्र महाभागवत, नारायण शदकमु, in this style. वीरभद्र विजयमु मोहिनी तंडकमु,
शिष्य	गंगनाथ, नारयर, सिंगनर, सोमशेखर,
व्यवसाय	कृषि उद्योग

तालपाक् बेद्ध तिरुमलाचार्य

तालपाक् बेद्ध तिरुमलाचार्य

अन्नमाचार्य का पुत्र बेद्ध तिरुमलाचार्य अपने पिता जी के जैसे तिरुपति श्री वेंकटेश के बड़े भक्त थे। सन् 1483 से 1553 तक वे जीवित थे। वे रोज अपने भक्ति-कीर्तनों को भगवान श्री वेंकटेश के समक्ष गाया करते थे। भक्ति की महिमा के बारे में इन्होंने कई पदों की रचना की थी। सत्संग, गुरु-कृपा आदि, भगवान के चरणों की प्राप्ति के लिये आवश्यक हैं; भक्ति-मार्ग बहुत ही सरल मार्ग हैं; मोक्ष की प्राप्ति के लिये शरणागति-तत्व श्रेष्ठ उपाय है; भगवान के भक्त, ज्ञान और कर्म-मार्ग के अनुसरण करनेवालों से भी बढ़कर श्रेष्ठ माने जाते हैं। बेद्ध तिरुमलाचार्य ने इन सब के बारे में अपने कीर्तनों में उल्लेख किया हैं।

साधारण जनता ज्ञान-मार्ग का अनुसरण नहीं कर सकती; क्योंकि पवित्र मनवाले ही ज्ञान की प्रप्ति कर सकते हैं; इन्द्रियों को वश में करने से ही मन स्वच्छ और निर्मल हो सकेगा; तपस्या के बल से ही इन्द्रियों को वश में कर सकते हैं; जप-तप करने के लिये वैराग्य की जरूरत है; वैराग्य की प्राप्ति के लिये विषय वासनाओं का त्याग आवश्यक हैं; लेकिन भक्ति करने के लिये याग, यज्ञ, वैराग्य आदि की जरूरत नहीं; गृहस्थ जीवन बिताते हुए, भक्त भक्ति के द्वारा परमात्मा की प्राप्ति कर सकता है। इस प्रकार बेद्ध तिरुमलाचार्य ने लोगों को उपदेश दिया है। उन्होंने अपने कीर्तिनों में बताया है कि भक्ति-मार्ग फल दायक है।[1]

बेद्ध तिरुमालाचार्य ने अपने जीवन में कई भक्ति-ग्रन्थों की रचना की थीं; निम्नलिखित ग्रन्थ उनके द्वारा लिखित प्रधान ग्रन्थ माने जाते हैं:

1. श्रृँगार-कीर्तन
2. श्रृँगार तण्डकम्
3. वैराग्य वचन गीतें

1 वैराग्य वचन मालिका गीतमुलु- बेद्ध तिरुमलाचार्य गीत- सं. 9, 32, 35

4. चक्रवाल मंजरी
5. आँध्रवेदान्त
6. आँध्रहरिवंश और
7. श्रीवेंकटेश्वर नीति शदकम्

बेद्ध तिरुमलाचार्य के संबन्ध में कई प्रकार की जनश्रुतियाँ पायी जाती हैं। रौज जब वे भक्तिपूर्ण गीतों को गाते थे तब भगवान वेंकटकेश्वर इन्हें दर्शन देकर इनके ऊपर अनुग्रह करते थे। एक बार जब वे भगवान के सन्निदान में भक्ति एवं श्रद्धा से नाच रहे थे तब किसी ने ईर्ष्या के कारण उन पर छुरी फेंक दी; हरि की असीम कृपा से वह चाकू फूल की माला में बदलकर उनके गले में गिर पड़ी। इस घटना का उल्लेख बेद्ध तिरुमलाचार्य ने अपने एक कीर्तन में किया है और भगवान को अपनी कृतज्ञता प्रकट की है।

बेद्ध तिरुमलाचार्य की सेवायें

बेद्ध तिरुमलाचार्य बड़े दानी थे; भक्त जनों की सेवा के लिये इन्होंने अपनी संपत्ति के एक बड़े भाग को दान में दे दिया था। श्री वेंकटेश्वर के मंदिर में दीपार्धना करने एवं भक्ति-गीतों को गाने के हेतु इन्होंने पुरोहितों को नियमित किया। तिरुमला की पुष्करणी का उद्धार कर, उसमें सीढ़ियाँ एवं मण्डप को बनाया। राजाओं ने इनकी सेवाओंकी प्रशंसा की है और इनके नाम को अपने शासन-पत्रों में अंकित किया है। इन्होंने अपने पिताजी अन्नमाचार्य के संकीर्तनोंको ताम्र-पत्रों में लिखवाकर उनकी सुरक्षा की भी।

बेद्ध तिरुमलाचार्य अपने ज्ञान, करुणा, दान, बुद्धि, विद्वत्ता आदि के लिये निम्नलिखित विरुदों से सम्मानित किये गये थेः

1. वेदान्ताचार्य
2. कविता केसरी
3. श्री रामानुजा-सिद्धान्त स्थापनाचार्य और
4. श्रीमद् वेदमार्ग प्रतिष्टापनाचार्य

ताल्लपाक बेद्ध तिरुमलाचार्य के जीवन वृत्त का सार

जीवन-काल	सन् 1483 से 1553 तक
पिता का नाम	अन्नमाचार्य
कृतियाँ	1) श्रृँगार कीर्तन
	2) श्रृँगार तण्डकम्
	3) वैराग्य वचन गीत

4) चक्रवाल मंजरी
5) आँध्र वेदान्त
6) आँध्र हरिवेश
7) श्री वेंकटेश्वर नीति शदकम्

प्राप्त किये हुये वृद -

वेदान्ताचार्य, कविता-केसरी, श्री रामानुज सिद्धान्त स्थापनाचार्य, और श्रीमद्‌वेदमार्ग प्रतिष्टानाचार्य

तालपाक् 'चिन्नण्णा' नामक चिन्न तिरुवेंकटनाथ

चिन्न तिरुवेंकटनाथ बेंद्ध तिरुमलाचार्य के पुत्र थे। ये श्री कृष्ण देवराय के समकालीन थे। इनका समय सन् 1498 से 1561 तक माना जाता है। इन्होंने श्री रामनुज संप्रदाय में दीक्षा ली और एक श्रेष्ठ हरिभक्त के रूप में विख्यात हुए। तिरुपति में रहते हुए श्री वेंकटेश्वर भगवान के समक्ष बड़ी भक्ति से कीर्तन गाया करते थे। कहा जाता है कि जब वे कीर्तन गाते थे तब भगवान नारायण इनके सम्मुख प्रतयक्ष होकर आनद नृत्य किया करते थे।

चिन्न तिरुवेंकटनाथ की रचनायें

दो चरणवाले गीतों को लिखनेवाले कवियोंमें चिन्नण्णा बहुत प्रसिद्ध थे। एक ही दिन में एक हजार दो चरण वाले कविताओं को लिखने की क्षमता इनमें थी। दोहों के रूप में लिखे गये इनके चार ग्रन्थ उपलब्ध हुए हैं। उनके नाम हैं-

1. अष्टमहिसी कलयाणमु
2. परमयोगी विलासमु
3. उषापरिणयमु और
4. अन्नमाचार्य चरितमु

श्री चिन्नण्णा ने 'अष्टमहिसी कल्याणमु' ग्रन्थ को श्री पद्मावती देवी को तथा अन्य तीन ग्रन्थों को भगवान श्री वेंकटेश्वर को अर्पित किया था। इन्होंने अपनी कृतियों में भक्ति, ज्ञान, वैराग्य, भक्त की महिमा, गुरु-भक्ति आदि विषयों का विवेचन किया है।

कवियित्री आदुकूरी मोल्ला

कवियित्री आदुकूरी मोल्ला

कहा जाता है आदुकूरी मोल्लम्बा का जन्म एक कुम्हार के घर में हुआ था। ये श्री कृष्ण देवराव की समकालीन थी। इनका समय 16वी शती मानी जाता है। विद्वानों का कहना है कि इन्होंने वेल्लूर जिले के 'कोपवरमु' नामक गाँव में अपना जीवन बिताया था।

मोल्लम्बा एक परम राम-भक्त थी। इन्होंने तेलुगु में रामायण की रचना की और उसे अपने उपासनादेव श्रीराम को समर्पित किया था। अपनी शिक्षाहीनता का उल्लेख इन्होंने अपनी रचनाओं में अनेक जगहों पर किया है। इन्होंने अपने समय के कवियों से विनती की हैं कि वे उनकी कृतियों का शोधपूर्ण विवेचन न करें।

मोल्लाम्बा ने अपनी रचना में ज्ञान, विद्वत्ता आदि से बढ़कर निर्मल भक्ति को अधिक प्रधानता दी है। वे कहती हैं-"बड़े ज्ञानी और विद्वान ही नहीं उनकी जैसी अशिक्षित महिला भक्त भी श्री राम की यश का गान कर सकती है; भक्त अपनी निर्मल भक्ति से ईश्वर का प्रेम-पात्र बन सकता है; सच्ची भक्ति के बिना, खाली भक्ति और पांडित्य से कोई भी भगवान को प्रसन्न नहीं कर सकता।"

मोल्लाम्बा-रामायण

मोल्लंबा-रामायण की रचना 'चम्पू' शैली में की गयी है। मोल्लंबा के पूर्व लिखे गये रामायणों के असर को इनके रामायण पर हम देख सकते हैं। मोल्ल रामायण आँध्र लोगों के बीच अत्यन्त प्रसिद्ध है। तेलुगु में सर्वप्रथम रामायण को लिखनेवाली कवियित्री के रूप में मोल्लांबा का नाम तेलुगु साहित्य के इतिहास में अमर बना रहेगा।

मोल्लंबा-रामायण में कुल एक हजार गीत एवं छः काण्ड हैं। प्रथम तीन काँडों से बढ़कर अंतिम तीन कांडों की भाषा-शैली अति उत्तम बन पड़ी हैं। सरल शब्द, यर्थात् वर्णन और अलंकारों का सौन्दर्य इनके रामायण की विशिष्टतायें हैं। शबरी एवं श्री राम के बीच का वार्तालाप बहुत सुन्दर बन पड़ा है। इनके पश्चात् आने वाले कवियों ने इनकी काव्य-शैली का अनुकरण कर काव्यों का सृजन किया है।

मोल्लंबा बाल विधवा थी; इनके पति का नाम इनके काव्य में कहीं भी उल्लेख नहीं हुआ है इनके पिता का नाम "कैशन षेट्टी" था।

क्षेत्रैया (सन् 1600 से 1660 तक)

कहा जाता है कि क्षेत्रैया 17 वीं शती में कृष्णा जिले के 'मुव्वरी' नामक गाँव में अपना जीवन बिताया था। 'वरदय्या' इनके माता-पिता द्वारा रखा गया नाम था। सभी वैष्णव क्षेत्रों की यात्रा करने के कारण ये क्षेत्रैया के नाम से प्रेम से बुलाये गये।

बचपन से ही वरदय्या को काव्य, संगीत, नाटक आदि क्षेत्रों में बड़ी रुचि थी। शीघ्र ही संगीत एवं काव्व-कला में इन्होंने निपुणत्व प्राप्त किया। ये बड़े कृष्ण-भक्त भी थे। अपने गाँव के इष्ट देव गोपाल को अपना इष्ट देव मानकर उनकी उपासना करने लगे। एक बार एक महायोगी मुव्वपुरी गाँव पधारे। क्षेत्रैया की भक्ति को देखकर वे प्रसन्न हुए; उन्होंने क्षेत्रैया को भगवान गोपाल के मूल मंत्र का उपदेश दिया। उस दिन से क्षेत्रैया मुब्व गोपाल के नाम से सैकड़ों भक्ति-पद लिखकर अपने उपास्य देव गोपाल कृष्ण के चरणों में समर्पित करने लगे। उनके कीर्तन सब 'मुब्व गोपाल कीर्तन' के नाम से प्रसिद्ध हैं।

क्षेत्रैया की विद्वत्ता को देखकर कई राजा लोग प्रसन्न हुए; उन्होंने क्षेत्रैया को धन-दौलत देकर सम्मानित किया। कहा नाता है कि मदुरै, तिरुमलै नायक्कर के राज दरबार में दो हजार भक्ति गीतों, तंजाऊर के राज दरबार में एक हजार भक्ति गीतों, गोलकोण्डा के राज दरबार में एक हजार के ऊपर भक्ति-पदों को गाकर, इन्होंने वहाँ के नरेशों को प्रसन्न किया था। तंजाऊर की राज-सभा से चलायी गयी प्रतिस्पर्धा में भाग लेकर क्षेत्रैया ने बहुत से कवियों को हराया जो इन पर ईर्ष्या करते थे।

क्षेत्रैया की रचनायें

क्षेत्रैया ने कई तीर्थ-स्थलों की यात्रा करके वहाँ के मंदिरों की मूर्तियों की महिमा का गान किया। इनके द्वारा रचित कीर्तनों में फिलहाल 350 कीर्तन ही उपलब्ध हुए हैं। इनके गीत सब अपने शब्द और अर्थ माधुर्य के लिये अत्यन्त प्रसिद्ध हैं। इन्होंने माधुर्य भक्ति का अनुसरण करके, नायकी-भाव से, अपने इष्ट देव गोपाल कृष्ण की उपासना की। इनका मत था कि केवल परमात्मा ही मर्द हैं अन्य सभी जीवात्मायें स्त्रियाँ हैं।

क्षेत्रैया का कहना है कि नायक रूपी भगवान को प्राप्त करेन के लिये नायिका को वियोग-दुख में तड़पना आवश्यक हैं। नायक और नायिका का मिलन ही राधा-कृष्ण तत्व हैं; वही आलैकिक मिलन माधुर्य भक्ति कहलाती है।

क्षेत्रैया की माधुर्य-भक्ति

क्षेत्रैया के माधुर्य-भक्ति पूर्ण पदों को पढ़ते समय ऐसा प्रतीत होगा कि उनमें कवि ने मानव-प्रम का वर्णन ही प्रचुर मात्रा में किया है; परन्तु उन्होंने अपने माधुर्य-भक्ति पदों में, मानव-प्रेम के द्वारा, दैविक प्रेम को व्यक्त किया हैं। विद्यापति, जयदेव, अन्नमाचार्य प्रभृति भक्त कवियों की कृतियों का प्रभाव क्षेत्रैया के माधुर्य भक्ति-पदों पर देखा जा सकता है। इन्हें हम आँध्र का विद्यापति भी कह

सकते हैं। क्योंकि इन दोनों श्रृँगार कवियों की कविताओं में प्रचुर समानता देखी जाती है। संगीत और नृत्य कला के लिये क्षेत्रैया ने जो सेवा की है वह अत्यन्त प्रशंसनीय है।

क्षेत्रैया के माधुर्य-भक्ति-पदों में भक्ति-भाव को अधिक प्रधानता दी गयी है या श्रृँगार-भाव को? इस के बारे में कहना उतना आसान नहीं। लोग जिस दृष्टि से देखते हैं उनको वह भाव प्रधान दिखायी पड़ेगा। क्षेत्रैया ने स्त्रियों के अन्तः करण के कोमल भावों का सूक्ष्म चित्रण अपने माधुर्य भक्ति पूर्ण पदों में किया है; यहीं उनके माधुर्य-काव्य की विशिष्टता मानी जाती है।

संगीत का मुख्यत्व

कर्नाटका संगीत के लिये क्षेत्रैया की देन महत्वपूर्ण मानी जाती है। इन्होंने अपने कीर्तनों को विभिन्न राग और तालों में गाकर संगीत दुनियाँ में नयें एक युग का श्री गणेश किया था।

क्षेत्रैया के जीवनवृत्त का सार

जीवन-काल	सन् 1600 से 1660 तक
जीवितस्थान	मुव्यपुरि नामक गाँव (कृष्णा जिला)
माँ-बाप का दिया नाम	वरदय्या
यात्रा की हुई तीर्थ स्थल	भारत के सभी प्रधान वैष्णव तीर्थ स्थल
रचनायें	मुव्वगोपाल के नाम से 'मुव्वगोपाल कीर्तन'। कुल 350 कीर्तन
राजाओं के नाम जिन्होंने इन्हें सम्मानित किया था।	तिरुमलैनायक्कर नामक नरेश और तंजाऊर एवं गोल कोण्डा के नरेश
अनुकरण की गयी भक्ति पद्धति	माधुर्य भक्ति-पद्धति

भद्राचल रामदास

भद्राचल रामदास

कहा जाता है कि आँध्रा के 'नेलकोण्डपल्लि नामक नगर में सन् 1620 में, मद्राचल रामदास का जन्म हुआ था; ये एक बाह्मण परिवार में अवतरित हुए थे। इनके पिता जी का नाम लिंगण्णा था जो आँध्र देश नेरश के मंत्री थे। बचपन में रामदास 'गोपण्णा' के नाम से पुकारे जाते थे। ये अपने माँ-बाप के इकलौते पुत्र थे। गोपण्णा बचपन से ही संस्कृत और तेलुगु के बड़े पंडित थे। ये भगवान श्री राम के बड़े भक्त थे। श्री रघुनाथ भट्टाचार्य इनके गुरु थे। इसका उल्लेख उनका अमर काव्य 'दाशरथी दशक' में हुआ है। जिस दिन से श्री रघुनाथ भट्टाचार्य ने राम-नाम के तारक मंत्र का उपदेश दिया उस दिन से ये श्रीराम की प्रशंसा में सैंकड़ों भक्ति-पद लिखने लगे। एक गुणवती महिला के साथ इनका विवाह संपन्न हुआ और इन्हें एक पुत्र की प्राप्ति भी हुई थी।

कहा जाता है कि एकबार ब्रह्मोत्सव के दिन, भक्तों को अन्नदान करते समय, गोपण्णा का पुत्र एक गरम पात्र के पानी में गिरकर मर गया था। गोपण्णा और उनकी धर्मपत्नी ने अपने दुख को बाहर दिखाये बिना भक्तों की सेवा की।

गोपण्णा एक रहम दिलवाले और श्रेष्ठ दानी भी थे। एक बार इनके शहर में अकाल पड़ा; अपनी संपत्ति सब को भूख से पीड़ित दुखी जनों के लिये खर्च कर, गरीब बन गये। उस समय 'तानिशाह' नामक एक सुलतान गोलकोण्डा पर शासन कर रहे थे। उनके यहाँ, गोपण्णा के दो मामा, बड़े अधिकारी के रूप में नौकरी कर रहे थे। उनकी सिफारिश से गौपण्णा को ब्रदाचल शहर के तहसिलदार की नौकरी प्राप्त हुई।

सुलतान रामदास को जेल में डालना

राम, लक्ष्मण और सीता के विग्रह भक्त रामदास को वन में मिले थे। कहा जाता है कि उनकी प्रतिष्ठा करके गोदावरी नदी के उत्तरी किनारे में स्थित वद्राचल शहर में रामदास ने एक सुन्दर मंदिर का निर्माण किया। भगवान श्री राम की मूर्ति को अलंकृत करने के लिये राजकीय रवजाने से छः लाख स्वर्ण मुद्राओ को खर्च करके उन्होंने स्वर्ण आभूषणों को बनवाया। इस बात को जानकर सुलमान ने रामदास को बारह वर्ष का जेल-दंड दिया। गोलकोण्डा के कारागर में भक्त रामदास बंद किये गये। रामदास ने अपने एक संकीर्तन में अपने दुख को व्यक्त किया है कि सुलतान की अनुमति पाये बिना ही मंदिर बनाने के सत्कार्य के लिये राजकीय धन को खर्च कर दिया था।

श्रीराम से अपने किये हुए गुनाह का उल्लेख कर उनकी कृपा की याचना करते हुए भक्त रामदास ने अपने कारावास के काल में अनेक कीर्तनों की रचना की। जेल की दीवारो पर राम, सीता, लक्ष्मण, आंजनेय, गणपति और नवग्रह देवताओं का चित्र खींचकर रामदास ने उनकी उपासना की। अंत में भगवान श्री राम का अनुग्रह इन्हें प्राप्त हुआ। कहा जाता है कि श्री राम और लक्ष्मण मानव का रूप धारण कर सुलतान को उनका पूरा धन लौटा दिया था। रामदास कारावास से रिहा कर दिये गये। रामदास की महिमा जानकर सुलतान ने इन्हें बद्राचल का तहसिलदार बनाया। इस अदभुत घटना के कारण गोपण्णा 'रामदास' के नाम से बुलाये जाने लगे।

रामदास की रचनायें

रामदास के मन की वेदनायें सब कीर्तन के रूप में व्यक्त हुई हैं। पल्लवि, अनुपल्लवी, चरणों से युक्त उनके कीर्तन कर्नाटका संगीत-क्षेत्र में अनमोल रत्न माने जाते हैं। उनके भक्तिपूर्ण कीर्तन सब सरल तेलुगु में लिखे गये हैं ताकि साधारण जनता उन्हें आसानी से समझ सके। उनके कीर्तन, श्रवण करने-वालों को भक्ति-सागर में डुबा देते हैं। उनके द्वारा लिखित एक सौ गीत अबतक उपलब्ध हुए हैं। वे सब विभिन्न राग-तालों में लिखे गये हैं।

भक्त रामदास के कीर्तन तीन प्रकार के हैं। प्रथम प्रकार के गीत उनके कारावास के जीवन के पूर्व लिखे गये थे। उनमें भगवान श्री राम के अद्भुत गुणों का वर्णन किया गया है। द्वितीय प्रकार के पद उनके जेल-जीवन के समय लिखे गये थे। उनमें रामदास ने अपनी विनम्र प्रार्थनायें व्यक्त की हैं। तृतीय प्रकार की कवितायें जेल से बाहर आने के पश्चात लिखी गयी थीं। उनमें भगवान श्री राम ने उन पर जो कृपा की थी उसके लिये अपनी कृतज्ञता मिश्रित प्रसन्नता को रामदास ने प्रकट किया है।

भक्त श्री रामदास के कीर्तन दक्षिण भारत में बहुत प्रसिद्ध हैं। इन्होंने अपने विविध प्रकार के कीर्तनों में अपनी दास्य भक्ति व्यक्त की है। अपने कुछ कीर्तनों में इन्होंने लोगों को उपदेश दिया है।

अपनी भक्ति के बल से वद्राचल शहर को भूलोक के वैकुण्ठ के रूप में रामदास ने परिवर्तित कर दिया। कहा जाता है कि भगवान श्री राम ने इन्हें अपना दर्शन दिया था।

भक्त कवि श्री रामदास की कृतियों का असर त्यागराज के कीर्तनों पर देखा जा सकता है। त्यागराज के मन में भक्त रामदास के प्रति असीम भक्ति और श्रद्धा थी। भक्त कवि रामदास के कीर्तन सब 'दाशरतिशदकम' और 'रामदासकीर्तनलु' नामक शीर्षकों में संकलित किये गये हैं। तेलुगु में रचित 'शदकम्-साहित्य' में इन काव्यों के लिये विशिष्ट स्थान प्रदान किया गया है। 'दाशरतीशदकमु' काव्य के कीर्तनों में भगवान श्री राम की वीरता, साहस, बल करूणा आदि गुणों का सुन्दर चित्रण हुआ है।

कर्नाटका संगीत-दुनियाँ में रामदास को एक विशिष्ट स्थान प्रदान किया गया है। संगीत द्वारा भगवान श्रीराम पर अपनी अतुलतीय भक्ति प्रकट करके, रामदास ने भक्ति-क्षेत्र में अमरत्व को प्राप्त कर लिया है।

भक्त कवि रामदास के जीवनवृत्त का सार

जन्म-स्थान	नेलकोण्डपल्लि, सन् 1620
पिता का नाम	लिंगण्णा
बचपन का नाम	गोपण्णा
व्यवसाय	तहसीलदार
कारागारवास	12 वर्ष, गोलकोण्डा किले के भीतर का जेल
की हुई गलती	राजकीय धन से राम-मंदिर बनाना
जनश्रुत्ति	राम और लक्ष्मण मानव के रूप में आकर सुलतान के धन को वापस लौटाना।

रचनायें	1) दाशरथी शदकमु
	2) रामदास कीर्तनलु
गरीब होने का कारण	अकाल के समय भूख से पीड़ित लोगों की सहायता करना।

संगीतज्ञ श्री तियागराज स्वामी

संगीतज्ञ श्री नादयोगी तियागराज (1767-1847 A.D.)

जन्मः सन् 1767 मृत्यु : 1847

दक्षिण भारत के कर्नाटका संगीत जगत में नादयोगी तियागराज स्वामी को एक विशिष्ट स्थान उपलब्ध हुआ है। उन्होंने नाद को ही ब्रह्म माना। संगीत, साहित्य एवं भक्ति के क्षेत्र में उन्हांने बड़ी ख्याति प्राप्त की थीं।

सन् 1767 में तंजाऊर शहर में एक आचारशील परिवार में तियागराज का जन्म हुआ था। उनका जन्म-पत्र वालाजापेट के म्यूसियम में सुरक्षित रूप से रखा गया है। सन् 1847 में उनका स्वर्गवास हुआ। सद्गुण संपन्न श्री रामब्रह्म नामक एक तेलुगु ब्राह्मण तियागराज के पिता जी थे। अपने एक कीर्तन में तियागराज ने अपने पिता जी के नाम का उल्लेख किया है। कहा जाता है कि तिरुवारूर मंदिर का ईश्वर, श्री रामब्रह्म के स्वप्न में आकर बताया था कि उनको प्राप्त होने वाला पुत्र संगीत-शास्त्र में बड़ा विद्वान होगा; उनको तियागराज नाम रखने का आदेश देकर अंतर्धान हो गये थे। तियागराज भगवान का वरप्रसाद माने जाते हैं।

तियागराज के पुर्खे करनूल जिले के 'कारगल' नामक गाँव में रहा करते थे। विजयनगर नरेश की विनती के अनुसार वे तंजाऊर स्थानांतरित होकर हिन्दु धर्म की संस्कृति को लोगों के बीच फैला रहे थे। वे श्रेष्ठ कवि एवं संगीतज्ञ थे।

तियागराज अपने माँ-बाप का आखिरी पुत्र थे। बचपन से ही वे श्रेष्ठ भक्तिमान थे। उनके पुखें ज्ञानी थे; उन्होंने धन-दौलत को तुच्छ समझा; उनकों इकट्ठा करने के प्रयत्न में नहीं लगे। इसलिये तियागराज को पैतृक संपत्ति के रूपया में सिर्फ एक घर मात्र ही प्राप्त हुआ था।

उंछवृत्ति द्वारा तियारागज अपना परिवार चलाया करते थे।

तियागराज ने सोण्टि वेंकटरमणय्या से शिक्षा एवं दीक्षा प्राप्त की। आठ वर्ष की उम्र में उनका उपनय और अठारह वर्ष की उर्म में विवाह संपन्न हुआ। उनकी इकलौती पुत्री का नाम सीतालक्ष्मी था। उनकी पुत्री भी सन्तानहीन थी और अकाल से पीड़ित होकर मर गयी। अतः तियागराज के वंश की वृद्धि न हुई। उनके अग्रज की परंपरा के लोग तिरुवैयारु में आज भी जीवित हैं।

तियागराज अपने माँ-बाप की बड़ी सेवा किया करते थे; उन्होंने अपने सदाचार से सब को आकर्षित किया। कांचिपुरम के आचार्य श्री रामकृष्ण यतीन्द्र से तियागराज ने रामनाम मंत्र की दीक्षा प्राप्त की और भगवान श्री राम के वे बड़े भक्त बने। उस दिन से वे सदा-सर्वदा राम-नाम जपने लगे। कहा जाता है कि इन्होंने अपने गुरुवर की आज्ञा के अनुसार 21 वर्षों की अवधि में 69 करोड़ राम-नामोंको लिख डाला। तियागराज ने अपने एक कीर्तन में कहा है कि भगवान श्री रामचन्द्र ने उनको दर्शन दिया था।

तियागराज संगीत-कला के बड़े प्रेमी थे; इसलिये बहुत ही कम समय में वे संगीत-शास्त्र के बड़े विद्वान बन गये। अपने बुद्धि-चातुर्य से उन्होंने अनेक राग-तालों का आविष्कार करके संगीत उपवन को और भी अधिक सुगंधित बना दिया। पुराने रागों को नयी दृष्टि से परिशीलन कर उनको श्रवणेन्द्रियों के लिये और भी मीठा बना दिया। उनकी राम-भक्ति की तीव्रता, ज्ञान की गहराई और वैराग्य की चमक को हम उनके कीर्तनों में देख सकते हैं। इन कारणो से उनके कीर्तन सब दक्षिण भारत के लोगों के बीच बहुत प्रसिद्ध हुए। तियागराज की निर्मल भक्ति की गहराई ने भक्तों के मन को बहुत आहलादित किया; उन्हें पढ़कर पाठकों ने शान्ति का अनुभव किया। उनके कीर्तनों के संगीत-सौन्दर्य ने भक्तों के अंतःकरण को भक्ति-सागर में डुबा दिया।

तियागराज की योग-सिद्धि के संबन्ध में अनेक जन-श्रृतियाँ पायी जाती हैं। कहा जाता है कि एक बार उन्होंने एक मृत मनुष्य को जीवित कर दिया था। एक बार जब ये वन के रास्ते से गुजर रहे थे तब चोरों से इनकी रक्षा करने के वास्ते श्री राम और लक्ष्मण ने इनके शरीर-रक्षक बनकर इनका पीछा किया था।

तियागराज की माँ सीतांबा को भी संगीत का ज्ञान था। वह भद्राचल रामदास, पुरन्दरदास, ज्ञानेश्वर, कनकदास, एकनाथ प्रभृति भक्त कवियों के पदों को राग और ताल से गाकर तियागराज को सुनाया करती थी। इस प्रकार बचपन से ही तियागराज के मन में संगीत के प्रति रुचि और भगवान के प्रति भक्ति-भाव को जागृत करवाने में सीतांबा सफल हुई। तियागराज के पिता के दादा जी वीणाकालहस्तय्या से उन्होंने संगीत-ज्ञान को प्राप्त किया। संक्षेप में कहें तो उनके परिवार के सदस्य सब बड़ें भक्त, संगीत-विद्वान और पंडित थे; तियागराज को भी अपने पूर्वपुरुषों का संस्कार प्राप्त था; इसलिये वे भी बड़े संगीतज्ञ और श्रेष्ठ भक्त निकले।[1]

तियागराज ने अपने पूर्वजों की भांति संपत्ति को तुच्छ समझा। राजा सर्फ्रोजी ने उन्हें अपने दरबार मे गाने के लिये निमंत्रित किया; राजा के दरबार मे गाकर धन-दौलत को इनाम के रूप में हासिल करने

1 दक्षिण के सन्त-डॉ. चावली सूर्यनारायणमूर्ति भाग 2, पृ.3: 153

के लिये तियागराज के मन ने इनकार कर दिया। इसलिये उन्होंने राजा के निमंत्रण को अस्विकार कर दिया। तियागराज की महिमा को जानकर सर्फ्रोजी नरेश ने स्वयं तिरुवैयारु पधारकर उनसे मुलाकात की।[1]

तियागराज की भक्ति-साधना

परब्रह्म को, तियागराज नादब्रह्म मानते थे; मीठे कंठ से नादब्रह्म का गुणगान कर वे परमानंद का अनुभव किया करते थे। नादब्रह्म की उपासना-पद्धति को वे श्रेष्ठ उपासना -पद्धति मानते थे। वे भगवान श्री राम के बड़े भक्त थे। उन्होंने श्री रामचन्द्र जी की प्रशंसा निम्नप्रकार से अपने संकीर्तनों में किया है

श्रीराम ही परब्रह्म है। वे आदि और अंत रहित ईश्वर हैं। सारी सृष्टि का मूल वे ही हैं। वे निर्गुण-निराकर और सगुण-साकार परब्रह्म हैं; जन्म और मरण से रहित हैं; वे ही 'तत्वमसि' सूत्र का अर्थ भी हैं। तामस एवं राजसगुणों से युक्त साधारण जन इस सत्य को समझ नहीं सकते।

भगवान श्री राम को निर्गुण, निराकार मानने पर भी, सगुण साकार राम ही तियागराज का इष्ट देव थे। कुछ पदों में उन्होंने कान्ता भाव से, दास्य भाव से, एवं सख्यभाव से भगवान श्री राम की उपासना की हैं। अपने एक कीर्तन में वे बताते हैं-"हे महाराज! राजेश्वरा! आप के दस अवतारों में, रामावतार को ही मैं श्रेष्ठ अवतार मानना हूँ।" और एक कीर्तन में वे भक्ति से गाते हैं-

"हे रघुरामा! मुझे तुम भूल गये हो क्या? इस प्रकार मेरी उपेक्षा करना तुम्हारे लिये ठीक है क्या? जिस प्रकार पतिव्रता स्त्री को उसके माँ बाप, भाई-बहन, सगे संबन्धी अपने पति के बराबर नहीं हो सकते, दूसरे आभूषण उसके मंगल सूत्र की बराबरी नहीं कर सकते, उसी प्रकार हे रघुरामा! मेरे मन में सिर्फ तुम पर ही असीम भक्ति है।

नाद-उपासना करते हुये सैकड़ों कीर्तनो की रचना विभिन्न राग-तालों में करके, उन अद्भुत कीर्तन-मालाओं को संगीत रसिक श्री रामचन्द्र के श्री चरणों में अर्पित करने के मात्र को तियागराज ने अपनी भक्ति-साधना का परमलक्ष्य माना। इस प्रकार उन्होंने गन्धर्व कला को, अपने आध्यात्मिक विकास और जनता के मन में श्री राम के प्रति भक्ति-भाव को उत्पन्न करने के लिये प्रयोग किया।

भक्ति की महिमा के बारे में तियागराज अपने एक कीर्तन मे कहते हैं- भकित के बिना ज्ञान की उपलब्धि नहीं हो सकती; ज्ञानी लोग इस तथ्य को अच्छी तरह जानते हैं। सगुण ब्रहम की उपासना करने वाले भक्त को छठरुचि भोजन करने की संतुष्टि एवं प्रसन्नता उपलब्ध होती है।

अपने मन को तियागराज उपदेश दते हैं- 'हे मन! भकित नामक राजमार्ग के रहते हुए ईश्वर की प्राप्ति के लिये पतली गलियों में क्यों व्यर्थ इधर-उधर धूम रहे हो? स्वाद का आनंद लेने के लिये गाय का मीठा दूध हैं; उसे तजकर कड़वी मधु का कोई पान करेगा क्या?" राम-भक्ति एक बड़े सामराज्य के बराबर है; उस सामराज्य के अधिपति का दर्शन करने मात्र से परमानंद की प्राप्ति होंगी; उस परमानंद का वर्णन केवल शब्दों से नहीं किया जा सकता। स्वानुभव मात्र से ही उसका आनंद ले सकते हैं।"[2]

---

1 त्यागराज के कीर्तन से

2 त्यागराज के कीर्तन से

राम-नाम-की महिमा

राम नाम नामक अमूल्य रत्न प्राप्त तियाराज ने भक्ति और श्रद्धा से उसका उच्चारण करने से उपलब्ध होने वाले परमानन्द का वर्णन विविध ढंग से अपने कीर्तनो में वर्णन किया है। अपने एक कीर्तन में वे कहते हैं-"इस पृथ्वी पर जन्म लेते समय मेरे होठों पर श्रीरामचन्द्र के दिव्य नाम को रखकर मैंने जन्म लिया। प्यास से तड़पने वाले को मीठे जल का पान करने से जो सुख उपलब्ध होता है उससे बढ़कर राम नाम का उच्चारण करने से मिलने वाला सुख बहुत अद्भुत होता है; तीव्र ज्वर से कष्ट झेलने वाले को अमृत का पान करने से जो संतुष्टि मिलती है। उससे बढ़कर बड़ी संतुष्टि राम के नाम का जपन करने से मिलती है। श्री राम की उपासना करने से मिलने वाला परमानंद, निर्गुण, निराकार परब्रह्म की उपासना करने से मिलने वाले आनंद से बढ़कर है।[1]

तियागराज की गुरुभक्ति

परम रामभक्त तियागराज ने अपने जन्म के पूर्व अवतरित भक्त कवियों को विनम्रता से प्रणाम कर अपनी गुरु भक्ति को अपने कीतनों में व्यक्त किया है। साधना मार्ग में गुरु के मार्ग-दर्शन को वे अत्यन्त आवश्यक मानते हैं। 'प्रहलाद भक्ति विजयम' नामक अपने संगीत नाटक में भगवान विष्णु, विश्वसेनर, नारद मुनि आदि को अपना नमस्कार सौंपने के पश्चात् इस धर्ती पर अवतरित गुरु जन एवं भक्त जनों को बड़ी श्रद्धा एवं नम्रता से उन्होंने नमन किया है। श्रेष्ठ राम भक्त गोस्वामी तुलसी दास को प्रधान स्थान प्रदान करने के पश्चात् ही ज्ञानेश्वर, जयदेव, पुरन्दरदास, तुकाराम, नामदेव, भद्राचल रामदास आदि भक्त कवियों को अपनी याद में रखकर त्यागराज ने अपने संगीत नाटक में अपना प्रणाम उनकों समर्पित किया है।

तियागराज के बहुमूल्य उपदेश

जिस समाज में तियागराज ने अपना जीवन बिताया था उसमें दिखायी पड़ने वाली बुराईयो की कटु आलोचना तियागराज ने अपनी कविताओं में की है। अंतः करण की शुद्धता और निर्मल भक्ति को उन्होंने अधिक प्रधानता दी थी और बाहयाडंबरों का खंडन किया था।

संसार, संपत्ति, मानव-शरीर, जीवन सब नश्वर हैं, अस्थायी हैं, केवल प्रभु मात्र अनश्वर हैं; वे सृष्टि के पूर्व और सृष्टि के नाश के पश्चात् भी रहते हैं; वे जन्म और मृत्यु से परे हैं। ईश्वर पर भक्ति करने का उपदेश तियागब्रहम ने अपने सुन्दर कीर्तनों में लोगों को दिया है।

तियागराज उंछवृत्ति द्वारा सरल जीवन बिता रहे थे। वे कहा करते थे कि भक्ति रूपी आलौकिक संपत्ति के समक्ष अन्यसभी लौकिक संपत्तियाँ नगन्य हैं। अपने एक कीर्तन में वे बताते हैं-"संपत्तियाँ नगन्य हैं। दूसरे एक कीर्तन में वे बताते हैं-"मन को नियन्त्रित किये बिना खाली पूजा-पाठ करना व्यर्थ है; मन के बुरे विचारों को दूर किये बिना, तीर्थ-यात्रा करने से कोई प्रयोजन नहीं; मन के काम, क्रोध,

1 Spiritual Heritage of Thiagaraja Dr. V.Raghavan, Page 231

मद, मोह, लोभ, माश्चर्य आदि बुरे गुणों को दूर किये बिना, बाह्याडंबर त्याग, यज्ञ आदि करने से भी कोई फायदा नहीं होगा।"

अपने प्रसिद्ध एक कीर्तन में तियागराज कहते हैं-"आदमी जितना भी धनवान क्यों न हो, पेट भर जाने पर, उससे कुछ भी खाया नहीं जा सकता; बहुमूल्य तरह-तरह के वस्त्र होने पर भी शरीर को ढ़हने के लिये वह एक ही वस्त्र पहन सकता है; विस्तृत साम्राज्य का चक्रवर्ती राजा होने पर भी उस के लिये केवल छः फुट धर्ती ही सोने के लिये पर्याप्त है। नदी में बाढ़ किनारों को छूकर दौड़ने पर भी, हम पात्र भर का जल ही ले सकते हैं; अतः अपरिमित धन इकट्ठा करने पर भी, पूरे धन को हम भोग नहीं सकते; इसलिये भगवान ने जो कुछ दिया है उससे संतुष्ट होकर प्रभु पर भक्ति करनी चाहिये।"

तियागराज की रचनायें

सैकड़ों भक्ति-पदों के अतिरिक्त तियागराज ने विविध पुण्य क्षेत्रों की महिमा के बारे में भी गाया है। 'तिरुवोत्तियूर पंचरत्न' और 'गोपूर पंचरत्न' उनमें बहुत प्रसिद्ध हैं। संस्कृत तथा तेलुगु में उनसे लिखित 'दिव्य नाम कीर्तन' एवं 'उत्सव संप्रदाय कीर्तन' अत्यन्त विख्यात हैं। केवल इतना ही नहीं, तियागराज नवीन संगीत-नाटक के पिता भी माने जाते हैं। उनकी अद्भुत रचनायें 'गीतनाटक', 'प्रहलाद भक्ति विजयम्', 'नौका चरितम', 'सीताराम विजयम' आदि, अपने काव्य-सौन्दर्य के लिये अत्यन्त प्रसिद्ध हैं। तियागराज का गहरा आध्यात्मिक ज्ञान और भक्ति उनमें व्यक्त हुए हैं। त्यागराज का शब्द चयन उनकी भक्ति एवं दार्शनिक विचारों को व्यक्त करने में अत्यन्त सफल हुआ हैं। नाना प्रकार के शब्द एवं अर्थालंकारों के द्वारा तियागराज ने अपने आध्यात्मिक विचारों को लोगों के मन को आकर्षित करने के ढंग से अपनी कृतियों में प्रकट किया है। नवरसों में श्रृँगार, शान्त एवं करुण रस को प्रधान रूप से उनकी रचनाओं में हम देख सकते हैं।

तियागराज का संगीत-सौन्दर्य

तमिलनाडु में निवास करने पर भी तियागराज ने अपनी मातृभाषा तेलुगु में राम-भक्ति संबंधी पदों की रचना की थी। रामायण-कथा के सभी प्रसंगों का वर्णन उनके विविध कीर्तनों में हुआ है। उनके कीर्तन सब अपने संगीत-सौन्दर्य के लिये अत्यन्त प्रसिद्ध हैं। उनके इस अद्भुत नाद-सौन्दर्य के कारण दक्षिण के लोग उनके कीर्तनों को अर्थ समझे बिना ही भक्ति और श्रद्धा से उनका श्रवण करके परमानंद का अनुभव करते हैं। तियागराज ने भगवान श्री राम का गुण-गान करने में ही अपना सारा जीवन बिताया था।

तियागराज का नाम साहित्यिक जगत से बढ़कर संगीत जगत में ही अत्यन्त प्रसिद्ध है। उन्होंने सप्त स्वरों को, सुन्दर कन्याओ के रूप में अपने समक्ष नृत्य करते हुए देखा। तियागराज का नाम, भारतीय संस्कृति के इतिहास में स्वर्ण अक्षरों में लिखे जाने योग्य है। भक्त तुलसीदास एवं तियागराज के आध्यात्मिक एवं भक्ति के विचारों में बहुत समानता पायी जाती है। जीवन के अंतिम दिनो में तियागराज ने सन्यास धारण किया; राम-नाम जपते हुए सन् 1847 में उनका देहान्त हुआ।

तियागराज के जीवनवृत्त का सार

जन्म स्थान	तंजाऊर
जन्म एवं मृत्यु	जन्म सन् 1767, मृत्यु 1847 में
पिता का नाम	श्री रामब्रह्मम
माता का नाम	सीतांवा
कुल	ब्राह्मण
गुरु का नाम	सोण्टि वेंकटरमैया
आचार्य जिनसे राम-मंत्र की दीक्षा प्राप्त की	काँचिपुरम के रामकृष्ण यतीन्द
शहर जहाँ जीवन बिताया था	तिरुवैयारु
यात्रा की गयी तीर्थ स्थल	तिरुपति
जनश्रुतियाँ	1) मृत आदमी को जीवित करना 2) वन-मार्ग से यात्रा करते समय श्री राम और लक्ष्मण ने शरीर-रक्षक बनकर इनका पीछा किया।
राजा जिसने इनको सम्मानित किया	सर्फ्रोजी राजा
रचनायें	1)तिरुवोत्तियूर पंचरत्न 2) दिव्यनाम कीर्तन 3) उतसव संप्रदाय कीर्तन 4) गीत-नाटक 5) प्रहलाद भक्ति विजयम् 6) नौका चरितम् 7) सीता राम विजयम् 8) गोपुर पंचरत्नम्
उपासना देव	श्रीराम और नाद ब्रह्म

फिलहाल तियागराज रचित 700 गीत उपलब्ध हुए हैं। श्रीकृष्ण और गोपियों को केन्द्रित बनाकर लिखा हुआ इनका 'नौका चरितम' अत्यन्त प्रसिद्ध है।

श्री कृष्ण देवराय (1471-1530 A.D.)

श्री कृष्ण देवराय

सन् 1471 से 1530 तक 59 साल तक कृष्ण देवराय जीवित थे। इन्होंने दक्षिण में कन्याकुमारी तक अपने साम्राज्य का विस्तार किया था। मुगल शासकों को दक्षिण में अपने साम्राज्य को फैलाने से इन्होंने रोका। ये वीर नरेश ही नहीं, बड़े विद्वान और कवि भी थे।

ये बड़े कलाकर थे; विविध कलाओं का विकास करने में रुचि रखने वाले भी थे। इनके द्वारा स्थापित "भुवन विजय' नामक साहित्यिक सभा बहुत प्रसिद्ध हुई। अष्ठदिग्गज नामक प्रसिद्ध आठ महाकवियों ने इस सभा को अलंकृत किया।

शत्रु राजाओ के साथ समर करने युद्ध भूमि जाते समय कृष्ण देवराय अपने साथ कवियोंको भी ले जाया करते थे।

कृष्णदेवराय, विजनगर-साम्राज्य का शासक तुलुबनरसराय नामक नरेश की द्वितीय पत्नी नाकांबिका के पुत्र थे। अपने 18वीं उम्र में ही कृष्णदेवराय ने संस्कृत, तेलुगु, कन्नड, पार्सी आदि भाषाओं में विद्वत्ता प्राप्त की। जब वे 20 साल के थे, तब विजयनगर साम्राज्य के सिंहासन पर बैठे। धनुष्य विद्या, घुडसवार, तलवार चलाना आदि में ये सिद्धहस्य निकले। वे बड़े राजनीतिज्ञ थे; दंड देने की पद्धतियों को अच्छी तरह जानते थे। इन्होंने कुशलतापूर्वक शासन किया। सेनापति का उत्तरदायित्व इन्होंने स्वयं अपनाया। युद्ध क्षेत्र में दो पहर के सूर्य की तरह चमकते थे; प्रजा की रक्षा करने में चाँद के जैसे रहते थे। इन्होंने कई राजमहल और नगरों का निर्माण किया और विविध कलाओं की उन्नति की, कृष्णदेवराय की तीन पत्नियाँ; उनके नामः तिरुमलादेवी, अन्नपूर्णा देवी और चिन्तादेवी।[1] कृष्णदेवराय श्रेष्ठ वैष्णव भक्त थे। वैष्णव सम्प्रदाय में दीक्षित होने पर भी अन्य संप्रदाय एवं धर्मों को वे आदर करते थे। हपी में विरुपाक्ष मंदिर, श्री कृष्ण और श्रीराम के लिये भी इन्होंने मंदिर बनवाया। उनके द्वारा बनाया गया विरूपाक्षालय और मस्जिद उनकी धार्मिक निरपेक्षता का निरूपण करते हैं।

1 हिन्दी और तेलगु वैष्णव भक्ति साहित्य का तुलनात्मक अध्ययन ग्र.मु. रामनाथन, पृ.61

अष्टदिग्गज कविगण

कृष्णदेवराय 'आँध्र भोज राजा' के नाम से अपने साम्राज्य का कुशलतापूर्वक निर्वाह करते थे। आठ दिशाओं में स्थित आठ आसनों में आठ विद्वान कविगण, 'भुवन विजयमु' नामक इनकी विख्यात साहित्यिक सभा में विराजमान होकर, साहित्यिक विभाग के गौरव की रक्षा करते थे। इसलिये ये श्रेष्ठ कविगण अष्टदिग्गज के नाम से बुलाये गये। अष्ठदिग्गज कवियों में तेलुगु कवियों के अतिरिक्त कन्नड, तमिल आदि भाषाओं के कवि भी उपस्थित थे। इन आठों कवियों ने काव्य-ग्रन्थों की रचना करने के कारण तेलुगु साहित्य के इतिहास में अत्यन्त विख्यात हुए। इनके काव्य-ग्रन्थों से आकर्षित होकर कृष्णदेवराय ने 'आमुक्त मालयदा' नामक काव्य का सृजन किया था। अष्टदिग्गज कवि तथा कृष्णदेवराय के उत्तम काव्य कृतियो के कारण, कृष्णदेवराय के काल में, यह युग 'काव्य-युग' और 'स्वर्णयुग' के नाम से पुकारा गया। बेन्ना, तिम्मन्ना, भट्टमूर्ति, कृष्णदेवराय आदि कवियों की काव्य-रचनायें तेलुगु साहित्य रूपी उद्यान के कर्पकवृक्षकों की भांति दिखायी पड़ती हैं।

कृष्णदेवराय की रचनायें

कृष्णदेवराय ने अपना काव्य आमुक्त माल्यदा के प्रारंभ में निम्नलिखित अपने पाँच काव्यों का उल्लेख किया है:

1) मदालस चरित्र
2) 'सत्यवदु परीणनम'
3) सकलकथा सार संगह
4) ज्ञान चिन्तामणि और
5) रसमंजरी।

लेकिन उक्त पाँचों ग्रन्थ अब तक उपलब्ध नहीं हुए हैं। सिर्फ आमुक्त मालयदा काव्य की उपलब्धि हुई हैं।

'आमुक्तमाल्यदा' का विवेचन

महाराजा कृष्णदेवराय अपने राजकीर्य कार्यों को करते हुए अवकाश मिलने पर 'आमुक्तमाल्यदा' की रचनी की थी; यह उनकी बड़ी साधना मानी जाती है। पेरियालवार की मानसिक पुत्री आँडाल से लिखित 'तिरुप्पावै' नामक काव्य को आधार बनाकर कृष्णदेवराय ने 'आमुक्त मालयदा' काव्य की रचना की थी। कृष्णदेवराय ने अपने को विष्णुचित्त (पेरियालवार) और गोदा (आँडाल) को आमुक्त माल्यदा के रूप में कल्पित करके इस काव्य को भगवान श्री वेंकटेश्वर के करों में समर्पित किया था; वह समर्पण कार्य, श्री रंगम के भगवान श्रीरंगनाथ से आण्डाल का पाणिग्रहन करने के समान माना जाता है।

आमुक्त माल्यदा तेलुगु साहित्य के पाँच महाकाव्यों में एक माना जाता है। एक दिन रात भगवान श्रीमन नारायण ने कृष्णरदेवराय के स्वप्न में प्रत्यक्ष होकर, आण्डाल के जीवन की कथा को तेलुगु में लिखकर, उसे तिरुमला के भगवान श्री बालाजी को समर्पित करने का आदेश दिया। 1 भगवान की

आज्ञा के अनुसार श्री कृष्णदेवराय ने तेलुगु में आमुक्तमाल्यदा-काव्य का सृजन कर, उसे भवान श्री बालाजी को समर्पित किया था।

आमुक्तमाल्यदा में पेरियाल्वार और अण्डाल की भक्ति-भावनाओं का वर्णन काव्य-सौन्दर्य के साथ किया गया हे! युवति गोदा का माधुर्य-भक्ति-वर्णन, इस काव्य के साहित्यिक-सौन्दर्य को बढ़ाने में, सहायता की है। कृष्णदवेराय संस्कृत के विद्वान हाने के कारण संस्कृत के प्रभाव को हम आमुक्तमाल्यदा में देख सकते हैं। लेखक ने अपने दरबारी कवि तिक्कन्ना की काव्य-शैली का अनुकरण किया है। आमुक्तमाल्दा सात अध्यायों में लिखा गया है। प्रकृति-वर्णन, विविधऋतुओं का चित्रण, कथा-पात्रोंके मन की भावनायें, लोगों के रहन-सहन, अमीरों का जीवन आदि विषय इस काव्य में सुन्दर ढंग से चित्रित किये गये हैं। पाण्डिय देश के सामाजिक एवं राजनीतिक स्थिति का यथार्त चित्रण इसमें हुआ है।

एक बार पाण्ड्य राजा ने अपने दरबार में उपस्थित विद्वानों से मोक्ष-प्राप्ति के उपाय के संबन्ध में प्रश्न किया। भगवान श्रीमन्नारायण ने विष्धुचित्त के स्वप्न में प्रत्यक्ष होकर आदेश दिया कि वे पाण्ड्य नेरेश के दरबार में होनेवाले शास्त्रवाद-विवाद में भाग लें और वैष्णव भक्ति की महिमा का निरूपण करके लौटें। इस आदेश को सुनकर विष्णुचित्त भगवान से कहते हैं-"हे भगवान! तुम्हारे मंदिर को झाडु लगाकर शुद्ध करना, तुम्हारे पाल्किन को अपने कन्धों पर रखकर चलना, नन्दवन में पुष्पित फूलों को तोड़कर तुम्हारे लिये माला बनाना, आदि तुम्हारी सेवायें करना इस अकिंचन का काम है। पाण्डिय राजा की सभा में होनेवाले धार्मिक बाद-विवाद में मैं कैसे भाग ले सकता हूँ? यह मुझसे नहीं हो सकता। इस नाटक को निभाने के लिये मुझे छोड़कर आप को दूसरा कोई नहीं मिला क्या?" भगवान और विष्णुचित्त के बीच का यह वार्तालाप बहुत सुन्दर बन पड़ा है।

कहा जाता है कि भगवान के अनुग्रह से विष्णुचित्त ने वैष्णव धर्म के सिद्धान्तों की महिमा का निरूपण पाण्ड्य नरेश के दरबार में किया। पाण्ड्य राजा वैष्णव भक्त बन गये।

श्रीकृष्णदेवराय के जीवनवृत्त का सार

जीवन-काल	सन् 1471 से 1530 तक, 59 वर्ष जीवित रहे।
पिता जी का नाम	राजा 'तुलुवनरसराय'
माता का नाम	नाकांबिका
सीखी हुई भाषायें	संस्कृत, तेलुगु, कन्नड, और पारसी
स्थापित साहित्यिक सभा का नाम	भुवनविजय
संप्रदाय	वैष्णव संप्रदाय
रचनायें	आमुक्तमाल्यदा। अन्य कोई रचना उपलब्ध न हुई है।

कवि तेनाली रामकृष्ण

कवि तेनाली रामकृष्ण

कवि तेनाली रामकृष्ण सन् 1505 से 1580 तक जीवित रहे। ये कृष्णदेवराय के अष्टदिग्गज कवियों में एक थे। ये हास्यात्मक कवि होने के

कारण 'विकड कवि' कहलाये। पहले ये शैव भक्त थे; उस समय इनका नाम रामलिंग था; बाद मे ये वैष्णव भक्त बने; तब से ये रामकृष्ण नाम से बुलाये जाने लगे। ये शैव एवं वैष्णव धर्म के सिद्धान्तों को अच्छी तरह जानते थे।

कवि रामकृष्ण संस्कृत और तेलुगु के बड़े विद्वान थे। इन्होंने पुराणों की शैली का अनुसरण करके निम्नलिखित काव्यों की रचना कीः

1. पाण्डुरंग महत्मियम्
2. उद्भट्ट आराध्य चरित्रम और
3. कडकाचल महात्मियम्

पाँडुरंग महात्मियम् में भक्ति की महिमा का निरूपण किया गया है।

'उद्भट्ट आराध्य चरित्र' में जैन धर्म के आचार्य का जीवन वृत्त बताया गया है। तीर्थ स्थलों की महिमा के बारे में तेनाली रामकृष्ण ने अपने काव्यों में चित्रण प्रस्तुत किया है। अनेक उपकथाओं से श्री कृष्ण का और एक अवतार पाण्डुरंग विट्ठल भगवान की महिमा इन्होंने अपने 'पाण्डुरंग विजयम्' नामक महाकाव्य में बताया है। इस काव्य को लिखने के कारण इनकी यश बढ़ गयी।

आँध्र के गुण्टूर जिले के 'तेनाली' नामक शहर में अपना जीवन विताने के कारण इनका नाम तेनालीराम पड़ा। वे बड़े लोक प्रियकवि थे। इनकी कवितायें मीठे स्वर में गाये जाने योग्य मानी जाती हैं।

अध्याय 11

मराती वैष्णव साहित्य

मराती भाषा में वैष्णव साहित्य का विकास

महाराष्ट्र प्रान्त में बोली जाने वाली भाषा मराती, (मराठी) कहलाती है। फिलहाल महाराष्ट्र की जनसंख्या लगभग 12 करोड़ के ऊपर मानी जाती है। तंजाऊर, इन्दूर आदि शहरों पर मराठी राजाओं ने शासन किया था; वहाँ इस भाषा को बोलने वालों की संख्या अधिक दिखायी पड़ती है। इस भाषा की लिपि देवनागरी है।

मराठी कवियों ने हिन्दी में भी वैष्णव भक्ति पदों की रचना की है। हिन्दी-भक्ति साहित्य को नामदेव, ज्ञानदेव, एकनाथ, तुकाराम, भक्त रामदास प्रभृति मराठी कवियों की देन सराहनीय मानी जाती है। उक्त कवियों ने हिन्दी में वैष्णव भक्ति पदों की रचना की है। नामदेव ने पंजाब में लंबे समय तक ठहरकर भक्ति का प्रचार किया। 'गुरुग्रन्थ साहित्य' में उनकी भक्ति-कवितायें संगृहीत की गयी हैं।

साधारणतया सन् 13 वीं से 17वीं शती तक की कालावधि में, तमिलनाडु को छोड़कर, भारत के अन्य प्रान्तों में, अधिक संख्या में वैष्णव भक्त कवियों का अविर्भाव हुआ और वहाँ की भाषाओं में वैष्णव-काव्यों का सृजन करके उन भाषाओं के वैष्णव साहित्य को समृद्ध बनाया था। तमिलनाडु में उक्त कालावधि में इतनी संख्या में वैष्णव भक्त कवियों का जन्म नहीं हुआ था।

महाराष्ट्र के विभिन्न वैष्णव संप्रदाय

यद्यपि महाराष्ट्र में बौद्ध एवं जैन-धर्म का बोलबाला था, बाद में वहाँ निम्नलिखित संप्रदाय स्थापित किये गये-

1. महानुभाव संप्रदाय
2. बारकरी संप्रदाय
3. दत्त संप्रदाय तथा
4. समर्थ रामदास-संप्रदाय

नीचे उक्त संप्रदायों की विशिष्टताओं पर प्रकाश डाला गया है-

1. महानुभाव संप्रदाय

सन् 13वीं शती में महाराष्ट्र में चक्रधर नामक महानुभाव ने 'महानुभाव संप्रदाय' का श्री गणेश किया था। पंजाब तथा काबूल में भी यह संप्रदाय फैला हुआ था। यह संप्रदाय महाराष्ट्र में 'मानभाव' अथवा

'महात्मापन्त' नाम से, गुजरात में 'अच्युत् पन्त' नाम से तथा पंजाब मे जयकृष्णी-पन्त नाम से प्रसिद्ध थे।

ब्राह्मण, क्षत्रिय, वैष्य और शूद्र- इन चार वर्णों में भारतीय जनता विभाजित की गयी थी। अब भी यह प्रथा भारत में जारी रहती है। एक कुल में अनेक उपकुल उत्पन्न हुए। इस कारण, देश की जनता में ऊँच-नीच का भेदभाव बढ़ने लगा। वैदिक काल से ही, लोग, व्रत, उपवास, तीर्थ-यात्रा, पूजा-पाठ आदि प्रथा एवं संस्कारों का अनुकरण करते आ रहे हैं।

जाति, धर्म आदि के भेदभाव को दूर करने के वास्ते श्री चक्रधर स्वामी ने महानुभाव-संप्रदाय को शुरू किया। इस संप्रदाय में ज्ञान से बढ़कर भक्ति को अधिक प्रधानता दी गयी। जन्म-मरण के आवागमन से मुक्ति प्राप्त करने के लिये, एक ईश्वर की उपासना करना पर्याप्त है; अन्य छोटे-छोटे देवताओं की आराधना करने की आवश्यकता नहीं।

महानुभावों ने भगवान विष्णु के अवतारों में कृष्णवतार को पूर्ण अवतार समझा। चक्रधर स्वामी ने लोगों में एकता एवं समानता का भाव उत्पन्न करने के लिये जाति-भेद का विरोध किया। अपने शिष्यों को उन्होंने उपदेश दिया कि सभी वर्ग के लोगों में उंछवृत्ति को स्वीकार करें।

परब्रह्म को प्राप्त करने की साधना में पुरुष-स्त्री दोनों को चक्रधर स्वामी ने समान समझा। बौद्ध तथा जैन धर्म की भांति महानुभाव-संप्रदाय में स्त्रियों को सन्यास धारण करने का अधिकार दिया गया था। चक्रधर स्वामी ने स्त्रियोको भी अपने शिष्यों के रूप में स्वीकार किया। ईश्वर की प्राप्ति के लिये, उन्होंने सोचा कि सन्यास अत्यन्त अपेक्षित है।

चक्रधर स्वामी यद्यपि गुजरात के थे तो भी उन्होंने मराठी को ऊँचा स्थान दिया। महीमभट्ट, पावेव्यास आदि इनके शिष्य थे। दामोधर पंडित इस संप्रदाय के प्रसिद्ध कवि थे।

2) बारकरी संप्रदाय

सन् 13वीं शती में संत ज्ञानेश्वर ने 'बारकरी' अथवा 'भगवद पंत' नामक संप्रदाय को स्थापित किया। महाराष्ट्र में यह एक अत्यन्त प्रसिद्ध संपद्राय माना जाता है।

प्रतिवर्ष विट्ठल भगवान का दर्शन करने निमित पंडरपुर की यात्रा करने वाला भक्त 'बारकरी' नाम से बुलाया जाता है। यद्यपि इस संप्रदाय मे भक्ति को अधिक महत्व दिया गया है, तो भी अद्वैतवाद के विचारों को भी यह संप्रदाय स्वीकार करता है। भागवद पुराण तथा भगवत गीता को अधिक मुख्यत्व इस संप्रदाय में दिया गया। ज्ञानेश्वर एवं नाम देव इस संप्रदाय में अत्यधिक प्रसिद्ध कवि थे।

बारकरी संप्रदाय नामक मंदिर, ज्ञानेश्वर, नामदेव, एकनाथ, तुकाराम प्रभृति भक्त कवियों द्वारा निर्माण किया गया। ज्ञानेश्वर इस मंदिर के नीव माने जाते हैं। इस नींव पर नामदेव ने भवन का निर्माण किया और भक्ति एवं मनुष्यता रूपी रंगो से बने ध्वज को इस मंदिर के ऊपर पहराया।

तुकाराम इस आलय का कलश माने नाते हैं। ज्ञानेश्वर के आध्यात्मिक विचार, इस संप्रदाय के मूल सिद्धान्त माने जाते हैं। नामदेव ने पण्डरीपुर से पंजाब तक भागवद् धर्म का प्रचार किया।

ज्ञानेश्वर ने ज्ञानेश्वरी (भावार्थ दीपिका) 'अमृतानुभव' आदि विश्खात ग्रन्थों की रचना की। इनकी 'ज्ञानेश्वरी' ग्रन्थ का पारायण महाराष्ट्र के प्रत्येक घर में किया जाता है। नामदेव की 'ओवियाँ' (कीर्तन) तथा उनके अभंग (भक्ति-पद) महाराष्ट्र में बहुत प्रसिद्ध हैं। इन दोनों भक्त कवियों के प्रयत्न से पण्डरिपुर में ज्ञान एवं भक्ति का संगम हुआ।

बालक-वृद्ध, ब्राह्मण-शूद्र, शिक्षित-अशिक्षित, नगर-गांव के निवासी, सब लोग बड़ी श्रद्धा के साथ वारकरी संप्रदाय के सिद्धान्तों का अनुकरण करते हैं।

भगवान श्रीराम एवं कृष्णपरमात्मा दोनों को ही बारकरी संप्रदाय में प्रधानता दी गयी है। पंडरपुर के विट्ठल भगवान को श्री कृष्ण के बाल रूप में लोग उपासना करते हैं। राम नवमी तथा गोकुलाष्टमी-इन दोनों दिनो को बारकरी लोग धूम धाम से मनाते हैं।

हरि-हर ऐक्यता बारकरी संप्रदाय की और एक विशिष्टता मानी जाती है। पंडरिपुर-आलय के पाण्डुरंग विट्ठल, भगवान शिव को अपने सिरस पर बिठाये हुये हैं। स्वयं विट्ठल भगवान गोकुल के कृष्ण का वेश धारण किये हुए हैं। भगवान महेश ने पाण्डुरंग की महिमा का वर्णन किया था। इस कारण, पांडुरंग उन्हें अपने सिर पर बिठाये हुए हैं। पांडुरंग ही हरि और हर माने जाते हैं।

बारकरी संप्रदाय सन्यास धारण करने का उपदेश नहीं देता है। यह संप्रदाय उपदेश देता है कि पूर्व जन्म के कर्मों के कारण जीवन में आनेवाली कठिनइयों को साहस से सामना करना चाहिये। समस्त जीव राशियों में ईश्वर का दर्शन करना इस संपद्राय का दूसरा लक्ष्य है। बारकरी संप्रदाय के नियम नीचे प्रस्तुत किये जाते हैं-

1. नेक व्यवहार
2. सरल जीवन
3. निष्कलंक मन
4. निष्टा से युक्त भक्ति
5. अहिंसा और
6. मांस न खाना

इस संप्रदाय के भक्त निर्गुण और सगुण ब्रह्म की उपासना करते हैं।

भक्ति रूपी जड़ के बिना ज्ञान रूपी फल की प्रप्ति नहीं हो सकती। स्वच्छ भक्ति से ब्रह्म-ज्ञान की उपलब्धी अपने-आप हो जाती है। सगुणोपासना, नाम-जपन, भजन आदि के द्वारा जोती स्वरूप निर्गुण ब्रह्म की उपलब्धी होती है। ईश्वर-प्राप्ति के सरल उपायों को बताने के कारण, बारकरी संप्रदाय महाराष्ट्र में बहुत विख्यात हुआ।

समर्थ संप्रदाय

मुगल शासकों से जनता को होनेवाले दुख एवं कष्टों को दूर करने के लिये समर्थ रामदास ने सन् 17 वीं शती में महाराष्ट्र में समर्थ -सम्प्रदाय को प्रारंभ किया। रामदास ने भगवान श्री राम को 'समर्थ' कहकर बुलाया करते थे। इसलिये लोग उनको 'समर्थ रामदास' कहकर बुलाने लगे।

समर्थ रामदास ने भागवत धर्म को अपनाया था। विवेक, वीरता, धैर्य, मनोबल एवं सत्य को समर्थ-संप्रदाय में अधिक मुख्यत्व दिया गया है। इस संप्रदाय के सरल सिद्धान्तों ने महाराष्ट्र के लोगों के मन में विश्वास को उत्पन्न किया। इस संप्रदाय के लोग कोदंड राम तथा बलशाली हनुमान की उपासना करते हैं।

समर्थ रामदास ने लोगों को उपदेश दिया कि श्रीराम की उपासना करते हुये सत्कार्यों को करना चाहिये। ब्राह्मण एवं संतो को प्रणाम करके उनका आशीर्वाद प्राप्त करना चाहिये। लक्ष्य की प्राप्ति के लिये लगन के साथ लगादार परिश्रम करते रहना चाहिये।

यहाँ यह उल्लेखनीय बात है कि समर्थ सप्रदाय के नियमों का पालन करके छत्रपति शिवाजी ने मुगल सम्राट औरंगजेब को युद्ध भूमि में हराया था। **महाराष्ट्र के प्रमुख वैष्णव कवि**

मराठी वैष्णव साहित्य को समृद्ध बनाने वाले भक्त कवियों का जीवन तथा उनकी रचनाओंका विवेचन नीचे प्रस्तुत किये जाते हैं-

ज्ञानेश्वर (सन् 1275-1296)

ज्ञानेश्वर (1275-1296 A.D.)

विद्वान लोग मानते हैं कि ज्ञानेश्वर सन् 13 वीं शती में जीवित थे। इन्होंने ही बारकरी संप्रदाय की स्थापना की थी और मराठी में साहित्य निर्माण के लिये नींव डाली थी।

ज्ञानेश्वर का जन्म महाराष्ट्र के 'पैटन' शहर के समीप 'आपे' नामक एक गाँव में सन् 1275 में हुआ था। 'पैटन' पंडितों का शहर माना जाता है। महाराष्ट्र के लोग ज्ञानेश्वर को 'अवतार पुरुष' मानते हैं। इनके पिताजी 'विट्ठल पन्त' गाँव के मुखिया थे। रुकिमणी बाइ ज्ञानेश्वर की माता थी।

ज्ञानेश्वर के पिता जी विट्ठलपन्त पहले सन्यासी बने और पुनः गृहस्थ जीवन बिताने लगे। इसलिये लोगों ने इन्हें जाति से बहिष्कार कर दिया। इस कारण से ज्ञानेश्वर के परिवार के लोगों को नाना प्रकार के कष्टों का सामना करना पड़ा।

बचपन से ही ज्ञानेश्वर बड़े विद्‌वान थेः उनके साहित्यिक और दार्शनिक ज्ञान को देखकर गाँव के पंडित लोग दाँतों तले उंगली दबाते थे। ज्ञानेश्वर ने अपने 15वीं वर्ष की उम्र में 'भावार्थदीपिका' नामक एक अनुपम ग्रन्थ को मराठी में लिखा। यह ग्रन्थ 'ज्ञानेश्वरी' नाम से अत्यन्त प्रसिद्ध हुआ। ज्ञानेश्वर ने 'भवगवतगीता' को वेद एवं उपनिषदों का सार माना।

भगवतगीता को आधार बनाकर ज्ञानेश्वर ने मराठी में 'ज्ञानेश्वरी' ग्रन्थ लिखा ताकि साधारण जनता हिन्दु-धर्म के तत्वों को आसानी से समझ सके। महानुभाव पन्त एवं ज्ञानेश्वर ने महाराष्ट्र में भक्ति के प्रचार के लिये नींव डाली थी। महाराष्ट्र के भक्ति-आन्दोलन को ज्ञानेश्वर की देन अनुपम मानी जाती है।

ज्ञानेश्वरी ग्रन्थ के बारे में

ज्ञानेश्वरी-काव्य पद्‌य रुप में मराठी भाषा में लिखा गया है। भगवतगीता के 700 श्लाकों के लिए इस काव्य में "ओवी' नामक मराठी छंद में व्याख्या की गयी है। ज्ञानेश्वरी के कुल छन्दों की संख्या 9000 है। आदिशंकर तथा रामानुज जैसे तत्ववादियों की रचनाओं को आधार बनाकर ज्ञानेश्वर ने भगवतगीता के लिये व्याख्या-काव्य लिखा था। ज्ञान तथा भक्ति के आधार पर बना कर्म-योग की व्याख्या, ज्ञानेश्वरी काव्य में की गयी है। आदिशंकराचार्य ने ज्ञान को तथा रामानुजाचार्य ने भक्ति को अधिक प्रधानता दी थी। इन दोनों आचार्यों के तत्वों को मुख्यत्व देते हुए ज्ञानेश्वरी-काव्य लिखा गया है।

ज्ञानेश्वर ने भगवतगीता के श्लोकों को, मन को पवित्र करने वाले मंत्र समझा। भगवतगीता के गहरे आध्यात्मिक विचार, काव्यमयी भाषा में, ज्ञानेश्वरी में समझाये गये है। अष्टांगयोग संबधी कठिन विषय सरल मराठी में समझाये गये है ताकि साधारण जनता भी उन विषयों को आसानी से समझ सकें। उपमा, रुपक, अनुप्रास जैसे अर्थ एवं शब्दालंकारों का प्रयोग ज्ञानेश्वर ने अपना व्याख्या-काव्य 'ज्ञानेश्वरी' में सुंदर ढंग से किया है। इस प्रकार दार्शनिक विचार एवं काव्य-सौन्दर्य के लिये 'ज्ञानेश्वरी' महाराष्ट में अत्यन्त प्रसिद्ध काव्य माना जाता है। परवर्ती मराठी कवियों ने ज्ञानेश्वर की काव्य-शैली को अपना कर अपनी रचनाओं द्‌वारा मराठी साहित्य को संपन्न बनाया।

ज्ञानेश्वर की अन्य कृतियाँ

निम्नलिखित कृतियाँ ज्ञानेश्वर से रचित मानी जाती हैं-

1. सांगदेव पाचष्टि
2. अमिर्तानुभव

3. अभंग गाथा तथा
4. हरिपाठ

'अभिर्तानुभव' में ज्ञानेश्वर ने अपने आध्यात्मिक विचारों को व्यक्त किया है।

'हरिपाठ'-काव्य में 27 भक्ति-कीर्तन हैं। 'सॉगदेव पाचष्टि' में भक्ति की महिमा का प्रतिपादन हुआ है।

उक्त काव्यों के अतिरिक्त ज्ञानेश्वर द्वारा रचित सैकड़ों भक्ति-कीर्तन उपलब्ध हुए हैं।

ज्ञानेश्वर ने अपनी कृतियों में विविध नयी उक्तियों का प्रयोग किया है।

ज्ञानेश्वर ने प्रयाग, वाराणसी, गया, अयोध्या, गोकुल, वृन्दावन प्रभृति अनेक तीर्थ-स्थलों की यात्रा की थी।

22 वर्ष इस धर्ती पर अपना जीवन बिताने के पश्चात् पूना के समीप 'आलंदी' नामक गाँव में 'ज्ञानेश्वर का स्वर्गवास हुआ।

ज्ञानेश्वर के ब्रह्म संबन्धी विचार

व्यक्तिगत रूप से ज्ञानेश्वर आदि शंकर के अद्वैत तत्वों को स्वीकार करते हैं। वे कहते हैं कि सगुण एवं निर्गुण से परे परब्रह्म उनके भीतर निवास करते हैं। ईश्वर दुबले नहीं, तकड़े भी नहीं। वह निर्गुण नहीं; सगुण भी नहीं। वह सुख-दुख, हर्ष-चिन्ता आदि भावों से परे हैं। वह स्वतन्त्र नहीं; किसी के अधीन भी नहीं।[1]

वर्षा होते समय, उसका जल धाराओं के रूप में नभ-भर में भरा नजर आता हैं। परन्तु उन धाराओं का जल धर्ती पर गिरते ही, एक ही जल बन जाता है। इसी प्रकार समस्त जीओं में एक ही परमात्मा व्याप्त है।[2] स्वर्णाभूषण विविध रूपों में होने पर भी, वे सब स्वर्ण रूपी एक ही धातु से बनाये गये हैं। ज्ञानी लोग इस तत्व को जानते हैं।[3]

सूर्य का प्रतिबिंब जल में पड़ने पर भी, सूर्य भीगता नहीं। इसी प्रकार विविध प्रकार के जीवों में ईश्वर निवास करने पर भी, उनके गुणों का असर ईश्वर पर नहीं पड़ता। वह सदा अपने पवित्र स्वरूप से परिवर्तित नहीं होता। दर्पण पर हमारा प्रतिबिंब दिखायी पड़ने की भांति, ब्रह्म समस्त जीओं में प्रतिबिम्ब की भांति निवास करता है। वह निराकार होने के कारण, दिखायी नहीं पड़ता। वह आकार, तथा-निराकर से भी परे है।

पण्डरपुर के बिट्ठल भगवान का दर्शन करने के पश्चात् ज्ञानेश्वर कहते हैं-"विट्ठल भगवान के गुणों ने मुझे बहुत आकर्षित कर लिया। क्षण भर के लिये भी मैं विट्ठल और रुक्मिणी देवी को भूल नहीं सकता। पूर्णिमा की चाँदनी क्षण-क्षण घटती रहती है, उसी प्रकार मेरे जीवन की आभा भी क्षण-क्षण घटती जाती है।

---

1 ज्ञानेश्वरी-ज्ञानेश्वर अधः 13, ओवी 1107-1110

2 ज्ञानेश्वरी-ज्ञानेश्वर-अधः13, ओवी 1063-66

3 वही, ओवियाँ 1093-96

महाराष्ट्र का संत ज्ञानेश्वर के जीवन वृत्त का सार

जन्म काल	सन् 1275-1296
पिता का नाम	विठ्ठल पन्त
माँ का नाम	रुक्मिणी बाई
जन्म-स्थान	'पैटन' के समीप 'आपे' नामक गाँव
रचनायें	1. ज्ञानेश्वरी (भावार्थदीपिका)
	2. सांकदेव पाचष्टि
	3. अभिर्तानुभव
	4. अभंग गाथा तथा
	5. हरिपाठ
तीर्थ-यात्रा	प्रयाग, वारणासी, गया, अयोध्या, गोकुल-तथा वृन्दावन
स्वर्गवास	सन् 1296 आलन्दी में
चलाया गया संप्रदाय	वारकरी संप्रदाय
शिष्य	विचोबाकेशर

महाराष्ट्र का संत नामदेव (सन् 1270-1350)

संत नामदेव (1270 - 1350 A.D.)

संत नामदेव ज्ञानेश्वर के समकालीन थे। रामासेट तथा कोनायी के पुत्र के रूप में इनका जन्म सन् 1270 में, महाराष्ट्र के 'नासीवाहामणि' नामक गाँव में हुआ। बचपन से ही नामदेव भगवान विठ्ठल के बड़े भक्त थे और वैराग्य की भावना इनमें कूट-कूट कर भरी हुई थी। इनके माँ-बाप ने जबरदस्त इनकी शादी 'राजायी' नामक सुन्दर कन्या से करवाके, इन्हें गृहस्थ जीवन बिताने के लिये विवश किया।

नामदेव के पिताजी श्रीरामासेट भगवान विठ्ठल के परम भक्त थे; हर वर्ष वे पंडरपुर की यात्रा किया करते थे। विठ्ठल उपासक-परिवार में जन्म लेने के कारण, नामदेव भी बचपन से विठ्ठल भक्त बन गये थे। लोग इन्हें 'बालभक्त' नाम से बुलाया करते थे। बालपर्व से सदा-सर्वदा वे विठ्ठल का नाम-जपन

करने के कारण, विट्ठलमय बन गये थे। वे नौ वर्ष की उम्र में वारकरियात्रियों में बहुत प्रसिद्ध बन गये। वे पंडरपुर में रहते हुये विट्ठल भगवान की उपासना करने लगे।

एक दिन नामदेव की माता, कोनायी ने भगवान के नैवेद्य के लिये नामदेव के हाथ में दूध देकर भेजा। कहा जाता है कि विट्ठल भगवान ने नामदेव की प्रार्थना को स्वीकार करके नैवेद्य का दूश पी लिया। नामदेव ने अपने एक कीर्तन में इस विचित्र घटना का उल्लेख किया है।

पंडरपुर में नामदेव को अच्छा सत्संग प्राप्त हुआ। ज्ञानेश्वर से भी इनकी अच्छी मित्रता हुई। ज्ञानेश्वर के उपदेश के अनुसार नामदेव ने विचोबाकेशर से दीक्षा प्राप्त की। ज्ञानेश्वर के आध्यात्मिक विचारों का असर नामदेव के भक्ति-कीर्तनों पर देखा जा सकता है।

नामदेव ने उत्तर भारत की यात्रा की और वहाँ भक्ति का प्रचार किया। नाभादास द्वारा लिखित 'भक्तमाल' नामक पुस्तक में इनके जीवन संबन्धी विषय अधिक मिलते हैं। अद्भुत कार्यों को करने की क्षमता भी इनमें थी।

नामदेव के जीवन-काल में मुस्लिम शासक अपने साम्राज्य का विस्तार दक्षिण में भी कर रहे थे। उन्होंने हिन्दुओं की सगुण-उपासना पद्धति का खंडन किया। उन्होंने वहाँ के देवालयों के विग्रहों को तोड़ा और आलयों को भी तोड़कर गिराया। नामदेव ने अपने कीर्तनों में मुगलों के दुष्कार्यों का उल्लेख किया है।

कहा जाता है कि नामदेव ने 18 वर्ष पंजाब में अपना जीवन बिताया और वहाँ भक्ति का प्रचार किया। उन्होंने मराठी एवं हिन्दी में कीर्तनों की रचना की है। 'नामदेववाणी' के नाम से इनके 65 कीर्तन 'गुरुग्रन्थ-साहिब' में संगृहीत हुये हैं। पंजाब में गुरुदासपुर जिले के 'कोमान' नामक शहर में नामदेव-मंदिर का निर्माण किया गया है।

नामदेव ने वर्णप्रथा का विरोध किया। हिन्दु, मुस्लिम, उच्च एवं निम्न कुल के सब लोगों को नामदेव ने अपना शिष्य बना लिया। विष्णुस्वामी, पहारेदास, लप्ताखत्सी जैसे सीख लोग इनके शिष्यों में बहुत प्रसिद्ध थे।

नामदेव एक दर्जी थे। इसलिये मंदिर के पुरोहित इन्हें मंदिर में प्रवेश करने न देते थे। इसलिये उन्होंने भगवान से पूछा- "हे भगवान! तूने मुझे दर्जी क्यों बनाया?[1]

पंजाब से महाराष्ट्र लौटने के पश्चात् नामदेव अपने शेष जीवन को विट्ठल भगवान की सेवा करने में बिताया। सन् 1350 में अपने 80 वर्ष की उम्र में भगवान विट्ठल से ऐक्य हो गये। विट्ठल मंदिर के प्रधान द्वार पर इनकी समाधि बनायी गयी है।

'नामदेव की गाथा' नामक पुस्तक में नामदेव के 3000 भक्ति पदों का संग्रह किया गया है। लोगों के बीच विट्ठल-भक्ति को फैलाना, जाति-भेद का विरोध करना तथा धर्माडंबर एवं बुराइयों का खंडन करना नामदेव के जीवन का लक्ष्य था।

---

1 नामदेव गाथा-अभंग 1868

नामदेव और ज्ञानेश्वर एक ही गुरु-परंपरा के माने जाते हैं। नामदेव ने अपने कीर्तनों में अनेक स्थानों में उल्लेख किया है कि विचोबा केशर से उन्होंने उपदेश प्राप्त किया था।

ज्ञानेश्वर ने जनता को ब्रह्मज्ञान का उपदेश दिया तो नामदेव ने महाराष्ट्र से पंजाब तक हरि-नाम की वर्षा करायी। उत्तर भारत में कबीरदास तथा सूरदास को जो गौरव मिला है वही गौरव नामदेव को भी महाराष्ट्र में उपलब्ध हुआ है।

नामदेव एक दर्जी थे; इसलिये ब्राह्मणों ने उनकी बहुत निंदा की। मंदिर में उन्हें अपने साथ न बिठाकर एक कोने में अलग बिठाते थे। इस प्रकार अनेक अपमानों को, नामदेव को भुगतना पड़ा। जाति-भेद का खंडन करते हुए उन्होंने अपने एक कीर्तन में कहा है-"अशुद्ध स्थान पर तुलसी का पौधा उगता है तो वह अपवित्र नहीं समझा जायेगा। उसी प्रकार में दर्जी होने पर भी पवित्र हूँ।[1]

नामदेव ने अपने आध्यात्मिक अनुभव, भगवान को प्राप्त करने की अपनी चिन्ता, कृष्णपरमात्मा की लीलायें तथा आत्म शुद्धि संबन्धी कीर्तनों की रचना, जनता की बोलचाल की मराठी भाषा में की ताकि वे उन्हें आसानी से समझ सके। उन्होंने कृष्ण-लीला संबन्धित 53 पद लिखे हैं जो उनकी 'गाथा' नामक पुस्तक में संकलित किये गये हैं। उनके समस्त पद बहुत मीठे एवं सरल हैं। श्रृंगार-वर्णन संबन्धित पद भी उन्होंने लिखे हैं। उन्होंने अपनी कमी एवं पाप-कर्मो को हृदय स्पर्शी भाषा में व्यक्त किया है।

महाराष्ट्र संत नामदेव की भक्ति-साधना

नामदेव पाण्डुरंग विट्ठल के परम भक्त थे। वे तीव्र एकेश्वर वादी थे। उनका विश्वास था कि गोकुल का लीला-नायक कृष्ण परमात्मा पुण्डरीक नामक भक्त पर अनुग्रह करने के लिय, पण्डरपुर-मंदिर में आकार खड़े हैं। अपने को पुत्र तथा भगवान विट्ठल को माता के रूप में कल्पना करके नामदेव प्रार्थना करते हैं-"हे पाण्डुरंग विट्ठला! तुम मेरी माँ हो और मैं तुम्हारा पुत्र हूँ; प्रेम रूपी माँ का दूध मुझे पिलाने की कृपा करो।"

नामदेव ने भक्ति को भगवान विट्ठल से बढ़कर श्रेष्ठ माना। विट्ठल भगवान का दर्शन करने की अपनी अभिलाषा को उन्होंने अपने सैंकड़ों अंभंगों में व्यक्त किया है।

नामदेव विट्ठल भगवान के साथ अपना निकट संबन्ध बनाकर उनपर दोष आरोपित करते हैं-"मैं यह सोचकर तुम्हारे द्वार पर आया कि तुम पापियों को निर्मल बनाने वाले हो।, परन्तु हे विट्ठला! तुम ने मुझ जैसे पापी के साथ वैसा वर्ताव नहीं किया; अतः मैं निराश होकर लौट रहा हूँ; किसने तुम्हें पतितपावन का नाम दिया?"

नामदेव बताते हैं कि जिस प्रकार गूंगा गुड खाने के पश्चात् उसके मिठास को अपने मुंह से बता नहीं सकता, उसी प्रकार भक्ति के सुख को, भक्त शबदों द्वारा वर्णन नहीं कर सकता। इस आलौकिक आनंद का अनुभव करने के लिये वेद शास्त्रों का अध्ययन करने की आवश्यकता नहीं; एकाग्रमन से विट्ठल भगवान पर भक्ति करने से ही भक्त उस अपार आनंद का अनुभव कर सकता है। नामदेव की

---

1 नामदेव गाथा-अभंग सं.975

भक्ति भी इसी प्रकार बहुत गहरी थी। अतः विट्ठल-संप्रदाय (वारकरी सप्रदाय) में इन का नाम अमर बना है।

नामदेव ने भी तमिलनाडु के आलवार भक्तों की भांति मुक्ति से बढ़कर भक्ति को अधिक प्रधानता दी। नामदेव की यह कामना थी कि पंडरपुर में निवास करते हुए, भक्तों के सत्संग से मिलने वाले आनंद का अनुभव करने के लिये उनका जन्म बार-बार पंडरपुर में हुआ करें।

इसलिये नामदेव विट्ठल भगवान से प्रार्थना करते है-हे पांडुरंगा! यदि तुम मुझे मुक्ति दोगे तो मैं कैसे भक्तों के सत्संग से प्राप्त होनेवाले सुख एवं आनंद का अनुभव कर सकता हूँ? अमृत जैसे मीठे तेरे अवतारों की कथाओं का श्रवण मैं कहाँ जाकर करूँ? इसलिये मैं तुमसे मुक्ति नहीं माँगता हूँ: असंख्य बार इस धर्ती पर जन्म लेने का वर माँगता हूँ।"

नाम-महिमा संबंधी नामदेव का विचार

नामदेव का कहना है कि पाण्डुरंग विट्ठल का नाम अमृत से भी बढ़कर मीठा है। विट्ठल-नाम जपने से हमारे कष्ट सब दूर हो जायेंगे। विप्र, क्षत्रिय, वैश्य, शूद्र, पुरुष, स्त्री, सब नाम-जपन रूपी नौका से इस भवसागर को पार कर सकते हैं। भगवान का नाम-जपन मुक्ति पाने का सरल मार्ग है।

सत्संग संबंधी नामदेव के विचार

नामदेव भगवान के भक्तों का बहुत आदर करते थे। उन्होंने अपने सैकड़ों अभंगों मे साधु, सन्यासी, सज्जन आदि महापुरुषों की महिमा का वर्णन किया है। ये महापुरुष लोग पामर लोगों के अज्ञान को दूर कर उनके मन में भगवान के प्रति भक्ति जगाने के वास्ते इस धर्ती पर अवतरित होते हैं। उनकी सेवा एवं पूजन करने से हामरे दोष दूर होते हैं; उनके साथ रहने से बुरा भी अच्छा बन जाता है। भक्त, ज्ञानी एवं सज्जन लोग अपने ज्ञान रूपी सोप से, पाप रूपी गन्दगी को हटाकर, पापियों को भी ज्ञानी बना देते हैं। इस प्रकार नामदेव ने अपने अभंगों में अपनी कामनाओं को व्यक्त किया है कि सज्जन एवं साधुओं के सत्संग में रहते हुए, रात-दिन उनकी वे सेवा करना चाहते हैं। इस के लिये नाम देव अनेक जन्म लेना चाहते हैं।

घमण्डी तथा कपट साधु-सन्यासियों का नामदेव ने कटुः शब्दों से खंडन किया है। उनकी राय है कि त्याग रहित विरक्ति, प्रेम रहित भक्ति और शान्ति रहित ज्ञान से कुछ भी फायदा नहीं होता। इस प्रकार उन्होंने ज्ञानी, योगी, भक्त साधु तथा संतो के गर्व एवं व्यर्थ आडंबर का खंडन किया है। उन्होंने उपदेश दिया कि परिशुद्ध भक्ति-भाव से हमें भगवान की उपासना करनी चाहिये।

नामदेव बड़े गायक भी थे। उन्होंने अपने भक्ति-कीर्तनों को मीठे स्वर में गाकर महाराष्ट्र को भूलोक-वैकुण्ठ बनाया। वहाँ के प्रत्येक घर में विट्ठल-नाम की प्रतिध्वनी होने लगी। उनकी कृति 'अंभंगवाणी' ने तुकाराम, चोकामेला, सांगदेव प्रभृति भक्त कवियों को भक्ति-कीर्तन लिखने की प्रेरणा दी। नामदेव का कार्य-क्षेत्र उत्तर भारत में पंजाब तक फैला हुआ था। जहाँ भी वे गये वहाँ उन्होंने हरि-भक्ति का प्रचार किया। इस प्रकार वे महाराष्ट्र से पंजाब तक भक्ति एवं संस्कृति के क्षेत्र में प्रशंसनीय साधना करके यशस्वी बने।

हिन्दी-भक्ति-साहित्य को नामदेव की देन

नामदेव पंजाब में लगभग बीस साल तक रहे। वहाँ उन्होंने लोगों को विट्ठल नाम की महिमा समझायी। पंजाब में रहते समय नामदेव ने हिन्दी में भक्ति-कीर्तनो की रचना की। 'गुरुग्रन्थ साहिब' में उनके साठ के ऊपर भक्ति-कीर्तनों को स्थान प्राप्त है।

पंजाब में नामदेव ने निर्गुण-भक्ति का भी प्रचार किया। इस कारण सिख-धर्म के विचारों और नाम देव के भक्ति संबन्धी विचारों में अधिक समानता देखने को मिलती है।

पंजाब से पण्डरपुर लौटते समय नामदेव गुजरात भी गये। गुरुनानक तथा नरसी महेता ने नामदेव की प्रशंसा अपने पदों में की है।

पंजाब के 'कोमान' नामक ग्राम के कृष्ण-मंदिर में नामदेव की पादुकायें रखी गयी हैं। इस मंदिर की दीवारों पर नामदेव का जीवन वृत्त 'गुरुमुखी' लिपि में लिखा गया है।

नामदेव के हिन्दी-कीर्तनों में मराठी तथा हिन्दी के शब्दों का मिश्रण देखने को मिलता है। मराठी अभंगों की भांति, नामदेव के हिन्दी-कीर्तन भी साधारण जनता के मन को आकर्षित कर लेते हैं।

हिन्दी में भक्ति-कीर्तनों को लिखने की प्रथा सर्वप्रथम नामदेव ने ही शुरू किया था। उनका अनुकरण करके एकनाथ, तुकाराम प्रभृति मराठी भक्त कवियों ने हिन्दी में भक्ति-कीर्तनों की रचना की। नामदेव के आध्यात्मिक विचारों का प्रभाव कबीरदास, नानक, रैदास, आदि कवियो की कृतियों पर देखा जा सकता है।

नामदेव में संकीर्णता का भाव नहीं था। ईश्वर-प्राप्ति के अन्य धर्मों के सिद्धान्तों का भी उन्होंने आदर किया। उन्होंने जाति-भेद का विरोध किया ; सभी जीवों को उन्होंने समान माना। नेक व्यवहार तथा सहनशीलता का पालन करने का उपदेश उन्होंने लोगों को दिया।

नामदेव के कृष्ण-भक्ति पद

श्री कृष्ण की मुरली की माधुरी का वर्णन नामदेव अपने एक हिन्दी-पद में यों करते हैं "चक्रपाणी की मुरली की माधुरी से आकर्षित होकर गायों ने जगली करना बंद किया; बछड़े दूध पीना छोड़ दिया; सर्प और नेवला, हाथी तथा सिंह, अपनी शत्रुता को भूलकर बैठे हुए थे। गोपियोंने अपने सिर के बालों को सँवारना बंद कर दिया। जल ले आने के लिये गयी गोपी-स्त्रियाँ सिर पर घड़ा रखकर, यमुना नदी-तीर पर पागलों की भांति इधर-उधर घूमने लगीं।"[1]

गोपियों की काम वासना को श्री कृष्ण ने संतुष्ट किया, लेकिन अपने शरीर से नहीं। क्योंकि इस काम-शान्ती में गोविन्द का 'वीर्य' बाहर नहीं आया। इस प्रकार नामदेव ने अपने एक पद में बताया है।[2]

---

1 नामदेव की अभंग-आवडे 1577

2 वही आवडे 1618

नामदेव अपने आराध्य देव कृष्ण से बताते हैं-" हे कृष्णा! तुम चाँद हो; मैं चाँदनी हूँ। तुम सूर्य हो; मैं कमल पुष्प हूँ। तुम कृष्ण हो; मैं रुक्मिणी हूँ। हे पुरुषोत्तम! मैं तुम्हारी भक्ति में डूब गया हूँ। मेरे लिये सब कुछ तुम ही हो। क्योंकि मैं शरीर और तुम आत्मा हो।"[1]

वारकरी संप्रदाय का नामदेव, विट्ठल-भक्ति का प्रचार करनेवाले एक श्रेष्ठ भक्त-कवि थे। जिस प्रकार तमिलनाडु में आलवार भक्त प्रसिद्ध हैं, उसी प्रकार महाराष्ट्र में नामदेव विख्यात हैं।

नामदेव की भाषा-शैली

वारकरी संप्रदाय के सिद्धान्तों का प्रचार करने के लिये नामदेव ने महाराष्ट्र में एक 'सकीर्तनसंघ' की स्थापना की। उनके संकीर्तन सब अपने शब्दालंकार तथा अर्थालंकारों के लिये बहुत प्रसिद्ध हैं। कठिन आध्यात्मिक विषयों को आसनी से जनता को समझाने के लिये उन्होंने सुन्दर रूपकों का प्रयोग किया। मराठी भाषा में अरबी' एंव 'पारसी' शबदों का प्रयोग भी नामदेव ने अपने अभंगों में किया है। संस्कृत के तत्सम शब्द भी इनके पदों में अधिक पाये जाते हैं। इनसे प्रयुक्त संस्कृत-शब्दों से मराठी भाषा अधिक समृद्ध हुई। अन्य भाषाओं के शब्दों का प्रयोग करने में ये कभी नहीं हिचकिचाये।

सख्य भक्ति के पदों की रचना करने में भी नामदेव ने अधिक रुचि दिखायी है।

मराठी-वाँग्मय को नामदेव की देन

नामदेव ने 'अभंग' नामक छंद को अधिक लोक प्रिय बनाया। भक्ति-पदों की रचना करने में इन्होंने कीर्तन-पद्धति को अधिक प्रसिद्ध बनाया। मन की स्वच्छ भक्ति को इन्होंने अधिक मुख्यत्व दिया। इन्होंने सब जाति के लोगों को समान माना।

नामदेव के जीवन वृत्त का सार

जन्म-काल	सन् 1270-1350 (ज्ञानेश्वर के समकालीन)
पिता का नाम	रामासेठ
माँ का नाम	कोणायी
गुरु	विचोबाशेखर
देहान्त तथा रचनायें	80 वर्ष की आयु में, इनका देहांत हुआ, पण्डरपुर में 'नामदेव की गाथा' 'नामक ग्रन्थ में नामदेव के लगभग 3000 रचनाएँ एवं भक्ति-कीर्तनों का समावेश हुआ है। 'गुरु-ग्रन्थ-साहिब' में नामदेव द्वारा रचित साठ के ऊपर भक्ति-पदों का 'नामदेव-वाणी' नाम से संग्रह हुआ है।
यात्रा-विवरण	पंजाब एवं गुजरात।

1 वही आवडे 289

महाराष्ट्र की कवियित्री भक्त जनाबाई

भक्त जनाबाई

महाराष्ट्र में अवतरित भगवान विट्ठल के भक्तों में जनाबाई को एक खास स्थान दिया गया है।

वह एक साधारण नौकरानी थी जो नामदेव के घर में काम करती थी। साधु-संतों के सत्संग में रहने के कारण वह विट्ठल भगवान की बड़ी भक्तिन बन गयी। इस भोली-भाली दासी स्त्री के भक्ति-पद पूरे महाराष्ट्र में प्रसिद्ध हो गये। ऐसी भाग्यवती जनाबाई के माँ-बाप, जन्म-मृत्यु तथा कुल संबन्धी विश्वसनीय समाचार आज तक प्राप्त न हुये हैं।

महिपति नामक लेखक ने 'संतचरित' नामक अपनी पुस्तक में नामदेव के जीवन के संबन्ध में लिखते समय जनाबाई के बारे में भी कतिपय विषयों पर प्रकाश डाला हैं। उसके आधार पर जनाबाई का जीवन निम्नप्रकार से है-

कहा जाता है कि गोंदावरी नदी के तीर पर बसा 'गंगाकेट' नामक ग्राम में जनाबाई का जन्म हुआ था। इसके माँ-बाप बहुत दरिद्र होने के कारण, उनकी मृत्यु के पश्चात, अनाथ जनाबाई को नामदेव ने अपने गृह में आश्रय प्रदान किया।

जनाबाई अधिक पढ़ी-लिखी नहीं थी; फिर भी उसके मन में ईश्वर के प्रति अपार भक्ति थी; अतः उसका स्वभाव भी अच्छा था। इस लिये नामदेव के घरवाले सब इसके साथ बड़े प्रेम से बर्ताव करते थे।

नामदेव के घर का काम करती हुई, अवकाश प्राप्त होते समय, जनाबाई ज्ञानेश्वर की गीताज्ञानेश्वरी नामक ग्रन्थ को स्वयं अध्ययन किया करती थी। उसमें बताये गये दार्शनिक विचारों को समझने का प्रयत्न भी किया करती थी। सदा सर्वदा भगवान के चिन्तन में डूबा रहती थी। फुरसत मिलने पर भगवान विट्ठल का मंदिर हो आया करती थी।

परम विट्ठल भक्त नामदेव के भक्ति-पदों का श्रवण करके, जनाबाई के मन में भी नामदेव की भांति भक्ति-कीर्तनों को लिखने की इच्छा जागृत हुई। भगवान विट्ठल के अनुग्रह से इनकों कविता लिखने की क्षमता भी प्राप्त हुई। इनके द्वारा रचित 350 भक्ति-पद प्राप्त हुये हैं।

ध्रुव, प्रहलाद, शुक मुनि, एवं शबरी और अपने समकालीन ज्ञानेश्वर, नामदेव, गोरकुम्हार, सेनाबाई, चोकामेला, प्रभृति भक्तों की प्रशंसा करके जनाबाई ने भक्ति-पदों की रचना की है। खास करके, नामदेव के प्रति इनके मन में श्रृद्धा तथा आदर का भाव था; इसलिये उन्हीं को जनाबाई ने अपना गुरु माना। नामदेव की कृपा उनको प्राप्त होने के कारण, सत्संग एवं आध्यात्मिक ज्ञान प्राप्त करने का सौभाग्य जनाबाई को उपलब्ध हुआ। इसके लिये जनाबाई ने अपनी कृतज्ञता को अपनी कविताओं में प्रकट किया है।

स्त्री संत जनाबाई के भक्ति संबन्धी विचार

पण्डरपुर की पुनीत यात्रा करनेवाले भक्तों के प्रति जनाबाई के मन में अपार श्रद्धा एवं भक्ति थी। वह अपने एक पद में बताती है-"पण्डरपुर की यात्रा करनेवाले भक्तों के चरणों पर मैं अपना सिरस रखकर प्रणाम करूँगी।"

भगवान विट्ठल के परिवार का चित्रण

जनाबाई यों कहती हे-"मेरे विटू (विट्ठल) के अनेक पुत्र हैं; निवृत्ति उनके कन्धे पर बैठे हुए हैं; सोपान उनके करों को पकड़े हुये हैं; ज्ञानेश्वर उनके आगे चलते हैं; मुक्ताबाई उनका पीछा करती है; नामदेव की उंगलियों को पकड़कर भगवान विट्ठल चलते हैं।"[1]

भक्ति संबधी विचार

प्रारंभ में जनाबाई सगुण उपासिका थी। कालान्तर में उन्हें निराकार, निर्गुण परब्रहम का अनुभव मिलने लगा। इसलिये वह अद्वैतवादी बनी। अपने अनेक अभंगों में उन्होंने- अपने अद्वैत विचारों को व्यक्त किया है। उनके समस्त भक्ति-पद काव्य -सौन्दर्य, अतुलनीय कलपनायें, मन को आकर्षित करने वाली अनन्य भक्ति, तथा निर्गुणोपासना के सुन्दर विचारों से भरे पड़े हैं। मराठी भक्ति-साहित्य में जनाबाई को एक श्रेष्ठ स्थान प्राप्त हुआ है।

भगवान विट्ठल को अपनी माँ मानकर उससे जनाबाई कहती है- "हे हिरण जैसी मेरी माता! तुम किस बन में रहती हो? मैं तेरी छोटी गूंगा हिरण हूँ। अज्ञान के कारण तुझसे बिछुड़कर तुम्हें वन,वन ढूंढती रहती हूँ। हे माता! मुझ पर अनुग्रह करके मुझे अपना दर्शन देने की कृपा करो।"[2]

और एक पद में आखों से अश्रू बहाती हुई जनाबाई भगवान से प्रार्थना करती है-"हे भगवान! सभी भावों से मैं तेरी उपासना करूँगी। तुम मेरे घनिष्ट मित्र हो; मैं तेरे सौन्दर्य का पान अपनी आँखों से कर प्रसन्न रहूँगी; हे दीनानाथ! दासी जना तेरे अनुग्रह के लिये तड़पती है"

1 सकल संत गाथा-पद 1922

2 सन्त काव्य समालोचन-भाग 1 क.पी. ग्रामोपाध्या पृ.73

फिर वह विट्ठल भगवान से विनती करती है-"मुझे तुम से ऐकय बना लेने में क्यों इतनी देरी करते हो? हे प्रभो! क्या तुम मुझे भूल गये हो? मैं तेरे लिये अपना घर-द्वार, रिश्ते-नाते, सब कुछ त्याग करके आयी हूँ, मुझ पर कृपा करो।"

इस प्रकार जनाबाई के सब भक्ति-गीत करुण रस से भरे पडें हैं।

जनाबाई ने नामदेव का पालन-पोषण करके बड़ा किया था। नामदेव के कष्टों एवं ज्ञानेश्वर के योग-अनुभवों का चित्रण उन्होंने अपनी कविताओं में किया है।

जनाबाई विठ्ठल भगवान से बार-बार वितनी करती है कि वे उसे अपना दिव्य दर्शन देने का अनुग्रह करें। वह अनेक प्रकार से भगवान को प्रसन्न करती है। उसके साथ निकटता स्थापित करके उस पर अपना क्रोध दिखाती है और उन्हें कटु शब्द भी सुनाती है। जनाबाई में गर्व किंचित भी नहीं था। उसका अन्तःकरण प्रसन्नता एवं वेदना से भरा हुआ था। अपने मनके भावों को उसने अपनी कविताओं में व्यक्त किया है।

पाण्डुरंग का दिव्य दर्शन मिलते ही जनाबाई अपने को भूलकर भगवान से कहती है-"तुम्हारे रहश्य सब मैंने जान लिया; तुम्हारे पास सामर्थ्य किंचित भी नहीं है; तुम्हारी शक्ति सब हम जैसे भक्तों के पास ही है। हम से गुस्सा करके तुम क्या कर लोगे।"

जनाबाई के संकीर्तनों ने मराठी भक्ति-साहित्य को संपन्न बनाया। उनके भक्ति-कीर्तन महाराष्ट्र भर में गूंज उठे।

जनाबाई के जीवन-वृत्त का सार

जम्म-स्थान	गोदावरी तट पर बसा 'गंगाकेट' नामक गाँव
धंधा	नामदेव के घर का काम करके जीवन बिताना
गुरु	नामदेव
उपास्य देव	पाँडुरंग विठ्ठल
रचनायें	350 भक्ति -गीतें

महाराष्ट्र का भक्त कवि विचोबाकेशर

ज्ञानेश्वर एवं नामदेव, विचोबा केशर के समकालिन थे। विचोबा केशर नामदेव के गुरु भी थे। इनके जीवन संबन्धी समाचार अधिक नहीं मिले हैं। कहा जाता है कि महाराष्ट्र के 'नागानाथ' नामक प्राचीन शिवस्थल पर इन्होंने अपना जीवन बिताया था। वे ब्राह्मण होने पर भी स्वर्णाभूषण बनाने का धंधा करते थे। ज्ञानेश्वर की भक्ति की महिमा से ये बड़ा भक्त बन गये। ज्ञानेश्वर तथा सोपान देव को ये अपना गुरु मानते थे।

'केशर' शब्द का अर्थ है- नभ में संचारण करने वाला। ज्ञानेश्वर ने विचोवा को 'केशर' नाम दिया था। विचोबा केशर योग, ज्ञान तथा भक्ति मार्ग के श्रेष्ठ भक्त थे। नामदेव के कतिपय अभंगों से पता चलता है कि उनके हृदय में विचोबा केशर के प्रति बड़ी श्रद्धा थी।

महाराष्ट्र का भक्त कवि गोराकुम्हार

महाराष्ट्र का भक्त कवि गोराकुम्हार

गोरा कुम्हार ज्ञानेश्वर के समकालीन थे। इनका जीवन वृत्त महिपति से लिखित 'संतचरित' नामक पुस्तक में बताया गया है। इनका जन्म सन् 1267 में 'तेराटोकी' नामक गाँव में एक कुम्हार-परिवार में हुआ था।

गोराबा युवावस्था से ही श्रेष्ठ विट्ठल-भक्त थे। पाण्डुरंग के नाम का उच्चारण करते हुए ये मिट्टी के बर्तनों को बनाया करते थे। भगवान का 'नाम-जपन' इनकी उपासना की विशिष्टता है।

ज्ञानेश्वर कालीन भक्तों में गोराबा अन्य भक्तों से उम्र में बड़े थे; अतः सभी साधु, सन्त एवं भक्त लोग, प्रेम से इन्हें 'काका' कहकर बुलाया करते थे। गृहस्थ होने पर भी गोराबा विरक्ति से अपना जीवन बिताते थे। सदा-सर्वदा वे पाण्डुरंगा की चिन्तन में डूबे रहते थे और भक्ति एवं श्रद्धा से उनका नामोच्चारण किया करते थे। महाराष्ट्र के विट्ठल भक्तों में गोराबा श्रेष्ठ माने जाते थे।

गोराबा द्वारा लिखित 43 अभंग 'सर्वसंग्रह-गाथा' नामक पुस्तक में संग्रह किये गये हैं। इनका विचार है कि आत्मानुभव के बिना भक्ति पूर्णत्व को प्राप्त नहीं कर सकती। इनका देहान्त सन् 1302 में हुआ।

गोराबा के जीवन संबन्धी जनश्रुतियाँ

एक दिन गोराबा ने मिट्टी के बर्तनों को बनाने के लिये कच्ची मिट्टी को अपने पैरों से रौंदते समय अपने नन्हें बच्चे को भक्ति भावावेश में आकर, अनजाने में पैरों से दबाकर मार दिया। इससे क्रोधित होकर उनकी पत्नी 'सन्दी' ने अपने पति के मन को कटु शब्दों से घायल किया।

अपनी भक्ति में विघ्न उत्पन्न करनेवाली अपनी पत्नी को मारने के लिये, मिट्टी के बर्तनों को बनाने वाले चक्र को हाथों से उठाकर गोराबा दौड़ आये। उस समय उनकी पत्नी सन्दी ने भगवान पांडुरंग पर शपथ खाकर अपने पति को आज्ञा दी कि भविष्य मे वे उन्हें छूने का प्रयत्न न करें। उस दिन से गोराबा अपनी पत्नी से हटकर जीवन बिताने लगे।

वंशवृद्धि के वास्ते सन्दी ने अपनी बहन 'रामी' की शादी अपने पति गोराबा से करायी। विवाह वैभव के समाप्त होने पर, गोराबा के ससुर ने अपने दामाद से विनती की कि वे अपनी दोनों पत्नियों के साथ समान रूप से बर्ताव करें। इसलिये वे रामी से भी हटकर रहने लगे। इससे दुखी होकर, एक दिन रात, सन्दी और रामी ने गोराबा के निकट जाकर उनके हाथो को पकड़ लिया। विट्ठल भगवान पर की गयी शपत को निभाने के लिये गोराबा ने अपने दोनों हाथों को खुद कुलहाड़ी से काट डाला।

कहा जाता है कि आसाढ़ का महीना एकादसी के दिन पर, गोराबा अपनी दोनों पत्नियों के साथ पंडुरपुर पधारकर भगवान पांडुरंग की उपासना की। पांडुरंग ने उनकी सच्ची भक्ति से प्रसन्न होकर उनके दोनो हाथों को लौटा दिया। उनके पुत्र को भी भगवान ने उन्हें वापस दे दिया। उसके पश्चात् गोराबा ने अपने परिवार के साथ लंबी आयु तक जीवन बिताया।

गोराबा के द्वारा नामदेव पक्व (परिपाक) बनना

साधु-संतों की परीक्षा करना गोराबा की आदत थी। एक बार भक्तों की परीक्षा करते समय गोराबा ने नामदेव को देखकर कहा-नामदेव आग में न पका हुआ कच्चे घड़े के समान हैं। इसे सुनकर नामदेव ने गुरु विचोबा-केशर से दीक्षा प्राप्त कर अपने आप को परिपाक बना लिया।

नश्वर चीजों के प्रति गोराबा के मन में किन्चित भी मोह नहीं था। मोह के कारण ही मन में दुख उत्पन्न होता है। मुक्ति पाने के लिये गोराबा ने भक्ति-मार्ग को श्रेष्ठ माना। मोह रहित जीवन बिताते हुए उन्होंने परमपद की प्राप्ति की।

गोराकुम्हार के जीवन वृत्त का सार

जीवन-स्थान	'तेराटोकी' नामक गाँव
कुल	कुम्हार
धंधा	मिट्टी के बर्तन बनाना
पत्नियों के नाम	सन्दी और रामी
रचनायें	43 अभंग
जन्म	सन् 1267
मृत्यु	सन् 1302
जनश्रुतियाँ	1) भक्ति-भावावेश में अपने बच्चे को अनजाने मे मिट्टी में पैरो से दबाकर मार देना। 2) भगवान पर किये गये शपथ को निभाने के लिये अपने हाथों को काट डालना। 3) भगवान विट्ठल के अनुग्रह से अपने दोनों हाथ एवं बच्चे को जीवित प्राप्त करना।

ज्ञानेश्वर के जीवन काल में निम्नकुल में उत्पन्न अनेक वैष्णव भक्त अपनी पवित्र भक्ति के लिये महाराष्ट्र में बहुत प्रसिद्ध हुये। राका, सावदा, नरहरि, जगनमित्र, जोकापरंमानंद, चोका मेला,

परिचाभागवद, सेना, कान्होपात्रा, भानुदास प्रभृति भक्त उनमें में प्रधान माने जाते हैं। नीचे उनके जीवन वृत्त पर प्रकाश डाला जाता है।

भक्त कवि राका

राका एक कुम्हार होते हुए भी पांडुरंग विट्ठल के बड़े भक्त थे। इनके परिवार के सब लोगों ने भक्ति-पदों की रचना की है। सदा-सर्वदा पांडुरंग का नाम जपते हुए राका कुम्हार ने अपना जीवन बिताया था। प्रसन्न-मय गृहस्त जीवन बिताते हुए भक्ति-मार्ग का अनुसरण कर, इन्होंने मुक्ति प्राप्त की।

कहा जाता है कि राका भक्ति के भावावेश में अपने को भूलकर उस मिट्टी के घड़े को भी ईंट के भट्टे में डालकर जला दिया जिसमें बिल्ली के नवजात बच्चे थे। लेकिन पांडुरंग की करुणा से बिल्ली के बच्चे जिन्दा रह गये थे।

पांडुरंग भक्त सावदा

सावदा एक माली थे। महिपति के 'पांडुरंग' भक्त चरित' नामक पुस्तक में इनका जीवन-वृत्त बताया गया है। ये भक्त माली तरकारी, फल-मूल आदि सब वस्तुओं में अपने इष्ट देव विट्ठल भगवान का दर्शन कर उनकी उपासना किया करते थे। ये दास्य भक्ति-भाव से अभंगों की रचना किया करते थे।

भक्त कवि नरहरि

नरहरि एक सुनार थे। वारकरी संप्रदाय का ये भक्त कवि पंडरपुर में रहते थे। प्रारंभ में ये शिव भक्त थे, बाद में वारकारि-संप्रदाय में दीक्षा लेकर श्रेष्ठ विट्ठल-भक्त बने। इनके आत्म-निवेदन संबंधित कीर्तनों में आभूषणों से संबंधित रूपकों का प्रयोग अधिक मात्रा में देखने को मिलता है। इन्होंने हरि एवं हर को एक ही ईश्वर माना।

पांडुरंग भक्त जगन मित्र

वृद्ध जगनमित्र भगवान पांडुरंग के बड़े भक्त थे। संसार भर के लोगों को ये अपना मित्र मानते थे; इसलिये लोग इन्हें 'जगनमित्र' के नाम से प्यार से बुलाया करते थे। अपने लिये न जीकर दूसरों के लिये जीने की प्रवृत्ति वाले यह पांडुरंग भक्त उंछवृत्ति को अपना कर, अपना जीवन यापन करते थे। ये अद्‌वैतवादी और सगुणों पासक थे। श्री कृष्ण की माखन-चोरी लीला का अत्यन्त भावपूर्ण वर्णन इन्होंने अपने कीर्तनों में किया है। पुराणों से दृष्टान्तों को देकर, आध्यात्मिक सिद्धांतों की व्याख्या करने में भक्त जगन मित्र सिद्ध हस्त थे।

पांडुरंग भक्त जोका परमानंद

जोका परमानंद परम वैष्णव भक्त थे। सरल जीवन बिताने वाले यह भक्त, पांडुरंग-मंदिर के सामने खड़े होकर 'भगवतगीता' का पारायण किया करते थे। गीता के प्रत्येक श्लोक को गाते समय ये विट्ठल भगवान को साष्टांग नमस्कार किया करते थे। प्रतिदिन सात सौ इलोकों का गायन कर, सात सौ बार भगवान को साष्टांग प्रणाम करते थे।

जोका परमानंद के गहरे आध्यात्मिक विचारो को विचोबा केशर ने अपने भक्ति कीर्तनों में व्यक्त किया है।

जोका परमानंद ने अपने एक भक्ति-कीर्तन में, भक्ति के तमाम तत्व तथा योग-क्रिया के रहस्यों को 'कुरुकुडि' (हुक्का पीना) के रूपक अलंकार द्वारा लोगों को समझाया है। महाराष्ट्र में उनका यह कीर्तन बहुत प्रसिद्ध है।

पांडुरंग के अनुग्रह से जोका ने आनंदमय जीवन बिताने के पश्चात् परमपद को प्राप्त किया।

भक्त कवि चोका मेला

चोका मेला का चित्र

भक्त कवि **चोका** मेला 'पंचम' नामक निम्नकुल के थे। इस कुल के लोग माँस खाते थे; मधु का पान करते थे; भेड बकरी और गाय को बलि चढ़ाते थे। चोका मेला अपने कुल के लोगों से कुछ भिन्न स्वभाव वाले थे। बचपन से ही विट्ठल भगवान के बड़े भक्त थे। वे निम्नकुल के होने पर भी उच्च कुल के लोगों के जैसे माथे पर तिलक लगाकर भक्ति-गीतों को गाया करते थे।

वे अपने कुल के लोगों को ज्ञानोपदेश देकर उनके मन को परिशुद्ध बनाने का प्रयत्न करते थे। वे उपदेश देते थे कि भगवान पंडरीनाथ के चरण कमलों का पूजन करने से हमारे पाप सब दूर हो जायेंगे और हम पुण्यात्मा बन जायेंगे।

चोका मेला के सच्चरित्र, भक्ति और संस्कार से पंचम कुल के लोगों को मंदिर में प्रवेश करने का सौभाग्य प्राप्त हुआ। वे पंडरपुर-मंदिर में प्रवेश कर पांडुरंग का दर्शन करने लगे।

कहा जाता है कि उच्च कुल के लोग निम्नकुल के चोका मेला के घर में भोजन करना अपना सौभाग्य मानते थे। उच्च कुल के लोग इनका आदर और सम्मान किया करते थे।

चोकामेला के भावपूर्ण भक्ति-पदों में भक्ति के ऊँचे तत्वों को देख सकते हैं। इन्होंने अपनी पवित्र भक्ति से 'पंचम' कुल को गौरव प्रदान किया।

भक्त कवि परिस भागवद

भक्त परिस भागवद एक ब्राह्मण ये और नामदेव के प्रधान शिष्य थे। इनका निवासस्थान पंडरपुर था और ये रुक्मिणी देवी के उपासक थे। ज्ञानेश्वर के शिष्यों के साथ ये तीर्थ-स्थलों की यात्रा किया करते थे। पांडुरंग-भक्तों के प्रति इनके मन में बड़ी श्रद्धा एवं भक्ति थी जो इनके कीर्तनो में व्यक्त हुआ है।

प्रारंभ में परिस भागवद के मन में धन-दौलत के प्रति मोह था। नामदेव ने इनको लक्ष्मी देवी केअनुग्रह प्राप्त करने का मार्ग समझाया और उनको तत्व ज्ञान का उपदेश देकर बड़ा ज्ञानी बनाया। भक्ति-मार्ग को अपना कर इन्होंने मोक्ष प्राप्त किया।

भक्त सेना नाविद

नाभादास के 'भक्तमाल' में सेना नाविद का जीवनवृत्त बताया गया है। ये हिन्दी भाषा-भाषी थे। बारकरी संप्रदाय के होने के कारण इन्होंने मराठी में भी भक्ति-कीर्तनों की रचना की थी।

सेना नाविद का जन्म उत्तर प्रदेश में 'नाविद' कुल में हुआ था। ये पांडुरंग के परम भक्त थे; सदा-सर्वदा गोविन्द के नामों को जपा करते थे।

सेना राजमहल के नाविद थे। पांडुरंग अपनी लीला की. महिमा से सेना के नाम को प्रसिद्ध बनाया। इस संबन्ध में फैली हुई वन्दती नीचे दी जाती है-

एक दिन सेना अपने घर के पूजा-कमरे में, पांडुरंग के ध्यान में बैठे रहते समय राजमहल का सिपाही उन्हें ले जाने के लिये आया। सेना की पत्नी, निष्ठा में बैठे हुए अपने पति को कष्ट न देना चाहती थी। इसलिये उसने सिपाही से कहा- "सेना घर में नहीं हैं आने में देरी होगी। सिपाही के द्वारा यह समाचार सुनकर नरेश नाराज हुआ। इतने में सेना के रूप में पांडुरंग भगवान वहाँ उपस्थित हुए। उन्होंने राजा के लिये नाई का काम किया। राजा ने जो पैसे दिये वे सेना के 'नाई-बक्स' में पहुंचे।

पूजा समाप्त होने के पश्चात् सेना ने अपनी पत्नी द्वारा राजा के बुलावा आने की बात को जाना। तुरन्त वे राजमहल पहुंचे। उन्होंने राजा को बताया कि भगवान की पूजा करते रहने के कारण थोड़ी देर हो गयी। तब नृप को मालूम हुआ कि स्वयं भगवान ही सेना के रूप में राजमहल आये थे। उन्होंने सेना की भक्ति की महिमा की प्रशंसा की और धन-दौलत देकर सेना का सम्मान किया।

उक्त घटना से पता चलता है कि सेना जन्म से नाई होने पर भी अपनी भक्ति से उच्च कुल के माने जाते थे। पांडुरंग के अनुग्रह से सेना को पूर्ण ज्ञान की प्राप्ति हुई। अपने अंतिम समय तक लोगों के बीच भक्ति का प्रचार करते हुए उन्होंने परमपद को प्राप्त किया।

भक्त कान्हो पात्रा

भक्त कान्हो पात्रा

कान्हों पात्रा भगवान पांडुरंग की परम भक्त थी। उनका जन्म पंडरपुर के निकट 'मंगलबेटे' नामक गाँव में हुआ था। उनकी माँ 'शियामा' नृत्य करने वाली एक दासी थी। दासी कुल की कान्हो पात्रा अत्यन्त रूपवती थी। नृत्य एवं गायन-कला में वह अत्यन्त प्रसिद्ध थी। उसके अद्भुत रूप-सौन्दर्य तथा नृत्य से आकर्षित होकर बहुत से धनवान लोग उससे शादी करना चाहते थे।

बचपन से कान्हो पात्रा ने श्री कृष्ण को अपने पति के रूप में स्वीकार कर लिया था। सदा-सर्वदा उसके चिन्तन में वह रहा करती थी। वेश्या की पुत्री होने पर भी वह गुणवती थी। धनवानों की भांति नृप भी उसके रूप-सौन्दर्य से आकर्षित हुआ। किसी न किसी प्रकार उसे प्राप्त करने की बात राजा ने सोची। एक दिन पांडुरंग भक्तों के भजन-कीर्तन से आकर्षित होकर कान्हो पात्रा अपने आडम्बरपूर्ण जीवन का त्याग करके उन भक्तों के साथ पंडरीपुर पहुँची। अपने इष्ट देव पांडुरंग विट्ठल का दर्शन करके, उनकी सेवा करने वाली दासी के रूप मे वहीं ठहर गयी। उसी समय उसके अपार सौन्दर्य में अपने मन को खोये हुए नृप ने उसे राजमहल ले आने के लिये सिपाहियों को भेजा। कान्हों पात्रा ने सिफाहियो के साथ राजमहल जाने के लिये इन्कार किया। तब जबरदस्त उसे उठाकर ले आने की आज्ञा राजा ने दी।

अबला कान्हों पात्रा को राजा के आदेश से बचने का कोई उपाय न मालूम पड़ा। उसने भगवान पांडुरंग से आँसू बहाती हुई प्रार्थना की -"हे कृष्णा! तुम्ही को अपना नायक मानकर तपस्या करनेवाली यह अबला महिला कैसे राजा से विवाह कर सकती है? हे पांडुरंगा! मेरी रक्षा करो। तुम्हारे चिन्तन में जीनेवाली इस अबला स्त्री को स्वीकार करने का अनुग्रह करो।" कहा जाता है कि विट्ठल भगवान ने कान्हो पात्रा की प्रार्थना को स्वीकार कर लिया और वह पांडुरंग विट्टल से ऐक्य हो गयी। कान्होपात्रा की प्रतीक्षा में रहनेवाले नरेश ने इस आश्चर्य को देखकर अपने मन के ख्याल को बदल लिया।

पंडरीपुर आलय के दक्षिण प्रकार में पेड के रूप में खड़ी कान्हो पात्रा की प्रदक्षणा आज भी भक्त लोग किया करते हैं। मंदिर का दक्षिण द्वार 'कान्हो' पात्रा द्वार' कहलाता है। उसकी समाधि पर उगे पेड़ के नीचे कान्हो पात्रा का विग्रह रखा गया है।

पंडरीपुर में रहते समय कान्हो पात्रा ने श्रृंगार संबंधी भक्ति-पदों की रचना कर, उन्हें अपना नायक विट्ठल भगवान को समर्पण किया करती थी। राजमहल के सिपाही लोग जब उसे पकड़ने पंडरपुर आये थे तब उसने अपने पाँच कीर्तनों में अपनी दयनीय अवस्था एवं चिन्ता को प्रकट किया।

दीसी की पुत्री होने पर भी लोगों ने कान्हो पात्रा का तिरष्कार नहीं किया। पांडुरंग भक्तों में उसे भी एक मानकर उसके लिये उन्होंने मंदिर में एक श्रेष्ठ स्थान प्रदान किया।

पांडुरंग विट्ठल के प्रति कान्होपात्रा के मन में जो पवित्र भक्ति थी उसे उसने अपने अभंगों में व्यक्त किया है। लोग उसे महाराष्ट्र की भक्त मीरा तथा गोदा के रूप में मानकर उसकी प्रशंसा किया करते हैं।

नाम-महिमा के संबंध में कान्हो पात्रा अपने एक कीर्तन में कहती है-"भगवान के नामों का उच्चारण करने से हमारे दोष सब जलकर भस्म हो जाते हे; हमारे पाप सब दूर हो जायेंगे; ईश्वर के नामों में जीवों को मुक्ति प्रदान करने की अपार शक्ति है।

दासी की पुत्री होने पर भी कान्हो ने नृप के आदेश का पालन नहीं किया; नश्वर चीजों के प्रति उसके मन में किंचित भी मोह नहीं था। उसका नायक पांडुरंग विट्ठल का रूप, उसके हृदय-मंदिर में सदा निवास करता रहा। मंदिर के समक्ष पेड के रूप में खड़ी होने पर भी आज भी कान्हो, अपने नायक पंडरीनाथ का दर्शन करती हुई रहती है।

भक्त भानुदास

भानुदास, प्रसिद्ध वैष्णव भक्तकवि एकनाथ के दादाके दादाजी थे। ये एक ब्राहाण थे। शिक्षा में इनका मन नहीं लगता था। ये अपने माता-पिता के लिये बोझ बनना नहीं चाहते थे। अतः दस वर्ष की उम्र में, एक दिन, भानुदास ने अपने घर का त्याग किया; घने जंगल के बीच स्थित सूर्य भगवान के मंदिर में ठहरकर भगवान सूर्य नारायण की उपासना करने लगे। कहा जाता है कि सूर्यनारायण ने इन्हें दर्शन दिया। उस दिन से ये भानुदास कहलाने लगे। भगवान सूर्य नारायण के अनुग्रह से इन्हें आत्मज्ञान की प्राप्ति हुई।

परिशुद्ध भक्ति ने भानुदास को एक अच्छे चरित्रवान बनाया। अपने सत्गुण एवं पांडित्य के कारण ये लोगों का प्रेम-पात्र बने। नाम संकीर्तनों की महिमा तथा भक्ति से मिलने वाले दैविक आनंद का चित्रण इनके अंभगों में किया गया है।

भानुदास द्वारा रचित लगभग एक सौ संकीर्तन प्राप्त हुये हैं। इनके गीत सब सरल मराठी भाषा में लिखे गये हैं ताकि साधारण लोग भी उन्हें आसानी से समझ सके।

भानुदास ने सगुणोपासना के आनंद को अपने गीतों में व्यक्त किया है। जप, तप, याग, यज्ञ से बढ़कर परिशुद्ध भक्ति ही भगवान को प्राप्त करने का एक मात्र सरल उपाय है। निर्मल भक्ति से राम-नाम जपने से आसानी से मुक्ति उपलब्ध हो सकती है।

भानुदास पांडुरंग का भजन करते हुये अपना जीवन बिताते थे। एक दिन हाथ में वीणा लेकर पंडरीनाथ का संकीर्तन गाते समय अचानक इनके शरीर से जान निकला। कहा जाता है कि ये विट्ठल भगवान से ऐक्य हो गये।

एकनाथ ने अपने संकीर्तनों में भानुदास के बारे में अनेक स्थानों पर उल्लेख किया है। इन्होंने हिन्दी में भी अनेक संकीर्तनों की रचना की। उत्तर भारत के मथुरा, वृन्दावन प्रभृति तीर्थ स्थलों की यात्रा करने के कारण इनमें हिन्दी में कविता लिखने की क्षमता आयी थी।

भक्त एकनाथ (जन्म सन् 1532, 16वीं शती)

भक्त संत एकनाथ

भक्त एकनाथ के जीवन संबंधी विवरण बहुत ही कम प्राप्त हुये हैं। कवि भानुदास के वंश परंपरा में एकनाथ का जन्म हुआ था। ये कृष्णदेवराय के समकालीन माने जाते हैं। अधिकांश विद्वानों की राय है कि इनका जन्म सन् 1532 में हुआ होगा।

एकनाथ के जन्म के चंद दिनों में ही इनके माता-पिता का देहान्त हो गया। भानुदास का पुत्र चक्रपाणी ने इनका पालन-पोषण करके इन्हें बड़ा किया था। एकनाथ बचपन में ही महाज्ञानी बन गये थे। कम उम्र में ये संस्कृत के बड़ा विद्वान हो गये। वेद एवं पुराणों का अध्ययन भी इन्होंने किया था। बाल पर्व से ही भक्ति, ज्ञान, करुणा आदि गुण इनमें कूट-कूट कर भरे हुए थे।

जनार्धन पंडित को एकनाथ ने अपना गुरु माना और उनसे आध्यात्मिक ज्ञान प्राप्त किया। मथुरा, वृन्दावन, गोकुल आदि तीर्थ-स्थलों की यात्रा की। इस के पश्चात् ये गृहस्थ बने। इनकी पत्नी का नाम गिरिजाबाई था जो अत्यन्त गुणवती और भगवान की बड़ी भक्तिन थी।

ज्ञान, भक्ति, शान्त स्वभाव, करुणा, विशाल हृदयता, सच्चरित्रता आदि गुणों से एकनाथ ने महाराष्ट्र की जनता के मन में एक श्रेष्ठ स्थान को प्राप्त किया। विप्र कुल में इनका जन्म होने पर भी ऊँच-नीच, बड़ा-छोटा आदि भेदभाव इनमें किंचित भी नहीं थे। सबको इन्होंने समान माना। हरिजन की सन्तान को उठाकर उसकी माँ के पास सौंपना, अछूत के घर में जाकर भोजन करना, श्रार्ध के समय पितृओं के लिये दिये गये भोजन के पदार्थों को निम्नकुल के लोगों को प्रदान करना, आदि से इनके विशाल हृदय का पता चलता हैं।

एकनाथ के पूर्वज भगवान पांडुरंग के उपासक थे। विट्ठल भगवान उनका कुल देव था। एकनाथ के गुरु जनार्धन पंडित दत्तात्रेय संप्रदाय के थे। दत्तात्रेय-- संप्रदाय के लोग, दत्तात्रेय को, भगवान श्री कृष्ण का अवतार मानते हैं। 'भगवतगीता' इस संप्रदाय का मुख्य ग्रन्थ माना जाता है। दत्तात्रेय एवं विट्ठल को एकनाथ ने एक माना। वे भी अपने पुखों की भांति विट्ठल का उपासक बने।

एकनाथ ने 35-40 वर्ष तक अपने गुरु के साथ रहकर उनकी सेवा की; उन्होंने गुरु को ही भगवान माना; गुरु-महिमा एवं उनकी करुणा की प्रशंसा में सैकड़ों गीत लिखकर एकनाथ ने अपनी गुरु-भक्ति व्यक्त की। उन्होंने गुरु को चलते-फिरते ईश्वर माना। प्रत्येक पद मेंअपने नाम के साथ गुरु का नाम लिखना वे न भूले।

एकनाथ ने महाराष्ट्र के लोगों के मन में हिन्दुधर्म के प्रति श्रद्धा का भाव जगाया। ज्ञानेश्वर की रचना 'ज्ञानेश्वरी' की पांडुलिपि की भाषा को सरल एवं सुंदर बनाया। निम्नलिखित कृतियाँ एकनाथ द्वारा लिखी गयी मानी जाती हैं-

1. रुक्मिणी स्वयंबर
2. भावार्थ रामायण
3. आनंदलहरी
4. प्रहलाद विजय
5. स्वात्मसुख
6. एकनाथी गाथा तथा मराठी भागवत

इनके अतिरिक्त रामायण एवं श्रीमद्भागवत को इन्होंने मराठी में लिखा। इनकी श्रेष्ठ कृति श्रीमद्भागवत ने महाराष्ट्र में हिन्दु धर्म को ह्रास होने से बचाया। उसमें, 18800 ओवियों में, भागवद् पुराण के 11वी अध्याय के लिये, व्याख्या प्रस्तुत की गयी है। 'ज्ञानेश्वरी' ग्रन्थ के पश्चात् एकनाथ का 'भागवत' बारकरी संप्रदाय में वन्दनीय ग्रन्थ माना जाता है। लोगों के कल्याण तथा समाज का सुधार करने के लिये एकनाथ ने श्रीमद्भागवत को मराठी भाषा में लिखा।

यह उल्लेखनीय बात है कि ज्ञानेश्वरी के कृष्ण-अर्जुन-संभाषण की भांति एकनाथ-भागवत का कृष्ण-उद्धव-संभाषण बहुत प्रसिद्ध है।

एकनाथ ने जाति-भेद का विरोध किया

एकनाथ ने वैष्णव धर्म के कठिन सिद्धान्तों को सरल बनाया। वे अपने एक पद में कहते हैं-"सभी वस्तुओं में भगवान को देखना भागवत धर्म का सिद्धान्त है। अतः "सब के साथ मित्रता का भाव दिखाइये; उनसे प्रेम कीजिये; सब को समान मानिये।" जाति-भेद का विरोध करते हुए वे बताते हैं-"कुल से कोई जितना भी ऊँचा क्यों न हो, यदि उसके मन में हरि-भक्ति नहीं है तो उससे, चंडाल ऊँचा माना जायेगा जो हरि उपासक होता है। इसी प्रकार एकनाथ एक सच्चे भक्त की व्याख्या यों करते

हैं-“अपने कर्तव्यों को ठीक रूप से निभाते हुए जो भक्त समस्त जीवों में भगवान का दर्शन करता है वह भगवान का प्रिय भक्त समझा जायेगा।”

भक्ति करने में ईश्वर के नामों को जपना श्रेष्ठ माना जाता है। भगवान के दिव्य नामों का उच्चारण करने से मन परिशुद्ध बनता है। तप करने से तथा वेदों का अध्ययन करने से जो फल मिलता है, वे सब, भगवान के नामों का उच्चारण करने से उपलब्ध होते हैं। अन्तःकरण की परिशुद्धि के बिना आत्मज्ञान की प्राप्ति मुश्किल है।

गोपियों के प्रेम का चित्रण करनेवाले एकनाथी 'भागवत' के पदों में, परिशुद्ध प्रेम का वर्णन किया गया है। उनमें श्रृंगार वर्णन अथवा शरीर संबंधी रति-भोग का वर्णन नहीं है।

ज्ञान, योग एवं कम-मार्ग का अनुकरण करनेवालों से बढ़कर भक्ति-मार्ग का अनुकरण करनेवाले भक्त को ही भगवान अधिक पसन्द करता है। एकनाथी भागवत का कृष्ण कहते हैं--

“मैं मानव के मन की भावनाओं का सम्मान करता हूँ; मैं प्रेम का अतिथी हूँ।“[1]

गोपियों के सच्चे प्रेम को एकनाथ ने अपने भागवत-ग्रन्थ में, निम्नप्रकार से वर्णन किया है-श्रीकृष्ण की मीठी मुरली ध्वनि को सुनकर गोपियों अपने हाथ का काम ज्यों का त्यों छोड़कर वृन्दावन की ओर दौड़ने लगी। कृष्ण गोपियों के बारे में बताते हैं-”मेरी मुरली-ध्वनि सुनते ही गोपियाँ अपने तमाम कामों को छोड़कर, मेरा दर्शन करने के लिय दौड़ आयीं। उस समय उनको अपने पति, पिता, बच्चे आदियों की याद नहीं आयी। समाज का भय उनके मन में न हुआ।”[2]

कंश का वध करने के लिये मथुरा जाते समय, गोपियों के मन की चिन्ता के संबन्ध मे एकनाथ के भागवत का कृष्ण बताते हैं- “गोपियों के दुख का वर्णन करने का सामर्थय मुझ में नहीं है। उनके दुख के बारे में बताना शुरू करते ही, चिन्ता ने मेरे कंठ को बन्द कर दिया। आगे मुझसे कुछ भी बोला नहीं गया।”[3]

रास-क्रीडा का भीतरी अर्थ

कृष्ण एवं गोपियों की रासक्रीडा में किंचित भी काम वासना नहीं थी; इस संबन्ध में एकनाथ अपने भागवत में लिखते हैं-कौन कहता है कि रासक्रीडा के समय, गोपियों के मन में काम-भाव था? हे उद्धव! अपना कान खोलकर सुनलो, गोपियों के पवित्र प्रेम में काम-वासना कैसे उत्पन्न होगी?”[4]

काम वासना रहित गोपियों की मनोदशा के संबन्ध में एकनाथ-भागवत का श्री कृष्ण कहते हैं-“मैंने ही गोपियों के मन से काम-वासना को निकाल दिया। उनकी काम वासना को दूर करके, सायुज्य मुक्ति

1 एकनाथ-भागवत अध्या 24

2 वही अध्याय 12, ओवि 108, 110

3 वही अध्याय 12, ओवि 126

4 वही अध्याय 12, ओवि 150

पाने की दशा को मैंने ही उन्हे प्रदान किया। हे उद्धव! इस बात को तुम अच्छी तरह समझ लो। इस रहस्य को जाने बिना जो मुझे चरित्रहीन कहते हैं वे मूर्ख कहलायेंगे।"[1]

एकनाथ ने अपने वर्णनों में श्रृंगार को स्थान नहीं दिया। इस के अतिरिक्त अपने भागवत' में एकनाथ ने कामवासना का खंडन किया हे और कृष्ण परमात्मा के परब्रह्म स्वरूप को प्रकट करवाके गोपियों के प्रेम को पवित्र बनाया है।

'नाम महिमा' के संबन्ध में एकनाथ के विचार

इस कलियुग में नाम-संकीर्तन मात्र ही मुक्ति प्राप्त करने का एक मात्र सरल उपाय है। इस तथ्य को मन में रखकर एकनाथ ने मराठी में 'भागवत' की रचना की। भगवान की अद्भुत लीलायें तथा करुणा का चित्रण करना ही संकीर्तनों का लक्ष्य हैं। भक्ति एवं श्रद्धा से इन संकीर्तनों का श्रवण करने से मानव के मन के काम, क्रोध, मद, मोह लोभ आदि विकार दूर होते हैं और वह निस्वार्थ जीवन बिताने लगता है। लोगों के पापों का नाश होने से तथा उनके आध्यात्मिक ज्ञान का विकास होने से अच्छे समुदाय उत्पन्न हो सकता है।

भगवान के नाम संकीर्तनों के महत्व के बारे में एकनाथ कहते हैं-"ईश्वर-भक्ति के कीर्तनों की गूंज यमलोक में सुनायी पड़ने पर वहाँ के समस्त कार्य स्थंबित हो गये।"[2]

भगवान के नामों का उच्चारण करने से अनेक जन्मों में किये गये पाप नष्ट हो जाते हैं। अतः एकनाथ कहते हैं-"ठीक या गलत मैं हमेशा तेरे नामों को भक्ति एवं श्रद्धा के साथ जपता रहूँगा।"[3]

समस्त सृष्टियो में व्याप्त परब्रह्म को ज्ञानी जन मात्र समझ सकते हैं। भक्त जन समझ नहीं सकते। भक्त भगवान के रूप और उसके नामों को आधार बनाकर उससे अपना निकट संबन्ध बना लेता है। भगवान के दिव्य नाम, भक्त को, साँसारिक मोह से अलग करता है ओर भगवान पर रखे गये उसके प्रेम को, और भी अधिक बढ़ाता है। कृष्ण परमात्मा के निकट संबन्ध से हमारा काम निष्काम बन जाता है।

कृष्ण की बाल-लीला का वर्णन

एकनाथ बालकृष्ण के हट का वर्णन यों करते हैं-"लाख बार बताने पर भी बाल कृष्ण मानता नहीं; वह खेलने के लिये चाँद को माँगकर रोता ही रहता हैं। उसके हट के बारे मे यशोदा बताती है-"ऊपर आकाश में बहुत ऊँचाई पर चंद्र रहने के कारण मैं उसे अपने हाथों से पकड़ नहीं सकती।" ऐसा कहने पर भी कान्हा रोना बंद नहीं करता। उसका रोना बंद करने के लिये; यशोदा चाँद के प्रतिबिंब को आइने में दिखाती है। उस प्रतिबिंग को भी पकड़ न सकने के कारण वह रोता ही रहता है। जितना भी समाधान करने पर भी कृष्ण रोता ही रहता है।"[4]

---

1 वही अध्याय 12, ओवि 297, 298

2 श्री एकनाथ न.र.पाठक पृ.339

3 श्री एकनाथ वांगमयाणी न.र. पाठक पृ.339

4 एकनाथ वांगमयाणी का न.र.पाठक

एकनाथ के आध्यात्मिक विचार

परब्रह्म के रुप में एकनाथ ने श्री कृष्ण की उपासना की। उन्होंने भगवान को निर्गुण एवं सगुण माना। जिस प्रकार हम नदी के किनारे की रेतों की गणना नहीं कर सकते, मेघों से गिरनेवाली वर्षा की धाराओं को गिन नहीं सकते, उसी प्रकार हम परब्रह्म के असंख्य कल्याण गुणों को एवं उनकी लीलाओं की गणना कर नहीं सकते। उसके नाम एंव रूप भी असंख्य हैं। वह निर्गुण और उसी समय सगुण भी है। उसका नाम भी है और आकार भी है। उसी समय वह निराकर नाम रहित ब्रह्म भी है।

सृष्टि के प्रारंभ में, बीच में तथा अंत में ब्रह्म के अतिरिक्त और कुछ नहीं रहता। प्रपंच की सृष्टि के पूर्व, समस्त प्रपंचों का नाश होने के पश्चात् भी आदि अंत रहित वह ब्रह्म, किसी विकार के बिना, स्थायी बना रहता हैं।

कछुवा अपने इन्दियों को बाहर और भीतर रखते समय, उनमें कोई परिवर्तन नहीं आता; वह कछुवा ही बनकर रहता है। उसी प्रकार सृष्टि के प्रारंभ एवं उसके नाश होते समय में भी, परब्रह्म का नाश नहीं होता; वह परब्रह्म ही बनकर रहता है।

जिस प्रकार मिठाई को खाने के पूर्व उसमें मिठास छिपी रहती है, शब्द का उच्चारण करने के पूर्व उसमें अर्थ छिपा रहता है, धर्ती के उत्पन्न होने के पूर्व भी आकाश उपस्थित रहता है, उसी प्रकार सृष्टि के पूर्व भी परब्रह्म था एवं उसके विनाश के बाद भी ब्रह्म उपस्थित रहेगा। परब्रह्म अविनासी, अविकारी, आदि और अंत रहित है। इस प्रकार एकनाथ ने अपना ग्रन्थ 'चतुश्लोकी भागवत' में अपने आध्यात्मिक विचारों को व्यक्त किया है।

दैनिक कार्यों को करते रहते समय में भी सर्वव्याप्त ईश्वर का चिन्तन करते रहना सच्चा ध्यान कहलाता है। पूरे प्रपंच में ब्रह्म के अस्तित्व को समझना ही सच्ची भक्ति कहलाती है। मुक्ति को प्राप्त करने के साधनों में भक्ति ही श्रेष्ठ साधन माना जाता है। भवसागर को पार करने के लिये सत्संग तथा भक्ति की अपेक्षा है। भक्ति के बिना मुक्ति प्राप्त करने की कामना करना, गुड के बिना माधुर्य के आनंद का अनुभव करने के समान है। मुक्ति नामक कन्या का दान करने का अधिकार भक्ति रूपी माता को मात्र है। भक्ति रूपी जड़ से वैराग्य रूपी फूल एवं ज्ञान रूपी फल की प्राप्ति होती है। इस प्रकार एकनाथ ने भक्ति की महिमा की प्रशंसा की है। एकनाथ का विचार भक्ति के संबन्ध यह था कि सभी जीवों में ईश्वर के अस्यित्व को जानकर उनकी सेवा करना ही सच्ची भक्ति है। इस प्रकार जीवों में जनार्धन का दर्शन करने की उनकी भक्ति, विचित्र दिखलायी पड़ती है।

ईश्वर सर्वत्र व्याप्त है तो वह विग्रह में भी रहता है। इसलिये पंच भूतों के बाहर रहने वाला ईश्वर पंच भूतों में भी निवास करता है। अतः सगुण-उपासना में कोई दोष नहीं है। साकार-निराकार, सगुण-निर्गुण तथा सर्वत्र व्याप्त ईश्वर को भक्त अपनी कल्पना के अनुसार भजन एवं आराधना करता है तो उसकी इन आराधनाओं में दोष नहीं है। इस प्रकार आध्यात्मिक ज्ञान के शिखर तक पहुंचने के बाद भी एकनाथ सगुण-उपासना का आमोदन करते हैं।

एकनाथ के गहरा ज्ञान, कुशाग्र बुद्धि तथा विशाल हृदय को हम उनकी कृतियों में देख सकते हैं। उन्होंने ऊँचे लक्ष्य से अपनी आध्यात्मिक कृतियाँ की रचना की ताकि लोग भक्ति और ज्ञान में श्रेष्ठ बने तथा दूसरों की सेवा करते हुए ईश्वरीय सुख का अनुभव करें। मराठी साहित्य में उनकी रचनायें बेजोड़ मानी जाती है।

सगुण तथा निगुर्ण-उपासना को एकनाथ ने समान माना। भगवान नारायण के सभी अवतारों में एकनाथ ने एक ही ब्रह्म का दर्शन किया। हिन्दुओं के सभी देवी-देवताओं, मुसलमानों का अल्लाह आदि इसमें समाहित हो जाते हैं।

ज्ञान एवं भक्ति द्वारा अविद्या माया से छुटकारा प्राप्त कर, जीव भगवान को समझने में विजय उपलब्ध करता है। जीव अलग नहीं; ब्रह्म अलग नहीं; इस तथ्य पर जोर देते हुए एकनाथ बताते हैं- जीव ही शिव तथा शिव ही जीव, इन दोनों में कोई भी भेद नहीं है। 'जलतरंग' दृष्टान्त द्वारा एकनाथ जीव-ब्रह्म संबन्धी इस तत्व का प्रतिपादन निम्नप्रकार से करते हैं-वायु से उत्पन्न तरंग सागर के जल से भिन्न दिखाई पड़ता है; लेकिन वायु के बहना बंद होते ही, वह तरंग अपना जन्म स्थान जल में ही विलीन हो जाता है। तरंग का अस्तित्व मिट जाता है। ब्रह्म और जीव की दशा भी इसी के समान है। उन दोनों को अलग नहीं किया जा सकता; फिर भी वे भिन्न दिखाई पड़ते हैं।

ब्रह्म और जगत एक ही हैं -इस तत्व का प्रतिपादन एकनाथ निम्नप्रकार से करते हैं-मिट्टी तथा मिट्टी के बर्तन, रेशमी कपड़े एवं रेशमी धागा, अग्नि और ज्वाला अलग दिखायी पड़ने पर भी वास्तव में वे एक ही हैं। मकड़ी जिस प्रकार अपने मुँह से धागा उत्पन्न कर, उससे अलग रहते हुए जिस प्रकार अपनी जाला को बनाती है उसी प्रकार परब्रह्म अपने में से प्रपंच की सृष्टि कर, उससे अलग रहते हुए पूरे प्रपंच का नियमन करता है।

जिस प्रकार छाया का अस्यित्व उसे उत्पन्न करने वाले वस्तु पर निर्भर रहता है उसी प्रकार प्रपंच का अस्यित्व उस ब्रह्म के अधीन रहता है। परब्रह्म का अस्यित्व प्रपंच के अधीन नहीं रहता। अतः पूरे प्रपंच के विनाश होने पर भी ब्रह्म का अस्यित्व नष्ट नहीं होता। उसके अस्तित्व को कोई भी शक्ति नष्ट नहीं कर सकती।

एकनाथ ने भक्ति की तुलना में मुक्ति को अधिक महत्व नहीं दिया है। उनके सब आध्यात्मिक विचार उनके पूर्व के दार्शनिक तत्वों से उत्पन्न हुए हैं। उपनिषद, आदिशंकराचार्य तथा ज्ञानेश्वर के आध्यात्मिक विचारों के प्रभाव को एकनाथ के आध्यात्मिक विचारों पर देख सकते हैं। विविध दार्शनिक तत्वों की जानकारी प्राप्त करने पर भी उन तत्वों में से जो उन्हें पसन्द आया और अपने समय के समाज के लिये जिन आध्यात्मिक विचारों की आवश्यकता थी उनको एकनाथ ने अपनी रचनाओं पर व्यक्त किया है। उनका यह प्रयत्न तथा समन्वय विचार प्रशंसनीय हैं। बारकरी संप्रदाय के विचारों को उन्होंने और भी अधिक विशाल बनाया।

एकनाथ ने कहा है कि भक्ति पाप रूपी गन्दगी को दूर करने वाला साबुन है तथा अज्ञान रूपी अन्धकार को दूर करनेवाला दीप है। उन्होंने दास्य भक्ति को अधिक महत्व दिया और भगवान का दास कहलाने में गौरव का महसूस किया। इनके पदों में आत्मनिवेदन-भक्ति अधिक मात्रा में दिखलायी पड़ती है।

एकनाथ अपनी दुर्बलता, दोष तथा कष्टों को बिना किसी हिचकिचाहट से भगवान से बताते हैं और उनके ऊपर करुणा दिखाने की विनती दीन दयालु ईश्वर से करते हैं।

गुरु के महत्व के संबन्ध में एकनाथ कहते हैं-दुनिया की चीजों को देखने के लिये जिस प्रकार आँखों की आपश्यकता है, नदी को पार करने के लिये नाव की जरूरत है, उसी प्रकार भगवान को जानने के लिये गुरु की सहायता की आवश्यकता है।

एकनाथ बड़े क्रान्तिकारी तथा समाज सुधारवादी थे। उनके जीवन-काल में हिन्दु-मुस्लिम झगड़ा तीव्र रूप धारण किया हुआ था। इस धार्मिक झगड़े को दूर करने के लिये एकनाथ ने हिन्दी एवं मराठी में 'हिन्दु तर्क संवाद' नामक पुस्तक लिखी। इस पुस्तक में यह निरूपित किया गया है कि हिन्दु मुस्लिम झगड़ा निरर्थक है। इस पुस्तक में एकनाथ ने बताया है कि हिन्दु देवता एवं मुसलमानों का अल्लाह-इन दोनों के लिये कोई जाति नहीं है। इस प्रकार उन्होंने हिन्दु मुस्लिम एकता के लिये अधिक कष्ट उठाया।

धर्म के नाम पर नीच काम करनेवाले ब्राह्मण, अपने कर्तव्यों को ठीक रूप से न निभाने वाले क्षत्रिय, गरीबों का शोषन करने वाले वणिक, बुरी एवं गन्दी आदतवाले शूद्र-इन सबका एकनाथ ने कटुशब्दों में खंडन किया है।

स्वयं एक विप्र होते हुए भी गोदावरी नदी के किनारे पर असहाय हालत में पड़े हुए एक निम्नकुल के बच्चे को उठाकर उसके माता-पिता के पास सौंपना, हरिजनों के घर में जाकर भोजन करना, अहंकारी ब्राह्मणों द्वारा श्रार्ध-अन्न खाने से इनकार किये जाने पर उस अन्न को शूद्रों को खिलाना, काशी से रामेश्वर ले जानेवाले तीर्थ को रास्ते में प्यास से तड़पते एक गधे को पिलाना, आदि उनके कार्य, आज साधारण सा दीख पड़ने पर भी, उनके समय में क्रान्तिकारी कार्य माने जाते थे। इस प्रकार समाज-सुधार के अनेक कार्यों को उन्होंने अपने नेतृत्व में किया।

एकनाथ ने अपनी श्रेष्ठ कृतियों से मराठी भक्ति-साहित्य को समृद्ध बनाया।

एकनाथ की रचना 'श्लोकी भागवत'

'श्लोकी भागवत' नामक पुस्तक में एकनाथ ने 'भागवत' के द्वितीय स्कन्ध अध्याय के 45 श्लोकों के लिये एक हजार के ऊपर पदों में व्याख्या प्रस्तुत की हे। ज्ञानेश्वर के आध्यात्मिक तत्व, काव्य-सौन्दर्य से युक्त भाषा में समझाये गये हैं।

एकनाथ की कृति 'हस्तामलकम'

आदिशंकराचार्य की कृति 'हस्तामलकम' के 14 श्लोकों के लिये एकनाथ ने मराठी में टीका लिखी है। पुस्तक के अंत में शंकराचार्य की परंपरा पर प्रकाश डाला गया है।

एकनाथ की 'सुखाष्टकम'

'सुखाष्टकम' में ईश्वर के संबंध में हमारी समझ के बाहर के विषय तथा दार्शनिक ज्ञान संबन्धी विषय 447 मराठी में लिखित कविताओं में बताये गये हैं।

एकनाथ की कृति 'स्वानुभव'

स्वानुभव नामक ग्रन्थ में एकनाथ ने, अपने स्वानुभव के आधार पर, गुरु की सेवा करने से मिलने वाला सुख और उनके अनुग्रह के बारे में बताया है।

एकनाथ की 'आनंदलहरी'

'आनंदलहरी' नामक इस ग्रन्थ में एकनाथ ने अपने आध्यात्मिक अनुभव को लगभग 450 कविताओं में स्वारस्य पूर्ण ढंग से व्यक्त किया है।

एकनाथ का 'भावार्थ रामायण'

बालमीकी रामायण, अध्यात्म रामायण तथा श्रीमद्भागवत महापुराण आदि ग्रन्थों को आधार बनाकर एकनाथ ने अपने 'भावार्थ रामायण की रचना की है। कतिपय विषयों में तुलसीरामायण तथा इनके भावार्थ रामायण में समानता पायी जाती है। लगभग 40,000 पदों में भावार्थ रामायण लिखा गया है। यह कृति एकनाथ की अंतिम कृति होने के कारण इसमें काव्य सौन्दर्य की परिपक्वता देखने को मिलती है। राम, रावण आदि पात्रों के चरित्र चित्रण के साथ-साथ कवि ने अपने समय की राजनीतिक एवं सामाजिक दशाओं को सविस्तार वर्णन किया है।

एकनाथ की रचना 'रुक्मिणी स्वयंवर'

रुक्मिणी स्वयंवर में कुल 18 अध्याय तथा 1700 पद्य हैं। कृष्ण और रुक्मिणी का विवाह अत्यन्त सुन्दर ढंग से चित्रित किया गया है। मराठी लोगों के बीच यह काव्य अत्यन्त जनप्रिय हो गया है।

'एकनाथ भागवत'

एकनाथ का यह अद्भुत 'भागवत' रूपक अलंकर-रत्नों से भरा पड़ा है। इसलिये महाराष्ट्र में एकनाथ 'रूपक सम्राट' के नाम से प्रेम से बुलाये जाते हैं। 'ज्ञानेश्वरी' के कतिपय रहस्य एवं कठिन विषयों को एकनाथ अपने भागवत में स्पस्ट रूप में बताया है ताकि लोग उन्हें आसानी से समझ सके। 'एकनाथ भागवत्' की सहायता से हम 'ज्ञानेश्वरी' में बताये गये दार्शनिक ज्ञान संबन्धी विषयों को भली भांति समझ सकते हैं।

दार्शनिक विषयों से भरा 'एकनाथ भागवत' एक गंभीर एवं बहुमूल्य दार्शनिक ग्रन्थ माना जाता है। यह ग्रन्थ एकनाथ की कीर्ति रूपी आलय के गोपुर की भांति समझा जाता है। 'एकनाथ भागवत' तथा 'ज्ञानेश्वरी' इन दोनों ग्रन्थों के लिये बारकरी संप्रदाय में बहुत ही श्रेष्ट स्थान प्रदान किया गया है।

ऊपर बताये गये ग्रन्थों के अतिरिक्त एकनाथ ने निम्नलिखित लघु काव्यों की भी रचना की हैं-

1. चिरंजीव पद
2. दत्तात्रेय की गुरुपरंपरा

3. हास्यात्मक काव्य 'हेलतुलि'
4. कृष्ण दान और
5. दत्तात्रेय एवं अन्य भक्तों की जीवनी।

जनता के मन को प्रसन्न करने के लिये, उनके मन में भगवान के प्रति भक्ति भाव को उत्पन्न करने के लिये सामान्य लोगों को आध्यात्मिक विषयों को समझाने के लिये एकनाथ ने अनेक लोकगीतों की भी रचना की थी। लगभग 125 विषयों से संबन्धित उनके लोक गीत अब तक उपलब्ध हुए हैं। अपने एक लोक-गीत में वे बताते हैं-"पहले मुझ में जागृति उत्पन्न हुई; उसके पश्चात् सब के मन में जागृति उत्पन्न कर, उनको वैकुण्ठ का मार्ग दिखा रहा हूँ।"

दादला (पति) नामक एक लोक-गीत में, एक दरिद्र महिला के जीवन के द्वारा, इस जन्म में सुख-दुख में फंसे हुए जीवों की जिन्दगी बतायी गयी है।

हिन्दी में एकनाथ की विद्वत्ता

एकनाथ ने हिन्दी में भी कतिपय पुस्तकों की रचना की है। ये काशी मे कुछ वर्ष ठहरे थे; उस समय इन्होंने भारत के अनेक पुण्य स्थलों की यात्री की थी। अंतः हिन्दी कविता लिखने की विद्वत्ता इनमें थी। अपनी हिन्दी-कविताओं में एकनाथ ने वेषधारी साधु-सन्यासियों का खण्डन किया है। सरल एवं शुद्ध भक्ति का अनुकरण करने का उन्होंने उन कपट सन्यासियों को उपदेश दिया है। इन्होंने अपने हिन्दी पदों में पारसी, उर्दू एवं अरबी शब्दों का अधिक प्रयोग किया है।

एकनाथ की सामाजिक सेवा

एकनाथ ने अपना धन-दौलत सब समाज के कल्याण के लिये खर्च किया। उन्होंने किंचित भी भेदभाव के बिना सब को अन्नदान कर, उनको ज्ञान का उपदेश दिया। आज से लगभग चार सौ वर्ष पूर्व, जाति-भेद रहित समुदाय को उत्पन्न करने का प्रयत्न इन्होंने किया था। ऊँच-नीच, सब तरह के लोगों के कल्याण के लिये एकनाथ ने अधिक परिश्रम किया था। उन्होंने उन लोगों की भी भलाई की जिन्होंने उन्हें शत्रु समझा और उनके प्रति द्वेष-भाव दिखाया था। अपने खिलाफ प्रचार करने वालों को भी उन्होंने क्षमा की। अपने बारे में विवेचन करने वालों को उन्होंने अपने को परिशुद्ध बनाने वाले मित्र समझा। अहिम्सा, क्षमा, करुणा, मन की विशालता, आदि अपने सत्गुणों से एकनाथ ने अपनी निंदा करने वालों के मन को परिवर्तित करने में विजय प्राप्त की।

एकनाथ के नाना प्रकार के गंभीर विषयों से संबन्धित रचनाओं से मराठी साहित्य समृद्ध हुआ। इनके काव्यों ने परवर्ती कवियों के लिये मार्ग-दर्शन का काम किया। अपनी मातृभाषा मराठी में श्रेष्ठ काव्यों की रचना करके उसके गौरव को उन्होंने बढ़ाया।

इस प्रकार एकनाथ ने अपने सरल जीवन, भक्ति-साधना, रचनायें एवं अथक परिश्रम द्वारा मराठी लोगों के मन में नयी जागृति उत्पन्न करने में सफलता प्राप्त की।

प्रति वर्ष कृष्णाष्टमी के दिन 'पैटन' नामक शहर में स्थित एकनाथ की समाधि पर लाखों लोग पुष्पांजली किया करते हैं। मराठी लोगों के साँस्कृतिक इतिहास में एकनाथ को एक विषिष्ट स्थान प्राप्त है। तुलसीदास हिन्दी-साहित्य का मेरुपर्वत हैं तो एकनाथ मराठी साहित्य का हिमालय हैं।

एकनाथ के जीवनवृत्त का सार

जन्म	सन् 1532; कृष्णदेवराय के समकालीन हैं।
कुल	विप्रकुल
इनका पालन-पोषण करनेवाले का नाम	भानुदास का पुत्र चक्रपाणी
गुरु	जनार्धन पंडित
यात्रा किये गये पुण्य क्षेत्र	काशी, मथुरा, वृन्दावन, और गोकुल
पत्नी का नाम	गिरिजाबाई
आराध्य देव	पांडुरंग विठ्ठल जिनके सगुण एवं निर्गुण रूप से एकनाथ ने उपासना की थी।
रचनायें	1. भावार्थ रामायण, 2. श्लोकी भागवत 3. हस्तमालक 4. स्वातिमानुभव 5. आनंदानुभव 6. रुक्मिणी स्वयंवर 7. लोक गीत एवं हिन्दी-गीत
समाधिस्थल	पैटन नामक शहर

मराठी कवि मुक्तेश्वर (सन् 17वीं शती)

(जन्म सन् 1609; मृत्यु सन् 1660) कवि मुक्तेश्वर एकनाथ के पौत्र थे। इनके पिताजी का नाम 'चिन्तामणि' था। कहा जाता है कि गोदावरी नदी के किनारे 'पैटन' नामक शहर में मुक्तेश्वर ने शिक्षा प्राप्त की थी। इन्होंने संस्कृत का काव्य शास्त्र, नाटक, न्याय, मीमांसा, वेदान्त तथा मराठी के श्रेष्ठ काव्यों का सम्यक अध्ययन किया था। इन्होंने अनेक स्थानों की यात्रा की थी और अनेक प्रकार के लोगों के गुणादिशयों को जानते थे।

'रामायण का संक्षिप्त सार', तथा 'महाभारत' के आधार पर विरचित 'भारत रचना' ये दोनों रचनायें मुक्तेश्वर की कृतियों में प्रधान मानी जाती हैं।

महाभारत के 18 अध्यायों के आधार पर 'भारत रचना' नामक ग्रन्थ मराठी में लिखा गया है। इस ग्रन्थ के द्वारा मुक्तेश्वर महाराष्ट्र में बहुत प्रसिद्ध हुये। इस काव्य के लगभग 18 से 19 हजार कवितायें विभिन्न छन्दों में लिखी गयी हैं।

मुक्तेश्वर भक्त कवि ही नहीं बल्कि पंडित -कवि भी थे। अपने समय के पंडित कवियों में ये बहुत प्रसिद्ध थे। ज्ञानेश्वर एवं एकनाथ के प्रति इनके मन में अपार भक्ति और श्रद्धा थी। एकनाथ की प्रशंसा करते हुये इन्होंने 64 कवितायें लिखी हैं।

मुक्तेश्वर की लघु रचनायें

मुक्तेश्वर की लघु कृतियों के नाम निम्नलिखित हैं-

1. मुक्तेश्वरी महाभारत
2. रावण वधाक्यान
3. मूखों के लक्षण
4. भगवतगीता एवं
5. रंबा का संभाषण

महाराष्ट्र का प्रसिद्ध भक्त कवि तुकाराम

तुकाराम

मराठी भक्ति-साहित्य के प्रारंभिक काल में, धर्म तथा समाज-सुधार संबंधी विषयों से प्रेरित होकर, महाराष्ट्र के कविगण काव्यों की रचना किया करते थे। नामदेव, ज्ञानेश्वर, जनाबाई प्रभृति कवियों ने, मराठी-साहित्य में नयी प्रथा एवं परंपराओं को जन्म दिया। एकनाथ ने भक्ति संबन्धी साहित्यिक प्रथा को एक नयी स्फूर्ति और बल दिया। तुकाराम ने उस भक्ति-प्रथा को अत्यन्त शक्तिशाली बनाया। वैष्णव भक्ति संबंधी तुकाराम के गीतों को महाराष्ट्र की जनता उपदेशात्मक गीत मानती है। पामर लोगों को आकर्षित करने की सरल मराठी में उन्होंने अपनी भक्ति-गीतों की रचना की। तुकाराम की कवितायें कहावतों की भांति अत्सन्त प्रसिद्ध बन गयी हैं।

तुकाराम का विचार था कि गृहस्य जीवन को आनंद से बिताना चाहिये; जीवन से गृणा नहीं करनी चाहिये। गृहस्य जीवन के सुख-दुखों को समान रूप से भुगतते हुए तुकाराम ने भक्ति-काव्यो की रचना की। उनके समकालीन कवियित्री बहिनाबाई कहती है कि तुकाराम बारकरी भक्ति-आन्दोलन रूपी आलय के गोपुर के समान विख्यात थे।

वारकरी-संप्रदाय में सभी कुल एवं धर्म के लोग समान माने जाते थे। उस संप्रदाय के सिद्धान्तों ने ब्राह्मणों के घमंड एवं अहंभाव को विनष्ट किया। उस संप्रदाय के विकास से समाज में फैली हुई जाति-भेद की प्रथा गायब होने लगी।

युद्ध, कलह, शोरगुल, समुदाय का ढीलापन आदि के कारण 13वीं शती के पश्चात् मराठी में कोई भी श्रेष्ठ काव्यों का सृजन नहीं हुआ। मराठी साहित्य के इतिहास में 14, 15 एवं 16 वीं शतियाँ अंधकार-काल माना जाता है। एकनाथ के अतिरिक्त और किसी श्रेष्ठ कवि का आविर्भाव उस काल में नहीं हुआ।

सन् 1548 से 1599 तक का काल एकनाथ का जीवन-काल माना जाता है। उनके समय में लोगों में मनुष्यता का भाव गायब हो गया था। इसलिये समुदाय को नेक मार्ग पर लाने का उत्तरदायित्व तुकाराम के कन्धों पर आ पड़ा। ईश्वर-भक्ति, मन की परिशुद्धता, धैर्य, मन की विशालता आदि वारकरी-संप्रदाय के सिद्धान्त थे। उस संप्रदाय के लोग पंडरपुर, तुकाराम का जन्म स्थान 'देही'; तथा ज्ञानेश्वर का जन्म-स्थान 'आलन्दी' आदि पुण्य स्थलों की यात्रा किया करते थे। इस संप्रदाय के अनुयायी साकाहारी थे और मधु का पान नहीं करते थे। वे जातिभेद रहित तथा आडंबर हीन सरल जीवन बिताते थे। इस संप्रदाय ने मोह रहित जीवन बिताने की कला को लोगों को सिखाया। वारकरी संप्रदाय ने ब्राह्मणों के अर्थहीन धार्मिक अनुष्ठान एवं क्रिया कर्मों को दूर करने का प्रयत्न किया।

महाराष्ट्र का भक्त कवि तुकाराम की जीवनी

तुकाराम का जीवन जनश्रुतियों से भरा पड़ा है। उनकी मृत्यु के 125 वर्षों के पश्चात् महिपतितारे भटकर ने 'भक्तलीला मृत' नामक अपनी पुस्तक में, तुकाराम की जीवनी पर प्रकाश डाला है। इन 125 वर्षों के बीच में बहुत सी वदन्तियाँ तुकाराम के जीवन में घुलमिल गयी हैं। अंतः साक्ष्य से भी उनके जीवन संबन्धी कतिपय बातों का पता चलता है। कवयित्री बहिनाबाई तुकाराम की समकालिक थी; उनकी कविताओं द्वारा भी तुकाराम के जीवन संबन्धी कुछ विश्वनीय बातों का पता चलता है।

पुने के समीप, एक छोटा सा 'देकु' नामक गाँव में सन् 1608 में तुकाराम का जन्म हुआ था। इनके पिता का नाम बोलहोबा था और माता का नाम कान्कै था। तुकाराम के पूर्वज परंपरा-परंपरा से भगवान पांडुरंग के भक्त थे। इसलिये तुकाराम बारकरी संप्रदाय के अनुयायी थे।

तुकाराम का कष्टमय जीवन

17 वर्ष की उम्र में तुकाराम के माता-पिता का देहान्त हो गया। तुकाराम की शादी युवावस्था में ही 'रुक्मा' नामक महिला से हो गयी थी। वह 'आस्थमा' रोग से पीड़ित थी। इसलिये 'जीजाबाई' नामक स्त्री से तुकाराम की दूसरी शादी हुई।

तुकाराम के अग्रज ने अपनी पत्नी की मृत्यु के पश्चात् घर का तयाग किया और सदा के लिये घर वापस नहीं आये। युवावस्था में ही घर का पूरा उत्तरदायित्व तुकाराम पर पड़ा। खेतीबारी, व्यापार तथा लेन-देन की धंधा वे किया करते थे। लेकिन उनका मन पैसा कमाने में नही लगता था; इसलिये उन्हे

अपने व्यापार में नष्ट का सामना करना पड़ा। अनावृष्टि के कारण उनके गाँव में दुर्भिक्ष पड़ा। इस कारण, उन्हें बहुत कष्टों का सामना करना पड़ा।

अपनी 21वीं उम्र से, गरीबी के कारण, तुकाराम को अपनी सब संपत्ति से हाथ धोना पड़ा। उनकी प्रथम पत्नी भूख-प्यास से मर गयी। तुकाराम के ज्येष्ट पुत्र चन्द का भी देहान्त हो गया। इस प्रकार उनको अपने परिवार में एक के बाद एक मृत्यु को देखना पड़ा। इन सभी कष्टों का उल्लेख उन्होंने अपने पदों में व्यक्त किया है। अपने दुर्भाग्य को सोच-सोचकर वे बहुत चिन्तित हुआ करते थे और ईश्वर-चिन्तन में डूब जाते थे।

भगवत गीता का अध्ययन करने से तुकाराम को मानसिक शान्ति मिलती थी। 'भगवतगीता' के प्रति अपनी अत्यन्त श्रद्धा के कारण उन्होंने उसके अनुवाद मराठी में किया। उसके लिये उन्होंने 'मंत्रगीता' का नाम रक्खा। मरते समय तक तुका ने सदाचार का पालन किया। सदाचार के महत्व के संबन्ध में वे अपने एक पद में कहते है। "जो सदाचार का अनुकरण करता है और अपने कमाये हुए धन को गरीबों की सेवा में खर्च करता है उसे अगले जन्म में सत्गति प्राप्त होगी।"

जाति-भेद का विरोध करना

तुकाराम के आध्यात्मिक जीवन के मार्ग में उनके निम्नकुल ने अधिक विघ्न उपस्थित किया और उनकी आध्यात्मिक उन्नति को रोका। इस संबन्ध के अपने एक पद में बताते हैं-"मेरा जन्म निम्नकुल मे होने के कारण, बुद्धि और विद्या में मैं निम्न समझा जाता हूँ; दरिद्र होने पर भी भगवान विठ्ठल ने मुझे प्रेम से स्वीकार कर लिया। मैंने वेदों का अध्ययन किया है। लेकिन बाहर उसे मैं बता नहीं सकता; मेरी सहायता करने वाला कोई भी नहीं।"

तुकाराम के समय जाति-भेद की समस्या तीव्रगति से प्रचलित थी। वे बताते हैं-" जो ब्राह्मण' महर 'नामक अस्पृष्य को अनजाने मे छू लेता है और उस के लिये उस अछूत महर पर क्रोधित होता है, वैसे ब्राह्मण के लिये उचित सजा 'आत्महत्या' होनी चाहिये।

निम्नकुल के एक विष्णु भक्त के संबन्ध में एकनाथ अपने एक पद में कहते हैं-"यदि कोई अस्पृश्य हरिभक्त है तो उसके माता-पिता पवित्र माने जायेंगे। यद्यपि उसका जन्म निम्नकुल में होने पर भी, वास्तव में वही सच्चा ब्राह्मण माना जायेगा।"

आगे तुकाराम कहते हैं- "गोराकुम्हार, चमार रविदास, जुलाहा कबीरदास, नाविद सेना-ये सब अस्पृश्य होते हुए भी श्रेष्ठ हरि-भक्त थे; हरि-भक्ति की सहायता से उन्होंने भव-सागर को पार किया।" हरि भक्तों में वर्ण-भेद के लिये स्थान नहीं। वेद भी यही बताते हैं।

उच्च कुल के ब्राहाणों के दुश्चरित्र के संबन्ध में तुकाराम अपने एक पद में कहते हैं-"ब्राह्मण लोग अपने कर्तव्यों को ठीक रूप से निभाते नहीं; वे झूठे हो गये हैं; अछूत समझी जानेवाली 'मांग' नामक निम्नकुल की स्त्री से ग्रहण के समय रति भोग करने की प्रतीक्षा में ब्राह्मण लोग पड़े रहते हैं। (तुकाराम के समय के ब्राह्मणों में एक अंधविश्वास फैला हुआ था कि अछूत स्त्री से ग्रहण के समय

जो रति भोग करता है वह बड़ा धनवान होगा।) ब्राहमण लोग धार्मिक अनुष्टानों को धन कमाने के लिये कराया करते थे। ईश्वर का नामोच्चारण करके अर्चना करना वे व्यापार समझते थे। नीच धंधा समझी जानेवाली सूद कमाने की धंधां को भी ब्राहमण लोग किया करते थे।"

जन्म से अपने को ऊँची जाति का समझना, अंधविश्वास, अर्थहीन धार्मिक अनुष्ठान आदि का तुकाराम ने कटु शब्दों में खंडन किया है। उन्होंने जनता को उपदेश दिया कि चरित्र के द्वारा ही कोई ऊँच या नीच समझा जाना चाहिये। ब्राहमणों का उन्होंने कटु विवेचन किया है, उसी प्रकार अन्य लोगों के कुकर्मों का उन्होंने कटु शब्दों से खंडन किया है। आलसी एवं सुस्तों तथा कोई काम-काज किये बिना भिक्षा मांगकर जीवन चलाने वालों के मुँह पर थूकने का उन्होंने उपदेश दिया है।

तुकाराम के जीवित काल में मुसलमान शासक महाराष्ट्र पर बार-बार आक्रमण किया करते थे। तुकाराम ने उपदेश दिया कि देश के कलयाण के वास्ते जनता में एकता होनी चाहिये; जन्म-भूमि को बाहर के शत्रुओं से रक्षा करने के लिये युद्ध में अपनी जान का कुरबान करना चाहिये।

तुकाराम छः पुत्रों के पिता थे और अपने संयुक्त परिवार के नेता थे। कष्टों का सामना करते हुए उन्होंने दरिद्रमय जीवन बिताया था। उन्होंने अपने पदों मे अपनी गरीबी का जीता-जागता वर्णन किया है। उनके पदों को पढ़नेवालो को ऐसा लगता है कि मानों उन्ही के जीवन के कष्टों का चित्रण उनमें हुआ है। उनकी कविताओं में यथार्थता भरी पड़ी है।

जिस प्रकार लगादार काम में लाया जानेवाला उपकरण घिस जाता है उसी प्रकार अथक परिश्रम करते रहने कारण वे भी घिस गये हैं। अपनी चिन्ताओं को भूलने के लिये जब कभी उनके जीवन में कष्ट आते है तब वे कविता लिखना शुरू कर देते हैं। लगभग 5000 भक्ति-पदों की रचना उन्होंने की है। पंडरपुर का विट्ठल भगवान इनके आराध्य देव थे। तुकाराम सगुणोपासक थे और भावपूर्ण भक्ति-पदों की रचना उन्होंने की।

निजनीवन का अनुभव, भक्ति, यथार्थता आदि इनके कीर्तनों की विशिष्टतायें मानी जाती हैं। इनके गीत सब कहावतें जैसे लगते हैं; इसलिये तुकाराम जनता के बीच अत्यन्त प्रसिद्ध हुए।

तुकाराम अपने एक कीर्तन में भगवान से प्रार्थना करते हैं-"हे पांडुरंगा! तूने मुझसे कर्ज लिया है। भक्ति रूपी कर्ज को मुझसे लिया है। उसके लिये अपने कमल-चरणों को तूने मेरे पास गिरवी रखा है। प्रेम रूपी सूद को मुझे अदा करके शीघ्र अपने हिसाब को ठीक कर लो।"

संयुक्त परिवार की प्रेम पूर्ण रिश्ता, ग्रामीण वातावरण, देशप्रेम, वाणिज्य सबन्धी बातें आदि, तुकाराम के गीतों में एक दूसरे से जुड़े हुये हैं। परवर्ती कवियों की रचनाओं में तुकाराम के काव्य की छाप देखने को मिलती है। इस प्रकार तुकाराम अत्यन्त प्रभावशाली कवि थे। उन्होंने अपने मन की चिन्तायें तथा आध्यात्मिक अनुभवों को उपमा,रूपक आदि अलंकारों से युक्त काव्यमयी भाषा में अपनी कृतियों में व्यक्त किया हैं इनकी कविताओं में प्रयुक्त अनेक वाक्यांश, मराठी में रचित अनेक उपन्यास एवं नाटकों के शीर्षक के रूप में प्रयुक्त किये गये हैं। तुकाराम ने जनता की बोलचाल की भाषा के शब्दों एवं कहावतों का प्रयोग अपनी कविताओं में किया हैं।

तुकाराम की रचनायें

तुकाराम अधिक पढ़े-लिखे नहीं थे; अपने गुरु के अनुग्रह से उनको 'अभंग' नामक छंद में कविता-लिखने की क्षमता प्राप्त हुई थी। मराठी में रचित उनके अभंगों को निम्नलिखित तीन प्रकारों में बाँट सकते हैं-

1. आत्मचरित संबन्धी अभंग

तुकाराम के आत्मचरित संबन्धी पदों में उनके जीवन के संभव तथा उनके काल की सामाजिक एवं राजनीतिक परिस्थितियों का उल्लेख हुआ है।

2. अध्यात्मिक विषय संबन्धी अभंग

तुकाराम ने अपने अध्यात्मिक विषय संबन्धी रचनाओं में निम्न विषयों पर प्रकाश डाला है-

i. अपनी अध्यात्मिक साधना के अनुभव

ii. भगवान का साक्षात्कार न करने के कारण उनके हृदय में उत्पन्न वेदनायें

iii. भगवान का नामोच्चारण, भक्ति, भजन-कीर्तन, निर्गुण-सगुण उपासना से संबंधित बातें।

3. सामाजिक विषय संबन्धी अभंग

उक्त प्रकार के अभंगों में निम्न विषयों का जिक्र किया गया है-

i. भक्तों में जाति-भेद भाव नहीं होना चाहिये।

ii. भक्तों में ऊँचे कुल का धमंड नहीं होना चाहिये।

iii. दूसरों की संपत्ति, पत्नी आदि पर मोह रहित होना चाहिये।

iv. भगवतदासों की निंदा न करनी चाहिये।

v. भगवान ने जो कुछ दिया है उससे तृप्त होकर जीवन बिताना चाहिये तथा

vi. काम, क्रोध, मद, मोह, लोभ आदि विषय वासना रहित जीवन बिताना चाहिये।

छुआछूत, अस्पृश्यता एवं जाति-भेद आदि विषयों पर गहरा चिंतन के पश्चात, जो विचार उन्हें उचित लगे उनको बड़े साहस के साथ तुका ने अपने अभंगों में व्यक्त किया है।

उक्त विषयों के अभंगों के अतिरिक्त, तुका ने हिन्दी-पदों की भी रचना की थी। अपने एक हिन्दी-पद में वे बताते हैं-"परोपकार के वास्ते भगवान ने सूर्य, चंद्र, नभ, मेघ, पर्वत, नदी, पेड़, पौधे आदि का सृजन किया। यह धरती दूसरों के भार को संभालती रहती है। बादल से वर्षा होती है; इसलिये सभी जीव जीवित रहते हैं। पेड़ दूसरों के लिये फल देते हैं; गाय दूसरों की भलाई के लिये दूध देती है। जीवों के कलयान एवं परोपकार के वास्ते ही भगवान ने समस्त चीजों की सृष्टि की है। अतः भगवत् भक्त को भी, मानव कुल की भलाई एंव हित के लिये जीना चाहिये।

तुका ने भगवत् भक्ति को अपने जीवन का परम लक्ष्य माना। उनके पदों में वेदान्त के तत्वों को ढूँढने का प्रयत्न करना व्यर्थ माना जायेगा। तुकाराम का कहना है कि वैकुण्ठ की प्राप्ति से बढ़कर भगवान पर भक्ति करते हुए उनकी लीलाओं का गान करते रहना श्रेष्ठ माना जायेगा।

तुकाराम के कीर्तन सब, जीवन की अनुभूतियों का खजाना माने जायेंगे। उनके गीत सब, लोगों को सत्चरित्र का मार्ग दिखाने वाला मार्ग दर्शक हैं। तुकाराम ने अपने एक गीत में कहा है कि नामदेव ने इनके स्वप्न में आकर ईश्वर का गुणगान करके कीर्तनों की रचना करने के लिये कहा था। नामदेव की आज्ञा के अनुसार विट्ठल भगवान का गुण-गान करते हुए वे कीर्तनों की रचना करने लगे।

शिवाजी सम्राट को उपदेश देना

सम्राट शिवाजी तुकाराम के समकालिक थे। तुकाराम की कीर्ति को सुनकर वे उनके सत्संग में रहने लगे और अपने राजकीय कामों को भूलकर प्रभु पर भक्ति करने लगे। तुकाराम ने नृप शिवाजी को राजकीय भार संभालते हुए अपने कर्तव्यों को निभाने का उपदेश दिया और उन्हें राजमहल वापस भेजा। राजा के द्‌वारा प्रदान किये गये धन-दौलत को तुका ने अस्विकार कर दिया।

तुकाराम की भक्ति-पद्धति

तुकाराम ने भगवान विट्ठल को अपना माता-पिता एवं सहोदर मानकर उनकी उपासना की। अपने बहुतांश पदों में तुका ने कहा है कि वे भगवान विट्ठल को अपनी माँ के रूप में उपासना करना अधिक पसंद करते हैं। बिठोबा उनकी माँ होने के कारण वे अनको विठुमाबुली कहकर बुलाते हुए उनके साथ अधिक निकटता बना ली। कभी-कभी उनके साथ झगड़ा भी किया करते थे।

'वीराणी' नामक अभंगों में तुकोबा ने अपनी माधुर्य भक्ति को व्यक्त किया हैं।

'तुकाराम गाथा' नामक ग्रन्थ में उनके भक्ति-पदों का संकलन हुआ है। तुकोबा के जीवन-काल मे कबीरदास के आध्यात्मिक विचार लोगों के बीच अत्यन्त प्रसिद्ध थे। उनके विचारों का प्रभाव भी तुकोबा की रचनाओं में देख सकते हैं।

अन्न बनाने के लिये जल, अग्नि एवं धान्य की आवश्यकता पड़ती है। इनमें से किसी एक चीज की कभी होने पर भी हम खाना पका नहीं सकते। इसी प्रकार ज्ञान एवं वैराग्य, भक्ति की सहायता करने वाले हैं। तुकाराम की द्‌वितीय शादी 'जीजाबाई' से हुई जो पुना के एक धनवान वणिक की पुत्री थी। जीजाबाई ने कटु शबदों से अपने पति के मन को धायल करने पर भी उन पर रहम दिखाया और उनकी हार्दिक सेवा की।

भगवान की उपासना करने की पद्धति

नमक रहित भोजन रुचिकर नहीं होता। चीनी के बिना दूध मीठा नहीं लगता। उसी प्रकार भक्ति रहित ब्रह्मज्ञान शून्य दिखायी पड़ेगा। इस विचार को तुका ने अपने एक पद में व्यक्त किया है।

चंदन, पुष्प, धूप, दीप, नैवेद्‌य आदि बाहय उपकरणों के बिना भी मानसिक रूप से प्रभु की उपासना की जा सकती है। श्रद्धा ही उपासना का मूल तत्व है। इस विचार पर जोर देते हुए तुका कहते हैं-

'पत्थर से बनी हुई सीढ़ी पर पैर रखकर ऊपर चढ़ते हैं; उसी पत्थर से बनायी गयी मूर्ति को अर्चना, पूजा एवं अभिषेक आदि करते हैं। अतः मन की श्रद्धा ही इसका कारण माना जाता है।"[1]

प्रतिफल की कामना किये बिना जो अर्चना की जाती है वही उत्तम अर्चना मानी जाती है। प्रतिफल की प्रतीक्षा में जो पूजा-पाठ एवं अर्चना आदि किये जाते हैं वे वेश्या वृत्ति समान माने जायेंगे।[2]

सर्वव्यापी ईश्वर

तुकाराम अपने उपास्य देव पांडुरंग विट्ठल से पूछते हैं-"प्रभु! मैं किस प्रकार और कैसे तुम्हारी आराधना करूँ? यदि मैं जल से तुम्हारा स्नान कराऊँ तो उस जल में भी तुम व्याप्त हो; सुगंधित पुष्पों से यदि मैं तुम्हारा अलंकार करना चाहूँ तो उस पुष्प और सुगन्ध में भी तुम विद्यमान हो; यदि मैं नारियल, केला, फल आदि समर्पित कर तेरी पूजा करूँ तो उन पूजा की चीजों में भी तुम व्याप्त हो। तुम ओंकार एवं नाद ब्रह्म हो; इसलिये मैं ओंकार का उच्चारण करके तेरी कीर्ति का गान करना भी नहीं चाहता।"[3]

परब्रह्म की महिमा का बयान पूर्ण रूप से नहीं किया जा सकता

"वेद भगवान की महिमा का बयान करने में असमर्थ होने के कारण 'नेति' 'नेति' कहकर मौन हो गये। पवन के समान तेज गति से युक्त मन भी, भगवान को समझने में लंगडा बन गया। साधु-संत, ज्ञानी, मुनि एवं कविगणों ने तेरी महिमा की व्याख्या करने में अपनी असमर्थता प्रकट कर दी है। ऐसी दशा में अज्ञानी तुका कैसे तेरी महिमा का गान कर सकता है? तेरी महिमा के बारे में सोच सोचकर मै भावावेश में आ जाता हूँ; इसके अतिरिक्त मैं और क्या कर सकता हूँ?"[4]

तुकाराम की आत्मनिवेदन-भक्ति

आत्मनिवेदन भक्ति में भक्त अपना तन, मन, धन सबकुछ भगवान को समर्पित करता है और इस भरोसा में निश्चिन्त रहता है कि ईश्वर अवश्य उसकी रक्षा करेगा। इस संबन्ध में तुका कहते हैं-माँ जिस प्रकार अपनी संतान का सुख-दुख एवं आवश्यकताओं को समझकर उसकी रक्षा करती है; जिस प्रकार अंधा, मार्ग-दर्शक के हाथ में, अपने को समर्पित करके निश्चिन्त रहता है; जिस प्रकार आश्रय दाता अपने आश्रय में आये हुए व्यक्ति की रक्षा के लिये चिन्तित रहता है, उसी प्रकार प्रभु अपने पास आत्मसमर्पण किये हुए भक्त की भलाई एवं बुराई पर चिन्तित रहता है।[5]

इस प्रकार तुकाराम के समस्त कीर्तनों में आत्मनिवेदन भक्ति प्रकट हुई हैं। वे अपनी माँ के समान विट्ठल भगवान के पास अपने को समर्पण करके निश्चिन्त होकर शान्तचित्त से रहते थे। सन्तान के सुख-दुख को माँ से बढ़कर और कौन जान सकता है?[6]

---

1 तुकाराम अभंग गाथा-अभंग 2070

2 वही, अभंग 67

3 वही, अभंग 1729

4 तुकाराम अभंग गाथा-अभंग 4363

5 वही अभंग 819

6 वही अभंग 819

जिस प्रकार चकोर पक्षी चाँद के उदय की प्रतीक्षा करती रहती है; दीपावली-उत्सव के निकट आते ही जिस प्रकार वधू अपने मायके से बुलावा आने की प्रतीक्षा करती है; भूख-प्यास से तडपनेवाला शिशु अपनी माँ की प्रतीक्षा करता है, उसी प्रकार तुकाराम विट्ठल भगवान के दर्शन के लिये तड़पते रहते थे।[1]

तुकाराम की माधुर्य भक्ति

तुकाराम ने अपने को नायकी तथा अपने आराध्य देव को नायक के रूप में कल्पना करके अपनी माधुर्य भक्ति को अपने कीर्तनों में व्यक्त किया है।

विरह-दुख से पीड़ित नायिका तुका अपना नायक विट्ठल भगवान से मिलने के लिये आतुर रहती है। अपनी इस चाह को तुका अनेक उपमाओं द्वारा अपने एक पद में यो प्रकट करते हैं-जिस प्रकार प्रेमिका अपने प्रेमी से मिलने के लिये आतुर रहती है। जिस प्रकार भूखा अन्न की प्राप्ति करने के लिये आतुर रहता है;जिस प्रकार कामुक लज्जा छोड़कर अपनी मन-चाहा स्त्री को हासिल करने में तीव्रता दिखाता है उसी प्रकार तुका भी अपना नायक विट्ठल प्रभु का साक्षात्कार करने के लिये आतुर रहते हैं।[2]

जिस प्रकार मछली जल के लिये तड़पती है; बछड़ा अपनी माँ के लिये तड़पता है; लोभी धन के लिये तड़पता है, उसी प्रकार तुका ईश्वर के दर्शन के लिये तड़पते हैं।[3]

ईश्वर की महिमा, वर्णन के बाहर है

तुकाराम कहते हैं कि प्रभु की महिमा असीमित है; उनके दिव्य गुणों का वर्णन करना मुश्किल है। वे अपने एक पद में बताते हैं-"हे प्रभु! यदि मैं तुम्हारी कीर्ति का गान करने लगू तो यह समस्त प्रपंच छोटा सा दिखायी पड़ेगा; तुम्हारी महिमा उतनी बड़ी है; इसी धर्ती को पलंक बनाकर, मेरु पर्वत को कलम बनाकर, समुद्र के जल रूपी स्याही से यदि मैं तुम्हारी महिमा को लिखने लगूं तो मुझसे तुम्हारी कीर्ति लिखी नहीं जा सकती"।[4]

तुका भगवान से प्रार्थना करते हैं-"हे पांडुरंग विट्ठल! मुझ जैसे मूर्ख को, तुम्हारी आराधना कैसे करनी चाहिये, नहीं मालूम; तुम्हारे किस रूप को मन में रखकर, तुम्हारी उपासना करनी चाहिये, यह भी मुझे नहीं मालूम; आराधना संबन्धी ज्ञान मुझे देने की कृपा करो, हे भगवान!"[5]

ईश्वर एक ही है; अनेक नहीं, इस संबन्ध में अपने एक पद में तुका अपना विचार प्रकट करते हैं-"भीतरी सक्षुओं से तुम्हे देखता हूँ तो तुम चार भुजों वाला दिखायी पड़ते हो। लेकिन तुम्हारा परिवर्तन निर्गुण एवं निराकर रूप में नहीं हो सकता। तू सदा निर्गुण और निराकार ही रहोगे। नदी, तालाब,

1 वही अभंग 282

2 तुकाराम अभंग गाथा, अभंग 4502

3 वही अभंग 1820

4 वही अभंग 4131

5 वही अभंग 705

कुआँ, ये सब नामों से भिन्न होने पर भी, वे एक ही जल से भरे पड़े हैं; इसी प्रकार नामों से एवं रूपों से भिन्न होने पर भी, मूल मैं तुम एक ही हो।"[1]

तुका अपने को मोह एवं प्रेम-बन्धन से छुड़ाने की प्रार्थना ईश्वर से यों करते हैं-"जिस प्रकार लहरों में फंसा हुआ काष्ट कभी किनारे के निकट आता है तो कभी दूर चला जाता है, उसी प्रकार माता-पिता, रिश्ते-नाते, बाल-बच्चे एवं पत्नी इन सब की रिश्ता, कभी निकट (घनिष्ट) एवं कभी दूर हो जाती है। हे पांडुरंग विठ्ठल! मेरे अज्ञान को दूर करो।"[2]

ईश्वर के नाम-जपन संबन्धी तुका के विचार

तुकाराम का कहना है कि भगवान के नामोच्चारण करते रहने से पूर्व जन्म के हमारे सब पाप नष्ट हो जाते हैं। ईश्वर को प्राप्त करने के लिये वन में जाकर तपस्या करने की जरूरत नहीं; भक्ति एवं श्रद्धा से रामा, कृष्णा, हरि विठ्ठला, केशवा आदि नामों की सदा-सर्वदा उच्चारण करने से, आसानी से भगवान की प्राप्ति हो जायेंगी।[3]

हरि कथा रूपी मीठे माँ का दूध पान करने से भक्त परमानंद का अनुभव कर सकता है। अधर्मी एवं पापी लोग भी साधु-संतो के सत्संग में रहने से उत्तम मानव बन जायेंगे; प्रभु के कमल-चरणों को प्राप्त करने के लिये हरिकीर्तन सरल उपाय है।[4]

रामा, कृष्णा, नारायणा हरि, विठ्ठला भगवान के इन दिव्य नामों का उच्चारण करने के अतिरिक्त मैं कोइ व्रत, उपवास नहीं करता।[5]

रोज रामनाम को जपनेवाला जीवनमुक्त बनेगा।

भेदाभेद, द्वैताद्वैत आदि की चर्चा से मन में भ्रम उत्पन्न होता है। प्रभु पूरे प्रपंच में व्याप्त हैं; वह सर्वत्र विद्यमान है; वह अणु से भी छोटा है; वह आकाश से भी बड़ा है।[5] (तुकाराम अभंग गाथा-अभंग 37)

तुकाराम के दार्शनिक विचार

तुकाराम इस जगत की सारहीनता के बारे में कहते हैं- यह संसार भूसी की तरह निरर्थक एंव सारहीन है; केवल परब्रह्म ही सत्य है; सार्थक है। यह संसार जीवों का स्थायी स्थान नहीं हैं; जन्म -मरण नामक अपनी असंख्य यात्रा में, यह संसार, थोड़ी देर के लिये जीओं के लिये ठहरने का आवास मात्र है। नदी में बाढ़ आने पर उसमें बहनेवाले काष्ट थोड़ी देर के लिये एकत्रित होते है तथा बाढ़ के रुक जाने पर वे अलग हो जाते हैं। इसी प्रकार इस दुनिया में रिश्ते-नातों का संबन्ध अस्थायी है।[6]

---

1 वही अभंग 3749

2 तुकाराम अभंग गाथा-अभंग 634

3 वही-अभंग 2458

4 वही-अभंग 1036

5 वही अभंग 4187

6 तुकाराम अभंग गाथा अभंग 2408 & 615

काल शनैःशनैः इस संसार को निगल रहा हैं। सिंचाई के चक्र के डब्बे जल से भरते हैं और पुनः खाली हो जाते हैं; उसी प्रकार जन्म-मरण रूपी चक्र निरन्तर घूमता रहता है।[1] यह संसार स्वार्थता से भरा पड़ा है; अपनी स्वार्थता के लिये यहाँ मानव एक दूसरे से प्यार करता है; स्वार्थता के पूरी हो जाने पर उनके बीच की मित्रता दूर हो जाती है। धन आते समय मित्र भी आते हैं; गरीबी में वे बिछुड़कर चले जाते हैं।[2]

बीज से निकलने वाला पौधा अंत में उसी बीज में समाहित हो जाता है; उसी प्रकार प्रलय काल के अंत में यह जगत भी परब्रह्म में ही समाविष्ट हो जाता है।[3]

जल में गिरनेवाले सूर्य के प्रतिबिंब को उससे अलग नहीं किया जा सकता; उस प्रतिबिंब को सूर्य समझना भी ठीक नहीं। अंधकार में रस्सी को शर्प समझने से मन में भय उत्पन्न होता है। सच्चाई का पता चलते ही वह भय दूर हो जाता है। माया रूपी अज्ञान में फँसकर, इस साँसारिक जीवन को नित्य समझते हैं। लेकिन माया रूपी भ्रम से बाहर निकलते ही, यह सच्चाई मालूम हो जाती है कि मानव-जीवन अस्थायी है।[4]

बीज से उत्पन्न पेड़ अंत में बीज में परिणत होता है। ईश्वर की लीलाओं में प्रपंच का सृजन भी उनकी एक लीला हैं। इस जगत के समस्त जीव, धन-दौलत, रिश्ते-नाते, मान-मर्यादा, यश, अपयश-आदि ये सब नश्वर हैं और अस्थायी हैं। लेकिन ब्रह्म वैसा नहीं; वह जीवन-मरण के पार है। वह अनश्वर है।

सृष्टि के पूर्व तथा सृष्टि के पश्चात भी ब्रह्म अविनाशी रहेगा। इसलिये उस आदि-अंत रहित ब्रह्म की प्राप्ति करना जीव का लक्ष्य होना चाहिये।

तुकाराम के जीव और ब्रह्म संबन्धी विचार

सूर्य के किरण उससे भिन्न नहीं हैं; चीनी में गुप्त रूप में रहने वाला मिठास उससे भिन्न नहीं है; समुद्र का जल भाप बनकर बादल में परिणत होता है। वह वर्षा बनकर पुनः सागर में मिल जाता है यह निरंतर चलता रहता है। समुद्र का जल तथा वर्षा का जल वास्तव में भिन्न नहीं हैं; दोनो एक ही हैं। इसी प्रकार जीवात्मा एवं परमात्मा भिन्न दिखायी पड़ने पर भी, वास्तव में वे अभिन्न हैं।[5]

इस प्रकार तुकाराम के जीवात्मा परमात्मा संबन्धी विचारों में आदि शंकराचार्य के विचारों का छाप देखा जा सकता है।

तुकाराम की माधुर्य भक्ति

तुकाराम के 'वीराणी' नामक अभंग उनकी रचनाओं में अत्यन्त प्रधान माने जाते है। पति से बिछुडकर अन्य पुरुषों से रति-भोग करनेवाली स्त्री मराठी में 'वीराणी' के नाम से बुलायी जाती है। तुकोबा ने

1 वही अभंग 1440, 2004
2 वही अभंग 2182
3 वही अभंग 541
4 वही अभंग 3275
5 तुकाराम अभंग गाथा-अभंग 577, 3558

इस संसार को अपना पति तथा विट्ठल भगवान को अपना इच्छा-नायक माना। इसी भाव से उन्होंने माधुर्य भक्ति के पदों की रचना की है।

संसार रूपी अपने पति के द्वारा तुका की कामनायें पूरी न किये जाने के कारण तुका अपना इच्छा-नायक विट्ठल भगवान से व्यभिचार करने लगे। वे अपने इच्छानायक से एक क्षण भी बिछुडना नहीं चाहते और उन्हे अपने निकट रखना चाहते हैं। तुका सामाजिक नियमों की चिन्ता नहीं करते। अपने को एक 'वीराणी' स्त्री समझकर अपने इच्छा नायक विट्ठल भगवान से सब प्रकार का सुख एवं रति-भोग करते हैं। इस प्रकार की माधुर्य भक्ति तुका ने की थी।

तुकाराम के शिष्य

भक्तों का शिखर तुका की कीर्ति उनके जीवन-काल में ही महाराष्ट्र भर में फैली। बहुत से भक्त उनके शिष्य बने। उनमें से बहिनाबाई, कचेश्वर, रामेश्वरभट्ट, नीलोबाराय, कान्दोबा आदि प्रधान माने जाते हैं।

तुकाराम के अभंग उपदेशात्मक ढंग से लिखे गये हैं। बारकरी संप्रदाय के कवियों को अत्यधिक पसन्द 'ओवी' एवं 'अभंग' नामक छन्दों में उन्होंने अपने कीर्तनों की रचना की। महाराष्ट्र के बहुतांश भक्त कवियों की रचनायें उक्त दोनों छन्दों में लिखी गयी हैं। ओवी एवं अभंग, इन दोनों छन्दों में लिखे गये गीतों को 'राग' और 'ताल' में गा सकते हैं। उनको सुननेवाले अपने तन-मन को खो बैठते हैं।

शब्द एवं अर्थालंकारों से युक्त तुकाराम के भक्ति-कीर्तन महाराष्ट्र के लिये वर प्रसाद माने जाते हैं।

तुकाराम के जीवन वृत्त का सार

जन्म-स्थान	पुना के समीप 'देकु' नामक गाँव
काल	सन् 1608 (सन् 17वीं शती)
माता-पिता का नाम	'बोलहोबा' और 'कान्कै
पत्नियों के नाम	प्रथम पत्नी 'रुक्कुमा' और द्वितीय पत्नी 'जीजाबाई'
धंधा	कृषि (खेतीबारी), सूत का व्यापार, काव्य-रचना तथा सामाजिक सेवा
आराध्य देव	पांडुरंग विट्ठल
संप्रदाय	बारकरी संप्रदाय
समकालिक	शिवाजी चक्रवर्ती
रचनायें	आत्मचरित संबन्धी गीतें,आध्यात्मिक पद, सामाजिक विषय संबन्धी गीत तथा हिन्दी के पद 'वीराणी'-गीतें
इनके अभंगों के संकलित ग्रन्थ का नाम	तुकाराम अंभगगाथा
शिष्य	बहिनाबाई, कचेश्वर, रामेश्वरभट्ट, नीलोबाराय, कान्होबा, आदि
कुल	वैश्य

महाराष्ट्र की कवियित्री बहिनाबाई (सन् 17वीं शती)

बहिनाबाई

बहिनाबाई को तुकाराम के शिष्यो में एक विशिष्ट स्थान दिया गया है। तुकाराम के सत्संग में उसने अनेक वर्ष बिताया था। कहा जाता है, अपने गुरुवर की भांति उसने भी ज्ञान, भक्ति, वैराग्य, ब्रह्म आदि विषयों से संबन्धित लगभग 400 गीतो की रचना की थी। नीलोबा तथा महिपति द्वारा लिखित 'तुकाराम चरित' नामक पुसतक में बहिनाबाई के जीवन पर प्रकाश डाला गया है।

बहिनाबाई के कीर्तनों में भक्ति का माधुर्य तथा वेदान्तों के विचार देखे जा सकते हैं। ब्राह्मण के लक्षण के बारे में 43 कविताओं की रचना उसने की है। 'ब्रह्म' को जानने वाला ब्राह्मण कहलाता है। काम, क्रोध, मद, मोह, लोभ, माश्चर्य आदि वासनायें उसमें नहीं होनी चाहिये। उसे घमंडीला नहीं होना चाहिये। बहिनाबाई का कहना है कि ब्राह्मणत्व कुल, गोत्र, जन्म, विद्वत्ता अथवा ईश्वर की अर्चना करने से नहीं प्राप्त होता। भगवान कृष्ण संबन्धी अनेक पदों की रचना भी बहिना ने हिन्दी में की है।

बहिना की दीक्षा बारकरी संप्रदाय में हुई थी। 'मराठी अंभग गाथा' नामक ग्रन्थ मे इनके गीतो का संकलन हुआ है। उसने अपने आत्मचरित को 77 अभंगों में प्रस्तुत किया है।

कहा जाता है कि इनका जन्म सन् 1629 में हुआ था। इसने अपने दाम्पत्य-जीवन के बारे में सविस्तार बताया है। रत्नाकर पाठक नामक एक ब्राह्मण ने अपने 30 वर्ष की उम्र में पाँच वर्ष की बहिनाबाई से शादी कर ली थी। बहिना उनकी दूसरी पत्नी थी।

ग्यारह वर्ष की उम्र में बहिना तुकाराम के भक्ति-कीर्तनों से आकर्षित हुई थी। सन् 1640 में तुकाराम से उनकी भेंट हुई और उनसे बहिना ने गुरु-उपदेश प्राप्त किया। इसके पश्चात् वह तुकाराम का जन्म-स्थान 'देहू' नामक गाँव में रहने लगी। तुकाराम के विचारों की छाप उसके गीतों में देख सकते हैं। 'अभंग' नामक छन्द में रचित बहिना के भक्ति-पद अपनी अर्थगांभीर्यता के लिये प्रसिद्ध हैं जो अत्यन्त स्वारस्यपूर्ण एवं सरल हैं। उनका संकलन 'सन्त बहिनाबाई गाथा' नामक ग्रन्थ में हुआ है। गुरु-महिमा तथा नीति संबन्धित कविताओं की भी रचना इन्होंने की थी।

बुढ़ापा एवं मृत्यु का भय सब को होता है। ब्राह्मणों के लिये भी यह लागू होता है। जन्म और मृत्यु सब के लिये समान है चाहे वह ऊँचे या निम्नजाति का क्यों न हो। अतः ब्राह्मण होने का अहंकार अर्थहीन है। भगवान ने ब्राह्मणों को गोरा क्षत्रियों को लाल, वैश्यों को पीला तथा शूद्रों को काला नहीं बनाया है। उन्होंने उनके देह के रंग में कोइ भेद-भाव नहीं दिखाया है। बहिना के ये विचार महत्वपूर्ण माने जाते हैं।

पंडरपुर, विट्ठल भगवान की महिमा, आत्मनिवेदन, कृष्ण-लीला आदि विषयों पर भी बहिना ने कविताओं की रचना की है।

बहिनाबाई के जीवन वृत्त का सार

जन्म	सन् 1629 में हुआ
गुरु	तुकाराम
शादी के समय	उम्र 5 वर्ष
पति का नाम	रत्नाकर पाठक, बहिना इनकी द्वितीय पत्नी थी।
निवासस्थान	'देहूँ' नामक गाँव
संप्रदाय	बारकरी संप्रदाय
रचनायें	'मराठी अभंगगाथा' ग्रन्थ में बहिना की कविताओं का संकलन हुआ है।
कुल	विप्रकुल

महाराष्ट्र का कवि नीलोबाराय

तुकाराम का शिष्य नीलोबाराय ने अपने गुरु के विचारों को अपने प्रचार द्वारा महाराष्ट्र भर में फैलाया।

वारकरी संप्रदाय में 'पंचायदन' नाम से ज्ञानेश्वर, नामदेव, एकनाथ, तुकाराम, नीलोबा-ये पाँचों संत अत्यन्त प्रसिद्ध थे। अपने गुरु तुकाराम की भांति नीलोबा भी ज्ञान, भक्ति, वैराग्य आदि आध्यात्मिक विषयों में श्रेष्ठ बने।

कहा जाता है कि पुना के समीप 'विंपलकेर' नामक गाँव में, एक अमीर ब्राह्मण के परिवार में नीलोबा का जन्म हुआ था। नीलोबा के मन में, अपने गुरु तुकाराम के प्रति बहुत श्रद्धा एवं भक्ति थी। ईश्वर को प्राप्त करने का मार्ग दिखाने वाले सतगुरु को ईश्वर से बढ़कर श्रेष्ठ मानते थे। अपने 300 से अधिक पदों में नीलोबा ने अपने गुरु की कीर्ति का गान किया है। इनके पदों द्वारा तुकाराम के आध्यात्मिक विचारों का पता चला है।

तुकाराम के अनुग्रह से नीलोबा को कविता लिखने की क्षमता प्राप्त हुई। अपने अनेक पदों में इसके लिये उन्होंने अपनी कृतज्ञता प्रकट की है। कंश का वध, कृष्ण चरित, कृष्ण लीला, पांडुरंग-महिमा, भक्तों की महिमा, भगवान का वात्सल्य प्रभृति अनेक विषयों पर नीलोबा ने अत्यन्त सरल भाषा में कविताओ की रचना की है। 'सांगदेव-नामदेव चरित' नामक पुस्तक को 760 पदों में इन्होंने लिखा है। साधारण कोटि के लोग भी इनकी कविताओं को आसानी से समझ सकते हैं।

नीलोबाराय के जीवनवृत्त का सार

जन्म स्थान	पूना के निकट 'बिपलकेर' नामक गाँव
गुरु	तुकाराम
रचनायें	1) सांगदेव-नामदेव चरित,
	2) तुकाराम की स्तुति में रचित 300 से अधिक पद
कुल	विप्रकुल

महाराष्ट्र का प्रसिद्ध कवि समर्थ रामदास (सन् 17वीं शती)

समर्थ रामदास

एकनाथ तथा तुकाराम ने महाराष्ट्र में भागवत धर्म का प्रचार कर, जनता के मन को परिशुद्ध बनाया। समर्थ रामदास एवं चत्रपति शिवाजी ने एकनाथ तथा तुकाराम द्‌वारा डाली गयी नींव पर 'स्वराज्य' की स्थापना की।

समर्थ रामदास, भक्त तुकाराम के समकालिक थे। तंजाऊर में उपलब्ध एक ताडपत्र से पता चला है कि समर्थ रामदास की माँ एवं एकनाथ की पत्नी सगी बहनें थी।

समर्थ रामदास की जीवनी

कहा जाता है कि समर्थ रामदास का जन्म सन् 1608 में, महाराष्ट्र के 'जांप' नामक गाँव में, एक विप्र परिवार में हुआ था। इनके पुखें श्रेष्ठ राम भक्त थे। माता-पिता ने अपने पुत्र रामदास का नाम 'नारायण' रखा। राम भक्त के रूप में बदलने के बाद ये 'रामदास' के नाम से पुकारे जाने लगे। बचपन से ही रामदास बड़े होनहार थे। इनकी सात वर्ष की उम्र में इनके पिता जी का देहान्त हो गया।

कहा जाता है कि रामदास की शादी के समय, 'सावधान' शबद को सुनकर, वास्तव में ही वे सावधान हो गये और विवाह-मंडप को छोड़कर भाग गये।

इधर-उधर घूमते रहने के पश्चात् अंत में गोदावरी नदी के किनारे 12 वर्ष तक लगादार राम-मंत्र को राम श्रीराम, जयराम, जय जय राम जपते रहे। इस प्रकार तपस्या करने के पश्चात् इन्होंने देश भर

की तीर्थ-यात्रा की। इस यात्रा से इनको देश की सच्ची दशा का पता चला। देश में धर्म की स्थापना कर, लोगों को चरित्रवान बनाने की प्रेरणा उन्हें मिली।

समर्थ रामदास के समय में देश की दयनीय अवस्था

देश की दयनीय अवस्था के संबन्ध में रामदास अपने एक स्फुट पद में बताते हैं-

"मुसलमानों के अत्याचार से तंग आकर लोग महाराष्ट्र को छोड़कर बाहर जाने लगे। गाँवों में खेतीबारी के नष्ट हो जाने के कारण, देश के लोगों को दुर्भिक्ष का सामना करना पड़ा। यादव एवं ब्राह्मण कुल महिलायें मान भंग की गयीं। खूबसूरत स्त्रियाँ जहाजों द्वारा बादशाहों के रति भोग के लिये भेजी गयीं। बहुत सी महिलायें निर्यात की गयी एवं बेची गयीं। बहुत सी युवतियाँ मुसलमानों के अत्याचारों से तंग आकर आत्म हत्या कर लीं। खाने के लिये अन्न न मिलने के कारण लोग भूख से तड़पते थे।"[1]

इस प्रकार देश की जनता की बुरी हालत को देखकर रामदास बहुत चिन्तित हुए। इन परिस्थितियों में साधु-सन्त लोग जनता को भगवान के नामों को जपने का उपदेश देते थे। रामदास भलिभांति जानते थे कि भगवान का नाम जपने मात्र से, देश की दयनीय स्थिति नहीं सुधरेगी। इसलिये हिन्दु लोगों की इस दयनीय दशा को दूर कर, देश को उन्नति के मार्ग पर ले जाने का प्रयत्न रामदास करने लगे।

रामदास-संपद्राय की स्थापना

रामदास-संप्रदाय की स्थापना करके अनेक मठ एवं सैकडों हनुमान-मंदिरों को समर्थ रामदास ने निर्माण किया। अपने शिष्यों द्वारा देश का सुधार करने के कार्य में उन्होने अपने को अर्पित किया। कृष्णा नदी के किनारे 'सांबल' नामक गुफा में रहकर वे कार्य करने लगे। छत्रपति शिवाजी का गुरु बनकर उनहें मुगलों से युद्ध करने की प्रेरणा, समय-समय पर वे दिया करते थे।

इन्दूर, औरंगाबाद, काशी, रामेश्वर, सूरत, बद्रिनाथ आदि स्थानों में रामदास द्वारा स्थापित मठ, कार्य करने लगे। निपुण एवं काबिल मठातिपातियों की उन्होंने नियुक्ति की। देश भर का भ्रमण करना, श्रीराम एवं हनुमान के मंदिरों का निर्माण कराना, रामनाम जपने का उपदेश देना, जनता में जागृति को पैदा करना आदि इन मठातिपतियों का काम था। ये मठाधिपति बड़े विद्वान थे और मीठे कंठ से गाने की क्षमता भी उनमें थी।

रामदास अपने शिष्यों को उपदेश दिया करते थे कि परोपकार जीवन का लक्ष्य होना चाहिये। शिष्यों ने भी जनता की कमी एवं आवश्यकताओं को जानकर, उन्हें प्रसन्नमय जीवन प्रदान करने की ओर, कठिन परिश्रम किया।

उन्होंने देश के लोगों के मन में, देश-प्रेम और भक्ति की भावना को भी जगाया। समाज के उद्धार के संबन्ध में भक्त रामदास तुकाराम तथा शिवाजी महाराजा से परामर्श भी किया करते थे।

---

1 समर्थ रामदास चरित ज.स. करंदीकर पृ.21, 22

देश के कल्याण के लिये भगवान से प्रार्थना करना

समर्थ रामदास संगीत-प्रेमी थे और मीठे कट में गाने की क्षमता भी उनमें थी। अपने एक पद में वे अपना आराध्यदेव श्री राम से प्रार्थना करते हैं-"हे राम! मैं जनता के कल्याण के बारे में सदा चिन्तन करता रहता हूँ; हे प्रभु! सब लोगों को संपन्नमय जीवन प्रदान करो; भक्तिमय जीवन बिताने का उनपर अनुग्रह करो। समाज में सर्वत्र हर्ष एवं शान्ति कायम रहे। हे प्रभु! देश की उन्नति होने के लिये तेरे अनुग्रह की अत्यन्त आवश्यकता है।[1]

भवानी माता से समर्थ रामदास विनती करते हैं-" हे भवानी माता! चक्रवर्ती शिवाजी को उन्नति पथ पर ले जाने का अनुग्रह करो। तुमने असुर एवं दुष्टों का वध किया है। अपनी अपरिमित शक्ति से शिवाजी नृप को अपने लक्ष्य मे सफलता पाने का अनुगह करो।"[2]

समर्थ रामदास की सामाजिक सेवायें

रामदास के जीवन-काल में देश पर मुगल राजाओं का शासन चल रहा था। वे हिन्दू लोगों को नाना प्रकार से सताया करते थे और उन पर हत्याचार किया करते थे। इसलिये हिन्दू लोग अपने कर्तव्यों को ठीक रूप से निभा नहीं पाते ये ओर धर्मिक नियमों का पालन भी वे ठीक रुप से कर नहीं पाते थे। इस संदर्भ में समर्थ रामदास ने हिन्दु लोगों के मन में देश-भक्ति, स्वगौरव, भगवत भक्ति, परिश्रम आदि भावनाओं को जागृत कराया। इस के लिये उन्होंने समर्थ संपद्राय को स्थापित किया। उन्होंने लोगों से राम, भीम, हनुमान, आदि वीरों की उपासना करने का उपदेश दिया। अपने शिष्यों द्वारा समर्थ संप्रदाय के सिद्धान्तों का प्रचार देश भर में उन्होंने कराया।

प्रभु श्री राम को रामदास 'समर्थ' नाम से पुकारा करते थे। 'राम की उपासना संप्रदाय' समर्थ संप्रदाय का अर्थ है। इस संप्रदाय ने भक्ति, उक्ति, चातुर्य आदि उपायो को प्रधानता दी। ये सभी क्षमतायें रामदास में होने के कारण लोगो ने उन्हीं को 'राम' और 'समर्थ' कहकर बुलाना शुरू किया।

समर्थ रामदास की कृतियों से पता चलता है कि वे अद्वैत सिद्धान्तों को मानते थे। वे कहा करते थे कि परब्रह्म निगुण एवं सगुण है; वे एक होने पर भी अनेक रूपों में समझे जाते हैं। वह अविकृत और अनिवाशी है; वह सर्वज्ञ और सर्वशक्तिमान है। भक्त लोग ज्ञान से अपने माया रूपी जाला को काटकर फेंक सकते हैं।

समर्थ संप्रदाय त्याग, परोपकार, मोह रहित जीवन आदि विषयो पर जोर देता है। रामदास की कृति 'दासबोध' में समर्थ संप्रदाय के सिद्धान्त बताये गये हैं। इस संप्रदाय का मुख्य मंत्र "श्रीराम, जयराम, जयजयराम' था जो 13 अक्षरों से बना है। जीवन के समस्त कष्टों को दूर करने वाले इस महामंत्र को रामदास ने लोगों को उपदेश दिया। कहा जाता है कि अपने संप्रदाय के सिद्धान्तों का प्रचार देश भरे में करने के लिये समर्थ रामदास ने पूरे देश में 400 मठों की स्थापना की थी। इस संप्रदाय में मठाधिपतियों को अधिक मुख्यत्व दिया जाता था। इस संप्रदाय के सब अनुयायी रामोपासक थे।

---

1 समर्थ रामदास मनाचे श्लोक

2 समर्थ रामदास चरित ज.स. करंदीकर, पृ.178

समर्थ रामदास की रचनायें

रामदास की बहुतांश रचनायें उपदेशात्मक हैं। रामभक्त होने पर भी वे श्रेष्ठ कवि भी थे। वे कर्मवीर तथा अच्छे आयोजक भी थे। ज्ञान, भक्ति, मुक्ति आदि आध्यात्मिक विषयों पर भी उन्होंने पुस्तकें लिखीं। निम्नलिखित पुस्तकें उनकी रचनाओ में प्रधान मानी जाती हैं-

1. करुणाष्टकम्
2. मनाचेश्लोक
3. दासबोध
4. आनंदवन-भुवन
5. स्फुट कवितायें तथा
6. कुछ छोटी-बड़ी पुस्तकें।

करुणाष्टकम - इस ग्रन्थ में रामदास ने अपने जीवन के अनुभवों पर प्रकाश डाला है। यह ग्रन्थ हरेक व्यक्ति के लिये मार्ग दिखाने वाले दीपक के समान माना जाता है। तुलसीदास की 'विनय पत्रिका' से इसकी तुलना कर सकते हैं।

आनंदवन-भुवन

महाराष्ट्र में रामराज्य की कलपना कर, यह ग्रन्थ लिखा गया है। शान्ति एवं सुख से युक्त साम्राज्य को समर्थ रामदास ने 'आनंद-भुवन' कहा है। एकनाथ के प्रसिद्ध 'आदिमाया' ग्रन्थ की भांति 'आनंदवन भुवन' महाराष्ट्र के राष्ट्र गीत के रूप में अत्यन्त प्रसिद्ध है। एकनाथ के विचारों को ही रामदास ने अपनी इस कृति में व्यक्त किया है।

जगत के कल्याण के लिये यह राष्ट्रगीत लिखा गया है। यह गीत सब को दैविक प्रेरणा तथा उत्साह प्रदान करनेवाला गीत है।

मनाचे श्लोक

रामदास के 'मनोबोध' संबन्धी गीतों को महाराष्ट्र में नन्हें बच्चे से लेकर वृद्ध आदमी तक, सब आज भी गाया करते हैं। सांसारिक जीवन रूपी माया-जाल में फसने तथा उससे छुटकारा पाने के लिये हमारा मन प्रधान कारण माना जाता है।

इसलिये रामदास ने अपने इस ग्रन्थ में बताया है कि हमें सर्वप्रथम अपने मन को परिशुद्ध बनाना चाहिये। अपने मन को उपदेश देने के रूप में उन्होंने लोगों को उपदेश दिया है। आध्यात्मिक दृष्टि से भी इस ग्रन्थ के श्लोक श्रेष्ठ माने जाते हैं। इस ग्रन्थ में कुल 250 श्लोक हैं जो अमृत जैसे हैं। ये श्लोक सब मराठी साहित्य के बहुमूल्य रत्न माने जाते हैं।

बडा दासबोध

यह पुस्तक महाराष्ट्र में अत्यन्त प्रसिद्ध हुई है। समर्थ-संप्रदाय में यह काव्य अत्यन्त पवित्र माना जाता हैं। इस मराठी काव्य में कुल 7751 'ओवियाँ' हैं जिनमें नवधा भक्ति, ज्ञान, वैराग्य, सायुज्य मुक्ति, पंचभूत, जीवन, जगत, माया, ब्रह्म संबन्धी विषय विस्तार पूर्वक बताये गये हैं। गुरु-शिष्य-संभाषण की शैली में यह ग्रन्थ लिखा गया है। सब प्रकार के लोगों को यह ग्रन्थ मार्ग दर्शक का काम करता है। इसमें परलोक की प्राप्ति का मार्ग तथा इहलोक में किये जानेवाले उत्तम कार्यों की व्याख्या की गयी है। इसमें बताये गये विषय सब, जीवन में अनुकरणीय माने जाते हैं। इस प्रकार की अनूठी पुस्तक मराठी साहित्य में अब तक नहीं लिखी गयी है।

सन् 1648 से 1678 तक 30 वर्ष काल में समर्थ रामदास ने इस ग्रन्थ की रचना की थी। जीवन उपयोगी अत्यन्त सूक्ष्मतत्व इस ग्रन्थ में बताये गये हैं। दर्शन संबन्धी विविध संदेहों के लिये इस में उत्तर दिया, गया है। शास्त्रों से उदाहरण भी प्रस्तुत किये गये हैं।

समर्थ रामदास की कृति 'दासगीता'

रामदास ने इस ग्रन्थ को संस्कृत में लिखा है।

समर्तांचागाथा

भगवान का व्यापकत्व, राम-महिमा, हिन्दु-मुस्लिम एकता, भक्ति, सत्संग आदि विषयों के बारे में रामदास ने हिन्दी में पदों की रचना की है जो समर्तांचागाथा 'नामक ग्रन्थ में संकलित किये गये हैं।

दोरामायण

रामदास ने रामायण के सुंदरकांड एवं युद्ध कांड-इन दोनों कांडों को मराठी में लिखा। रामदास कालीन राजनीतिक दशा का वर्णन युद्ध कांड में किये जाने के कारण लोगों ने उसे चाव से पढ़ा।

समर्थ रामदास के दार्शनिक विचार

रामदास कहते हैं कि राम तथा कृष्ण एक ही निर्गुण परब्रह्म के दो सगुण रूप हैं। उन्होंने श्री राम की स्तुति में अधिक संख्या में कीर्तनों की रचना की और रामोपासना के लिये अधिक महत्व दिया। इसके लिये एक प्रधान कारण यह है कि उस समय के लोग चरित्रहीन जीवन बिताते थे; समाज बहुत बिगडा हुआ था। अतः मर्यादापुरुषोत्तम श्री राम की जीवनी द्वारा रामदास ने समाज का सुधार करना चाहा। उन्होंने राम के पवित्र चरित्र द्वारा लोगों के चरित्र को सुधारना चाहा। हनुमान की उपासना को प्रधानता देकर रामदास ने अपने समय की कायर-जनता को वीर एंव धैर्यशाली बनाना चाहा।

समर्थ रामदास ने सांसारिक जीवन, धन-दौलत, पत्नी, बाल-बच्चे, घर-द्वार, युवावस्था आदि की अस्थिरता के सबन्ध में पदों की रचना की है। ये सब नश्वर हैं; इन सब को छोड़कर अकेले ही परलोक जाना पड़ता है; मृत्यु के समय हमारे साथ कुछ भी नहीं आता। सांसारिक जीवन एक स्वप्न के समान

है। राम-तत्व को जाने बिना जीना व्यर्थ है। युवावस्था में हम अपनी बुद्धि खो बैठते हैं; आत्मतत्व को नहीं समझते; अच्छाई एवं बुरायी को समझ नहीं पाते।[1]

देह नश्वर है; सास्वत नहीं; विवेक का प्रयोग करके, मनुष्य को अपना गृहस्थ जीवन नेक मार्ग पर चलाना चाहिये। अच्छे कार्य करने से अच्छा फल मिलेगा। समर्थ का यह सिद्धान्त 'प्रपंचाविज्ञान' कहलाता है।

जाने-अनजाने में अपने किये हुए बुरे कर्मों को सोचकर हमें पछतावा करना चाहिये। इस प्रकार पछताने से मानव अपने किये हुये पापों को समझने लगता है। वह नेक मार्ग पर चलने लगता है। रामदास का कहना है कि भगवत-भक्ति से ज्ञान तथा ज्ञान से मुक्ति की प्राप्ति होती है। समर्थ संप्रदाय में ज्ञान-मार्ग के साथ कर्म-मार्ग के लिये भी प्रधानता दी गयी है।

रामदास ने अपने पदों में यह बात बतायी हे कि जहाँ भी वे जाते है वहाँ श्रीराम ही नजर आते है। अद्‌वैत सिद्धान्तों के आधार पर उन्होंने अपने विचारों को प्रकट किया है।

समर्थ संप्रदाय के विचारों से प्रेरित होकर छत्रपति शिवाजी ने स्वराज्य की स्थापना की थी। समर्थ रामदास के अतिरिक्त और किसी भी कवि ने इस प्रकार का देश-भक्ति-कार्य, महाराष्ट्र में नहीं किया था। महाराष्ट्र की संस्कृति के इतिहास में भी समर्थ रामदास की साधना कभी भी भूली नहीं जा सकती है।

रामदास पंचायतन

ज्ञानेश्वर के काल से, महाराष्ट्र में 'पंचायतन' का आयोजन करने की प्रथा, चली आ रही है। समकालीन साधु-संतों में से श्रेष्ठ पाँच संतों को एकत्र करके 'पंचायतन' बनाया जाता है। उन पाँचों में अत्यन्त प्रसिद्ध संत का नाम उस 'पंचायतन' के लिये रखा जाता है। ज्ञानेश्वर तथा एकनाथ-पंचायतन से 'रामदास पंचायतन' थोड़ा भिन्न माना जाता है। रामदास पंचायतन के संत मठों की स्थापना करके उनके द्‌वारा अपने संप्रदाय के सिद्धान्तों को देश भर में प्रचार किया। रामदास-पंचायतन में, समर्थ रामदास के अतिरिक्त, जयराम स्वामी, रंगनाथ स्वामी, केशवस्वामी तथा आनंद मूर्ति ब्रह्मनालकर विद्‌यमान थे। उनका परिचय नीचे दिया जा रहा हैं।

जयराम स्वामी

जयराम स्वामी गरीबी से विरक्त हुए; पंडरपुर जाकर पांडुरंग विट्ठल का भक्त बने। इनके गुरु ने लोगों के कल्याण के हेतु कृष्ण-भक्ति का प्रचार करने की इनसे विनती की।

जयराम स्वामी की रचनायें

आदि शंकराचार्य के 'अपरोकचानुभूति' नामक ग्रन्थ के लिये 'अपरोक्यानुभव' नाम से जयराम स्वामी ने एक व्याख्या-ग्रन्थ 1780 ओवियों में लिखा।

---

1 श्री समर्थांचा गाथा, गीत सं. 1702

जयराम स्वामी ने 'श्रीमद् भागवत' के दशम अध्याय के लिये एक विस्तारपूर्ण व्याख्या-ग्रन्थ लिखा।

उक्त ग्रन्थों के अतिरिक्त जयराम स्वामी ने 'सीतास्वयंवर' तथा रुक्मिणी-हरण' नामक दो पुस्तकों की रचना की।

जयराम स्वामी ने अपनी कृतियों में अनेक स्थानों पर अपने गुरु की स्तुति की है। इनका कहना है कि ज्ञान की दृष्टि से ब्रह्म को देखनेवाला ज्ञानी कहलायेगा; भक्ति की दृष्टि से ईश्वर को देखनेवाला, भक्त कहलायेगा। ईश्वर की प्राप्ति के लिये ज्ञान एवं भक्ति, दोनों की आवश्यकता है। ज्ञान से युक्त भक्ति ही श्रेष्ठ भक्ति मानी जायेगी।

रंगनाथ स्वामी

कहा जाता है कि रंगनाथ स्वामी का जन्म पंडरपुर के निकट एक गाँव में हुआ था। इनके पूर्वज राजमहल में काम करते थे और घोडों का देखभाल करने में निपुण थे।

रंगनाथ स्वामी ने विविध छन्दों में भक्ति-पदों की रचना की है। अपने एक कीर्तन में वे बताते हैं कि भकित रहित ज्ञान, ज्ञानरहित कर्म, सत्संग आदि व्यर्थ समझे जायेंगे।

केशव स्वामी

भावनगर के केशव स्वामी परम भक्त थे; गृहस्थाश्रम में रहते हुए बंधन रहित जीवन बिताते थे। भगवान का साक्षात्कार करने से प्राप्त होनेवाले परमानंद का वर्णन, इन्होंने अपने पदों में स्वारस्यपूर्ण ढंग से किया है।

'एकादसि चरित्र' नामक कृति केशव स्वामी लिखित मानी जाती हैं। हिन्दी में विरचित इनके कृष्ण-भक्ति संबंधित पद भी उपलब्ध हुए हैं। 'कांडन' नामक एक पद में इन्होंने शरीर को ऊखल, मन को मूसल, आत्मा को सार कहा है।

आनंदमूर्ति ब्रह्मनालकर

'पंचायतन' के संतों में आनंद मूर्ति, उम्र में सब से छोटे थे। गुरु से ब्रह्म-उपदेश पाने के पश्चात ये सिद्ध पुरुष के रूप में विख्यात हुये। अपने द्वारा स्थापित मठ में रोज अन्नदान तथा हरिकथा सुनाने का आयोजन इन्होंने किया था। इनके भी अनेक शिष्य थे।

'भूपाली' 'साथ बारों के पद', 'करुणामृत', आदि आनंद मूर्ति की प्रसिद्ध रचनायें मानी जाती है। समर्थ रामदास ने अपने पदों में इनकी प्रशंसा की है।

समर्थ रामदास के जीवनवृत्त का सार

जन्म एवं जन्म स्थान	सन् 1600 में, महाराष्ट्र के 'जोप' नामक गाँव
कुल	विप्रकुल
माता-पिता से रखा गया नाम	नारायण

स्थापित संप्रदाय	समर्थ रामदास संपद्राय
रचनायें	1) करुणाष्टकम् 2) आनंदवन भुवन 3) मानचे श्लोक 4) बडा दास बोध 5) दो रामायण तथा 6) हिन्दी में लिखित पद
'रामदास-पंचायतन' के सदस्य	1. समर्थ रामदास 2. जयराम स्वामी 3. रंगनाथ स्वामी 4. केशव स्वामी तथा 5. आनंद मूर्ति ब्रह्मनालकर
समकालिक	तुकाराम एवं छत्रपति शिवाजी
अराध्य देव	श्री राम, हनुमान, और भीम
प्रयुक्त मंत्र	श्रीराम, जय राम, जय जय राम
स्थापित मठों के स्थान	इन्दूर, औरंगाबाद, काशी, रामेश्वर, सूरत, बद्रीनाथ एवं केदारनाथ
महिला शिष्य	वेणाबाई
सेवा	हिन्दू लोगों के मन में देश भक्ति, स्वगौरव, भगवत भक्ति, आदि भावनाओं को जागृत किया।

समर्थ रामदास की महिला-शिष्य वेणाबाई

विप्रकुल की महिला वेणाबाई के माँ-बाप, महाराष्ट्र के कोल्हापुर में रहते थे। बचपन से वेणाबाई विरक्ति स्वभाव की थी और दस वर्ष की उम्र में ही वह विधवा बन गयी। शिक्षित होने के कारण, घर का काम-काज समाप्त करने के पश्चात, वेणाबाई एकनाथ के 'भागवत' का पारायण किया करती थी। अपने घर के चबूतरे पर बैठकर एक दिन वेणाबाई एकनाथ के भागवत का अध्ययन कर रही थी। उस समय समर्थ रामदास उंछवृत्ति मांगते हुए वहाँ आये। वेणाबाई ने आध्यात्मिक विषय संबंधी अनेक प्रश्नों को उनसे पूछा। रामदास ने उसके प्रश्नों का उत्तर बताकर उसके संदेहो को दूर किया।

रामदास का गहरा ज्ञान तथा उनके द्वारा उच्चरित गंभीर मंत्र 'जय जय रघुवीर समर्थ' से वेणाबाई अत्यन्त आकर्षित हुई और उसने समर्थ रामदास को अपने मानसिक गुरु के रूप में स्वीकार कर लिया।

इस घटना के चंद दिनों के पश्चात् वेणाबाई अपने मायके 'कोल्हापुर' चली गयी। समर्थ रामदास अपने शिष्यों के साथ कोल्हापुर में भजन, कीर्तन आदि किया करते थे। वेणाबाई उनके भजन, कीर्तन में भाग लेने लगी। भगवान विट्टल के प्रति उसकी अपार भक्ति को देखकर समर्थ रामदास ने उन्हें मंत्र-उपदेश दिया। भक्त मीरा की भांति वेणा को भी अपने रिश्ते-नातों की निन्दा को सहन करना पड़ा। उन्होंने

वेणा को आध्यात्मिक मार्ग में जाने से रोका। लेकिन वेणा उनकी निन्दा से किंचित भी भयभीत नहीं हुई। वह अपने लक्ष्य-पथ पर लगातार अग्रसर होती गयी।

प्रभु श्रीराम का ध्यान करती हुई तथा दार्शनिक ग्रन्थों का अध्ययन करती हुई वह अपना जीवन बिताती रहीं। समाज के लोगों की निन्दा से वेणा को बचाने के वास्ते, वेणा के माँ-बाप ने, विष देकर उसे मारने का प्रयत्न किया। परन्तु गुरु समर्थ रामदास के अनुग्रह से उसे कोई भी कष्ट नहीं पहुंचा। इस संभव के पश्चात् वेणा परिवार के बन्धन से अपने को छुड़ाकर गुरु के सत्संग में रहने लगी।

कुछ समय के बाद, मीरठ में एक मठ की स्थापना कर,, वेणा वहाँ रहने लगी। श्रीराम की उपासना में तथा समर्थ संप्रदाय के सिद्धान्तों का प्रचार करने में वेणा अपने समय को बिताने लगी। कहा जाता है कि 'सज्जन घट' नामक स्थान में वेणा का देहान्त हुआ और उस स्थान में उसकी समाधि बनायी गयी है।

वेणाबाई की रचनायें

वेणा ने 'सीतास्वयंवर' नामक पुस्तक को ओवी छंद में लिखा। ब्राह्मणों की संस्कृति, उनका खान-पान, रीति-रिवाज, तथा विवाह के अनुष्ठानों पर विस्तार पूर्वक इस पुस्तक में प्रकाश डाला गया है। यह ग्रन्थ 1568 ओवियों में लिखा गया है। वेणा के द्वारा लिखित 'कवल' तथा 'श्रीराम युद्ध-संभाषण'-ये दोनों पुस्तकें महाराष्ट्र में अत्यन्त प्रसिद्ध हुई।

वेणाबाई के जीवन वृत्त का सार

जन्म-स्थान	महाराष्ट्र का 'कोल्हापुर'
कुल	विप्रकुल
वैवाहिक जीवन	दस वर्ष की उम्र में विधवा बनी।
गुरु	समर्थ रामदास
रचनायें	सीतास्वयंम्बर, गव्ल, राम गुह संभाषण
समाधि-स्थान	सज्जन घट

महाराष्ट्र का भक्त कवि महीपति बोवा

महीपति बोआ का जन्म सन् 1715 में महाराष्ट्र के 'दाहराबात' नामक शहर में हुआ था। इनके माता-पिता बारकरी संपद्राय के थे। महीपति बचपन से ही पांडुरंग विट्ठल के बड़े भक्त थे। प्रतिवर्ष यह पंडरपुर की पवित्र यात्रा किया करते थे। ज्ञानेश्वर, नामदेव, एकनाथ, तथा तुकाराम जैसे भक्त कवियों की रचनाओं का इन्होंने गहरा अध्ययन किया था। भक्तों के प्रति इनके मन में असीमित भक्ति और श्रद्धा थी।

कहा जाता है कि महीपति राजमहल में नौकरी किया करते थे। एक दिन सुबह ये भगवान के ध्यान में बैठे हुए थे; तब तुरन्त राजमहल आने के लिये इन्हें बुलावा आया। अपना ईश्वर ध्यान भंग होने से महीपति बहुत चिन्तित हुए। बिना किसी रुकावट से भगवान विटठल की सेवा करने के वास्ते इन्होंने

राजमहल की अपनी नौकरी छोड़ दी। इसके पश्चात इन्होंने अपना सारा समय पांडुरंग की पूजा-पाठ एवं भजन में बिताना शुरू किया।

एक दिन रात महिपति के स्वप्न में भक्त तुकाराम आये और उनसे विनती की कि वे भगवत भक्तों की जीवनी लिखकर उन्हें लोगों के बीच प्रसिद्ध बनावे। महीपति ने इसे गुरु का आदेश माना और वे ज्ञानेश्वर, नामदेव, एकनाथ, तुकाराम, समर्थ रामदास आदि भक्त कवियों का जीवन-चरित्र लिखने लगे।

रचनायें

हिन्दी में लिखित नाभादास का 'भक्तमाल' तथा उद्धवसिद्ध द्वारा लिखित 'भक्त चरित' इन ग्रन्थो के आधार पर महीपति ने 'भक्तविजयम' नामक पुस्तक लिखी जिसमें अनेक वैष्णव भक्तों की जीवनी पर प्रथमबार विस्तारपूर्वक प्रकाश डाला गया है। इस पुस्तक में भक्त कवियों के गुणों की प्रशंसा की गयी है।

महीपति द्वारा लिखित 'कथासारामृत' नामक ग्रन्थ में ईश्वर-प्राप्ति के उपाय बताये गये हैं। विविध प्रकार के उपवास-व्रतों के बारे में लगभग 7000 गीतों में वर्णन किया गया है। भक्ति संबन्धी कथाओं द्वारा, कष्टों से पीड़ित लोगों का ध्यान, भगवान की ओर मुड़ाकर उनके कमल चरणों में आश्रय लेने का उपदेश जनता को दिया गया है।

पांडुरंग महात्मियम

महीपति ने इस पुस्तक में शंकर-पार्वती चार्तालाप द्वारा पांडुरंग विट्ठल का महत्व तथा पंडरपुर संबन्धी अनेक विषयों पर प्रकाश डाला है।

उक्त ग्रन्थो के अतिरिक्त 'संतलीलामृत' नामक और एक पुस्तक की रचना महीपति ने की है। उन्होंने अपनी सब कृतियों में 'भक्तमाल' का लेखक नामादास की प्रशंसा की है।

भक्त कवियों के जीवन संबन्धी सामग्री इकट्ठा करने के लिये महीपति ने कठिन परिश्रम किया है। उनकी यह साहित्यिक सेवा खूब प्रशंसनीय मानी जाती है।

महीपति बोवा के जीवनवृत्त का सार

निवास-स्थान	दाहरावात (महाराष्ट्रा)
उद्योग	राजमहल का उद्योग। पांडुरंग विट्ठल की सेवा करने के वास्ते अपनी नौकरी छोड़ दी।
रचनायें	1. भवत विजयम (भक्त कवियों की जीवनी इसमें बतायी गयी है।) 2. कथा सारामृत 3. पांडुरंग महात्म्य तथा 4. संतलीलामृत

अध्याय 12

गुजराती वैष्णव साहित्य

गुजराती वैष्णव साहित्य का विकास

गुजरात की जन संख्या लगभग छ: करोड पाँच लाख (6,0500,000) के उपर माना जाता है। वहाँ बोली जाने वाली भाषा गुजराती कहलाती हैं; यह एक आर्य परिवार की भाषा हे। इसका आविर्भाव शौरसेनी अपभ्रंश से हुआ है। हिन्दी और गुजराती एक ही माता की पुत्रियाँ होने के कारण दोनों में घनिष्ट समानता पायी जाती है। हिन्दी का असर गुजराती पर और गुजराती का असर हिन्दी पर देखा जा सकता है। हिन्दी की एक उपभाषा, ब्रजभाषा का प्रचार, गुजरात में अधिक रहा था। गुजरात के अनेक वेष्णव कवियों ने ब्रजभाषा में भक्ति-पदों की रचना की है। गुर्जर कहलाने वाले एक जाति के लोग 5वीं और 6वीं शतियों में पंजाब से, राजस्थान स्थानांतरित हुए थे। मुगलों के आक्रमण के कारण 10 वीं शताब्दी में वे राजस्थान से निकलकर गुजरात भर में फैले।

गुजराती में 13 वीं शती से साहित्य का अविर्भाव होने लगा। सूरत गुजराती, नागरी गुजराती तथा मुंबै गुजराती, गुजराती भाषा की उपभाषायें मानी जाती हैं। भक्त नरसिमेहता, भक्त मीराबाई प्रभृत्ति वैष्णव कवियों से गुजराती-साहित्य संपन्न हुआ।

15, 16 तथा 17वीं शदियों में अनेक वैष्णव कवियों का जन्म गुजरात में हुआ था; उन्होंने अपनी कृतियो द्वारा गुजराती-साहित्य को संपन्न बनाया। इन वैष्णव भक्त कवियों में नरसीमेहता प्रधान माने जाते हैं। उनकी जीवनी एवं रचनाओं का विस्तृत विवेचन निम्न प्रकार है:

नरसिमेहता (सन् 1414 से 1480 तक) फोटो

नरसि मेहता (1414-1480 A.D.)

नरसी के जीवन-काल (15वीं शती) में सुलतान लोग, गुजरात का शासन कर रहे थे। उस समय छुआछूत, जाति भेद और धार्मिक कट्टरता समाज भर में फैले हुए थे। मुगलों के शासन-काल होने के कारण हिन्दु धर्म पतनोंमुख था। वेशधारी साधु-सन्यासी लोग हिन्दुधर्म को नाश की ओर ले जा रहे थे। नरसी के समय में लोग माधुर्य-भक्ति के खिलाफ थे।

नरसी का जीवन वृत्त

नरसी महेता का जीवन अनेक जनश्रुति एवं बदंतियों से भरा पड़ा है और उन्होंने भी अपने जीवन से संबंधित अनेक विषयो का उल्लेख अपनी रचनाओं में बढ़ा चढ़ाकर किया है। उनका विवाह, घर की दरिद्रता, भाभी के कटु वचन, पुत्र एवं पुत्री की शादी, पुत्री का पुंसवन सीमन्त-संस्कार आदि अनेक विषयों का पता उनकी कृतियों से चलता है।

नरसी की जन्म एवं मृत्यु-तिथि के संबन्ध में विद्वानों में मत भेद पाया जाता है। अनेक विद्वानों का मत है कि नरसी का जन्म सन् 1414 में हुआ और सन् 1480 में उनका स्वर्गवास हुआ। इनके जन्म स्थान के संबन्ध में विद्वानों में कोई मत भेद नहीं है। नरसी का जन्म सौराष्ट्र में भावनगर के पास 'तलाजा' नामक गाँव में हुआ था। नरसी ने अपने काव्यों में अनेक स्थानों पर यह उल्लेख किया है कि वे एक नागर-ब्राह्मण थे।

कहा जाता है कि कृष्णदामोदर और दयारकोर नामक दंपतियों की वृद्धावस्था में नरसी का जन्म हुआ था। नरसी तीन वर्ष का बालक था तब उनकी माता, अपने देवर के घर जाकर, बालक नरसी के साथ रहने लगी। नरसी आठ वर्ष की उम्र तक गूंगा रहे। 'गिरनार' नामक शहर के एक भक्त के अनुग्रह से नरसी बोलने लगे। बचपन की अवस्था में नरसी ने संस्कृत भाषा सीखी। इनकी माता ने नरसी को भगवान कृष्णपरमात्मा की कथा सुनाकर, बड़ा किया।

जब नरसी 11वर्ष के थे तब रा.मांडलिक नामक नरेश के मंत्री की पुत्री के साथ इनका विवाह निश्चित हुआ। लेकिन नरसी के फिजूल खर्चीलापन के कारण उनकी शादी संपन्न होने से रुक गयी। इस के कारण इनकी माता को बड़ी चिन्ता हुई और रोगग्रस्त होकर चल बसी। इसके पश्चात नरसी के चाचा पर्वतदास ने इनकी शादी जूनागठ शहर के एक ब्राह्मण की पुत्री से करवायी।

नरसी की पत्नी बड़ी गुणवती थी। विवाह के पश्चात् नरसी अपना अग्रज वंशीधर के साथ परिवार चलाने लगे। उनको अपने परिवार की कुछ भी चिन्ता नहीं थी। भक्तों के साथ घूमना, नरसी का दैनिक काम था। वंशीधर नरसी के परिवार को संभाल रहे थे। नरसी की भाभी को यह अच्छा नहीं लगा। उसने कटु शब्दों से नरसी के मन को घायल किया। अतः नरसी ने तलाजा के निकट एक शिव मंदिर में सात दिन तक, अन्न-आहार के बिना, भगवान शिव की आराधना की। उन्होंने अपना काव्य 'सामलदासनो विवाह' में इस घटना का उल्लेख किया है।

भगवान शिव की कृपा से, श्रीकृष्ण परमात्मा की लीलाओं का दर्शन, नरसी ने अपनी भीतरी आंखों से किया और बड़े आनंद का अनुभव किया।[1]

---

1 नरसी का काव्य संग्रह-पृ.75

इसके बाद नरसी ने मथुरा, गोकुल, वृन्दावन द्वारका आदि तीर्थ-स्थलों की यात्रा की। इस तीर्थ यात्रा के दौरान भक्तों एवं साधु सन्यासियों के सत्संग से इनहोंने शास्त्र और संगीत का ज्ञान हासिल किया। रिश्ते नाते की विनती को स्वीकार कर, नरसी पुनः घर लौटकर अपने टूटे-फूटे पुराने घर में पत्नी के साथ जीवन बिताने लगे। जूनागाट में रहते समय वे सामलदास नामक एक पुत्र और 'कुम्बरबाय' नामक एक पुत्री के पिता बने। गरीबी के कारण नरसी को अपने जीवन में कई कठिनाइयों का सामना करना पड़ा।

नरसी के जीवन में घटी हुई अद्भुत घटनायें

कहा जाता है कि नरसी के जीवन में अनेक अद्भुत घटनाये घटीं। एक दिन रात, जब ये भक्ति के कीर्तन गा रहे थे, इनकी प्यास को बुझाने के लिये, ईश्वर मोहिनी के रूप में पधारकर, अपने हाथों से इन्हें जल पिलाया था। यह घटना 'झारी' नाम से गुजरात में बहुत प्रसिद्ध है। अपनी पुत्री की सीमन्त संस्कार चलाने के लिये नरसी के पास धन की सुविधा न थी। उनके इस आर्थिक कष्ट को दूर करने के लिये भगवान ने 'दामोदर दोशी' के रूप में पधारकर, उनकी पुत्री की सीमंत सँस्कार को घूमधाम से चलाया।

अपना पुत्र सामलदास के विवाह का दिन निश्चित होते ही, नरसी द्वारकापुरी गये और श्री कृष्ण परमात्म को निमंत्रण -पत्र दिया। श्री कृष्ण ने इनका स्वागत सत्कार अच्छी तरह किया। रुक्मणि देवी के साथ श्रीकृष्ण विवाह-वैभव में शामिल हुए। नरसी ने अपना काव्य 'सामलदासनो विवाह' में इस का सविस्तार वर्णन किया हैं।

एक बार जब नरसी द्वारका गये थे तब कुछ ईर्ष्यालु ब्राह्मणों की प्रेरणा से वहाँ के कुछ भक्तों ने सात सौ रुपये को हुण्डि में डालने के लिये नरसी को विवश किया। नरसी के पास इतने रुपये नहीं थे। कृष्ण परमात्मा यह जानकर सामलदास सेठ के रूप में वहाँ पधारे और उन्होंने हुण्डी में नरसी की और से सात सौ रुपये डाले। इस प्रकार प्रभु ने भक्त जनों की कामना को निभाया था। नरसी ने इस घटना का वर्णन अपने 'हुण्डि' नामक काव्य में किया है। एक बार नरसी के विरोधियों ने राजा 'माण्डली' के पास जाकर शिकायत की कि नरसी बड़ा कामुक आदमी है। राजा ने उनकी परीक्षा करना चाहा। राजा ने नरसी को बुलाकर कहा-"तुम्हारे ऊपर जो इल्जाम लगाया गया है, उसे यदि तुम झूठ निरूपित करना चाहते हो तो कृष्ण परमात्मा को यहाँ प्रत्यक्ष होना चाहिये और तुम्हारे गले में फूल की माला को पहनाना चाहिये; ऐसा न हुआ तो तुम्हें मृत्यु-दंड दिया जायेगा।" नरसी की प्रार्थना को कृष्ण भगवान ने स्वीकार किया; वहाँ वे उपस्थित हुए और उनके गले में माला पहनायी और राजा के मृत्यु -दंड से उन्हें बचाया। इस घटना का वर्णन नरसी ने अपने 'हारसमेंनापदअने हार माला' नामक कृति में पाठकों के दिल को पिघलाने वाले ढंग से वर्णन किया है।

गुजराती भाषा के प्रथम वैष्णव कवि के रूप में नरसी

श्री कृष्ण की लीलाओं का गान करना नरसी के जीवन का लक्ष्य था। उन्होंने श्री कृष्ण को परब्रह्म माना और आत्मनिवेदन एवं माधुर्य भक्ति पूर्ण पदों की रचना की। रोज श्रीकृष्ण-लीला संबंधित कोई

न कोई नया कीर्तन गाकर भक्तजनों को प्रसन्न किया करते थे। वृद्धावस्था में आत्मज्ञान संबन्धी गीत गाने लगे। नरसी के समय में गुजरात वैष्णव-भक्ति के खिलाफ था। राजा एवं प्रजा, सब शैव धर्म को मानने वाले थे। सर्व प्रथम नरसी ने अपनी कृष्ण-भक्ति पदों द्वारा गुजरात में वैष्णव धर्म के विचारों को लोगों के बीच फैलाया। अतः वे गुजरात के प्रथम वैष्णव कवि के रूप में विख्यात हुए। वे किसी भी संप्रदाय के कवि नहीं थे। लोगों के बीच क्रांन्ति को उत्पन्न करने वाले वैष्णव कवि माने जाते हैं।

नरसी का जीवन अन्ततक विविध कष्टों से घिरा हुआ था। जीवन के प्रति उनमें कोई मोह नहीं था। श्री कृष्ण-भक्ति के पदों की रचना करने में उन्होंने अपना सारा जीवन बिताया था। उनके द्वारा लिखित भक्ति-कीर्तनों को आज भी लोग भक्ति एवं श्रद्धा के साथ गाकर प्रसन्नता का अनुभव करते हैं।

नरसी की मृत्यु-तिथि आज भी चर्चा का विषय बना रहता है। श्री इच्छाराम सूर्यराम नामक विद्वान का मत हे कि नरसी का स्वर्गवास उनके 66वीं वर्ष की उम्र में हुआ था।[1]

नरसी का जाति भ्रष्ट किया जाना

नरसी सभी धर्मों को एक समान मानते थे। उन्होंने सभी जाति के लोगों के साथ समान रूप से बर्ताव किया। शूद्र लोगों के निमंत्रण को स्वीकार कर, उनके गृहों में जाकर नरसी भजन के गीतों को गाया करते थे। अतः उनके रिश्ते-नाते उन्हें जाति भ्रष्ट कर दिया।

नरसी की रचनायें

1. नरसी के जीवन में घटी हुई घटनाओं को बताने वाले काव्यः झारी, मामेरु, सामलदासनो विवाह, हुण्डि और हारसमेनाम पदने हार माला
2. पौराणिक कथाओं से संबंधित काव्य

   सुदामा चरित, दानलीला, और रास सहस्त्रपद
3. चादुरी छत्तीसी एवं चादुरी सोडसी (संग्रह कर्ताः कु. चैतन्य वाला ज. दिवेडिया)
4. कृष्ण-लीला संबन्धित ग्रन्थ

श्री कृष्ण जन्म समानाम पद, श्रीकृष्ण जन्म पदायीनाम पद, हिण्डोलाना पद, वसन्तना पद और श्रृंगार माला

झारी काव्य

एक प्रकार के जल भरने के पात्र को गुजराती में 'झारी' कहते हैं। इस ग्रन्थ के प्रथम दो गीतों में ईश्वर की मोहिनी रूप का वर्णन किया गया है। तीसरे गीत में कवि ने प्रभु की महिमा का वर्णन किया है। चौथे गीत में नरसी ने बताया है कि काम की दृष्टि से स्त्रियों को न देखकर निर्मल दृष्टि से देखने

---

1 नरसी मेहता काव्य संग्रह पृ.44

पर महिलाओ में हम देवी का दर्शन कर सकते हैं। इस ग्रन्थ में कवि ने शब्द-चित्रों से श्रृंगार भावों को व्यक्त किया है।

नरसी का मामेरु काव्य

सात गीतों में लिखित यह 'मामेरु' काव्य 'झूलना' छन्द में रचा गया है। श्री मकनबाय प्रभुदास देसाय ने गुजरात के एक ग्रन्थालय से प्रापत दो 'ताडपत्रों के आधार पर 'मामेरू' नाम से, इस ग्रन्थ का प्रकाशन किया था। नरसी की पुत्री का सीमन्त संस्कार इस ग्रन्थ में सविस्तार बताया गया है। सीमन्त संस्कार के लिये काफी धन न होने के कारण नरसी खाली हाथ संबंधी के घर जाते हैं। अपने पिता की गरीबी को देखकर पुत्री कुम्बरवाई बहुत दुखी होती हैं। नरसी अपने मान-मर्यादा की रक्षा करने के लिये भगवान को बुलाते हैं। उनकी विनती को सुनकर ईश्वर दामोदरदोशी के रूप में बहुमूल्य वस्त्र एवं आभूषणों को एक थाली में रखकर उपस्थित होते हैं।

स्नान करने के लिये संबंधी के घर में बहुत ही गरम पानी नरसी को दिया जाता हैं नरसी ठंडा पानी माँगते हैं। "अपने एक गीत के द्वारा वर्षा होने दीजिये" कहकर हँसते हुए संबन्धी नरसी का हँसी मजाक करते हैं। नरसी के 'मलहार' गीत गाते ही वर्षा होने लगती है।

नरसी के समय के वस्त्र एवं आभूषणों का वर्णन 'मामेरु' काव्य में विस्तार से किया गया है। दामोदर दोशी रूप में आये हुए भगवान, नरसी से विदा लेकर अदृश्य हो जाते हैं)

'सामलदासनो विवाह' काव्य

कुल 34 गीतों में लिखित इस ग्रन्थ में निम्नलिखित विषयों का विस्तार पूर्वक वर्णन यर्थार्थ रूप से किया गया है

1. विवाह-जुलूस
2. नरसी कालीन लोगों की संस्कृति, रहन-सहन और
3. लोगों का खान-पान

'सामलदासनो विवाह' काव्य वर्णनात्मक शैली में लिखा गया है। इस आत्म चरित ग्रन्थ में भगवान की महिमा का वर्णन करते समय नरसी ने अनेक पौराणिक कथाओं का भी उल्लेख किया है। नरसी ने अपनी सच्ची भक्ति, भगवान श्री कृष्ण की घनिष्ट मित्रता आदि को साहित्यिक सौन्दर्य के साथ अपने इस ग्रन्थ में व्यक्त किया है।

कृष्ण की विविध लीलाओं से संबंधित गीत

नरसी ने अपने एक कीर्तन में कहा है कि भगवान श्री कृष्ण से उनको कृष्ण की लीलाओं को गाने की प्रेरणा मिली थी। नरसी बताते हैं कि कृष्ण परमात्मा उनकी माधुर्य भक्ति से अत्यन्त प्रसन्न हुए थे और उनसे अपनी श्रृंगार लीलाओं का गान करने की विनती की थी।[1]

---

1 नरसी का काव्य संग्रह - पृ.76

नरसी ने आठ गीतों में श्री कृष्ण के अलौकिक गुणों का वर्णन किया है। उन्होंने तीस पदों में निम्नलिखित बालक कृष्ण की विविध लीलाओं का चित्रण किया है;

1. चाँद को पकड़कर देने के लिये हटकरना
2. माखन-चोरी
3. कांलिंग नृत्य आदि विभिन्न लीलायें।

झूला-लीला से संबन्धित 45 पदों की रचना नरसी ने की है। श्रृंगार वर्णन इन पदों की विशिष्टता है। झूला और श्रृंगार लीलाओं में, श्री कृष्ण और गोपी स्त्रियों के साथ नरसी भी प्रत्यक्ष रूप में भाग लेते हैं। झूला हिलानेवाली गोपियों को वे तांबूल खिलाकर प्रसन्न करते हैं। कभी-कभी श्री कृष्ण परमात्मा के गुणादिशयों को भक्ति पूर्वक गाते हुए नरसी अपने आप को भूल जाते हैं। वसन्त ऋतु संबन्धित गीतें और होली-त्योहार के पद भावपूर्वक एवं यथार्थ बन पडे हैं।

नरसी के भक्ति -पद

नरसी ने भक्ति की महिमा, नवधाभक्ति, प्रेमा-भक्ति की श्रेष्ठता, नाम महिमा, सत्संग, गुरु-महिमा आदि विषयों से संबंधित पदों की रचना की है।

ईश्वर, शरीर की नश्वरता, संसार की नश्वरता, माया आदि विषयो के बारे में नरसी ने दार्शनिक गीतों को भी लिखा है। प्रातः काल, उनके आध्यात्मिक और भक्ति के पद, गुजरात में आज भी गाये जाते हैं।

नरसी के आध्यात्मिक विचार

नरसी वास्तव में एक बड़े वैष्णव भक्त थे। वे दार्शनिक नहीं थे। आध्यातिम्क तत्वों का निरूपण करना नरसी का लक्ष्य नहीं था। माधुर्य भक्ति द्वारा उन्होंने प्रभु की प्राप्ति करना चाहा। दर्शन और भक्ति के बीच घनिष्ट संबन्ध रहता है। अतः भगवान के गुणों की गान करते समय उनके पदों में अनायास से ही दार्शनिक तत्वों का समावेश हो गया है।

नरसी किसी भी संप्रदाय में दीक्षित नहीं हुए थे। किसी भी आचार्य ने उन्हें प्रभु की लीलाओं का रहश्य, जीव, जगत, ब्रह्म, माया आदि के बारे में दीक्षा नहीं दी। वे सदा-साधु-सन्यासियो के संग में रहा करते थे। इसलिये उनके सत्संग से नरसी को आध्यत्मिक ज्ञान प्राप्त हुआ था।

पहले नरसी शिव भक्त थे; बाद में वे कृष्ण-भक्त बने। उनके दार्शनिक विचारों तथा बल्लभाचार्य के शुद्धाद्वैत-विचारों में अधिक समानता पायी जाती है।

नरसी के ब्रह्म संबन्धी विचार

नरसी कहते हैं कि परब्रह्म सच्चीदानंद स्वरूप हैं; वे ही पुरुषोत्तम है तथा सर्वशक्तिमान हैं; वे जन्म और मृत्यु के परे हैं और सर्वव्यापि स्वतन्त्र पुरुष हैं; वे अविकारी और अनश्वर हैं। वेद, उपनिषद, भगवतगीता, श्रीमद्भागवत और सभी पुराणों का कहना है कि श्री कृष्ण परमात्मा ही

परब्रह्म कहलाते हैं। नरसी ने भी अपने संकीर्तनों में उल्लेख किया है कि उनका इष्टदेव श्री कृष्ण और परब्रह्म में कोई भेद नहीं है।

परब्रह्म श्री कृष्ण काम-वासना से परे हैं; फिर भी वे श्रृंगार-लीलायें करते हैं और अपने भक्तो पर 'वात्सल्य प्रेम दिखाते हैं। इस विरोधाभास को देखकर नरसी को बड़ा विस्मय होता हैं।[1] नरसी ने अपने प्रभु के निर्गुण तथा सगुण रूप का गुण-गान किया है। शंकराचार्य के निर्गुण तत्वों से बढ़कर, सगुण-तत्वों को ही नरसी ने अपने पदों में प्रधानता दी है। भीम नामक मुनि से परब्रह्म के संबन्ध में वाद-विवाद करते समय नरसी ने बताया है कि निर्गुण-उपासना से बढ़कर सगुण-उपासना ही श्रेष्ठ है; श्री कृष्ण परमात्मा को पाने के लिये माधुर्य भक्ति ही उत्तम उपाय है।[2]

जिस प्रकार पानी से बुलबुले उत्पन्न होते हैं और स्वर्ण से कुंडल, हार, कंगन आदि आभूषण बनाये जाते हैं उसी प्रकार परब्रह्म से ही सारा प्रपंच तथा सकल जीवराशियाँ उत्पन्न हुए हैं। नरसी इस तत्व को 'अविकृत परिणामतत्व' के नाम से पुकारते हैं। ईश्वर से ही पंचभूत, वेद एवं उपनिषद उत्पन्न हुए हैं।

नरसी भगवान के विराट रूप की कल्पना करते हुए बयान करते हैं-"ईश्वर का रूप बहुत विराट हैं। करोडों अंडकोष उसके एक केश के बराबर है। करोडों सूर्य और चाँद से बढ़कर परब्रह्म अधिक प्रकाशमान है; उसके विराट रूप का कोई आदि, अंत और मध्य नहीं है; चारों तरफ तथा प्रपंच के प्रत्येक अणु में वह व्याप्त है; उसी समय वह निराकार और अनश्वर है। इस प्रकार के ब्रह्म की उपासना करने से प्राप्त हाने वाले अपरिमित प्रसन्नता का वर्णन शब्दों से नहीं किया जा सकता, मन और अन्तः करण से ही अनुभव किया जा सकता है। जिस प्रकार गूंगा गुड का स्वाद अनुभव करने के बाद, उस स्वाद का वर्णन वह शब्दों द्वारा नहीं कर सकता, उसी प्रकार परब्रह्म का वर्णन करने के लिये शब्द पर्याप्त नहीं है।[3]

नभ में करोड़ों सूर्यों की भांति जगमगाने वाले ईश्वर को, भक्त लोग अपने प्रेम और भक्ति रूपी धागों से बाँधकर अपने वश में रखे हुए हैं। जीवात्मा, परमात्मा का ही अंश है। नरसी ने शंकराचार्य के तत्वों का भी उल्लेख अपने पदों में किया है।[4]

हरेक अणु में व्याप्त प्रभु, करोडों सूर्यों की भांति, नभ में तेल रहित बाती की तरह और अग्नि की भांति जग मगा रहा है। करोड़ों सूर्य-चंद्रों की तेजोमय कांति, परब्रह्म की उंगली के नख की चंद्रप्रभा के बराबर है। काव्य-सौन्दर्य से बताये गये नरसी के दार्शनिक विचार स्वर्ण में जडित रत्नों के समान हैं।

जीव संबन्धी नरसी के विचार

नेत्रों द्वारा दिखायी पड़ने वाले और न दिखायी पड़ने वाले सभी जीव-राशियों के शरीरो में, आत्मा के रूप में, निवास करते हुए ईश्वर उन्हें कार्यान्वित करते रहते हैं। आकाश में सूर्य, चंद्र, और तारों के

---

1 नरसी काव्य संग्रह - पृ.476

2 हारमाला, नरसी - पृ. 36

3 नरसी काव्य संग्रह -पृ.495

4 वही, पृ.484, 485

रूप में, धर्ती पर जल एवं पेड़-पौधों के रूप में वे सर्वत्र फैले हुए है। वे बीज में वृक्ष, तथा वृक्ष में बीज के रूप में दिखाई पड़ते हैं।[1] अज्ञान और अविद्या माया के कारण, चित् और अचित् तथा सब चीजों में व्याप्त ईश्वर को, जीव पहचान नहीं पाता। ज्ञानी लोग इस सत्य को समझते हैं। माया रूपी जाल में फसे हुए जीव को, परब्रह्म को समझने के लिये ज्ञान की आवश्यकता पड़ती है। योग, यम, नियम, प्राणायाम द्वारा भी भगवान की प्रप्ति कर सकते हैं।[2] इस प्रकार अद्वैत और विशिष्टाद्वैत के तत्वों का प्रभाव नरसी के दार्शनिक विचारों में देखा जा सकता है।

अज्ञान रूपी माया के दूर हो जाने के बाद, ज्ञान प्राप्त मनुष्य, पूरे प्रपंच और उनमें स्थित पंचभूतों को परब्रह्म के रूप में समझता है। नरसी का कहना है कि प्रपंच असत्य नही, सत्य है। मानव द्वारा बनाया गया संसार और उसके द्वारा बनाये गये रिश्ते सब असत्य हैं। वे सब शास्वत नही, नश्वर हैं।[3] इसलिये अहंकार, मैं, मेरा 'विचार को छोड़कर सर्वशक्तिमान ईश्वर की उपासना करने का उपदेश नरसी लोगों को देते हैं।

नरसी के मोक्ष संबंधी विचार

आलवारों की तरह नरसी भी कहते हैं कि मुक्ति से बढ़कर भक्ति ही श्रेष्ठ है। मुक्ति पाने के लिये भगवान पर भक्ति करना स्वार्थता है। अतः नरसी बार-बार इस धर्ती पर जन्म लेकर भगवान पर भक्ति करना चाहते हैं। अतः ज्ञान, मुक्ति, मोक्ष आदि बातें नरसी के लिये अर्थहीन दिखायी पड़ती हैं। निस्वार्थ भक्ति को ही नरसी बहुत चाहते थे।[4]

अपने को भगवान श्री कृष्ण के निकट रहते हुए समझकर नरसी ने उनकी लीलाओं का वर्णन किया है। नाराज होकर राधा जब श्री कृष्ण से बोलने के लिये इन्कार करती है तब नरसी उसके पास जाकर उसे शान्त करते हैं। पूर्णिमा की रात में जब कृष्ण गोपिकाओं के साथ रास-क्रीडा करते हैं तब नरसी मशाल पकड़कर उनके पास खड़े रहते हैं। त्योहारों के समय वे गोपी-गोपिकाओं को तांबूल विनियोग करते हैं। श्री कृष्ण के निकट रहते हुए उनकी सेवा करने की अपनी इच्छा को नरसी ने अपनी रचनाओं में व्यक्त किया है। इस से पता चलता है कि वे सामीप्य मुक्ति को आधिक पसन्द करते थे।

नरसी ने कृष्ण लीला-भूमि गोकुल और वृन्दावन को वैकुंठ समझा और उनकी महिमा का गान किया है। उन्होंने अपने पदों में में बताया है कि स्वर्ग लोक के देवी-देवतायें सब कृष्ण की इस लीला-भूमि पर नंदबाबा, यशोदा, और गोप-गोपिकाओं के रूप में अवतरित हुए हैं। गोप-गोपिकायें सब कृष्ण की लीला-भूमि को स्वर्ग लोक से बढ़कर श्रेष्ठ मानते हैं।[5]

---

1 वही, पृ.485

2 नरसी काव्य संग्रह-पृ.485

3 वही, पृ.482

4 नरसी काव्य संग्रह पृ.477

5 नरसी काव्य संग्रह- पृ.480

नरसी की भक्ति-साधना

नरसी ने बताया है कि मनुष्य-जन्म सांसारिक सुख-दुखों को अनुभव करने के लिये नहीं, बल्कि भगवान पर तैलधारावत भक्ति करने के लिये हुआ है। भक्ति रहित नाश्तिक लोग बोझ ढोने वाले गधे के बराबर हैं।[1]

प्रारंभ में नरसी शिवभक्त थे; पश्चात् कृष्ण भक्त बने; अंतिम काल में वेदान्त ज्ञानी बन गये थे। अपने एक पद में वे कृष्ण परमात्मा से पूछते हैं-"हे कृष्णा! तुम निर्गुण-निराकार और सगुण-साकार परब्रह्म हो। मैं तेरी उपासना किस प्रकार से करूँ?"[2] उन्होंने अपने इष्ट देव कृष्ण की सगुण एवं निर्गुण रूप में पूजा की। ईश्वर की प्राप्ति के लिये माधुर्य भक्ति राजमार्ग के समान है। ईश्वर की प्राप्ति के मार्गों में भक्ति-मार्ग ही उत्तम मार्ग है। यह चिन्ता का विषय हे कि वैकुण्ठ में भक्ति नहीं है।[3] इसलिये नरसी ईश्वर से केवल भक्ति की याचना करते हैं।

नरसी की कीर्तना-भक्ति

नरसी अपना इष्ट देव कृष्ण की लीलाओं को बड़े भक्ति-भाव से उछल कूदकर गाया करते थे। वे कहा करते थे कि जो कृष्ण की कीर्ति का गान नहीं करता वह निम्नकुल में जन्मा अछूत माना जायेगा। जुआ में अपनी संपत्ति सब हारे हुए व्यक्ति की भांति वह अपने जीवन में बहुत से कष्टों का अनुभव करेगा।[4]

नरसी की श्रवण-भक्ति

नरसी के कीर्तन सब श्रवण भक्ति के उदाहरण माने जा सकते हैं। लोगों को सुनने और सुनाने के लिये नरसी ने कृष्ण की लीला संबन्धी पदों की रचना की थी। उनको सुनने से और दूसरों को सुनाने से होने वाले फलों का उल्लेख नरसी ने अपने कीर्तनों के अंत में बताया है।

नरसी की स्मरण-भक्ति

नरसी केशव के ध्यान में डूबकर अपेन दैनिक कामों को किया करते थे। श्री कृष्ण परमात्मा के स्मरण में वे परमानन्द का अनुभव किया करते थे। रात और दिन, सदा-सर्वदा ईश्वर के ध्यान में लगे रहने से हमारे सारे-दुख दूर हो जायेंगे।[5]

नरसी की पाद-सेवन-भक्ति

नरसी अपने को नौकर तथा भगवान को यजमान मानकर उनके श्री चरणों की सेवा करना अपने जीवन का लक्ष्य मानते थे। भगवान गोविन्द के श्री चरणों में ऐक्य होने की अपनी अभिलाषा को नरसी ने अपने पदों में व्यक्त किया है।

---

1 वही, पृ.491

2 वही, पृ.

3 वही पृ.469

4 वही पृ.476

5 नरसी काव्य संग्रह-पृ.478, 487

नरसी की अर्चना एवं वन्दना भक्ति

अर्चा एवं प्रणाम एक ही समय में ईश्वर को किया जाता है। भगवान के श्री चरणों में नाम जपन-करते हुए पुष्पों को डालकर धूप और दीपों से आराधना करना अर्चना भक्ति कहलाती है। नरसी ने मानसिक रूप से अच्छुद की अर्चना-भक्ति की है। मंदिर में माधव को आर्ती लेते समय, मशाल को हाथ में उठाकर दीपाराधना में भाग लेने की अपनी इच्छा को नरसी ने अपने एक पद में व्यक्त किया है।[1]

विनम्रता से भगवान को नमस्कार करना वन्दना भक्ति कहलाती है। नरसी अपने ग्रन्थों की रचना के पूर्व, पहले अपने इष्ट देव को नमन करते हैं; पश्चात अपने गुरु एवं साधु-सन्यासियो को प्राणाम करते है।[2]

नरसी की दास्य भक्ति

नरसी का 'हारमाला' काव्य उनकी दास्य भक्ति का श्रेष्ठ उदाहरण माना जाता है। उस काव्य में नरसी अपने को दीन और हीन मानकर दीनदयाल प्रभु के श्री चरणों में आश्रय लेना चाहते हैं। अपने ऊपर अनुग्रह करने की प्रार्थना वे भक्त वत्सल भगवान से करते हैं। उनकी दास्य भक्ति में नम्रता, गरीबी, दीनता, हीनता, समर्पण आदि भाव दिखायी पड़ने पर भी यत्र-तत्र वे अपने यजमान कृष्ण परमात्मा की निन्दा भी करते हैं; कभी-कभी उन्हें डाँटते है और भय दिखाते हैं।

'हारमाला' काव्य में एक जगह पर नरसी ईश्वर को धमकी देते हैं-"एक फूल की माला को मेरे गले में पहनाने से तुम्हारे बाप के घर की संपत्ति घट जायेगी क्या? नरसी की दास्य भक्ति में नम्रता से बढ़कर निर्भीकता, असभ्यता, अशिष्टता, आदि गुण अधिक दिखाई पड़ते हैं। उन्होंने श्री कृष्ण को बुरा, कामुक, स्त्रियों के पीचे घूमने वाला आदि कटु शब्दों से निन्दा की है।[3] कृष्ण के ऊपर का उनका क्रोध समाप्त होते ही वे भगवान को अपना माँ-बाप, और यजमान कहकर बुलाते है और उनसे कहते हैं-"तुम्हें छोड़कर और किस के पास जाकर मैं अपना दुख कहूँ?" अपने सभी पदों में अपने बुरे कार्यों के लिये पछताते है और अपने को बड़ा 'पापी' कहकर अपनी निन्दा स्वयं कर लेते हैं। इंद्रिय सुखों में डूबकर वे प्रभु को भूल गये थे। बड़ा पापी-होने पर भी भगवान ने उन्हें क्षमा करके अपना लिया था। ऐसा सोचकर, मन में किसी भी सन्देह के बिना नरसी कृष्ण परमात्मा की सेवा करने में डूब जाते हैं। साँसारिक दुखो से छुड़ाकर उन्हें पार लगाने की प्रार्थना नरसी भगवान से करते हैं।

नरसी की सख्य भक्ति

श्री कृष्ण की मित्रता की प्रशंसा करते हुए नरसी ने उनकी आराधना की है। नरसी का 'सुदामा चरित' नामक काव्य उनकी सख्य भक्ति के लिये अच्छा उदाहरण समझा जाता है। इस ग्रन्थ में नरसी कहते हैं कि गुरु के आश्रम में रहते समय कृष्ण ने सुदामा से जो प्रेम किया था और मित्रता दिखायी थी,

---

1 वही, पृ.427

2 चादुरीगीते, पृ.71

3 हारलीला, पृ. 21

द्वारकापुरी का नरेश बनने के बाद भी वह प्रेम और मित्रता ज्यों का त्यों रहा; उसमें कुछ भी कमी नहीं आयी। श्री कृष्ण सुदामा से माफी माँगते हैं कि अन्तः पुर के सुख में, वे अपना घनिष्ट मित्र सुदामा को भूल गये थे। यह वर्णन अत्यन्त यथार्थ बन पड़ा है।

श्री कृष्ण मित्रों के साथ खाना बँटवारा करके खाते है। उसके बाद यमुना नदी में हाथ न धोकर अपने निकट खड़े मित्र के कंधे पर के कंबल से हाथ पोंछ लेते हैं।[1]

नरसी की वात्सल्य भक्ति

नरसी ने कृष्ण के बाल लीलाओं एवं करतूतों का वर्णन यथार्थ रूप में अपनी वात्सल्य भक्ति-पदों में किया है।

कंश के जेल में दुखी और चिन्तित रहने वाली देवकी कृष्ण के बारे में सोचकर बहुत चिन्तित होती हैं। इसका नरसी ने सुन्दर चित्रण किया है। गोकुल में कान्हे का पालन पोषण यशोदा करती हैं। कृष्ण के पालन-पोषण करने का और उसके वालसुलभ चेष्टाओं को देखकर आनंदित होने का सौभाग्य देवकी को प्राप्त न हुआ था। इसके बारे में सोचकर देवकी बहुत दुखी होती है। माताहीन सन्तान ही दूसरों से पाला-पोषा जाता है। अपनी माता के जीवित रहते हुए भी कान्हा गोकुल में पालन-पोषण किया जाता है। इस बात को सोचकर देवकी बहुत दुखी होती है।[2]

कृष्ण, चाँद को पकड़कर देने का हट करते हुए जमीन पर लोटकर रोता है; खेलने के लिये चाँद के साथ तारों को भी वह माँगता है। जल में चाँद के बिंब को दिखाकर यशोदा कान्हा को शान्त करती हैं। नक्षत्रों को अपने जेब में डालकर बालक कृष्ण खेलता है। इस प्रकार नरसी ने कल्पना करके लिखा है। उनकी यह सुन्दर कलपना प्रशंसनीय है।[3]

नरसी की आडंबरहीन भक्ति

नरसी का कहना है कि आडंबर, पडाडोप, भाल पर तिलक लगाना, विभूति को शरीर पर पोतना, भूख मिटाने के लिये वेदों का पाठ करना और ज्ञान को प्रकट करना, जडा धारी बनना आदि इन सब की आवश्यकता नही है। उक्त बातों को प्रधानता देने वाले साधु-सन्यासियों का जीवन कुसमय पर होनेवाली वर्षा के समान (व्यर्थ) माना जायेगा। कर्म काण्ड को मुख्यत्व देने वाले कर्मकाण्डियों को नरसी मूर्ख कहकर बुलाते हैं।[4]

नरसी की माधुर्य भक्ति

साहित्यिक क्षेत्र का श्रृंगार रस, भक्ति-क्षेत्र में 'माधुर्य भक्ति' कहलाती हैं। श्रृंगार रस, रसों का नरेश माना जाता है। ईश्वर की प्राप्ति के लिये अन्य भक्तियों से बढ़कर माधुर्य-भक्ति श्रेष्ठ मानी जाती है।

---

1 नरसी के पद- संकलनकर्ता के.का.शास्त्री पृ.156

2 नरसी काव्य संग्रह–पृ.437

3 वही, पृ.612

4 वही, पृ.486, 487

स्वंय कृष्ण परमात्मा ने नरसी से बताया था कि वे नरसी के माधुर्य भक्ति-पदों को अधिक पसन्द करते हैं। अतःनरसी ने माधुर्य भक्ति पदों की रचना अधिक मात्रा में की है। उन्होंने अपने माधुर्य भक्ति-पदो में पर पुरुष या पर स्त्री-प्रेम को (जार प्रेम) अधिक प्रधानता दी है; यह उनकी माधुर्य उपासना की विशिष्टता मानी जाती है। श्री कृष्ण के प्रेम एवं रासक्रीडा के खेलों में नरसी ने राधा को प्रथम स्थान दिया है। उन्होंने कुछ पदों में राधा को कृष्ण की पत्नी और कुछ स्थानों में उसे दूसरे की पत्नी के रूप में चित्रित किया है। कृष्ण और राधा की संभोग लीलाओं का वर्णन करने में कवि का मन अधिक लगा रहता है। कृष्ण की श्रृंगार-लीला तथा रास क्रीडाओं में नरसी भाग लेते हैं। उन्होंने अपने एक पद में अपनी यह कामना को व्यक्त किया है कि वे अपने आनेवाले कई जन्मों में कृष्ण की दासी बनकर रहे।[1]

नरसी की शान्तभाव-भक्ति

सुख और दुख, प्रसन्नता-वेदना, आशा,-निराशा, प्रेम-घृणा, मित्रता-विरोध आदि भावनायें मन से दूर होने के पश्चात मन एक प्रकार की शान्ति का अनुभव करने लगता है तथा परमानन्द की प्राप्ति करता है। इसे शांत भाव अवस्था कहते हैं।[1] शरीर और संसार की नश्वराता जानकर मन लौकिक विषयों से दूर रहने लगता हैं। ईश्वर पर भक्ति करते हुए, आध्यात्मिक ग्रन्थों का अध्ययन करने थे अन्तः करण में होने वाले अद्भुत आनंद को 'शान्तभाव' कहते हैं।

नरसी ने शान्त भक्ति संबंधित पदों की रचना 'भक्ति ज्ञानानाम पद' नामक अपने ग्रन्थ में की हैं। संसार की नश्वरता, युवावस्था की अस्थिरता, वृद्धावस्था की वेदना आदि विषयों से संबंधित गीतों को नरसी ने अधिक मात्रा में लिखा है। उन्होंने उपदेश दिया है कि भगवान पर तैल धारावत भक्ति करते हुए मानव को भवसागर पार करना चाहिए।[2]

नरसी की शिव-भक्ति

नरसी ने अपनी भाभी की निन्दना से विरक्त होकर, भगवान शिव के मंदिर में, सात दिनों तक, अन्नआहार के बिना शिव भगवान की आराधना की थी। शिव भगवान प्रसन्न होकर उन्हें कृष्ण परमात्मा का दर्शन कराया था।

उस दिन से वे कृष्ण भक्त बन गये। नरसी ने हरि और हर को एक ही ईश्वर समझा। उन दोनों में नरसी ने कोई भेद नहीं देखा। इन दानों ईश्वरों में भेद देखने वालों को नरसी ने पापी और अज्ञानी कहा है।[3]

वैष्णव भक्त के लक्षण

'वैष्णव जनतो तेने कहिये 'नामक अपने एक प्रसिद्ध गीत में नरसी ने श्रेष्ठ वैष्णव भक्त के गुणों का सविस्तार वर्णन किया है। कहा जाता है कि देश के पिता महात्मा गाँधी इस गीत का श्रवण बार-बार बड़े प्रेम से किया करते थे।

1 नरसी काव्य संग्रह-पृ.491

2 नरसी काव्य संग्रह-पृ.493

3 राय सहस्त्र पद के.का.शास्त्री पृ.30

नरसी ने निम्नलिखित सत्गुणों वाले को सच्चा वैष्णव कहा है:[1]

1. एक सच्चा वैष्णव दूसरों के सुख-दुख को अपना सुख-दुख मानता है और उनकी सहायता करता है।
2. काम, क्रोध, मद, मोह, लोभ, माच्चर्य आदि बुरे गुणों से रहित रहता है।
3. दूसरों के साथ नम्रता से बर्ताव करता है।
4. वैराग्य का अनुसरण करता है।
5. सदा सर्वदा राम-नाम का जपन करता है।
6. दूसरों की निन्दा नहीं करता है।
7. दयालु होता है।
8. सत्य-मार्ग पर चलता है।
9. तन,मन और वाक से परिशुद्ध रहता है।
10. कभी भी कटुवचन का प्रयोग नहीं करता है।
11. सांसारिक जीवन के प्रति उसके मन में मोह नहीं रहता।
12. ईश्वर सर्वव्यापक है; इस तत्व को जानकर सभी जीवराशियों से प्रेम करता है।

वेणुगान का वर्णन

रासलीला प्रसंग में, पूर्णिमा की चाँदनी-रात में कृष्ण की मुरली-गान को सुनकर गोपी-स्त्रियाँ अपना सुत-बुध खोकर कृष्ण को देखने के लिये दौड़ती हैं। इसका नरसी ने जीता-जागता चित्रण निम्नप्रकार से किया है-

एक गोपिका श्री कृष्ण की मीठी मुरली-गान को सुनते ही अपने घर के सब कामों को भूल जाती है; दूसरी ऊँची आवाज में कृष्णा, चिल्लाती हुई वृन्दावन की ओर दौड़ने लगती है; कुछ महिलायें हर्ष से शोर मचाती हुई, आभूषण एवं वस्त्रो को ठीक से न पहनकर अपने परिवार की मर्यादा को भूलकर पागलों की भांति, आधी रात में घर छोड़कर कृष्ण से मिलने दौड़ती है।[2] नरसी के इस वर्णन में श्रीमद् भागवत पुराण के रास क्रीडा का असर देखा जा सकता है।

श्रृंगार-लीला में राधा और गोपी स्त्रियो की 'प्रौढता'

श्रृंगार लीला में नरसी ने राधा और गोपी स्त्रियों को प्रौढ़ तथा लज्जा हीन महिलाओं की भाँति चित्रित किया है। अपने सिर पर जल भरे हुए घडा रखकर जानेवाली राधा, एकबार, रास्ते में कृष्ण को खड़ा

---

1 नरसी काव्य संग्रह पृ.612

2 राय सहचर पद के.का.शास्त्री प-.2

हुआ देख लेती है और उसे एक गुप्त स्थान को दिखाकर कहती है-"तुम उस गुप्त स्थान पर आजाओं; मैं भी घडे को घर में रखकर शीघ्र ही उस स्थानपर आ जाऊँगी; मुझ से दिल भरके बाते करने के बाद मेरे यौवन रस को दिल भर के पी लेना।"[1]

यमुना नदी के तीर पर एक गोपिका स्त्री के साथ कृष्ण विविध तरीके से रति-सुख का अनुभव करते हैं। इसके बाद घर लौटने पर उस गोपिका के होट पर नख-चिह को देखकर उस की सास उस से नख -चिह के बारे में पूछती है। गोपिका ने अति चातुर्य से सच्चाई को गुप्त रखते हुए उत्तर दिया-"घडे को सिर पर उठाकर रखते समय, सहेली का नख लग गया।"[2]

निष्कर्ष

श्रीमद्भागवत महारपुराण तथा नामदेव, जयदेव आदि वैष्णव भक्त कवियों की कृतियों के प्रभाव को हम नरसी के काव्यों पर देख सकते हैं। नामदेव के अभंगों का अनुकरण करके 'झूलना' नामक छन्द में नरसी ने अपने कीर्तनों का सृजन किया है। श्री रामानुज के विशिष्टाद्वैत तत्वों के असर को भी हम नरसी के आध्यात्मिक विचारों पर देख सकते हैं।

अन्य भावों की भक्तियों से बढ़कर नरसी ने माधुर्य भाव से, अपना इष्ट देव श्री कृष्ण परमात्मा की उपासना की थी। माधुर्य-भक्ति रस के स्वाद का आनंद लेते हुए उसका पान किया है। रागानुगा भक्ति को अधिक प्रधानता देकर उन्होंने श्रृंगार-पदों की रचना की है। उन्होंने वियोग श्रृंगार से बढ़कर संयोग श्रृंगार की कवितायें अधिक लिखी हैं।

पौराणिक कथाओं को केन्द्र बनाकर काव्यों की रचना करने की प्रथा को नरसी ने ही गुजरात में सर्वप्रथम शुरू किया था। परवर्ती कवियों के लिये वे मार्गदर्शक बने रहे। उनके द्वारा प्रयुक्त गुजराती में व्रज और मराती भाषा के असर को हम देख सकते हैं। उनके कीर्तन सब सरल भाषा में लिखें गये हैं ताकि साधारण लोग भी उनको आसानी से समझ सके। उनके द्वारा प्रयुक्त गुजराती में प्राकृत भाषा के तद्भव शब्दों के रूप को देख सकते हैं।

नरसी ने अपने काव्य में विविध प्रकार के शब्द एवं अर्थालकारों का प्रयोग अधिक मात्रा में किया है। इसलिये उनका काव्य, काव्य-सौन्दर्य के लिये अधिक विख्यात है। वे बड़े संगीतज्ञ भी थे। अपने भक्ति-विषयों के अनुसार नरसीने अनेक प्रकार के राग-तालों में अपने कीर्तनों की रचना की है। उनके कीर्तन सब अपने नाद-सौन्दर्य के लिये अत्यन्त प्रसिद्ध हैं।

नरसी के जीवनवृत्त का सार

जन्म-स्थान	भाव नगर के निकट तलाजा' नामक गाँव
पिता का नाम	दामोदर
माता का नाम	दयाकोर

---

1 नरसी काव्य संग्रह पृ.529

2 वही, पृ.355

पत्नी का नाम	मानेक महेति
उपासना-देव	पहले भगवान शिव, बाद में श्री कृष्ण परमात्मा
जनश्रुतियां	1) नरसी के प्यास को बुझाने के लिये भगवान मोहिनी के रूप में आये थें।
	2) भगवान श्री कृष्ण दामोदर दास के
जनश्रृतियाँ	रूप में आकर नरसी की पुत्री के पुन्सन संस्कार को चलाया था।
	3) नरसी के पुत्र के विवाह-वैभव में श्रीकृष्ण, रुक्मिणि सहित भाग लिये थे।
	4) सामलदास सेठ के रूप में आकर श्री कृष्ण ने हुण्डि में सात सौ रुपये डालकर नरसी के मान को बचाया था।
	5) राजदरबार में भगवान श्री कृष्ण प्रत्यक्ष होकर नरसी के गले में फूल की माला पहनाई और मृत्यु-दंड सें उनकी रक्षा की थी।
रचनायें-	झारी, मामेरु, सामलदासनो विवाह, हुण्डी, हारमाला, सुदामा चरित्र, दानलीला, रास सहन पद, चादुरी छतीसी, चादुरी सोडसी, कृशण जन्म समानाम पद, कृष्ण जन्म पदायीनाम पद, हिण्डोलना पद, बसन्तना पद, और श्रृंगार माला।
कुल	नागर ब्राह्मण
अग्रज का नाम	वंशीधर

15, 16 एंव 17वीं शतियों में अवतरित गुजराती वैष्णव कविगण

15वीं शती के कवि

1. नयर्शी,
2. मयण
3. भालन और
4. भीम आदि

16वीं शती के कविगण

1. भक्त मीरा
2. केशवदास
3. नागर
4. चतुर्भज
5. वासनदास आदि

17वीं शती के कवि

1. प्रेमानंद
2. रत्नेश्वर
3. विष्णुदास
4. नरहरिदास
5. कृष्णदास
6. वैकुण्ठदास,
7. देवीदास
8. लक्ष्मी दास आदि।

उक्त सभी कवियों का जन्म गुजरात में हुआ था और उन्होंने अपने काव्यों से गुजराती वैष्णव साहित्य को संपन्न बनाया था। परन्तु वे नरसी के समान गुजरात में प्रसिद्ध नहीं हुए। इनमें से कतिपय कवियों का संक्षिप्त परिचय नीचे प्रस्तुत किया जाता है।

भक्तनयर्शी-इनके नाम के बारे में विद्वानों में मतभेद पाया जाता है। श्री क.मा. मुन्शी इनका नाम 'नदर्शी बताते हैं। नयर्शी का समय 15वीं शती मानी जाती है। ये कीर्ति मेरु नामक एक जैन मुनि के शिष्य थे। यद्यपि नयर्शी जैन धर्म के थे तो भी वे श्री कृष्ण के परम भक्त थे। नयर्शी ने अपनी कृति 'बाकु' में श्रीकृष्ण की रास लीला का सुन्दर वर्णन किया है। यह काव्य गुजराती भाषा में लिखा गया है।

मयण कवि

मयण कवि 15वीं शती में जीवित थे। 'मयण याप्पु' नामक इनकी रचना में कृष्ण के वियोग दुख का वर्णन किया गया है। यह ग्रन्थ गुजराती में लिखा गया है। इनकी गुजराती में 'अवहट्ट' भाषा के शब्दों का मिश्रण हुआ है। इन्होंने अपनी इस रचना में अपना नाम 'मयण' बताया है। ये एक ब्राह्मण थे।

भालन कवि

कवि मालन के जीवन-काल के संबन्ध में 'विद्वानों' में मत-भेद होने पर भी बहुतांश विद्वान लोग इन्हें 15 वीं शती का राम भक्त कवि मानते हैं।

इन्होंने 'रामचरित' नामक काव्य की रचना की थी। भगवान श्रीराम के सौन्दर्य का चित्रण अपनी एक कविता में भालन कवि ने निम्न प्रकार से किया हे-अविनाशी श्री राम के सिरस का स्वर्ण क्रीड सूर्य की भाँति जग मगा रहा है। उनके तेजोमय अलौकिक सौन्दर्य से उनका मंदिर प्रकाश मय दिखायी पड़ रहा है। भाल पर लगा हुआ उनका कस्तूरी-तिलक अष्टमी चंद्रप्रभा के समान दिखायी पड रहा है। उनकी भृकुटि धनुष की भाँति सुन्दर दिखायी पड रहीं है। कमल पुष्प जैसे सुन्दर नेत्रों वाले श्री

रामचन्द्र मीनाकार कुण्डलों को अपने कानों में पहने हुए हैं। श्री राम के सौन्दर्य देखने के लिये हजारों चक्षुओं की जरूरत है।[1]

दूसरे एक गीत में कविभालन ने श्री राम को परब्रहम के रूप में चित्रित किया है। माता कौशल्या बालक राम को देखकर कहती है- "इस दैविक बालक को मैं कैसे साधारण मनुष्य बालक मानू? यह परिपूर्ण परब्रहम हे; यह राम का अवतार लेकर इस भूलोक का शासन करने आया है; इसके देखते ही मैं सृष्टि-देवता ब्रहम को भूल जाती हूँ। परब्रहम का वर्णन करते समय वेद भी 'नेति, नेति, कहते जाते हैं; वे भी भगवान की महिमा का वर्णन पूर्ण रूप से नही कर पातै। अंडचराचरों की सृष्टि कर उनकी रक्षा करने की क्षमता वाले हे रामा! मैं तुम्हें कैसे दूध पिला सकूँ? करुणानिधि श्री रामचन्द्र ने मुझ पर अनुग्रह किया है।"[2]

इस प्रकार माता कौशल्या परब्रहम के अवतार श्री राम की महिमा को सोचकर विस्मित होते समय उसके गोद में बैठा हुआ बालक राम रोने लगा। कौशल्या के मन का भ्रम दूर हो गया।

भालन कवि ने ही सर्वप्रथम गुजराती भाषा को 'गुर्जर भाषा' कहकर बुलाया था। पौराणिक कथाओं को आधार बनाकर उन्होंने कई काव्यों का सृजन किया था। ये गुजरात के विख्यात कवि माने जाते हैं।

गुजराती वैष्णव कवि 'भीम'

विद्वानों की राय है कि भीम कवि का जन्म 'प्रवास पाठन ' नामक ग्राम में हुआ था और 15वीं शती में उन्होंने अपना जीवन बिताया था। ये भगवान श्री कृष्ण के परमभक्त थे; खास करके द्वारका पुरी नरेश पर ये असीम भक्ति रखते थे। नरसिंह व्यास, भीम पुरुषोत्तम-इन दोनों महापुरुषों से भीम कवि ने आध्यात्मिक ज्ञान प्राप्त किया था। इन्होंने अपनी रचनाओं में उल्लेख किया है कि इन्हें कविता लिखने की क्षमता इन दोनों गुरुओं की कृपा और आर्शीर्वाद से प्राप्त हुई थी। इन्होंने अपनी रचनाओं में उनके वर्ष का भी उल्लेख किया है। 'हरिलीला शोडस कला' नामक ग्रन्थ को वि.सं. 1541 में और 'प्रबोध प्रकाश' नामक ग्रन्थ को वि.सं. 1546 में लिखा था। मराठी मिश्रित गुजराती में इनहोंने अपने काव्यों की रचना की थी।

कवि चतुर्भुज

16वीं शती में जीवित कवि चतुर्भुज, भालन कवि के पुत्र थे। इनके लिखित ग्रन्थों में केवल 'भ्रमरगीत' नामक काव्य ही अबतक प्राप्त हुआ है।

कवि विरहेदेव

कवि विरहेदेव ने अपनी रचना 'भ्रमरगीत' में बताया है कि उनके पिता जी 'महिदास' थे। श्रीमद्भागवत पुराण के दशम स्कन्ध को आधार बनाकर लिखे गये'भ्रमरगीत' काव्य में 'उद्धव-गोपिकाओं का संवाद'

---

1 श्री रामचरितमु भालनकवि गीत सं. 1

2 वही, गीत 1.3

काव्य-सौन्दर्य से युक्त और सुन्दर बन पडा है। यह ग्रन्थ एक श्रेष्ठ कृष्ण भक्ति-काव्य माना जाता है। विरहेदेव मानते है कि किसी भी एक उत्तम काव्य का सृजन करने के लिये सत्गुरु की कृपा एंव ईश्वर के अनुग्रह की आवश्यकता है। वे अपने एक पद में भगवान श्री कृष्ण से प्रार्थना करते हैं -"हे श्यामल कृष्णा! मेरे जीभ पर बैठकर तेरा गुण-गान करने की शक्ति एवं क्षमता मुझे प्रदान करो। हे कृष्णा! मुझ पर कृपा करो ताकि मैं सत् गुरु की कृपा पाऊँ।

कवि वासन दास

विद्वानों का मत है कि कवि वासन दास ने 'हरिसुवाक्क्षर' नामक ग्रन्थ को वि.सं. 1575 में तथा 'कृष्णवृन्दावन राधादास' नामक ग्रन्थ को सं. 1600 में लिखा था। इनके जीवन काल का अब तक पता न चला है।

'हरिसुवाक्क्षर' नामक काव्य का लेखन 'दोहरा' नामक छंद में हुआ है। बसन्त ऋतु में भगवान श्रीकृष्ण ने गोपिकाओं के साथ जो श्रृंगार लीलायें की थीं उनका चित्रण काव्यात्मक सौन्दर्य के साथ सुन्दर ढंग से इस ग्रन्थ में हुआ है।

'वृन्दावन राधादास' नामक काव्य 'चातुरलवि-किरीडितम्' 'छंद में लिखा गया है। इस ग्रन्थ के काव्य सौन्दर्य से वह साबित होता है कि वासनदास को काव्य-शास्त्र का ज्ञान प्राप्त था।

कवि वजियो

16वीं शती में कवि वाजियो जीवित थे। श्री राम के दिव्य चरित को आधार बनाकर 'रंणजंग; 'सीता संदेश' सीतावेल आदि काव्यों की रचना इन्होंने की थी। इनकी कृतियों से पता चलता है कि भगवान श्री रामचन्द्र पर असीम भक्ति और श्रद्धा वे रखते थे।

कवि जुगनाथ

11वीं शती में जीवित कवि जुगनाथ, बडे राम भकत थे और इन्होंने पूरे रामायण की कथा को आठ पदों में लिखा था। श्री के कां का.शास्त्री का मत है इस काव्य की रचना कवि जुगनाथ ने वि.सं. 1559 में की थी।

कवि उद्धव

उद्धव भालन नामक कवि के पुत्र थे। इनका जीवन काल 16वीं शती मानी जाती हैं। अपने पिता जी को प्रणाम करने के पश्चात ही उन्होंने अपने रामायण ग्रन्थ का लेखन किया था। ये भी अपने पिता जी के समान बड़े राम भक्त थे।

कवि प्रेमानन्द

कवि प्रेमानन्द

प्रेमानन्द की रचनाओं के आधार पर शोधार्थि का कहना है कि ये सन् 1649 से 1749 तक के बीच की अवधी में जीवित रहे होंगे।[1] इन्होंने रामायण, महाभारत और श्रीमद् भागवत पुराण की कथाओं को आधार बनाकर स्वतन्त्र रूप से काव्यों का सृजन किया था। आज भी गुजरात के लोग इनके भक्ति पदों को अत्यन्त श्रद्धा के साथ गाकर आनंद का अनुभव करते हैं। ये कथाकालक्षेप करते समय वीणा वाद्य बजाकर अपने भक्ति-पदों को मीठेकंठ में गाकर भकत जनों को भक्ति-सागर में डुबाया करते थे। नरसी के काव्यों की भांति इनके काव्य भी गुजरात में बहुत प्रसिद्ध हुए। गुजरात के वैष्णव कवियों में इनको भी एक प्रधान स्थान दिया गया है।

प्रेमानंद एक ब्राह्मण कवि थे। इनके पिता जी श्री कृष्णराय थे और इनके गुरु का नाम रामचरण था। कथाकालक्षेप करके इन्होंने अपना जीवन बिताया था। इन्होंने बताया है कि गुरु की कृपा से इनको कविता लिखने की क्षमता मिली थीं। इनकी कृतियों का नाम निम्नलिखित हैं-

1. रणयज्ञ
2. दशमस्कन्ध
3. ओकाहरण
4. रुक्मिणीहरण
5. सुदामा चरित
6. नलाख्यान और
7. नरसी के जीवन संभवों को आधार बनाकर लिखे गये ग्रन्थ

दानलीला संबंधी अपने एक गीत में प्रेमानंद श्री कृष्ण की श्रृंगार लीलाओं का वर्णन यों करते हैं-दूध बेचने के लिये जानेवाली गोपिकाओं से कृष्ण उनके यौवन का दान माँगते हैं। गोपिकायें लोक मर्यादा

1 गुजराती साहित्य का संक्षिप्त इतिहास-प्रो. ईश्वरलाल र.धवे-पृ.43

को भूलकर उनके साथ श्रृंगार-लीलायें करती हैं। लेकिन राधा लज्जा का अनुभव करती है। कृष्ण उसे विवश करते हैं तो वह भी अपनी शरम को छोड़कर अपना यौवन कृष्ण को दान करती है। कृष्ण उसे पौधों के कुज में ले जाकर आलिंगण करते हैं और रति-सुख का आनंद लूटते हैं। कृष्ण राधा के यौवन का भोग करने में पूरी रात बिता देते हैं।[1]

प्रेमानंद जी ने दास्य भक्ति के पदों की भी रचना की है। शबरी, विधुर, सुदामा, द्रौपती आदियों के ऊपर कृष्ण ने कृपा की थी; उसी प्रकार अपने ऊपर भी कृपा करने की प्रार्थना प्रेमानंद श्री कृष्ण से करते हैं। अपने अंतः करण में निवास करने की भी विनती वे कृष्ण से करते हैं।[2]

भक्त कवि नारायण

के. का. शास्त्री का मत है कि कवि नारायण 17वीं शती के प्रथम भाग में जीवित थे। 'नवरस' नामक अपनी कृति में राधा-कृष्ण के संयोग एवं वियोग श्रृंगार के वर्णन में कवि ने नवरसों को व्यक्त किया है। राधा के वियोग दुख के वर्णन में करुणा-रस को प्रधानता दी गयी है।

कृष्ण से बिछुड़कर राधा अत्यन्त दुख का अनुभव करती है। कवि नारायण ने राधा के वियोग दुख का वर्णन यों करते हैं-"कृष्ण के मथुरा गमण के बाद राधा वियोग-दुख में तडपती रहती है। पापी मनमथ उसे वेदना दे रहें हैं। वियोग रूपी अग्नि-ज्वाला उसके देह को जला रही है। शरीर की उष्णता को दूर करने के लिये वह नदी में स्नान करती है। लेकिन शरीर पर नदी का जल पड़ते ही वह भस्म हो जाता है। शरीर को ठंडा करने के लिये वह चन्दन को देह पर लपेटती है; लेकिन चंदन भी शरीर की गर्मी से सूख जाता है।"[3]

भक्त मीरा

भक्त मीरा का चित्र

1 दानलीला-पद प्रेमानंद पद नं. 14

2 प्रेमानन्द के पद-भजन सागर---भाग 2

3 कवि चरितमु—के.का.शास्त्री-भाग 2

16वीं शती में भक्त मीरा का जन्म राजस्थान में हुआ था। उन्होंने राजस्थानी एवं गुजराती में कृष्ण-भक्ति के पदों की रचना की थी। अतः उसे हिन्दी तथा गुजराती-साहित्य में प्रधान स्थान दिया गया है। विधवा हो जाने के पश्चात मीरा राजमहल के जीवन का त्याग करती है। द्वारकापुरी जाकर कृष्ण परमात्मा 'रणछोड' के श्री चरणों की सेवा में अपने को अर्पित कर लेती है। आज भी राजस्थान के कृष्ण भक्त द्वारकापुरी की पवित्र यात्रा किया करते हैं। आज भी इन दोनों प्रान्तों के बीच घनिष्ठ सत्संग का संबन्ध बना रहता है। इन दोनों प्रान्तों के लोगों में संस्कृति की एकता पायी जाती है।

भक्त मीरा ने अपने जीवन के अधिकांश समय को मेवाड एवं वृन्दावन में बिताया था। अतः उनकी गुजराती में लिखित भक्ति-पदों में राजस्थानी एवं ब्रजभाषा के असर को देख सकते हैं।

भक्त मीरा ने गुजराती में श्रीकृष्ण एवं गोपियों की श्रृंगार-लीलायें, कृष्णा का वेणु-गान, गोपिकाओं का वियोग-दुख आदि विषयों से संबंधित कविताओं का सृजन किया है।

भक्त मीरा राजस्थान की होने के कारण उनका जीवनवृत्त, भक्ति-साधना, कृतियाँ तथा दार्शनिक विचार संबंधी विवेचन 'हिन्दी वैष्णव साहित्य' नामक अध्याय में विस्तार पूर्वक किया गया है।

अध्याय 13

हिन्दी वैष्णव साहित्य

देवनागरी अक्षरों में लिखी जाने वाली हिन्दी भाषा भारतीय संविधान कानून भाग 343:1 के अनुसार भरतीय सरकार की राजभाषा के रूप में स्वीकृत की गयी है और यह भारत की राष्ट्रीय भाषा भी मानी जाती है।

हिन्दी प्रदेश के प्रान्त उत्तर प्रदेश, बिहार, दिल्ली, राजस्थान, मध्य प्रदेश, पंजाब के कतिपय भाग, हिमाचल प्रदेश आदि प्रान्तों में हिन्दी साहित्यिक भाषा तथा सरकार की भाषा के रूप में प्रयुक्त की जाती है। उक्त सभी प्रान्त भारतीय संविधानिक कानून के अनुसार हिन्दी प्रदेश के अन्तर्गत आ जाते हैं। हिन्दी प्रदेश की जनता की संख्या लगभग 55 करोड़ है।[1] इसमें उत्तराखंड और झारखंड प्रांत भी आ जाते हैं।

ब्राहमी लिपि का विकसित रूप देवनागरी लिपि कहलाती हैं। इस लिपि में लिखे जाने के कारण हिन्दी भाषा कभी-कभी नागरी भी कहलाती है।

हिन्दी भाषा को दो प्रधान भागों में बाँट सकते हैं-

1. पश्चिमी हिन्दी और
2. पूर्वी हिन्दी

पश्चिमी हिन्दी सौरसेनी अपभ्रंश भाषा से तथा पूर्वी हिन्दी अर्धमागधि अपभ्रंश से उत्पन्न मानी जाती हैं।

हिन्दी प्रदेश के पश्चिमी भागों में बोली जानेवाली खड़ी बोली, बांगरू, ब्रजभाषा, कन्नौजी, बुन्देली तथा पूर्वी भागों में बोली जानेवाली अवधि, भगेली, चत्तीसगडी, आदि आठ प्रधान बोलचाल की भाषायें हिन्दी की मुख्य उपभाषायें मानी जाती हैं। राजस्थानी, पहाडी, और बिहारी, ये तीनों भाषायें भी हिन्दी की उपभाषाओं के रूप में मानी जाती हैं।

हिन्दी की उकत उपभाषाओं में ब्रजभाषा, खडी बोली अवधि भाषाओं को छोड़कर इतर उपभाषाओं में उललेख करने योग्य श्रेष्ट काव्यों का सृजन नहीं हुआ है।

सौरसेनी अपभ्रंश से उत्पन्न राजस्थानी के अन्तर्गत मेवादी, मालवी, मारवाडी तथा जयपुरी, आ जाती हैं। माघधि अपभंश से विकसित बिहारी के अन्तर्गत मैथिली, मगही और भोजपूरी-ये तीन भाषायें आ जाती हैं।

---

1 जनसंख्या विवरण-2011, दिनमलर (तमिल अखबार)

खड़ीबोली, ब्रजभाषा, अवधि, राजस्थानी, बिहारी आदि उपभाषाओं में रचित साहित्य सब हिन्दी-साहित्य ही माना जाता हैं, अर्थात वे सब साहित्य हिन्दी-साहित्य के अंतर्गत आ जाते हैं।

ब्रजभाषा में विरचित कृष्ण-भक्त कवि सूरदास का 'सूरसागर', अवधि भाषा में सृजित राम भकत कवि तुलसीदास का अमर काव्य 'रामचरितमानस', पश्चिमी राजस्थानी में लिखित कविवर चंदबर्दायी का 'पृथ्वीराजरासो' नामक महाकाव्य, मैथिली भाषा में रचित कविवर विद्यापति की 'पदावलियाँ हिन्दी साहित्य के बहुमूल्य काव्य माने जाते हैं। इस प्रकार हिन्दी की सभी उपभाषाओं में रचित साहित्य सब हिन्दी साहित्य के इतिहास के अन्तर्गत आ जाते हैं।

सौरसेनी अपभ्रंश से उत्पन्न 'खड़ी बोली' हिन्दी प्रान्तों की राजभाषा तथा साहित्यिक भाषा के रूप में प्रयुक्त की जाती है। खड़ी बोली का अर्थ है 'शुद्ध की गयी भाषा'। आजकल हिन्दी साहित्य सब इसी खड़ी बोली में सृजित की जाती हैं। हिन्दी के सभी स्कूल और कालेजों के शिक्षा का माध्यम यही खड़ी बोली है। यह खडी बोली अव हिन्दी का मानक रूप मानी जाती है। विस्तृत अर्थ में यह खड़ी बोली हिन्दी की 17 उपभाषाओं का प्रतिनिधित्व करने वाली साहित्यिक भाषा मानी जाती है। जन संख्या के अनुसार हिन्दी बोलने वाले लोगों को दुनियां में तीसरा स्थान प्राप्त है। चीनी और अंग्रेजी बोलने वाले लोगों को प्रथम एवं द्वितीय स्थान प्राप्त हैं।

प्रसिद्ध हिन्दी साहित्यकार डा. नगेन्द्रा ने निम्नलिखित तालिका में हिन्दी की उपभाषाओं तथा बोलचाल की भाषाओं का उल्लेख किया है-

उपभाषायें	**हिन्दी बोलचाल की भाषायें (Dialects)**
पाश्चात्य हिन्दी	खडी बोली, ब्रजभाषा, हरियाणी, बुन्देली और कन्नौजी
पूर्वी हिन्दी	अवधि, बगेली, चत्तीसघडी
राजस्थानी	पश्चिमी राजस्थानी (मारवाडी), पूर्वी राजस्थानी (जयपुरी), उत्तरीय राजस्थानी (मेवादी) दक्षिणी राजस्थानी (मालवी)
पहाड़ी	(पर्वतीय प्रदेश की भाषा) पश्चिमी पहाडी, मध्य महाडी (कुमायूनी तथा धडवाली) बिहारी भोजपुरी, मगही, मैथिली

हिन्दी प्रदेश में उत्पन्न विविध वैष्णव संप्रदाय

हिन्दी भक्ति साहित्य के इतिहास में 16वीं शताब्दी में अनेक वैष्णव संपद्राय प्रारंभ किये गये और उन संप्रदायों के सिद्धान्तों का अनुकरण करके बहुत से वैष्णव साहित्यों का सृजन हुआ। इस शती में रचित वैष्णव काव्यों में पूर्ववर्ती साहित्यिक परंपराओं का अनुकरण किया गया हैं।

सन् 16वीं शती में सूरदास, तुलसीदास, परमानंदहास, हित हरिवंश, रसखान, सूरदास मदन मोहन, हरिव्यास, हरिदास स्वामी, भक्त मीरा, रहीम, नरोत्तमदास आदि परम वैष्णव भक्त जीवित रहे और उन्होंने अपनी श्रेष्ठ कृतियों द्वारा हिंदी के वैष्णव भक्ति साहित्य को समृद्ध किया। अतः यह 16वीं शती हिन्दी साहित्य के इतिहास में स्वर्ण युग माना जाता है।

सन् 6वीं शती से 9वीं शती तक की कालावधि में अवतरित द्वादस आलवारों के दार्शनिक तत्व रूपी पावन नदी के बाढ़ ने दक्षिण से उत्तर की ओर बहकर, रास्ते में विविध वैष्णव संप्रदायों को जन्म दिया। उन संप्रदायों के आध्यात्मिक विचारों को अपने में समाविष्ट करते हुए 16वीं शती में हिन्दी प्रदेश पहुँचा और वहाँ के वैष्णव साहित्य रूपी धर्ती को बहुत ही उपजाऊ बनाया। इसलिये दक्षिण भारत में उत्पन्न विविध वैष्णव संप्रदायों के सिद्धान्तों के प्रभाव को हम हिन्दी वैष्णव-साहित्य पर देख सकते हैं।

16वीं शती के पूर्व हिन्दी -प्रदेश मे रचित बहुतांश वैष्णव साहित्य संस्कृत भाषा में लिखा हुआ उपलब्ध होता है। 16वीं शताब्दी में विविध वैष्णव संपद्रायों के तत्वों को आधार बनाकर ब्रजभाषा में बहुतांश वैष्णव साहित्य लिखा गया।

16वीं शती में उत्पन्न सभी वैष्णव भक्त कवियों ने (तुलसीदास को छोडकर) श्री कृष्ण परमात्मा को अपना आराध्य देव मानकर, उनकी उपासना की। परन्तु उनकी भक्ति-पद्धति में उत्पन्न कतिपय भिन्नाताओं के कारण विविध वैष्णव-संप्रदाय प्रारंभ किये गये। बहुतांश वैष्णव भक्त कवि इन संप्रदायों में कोई न कोई संप्रदाय के थे; एक-दो कवि किसी भी संप्रदाय में दीक्षित नहीं हुए थे। उन्होंने स्वतंत्र रूप से वैष्णव भक्ती-काव्यों का सृजन किया था।

नीचे कतिपथ प्रधान वैष्णव संप्रदाय और उनके मुख्य कवियों का विवरण प्रस्तुत किया जाता है-

वल्लभ संप्रदाय

वल्लभाचार्य

दर्शन के क्षेत्र में वल्लभाचार्य के विचार 'शुद्धाद्वैत' तथा भक्ति के क्षेत्र में 'पुष्टिमार्ग' नाम से विख्यात हैं। वल्लभाचार्य के विचार मर्यादा भक्ति-मार्ग से थोड़ा भिन्न माने जाते हैं। मर्यादा भक्ति-मार्ग में भक्त निःस्वार्थ भाव से अपना तन, मन, धन सब कुछ श्री कृष्ण परमात्मा को समर्पित करता है। पुष्टि मार्ग भक्ति को 'प्रेमलक्षना' भक्ति भी कहते हैं।

वल्लभसंप्रदाय के 'अष्टछाप' कवियों ने 'पुष्टिमार्ग के तत्वों को अपने भक्ति-कीर्तनों में व्यकत किया है। उनमें से अत्यन्त विख्यात कृष्ण-भक्त कवि सूरदास 'पुष्टिमार्ग का जहाज' कहलाते हैं। 'नारद भक्ति सूत्र' नामक ग्रन्थ में 'प्रेमरूपा भक्ति' कर्म, ज्ञान तथा योग-मार्ग से श्रेष्ठ बताया गया है।[1]

प्रेम के द्वारा भक्ति में स्थिरता तथा बल लाया जाता है। बुरे लोगों का संग और इन्द्रिय सुखों का त्याग करने से यह भक्ति-साधना साध्य होती हैं।[2] भगवान का पूजन उनके दिव्य गुणों का श्रवण एवं साधु-संतों के सत्संग से भक्त इस प्रेमलक्षणा-भक्ति-साधना में सफलता प्राप्त करता है। उपनिषदों का भी कहना है कि मुक्ति-प्राप्ति के लिये ईश्वर के अनुग्रह की आवश्यकता है।

श्रीवल्लभाचार्य का शुद्धाद्वैतवाद

आदि शंखराचार्य के अद्वैतवाद के विरोध में वल्लभाचार्य ने शुद्धात्द्वैतवाद के सिद्धान्तों का प्रचार किया। इसमें परब्रह्म माया रहित और शुद्ध माना जाता है। प्रपंच सब माया रहित ब्रह्म की लीलाओं का स्थान है। 'चित्-अचित् सब परब्रह्म स्वरूप हैं- "इस तत्व को शुद्धाद्वैत में मुख्यत्व दिया गया है"।[3]

श्री विष्णु स्वामी द्वारा स्थापित 'रुद्र संप्रदाय' अथवा गोस्वामी संप्रदाय' में ज्ञानदेव, (सन् 1275-1296) नामदेव, त्रिलोचन आदि साधु -सन्त थे। रुद्रसंप्रदाय के सिद्धान्तों के आधार पर वल्लभाचार्य ने (जन्म 1479) 'पुष्टिमार्ग' की स्थापना की थी।

वल्लभाचार्य

वल्लभाचार्य एक तेलुगु ब्राह्मण थे। इन्होंने अपने जीवन का अधिकांश भाग कासी, अलहाबाद जिले के 'अरैल' नामक नगर और वृन्दावन में बिताया था।

रचनायें

1. अणुभाष्य ('ब्रह्मसूत्र' के लिये व्याख्या-ग्रन्थ)
2. सुभोधिनी (श्रीमद् भागवत पुराण के लिये व्याख्या)।
3. तत्व दीपनिबन्ध तथा
4. 16 लघुकाव्य ग्रन्थ

वल्लभाचार्य का द्वितीय पुत्र श्री विठ्ठलनाथ (सन् 1516-1586) गोसाई के नाम से प्रसिद्ध थे। इन्होंने अपने पिताजी द्वारा लिखित अधूरी पुस्तक 'अणुभाष्म' को लिखकर पूरा किया। इसके अतिरिक्त 'विद्वत्मण्डल' नामक एक अलग ग्रन्थ भी लिखा। सुभोधिनी के लिये एक टीका-ग्रन्थ भी लिखा। इन्होंने अपने पिताजी, वल्लभाचार्य के विचारों का प्रचार भी किया।

---

1 नारद भक्ति सूत्र-श्लोक 2.5, 2.6

2 नारद भक्ति सूत्र-श्लोक-35

3 नारद भक्ति सूत्र-श्लोक 35

श्री विट्ठलनाथ जी के पुत्रों में एक पत्रु गोकुलनाथ ने '84 वैष्णवों की वार्ता' नामक ग्रन्थ की रचना की।

वल्लभाचार्य जी का शिष्य कृष्ण-भक्त कवि सूरदास शुद्धाद्वैत-सिद्धान्तों का जगमगाते नक्षत्र थे। दास्य भाव के पदों को गाने वाले सूरदास को वल्लभाचार्य जी ने प्रभु श्री कृष्ण परमात्मा की लीलाओं का गान करने की आज्ञा दी। सूरदास द्वारा सृजित 'सूरसागर' हिन्दी-साहित्य का श्रेष्ठ कृष्ण भक्ति-काव्य के रुप में अत्यन्त प्रसिद्ध है। 'सूरसागर' में पुष्टिमार्ग के तत्व, पदों के रूप में बताये गये हैं।

गोसाई श्री विट्ठलनाथ जी ने 'अष्टछाप' की स्थापना की। इसमें उनके आठ शिष्य जो ब्रजभाषा के श्रेष्ठ कवि थे सदस्य थे। इन आठ शिष्यों में सूरदास का स्थान प्रथम था। दूसरा स्थान नन्ददास को दिया गया। अष्टछाप के ये आठों कवि भगवान श्री कृष्ण की लीलाओं का गान करते रहने के कारण ब्रजभाषा-साहित्य सदा के लिये कृष्ण-काव्य के रूप में परिणत हुआ।

श्री कृष्ण की बाल्य लीलायें, माखन-चोरी, रासलीला, भ्रमरगीत आदि पुष्टिमार्ग-भक्ति के वर्णन विषय बने। रासलीला का वर्णन, इनमे से प्रधान माना गया। 'भ्रमर गीत' आध्यात्मिक ज्ञान का ग्रन्थ माना गया। सूरदास ने अपने 'भ्रमर गीत' काव्य में ज्ञान और योग मिश्रित भक्ति को श्रेष्ठ भक्ति कहा है। गोपियों की भक्ति के समक्ष उद्धव का ज्ञानोपदेश फीका पड़ जाता है।

नन्ददास ने भी गोपी और उद्धव के वार्तालाप में यह निरुपण किया है कि ज्ञान से बढ़कर भक्ति ही श्रेष्ठ है। 'भ्रमरगीत' का अनुकरण करते हुए परवर्ती काल में अनेक भ्रमर गीत-काव्य लिखे गये। इसी प्रकार 'रासलीला' से संबंधित अनेक रास-लीला काव्य का सृजन हुआ।

श्री वल्लभाचार्य जी ने वेद, उपनिषद, भगवतगीता, ब्रह्मसूत्र तथा श्रीमद् भागवत पुराण को ज्ञान का खजाना माना। उपनिषदों में भगवान 'ब्रह्म', श्रीमद् भगवतीगता में 'पुरुषोत्तम' तथा भागवत पुराण में 'कृष्णपरमात्मा' कहे गये हैं।

श्री कृष्ण ही 'परब्रह्म' अथवा 'परमात्मा' हैं। वे सगुण एवं साकार होते हुए भी निर्गुण और निराकार हैं। वे अणु के समान बहुत छोटे है; उसी समय वे विराट रूप वाले भी हैं। वे ही चित् 'तथा 'अचित' 'चेतन' और 'अचेतन' भी हैं। वे 'ज्ञात' और उसी समय 'अज्ञात' भी हैं। उन्हें पूर्ण रूप से समझने में बुद्धि भी ठीक रूप से काम नहीं करती। वे सत, चित् 'आनंद स्वरूप' हैं। वे विरोधात्मक गुणों के निवासस्थान हैं। उन्ही से समस्त प्रपंच उत्पन्न हुए हैं। फिर भी वे अविकारी ही रहते है। इसे 'स्वरूपपरिणाम वाद' कहते हैं। प्रपंच उत्पन्न होता है; बाद में विनष्ठ होता हैं।

सूरदास, परमानन्ददास, नंदराम, रसखान आदि कृष्ण भक्त कवियों ने वल्लभसंप्रदाय के सिद्धान्तों का प्रतिपादन अपनी कृतियों मे किया है।

राधावल्लभ संप्रदाय

श्री हितहरिवंश ने राधावल्लभ संप्रदाय का श्री गणेश किया था। अतः यह संप्रदाय हितहरिवंश संप्रदाय भी कहलाता है। इस संप्रदाय में राधा की उपासना को प्रधानता दी गयी है। उसकी उपासना करने के

पश्चात् ही कृष्ण की उपासना की जाती है। इस उपासना में 'प्रेम' को मुख्यत्व प्रदान किये जाने के कारण इसकी उपासना-पद्धति में किसी नियम का अनुकरण करने की आवश्यकता नहीं।

हित हरि संप्रदाय में आध्यात्मिकता को प्रधानता न दी गयी है। इसमें राधा एवं कृष्ण की श्रृंगार और प्रेम-कीडाओं तथा रति-श्रृंगार को अधिक मुख्यत्व दिया गया है। राधा और कृष्ण की श्रृंगार-लीलाओं को चिन्तन द्वारा आनंद का अनुभव करना, इस संप्रदाय का लक्ष्य माना जाता है। वियोग-श्रृंगार के लिये इसमें महत्व नहीं दिया गया है। परकीया-प्रेम द्वारा कृष्ण की उपासना करने के लिये भी इस संप्रदाय में गुंजाइश है।

इस संप्रदाय के हितहरिवंश, दामोदरदास, हरिरामव्यास आदि कवियों ने रति श्रृंगार का वर्णन कर, राधा एवं कृष्ण की, माधुर्य भक्तिं की उपासना की है।

गौडीय संप्रदाय

गौडीय संप्रदाय के अंतर्गत गधाधर भट्ट, सूरदास, मदनमोहन आदि कवि आते है। इस संप्रदाय में भी राधाकृष्ण की उपासना के लिये अधिक महत्व दिया गया है। रास-क्रीडा, वेणुगान, होलि, झूलने में झूलना आदि लीलाओं के वर्णन को इस संप्रदाय के कवियों ने अधिक प्रधानता अपने पदों में दी है।

निम्बार्क सप्रदाय

निंबार्काचार्य

श्री भट्ट तथा हरिव्यास, ये दोनों निंबार्क संप्रदाय के माने जाते हैं। राधा कृष्ण का नख-शिव-वर्णन तथा उनकी श्रृंगार-लीलाओं का वर्णन इस संप्रदाय के कवियों ने ब्रजभाषा में लिखित अपने काव्यों में किया है। इस संप्रदाय में माधुर्य-भक्ति को ही अधिक महत्व दिया गया है।

ब्रह्म तथा प्रपंच संबंधी अनेक प्रकार के विचारों को आत्मज्ञानियों ने व्यक्त किया है। आदि शंकराचार्य ने 'अद्वैत' संबंधी विचारों को, श्री समानुजाचार्य ने विशिष्टाद्वैत संबंधी विचारों को एवं निंबार्काचार्य ने द्वैताद्वैत-विचारों को प्रकट किया था।

प्रपंच और ब्रह्म को निंबार्क ने सत्य माना। उनके द्वारा स्थापित द्वैताद्वैत तत्व को 'भेदाभेद' तत्व भी कहते हैं।

निंबार्क एक तेलुगु ब्राह्मण थे। श्री रामानुजाचार्य के पश्चात् सन् 11वी शती में इनका जन्म हुआ था। शुद्घात्द्वैत-तत्वों के आधार पर इन्होंने निम्बार्क सप्रदाय की स्थापना की। इस संप्रदाय के कृष्ण-भक्त कवियों की कृतियों में शुद्धाद्वैत तत्वों का प्रभाव देखा जा सकता है।

निम्बार्क परम वैष्णव थे। उन्होंने सगुण ब्रह्म की उपासना की। इन्होंने सर्वप्रथम श्री कृष्ण के साथ राधा की उपासना को भी विशेष महत्व प्रदान किया था। सहस्त्रों सखियों से युक्त राधा के साथ, कृष्ण को भी अपना आराध्य देव इन्होंने माना।

मुक्ति की प्राप्ति के लिये श्री निबार्क के अनुसार 'प्रपत्ति' अथवा आत्म समर्पण की आवश्यकता है। रामानुजाचार्य का 'तेनकलै' तत्व भी प्रपत्ति पर जोर देता हैं। निंबार्क एवं नामानुज के प्रपित्त-सिद्धान्तों में बहुत सी समानतायें हैं। वृन्दावन और बंगाल में निंबार्क के विचार अधिक फैले। निंबार्क वृन्दावन जाकर वहीं निवास करने लगे। वे और उनके शिष्य अद्वैत तथा दुवैत-मतो के बीच समन्वयता लाने के प्रयत्न में लगे रहे।

निंबार्क-संप्रदाय के अनुयायीयों ने युवक कृष्ण और युवति राधा को अपना आराध्य देव मानकर, उनकी उपासना की। बिहारीलाल, केशवदास, धनानंद, रसिक गोविन्द एवं रसखान आदि हिन्दी वैष्णव भक्त कवियों ने निंबार्क के तत्वों का अनुकरण किया था।

निंबार्क के द्वैताद्वैत अथवा 'भेदाभेद' के तत्वों का प्रभाव हिन्दी के सगुण तथा निर्गुण भक्त कवियों की रचनाओं में देख सकते हैं। निंबार्क संप्रदाय के अनुयायी, हरिव्यास ने 'रसिक संप्रदाय' नामक एक नये संप्रदाय को प्रारंभ किया। इस संप्रदाय में भी माधुर्य-भक्ति की उपासना को अधिक प्रधानता दी गयी है।

हरिदास-संप्रदाय अथवा सखी-संप्रदाय

निंबार्क संप्रदाय की शाखा के रूप में विख्यात 'सखी संप्रदाय' को स्वामी हरिदास ने स्थापना की थी। पहले वे निंबार्क के विचारो को मानते थे। परन्तु कालान्तर में, गोपीभाव-भक्ति को प्रधानता देते हुए सखी संप्रदाय अथवा स्वतंत्र संप्रदाय को उन्होंने प्रारंभ किया।

हरिदास स्वामी 15 शती के माने जाते हैं। सखी-भाव से श्री कृष्ण की उपासना करना सखी संप्रदाय का प्रधान लक्षय था। इस संप्रदाय में कृष्ण के प्रति शुद्ध और गंभीर प्रेम को देख सकते हैं। हरिदास के पदों में शुद्ध प्रेम को आधिक महत्व दिया गया है। इस संप्रदाय के भक्त कवियो ने भी माधुर्य भक्ति का अनुकरण किया।

विठ्ठल विपुल सरसदेव, नरहरिदेव, रसिक देव, चतुर्दास,भगवान दास आदि हरिदास के शिष्य थे। ये सब अच्छे कवि थे और ब्रजभाषा में माधुर्य भक्ति-काव्यों की रचना की थी।

संप्रदाय मुक्त भक्त कवि

भक्त मीरा, रहीम, नरोत्तमदास आदि किसी भी संप्रदाय के न होकर स्वतन्त्र भक्त कवि थे।

नीचे उक्त संप्रदायों के प्रधान कवियों की जीवनी एवं कृतियों का साविस्तार परिचय प्रस्तुत किया जाता है।

सूरदास (सन् 1478-1583)

सूरदास (सन् 1478-1583)

भक्त सूरदास हिन्दी प्रदेश में उत्पन्न कृष्ण-भक्त कवियों मे प्रधान माने जाते हैं। इन्होंने अपने जीवन संबंधित विवरण अपनी रचनाओ में अधिक नहीं बताया है।

सूरदास का पावन जीवन-वृत्त अनेक जनश्रुतियों से आछन्न है। सूर के जीवन वृत्त के संबन्ध में अब तक सर्वसम्मत मत प्रचलित नहीं हो सका है। इनका माँ-बाप, जाति, शिक्षा, पारिवारिक जीवन के संबन्ध में प्रामाणिक उल्लेखों का अभाव है। अन्तः साक्ष्य से सूर के ब्राह्मण होने का कोई संकेत नहीं मिलता। इसके विपरीत, अपने अनेक पदो में उन्होंने ब्राह्मणों की हीनता का बयान किया है। जाति के संबंन्ध में वे पूर्णरूप से उदासीन थे। अतः उनकी कुल एवं जाति का प्रश्न अब भी विवादास्पद विषय बना हुआ है।

सूर के विद्या-गुरु के संबंध में कुछ भी ज्ञात नहीं है। यह अनुमान करना अनुचित न होगा कि अन्धा होने के कारण विधिपूर्वक उन्होंने शिक्षा प्राप्त न की होगी। सत्संग द्वारा उन्होंने समस्त विद्याओं का ज्ञान प्राप्त किया होगा। उनकी काव्याभिव्याक्ति से यह अनुमान होता है कि उन्हें नियमित रूप से शिक्षा मिली होंगी। उन्हें श्रीमद्भागवत पुराण का भी सम्यक ज्ञान था।

बाल्यावस्था से ही सूर में आत्मविद्या प्राप्त करने की जिज्ञासा कूट-कूट कर भरी हुई थी। श्रेष्ठ कवि तथा गान-विद्या-विशारद होने के विषय में उनकी सहज-प्रतिभा, साधु-संगति, पूर्व जन्म के संस्कार ओर विलक्षण ग्रहण-शक्ति को ही प्रमुख कारण मान सकते हैं। उनके संगीत-गुरु के संबन्ध में अबतक

कुछ भी ज्ञात नहीं हुआ है। संभव है, सूर ने किसी गुरु से संगीत का अभ्यास किया होगा। यों भी कह सकते हैं कि भगवान के अनुग्रह से सहज रूप में उन्हें संगीत-कला की प्राप्ति हुई होगी। सूर को पारिवारिक उपेक्षा ने भक्ति में प्रवृत किया था।

गऊघाट में रहते समय सूर एक विरक्त साधु का जीवन बिताते रहे और लभभग 31 वर्ष की आयु में वल्लभाचार्य के व्यक्तित्व से प्रभावित होकर पुष्टि-मार्ग में दीक्षित हुए। आचार्य जी के अनुग्रह से उन्होंने नवधा भक्ति, खासकर प्रेमा-भक्ति के मर्म को समझा।

गृहस्थ न होने के कारण सूर को अपने जीवन में पारिवारिक कष्टो का सामना न करना पड़ा। वल्लभाचार्य तथा विट्ठलनाथ के आश्रय में सूर का जीवन परम शांति में बीता था। वल्लभाचार्य द्वारा दीक्षित होने के पश्चात् अन्त तक वे अनन्य भाव से कृष्ण भक्ति में तल्लीन रहे और अपने आराध्य देव श्री कृष्ण भगवान की लीलाओं का गान करते रहे। इस प्रकार सूर ने संपद्रायबद्ध कवि बनकर भजन, संकीर्तन, पद-रचना, पूजा-पाठ, भक्ति का प्रचार, सत्संग तथा लोगों को उपदेश देने में अपना जीवन बिताया था।

सूर श्रीनाथ मंदिर में कीर्तनकार रूप में नियुक्त थे। मथुरा एवं गोकुल के अतिरिक्त वे अपना स्थायी निवास स्थल पारसौली को छोड़कर और कहीं नहीं गये थे। वे अपने पदों द्वारा भक्तजनों को भक्ति का भावपूर्ण सन्देश दिया करते थे। वे जन-प्रिय कवि बन गये थे।

सूर ने अपने समय की बोचलाल की ब्रज भाषा में कृष्ण भक्ति से संबंधित अपने पदों की रचना की थी और तत्कालीन जन साधारण की भाषा को साहित्यिक रूप प्रदान किया था।

सूर की रचनाओं में श्री मद भागवत के प्रभाव को हम देख सकते हैं। वे अपनी पूर्ववर्ती काव्यधाराओं तथा काव्य-शैलियोंसे प्रभावित रहे तथा परंपरागत काव्य-शैलियों के आधार पर ही अपने काव्य का निर्माण किया था।

सूर को कुछ घंटे पर्दू ही अपने अन्त समय का भान हुआ। पारसौली के चन्द्रशेखर नामक एकान्त स्थान में पहुँचकर, अपने ध्यान को पूर्ण रूप से राधाभाव मे लीन कर उन्होंने अपने शरीर का त्याग किया था।

सूर के जीवन में पराप्राकृत प्रसंगो का बाहुल्य है। वे निम्नलिखित हैं-

1. नेत्रविहीन होते हुए भी शकुन बताने की शक्ति द्वारा खोयी हुई गायों का ठीक रुप से पता लगाकर बताना।
2. गोपाल नामक टहलुये की अनुपस्थिति में स्वयं भगवान श्रीनाथ का सूर की सेवा करना तथा
3. भगवान के अनुग्रह से सूर को दिव्य दृष्टि प्राप्त होना।

सूर में ईश्वरीय अंश की परिकल्पना की जाती है। वे श्री कृष्ण के अष्ठ शखाओं में एक माने जाते हैं और लीला में चंपकलता का अवातर कहे जाते हैं। इनके अतिरिक्त वे उद्धव का अवतार भी माने जाते हैं।

सूर ने अपने पदों में इस तथ्य का प्रतिपादन किया है कि मुक्ति की प्राप्ति के लिये योंग, यज्ञ तथा ज्ञान-चर्चा आदि अनेक साधनों की अपेक्षा नहीं; एक मात्र भक्ति ही मुक्ति-प्राप्ति के लिये पर्याप्त है। भक्ति की प्राप्ति से योग-सिद्धि की प्राप्ति भी स्वयं सहज बन जाती है।

व्यक्तित्वः सूर का व्यक्तित्व निरन्तर परिवर्तन शील रहा। लगभग सात वर्ष की आयु में घर छोड़कर बाहर निकलना, शकुन एवं गान-विद्या की निपुणता के कारण स्वामी के रूप में पूजे जाना, अचानक उनमें आत्म-चेतना का उदय होना, समस्त वैभव का त्याग कर विरक्त साधु की भांति गऊघाट पर जीवन बिताना, वल्लभाचार्य के व्यक्तित्व से प्रभावित होकर पुष्टि-मार्ग में प्रविष्ट होना, कीर्तनकार के रूप में नियुक्त होने के पश्चात नित्य नवीन पदों की रचनाकर तन्मयता से गान करते रहना, राधाभाव में लीन होकर शरीर का त्याग करना-सूर के जीवन की इन अवस्थाओं से उनके व्यक्तित्व के विकास का पता चलता है। इस प्रकार सूर बाल्यावस्था से लेकर अन्त समय तक अपने जीवन का परम लक्ष्य मुक्ति-प्राप्ति की ओर अग्रसर होते रहे।

दैन्य और विनय से प्रारंभ कर पोषण-अनुग्रह से होते हुए सूर सख्य एवं वात्सल्य भक्ति में लीन हुए। तदनन्तर वात्सल्य से आगे बढ़कर माधुर्य की सीढ़ी से चढ़ते हुए अनुगाभाव से उन्होंने कृष्ण की माधुर्योपासना की थी।

सांप्रदायिक भावना की दृष्टि से सूर आदर्श कवि माने जाते हैं। उनके व्यक्तित्व की इसी विशिष्टता से प्रभावित होकर श्री विट्ठलनाथ जी ने उन्हें 'पुष्टि-मार्ग का जहाज' कहा था।

दर्शन-दार्शनिक विचारधारा की दृष्टि से सूर शुद्धाद्वैतवादी माने जाते हैं। भगवान का स्वरूप, उनके गुण एवं लीलायें, उनके प्रति भक्ति की आवश्यकता आदि विषयों पर सूर ने विशेष रूप में चिन्तन किया थ। इन्हीं संदर्भों में ब्रह्म, जीव, जगत, माया, मोक्ष, कर्म आदि विषयों का प्रतिपादन अनायास ही उनके काव्य में हो गया हैं। सूर ने ब्रह्म को अंशी, संपूर्ण जगत, जीव एवं देवताओं को अंश बताया है। जीव दीन, पराधीन तथा मायालिप्त होकर, अज्ञान के कारण, अनेक योनियों में भ्रमण करता रहता है और उसकी मुक्ति का एक मात्र उपाय हरि-भक्ति ही है। यह भगवान के अनुग्रह से ही संभव है।

माया के कारण जीव लौकिक विषयों में फंसकर अज्ञानता में डूबा रहता हैं। भगवद-भक्ति ही माया के प्रबल आघात से बचने का एकमात्र सरल उपाय है। जीव को अपने कर्म के अनुसार इस जगत में सुख-दुख को भोगना पड़ता है तथा अनेक योनियों में जन्म लेना पड़ता है। भक्ति ही कर्म-फल से छुटकारा प्राप्त करने का एक मात्र उपाय है।

भक्ति-साधना-सूर श्री कृष्ण के अनन्य भक्त थे। इनके काव्य में वैधी भक्ति, दास्य, वात्सल्य, मधुर, शान्त आदि भाव-भक्ति के पद उपलब्ध होते हैं। उनकी भक्ति-साधना का मूल आधार साधना-भक्ति नहीं, परन्तु भाव प्रधान रागानुगा भक्ति (साध्य रूपा भक्ति) थी। आत्मसमर्पण-भक्ति के अभाव में, जप-तप, याग-यज्ञ, योग आदि सब व्यर्थ हैं। सूर के दास्य भाव के पदों में आर्त भक्त-हृदय की करुण 'पुकार सुनायी पड़ती हैं। उनके विनय के पदों में आत्मदीनता के भाव की अधिकता पायी जाती है।

सूर ने अपने ऊपर विषयी, पापी जैसे अनेक दुर्गुणों का आरोप किया है; दूसरी ओर एक अक्खड भक्त की भांति उन्होंने अपने इष्ट देव को ललकारा भी है।

मनुष्य को नर-जन्म कठिनाई से मिलता है: अतः उसे व्यर्थ नहीं गंवाना चाहिये। हरि की थोड़ी भक्ति करने से जीव के समस्त पाप नष्ट हो जाते हैं।

सूर ने अनुगाकान्ता-भाव से कृष्ण के प्रति प्रेम की उपासना की थी। उन्होंने माधुर्य भाव की उपासना की थी। उन्होंने माधुर्य भाव की उपासना-पद्धति को अपने काव्य में प्रमुख स्थान दिया है। इन्द्रिय सुख प्राप्त करने की अपनी चित्त-वृत्ति के स्वभाव को ईश्वर की ओर उन्मुख किया। श्रृंगार के माध्यम से जीव-ब्रह्म के संबन्धो को दिखाकर श्रृंगार जन्य आनंद के द्वारा अलौकिक आनंद की ओर संकेत करना सूर के काव्य के संभोग-चित्रण का मूल उद्देश्य रहा है। विषय-वासना में सदा प्रवृत्त होने वाली इन्दियों को रोके बिना उन्हें भगवद् अनुभव की ओर उन्मुख करने में सूर सफल हुए हैं। मधुर-रति द्वारा भगवान को शुद्ध रूप से सूर ने अपना कामार्पण किया है। सूर ने संयोग-श्रृंगार का उत्तान चित्रण किया है। उन्होंने रति-रमण के अत्यन्त सूक्ष्म विवरणों का वर्णन करने में कहीं भी संकोच नहीं किया है। इनके विरह-वर्णन में उनकी काव्य-प्रतिभा का चरम उत्कर्ष देखने को मिलता है। सूर के काव्य में विरहिणी की अभिलाषा, चिन्तन, स्मरण, गुण-कथन आदि एकादश दशाओंका सुंदर चित्रण हुआ है। उन्होंने राधा-कृष्ण के मधुर भाव की पूर्वराग से प्रारंभ कर, संयोग की विविध लीलाओं, चेष्टाओं द्वारा संपुष्ट कर, अन्त में उसे विप्रलभ में परिणत किया है।

सूर के काव्य का कला-पक्ष

सूर का काव्य गीति-काव्य की कोटि में आता है और उनके समस्त पदों में उच्च कोटिका गेयत्व विद्‌यमान है। संगीतज्ञ होने के कारण सूर ने विषय के अनुकूल राग-रागिनियों तथा तालों का चयन किया है। इनके काव्य में अनुप्रास, शब्द-चयन, तुक आदि के समावेश को संगीत के उपादन मान सकते है। इनके पदों में अनोखी उक्तियाँ, अनूठे अनुप्रास, मुगधकारी तुक और सुन्दर शब्द-चयन पाये जाते हैं। सूर के अत्यधिक प्रिय राग बिलावल, सारंग तथा घनाश्री थे।

सूर का काव्य विविध छन्दों में बद्ध है। दोहा, चौपाई, छप्पय, रोला, कवित्त, हरिगीतिका आदि पूर्व प्रचलित छन्दों का प्रयोग सूर ने किया है।

सूर ने अपने काव्य में शब्द और अर्थलिंकारों का प्रयोग अधिक किया है। उन्होंने उपमा एवं रूपक के प्रति अपनी विषेष रुचि दिखलायी है। सांगरूपक पर सूर का असाधारण अधिकार था। संस्कृत के तत्सम ओर तद्भव शब्दों के प्रयोग से उनकी भाषा मे संगीतात्मकता आ गयी है। उनके द्वारा प्रयुक्त मुहावरे एवं लोकोक्तियों के कारण उनकी ब्रजभाषा में अर्थ गांभीर्य, प्रौढ़ता और मार्मिकता का समावेश हो गया है।

निष्कर्ष रूप से कह सकते हैं कि सूर के काव्य में धर्म, दर्शन एवं भक्ति से संबंधित तथ्यो का विलक्षण समन्वय उपलब्ध होता है। अपने काव्य द्वारा सगुणोपासना के हृदयग्राही स्वरूप को सूर ने जनता के समक्ष रखा है और भक्ति के द्वारा मुक्ति प्राप्त कर, मानव जीवन को सार्थक बनाने का महान संदेश मानव-जाति को प्रदान किया है।

संसार रूपी सागर अत्यन्त गंभीर है जिसमें विषय-वासना रूपी भंयकर धारायें चलती रहती हैं। सूर का अनुपम काव्य मानव जाति के लिये जहाज के समान है जिस पर आरूढ होकर मानव आसानी से भवजलनिधि को पार कर सकता है और जन्म-मरण के बन्धन से सदा के लिये छुटकारा प्राप्त कर सकता है।

सूरदास की रचनायें

सूरसारावली, साहित्य लहरी, सूरसागर, सूरसागर सार, सूररामायण, भँवरगीत, ब्याहलो, दृषिकूट पद, हरिवंश टीका, सूरपचीसी, रामजन्म, सूरसाठी, प्राणप्यारी, आदि कुल ग्रन्थों से विद्वानों ने केवल 'सूरसागर' को सर्वसम्मति से सूर की प्रामाणिक रचना मानी है।

सूरसारावली एवं साहित्य लहरी की प्रमाणिकता के संबन्ध में भी सभी विद्वानों ने चर्चा की है। लेकिन इस संबन्ध में अब तक मतभेद बना हुआ हे 'सूरसागर' सब विद्वानों को मान्य है।

'सूरसागर' से दर्शन,भक्ति, काव्य-कला आदि विषयो से संबन्धित कतिपय उद्धरण नीचे प्रस्तुत किये जाते हैं-

निर्गुण और सगुण ब्रह्म के सबंन्ध में सूर के विचार

परब्रह्म साकार और उसी समय निराकार भी है। सगुण और साकार ब्रह्म का ध्यान करना, उसके नामों का उच्चारण करना और उस पर भक्ति करना आसान है। निराकार ब्रह्म का कोई नाम नहीं; गुण नहीं; इस प्रकार के नाम तथा गुण रहित ब्रह्म को मन में खडा करके ध्यान करना सिर्फ ज्ञानियों के लिये आसान है। लेकिन साधारण लोगों के लिये कठिन हैं।

सूरदास सगुण उपासना को श्रेष्ठ मानते है। उन्होंने अपने पदों में निर्गुण-उपासना का हँसी मजाक भी किया है। अपने एक पद में निर्गुण ब्रह्म की उपासना करने में होनेवाली कठिनाइयों के संबंन्ध में सूर यों कहते हैं निर्गुण ब्रह्म के बारे में बयान करना बहुत कठिन कार्य हैं। जिस प्रकार गूंगा मीठा फल खाने के पश्चात उसके मीठापन का वर्णन कर नहीं सकता उसी प्रकार निगुर्ण-निराकार ब्रह्म संबधी अनुभव की व्याख्या नहीं की जा सकती। निराकार ब्रह्म का रूप, कुल, गुण आदि कुछ भी नहीं। ऐसे निर्गुण ब्रह्म को मन में खड़ा कर, उपासना करना कठिन कार्य हैं। इस सत्य को समझकर मैं सगुण ब्रह्म की लीलाओं का गान करता हूँ"।[1]

नवधा भक्ति संबन्धी सूर के विचार

श्रवण-भक्ति

"जो हरि की लीलाओं को भक्ति एवं श्रद्धा के साथ श्रवण करता है, दूसरों को सुनाता है वह आसानी से भवसागर को पार करेगा। वह हरि-भक्ति से होने वाले सुख का अनुभव करेगा और श्रेष्ठज्ञानी भी बनेगा।"

1 सूरसागर प्रथमस्कन्ध पद सं.2

जो हरिलीला सुनै सुनावै सो हरि भक्ति पाई सुख पावै। जो पद स्तुति सुनै सुनावै सूर सो ज्ञान भक्ति को पावैं।

कीर्तन-भक्ति

सूर श्रेष्ठकवि एवं गायक थे। उनके पद सब कीर्तन-भक्ति के अच्छे उदाहरण माने जाते हैं। वे कहते है- "जप, तप तथा तीर्थयात्रा करने से मिलनेवाले सुख से बढ़कर गोपाल के गुणों का कीर्तन करने से मिलने वाला सुख श्रेष्ठ है। हरि के संकीर्तन का गान करने से तीनों लोकों का सुख भी फीका मालूम होगा।"[1]

जो सुख होता गुपालहि गायें।

सो सुख होते न जप-तप कीन्हैं, कोटिन तीरथन्हाए।[3]

स्मरण-भक्ति

स्मरण-भक्ति की महिमा के संबन्ध में सूर कहते हैं-"सदा, सर्वदा हरि का ध्यान करने से संसार के सब सुख उपलब्ध होते हैं। श्रृति, स्मृति आदि शास्त्र-ग्रन्थ भी हरि के श्री चरणों का ध्यान करने का उपदेश देते हैं। नित्य करनेवाले कामों में, इसे भी काम समझकर, हरि का स्मरण करना चाहिये। इस प्रकार हरि का स्मरण करने से मुक्ति की प्राप्ति होगी। हरि के समान दूसरा कोई ईश्वर नहीं है।"[2]

हरि हरि सुमिरी सब कोई। हरि हरि सुमिरत सब सुख होई।

हरि समान द्वितीय नहीं कोई। हरि चरणानि राखो चित गोई॥

बिन हरि सुमिरन मुक्ति न होई।

हरि हरि सुमिरौ दिन रात ना जन्म अकारथ जात।।

सौ बातानि की एकैबात। सूर सुमिरि हरि-हरि दिन रात।'

पाद-सेवन-भक्ति

हरि के श्री चरणों की पूजा ओर उनकी सेवा करने से जन्म एवं मृत्यु के चक्र से आसानी से छुटकारा पा सकते हैं। हरि नख-चन्द्र की छटा के बिना सारा संसार अंधेरा ही रहेगा। अतः हरि के श्री चरणों पर भरोसा रखो।

भरोसो दृढ़ हरि चरनन केरो।

श्री वल्लभ नख चन्द्र छटा बिनु सब जग मांझि अंधेरी।

साधन और नहीं या कलि में जासो होत निबेरौं।[3]

---

1 वही नवम और दशम स्कन्ध पद 449, 4918

2 सूरसागर पद सं. 341, 4923, & 348

3 वही, प्रथम स्कन्ध पद 308

अर्चना-भक्ति

श्रद्धा सहित विविध सेवा-उपकरणों से भगवान की उपासना या पूजा करना अर्चना कहलाती है। इसके दो रूप है। बाह्य अर्चन और मानसी अर्चना, ब्राहा अर्चना में धूप-दीपादी द्वारा षोडशोपचार पूजा की जाती है और मानसी अर्चना में भगवान का ध्यान तथा आत्मसमर्पण ही मुख्य है।

इस भक्ति के लिए सूर अंबरीष राजा का उदाहरण प्रस्तुत करते हैं। अंवरीष राजा हरि भक्त। रहे सदा हरिपद अनुरक्त। श्रवण कीरतन सुमिरन करै। पादसेवन अर्चन उर घरै।[1]

वन्दना भक्ति

भगवान के महत्व को हदय में धारण कर उनके समक्ष नत-मस्तक होकर, विनयपूर्वक उनको प्रणाम करना वन्दना-भक्ति कहलाती है। इस संबंध में सूर कहते हैं-

चरन कमल वन्दौ हरि राई।

जाकि कृपा पंगु गिरि लंघे, अन्धे को सब कुछ दरसाई।

बहिरौ सुनै गूंग पुनि बोले, रंक चलै चिर छत्र धराई।

सूरदास स्वामी करुनामय, बार-बार वन्दौ तिहिं पाई।।[2]

दास्य भक्ति

भगवान दाता और कृपालु हैं तो भक्त प्राप्ति कर्ता और कृपा-पात्र है। दास्य भक्ति में भक्त अपने आराध्य देव को दयालु, प्रभु, पिता, गुरु आदि समझकर उनके समक्ष अपनी अज्ञानता, दीनता अपने दुर्गुण एवं दोष आदि का उल्लेख करता है और विनयपूर्वक अपनी रक्षा एवं उद्धार करने की प्रार्थना करता है।

सूर अपने एक पद में अपनी हीनता बताते हुये यों भगवान से प्रार्थना करते हैं-

पतित, पावन, दीन-बन्धु, अनाथननि के नाथ।

मौसौ कोऊ पतित नहीं, अनाथ-हीन-दीन।

काहे न निस्तारत प्रभु, गुननि अंगनि-हीन।[3]

दास्य भक्ति की सात भूमिकायें

विनय-भक्ति एवं दास्य-भक्ति की साधना में सात भूमिकायें स्वीकृत है जो इस प्रकार है- दीनता, मानमर्षता, भयदर्शना, भर्त्सना, मनोराज्य तथा विचारणा।

---

1 वही पद 449

2 सूरसागर पद (विनय) प्रथम स्कन्ध

3 सूरसागर पद 182

दीनता-प्रदर्शन

सूर अपने को हीन-दीन और भगवान को सर्व सामर्थय सम्पन्न बताकर उसकी महानता का गान करते हैं। सूर प्रार्थना करते हैं-

प्रभु हौ सब पतितन की टीको।

नाथ सको तो मोहि उधारौ

पतितनि में विख्यात पतितन हौं पावन नाम तुम्हारौ।[1]

मानमर्षता -दर्शन

निरभिमान होकर भगवान की शरण में जाना मानमर्षता कहलाता है। सूर अपने आराध्य देव से प्रार्थना करते हैं-

मेरी कौन गति ब्रजनाथ?

फिरत विषयनि साथ

हौं पतित, अपराध पूरन, भयौ कर्म विकार

सूरदास प्रभु भक्त वछल हैं। चरन सरन हौं आयौ।[2]

भयदर्शना

जीव को भय दिखाकर उसके मन में भगवान के प्रति भक्ति-भावनाओं को जागृत करना' भयदर्शना' कहलाता है। सूर कहते हैं-

रे मन गोविन्द के ह्वै रहिये।

इहि संसार अपार विरत ह्वै यम को त्रास न सहिये।[3]

भर्त्सना

चंचल मन को वश में करने के लिये उसे डाँटना-डपटना भर्त्सना कहलाता है। इसमें भक्त अपने कु-कृथ्यों के लिये मन को खूब डाँटता है और कोसता है। सूर अपने मन को संबोधन कर कहते है-

रे मन मूरख जनम गवायों

करि अभिमान विषय-रस गीध्यो, श्याम सरन नहीं आयौ।

---

1 वही पद 138 और 131

2 वही, पद 32 और 126

3 वही पद 62

क्यों तू गोविन्द नाम बिसारो?

अबहू चति, भजन कर हरिको, काल फिरत सिर ऊपर भारौ।[1]

आश्वासन

सूरदास भगवंत भजन करि, सरन गये उबरै।

सूरदास प्रभु भक्तबत्छल है उपमा कौन बियौ?[2]

मनोराज्य

भगवान से अपनी अभिलाषा की पूर्ति की प्रार्थना करना 'मनोराज्य' कहलाता है। सूर भगवान कृष्ण से प्रार्थना करते हैं-

हिन्दी वैष्णव साहित्य

माधौ मोहि करो वृन्दावन-रेनु।

जिहि चरननि डोलत वंद-नंदन, नितप्रति वन-वन चारत घंनु।[3]

विचारना

विचारना-भक्ति में भक्त अपने किये हुए पापों का स्मरण कर पश्चाताप करता है। मन को साँसारिकता से विरक्त कर, उसे भक्ति-मार्ग में प्रवृत्त करना 'विचारण' कहलाती है। संसार की निस्सारता तथा क्षणभंगुरता का चित्रण करते हुए भगवान पर आसक्त होने का उपदेश सूर यों देते है-

जस दिन मन पंछी उडि जैहैं'

ता विन तेरे तन-तरुवर की सबै पतझरि जेहैं

या देही को गरव न करियै, स्यार-काग-गिध खैहै।[4]

निष्कर्ष रूप में कह सकते हैं कि दास्य भक्ति की उक्त सात भूमिकाओं से संबद्ध पदों मे सूर ने स्वपाप के विनाश तथा अपने उद्धार की विन्ती की है। उन्होंने भक्ति रहित जीवन की कटु आलोचना की है। जिसने मानव-शरीर पाकर भी हरि-भजन नहीं किया उसका जन्म शूकर, स्वान, मीन के समान निरर्थक है। उन्होंने विष्यवासनाओं को भयावह बताकर अनन्य भाव से भगवान की शरण स्वीकार की है। अपने आराध्य देव के अनुग्रह पर विश्वास करते हुए अपनी अभिलाषओं की पूर्ति करने की प्रार्थना की है।

---

1 सूरसागर पद 80, 335

2 वही. पद 37, 38

3 सूरसागर पद-110

4 वही पद 86

सूरदास की सख्य-भक्ति

भक्त भगवान को अपना सखा मानकर जो अहेतुक प्रेम-व्यवहार करता है, उसको 'सख्यभक्ति' कहते हैं। यह भक्ति भक्त और भगवान में समानता के भाव पर आधारित है। इस भक्ति में भक्त अपने मन की बातों को व्यक्त करने में संकोच का अनुभव नहीं करता।

वल्लभ संप्रदाय में सख्य भक्ति को अधिक महत्व दिया गया है। अष्टछाप के भक्त भगवान श्री कृष्ण के अष्टसखा माने गये हैं। जो उनकी लीलाओं में सदा विद्यमान रहते हैं। सूर भी इन सखाओं में से एक थे। कृष्ण की बाल एवं गोचरण-लीलाओं में सख्य भक्ति-भाव व्यक्त हुआ है।[1]

सूर का सख्य-भक्ति वर्णन विश्व साहित्य में अप्रतिम माना गया है। कृष्ण से बड़े, कृष्ण के समवयस्क और कृष्ण से वय में कम उम्रवालों में सूर ने सख्यरति की अनुभूति प्रदर्शित की है। कृष्ण से जो बड़े हैं वे उनकी मधुर लीलाओं में साथ नहीं रहते। समवयस्क सखायें कृष्ण की अंतरंग लीलाओं में सदा साथ रहते है और कृष्ण से घनिष्ठता एवं आत्मीयता का भाव रखते हैं। कम उम्र वाले सखा माखन-चोरी, कंदुक-क्रीड़ा आदि खेलों में कृष्ण के साथ भाग लेते हैं।

कृष्ण अपना षडरस भोजन छोड़कर, ग्वाल सखाओं के हाथ कौर पाने के लिये छीना झपटी करते हैं। सुदामा-दारिद्रय-निवारण प्रसंग में सूर के सख्य-भक्ति विषयक भाव व्यक्त हुए हैं।

सूर का आत्मनिवेदन (प्रपत्ति)

समस्त साधनों का परित्याग कर श्री कृष्ण परमात्मा की शरण में जाना और सर्वात्मना अपने आप को प्रभु के चरण-कमलों में अर्पण कर देना आत्मनिवेदन अथवा प्रपत्ति कहलाती है। सर्वज्ञ भगवान के समक्ष छल-कपट अथवा दुराव-छिपाव करना उचित नहीं। उनके सम्मुख अपनी वास्तविक स्थिति का बयान करना चाहिये। अपने हृदय की बातों को खोलकर कहने से भक्त के हृदय का भार उतर जाता है। प्रपत्ति में भगवान पर अनन्य विश्वास की अपेक्षा है। इस में भक्त अपनी आश्रय हीनता का अनुभव करते हुए भगवान को ही एकमात्र सहारा समझकर अपने उद्धार की प्रार्थना करता है।

श्री वैष्णव संप्रदाय में प्रपत्ति या शरणागति का भाव भक्त के लिये परमावश्यक माना गया हैं। भक्ति-क्षेत्र में प्रपत्ति-मार्ग को सामान्य जनता तक पहुँचाने का श्रेय श्री रामानुजाचार्य को दिया जाता है।

सूरदास अपने एक पद में भगवान से प्रार्थना करते हैं-"हे प्रभु! मैं आश्रय मांगकर तुम्हारे पास आया हूँ। याग, यज्ञ, तप, व्रत आदि करने में मै असमर्थ भी हूँ। तुम्हें प्राप्त करने का कोई भी साधन मुझे मालूम नहीं। मैं बड़ा पापी हूँ। मैंने असंख्य पापों को किया है। अब मैं उस के लिये पछताता हूँ। भक्तों ने तुम्हें 'पतित पावन'वृद दिया है। मुझे परिशुद्ध बनाने की प्रार्थना कर, तुम्हारे द्वार पर खडा हूँ। आश्रय मांगकर आये हुए मेरे मान की रक्षा करना तुम्हारा उत्तरदायित्व है।"[2]

आगे सूरदास भगवान से प्रार्थना करते हैं-"हे मेरे प्रभु! मेरे गुण और अवगुणों पर तुम्हें ध्यान नहीं देना चाहिये। मैं एक कामुक हूँ; मेरा व्यवहार बुरा है; बड़ा मूर्ख हूँ; मैंने बहुत गुनाह किये है; सदा विषय-

1 सूरसागर पद 865, 1086 आदि

2 सूरसागर पद 110

वासनाओं में डूबकर रहता हूँ; मैंने अब तक कोई भी पुण्य काम नहीं किया है। कृपासिंधु हे भगवान! तुम मेरे बारे में सब कुछ जानते हो। भजन के महत्व को मैं नहीं जानता। मोह-समुद्र में डूबकर रहने वाले मुझ को हाथ पकड़कर पार करा दो। मुझे तेरे चरण कमलों पर आश्रिय प्रदान करो हे मेरे प्रभु"।[1]

नवधा भक्ति के अन्तर्गत दास्य और सख्य भक्ति का विवेचन हो चुका है। शेष वात्सल्य, माधुर्य और शान्त भक्ति का विवेचन आगे प्रस्तुत किया जाता है-

सूर की वात्सल्य भक्ति

वात्सल्य एक निर्हेतुक भाव है। इस में निष्काम प्रेम का भाव सर्वाधिक रहता है। ईश्वर बालक है, पुत्र है और भक्त उसकी माता, धात्री और पिता है। प्रभु के प्रति इस प्रकार का भाव 'वात्साल्य भक्ति' कहलाती है। वात्सल्य भक्ति में स्नेह पात्र के अबोध और अशक्त होने के कारण उससे कुछ प्राप्त करने की इच्छा नहीं होती।

श्रीवल्लभाचार्य ने वात्सल्य भक्ति पर विशेष बल दिया था। अष्टछाप के कवियों में वाल्सल्य भक्ति का सर्वोत्तम रूप सूर में प्रकट हुआ है। सूर वात्सल्य भक्ति के अप्रतिम कवि माने जाते हैं। वात्सल्य भक्ति के क्षेत्र में सूर से प्रतिस्पर्धा करनेवाला कवि अन्य भाषाओं के साहित्य में शायद ही हो (पेरियालवार को छोड़कर)

सूर ने बाल-मनोवृत्ति का सूक्ष्म अध्ययन किया था। उन्होंने कृष्ण की बाल-लीलाओं का वर्णन स्वाभाविकता, यथार्थता एवं मनोवैज्ञानिकता के साथ किया है। बालक कृष्ण की अन्तः प्रकृति का विशद चित्रण भी उन्होंने अपने काव्य में किया है।

सूर के वात्सल्य की अभिव्यक्ति में कृष्ण का तुतलाना, माता के समक्ष नृत्य करना, माखन खाना, अगूंठा मुंह में रखकर चूसना, पालने में किलकारी मारना, घुटनों से चलना, चलना-सीखना तथा बीच में लड़खड़ाकर गिर पडना, चाँद के लिये हठ करना आदि विविध चेष्टाओं तथा बाल सुलभ क्रिया-कलापों का सजीव वर्णन किया है।[2]

बालक कृष्ण जब माखन-चोरी में पकड़ा जाता है तब माँ यशोदा से कहता है-

मैया मैं नहीं माखन खायौ।

ख्याल परे ये सखा सबै मिलि मेरे मुख लपटायौ॥

देखि तुही सींके पर भाजन, रँचै धरि लटकायौ।

हों जु कहत नान्हेकर अपने माँ कैसे करिपायौ।

डारी सांटि मुसुकाई जशोदा, स्यामहिं कंठ लगायौ।[3]

---

1 वही पद 111

2 सूरसागर पद 728, 752, 793, 798, 811, 833 आदि

3 वही पद 952

सूर की माधुर्य भक्ति

सूर के काव्य में मधुर भाव का विकास और विस्तार पूर्णतः पाया जाता है। उन्होंने राधा एवं गोपियों के माध्यम से मधुर भाव की अभिव्यंजना की हैं। गोपी-स्त्रियाँ दो प्रकार की मानी गयी हैं-कुमारिकायें और विवाहितायें। कुमारी गोपियों ने कृष्ण के गुणों पर मुग्ध होकर उन्हें अपना पति माना था और विवाहित गोपियों ने कृष्ण से जार-प्रेम किया था। परकीया भाववाले पदों की अपेक्षा स्वकीयाभाव वाले पद ही 'सूरदास' में अधिक मिलते हैं।

सूर ने राधा-कृष्ण का विधिवत विवाह भी करा दिया था। सूर की मधुर-भक्ति का वियोग पक्ष, संयोग पक्ष से अधिक तीव्र, उज्जवल तथा गंभीर बन पड़ा है। अभिलाषा, चिन्ता, समृति, उद्वेग, प्रलाप, उन्माद, व्याधि, जडता आदि वियोग की काम-दशाओं तथा विरह-व्यथा से उत्पन्न होने वाले व्यतिक्रमों का सूर ने अपने माधुर्य भक्ति-पदों में विशद वर्णन किया हैं।

सूर ने अनुगाकान्ता-भाव को अपनाया था। मध्यस्त बनकर गोपी-कृष्ण की प्रेम लीलाओं का चित्रण किया है।

सूरसागर में मधुर रस दो धाराओं में प्रवाहित होता हुआ दिखाई पड़ता है-गोपी-कृष्ण के प्रेम के रूप मे और राधा-कृष्ण के प्रेम के रूप में। गोपियाँ राधा के उच्च प्रेमादर्श तक पहुँचना चाहती हैं।

सूर-काव्य में संयोग-सुख का चित्रण

संयोग-पक्ष के जितने भी क्रीडा-विधान हो सकते हैं सूर ने उन सबको एकत्र कर दिया है। पनघट लीला, कुंज विहार, यमुना-स्नान, गोदाहन के समय राधा के मुख पर दूध की छीटें फेंकना, भरे आंगन में संकेत-द्वारा वार्तालाप करना, घर के पीछे खरिक तथा वन में मिलना, हिंडोले पर झूलना, रास-नृत्य आदि, न जाने संयोग के बहुत से प्रसंग सूर ने ढूढं-ढूढ़कर, अपने पदों में वर्णन किया है। इनमें राधा-कृष्ण का जो मिलन दिखलाया गया है, वह संक्षिप्त मिलन है। ये सब लीलायें संकीर्ण-संभोग के अन्तर्गत आते हैं। जब राधा-कृष्ण में प्रेम अत्यन्त गाढा हो जाता है तब होने वाले मिलन को संपन्न संभोग कहते हैं। सखी-भाव में स्थिर होकर सूर ने राधा-कृष्ण की सुरति क्रीडा के अत्यन्त रम्य चित्र प्रस्तुत किये है।

सूरसागर के सयोंग-वर्णन को दो भागो में बांट सकते है- सामूहिक संयोग और राधा-कृष्ण संयोग। सामूहिक संयोग मे राधा के साथ सभी गोपियां अथवा राधा को छोड़कर सभी गोपियाँ सम्मिलित है। राधा-कृष्ण संभोग में राधा तथा कृष्ण के रति विहार का चित्रण हुआ है। चीर-हरण लीला, पनघट-लीला, दान-लीला आदि सामूहिक संयोग के वर्णन के अन्तर्गत आ जाती हैं। राधा-कृष्ण मिलाप, वृन्दावन-विहार, युगल-समागम, मानांतर संभोग आदि राधा-कृष्ण संभोग के अन्तर्गत आते है।

संभोग-वर्णन में सूर की लेखनी संकोच करना नहीं जानती। सुख-विलाप के वर्णनों में उनको कथमपि-संतोष नहीं होता। सूरसागर में कही प्रथम समागम का वर्णन है कहीं विपरीत रति का और कहीं श्रृंगार-सज्जा का। संभोग-श्रृंगार-वर्णन के कतिपय उदाहरण नीचे प्रस्तुत किये जाते है-

हरषि प्रिय प्रेम तिय अंक लीन्ही।

प्रिया बिनु बसन करि, उलटि घरि भुजनि भरि,

सुरत रति पूरी, अति निवल कीन्ही॥

आपने कर नखनि अलक कुरवारहीं, कब हूँ बांधे अतिहि लगत लोभा।

कबहुँ मुख मोरि चुम्बन देत हरष हे, अधर भरि दसन वह उनहिं सोभा।[1]

सूर के श्रृंगार वर्णन में कोई दुराव-छिपाव नहीं है। न उनके श्याम-श्यामा वस्तुतः संकोच करते हैं, न सूर को ही उनकी संभोग क्राडायें वर्णित करने में कोई संकोच हे। उनके राधा-माधव तो कोक-कला में परिपूरन हें। रति के उपरान्त कृष्ण द्वारा राधा के श्रृंगार किये जाने का वर्णन सूर निम्नलिखित पद में करते हैं।

मोहन मोहिनि अंग सिंगारत वेनी ललित ललित कर गूँथत, सुन्दर मांग संवारत।। सीस फूल धरि-सूरस्याम तिय-अंग संवारत"[2]

राधा, कृष्ण लता-भवन में चले जाते हैं। सूर को उनकी रति-कैलि के वर्णन का अवसर मिल जाता है। परस्पर लिपटने और रमण करने का यर्थाथ चित्रण उन्होंने इस प्रकार किया है-

वह छवि अंग निहारत स्याम्।

कबहुंक चुम्बन देत उरज धरि, अति संकुचति तनु बाम॥

बहुरि काम-रस भरे परस्पर, रति विररीत बढ़ाई

सूर स्याम रति पति विहवल करि, नारी रहीं मुरझाई॥[3]

सुरत-समर में कृष्ण घायल होकर डगभगी चाल से घूमते हैं और राधा के नरम-प्रहारों के फलस्वरूप उनके अंगों से शोणित घारा वह रही है-

चरन सिथलि अरु-चाल उगमगी, घूमत घायल समर भये।

स्रवत सकल अंगनि स्रनित, स्यामा नख सायक जु दये॥[4]

संभोग-श्रृंगार का स्थूल चित्रण सूर इस प्रकार करते हैं-

वसन तनु दुरि करि, सबल भुज अंक भरि,

अघर दसननि भरे, कठिन कुछ ठर वरे,

1 सूरसागर, पद 2606

2 वही पद 3246

3 वही पद 3243

4 वही पद 3260

परे सुख सेज मनु सुरिछि दोऊ॥

मनौ कुम्हिलाई रहे मेनसों मल्ल दोऊ,

कोक परवीन घटि नहीं कोऊ।[1]

इस प्रकार सुरत-समय तथा सुरतान्त की क्रीडा, मोहन-मोहिनी का संकोच आदि का स्वाभाविक चित्रण सूर ने अपने पदों में किया है। निस्संदेह संभोग-श्रृंगार-वर्णन में सूर की काव्य-प्रतिभा का उत्कृष्ट रूप देखने को मिलता है। भावुक भक्त कवि सूर ने मधुर-रति-चित्रण द्वारा भगवान को शुद्ध रूप में अपना कामार्पण किया है।

सूर ने इन्द्रिय-सुख प्राप्त करने की अपनी चित्तवृत्ति को ईश्वर की ओर उन्मुख किया है। स्त्री भाव के प्रेम में ही आत्मोत्सर्ग और आत्मविस्मृति की अवस्था पूर्ण रूप में आती है।

मनुष्य की इन्द्रियाँ विषय-वासनाओं में सदा झूमती रहती है। उनकी इस प्रवृत्ति को रोके बिना उन्हें भगवद-अनुभव की ओर सूर ने उन्मुख किया है। श्रृंगार-जन्य ऐन्ट्रिक आनंद के द्वारा अलौकिक आनंद की ओर इशारा करना सूर के संभोग-चित्रण का भूल उद्देश्य रहा है।

श्री कृष्ण परब्रह्म हैं; राधा उन्हीं की शक्ति है और गोपियाँ जीवात्माओं के प्रतीक हैं। मुरली भगवान की पुष्टि है जो जीवात्मा को समय-समय पर सचेत करती रहती है और संसार से संबन्ध छुड़ाकर उसे अपनी ओर आकृष्ट करती है। सूर ने मधुर-भाव-भक्ति द्वारा अपने आराध्य देव से एक प्रकार के आध्यात्मिक दाम्पत्य संबन्ध को स्थापित किया है।

सूर की मधुर भक्ति का वियोग-पक्ष

संयोग-श्रृंगार की अपेक्षा सूर का वियोग श्रृंगार अधिक व्यापक एवं मर्मस्पर्शी है। उन्होंने अपनी रचना 'सूरसागर' में विरहजन्य अगणित मानसिक दशाओं की मार्मिक अभिव्यंजना की है। विरह विधुरा गोपियाँ परमात्मा से वियुक्त आत्मा की प्रतीक कही जा सकती हैं। प्रेम की उच्च अनुभूति में केवल प्रिय के हित की कामना होती है। 'भ्रमर गीत' प्रसंग को हिन्दी-साहित्य में सर्वप्रथम विस्तृत रूप में लाने का श्रेय सूर को ही है। इस प्रसंग में गोपियाँ भ्रमर को लक्ष्य कर अपनी विरह-वेदना को व्यक्त करती हैं।

शान्त-भाव-भक्ति

जहाँ न दुख है, न सुख है, न चिन्ता है, न द्वेष है, न राग है, न इच्छा है- इस प्रकार की अवस्था में मन शान्ति का अनुभव करता है। संसार की अनित्यता का चिंतन, वासनाओंका त्याग, ईश्वर-भक्ति तथा ज्ञानोपलब्धि से चित्त में आनन्द की अनुभूति होती है। ऐसा विलक्षण आनंद संसार के विविध सुखों का अनुभव करने में कथमपि प्राप्त नहीं होता। महात्मा एवं ज्ञानियों के सत्संग में रहकर उनका उपदेश सुनने तथा शास्त्र का पठन-पाठन करने से शान्त भाव की उपलब्धि होती है।

---

1 वही पद 3115

सूर की दास्य भक्ति के अन्तर्गत जो जो दृष्टान्त दिये गये हैं वे शान्त भाव भक्ति के अच्छे उदाहरण माने जा सकते हैं।

सूर-काव्य में चित्रित भक्ति संबन्धित विविध विषय

अनन्याश्रय

केवल अपने आराध्य देव का आश्रय ग्रहण करना अनन्याश्रय भक्ति कहलाती है। श्री वल्लभचार्य का कहना है कि कृष्ण भक्त को अन्य देवों का भजन तथा उनकी शरण परित्याग करना चाहिये।[1] अविचल अनन्याश्रय-भाव को वयक्त करने वाले पद सूर ने लिखे हैं। यथा-

मेरों मन अनत कहां सुख पावै।

जैसे उडि जहाज की पंछी, फिर जहाज पर आवै।

कमल नैन को छांडि महातम और देव को घावै।

परम गंग को छांडि पियासा दुर्मति कूप खनावै।

सूरदास प्रभु कामधेनु तजि छेरी कौन दुहावै।[2]

भगवान के अनुग्रह पर सूर को दृढ़ विश्वास था। सूरदास अपने एक पद में कहते हैं-ईश्वर, भक्त के प्रेम के पात्र हैं; इसी प्रकार भक्त ईश्वर के प्रेम का पात्र है। कष्ट के समय भक्त के बुलाने पर तुरन्त ईश्वर उसके पास आते हैं और उसकी रक्षा करते हैं। भक्त के शत्रु को ईश्वर अपना शत्रु मानता है।

अर्जुन का सारथी बनकर युद्ध-क्षेत्र में भगवान कृष्ण ने उसकी सहायता की थी।[3]

सूर का काव्य सौन्दर्य

उपमा अलंकार के लिये उदाहरण

1. मेरौ मन अनत कहाँ सुख पावै।

   जैसे उडि जहाज को पंछी, फिरि जहाज पर आवै।[4]

2. ज्यों पानी में होत बुदबुदा पुन ता मांही समाही

   त्यौं ही सब जग कुटुंब तुमहि ते पुनि तुम मांहि बिलाहीं।[5]

---

1 विवेक धैयाश्रय पोडढा ग्रन्थ पृ.64

2 सूरसागर प्रथम स्कन्ध पृ.17

3 वही पृ.17 (वेंकटश्वरा प्रेस)

4 सूरसागर पद 104 (दशम स्कन्ध)

5 सूरसागर पद 595

3. अब हम माया हाथ बिकान्याँ
   परबस भयौ ज्यों रजुबस, भज्यौन श्री पति रानौ।[1]
4. भजन बिनु जीवत जैसे प्रेत।[2]
5. जा रिम दिन पाहुने आवत
   तीरथ कोटि सनान करै, फल जैसो दरसन पावत।[3]

रुपक अंलकार

अब मैं नाच्यौ बहुत गोपाल
काम-क्रोध की पहिरि चौलना, कंठ विषय की माल
महामोह के नुपूर बाजत, निन्दा सब्द रसाल।[4]

स्वभावोक्ति अंलकार

मैया कबहिं बढ़ेगी चोटी।
कितनी बार मोहि दूध पियत भई, यह अजहूँ है छोटी।[5]

सूर के द्‌वारा अपने प्रभु के लिये प्रयुक्त नाम।

गोविन्द,	ईश्वर	मोहन
माधवा	त्रिविक्रम	प्रभू
मधुसूदन	वासुदेव	स्वामी
केशव	नारायण	कृपानिधि
श्यामला	अच्छुदा	करुणासिंधु
श्रीपति	जगदीश	

सूरदास के जीवन-वृत्त का सार

समय	सन् 1473-1583.
कुल	विप्रकुल

1 वही पद, 47
2 सूरसागर पद 358
3 सूरसागर पद 360
4 सूरसागर (प्रथम स्कन्ध) पृ.153
5 वही पद 793

गुरु	वल्लभचार्य, विट्ठलनाथ
संप्रदाय	शुद्धद्वैत संप्रदाय (पुष्टि-मार्ग)
निवास स्थान	पारसौली
	1) अन्धा होने पर भी खोई हुयी गायों का पता लगाना
जनश्रुतियाँ	2) स्वयं भगवान श्रीनाथ ग्वाल लड़के के रूप में आकर सूर की सेवा करना।
	3) ईश्वर के अनुग्रह से खोयी हुई दृष्टि को पुनः प्राप्त करना
	4) उद्धव, कृष्ण का सखा, और संपकलता' नामक गोपी के अवतार के रूप में माना जाना।
समकालीन सम्राट	अकबर संम्राट
विश्वसनीय कृति	सूरसागर
सूर के द्वारा अनुकरण की गयी भक्ति के प्रकार	दास्यभक्ति, सख्य भक्ति, माधुर्य भक्ति और वात्सल्य भक्ति।
आराध्य देव	श्री कृष्ण परमात्मा
'सूरसागर' की भाषा	ब्रजभाषा
सीखी हुई कलायें	संगीत कला, मीठे स्वर में गाने की क्षमता

अष्टछाप का कवि परमानंद दास (सन् 1493-1584)

अष्टछाप के कवियों में सूरदास के पश्चात् भक्त कवि परमानंद दास को द्वितीय स्थान प्राप्त है। इनका जन्म 'कन्नौज' में एक गरीब ब्राह्मण के परिवार में सन् 1493 में हुआ था। गरीबी के कारण इनके माता-पिता ने इनकी शादी नहीं की थी। इनके माता-पिता की राय यह थी कि अधिक धन कमाने के बाद पुत्र की शादी करें। इनके पिताजी धन कमाने हेतु दक्षिण भारत गये। किन्तु परमानंद दास अपने पिता के साथ धन कमाने नहीं गये।

बचपन से ही परमानंददास भगवान श्री कृष्ण के बड़े भक्त थे। संसार की विषय वासनाओं में न फंसकर ये भगवतद्-भक्ति में अपना जीवन बिताने लगे। कालांतर में ब्रजभाषा में भक्ति-कीर्तन लिखने लगे। अनेक शिष्यों के लिये गुरु बने और परमानंद स्वामी के नाम से विख्यात हुए।

श्री वल्लभाचार्य की विनती के अनुसार परमानंद स्वामी कृष्ण की बाल्य लीलाओं से संबंधित पद लिखने लगे। वल्लभाचार्य इन्हें अपने साथ ब्रज भूमि ले गये और भगवान श्रीनाथ मंदिर में कीर्तनकार रूप में इनकी नियुक्ति की। कीर्तन कार के रूप में भगवान श्रीनाथ की सेवा करते हुए इन्होंने असंख्य भक्ति-पदों की रचना की। अधिक संख्या में पदों की रचना करने वाले कवियों में सूरदास के पश्चात् इन्हीं का नाम आता है।

परमानंद ने कृष्ण की समस्त लीलाओं का गान किया है। इनके पदों का संकलन 'परमानंदसागर' नामक ग्रन्थ में हुआ है जिसमें 1101 पद संकलित हैं।

कृष्ण की बाल्य लीलायें, राधा-कृष्ण तथा गोपियों की श्रृंगार-लीलायें, राधा एवं कृष्ण का विरह-दुख आदि के संबन्ध में इन्होंने पदों की रचना की है। इनके पद सब अपने काव्य-सौन्दर्य के लिये अत्यन्त प्रसिद्ध हैं।

परमानंद दास की भक्ति-साधना

परमानंद ने सगुण-भक्ति की महिमा का गान किया है। ये अपने एक पद में कहते हैं-

"वृन्दावन और गोकुल में रहने वाले सब अत्यन्त भाग्यशाली हैं। वे रोज श्री कृष्ण परमात्मा की उपासना करते हैं और उनके दर्शन से प्रसन्न रहते हैं। सगुणोपासना के महत्व को न जानने वाले, शरीर में भस्म लगाकर काशी जाते हैं और निराकार ईश्वर की उपासना करते हैं।[1]

और एक पद में परमानंद कहते हैं-"मेरा प्रभु श्री कृष्ण का रूप बहुत गंभीर है और वे बड़े दीन दयाल भी हैं। भगवान विष्णु के अवतार राम और कृष्ण की लीलाओं का श्रवण करने से मानव, जन्म-मृत्यु के चक्र से छुटकारा पायेगा। उसका दूसरा जन्म नहीं है।"[2] श्री कृष्ण की कथाओं को सुनने से और उसके गुणों का गान करने से जीवन में मंगल होगा।"[3]

आगे परमानंद कहते हैं-"मैं सुबह और शाम यशोदा नंदन श्री कृष्ण का ध्यान करता हूँ। मैं उनके विरह में वेदना का अनुभव करता हूँ। उनकी सुन्दर छवि को मैं एक क्षण के लिये भी भूल नहीं सकता। उनके मुस्कुराहट को कैसे भूल सकता हूँ? यदि वे मेरी भीतरी आँखों से कुछ देर के लिये औझल हो जाते हैं तो मैं उन्हें ढूँढने लगता हूँ।[4]

परमानंद गोपी-भाव से कहते हैं-"हे मोहन! मैं तेरे लिये नाश्ता लायी हूँ। बहुत देर से तुम्हें बुला-बुलाकर मैं थक गयी हूँ। तुम्हें कई जगह ढूँढ कर मैं रास्ता भूल गयी हूँ। बहुत पूछताछ करके बड़ी कठिनाई से तुम्हारे पास आयी हूँ। इसे सुनते ही कृष्ण ने मुरली बजाना बंद कर उसे आलिंगन कर लिया।"[5]

परमानंद श्री कृष्णपरमात्मा के श्री चरणों का स्पर्शकरते हुए कहते हैं-"शिव, ब्रह्मा एवं गोंपियाँ अपने हृदय कमलों में तुम्हें बिठाकर तुम्हारी महिमा का गान करते हैं; ऐसे कृष्ण परमात्मा के श्री चरणों में मैं अपना सिर झुकाता हूँ। आपश्री लक्ष्मी-देवी के हृदय कमल के आभूषण के रूप में शौभित हैं। वेद तथा मुनि लोग आप की महिमा का गान करते हैं। ऐसे माधव की श्री चरणों का स्पर्श करके आनंद का अनुभव करता हूँ। वामनावतार में आप ने अपने चरणों को बलि चक्रवर्ती पर रखा था। दास परमानद प्रेम रूपी अमृत मिश्रित गीतों से आप के श्री चरणों की महिमा का गान करता है"[6]

---

1 परमानंद सागर पद 836 (संकलनकर्ता गोवर्धननाथ शुक्ल

2 वही पद 291

3 वही पद 342

4 वही पद 564

5 वही पद 640

6 परमानंद सागर पद 1

परमानंद ने सख्य भाव से अपने आराध्य देव की उपासना की थी। अपने को कृष्ण का सखा मानकर परमानंद अपने एक पद में कहते हैं-

"तुम्हारे साथ बैठकर खाना बाँटकर खाने में हे गोविन्दा! मुझे अपार सुख मिलता है। इस प्रकार के सुख को मैंने अब तक अनुभव नहीं किया है।"[1]

शरणागति के महत्व के संबन्ध में परमानंद कहते हैं-भगवान अपने चरणों में आश्रय लेनेवालों की रक्षा अवश्य करते हैं। नरसिंह रूप में खंबे से प्रत्यक्ष होकर हरि ने प्रहलाद को बचाया। अपने आश्रय में आने वालों के करोड़ों विघ्नों को दूर कर, हरि उन्हें निर्भय बनाते हैं।[2]

परमानंद भी कृष्ण को ही परब्रह्म समझते हैं। कृष्ण परमात्मा ही विविध रूपों में दिखायी पड़ते हैं। वेद उन्हें 'नैति' नैति' कहते हैं। परब्रह्म निर्गुणी हैं; उसी समय सगुणी भी हैं। निर्गुणी ब्रह्म ही, सगुण रूप धारण करता है। शिव, इन्द्र, आदि, परब्रह्म श्री कृष्ण की आराधना करते हैं। पूर्ण पुरुषोत्तम श्री कृष्ण ही हम सब पर शासन करते हैं। वे ही इस धर्ती पर लीलायें करने के लिये अवतार लेते हैं। स्वयं कृष्ण ही ब्रह्मा, विष्णु तथा महेश हैं।[3] वे अंशी हैं और चित-अचित, चेतन-अचेतन आदि समस्त जीवराशियाँ उनके अंश हैं। लोग भगवान के इस अंश-अंशी, शरीर-शरीरी, अंग-अंगी भाव को भूल गये हैं।[4]

परमानंद अपने एक पद में कहते हैं-

"मनुष्य माया की जाल में फैसकर, काम, क्रोध,मद, मोह, लोभ, माश्चर्य आदि बुरे गुणों से छुटकारा न पाकर रहता है। वह अपने दोष एवं कमियों के बारे में कभी नहीं सोचता। दूसरो की निंदा करने में, उनकी संपत्ति को हड़पने में और सांसारिक सुखों को शास्वत मानकर उनका अनुभव करने में अपना जीवन बिताता हैं। अपने अंशी स्वस्थ हरि को वह भूल गया है"।[5]

परमानंद मोक्ष-सुख की कामना न कर, कमल नयन श्री कृष्ण के चरण कमलों की सेवा करने को, मौक्ष-सुख से बढ़कर श्रेष्ठ मानते हैं। अपने एक पद में ये गोपी-भाव से कहते हैं-"भगवान साधु -सन्यािसियों को मुक्ति प्रदान करें; काम-सुख का अनुभव करने वालों को संभोग-सुख प्रदान करें; योग-मार्ग का अनुकरण करके, मिलनेवाली सायुज्य मुक्ति मैं नहीं चाहता। मैं श्री कृष्ण से माधुर्य भक्ति करता हूँ; उनके प्रेम में डूबा हुआ हूँ; उनसे रति-भोग करने के कारण होनेवाले सभी अपमानों को मैं सहन कर लूँगा।"[6]

सूरदास की भांति परमानंद ने भी अपने अंत समय में माधुर्य भक्ति में डूबकर परमपद को प्राप्त किया।

---

1 परमानंदास पद संग्रह-डा. के गुप्ता पद-432

2 अष्टछाप और वल्लभचार्य संप्रदाय पृ.674

3 परमानंद सागर पद 456, 876

4 वही पद 905

5 अष्टछाप और वल्लभ संप्रदाय पृ.432

6 परमानंद सागर पद 211

परमानंद के जीवन-वृत्त का सार

जीवन-काल	सन् 1493 से 1584 तक सूरदास का समकालीन
जन्म-स्थान	कन्नौज
कुल	विप्रकुल
गुरु	श्री वल्लभाचार्य
आराध्यदेव	श्री कृष्ण परमात्मा
रचनायें	इनके द्वारा रचित 1101 कीर्तन 'परमानंद सागर' नामक ग्रन्थ में संकलित हैं।
अनुकरण की गयी भक्ति के प्रकार	सख्य भक्ति एवं माधुर्य भक्ति

कृष्ण भक्त कवि नंददास (सन् 1533-1586)

ऐसा माना जाता है कि नंददास का जन्म ब्रजभूमि के पूर्व में स्थित 'रामपुर' नामक गाँव में हुआ था। युवावस्था में इन्होंने एक सुन्दर युवति के प्रेम में फंसे हुए थे। पुष्टि मार्ग में दीक्षित होने के पश्चात् उनका वह मोह श्री कृष्ण के सौन्दर्य की ओर मुडा।

नंददास की रचनायें निम्नलिखित हैं-

1. अनेकार्थमंजरी
2. नाम मंजरी, योग-लीला
3. रस-मंजरी
4. रास पंचाध्यायी तथा
5. भ्रमर गीत

इनकी कृतियाँ अपने काव्य-सौन्दर्य के लिये प्रसिद्ध हैं। 'रासपंचाध्ययी' एवं भ्रमर गीत' नंददास के विख्यात ग्रन्थ माने जाते हैं।

नंददास की कृतियों में निम्नलिखित विषयों का वर्णन हुआ है-

गुरु महिमा, यमुना नदी का महत्व,

कृष्ण का जन्म तथा पालन-पोषण

राधा और कृष्ण का सौन्दर्य, उनका विवाह और होली-त्यौहार

नंददास निगुर्ण-उपासना से बढ़कर सगुण-उपासना को श्रेष्ठ मानते हैं। अपने एक पद में वे कहते हैं-

"निर्गुण ब्रह्म रूप और गुण रहित है; वह इस धर्ती पर अवतार नहीं लेता और कोई लीला नहीं करता। उसे मन में खड़ा करके, ध्यान करना कठिन कार्य है। सगुण ब्रह्म के लिये अनेक नाम और गुण

हैं; संसार के लोगों के कल्याणार्थ वह कई अवतार लेता है। अतः मैं उसे अपने मन में रखकर पूजा करता हूँ।"[1]

अपनी रचनाओं में नंददास सर्वप्रथम अपने आराध्य देव श्री कृष्ण को प्रणाम करते हैं। वे बताते हैं- "सूदामा की भांति भगवान श्री कृष्ण पर सख्य भक्ति करने वाले भक्त को जीवन में समस्त ऐश्वर्य की प्राप्ति होती है।"

नंददास ने सगुण ब्रह्म की उपासना की थी। वे अपने आराध्य देव श्री कृ ष्ण के बारे में कहते हैं- "पुरुषोत्तम रूपी भगवान श्री कृष्ण जन्म एवं मृत्यु रहित हैं; वे आदि-अंत रहित हैं; वे अनश्वर तथा सर्वव्यापक है; वे अदृश्य और बुद्धि के परे हैं; वे सर्वरक्षक और सर्व नियंतक हैं। वे ही चेतन-अचेतन एवं चित-अचित रूपों में दिखायी पड़ते हैं।"[2]

नंन्दराम समस्त जीवराशियों को परब्रह्म का अंग मानते हुए कहते हैं-"ब्रह्म प्रपंच,पंच भूत एवं समस्त जीवराशियों में निवास करते हुए उन्हें कार्यान्वित कराते हैं। जिस प्रकार अग्नि से चिन्गारियाँ निकलती हैं उसी प्रकार ब्रह्म से समस्त जीव राशियाँ उत्पन्न होती हैं। प्रपंच की समस्त जीवराशियाँ उस के आधीन होकर रहते है।"[3]

"समस्त प्रपंच के नाश होने पर भी ब्रह्म जीवित रहता है। प्रपंच और संसार भिन्न-भिन्न हैं। मानव संसार को बनाता है; संसार असत्य है और अस्थिर है।"[4]

भक्त नंददास माधुर्य भक्ति के महत्व के संबध में बताते है- माधुर्य भक्ति से मिलने वाला सुख स्वर्ग से मिलने वाले सुख से बढकर श्रेष्ठ है। माधुर्य भक्ति की संयोग एवं वियोग अवस्था में भक्त प्रत्येक क्षण भगवान का स्मरण करता रहता है बैंकुठ में इस प्रकार सदा सर्वदा भक्त भगवान का स्मरण नहीं करता।[5]

नंददास के जीवन वृत सार

जीवन काल	सन् १५३३-१५८६
जन्म स्थान	गोकुल के निकट रामपुर नामक गाँव
उपासना की पद्धति	सगुण बह्म की उपासना
जनश्रुति	पुष्टिमार्ग मे दीक्षा लेने के पूर्व एक सुन्दर युवती से प्रेम किया। पुष्टि मार्ग में दीक्षित होने के पश्चात श्रीकृष्ण से प्रेम करने लगे।
रचनायें	1. अनेकार्थ मंजरी 2. नाममंजरी

1 नंददास ग्रन्थावली पृ.269
2 सिद्धांत पंचाध्यायी-नंददास पृ. 184, 186, 191
3 नंददास ग्रंथावली पृ.241
4 सिद्धान्त पंचाध्यायी नंददास पृ.156
5 रास पंचाध्यायी-नंददास

3. योग लीला
4. रास लीला
5 रस पंचाध्यायी
6. भ्रमर गीत

रसखान

रसखान (सन् 1548-1628)

मुसलमान भक्त रसखान देहली के पठान लोगों के नेता थे। मुसलमान होते हुए भी बल्लभ संप्रदाय में दीक्षित होकर भगवान श्री नारद की उपासना करते रहे। भारतीय वैष्णव कवियों में इनके लिये एक विशिष्ट स्थान प्राप्त है। इनके द्वारा विरचित दो ग्रन्थ प्राप्त हुए है १. प्रेमवाटिका तथा २. सुजान रसखान, ये दोनों ग्रन्थ अपने काव्य-सौन्दर्य के लिये अत्यन्त प्रसिद्ध है। राधा और कृष्ण की प्रेम पीडाओं का अत्यन्त सुंदर वर्णन इनमें हुआ है।

रसखान का प्रेमवाटिका-काव्य

५२ दोहो वाले प्रेमवाटिका में प्रेम की विशिष्टता बतायी गयी है। रसखान का कहना है कि प्रेम ईश्वर से भी बड़ा होता हैं। इस ग्रंथ में रसखान ने अपने आध्यात्मिक विचारों को प्रकट किया है।

सुजानरसखान

१३० कविताओं से युक्त 'सुजान रसखान' में बालकृष्ण का सौन्दर्य, राधा तथा गोपियों का कृष्ण-प्रेम आदि विषय चित्रित है।

रसखान ने अपनी कृतियों की रचना ब्रज भाषा में की है। उन्होंने अत्यन्त सरल भाषा में अपनी कृतियों का लेखन किया है। ये अपने इष्ट देव श्री कृष्ण पर अटूट विश्वास एवं श्रद्धा रखते थे। आत्म समर्पण संबन्धी पदों की रचना इन्होंने की है। दोहा एवं 'कविता' छन्द में इनके पद लिखे गये हैं।

रसखान ने अपने आराध्य देव श्री कृष्ण को पूर्णपरब्रह्म कहा हैं। वह, ब्रह्म एवं शिव से भी श्रेष्ठ हैं। विष्णु भगवान के अवतार श्री कृष्ण, गोपियों के घरों में माखन की चोरी करके खाते हैं। इस से उनका

सौलभ्य गुण का पता चलता है। सिद्ध एवं योगी पुरुष उन्हें प्राप्त करने के लिये कठिन तपस्या करते हैं। दूसरे देव सब उनकी महिमा का गान करते हैं। भक्त कवि रसखान श्री कृष्ण के समीप रहना चाहते थे। अपनी इस कामना को उन्होंने अपने पदों में व्यक्त किया है। वे सामीप्य मुक्ति को बहुत चाहते थे। उनका कहना है कि भगवान के निकट रहने से मिलने वाला सुख वैकुण्ठ में मिलने वाले सुख से बढ़कर श्रेष्ठ है। अगले जन्म में यदि उन्हें मानव का जन्म मिलें तो वे गोकुल में जनम लेकर वहाँ वास करने वाले यदुकुल लोगों के साथ जीने की कामना करते हैं। पशु का जन्म यदि उन्हें प्राप्त हों तो कृष्ण के द्वारा चरायी गयी गायों में एक गाय का जन्म लेना चाहते हैं। अगले जन्म में उन्हें पर्वत बनकर रहना पड़े तो गोवर्धन गिरि के एक भाग बनकर रहना चाहते हैं। पक्षी के रूप में जन्म लेना पडें तो जिस सरोवर में श्री कृष्ण ने कालिंग नृत्य किया था उसके तट पर उगे कदब वृक्ष की शाखा में रहनेवाले पक्षी के रूप में जन्म लेना चाहते हैं।[1]

रसखान के जीवन वृत्त का सार

जीवन काल	सन् 1548-1628
धर्म	इस्लाम
संप्रदाय	वल्लभ संप्रदाय
आराध्य देव	श्री कृष्ण परमात्मा
रचनायें	1) प्रेमवाटिका तथा 2)सुजान रसखान
व्यवसाय	‘पठान’ लोगों का नेता

राधावल्लभ संप्रदाय के प्रधान कविगण

हितहरिवंश (सन् 1502-1552)

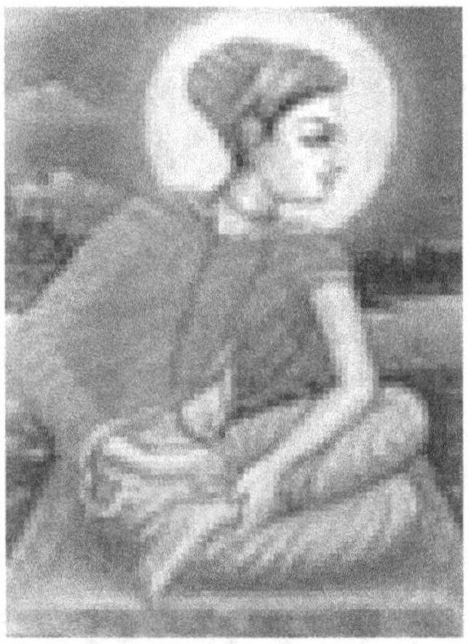

हितहरिवंश (सन् 1502-1552)

1 रसखान का अमर काव्य, दुर्गाशंकर मिश्र पृ.45

राधा की उपासना को प्रधानता देकर हित हरिवंश ने राधा-वल्लभ संप्रदाय की स्थापना की थी। इनका यह संप्रदाय 'हितहरि संप्रदाय' के नाम से भी प्रसिद्ध है। 16 वर्ष की उम्र में इनका विवाह रुक्मणी देवी से संपन्न हुआ था। इसके पश्चात् वृन्दावन की यात्रा करते समय कृष्णदासी एवं मनोहरदासी नामक दो महिलाओं से इनकी शादी हुई। ये अपनी पत्नियों से बहुत प्यार करते थे। इनका विश्वास था कि परिशुद्ध गृहस्थ-जीवन से भगवान के प्रेम की प्राप्ति की जा सकती है। इन्होंने अपने संप्रदाय में माधुर्य भक्ति को अधिक प्रधानता दी थी।

राधावल्लभ संप्रदाय में श्रीकृष्ण राधा से बिछुडकर अलग नहीं रहते। अतः इस संपद्राय में वियोग को अधिक मुख्यत्व नहीं दिया गया है।

हितहरिवंश इस बात पर भरोसा करते थे कि राधा की उपासना के द्वारा ही कृष्ण-भक्ति के सुख का अनुभव कर सकते हैं। ये श्रीकृष्ण की मुरली का अवतार माने जाते हैं। वृन्दावन में इनकी समाधि बनी हुई है।

हितहरिवंश की रचनायें

हितहरिवंश ने संस्कृत में 'राधासुधानिधि' एवं 'यमुनाष्टकम्' नामक दो ग्रन्थ तथा ब्रजभाषा में 'हितचौरासी' और 'स्पुटवाणी' नामक दो ग्रन्थों की रचना की थी।

'स्पुटवाणी' एक सिद्धान्त-ग्रन्थ माना जाता है। सरल ब्रजभाषा में रचित इस ग्रन्थ में कृष्ण-भक्ति की महिमा बतायी गयी है।

'हितचौरासी' नामक ग्रन्थ में 85 कवितायें हैं। ब्रजभाषा में लिखा गया यह काव्य राधावल्लभ-संप्रदाय में एक प्रधान काव्य माना जाता है। अन्य संप्रदायों के भक्त कवि भी इसे एक उत्तम ग्रन्थ मानते हैं। राधा एवं कृष्ण की श्रृंगार-क्रीडायें, उनका सौन्दर्य आदि का वर्णन, काव्य-सौन्दर्य के साथ किया गया है। 'हितचौरासी' ग्रन्थ पर अनेक व्याख्या-ग्रन्थ भी लिखे गये हैं।

हितहरिवंश का जीवनवृत्त

जीवन-काल	सन् 1502-1552
संप्रदाय	राधावल्लभ-संप्रदाय
पत्नियाँ	रुक्मिणि देवी, मनोहर दासी, और कृष्णदासी
भक्ति पद्धति	माधुर्य भक्ति
रचनायें	1) राधासुधानिधि संस्कृत ग्रन्थ 2) यमुनाष्टकम् 3) हित चौरासी और 4) स्पुट वाणी व्रजभाषा में लिखित ग्रन्थ

दामोदर दास

राधावल्लभ संप्रदाय में दामोदरदास को एक ऊँचा स्थान दिया गया है।

'श्री हितचौरासी सेवकवाणी' नामक अपने ग्रन्थ में दामोदरदास ने हितहरिवंश की बड़ी प्रशंसा की है। ब्रजभाषा में लिखित इस ग्रन्थ में 187 कवितायें हैं। इस ग्रन्थ के अतिरिक्त इन्होंने 'श्री हितरास रीति प्रकरण' तथा 'श्रीहितभक्त जन' नामक दो पुस्तकें भी लिखी हैं। इन दोनों ग्रन्थों में कवि ने राधा एवं कृष्ण की रति-क्रीडाओं का सुन्दर वर्णन किया है।

श्रीहरिराम व्यास (सन् 1534-1598)

श्री हरिराम व्यास का जन्म उडिया प्रान्त में हुआ था। 'व्यास' शब्द का अर्थ 'पाण्डित्य' अथवा 'ज्ञान' है। हरिराम व्यास का कहना है कि 'अतिथि-सत्कार' ईश्वर की उपासना के बराबर माना जाता है। ये उडिया का नरेश श्री मधुक्कर शा के राजगुरु थे। ये अपने धैर्य, सत्य एवं प्रेम के लिये प्रसिद्ध थे। ब्रजमंडल के रसिक भक्तों में वे अत्यधिक विख्यात थे। दर्शन, शास्त्र, संस्कृत आदि में इन्होंने पाण्डित्य प्राप्त किया था। वृन्दावन की तीर्थ यात्रा के समय इनकी मुलाकात हितहरिवंश से हुई थी। शास्त्र-ग्रन्थों के संबन्ध में उनसे इनका वाद-विवाद हुआ था।

इसके पश्चात् राधा वल्लभ-संप्रदाय में इन्होंने दीक्षा ली।

हरिराम व्यास ने अपने पदों में धर्म के नाम पर धन कमानेवाले ब्राह्मणों का खंडन किया है। ये बडे समाज-सुधारवादी भी थे। सूरदास के पदों की भांति इनके कीर्तन भी विविध राग-तालों में गाये जाते हैं।

हरिराम की रचनायें

इनकी रचनाओं के नाम निम्नप्रकार हैं

1. व्यासवाणी
2. रागमाला तथा
3. नवरत्न

संस्कृत में रचित 'नवरत्न' ग्रन्थ उपलब्ध नहीं हुआ है।

व्यासवाणी

ब्रजभाषा में लिखित यह ग्रन्थ अत्यन्त प्रसद्ध हैं। भक्त की मनोदशा, भक्ति के अनुकूल तथा प्रतिकूल विषय आदि इस में चित्रित हुये हैं। 50 कविताओं में श्री कृष्ण की रास-लीला का वर्णन इस ग्रन्थ में किया गया है। राधा और कृष्ण की यौवन-लीलाओं द्वारा हरिराम व्यास ने अपनी माधुर्य भक्ति को प्रकट किया है।

रागमाला

'रागमाला' एक संगीत-शास्त्र ग्रन्थ के रूप में विख्यात है।

हरिराम व्यास की रचनाओं में वैराग्यभाव के चित्रण में शान्तरस, समाज के पड़ाडोपों का विरोध करते समय रौद्र रस एवं कलियुग का वर्णन करते समय वीभत्स रस प्रकट हुए हैं।

कबीरदास, नंददास, हितहरिवंश आदि कवियों की रचनाओं का असर हरिराम व्यास के काव्यों में देखा जा सकता है।

भवसागर को पार करने के लिये अन्य मार्गो से भक्ति-मार्ग ही श्रेष्ठ है; भगवान पर भक्ति करने से मिलने वाला सुख, मोक्ष-सुख से भी श्रेष्ठ है।[1]

हरिरामव्यास के जीवन वृत्त का सार

जीवन-काल	सन् 1534-1598
जन्म-स्थान	उडिया प्रान्त
संप्रदाय	राधावल्लभ संप्रदाय
उद्योग	उडिया-नरेश श्री मधुक्करशा के राज गुरु थे।
कृतियाँ	1) व्यास वाणी
	2) रागमाला तथा
	3) नवरत्न (संस्कृत)

श्री भट (16वीं शती)

निंबार्क संप्रदाय के कवियों में प्रसिद्ध श्रीभट को प्रथम स्थान प्राप्त है। आप निंबार्काचार्य की तीसरी पीढ़ी के माने जाते हैं। श्रीभट अपने जीवन पर्यन्त निंबार्क-सप्रदाय के आचार्य-पीठ पर विराजमान होकर संपद्राय के सिद्धान्तों का प्रचार लोगों के बीच करते रहे। इनका जीवन-काल 16वीं शती मानी जाती है। श्री भट के गुरु 'केशव काश्मीर' श्री चैतन्य महाप्रभु के समकालीन थे।

श्रीभट की कृतियाँ

ब्रजभाषा तथा संस्कृत में श्री भट ने विद्वत्ता प्राप्त की थी। श्रृंगार संबंधी दस हजार गीतों की रचना इन्होंने ब्रजभाषा में की थी। कहा जाता हैं कि इनके गुरु श्री केशव काश्मीरी ने इनकी श्रृंगार कविताओं को यमुना नदी की धारा में फेंक दिया। उनका कहना था कि इन श्रृंगार कविताओं से जनता को कोई फायदा नहीं हो सकता। परन्तु उनमें से छः कवितायें सुरक्षित रूप में उपलब्ध हुई हैं। 'यमुना का प्रसाद' नाम से वे प्रसिद्ध हैं।

---

1 व्यासवाणी हरिराम व्यास पृ.96, 97 और 149

श्रीभट का 'कृष्ण शरणागतिस्तोत्र'

'कृष्ण शरणागति स्तोत्र' नामक ग्रन्थ ब्रज भाषा में लिखा गया है जिसमें संस्कृत शब्दों का प्रयोग अधिक मात्रा में किया गया है। राधा-तथा कृष्ण के सौन्दर्य का चित्रण एवं उनकी श्रृंगार-लीलाओं का वर्णन इस में सुंदर ढंग से हुआ है।

कृष्ण शरणागति स्तोत्र' के दो भाग हैं-'युगलशदकम' और आदिवाणी। युगलशदम निम्नलिखित छः भागों में विभक्त है-

1. सिद्धान्त सुख
2. ब्रजलीला सुख
3. सेवा सुख
4. सहन सुख
5. सुरत सुख तथा
6. उत्सव सुख

'कृष्ण शरणागति स्तोत्र में कुल एक सौ कवितायें समाविष्ट हैं।

श्रीभट्ट कवि के जीवन वृत्त का सार

जीवन-काल	16वीं शती; (चैतन्य महाप्रभु के समकालीन)
संप्रदाय	निबार्क संप्रदाय
गुरु	केशवकाश्मीरी
कृतियाँ	कृष्ण शरणागति स्तोत्र के दो भाग, आदिवाणी एवं युगलशदक

श्रीभट्ट का शिष्य हरिव्यास

हरिव्यास श्रीभट्ट के प्रधान शिष्य थे और निंबार्क संप्रदाय के 23 वीं पीढ़ी के आचार्य थे। ये भगवान श्रीकृष्ण के माधुर्य-भाव-भक्ति के उपासक थे। इन्होंने निंबार्क-संप्रदाय में रहते हुए 'रसिक संप्रदाय' नामक उप संप्रदाय की स्थापना की। 'रसिक संप्रदाय' में माधुर्य-भाव भक्ति को अधिक प्रधानता दी गयी है।

रसिक संप्रदाय के भक्त 'हरिव्यासी' नाम से प्रसिद्ध थे।

हरिव्यास की रचनायें

अपना गुरु श्रीभट्ट की विनती के अनुसार हरिव्यास ने उनकी रचना 'युगलशदक' के लिये एक टीका-ग्रन्थ लिखा जो महावाणी के नाम से प्रसिद्ध हुआ। 'महावाणी'अपने काव्य-सौन्दर्य के लिये अत्यनत विख्यात है। इस ग्रन्थ में चित्रित राधा-कृष्ण की श्रृंगार-लीलायें पढ़ने वालों के मन को अपनी ओर

आकर्षित कर लेती हैं। माधुर्य भक्ति में डूबकर कवि ने राधा-कृष्ण की प्रेम-क्रीडाओं का सुन्दर वर्णन किया है। हरिप्रिया' नामक उपनाम से कवि ने इस ग्रन्थ के माधुर्य भक्ति-पदों का लेखन किया है। शब्दालंकार एवं अर्थलंकारों के प्रयोग के लिये यह ग्रन्थ अधिक प्रसिद्ध है।

'महावाणी'भी 'युगलशदक' की भांति निम्नलिखित छः भागों में विभक्त है-

1. सेवा सुख, 2. उत्सव सुख 3. सुरत सुख, 4. सदन सूख और 5 सिद्धान्त सुख

'सेवा सुख' नामक भाग में राधा और कृष्ण के 'अष्टयामसेवा' का वर्णन हुआ है।

प्रारंभ की 36 कविताओं में हरिव्यास ने अपने पूर्व के आचार्यों को सहेलियों के रूप में कल्पना करके 'सेवासुख' लिखा है। ये सहेलियाँ रोज मनाये जाने वाले उत्सवों के द्वारा नये-नये सुख का अनुभव करती है।

'सुरत-सुख' भाग में राधा-कृष्ण के संभोग-सुख का वर्णन किया गया है।

'सहज सुख' में श्याम एवं श्यामला की प्रेम-लीलाओं का वर्णन हुआ है।

'सिद्धान्त-सुख' में आध्यात्मिक तत्वों का विवेचन हुआ है। इस में राधा की प्रधान सहेलियों का नाम एवं उपनाम बताये गये हैं।

"महावाणी' ग्रन्थ के अतिरिक्त हरिव्यास ने निम्नलिखित ग्रन्थों की रचना संस्कृत में की है:

1. सिद्धान्त रत्नावली
2. अष्टयाम
3. तत्वार्थ पंचकम
4. पंच संस्कार-निरूपण एवं
5. प्रेम-भक्ति विवर्तनी।

रसिक संप्रदाय का स्थापक हरिव्यास को हिन्दी-वैष्णव-साहित्य में एक ऊँचा स्थान मिला है। वल्लभ संप्रदाय में सूरदास की भांति, निंबार्क संप्रदाय में हरिव्यास प्रधान माने जाते हैं। दोनों ही हिन्दी वैष्णव साहित्य के मुकुट को अलंकृत करने वाले उज्जवल हीरे माने जाते हैं।

हरिव्यास के जीवनवृत्त का सार

जीवन-काल	16वीं शदी
संपद्राय	रसिक संप्रदाय का स्थापक। (निंबार्क संप्रदाय का 'शाखा-संप्रदाय')
गुरु	श्रीभट्ट
भक्ति-पद्धति	माधुर्य भक्ति
	1) सिद्धान्तरत्नांजली
रचनाएं	2) अष्टयाम

3) तत्वार्थ पंचकम
4) पंचसंस्कार निरूपण
5) प्रेम भक्ति विवर्तिनी
ब्रजभाषा में लिखित कृतियाँ
महावाणी
'युगलसदक' का टीका-ग्रन्थ

परशुराम देव

हरिव्यास के बारह शिष्यों में परशुराम देव प्रधान थे। भगवान कृष्ण के ये बड़े भक्त एवं श्रेष्ठ कवि भी थे। सगुण भक्ति के उपासक हाने पर भी, निगुर्ण ब्रह्म के बारे में कबीरदास की भांति इन्होंने दोहों की रचना की है।

परशुराम देव की रचनायें

निम्नलिखित ग्रन्थ परशुराम देव की कृतियाँ मानी जाती हैं-

तिथिलीला
पारलीला
पावनीलीला
विप्रमदिसि
नादलीला
पदावली
रागरत नाम लीला निधि
साँसनिरोद लीला
हरिलीला
लीला रामजनी
नक्षत्र लीला
निजरूप लीला तथा
निर्वाण

'नादलीला' नामक पुस्तक में महापुरुषों के नामों का उल्लेख हुआ है। 'हरिलाला' नामक पुस्तक में श्रीकृष्ण की लीलाओं का तत्वार्थ समझाया गया हे। 'नक्षत्रलीला' पुस्तक में नक्षत्रों के तत्व समझाये गये हैं। 'निजरूपा लीला' पुस्तक में श्री कृष्ण परमात्मा के स्वरुप का विवेचन किया गया है 'निर्वाण' पुस्तक में संसार की निस्सारता, शरीर की नश्वरता, भगवत भक्ति की महिमा, त्याग का महत्व आदि आध्यात्मिक विषयों का उल्लेख हुआ है।

परशुराम की रचनायें सब 'परशुरास सागर' के नाम से संकलित की गयी हैं जिसमें 2200 दोहे एवं एक हजार कवितायें समाविष्ट किये गये हैं। यह ग्रन्थ आज तक अप्रकाशित रहा है। इसकी पांडुलिपि 'सलेमाबाद' में सुरक्षित रूप में रखी गयी है।

निंबार्क सप्रदाय का कवि रूपरसिक

निंबार्क संप्रदाय में दीक्षा प्राप्त रूपरसिक बडे भक्त, ज्ञानी एवं अपने संप्रदाय के तत्वों का प्रचारक थे। निम्नलिखित ग्रन्थ इनके द्‌वारा लिखे गये माने जाते हैं-

1. बृहत उत्सव मणिमाल
2. हरिव्यास रसाभृत तथा
3. नित्यविहार पदावली

हरिदास-संप्रदाय के कवि

हरिदास स्वामी

हरिदास स्वामी ने हरिदास-संप्रदाय अथवा 'सखी-संप्रदाय'को स्थापित किया था। ये 17वीं शती के प्रारंभ में जीवित थे।

हरिदास की रचनायें

1. हरिदास ग्रन्थ
2. हरिदास-कवितायें तथा
3. हरिदास-वाणी

हरिदास की कविताओं में कृष्ण का सौन्दर्य, उनकी श्रृंगार-लीलायें, रास-क्रीडा, होलि-उत्सव आदि विषयों का सुन्दर वर्णन हुआ है। हरिदास स्वामी अच्छे गायक भी थे। इनके पद सब विविध राग-तालों में गाये जाते हैं।

सखी-संप्रदाय का कवि विट्ठल विपुल देव

विट्ठल विपुल देव हरिदास-संप्रदाय के प्रसिद्ध कवि थे। इनकी कवितायें 'रागकल्पद्‌रुम' और 'निंबार्क माधुरी' नामक पुस्तकों में संकलित की गयी हैं। राधा-कृष्ण की नित्य लीलायें, आँख मिचौली खेल, झूला-खेल आदि का वर्णन इनकी कविताओं में उपलब्ध होते है।

संप्रदाय मुक्त कवि

भक्त मीरा (सन् 1503-1573)'

भक्त मीरा बाई (सन् 1503-1573)

भक्त मीरा का जीवन काल १६वीं शती मानी जाती है। इनका जन्म राजस्थान में जोधपुर के निकट 'गुटकी' नामक ग्राम में 'राठौर वंश' के परिवार में हुआ था। बाल्य पर्व से ही मीरा भगवान श्री कृष्ण की भक्ता थी। चित्तूरगढ़ का शासक सांगा नरेश के ज्येष्ठ पुत्र 'भोजराज' से इनका विवाह संपन्न हुआ।

बचपन की अवस्था में ही भक्त मीरा की माता का देहान्त हो गया था, अतः इनके पिता के दादा जी 'दूदाजी' ने मीरा का पालन-पोषण कर उन्हें बड़ा किया।

श्री दूदा जी परम वैष्णव भक्त थे। उनके दार्शनिक विचारों से मीरा बहुत आकर्षित हुई। बीस वर्ष की उम्र में मीरा विधवा हुई। उनके ससुर राणा सांगा की भी मृत्यु हुई। इन घटनाओं के उपरान्त सन् 1527 में युद्ध-क्षेत्र में इनके पिताजी ने वीर-स्वर्ग प्राप्त किया। इसके पश्चात् उनका पति श्री भोजराज एवं उनका अनुज श्री रत्न सिंह का भी देहान्त हुआ। इस प्रकार लगादार माता-पिता, पति, देवर, ससुर आदियों की मृत्यु हाने के कारण भक्त मीरा विरक्त होकर साधु-सन्नियासियों के सत्संग में जीवन बिताने लगी।

मीरा का पति भोजराज तथा उनका छोटा भाई रत्न सिंह के देहान्त के पश्चात् मेवाड़ साम्राज्य का शासन-भार, भोजराज का सौतेला भाई विक्रमसिंह के हाथ आया।

मीरा साधु-सन्यासियों के सत्संग में रहती हुई उनके साथ उछल-कूदकर भजन करना, राणा विक्रम सिंह को अच्छा नहीं लगा। मीरा की भक्ति साधना में वे अनेक विघ्न एवं कष्ट देने लगे और नाना प्रकार से मीरा को सताने लगे। मीरा को मारने के लिये उनके द्वारा प्रषित विष का पान अमृत की तरह मीरा ने किया। राणा द्वारा भेजे गये भयंकर विषैले सर्प को मीरा ने हार की भांति स्वीकार किया।

काँटों की शैया को पुष्प शैया मानकर उस पर मीरा सोयी। मीरा द्वारा रचित पदों में राणा द्वारा किये गये इन सब कष्टों का उल्लेख हुआ है।

राणा के द्वारा किये गये अत्याचारों के कारण मीरा के मन में वैराग्य-भाव तीव्र हो उठा। उन्होंने राजमहल के जीवन का त्याग किया; श्री कृष्ण की लीला-भूमि वृन्दावन जाकर, वहाँ कुछ साल उन्होंने

अपना जीवन बिताया। अपनी 40 वी उम्र में गुजरात की द्‌वारकापुरी जाकर वहाँ के रणछोड-मंदिर में जीवन बिताती हुई भक्त मीरा श्री कृष्ण परमात्मा से ऐक्य हुई।

मीरा, राजस्थान, उत्तर प्रदेश एवं गुजरात में लंबा समय जीवन बिताने के कारण उनके भक्ति-पदों में राजस्थानी, ब्रजभाषा और गुजराती शब्दों का प्रयोग पाया जाता है। मीरा की कृष्ण-भक्ति गीतें हिन्दी प्रदेशों एवं बंगाल में आज भी भजन के समय भक्ति एवं श्रद्धा से गायी जाती हैं।

हिन्दी तथा गुजराती में कीर्तनों की रचना करने के कारण, हिन्दी एवं गुजराती-कवियित्रि के रूम में मीरा की प्रशंसा की जाती है। नाभादास, प्रियादास, द्दवदास, मलूकदास, हरिव्यास आदि कृष्ण भक्त कवियों ने अपनी रचनाओं में मीरा की प्रशंसा की है।

जनश्रुति

प्रियादास नामक लेखक ने 'भक्तमाल' नामक ग्रन्थ की टीका लिखी थी। उन्होंने उस टीका ग्रन्थ में कहा है कि अकबर, सम्राट और उनका दरबारी कवि एवं सगीतज्ञ, तानसेन की मुलाकात भक्त मीरा से हुयी थी। परन्तु इस संबन्ध में आज तक कोई अन्तः साक्ष्य अथवा बाह्य साक्ष्य उपलब्ध नहीं हुआ है।

भक्त मीरा की रचनायें

निम्नलिखित ग्रन्थ मीरा द्‌वारा विरचित मानी जाती हैं

1. नरसिजीरो माहेरो
2. गीत गोविन्द की टीका
3. रागगोविन्द
4. सोरठ के पद
5. मीराबाई का मलार
6. गर्वागीत
7. राग विहाग तथा
8. विविध पद

'मीरा की पदावली' नामक पुस्तक में उनके कीर्तन एवं भजन के गीत संकलित हुये हैं।

इसमें संकलित कीर्तन तथा भजन के गीत विश्वनीय माने जाते हैं। इस संकलन-पुस्तक का आज तक २४ बार प्रकाशन हुआ है। इससे जनता के बीच मीरा की कीर्ति का पता चलता है।

अन्य साधु-सन्यासियों के पद भी मीरा के पदों में मिश्रित होने के कारण, मीरा द्‌वारा लिखे गये पदों की संख्या का निर्णय करना कठिन कार्य माना जाता है।

मीरा के समस्त पद विविध राग-तालों में गाये जाते हैं। प्रो.डा. परशुराम चतुर्वेदी का कहना है कि मीरा के पद 'सरानी; विष्णुपद', 'दोहा' 'उपमान', समान सवैया', 'ताटक;, 'कुण्डल', चाँदिरायिन आदि छंदों में लिखे गये हैं।

मीरा की पदावलियों में बहुत से अलंकारों का प्रयोग हुआ है। उनके मन की भावनाओं का वेग तथा भक्ति की गहराई ने मीरा को श्रेष्ठ कवियित्री बना दी है। हिन्दी के वैष्णव साहित्य में मीरा का काव्य अमर काव्य बन गया है।

मीरा की भक्ति-साधना

भक्त मीरा ने दास्य एवं माधुर्य भक्ति पदो की रचना अधिक की है। . योगीजन, साधु-सन्नियासी और अन्य वैष्णव कवियों का असर इसके पदों में देखने को मिलता हैं। मीरा ने अपने आराध्य देव कृष्ण को निर्गुण ब्रह्म तथा सगुण साकार गोपिवल्लभ कहा है। कुछ पदों में उन्हें परदेशी और योगी कहकर बुलाया है। इनके विरह-पद पत्थर मन को भी पिघलाने वाले हैं।

अपने एक पद में मीरा अपने आराध्य देव के सगुण रूप का यों वर्णन करती है-

"मेरे मन में वास करने वाला गिरिधर गले में वैजयन्ति-माला पहने हुए हैं; उनके शरीर पर पीतांबर शोभित है; सिरस पर मोर पंख से युक्त मुकुट शोभायभान है। इस तरह का ब्रह्म यमुना नदी के किनारे पर गायों को चरा रहे हैं। उस ब्रह्म का मैं दर्शन करना चाहती हूँ।"[1]

श्रवण-भक्ति की महिमा के बारे में मीरा अपने एक पद में मन को संबोधन करके कहती है- हे मन! राम नाम रूपी अमृत का तू पान कर! बुरे लोगों का संग छोड़कर, भक्तों के सत्संग में रहा करो और उनकी हरि-चर्चा का श्रवण किया करो। हरि की लीलाओं को सुनने से पाप सब दूर हो जायेंगे तथा आत्मा को मुक्ति मिल जायेंगी। भव-भय दूर होगा। मेरा जिह्वा राम-नाम का उच्चारण सदा करता रहेगा; श्रीराम के दिव्य गुणों का गान करने से हमारे करोड़ों पापों का नाश होगा।"[2]

पाद-सेवन की महिमा के संबन्ध में मीरा अपने मन को संबोधित करके कहती है-"हे मन! हरि के पाद-कमलों को स्पर्श कर उनकी उपासना करो। उनके ठंडे, मृदुल, सुन्दर चरण हमारे समस्त सांसारिक कष्टों को भगा देगें। उनके पाद-सेवन करने के कारण भक्त प्रहलाद ने इन्द्र-पद प्राप्त किया।[3]

मीरा अपने आराध्य देव गिरिधर गोपाल को खिलाने के लिये 56 प्रकार के पदार्थ तथा 36 प्रकार के व्यंजन तैयार किया करती थी।[4]

वह गिरिधर से प्रार्थना करती है-"हे गोवर्धन गिरिधारी! तम्हें छोडकर दूसरा कौन मेरे ऊपर इस संसार मे करुणा दिखायेगा, तूने दुयोधन की सभा में सबके समक्ष द्रौपदी के मान की रक्षा की। हे गिरिधरा!

1 मीरा की पदावली पद 105

2 मीरा की पदावली-पद 200 (परशुराम चर्तुवेदी संकलन)

3 वही पद 853

4 वही पद 82

मैंने तुम्हारे श्री चरणों का आश्रय लिया है। तेरे पादों का स्पर्श करके प्रार्थना करती हूँ कि तू मुझ पर अनुग्रह करे।[1] इस प्रकार मीरा ने श्री कृष्ण से बार-बार प्रार्थना की है कि वे भवसागर को पार करने की सहायता करें।,

मीरा की सख्य-भक्ति, अष्टछाप के कवियों की सख्य-भक्ति से भिन्न थी। मीरा ने श्री कृष्ण को अपना सखा न मानकर, जीवन-साथी माना। उनका सख्य-भाव अपने साथ जीवन बिताने वाले पति की मित्रता की भांति थी। वह अपने एक पद में कृष्ण से कहती है-

हे कृष्णा! तू मेरे जनम-जन्मान्द्र मित्र है। अतः मैं तुम्हें रात-दिन भूल न पाती हूँ।"[2]

मीरा श्री कृष्ण को अपना पति मानकर उनसे माधुर्य भक्ति करती थी। इस संबन्ध में वह अपने एक पद में बहुत ही स्पष्ट रूप से कहती है-"मोर-पंख-मुकुट अपने सिरस पर पहना हुआ कृष्ण ही मेरा पति हे; हम दोनों के बीच का प्रेम बहुत प्राचीन है। उनसे बिछुड़कर मैं एक क्षण भी जीवित नहीं रह सकती। मैं उनका घर जाऊँगी।[3]

मीरा अपने आराध्य देव को 'अविनाशी' कहकर बुलाती है। आकाश, सूर्य, चंद्र एवं पूरा प्रपंच का नाश होने पर भी श्री कृष्ण 'अविनाशी' रहेंगे। ऐसा अविनाशी गिरधरनागर मीरा के आराध्य देव हैं।

शिव एंव कृष्ण एक ही हैं। उन दोनों में कोई भेद नहीं है। मीरा ने आत्मसमर्पण द्वारा श्री कृष्ण परमात्मा को प्राप्त करने का प्रयत्न किया था। जीवात्मा परमात्मा से ऐक्य होना चाहता है। इस संबन्ध में मीरा ने पदों में विचारब्यक्त किया है।

मीरा के जीवन वृत्त का सार

जीवन-काल	सन् 1503-1573 16वीं शती
जन्म-स्थान	जोधपुर के समीप 'गुटकी' नामक ग्राम
वंश	राठौर वंश
पति का नाम	भोजराजा
दादा जी का नाम	दूदाजी
मीरा के ऊपर अत्याचार करने वाले का नाम	राणा विक्रम सिंह
स्थान जहाँ मीरा ने अपना जीवन बिताया	चित्तूरगढ (मेवाड) वृन्दावन तथा द्वारकापुरि
जनश्रुति	अकबर तथा तानसेन की मुलाकात मीरा से हुई थी।
संप्रदाय	संप्रदाय मुक्त कवि

---

1 वही पद 42

2 वही पद 43

3 मीरा की पदावली पृ.18 व 30

रचनायें	विश्वनीय ग्रन्थ 'मीरा की पदावली' जिसमें मीरा के पदों का संकलन हुआ है।
भक्ति पद्धति	दास्य तथा माधुर्य भक्ति

अब्दुल रहीम कानखाना (सन् 1556-1626)

संप्रदाय मुक्त कवि अबदुल रहीम कानखाना (सन् 1556-1626)

रहीम का पूरा नाम 'अबदुल रहीम कानखाना' था। 16वीं शती के ये अकबर के दरबारी कवि थे। अकबर की दरबारी-संस्कृति के प्रतिनिधि कवि और उनके दरबारी हिन्दी कवियों में ये प्रधान माने जाते हैं। केशव, नरहरि तथा गंगर ने इनकी प्रशंसा की है।

बैरामखान, रहीम के पिताजी थे। रहीम जब पाँच वर्ष के थे तब उनके पिता जी वैरामखान मारे गये; अतः अकबर की देखरेख में रहीम का पालन-पोषण हुआ।

रहीम का जीवन शोक घटनाओं से भरा पड़ा है। 42 वर्ष की उम्र में इनकी पत्नी का देहान्त हुआ। रहीम की पुत्री विधवा बन गयी थी। इनके तीन पुत्रों की अकाल मृत्यु हुई। अकबर की मृत्यु को भी इन्होंने देखा था। अपने जीवन में घटित इन सभी दुखी घटनाओं का उल्लेख रहीम ने अपनी नीति-काव्य में उल्लेख किया है। इन्होंने अपने नीति-काव्य की रचना दोहों में की थी।

रहीम अरबी, फारसी, तुर्क, संस्कृत तथा हिन्दी के विद्वान थे। हिन्दु लोगों की संस्कृति को वे अच्छी तरह जानते थे। उनके द्वारा विरचित लगभग 300 दोहे नाति से संबन्धित हैं। 'दोहावली' नामक ग्रन्थ में संकलित हैं।

गोपियों के विरह-दुख का वर्णन रहीम ने 'बखै' नामक छंद में वर्णन किया है। 'मदराष्टक' नामक ग्रन्थ को इन्होंने संस्कत एवं खडी बोली के शब्दों में मिश्रित भाषा में लिखा है। उसमें कृष्ण की रास-लीला का वर्णन हुआ है। इस ग्रन्थ की बहुत सी प्रतियाँ प्रकाशित हो चुकी हैं। संस्कृत में रचित इनकी भक्ति-कवितायें 'रहीम-काव्य' नाम से प्रसिद्ध है।

श्रृँगार और नाति, रहीम की रचनाओं का प्रधान विषय है। इनके समय में नृप लोग श्रृंगार संबन्धि पुस्तकों को बहुत पसन्द करते थे। रहीम अपनी श्रृंगारी रचनाओं के कारण राजाओं के दरबार में अत्यन्त विख्यात हुये।

विहारीलाल, मतिराम जैसे क्षमतापूर्ण कविलोगों ने रहीम की श्रृंगारी उक्तियों का प्रयोग अपनी कृतियों में किया है। इनके द्वारा प्रयुक्त बखै 'छंद का अनुकरण कर, तुलसीदास ने हिन्दी में बंखे-रामायण' की रचना की थी।

रहीम सज्जनों का बहुत आदर करते थे। ये अपने सत्गुणों के लिये (जैसे करुणा, नम्रता, वीरता, विवेक, दानशीलता, स्वाभिमान आदि) बहुत प्रसिद्ध थे। इनकी रचनाओं से हिन्दी-साहित्य संपन्न हुआ।

नरोत्तम दास

नरोत्तम दास का चित्र

नरोत्तमदास के जीवन संबन्धित समाचार अधिक उपलब्ध नहीं हुये हैं। उत्तर प्रदेश के 'सीतापुर' जिले के 'वाडि' नामक शहर में इन्होंने अपना जीवन बिताया था। ये कान्यागुप्त ब्राह्मण थे।

नरोत्तमदास रचित ग्रन्थों में 'सुदामाचरित' ग्रन्थ मात्र अब तक उपलब्ध हुआ है। अपने इस लघु-काव्य के कारण, इनका नाम अमर हो गया है। हिन्दी वैष्णव साहित्य में 'सुदामाचरित्र' अति उत्तम काव्य माना जाता है।

'सुदामा चरित' श्रीमद्भावत पुराण के 18वीं स्कन्ध के आधार पर लिखा गया है।

सरल शैली में लिखा हुआ यह काव्य श्रेष्ठ गुणचित्र काव्य माना जाता हैं। दोहा, कवित्त, सवैया आदि छंदों में 'सुदामाचरित' लिखा गया है। कृष्ण तथा उनका बाल्य मित्र सुदामा की मुलाकात का वर्णन काव्य-सौन्दर्य से युक्त भाषा में किया गया है। नरोत्तम दास का अनुकरण करके परवर्ती अनेक कवियों ने सुदामाचरित की रचना की थी।

नरोत्तमदास का जीवन-काल श्रृंगार-युग था। कृष्ण-राधा के प्रेम संबन्धित ग्रन्थों की रचना न कर द्वारकापुरि नरेश कृष्ण की करुणा तथा सुदामा से उनकी मित्रता आदि के सम्बन्ध में ग्रन्थ लिखना एक विशिष्ट बात समझी गयी। दीन दयाल, श्री कृष्ण का चरित्र नरोत्तम दास ने सुन्दर ढंग से काव्यमयी भाषा में चित्रित किया हैं।

नरोत्तम दास श्री कृष्ण को भगवान विष्णु का अवतार मानते हैं। वे ही सभी जीव राशियों में अंर्तयामी के रूप में निवास करते हुए इस प्रपंच को कार्यान्वित करते हैं। ऐसा भगवान हरि, सुदामा के चरणों को धोकर उनकी सेवा-शुश्रूषा करते हैं।

अध्याय 14

पंजाबी, असामी, बंगाली एंव उडिया वैष्णव साहित्य

सूरदास, भक्त मीरा, रसखान प्रभृति कृष्ण भक्त कवियों की रचनायें पंजाब में विख्यात हुईं। कतिपय कृष्ण भक्त कवियों का जन्म पंजाब में हुआ था। उन्होंने ब्रज भाषा में कृष्ण-काव्य का सृजन किया है। उनकी रचनायें गुरुलिपि में लिखी जाने के कारण अधिक प्रसिद्ध न हुई।

पंजाब में बार-बार युद्ध होते रहने के कारण वहाँ की जनता जीवन एवं मृत्यु को सर्वसाधारण मानते थे। अतः वहाँ के कृष्ण-भक्त कवियो ने श्रीकृष्ण की वीरता को अधिक महत्व देकर उनकी वीरता एवं साहस पूर्ण कार्यों का अधिक वर्णन किया है। वीरता और श्रृंगार से सम्बन्धित साहित्य पंजाबी में अधिक मात्रा में लिखा गया है।

पंजाब के लोग अपेन जीवन के प्रत्येक क्षण को हर्ष और उल्लास से बिताने वाले स्वभाव के हैं। इसलिये वहाँ के कवियों ने राधा-कृष्ण की प्रेम एवं श्रृंगार-लीलाओं से संबन्धित काव्यों के सृजन के लिये अधिक महत्व दिया। उनकी रचनाओं में काव्य-सौन्दर्य नहीं के बराबर है।

कतिपय कवियोंने श्रीमद्भगवत गीता का रूपान्तर पंजाबी भाषा में किया है। उन्होंने राधा और कृष्ण के नख-शिख वर्णन करना अधिक पसन्द किया।

नीचे कतिपयं पंजाबी वैष्णव कवियों का जीवन-वृत्त प्रस्तुत किया जाता है-

गुरु गोविन्द सिंह (सन् 1666-1708)

गुरु गोविन्द सिंह का जन्म 17वीं शती में पटना में हुआ था। वे सिख-धर्म के 10 वीं गुरु थे। वे बड़े कवि एवं अनेक भाषाओं के विद्वान थे। उन्होंने अपनी मातृ भाषा पंजाबी में बहुत ही कम लिखा है। इनकी अधिकांश रचनायें शुद्ध ब्रजभाषा में लिखी गयी हैं। 'दशमग्रन्थ' नामक पुस्तक में ब्रजभाषा,

पंजाबी और फारसी में रचित इनके काव्य संकलित हुए हैं। गुरुगोविन्द सिंह की मृत्यु के दस वर्षों के पश्चात् उनका शिष्य मणीसिंह ने अपने गुरु की कृतियों को 'दशमग्रन्थ' में संकलित किया।

दशमग्रन्थ में संकलित प्रधान काव्यों के नाम निम्नलिखित है-चण्डी चरित, ज्ञान प्रबोध, 24 अवतार, ब्रह्म का अवतार, रुद्र अवतार, स्पुट कवितायें सहस्त्रनाम माला, आदि।

गुरु मुखी लिपि में दशमग्रन्थ' प्रकाशित हुआ है। इसमें वैष्णव, शैव, साख्य आदि संप्रदायों के देवी-देवताओं की प्रशंसा की गयी है। दशमग्रन्थ प्रधानतः वीर रस काव्य माना जाता है। बहुतांश अवतारों की कथाओं में युद्ध-क्षेत्र के वर्णन को प्रधानता दी गयी है।

मुगल शासकों के अत्याचारों से दुखी लोगोंके मन में जागरण उत्पन्न करने के उद्देश्य से गुरुगोविन्द सिंह ने अपने काव्यों की रचना की थी।

माधवदास नामक पंजाबी कवि ने श्री कृष्ण के अवयवोंका सुन्दर वर्णन किया है। श्मामनेही, साहिब सिंह, मिलकेन्द्र, रसिकराम, भावदास प्रभूति पंजाबी कवियों ने श्री कृष्ण लीलाओं को पंजाबी भाषा में न लिखकर ब्रजभाषा में लिखा था।

मानसिंह कालिदास नामक पंजाबी कवि ने 'दोहा' छन्द में 'रामायण' की रचना पंजाबी भाषा में की थी। पंजाबी वैष्णव साहित्य में इनके द्वारा लिखित 'रामायण' एक प्रसिद्ध महाकाव्य माना जाता है। उक्त कवियों के अतिरिक्त निम्नलिखित पंजाबी वैष्णव भक्त कवियों ने पंजाबी भाषा में कृष्ण-काव्य की रचना कर पंजाबी-साहित्य को समृद्ध बनाया था -

1) ग्वालदास, 2) भावनदास, 3) रामदास, 4) मनहरिजस, 5) रसिकराम, 6) साहिब मृदंग, 7) मिस्केन्द्र सिंह आदि।

असामी वैष्णव साहित्य

असामी भाषा का विकास

15वीं शती में वैष्णव भक्ति आन्दोलन ने असामी भाषा को समृद्ध बनाया था। इस शती में शंकरदेव नामक कवि ने अपनी रचनाओं से असामी भाषा को संपन्न बनाया।

17वीं शती में असामी गद्य में 'रामायण' की रचना की गयी। भारत के अंतिम पूर्वी भाग में स्थित असाम में बोली जानेवाली असामी भाषा में 13वीं शती से साहित्य का सृजन होने लगा था।

असाम के वैष्णव कवियों में कन्दली माधव, शंकरदेव तथा माधव देव प्रधान माने जाते हैं। फिलहाल असाम प्रान्त की जन संख्या लगभव तीन करोड़ बारह लाख है। (3,12,00,000) उक्त तीनों कवियों की रचनाओं का विवरण निम्न लिखित है-

कन्दली माधव (15वीं शती)

असामी वैष्णव कवि कण्दली माधव 15वीं शती

विद्‌वानों की राय है कि 15वी शती के कन्दली माधव का जन्म असाम प्रान्त के 'नवगाँव' जिले में हुआ था। इन्होंने जनता की बोलचाल की असामी भाषा में सर्वप्रथम रामायण के पाँच भागों का सृजन किया था।

शंकर देव (सन्‌ 1449-1568)

दूसरा कवि शंकर देव (सन्‌ 1449-1568)

शंकर देव असामी-साहित्य के सूर्य माने जाते हैं। 15वीं शती में उत्पन्न वैष्णव भक्ति आन्दोलन से प्रेरणा प्राप्त कर इन्होंने अनेक कृष्ण-भक्ति-काव्यों की रचना की।

शंकरदेव की रचनायें-

निम्नलिखित कृतियाँ शंकर देव द्‌वारा रचित मानी जाती हैं

1) रुक्मिणीहरण, 2) उद्धव-वार्तालाप 3) कुरुक्षेत्र, 4) अजामिल की कथा, 5) भक्ति-प्रदीप, 6) कीर्तन-काव्य 7) उत्तरकांड रामायण, 8) कलियदमन 9) केलिगोपाल 10) पारिजात हरण आदि।

कीर्तन-काव्य शंकरदेव का सब से श्रेष्ठ ग्रन्थ माना जाता है। तुलसी के 'रामायण' की भांति उनका यह ग्रन्थ असाम-जनता के बीच अत्यन्त विख्यात है। नीचे उनके कीर्तन-काव्य का विवेचन प्रस्तुत किया जाता हैं-

शंकरदेव का कीर्तन-काव्य

शंकरदेव द्वारा रचित कीर्तन-काव्य में कुल 2261 पद हैं। इस काव्य में सृष्टि से प्रारंभ कर कृष्ण का जन्म, उनकी लीलायें तथा वैकुण्ठ-प्राप्ति तक की कथा बतायी गयी है। यह ग्रन्थ शंकर देव के आध्यात्मिक विचारों का बहुत बड़ा

कोष माना जाता है। नवधा-भक्ति के लिये इस में अधिक मुख्यत्व प्रदान किया गया है। इस काव्य के समस्त पद राग-तालों में गाये जाते हैं। इस काव्य में हर्ष, शोक, प्रेम, वियोग, क्रोध, क्षमा आदि भावों का सुन्दर वर्णन हुआ है। नव रसों में किसी रस को इस काव्य में प्रधानता न दी गयी है।

शंकरदेव के कीर्तन-काव्य में निम्नलिखित विषयों का वर्णन किया गया है:-

1. भक्त प्रहलाद की निर्मल भक्ति
2. हिरण्य कषिपु की अग्नि जैसा क्रोध
3. नरसिंह का भयंकर रूप
4. मगर के मुँह में फंसे हुए गजराज की स्तुति
5. उद्धव एवं गोपियों का संभाषण आदि।

शंकर देव का कीर्तन-काव्य, असाम के लोगों के दार्शनिक विचारों का प्रतिनिधित्व करता है। श्रीमद्भगवतगीता एवं श्रीमद्भागवत, का संगम इस काव्य में हुआ है। असाम की जनता ईश्वर के विग्रह के स्थान पर इस पवित्र ग्रन्थ की उपासना करते हैं। यह ग्रन्थ शंकर देव का कीर्ति-स्तंभ माना जाता है।

'पत्नी प्रसाद' नामक नाटक में श्री कृष्ण की परम भक्त एक ब्राह्मण महिला और गोपियों के बीच में कर्म-मार्ग एवं भक्ति-मार्ग के संबंध में चर्चा होती है। इस नाटक के माध्यम से कवि इस तथ्य का प्रतिपादन करते हैं कि कर्म-मार्ग से बढ़कर भक्ति-मार्ग ही ईश्वर-प्राप्ति के लिये सरल एवं श्रेष्ठ मार्ग हैं। 'पत्नी-प्रसाद' नाटक शंकरदेव की प्रथम कृति मानी जाती है। सन् 1521 से 1533 के बीच के समय में इस कृष्ण भक्ति से संबंधित नाटक लिखा गया माना जाता है।

शंकर देव के 'रुक्मिणीहरण' नाटक का विवेचन

'रुक्मिणी हरण' नाटक में श्री कृष्ण के प्रति रुक्मिणी देवी का प्रेम चित्रित किया गया है। शंकर देव द्वारा रचित नाटकों में यह सब से बड़ा नाटक माना जाता है। श्रीमद्भागवद् तथा हरिवंश पुराण से इस

नाटक की कथावस्तु का चयन किया गया है। मूल पौराणिक कथाओं में अनेक परिवर्तन किये गये हैं। भक्ति-मार्ग की श्रेष्टता का निरूपण करना ही इस नाटक का उद्देश्य है। शादी के पूर्व रुक्मिणी के मन में उत्पन्न प्रेम-का वर्णन इस नाटक में किया गया है। वीरता एवं विवेक से पूर्ण प्रेयसी के रूप में रुक्मिणी चित्रित की गयी है। इस बृहद् नाटक का लेखन 16वीं शती में हुआ माना जाता है।

शंकर देव का 'रामविजय' नाटक

शंकर देव द्वारा सन् 1568 में रचित 'रामविजय' नामक नाटक में रामायण के आदि काण्ड की क्था नाटकीय शैली में बतायी गयी है। विश्वामित्र के साथ श्रीराम तथा लक्ष्मण के वन-गमन से लेकर राम और सीता के पाणिग्रहण के पश्चात पुनः अयोध्या लौटने तक की कथा इस नाटक का मूल विषय बना है। इस में सीता का स्वयंवर, धनुष भंग, और परशुराम का क्रोध आदि का सजीव वर्णन हुआ है। नान्दी-संस्कार संबंधी गीतें नाटक के सौन्दर्य को बढ़ाने के ढंग से लिखे गये हैं। पुत्र के प्रति दशरथ का वात्सलय-प्रेम, श्रीराम की नम्रता एवं वीरता, श्रीराम के प्रति सीता का प्रेम, उनका मानसिक द्वन्द्व और परशुराम का क्रोध आदि का चित्रण सुन्दर शब्दों में किया गया हैं।

शंकर देव के परगीत

विविध स्थान, विविध कालों में शंकर द्वारा लिखित स्पुट कवितायें -परगीत' नाम से असाम में प्रसिद्ध हैं। 'पर' शब्द का अर्थ 'बडा' या 'श्रेष्ठ' है। कुल 240 परगीतों की रचना शंकर देव ने की थी। लेकिन अब तक केवल 40 परगीत मात्र उपलब्ध हुये हैं। कहा जाता है कि शंकर देव का एक भक्त इन गीतों को पढ़ने के लिये ले जाते समय वन की अग्नि में अन्य वस्तुओं के साथ इनके गीत जलकर भश्म हो गये। केवल 40 गीतें अग्नि से बच गये थे। इन गीतों में जीवन की नश्वरता, इन्द्रियों को वश में करना, माया से छुटकारा पाकर मुक्ति प्राप्त करना, हरि-भजन आदि विषय बताये गये हैं।

शंकर देव का अनुकरण करके बाल कृष्ण-लीला संबंधी परगीतों की रचना श्री माधव देव नामक असामी-कवि ने की। श्रेष्ठ आध्यात्मिक तत्वों से संबंधित ये गीतें 'ब्रजबुलि' नामक कृत्रिम असामी भाषा में लिखे गये हैं। मैथिली, ब्रजभाषा एवं असमिया भाषाओं के मिश्रण से बनी हुई भाषा को 'ब्रंजबुलि' कहते हैं।

आजकल की भारतीय भाषाओं में शंकर देव प्रथम नाटककार माने जाते हैं। शंकर देव ने श्रीमद्भागवत पुराण के कतिपय अध्यायों का अनुवाद असमिया भाषा में किया है। ये असाम के जन-समुदाय में आदरणीय माने जाते हैं। उनके एक परगीत का अर्थ नीचे दिया जाता है--

"सांसारिक जीवन, शरीर, धन, यौवन आदि नश्वर हैं। पत्नी, सन्तान, परिवार ये सब सारहीन हैं। इस सत्य को समझने के परश्चात् भगवान को छोड़कर और किससे प्रेम करूं?

सुख-भोग में लीन मनुष्य का भव-भय दूर नहीं होता है रिषिकेश! तुम्हारे श्री चरणों का सेवन किये बिना भव-सागर पार नहीं किया जा सकता। अतः तुम्हारे पाद-कमलों के आश्रय में आये हुए मुझको सुबुद्धि देने का अनुग्रह करो।"

असामी कवि माधव देव (सन् 1489-1596)

माधव देव (सन् 1489-1596) (16वीं शती)

शंकरदेव का शिष्य माधव देव ने 16 वीं शती में असाम प्रान्त के नारायणपुर में अपना जीवन बिताया था। ये अपने गुरु की भांति श्रेष्ठ वैष्णव भक्त कवि और नाटककार के रूप में प्रसिद्ध थे।

माधव देव की रचनायें

निम्नलिखित कृतियाँ माधवदेव द्वारा लिखित मानी जाती हैं

1. माधव कन्दली के रामायण का 'आदिकाण्ड'
2. राजसूय काव्य
3. नामकोष
4. भक्ति-रत्नावली
5. पिबरागु सोवा
6. भूमि लेडोवा नाटक
7. अर्जुन भंजन
8. गोवर्धन यात्रा
9. परगीत
10. जन्म रहस्य
11. नाममालिका (अनूदित नाटक)
12. चोरघरा

13. भोजन बिहार
14. तदिमन्थन
15. नरसिंह यात्रा
16. रामयात्रा आदि

नामकोश का विवेचन

माधव देव का प्रसिद्ध काव्य नामकोष' में उनका पूरा आध्यात्मिक जीवन बताया गया है। 16वीं शती में रचित यह काव्य असाम के वैष्णव-संप्रदाय के ग्रन्थों में प्रधान ग्रन्थ माना जाता है। माधव देव का शास्त्र-ज्ञान, पांडित्य, कविता लेखन की क्षमता, आध्यात्मिक ज्ञान आदि का इस काव्य से पता चलता है। इस ग्रन्थ में कुल एक हजार-कवितायें हैं; उनमें से छः सौ कवितायें, विविध पौराणिक भक्ति-पदों का अनुवाद मानी जाती हैं। इन पदो के तात्विक अर्थ को कवि ने अपनी निजी शैली में व्यक्त किया है। कवि का आत्मसमर्पण, कृष्ण के नाम-जपन की महिमा आदि इस ग्रन्थ में बताये गये हैं। कवि ने अपने समय के भक्ति-मार्ग के विरोधियों का खूब खंडन किया है। यह एक धार्मिक ग्रन्थ नहीं, बल्कि श्रेष्ठ भक्ति-काव्य है; क्योंकि यह ग्रन्थ काव्यात्मक शेली में लिखा गया है; कवि के अलंकारों का प्रयोग सराहनीय है। असमिय भक्ति-साहित्यों में इस ग्रन्थ के लिये बहुत ऊँचा स्थान दिया गया है।

माधव देव का अर्जुन भन्जन

'अर्जुन भन्जन' नामक नाटक की कथावस्तु 'श्रीमद्भागवद' तथा 'विल्वमंगल सरोतम' से ली गयी है। श्री कृष्ण की बाल-लीलाओं को चित्रित करना इस नाटक का मुख्य उद्देश्य है। नाटक के एक दृश्य का वर्णन नीचे दिया जा रहा है-"यशोदा उबलते हुए दूध के पात्र को नीचे उतारने के लिये कान्हे को अपनी गोद से नीचे उतारती है। इससे कान्हा नाराज होता है। माखन रखे हुए घडों को फोङ डालता है; कपियो को माखन खिलाता है और खुद खाता हैं। इसे देखकर यशोदा कृष्ण को ओखल से बांधती है; कान्हा ओखल को खींचते हुए दो अर्जुन वृक्षों के बीच जाता है; वे दोनों वृक्ष टूटकर नीचे गिरते हैं। 16वीं शती का यह नाटक, असामी भाषा में लिखित प्राचीन नाटकों में एक माना जाता है।"

'चोरघरा' नाटक

माधव देव के इस नाटक में भी कृष्ण की बाल लीलायें अधिक चित्रित की गयी हैं। गोपियों के घरों में दूध एवं दही की चोरी करके खाते समय कृष्ण एक दिन पकडा जाता है। उस समय कृष्ण के बाल सखायें वहाँ आ जाने के कारण कृष्ण का धैर्य बढ़ जाता है। उल्टे वह गोपियों की झूठ मूठ शिकायत करने लगता है। इस से गोपी महिला भयभीत होकर कृष्ण को छोड देती है। लेकिन बाल-कृष्ण कहता है-"तू मुझे छोड़ने पर भी, मै तुझे नहीं छोडूंगा।" इससे गोपी-स्त्री और भी भयभीत होकर कान्हे को

खाने के लिये अधिक नवनीत देती है। कान्हे को ढूंढती हुई यशोदा वहाँ आ जाती है।" इस नाटक में यशोदा के वात्सल्य-प्रम का सुन्दर ढंग से वर्णन किया गया है।

माधव देव का राजसूय-काव्य

यह काव्य भी अत्यन्त सुन्दर काव्य माना जाता है।

माधव देव के परगीतों में भी कृष्ण की बाल लीलायें सुन्दर असमीय भाषा में चित्रित की गयी हैं।

अपने गुरुवर शंकर देव की भांति माधव देव ने भी कुल आठ नाटकों की रचना की है। रंगमंच पर उनका अभिनय किया जाता था। माधव देव ने 'विरजव्रुलि' भाषा में नाटक तथा परगीतों की रचना की थी।

माधव देव ने रामायण का आदि-कांड लिखकर उसे अपने गुरुवर माधव कन्दली द्वारा लिखित रामायण में जोडा। आदि कांड में माधव देव ने वाल्मिकी रामायण का अधिक अनुकरण नही किया है।

असामी-साहित्य में शंकर-देव के बाद माधव देव को श्रेष्ठ स्थान दिया गया है।

असामी वैष्णव कवि श्रीधरकन्दली

16वीं शती के श्रीधरकन्दली का जन्म गऊहाडा नगर से 16 मील की दूरी पर स्थित 'हाजो' नामक गाँव में हुआ था।

श्रीधरकन्दली ने निम्नलिखित अनूदित ग्रन्थों को लिखा था-

1) कुनुसा 2) कानकोआ, तथा 3) अश्वमेगपर्व

कान-कौआ-काव्य

'कानकौआ आ अर्थ है कानों को खाने वाला असुर। श्रीधरकन्दली का कानकौआ काव्य असाम में बहुत प्रसिद्ध है। यह एक लोरी-काव्य है। इस काव्य में कृष्ण को भयभीत करने के लिये यशोदा कहती है-"हे कृष्णा! जल्दी सो जा। कानों को पकडकर खाने वाला राक्षस आ रहा है। इसे सुनकर कृष्ण डर जाता है; वह यशोदा से पूछता है-"यह कनकटा असुर कौन है? मैंने अपने किसी भी अवतार मे ऐसे राक्षस को नहीं देखा है।" भयभीत कृष्ण को देखकर यशोदा दुखी होती है। कान्हा कूदकर यशोदा की गोद पर चढ़ जाता है और दूध पीने लगता है। ऐसा ही चित्रण सूरदास ने भी अपने एक पद में किया है। वहाँ भी कान्हा भयभीत होकर अपने अवतारों को बताता है ओर प्रश्न करता है कि ये भूत, पिशाच कौन हैं? श्रीधर कन्दली ने इस घटना का अधिक वर्णन किया है।

बंगाली वैष्णव काव्य

बंगाली भाषा बोलने-वालों की जनसंख्या लगभव नौ करोड़, पचास लाख मानी जाती है। चैतन्य महाप्रभु ने बंगाल में चैतन्य-संप्रदाय अथवा गौडीय संप्रदाय का श्रीगणेश किया था।

चैतन्य-संप्रदाय (गौडीय संप्रदाय)

चैतन्य (गौडीय संप्रदाय)

चैतन्य संप्रदाय का तात्विक-सिद्धान्त 'अचिन्त्य भेदाभेद' कहलाता है। प्राचीन बंगाल गौड-देश कहलाता था। इसलिये इस संप्रदाय को गौडीय संप्रदाय भी कहते हैं। यह संप्रदाय मध्व संप्रदाय की परंपरा में विकसित होने के कारण इसे 'मध्व गौडीय संप्रदाय' भी कहते हैं। फिर भी 'चैतन्य-संप्रदाय' के नाम से यह अत्यधिक प्रसिद्ध है।

चैतन्य महाप्रभु ने किसी एक खास संप्रदाय की स्थापना करने का प्रयत्न नहीं किया था। चैतन्य देव ने काव्य-शास्त्र का पंडित होने पर भी अपने भक्ति-सिद्धान्त संबन्धी कोई भी ग्रन्थ नहीं लिखा था। जनता के बीच भक्ति का प्रचार करना उनका प्रधान लक्ष्य था। भक्ति-भाव में डूबकर उन्होंने लोगों को भक्ति-रस का पान कराया था। उनके प्रेम-भक्ति के असर से बंगाल के भक्ति-क्षेत्र में भक्ति-आन्दोलन उत्पन्न हुआ। इस भक्ति-आन्दोलन ने चैतन्य संप्रदाय को जन्म दिया। कालान्तर में यह संप्रदाय ब्रज भूमि में भी फैला। इस संप्रदाय के तत्व चैतन्य देव के शिष्यों द्वारा विधिवत बनाये गये। इस प्रकार बंगाल से ब्रजभूमि तक चैतन्य की प्रेमा-भक्ति फैली।

श्रीमद्भागवत पुराण के भक्ति-तत्वों का अनुकरण करते हुए और 'नृत्यगीत' को आधार बनाकर चैतन्य देव ने माधुर्य भक्ति को उत्तर-पूर्वी भारत में फैलाया।

अनेक शताब्दियो से बंगाल में शैव, शाक्त तथा तान्त्रित धर्मों का बोलबाला था। चैतन्य के सात्विक जीवन और कृष्ण-भक्ति से संबंधित उपदेशों के कारण बंगाल उक्त धर्मों की जाल से बाहर आया एवं चैतन्य की रागानुगा भक्ति में डूबा। चैतन्य द्वारा बोया गया वैष्णव धर्म रूपी बीज ने आज बृहदवृक्ष का रूप धारण किया है। उसमें पुष्पित पुष्प आज भी सुगंध फैला रहे हैं।

चैतन्य देव के पूर्व जयदेव, विद्यापति, उमापति, चण्डी दास प्रभृति वैष्णव भक्त कवियों ने बंगाल में वैष्णव धर्म को फैलाने का प्रयत्न किया था। अतः चैतन्य के पूर्व भी बंगाल में वैष्णव धर्म विख्यात था।

बंगाली वैष्णव कवि जयदेव (12वीं शती)

जयदेव (12वीं शती)

12वीं शती के जयदेव का जन्म बंगाल के केन्द्रबिल्व (गांगुलि) नामक शहर में हुआ था। ये लक्ष्मण सेन नामक नृप के समकालीन माने जाते हैं। इनके पिताजी का नाम भोजदेव तथा माता का नाम राधा था।

जयदेव की रचनायें

गीतगोविन्दम

लक्ष्मण सेन के दरबारी कवि जयदेव ने संस्कृत में 'गीतगोविन्दम' नामक अगर-काव्य की रचना की। इस काव्य में, राधा और श्री कृष्ण के प्रेम का वर्णन काव्यात्मक शैली में किया गया है। गीतागोविन्दम में कुल 12 अध्याय हैं।

बौद्ध एवं सिद्ध कवियों की गीतपरंपरा में 'गोतगोबिन्दम' की रचना हुई है। यह मधुरकाव्य संस्कृत न जानने वालों को भी अपनी ओर आकर्षित कर लेता है। भक्ति रस के लिये प्रसिद्ध इस काव्य में राधा जीवात्मा तथा कृष्ण परमात्मा के रूप में चित्रित किये गये हैं। दोनों का प्रेम परिशुद्ध एवं पवित्र था। दोनों का मिलन जीवात्मा और परमात्मा का मिलन माना जाता है।

उत्तर भारत के वैष्णव भक्ति-साहित्य के अतिरिक्त, गुजराती, मराठी, कन्नड आदि वैष्णव साहित्यो पर 'गीतगोविन्दम' का प्रभाव अधिक मात्रा में देखा जा सकता है। चैतन्य महाप्रभु ने गीतगोविन्दम की माधुर्य भक्ति का अनुकरण करके राधा-कृष्ण की उपासना की थी।

गीतागोविन्द की काव्य-शैली का अनुकरण करके परवर्ती काल में माधुर्य भक्ति-काव्य अधिक मात्रा में लिखा गया।

गीतगोविन्द एक विशिष्ट एवं अन्य काव्यों से भिन्न एक अद्भुत माधुर्य भक्ति-काव्य हे जो अपने संगीतात्मक नाद-सौन्दर्य के लिये अत्यन्त विख्यात है। यह एक संगीतात्मक रूपक काव्य भी माना

जाता है। जयदेव का जन्म स्थान गाँगुलि में प्रतिदिन हजारों वैष्णव भक्त एकत्रित होते हैं और भक्ति एवं श्रद्धा से इस काव्य के संगीत-माधुर्य के आनंद का अनुभव करते हैं।

गंभीर विचार एवं भावनायें काव्य-सौन्दर्य के साथ गीतगोविन्द-काव्य में व्यक्त किये गये हैं; इस विषय में जयदेव कालिदास से भी श्रेष्ठ माने जाते हैं।

बंगाल का वैष्णव महाप्रभु कवि चण्डीदास

चैतन्य महाप्रभु के जन्म होने के पूर्व चण्डीदास नामक कृष्ण भक्त कवि बंगाल में अत्यन्त प्रसिद्ध थे। 'कृष्ण-कीर्तन' नामक ग्रन्थ में चण्डीदास के कीर्तनों का संकलन किया गया है।

श्री कृष्ण का जन्म, वृन्दावन, यमुना नदी, बाँसुरी और राधा का वियोग दुख आदि विषयों का चित्रण कृष्ण-कीर्तन-ग्रन्थ में हुआ है। कई कीर्तनों में अलौकिक प्रेम का वर्णन किया गया है। कतिपय स्थानों में यह अलौकिक प्रेम, लौकिक प्रेम में परिर्वतन हो जाता है। चण्डीदास के कीर्तनों में काव्य-सौन्दर्य के लिये अधिक मुख्यत्व नहीं दिया गया है। फिर भी इनके समस्त गीत मन को स्पर्श कानेवाली सरल शैली में लिखे गये हैं।

चण्डीदास, वरुचण्डीदास, निविज चंडीदास, दीन चंडीदास, आदि विविध नामों से बुलाये जाने के कारण, इन में कौन सा चंडीदास सच्चा है, इसका निर्णय करना कठिन है।

'श्रीकृष्ण कीर्तन' एक नाटकीय नीति-काव्य माना जाता है। श्रीकृष्ण, राधा और उसकी सहेली, ये तीन पात्र इस नीति काव्य-नाटक में प्रधान पात्र माने जाते हैं। जब कभी चैतन्य को विरह-दुख होता था तब वे कृष्ण-कीर्तनों का श्रवण कर शान्ति का अनुभव किया करते थे। इन कीर्तनों में एक प्रकार की मोहिनी शक्ति है। बंगाल के लोग गायत्रि-मंत्र की भाँति इनके कीर्तनों को गाया करते हैं।

चैतन्य संप्रदाय का स्थापक चैतन्य
महाप्रभु की जीवनी (सन् 1486-1534)

बंगाल देश के मायापुर में (नवद्वीप) श्री चैतन्य महाप्रभु का जन्म सन् 1486 में एक कट्टरपंथी विप्र परिवार में हुआ था। इनका विवाह वल्लभाचार्य की पुत्री लक्ष्मी देवी से संपन्न हुआ। बीस साल की उम्र में ही इन्होंने पूर्वी बंगाल की लंबी यात्रा की थी। इस यात्रा के पूर्व इन्होंने प्रसिद्ध व्याकरण ग्रन्थ 'कलापव्याकरण' के लिये टीका-ग्रन्थ लिखा था। यह व्याकरण-ग्रन्थ देश भर में पाठ्य पुस्तक के रूप में निर्धारित किये जाने के कारण चैतन्य की कीर्ति भी देश भर में फैली।

सर्प के काटने के कारण लक्ष्मी देवी की मृत्यु हुई। इसलिये चैतन्य ने सन्तान मिश्र की पुत्री विष्णु प्रिया से दूसरी शादी कर ली।

चैतन्य ने अपने शिष्यों से मिलकर श्री कृष्ण-परमात्मा के पवित्र नामों को देश भर में फैलाया। संगीत-सौन्दर्य से युक्त चैतन्य की 'श्री कृष्णनामावली' देश भर में प्रसिद्ध हुई। श्री कृष्ण के पवित्र नामों का गायन अपने शिष्यों के साथ चैतन्य भक्ति एवं श्रद्धा के साथ, उचल कूदकर, किया करते थे। श्री कृष्ण के नामों का नाद-सौन्दर्य के साथ गाने की प्रथा को देशभर के शहर एवं गाँवों में इन्होंने फैलाया था।

सन्यास धारण करने के पश्चात् ये 'कृष्ण चैतन्य' के नाम से प्रसिद्ध हुए। भक्तों के मन में कृष्ण-भक्ति-भाव का जागरण करते हुए इन्होंने वृन्दावन की यात्रा की।

तीर्थ स्थलों की यात्रा

दक्षिण भारत के तीर्थ-यात्रा के दौरान चैतन्य आंध्रप्रदेश के अहोबिल एवं तिरुपति पधारे। तमिलनाडु के कांचिपुरम, श्रीरंगम, मदुरै, कुंबकोणम, तंजाऊर आदि स्थलों के वेष्णव मंदिरों में भगवान विष्णु का दर्शन किया। तिरुवनन्तपुर में पद्मनाभ मंदिर देखने के पश्चात् श्रृंगेरी होते हुए उडुपि, कोकर्णा आदि पुण्य-क्षेत्र गये। उक्त सभी क्षेत्रों में चैतन्य ने भक्त जनों को कृष्ण के नाम की महिमा का उपदेश दिया।

विद्यारण्य होते हुए चैतन्य जगन्नाथ पुरी पहुँचे। पुरी में रहते समय प्रतिदिन जगन्नाथ मंदिर जाया करते थे। वहाँ के बौद्ध, जैन एवं स्मार्त धर्म के अनुयायियों को इन्होंने कृष्ण भक्त के रूप में परिवर्तित किया॥

चैतन्य की भक्ति-साधना

चैतन्य राधाभाव से कृष्ण की आराधना किया करते थे। रातभर कृष्ण के नामों का गायन ऊँचे स्वर में करते रहते ओर बार-बार घंटों तक मूर्छित हो जाते थे।

सन् 1534 में चैतन्य का स्वर्गवास हुआ। उनकी मृत्यु के पश्चात् चैतन्य संप्रदाय के सिद्धान्त बंगाल के लोगों की संस्कृति में धुलमिल गये। उनके शिष्य सनातन, नित्यानंद, रूपा आदि ने चैतन्य संप्रदाय के सिद्धान्तों को विधिवत् बनाया।

चैतन्य ने अपने सिद्धान्त संबंधी कोई भी ग्रन्थ की रचना नहीं की थी। अपने शिष्यों और मित्रों को चैतन्य ने अपने सिद्धान्तों की व्याख्या करके सुनाया करते थे।

नाम-महिमा संबंधी चैतन्य के विचार

"हरे राम हरे राम, राम, राम हरे हरे।

हरे कृष्ण हरे कृष्ण कृष्ण कृष्ण हरे हरे॥"

इस मंत्र का उच्चारण ऊँचे स्वर से करते रहने से भगवान कृष्ण प्रसन्न होते हैं। अन्य भक्ति-मार्गों से इस मंत्र का उच्चारण भगवत्प्राप्ति के लिये श्रेष्ठ मार्ग माना जाता है। भगवान के नामों का जपन करते रहने से मन परिशुद्ध होता है। मन की अशुद्धियाँ दूर होती हैं। सुबह-शाम, रात-दिन सब समय भगवान के नामों का जपन करने के लिये श्रेष्ठ समय माने जाते हैं। भक्त को विनम्र तथा सहनशील होना चाहिये; सभी जीवों को भगवान का अंश मानना चाहिये।

चैतन्य बड़े तत्व ज्ञानी थे। उनके शिष्यों ने अपने गुरु के विचारों को देश भर में प्रचार किया। चैतन्य भक्तों में 'राजा' माने जाते थे।

चैतन्य का विचार था कि कृष्ण तथा राधा एक ही हैं; उनको एक दूसरे से अलग नही कर सकते; वे दोनों एक ही दीप के दो वातें हैं। चैतन्य ने कृष्ण को 'प्रेममय रसराजा' कहकर बुलाया है। कृष्ण और राधा एक दूसरे से ऐक्य होते समय दैविकता पूर्णता को प्राप्त करती हैं। भक्ति दास्य, सख्य, वात्सल्य से विकसित होते हुए माधुर्य भक्ति में पूर्णता को प्राप्त करती है। कलियुग में मुक्ति-प्राप्ति का सरल साधन नाम-जपन है। भगवान के नामों को उच्चस्वर में गाने से भक्त जन्म-मृत्यु के चक्र से छुटकारा पाता हैं। उसके मन की मोह एवं लालच रूपी बनाग्नि बुझ जाती है। नाम-जपन-मार्ग ही समस्त बुराइयों से छुटकारा पाने का सरल मार्ग है। विनम्र, सहनशील और निस्वार्थ भक्त ही भगवान के नामों का उच्चारण करने लायक है।

चैतन्य के उपदेश

भक्त को सदा-सर्वदा अपने को भगवान का दास मानना चाहिये और उनकी सेवा करते हुए अपना जीवन बिताना चाहिये। सुख और दुख में उनका ही ध्यान करते रहना चाहिये। चंचल मन वाले भक्त को भगवान ही मार्गदर्शक बनकर रहता है।

भगवान जाति, कुल आदि नहीं देखता; उसके सामने सब समान हैं। ऊँच, नीच, अमीर, गरीब सब प्रकार के लोग भगवान की उपासना कर सकते हैं। गौडीय संप्रदत्य के प्रथम शिल्पकार चैतन्य थे। वे 15वीं शती के प्रसिद्ध गौडीय वैष्णव आचार्य थे। उनके भक्ति-तत्वों की व्याख्या, उनके शिष्य जीवगोस्वामी तथा बलदेव ने अपनी कृतियों में की हैं। चैतन्य द्वारा स्थापित चैतन्य संप्रदाय के सिद्धान्त बंगाल एवं पूर्वी भारत भर में फैले।

चैतन्य का शिक्षाष्टकम

चैतन्य ने अपने इस ग्रन्थ में उपदेश दिया है कि नामोच्चारण द्वारा भगवान को प्रसन्न करना चाहिये। उनका नाम-जपन करने के लिये कोई निश्चित काल या समय निर्धारित नहीं है। हरि के नाम-जपन करनेवाले भक्त को जीवन के प्रति अपना कर्तव्य ठीक रूप से निभाना चाहिये। अनगिनत जन्म लेने पर भी भक्त को सदा ईश्वर के आश्रय में जीना चाहिये। नन्दकुमार को अपना यजमान और अपने को उनका सेवक मानकर उनपर दास्य भक्ति करते हुए भक्त को भवसागर को पार करना चाहिये। भक्ति-भावावेश में आँखों से अश्रू बहाते हुए हरि का नामोच्चरण करना चाहिये।

जिस भक्त ने गोविन्द का दर्शन न किया है उसका एक क्षण भी एक युग जैसे बीतता है, यह समस्त जगत उसे आकर्षण हीन, अंधकारामय एवं शून्य दिखाई पड़ता है।

भक्त को अपना संपूर्ण जीवन कृष्ण परमात्मा को समर्पित करना चाहिये। सुख और दुख में उसे हरि का ही ध्यान करना चाहिये। हरि, भक्त को दुख पहुँचावें तो भी उसे हरि का ध्यान छोड़ना न चाहिये। सांसारिक इच्छाओं को तजकर भक्त को भगवान कृष्ण के आश्रय में जाना चाहिये। सभी जीवों के साथ प्यार से बर्ताव करना चाहिये। खासकर चैतन्य ने संकीर्तन की महिमा को दुनिया के लोगों को अधिक समझाया है।

जाति, धर्म, अमीर, गरीब, आदि भेद-भाव पर ध्यान न देकर समत्वभाव पर चैतन्य ने अधिक ध्यान दिया। उन्होंने सब तरह के लोगों को एकत्रित कर समाज में एकता लाने का प्रयत्न किया।

चैतन्य एक प्रसिद्ध वैष्णव आचार्य थे। वे राधा-कृष्ण के अतुलनीय भक्त थे। बंगाल में उन्होंने वैष्णव धर्म का खूब प्रचार किया था।

चैतन्य महाप्रभु के जीवनवृत्त का सार

जीवन-काल	सन् 1486-1534, तक 48 वर्ष जीवित रहे।
जन्म स्थान	नवद्वीप (मायापुर) बंगाल
पत्नियों का नाम	लक्ष्मीदेवी तथा विष्णु प्रिया
तीर्थ-स्थलों की यात्रा	तिरुपति, अहोविलम, काँचिपुरम, श्रीरंगम, मदुरै, कुंभकोणम, तिरुवनंतपुरम, श्रृंगेरी, उडुप्पि तथा पूरी
रचनायें	कलापव्याकरण का टीका-ग्रन्थ
शिष्य	सनातन, रूपा, नित्यानंद, बलदेव एवं जीवगोस्वामी

बंगाली वैष्णव कवि कृतिवास ओझा

15वीं शती का अति विख्यात राम भक्त कवि ने अपने रामायण-काव्य द्वारा बंगाल में वैष्णव धर्म का प्रचार किया था। बंगाल के घर-घर में इनके द्वारा रचित 'कृतिवास रामायण' श्रद्धा एवं भक्ति के साथ-पारायण किया जाता है।

कृतिवास-रामायण का विस्तीर्ण विवेचन भारतीय रामायण-काव्य नामक अध्याय में प्रस्तुत किया गया है।

बंगाली वैष्णव कवि गदाधरभट्ट

गदाधरभट्ट गौडीय संप्रदाय के प्रधान वैष्णव कवि माने जाते हैं। इनके जीवन संबंधी वृत्त बहुत ही कम उपलब्ध हुये हैं। ये चैतन्य के समकालीन माने जाते हैं।

गदाधरभट्ट ने राधा एवं कृष्ण को एक ही ईश्वर मानकर उनकी आराधना की थी। ये संस्कृत के बड़े विद्वान थे। 'मोहिनी-वाणी' नामक ग्रन्थ में इनसे लिखित समस्त कीर्तन समाविष्ट हुए हैं। राधा-कृष्ण की श्रृंगार-लीलायें, रास-क्रीडा, नाम-महिमा, दास्य और आत्मनिवेदन-भक्ति आदि विषयों का वर्णन इस ग्रन्थ में हुआ है। गदाधरभट्ट के समस्त संकीर्तन अपने काव्य-सौन्दर्य के लिये अत्यन्त विख्यात हैं।

बंगाली वैष्णव कवि सूरदास मदन मोहन

सूरदास मदनमोहन अकबर के दरबारी कवि थे। 'सूरदूस' इनका असली नाथ था। मदनमोहन (कृष्ण) का बड़ा भक्त होने के कारण इन्होंने अपने नाम के साथ 'मदनमोहन' जोड लिया था। कालान्तर में ये 'सूरदास मदनमोहन' नाम से अत्यन्त प्रसद्ध हुए। इनके सभी कीर्तनों में 'सूरदास मदनमोहन' की छाप लगी हुई है।

'सुहिरुत वाणी' नामक इनकी कृति में इनके द्‌वारा रचित 105 कीर्तन उपलब्ध होते हैं। राधा का नख-शिख-वर्णन इस कृति की विशिष्टता है। इसके अतिरिक्त श्री कृष्ण की बाँसुरी-नाद, झूला-क्रीडा, होलि, बालकृष्ण का रूप-सौन्दर्य आदि विषयों का वर्णन 'सृहिरुत वाणी' में हुआ है।

चैतन्य का प्रधान शिष्य रूप गोस्वामी

रूप गोस्वामी का समय 15,16 वीं शती मानी जाती है। 'दवी खास' इनका असली नाम था। बताया जाता है कि इन्होंने इस्लाम धर्म को अपनाया था। 'रामकेली' में चैतन्य से इनकी मुलाकात हुई। तत्पश्चात् पुनः वें हिन्दू 'बनकर

रूप गोस्वामी

रूप गोस्वामी नाम से प्रसिद्ध हुए। ये जन्मजात विप्र थे। 'सनातन' इनके अग्रज थे।

रूपगोस्वामी की रचनायें

रूपगोस्वामी की रचनाओं का नाम निम्नलिखित हैं-

1. ललितमाधव
2. विधक्त माधव
3. उज्वल नीलमणि
4. उत्काविकावल्लरी
5. उद्धव दूत
6. उपदेशामृतकायण्पनुन्जिका
7. गंगाष्टकम
8. गोविन्द वृदावली

9. गउरांगकल्पतरु
10. भागवतामृतम

रूप गोस्वामी भगवान श्री कृष्ण के बडे भक्त थे। उन्होंने खासकर भक्ति संबंधी विचारों को अपनी कृतियों में व्यक्त किया है। भक्ति संबंधी निम्नलिखित छः विषयों को इन्होंने बताया है-

1. भक्ति पाप एवं अज्ञान का नाश करती है।
2. भक्ति से जीवन मंगलमय बनता है।
3. मोक्ष-प्राप्ति से मिलने वाले आनंद से बढ़कर भक्ति से प्राप्त होने वाला आनंद श्रेष्ठ है।
4. भगवान के अनुग्रह के बिना मानव को भक्ति की प्राप्ति नहीं हो सकती।
5. ब्रह्म-ज्ञान से बढ़कर भक्ति श्रेष्ठ है।
6. भक्त की सेवा करने के लिये भगवान स्वयं भक्त के पास आते हैं।

रूपगोस्वामी ने अपनी सब कृतियों का लेखन सरल संस्कृत भाषा में किया है। इनकी प्रसिद्ध रचना 'उज्वलनीलमणि' का विवेचन नीचे प्रस्तुत किया जाता है-

'उज्चलनीलमणि' ग्रन्थ में सिद्धान्तों के आधार पर प्रथम बार भक्ति-तत्वों का सूक्ष्म चित्रण किया गया है। 15 प्रकरणों वाले इस विस्तीर्ण ग्रन्थ में नायक-नायकी-भेद, दूतों का भेद, सहेलियों का भेद, संयोग तथा विप्रलंबं श्रृंगार आदि विषयों का विस्तृत विवेचन प्रस्तुत किया गया है। इस काव्य में मधुर रस एक स्वतन्त्र रस के रूप में निरूपित किया गया है। ग्रन्थ के रचयिता ने मधुर रस को 'भक्ति रस राज' कहकर संबोधित किया है। दैविक माधुर्य भक्ति 'उज्वल' शब्द का अर्थ माना जाता है। 'नीलमणि' शब्द श्यामल वर्ण कृष्ण को सूचित करता है।

बंगाल का वैष्णव कवि कविराज कृष्णदास

कविराज कृष्णदास

माना जाता हैं कि कविराज कृष्णदास का जन्म सन् 1517 में एक ब्राह्मण परिवार में हुआ होगा। इनके पिता जी का नाम भगीरथ था। बंगाल के 'जामटापुर' नामक गाँव में यह रहा करते थे। अपनी छ:ठी उम्र में कृष्णदास ने वैष्णव संप्रदाय में दीक्षा प्राप्त की। इन्होंने शादी नहीं की थी। बचपन से ही इन्हें कष्टमय जीवन बिताना पडा। बुढ़ापे में यह वृन्दावन जाकर रहने लगे।

कृष्णदास की रचना 'चैतन्य चरितामृत'

'चैतन्यचरितामृत' चैतन्य संप्रदाय के सिद्धान्तों का विश्वसनीय ग्रन्थ माना जाता है। अपनी 80,85 वर्ष की उम्र में कृष्णदास ने इस ग्रन्थ को लिखकर समाप्त किया था। इस ग्रन्थ को लिखने के कारण ये बंगाल में बहुत प्रसिद्ध हुए।

चेतन्य के जीवन का अंतिम भाग 'चैतन्यचरितामृत' में बताया गया है। गौडीय संप्रदाय के सिद्धान्तों का प्रचार करना इस ग्रन्थ को लिखने का मुख्य उद्देश्य था।

बंगाली वैष्णव कवि वृन्दावनदास

नित्यानंदप्रभु के शिष्य वृन्दावनदास ने 16वीं शती में बंगाल में अपना जीवन बिताया था। अपने गुरु की बिनती के अनुसार इन्होंने चैतन्य की जीवनी लिखी। अपने गुरु नित्यानंदप्रभु से चैतन्य के जीवन वृत्तों का संकलन करके इन्होंने 'श्रीचैतन्य भागवतम' की रचना की।

वृन्दावनदास कृत 'चैतन्य भागवतम'

सरल बंगाली भाषा में 'चैतन्य भागवतम' की रचना की गयी है। यह भक्ति रस का श्रेष्ठ ग्रन्थ माना जाता है। ग्रन्थ-रचयिता के जीवन काल के बहुत से विषयों का इस ग्रन्थ के द्‌वारा पता चलता है। चैतन्य के बाल्य एवं युवावस्था की लीलाओं का वर्णन इस में सुन्दर ढंग से किया गया है। आज भी बंगाल के लोग चाव से इस ग्रन्थ को पढ़ा करते हैं।

'चैतन्य भागवत' तथा चैतन्य चरितामृत' द्‌वारा चैतन्य के दैविक जीवन की जानकारी पूर्ण रूप से उपलब्ध होती है। उक्त दोनों ग्रन्थों में चैतन्य का जीवन निम्नप्रकार से बताया गया है

नवद्‌वीप में चैतन्य का जन्म हुआ; इनका असली नाम 'विश्वम्भर' था; इनका दूसरा नाम 'निमायी' था। सन्यास धारण करने के पश्चात् ये श्री कृष्ण चैतन्य के नाम से बुलाये गये।

परम वैष्णव भक्त श्री माधवेन्द्रपुरि के प्रधान शिष्य श्री ईश्वर पुरी से गोपाल-मंत्र की दीक्षा चैतन्य ने प्राप्त की। प्रथम पत्नी के देहान्त के पश्चात् लक्ष्मी प्रिया से इनकी शादी हुई। माता-पिता की श्रार्ध करने के लिये ये 'गया' गये थे; उस समय इन्होंने गोपाल-मन्त्र की दीक्षा प्राप्त की थी। सन् 1510 में इन्होंने सन्यास धारण किया था। सभी तीर्थ स्थलों की यात्रा करने के पश्चात् इन्होंने अपना शेष जीवन जगन्नाथ पुरि में बिताया था। प्रारंभ में चैतन्य अध्यापन कार्य करते थे। पश्चात् पूरे देश को इन्होंने भक्ति रस में डुबाया। अध्यात्मिक क्षेत्र में इन्होंने बंगाल में चैतन्य संप्रदाय की स्थापना की। कहा जाता है कि सन् 1533 में इन्होंने वैकुण्ठ की प्राप्ति की।

बंगाल के वैष्णव संप्रदाय का जयानंद कवि

जयानंद का जन्म सन् 1511-1513 के बीच हुआ होगा। इन्होंने 'चैतन्य मंगल' नामक ग्रन्थ की रचना की। चैतन्य की मृत्यु संबंधी विश्वसनीय विषय 'चैतन्य मंगल' में बताया गया है।

जयानंद का 'चैतन्य मंगल'

जयानंद कृत चैतन्य मंगल एक गीत-काव्य है। यह काव्य साधारण लोगों के लिये लिखा गया माना जाता है। काव्य मयी भाषा में लिखे न जाने के कारण यह ग्रन्थ अधिक विख्यात न हुआ।

लोचनदास नामक एक कवि ने 'चैतन्य मंगल' नामक ग्रन्थ लिखा था। चैतन्य के देहान्त संबन्धी सच्चा विवरण इस में दिये जाने के कारण चैतन्य संप्रदाय के भक्तों ने इस ग्रन्थ के प्रचार को रोकने का प्रयत्न किया था। जयानंद कवि का कहना है कि पुरी की रथयात्रा के समय भक्ति के आवेश में जब चैतन्य नाचते-कूदते रहे तब उनके पाद में ईंट के एक नुकीले टुकड़े ने घायल कर दिया। इस के कारण चैतन्य की मृत्यु सन् 1533 में हुई थी।

बंगाली वैष्णव कवि गोविन्द दास

बंगाली वैष्णव कवि गोविन्द दास का समय सन् 1537 से 1613 तक माना जाता है। ये बंगाल के 'देवियापुर' में रहते थे। इनके पिता का नाम चिरंजीव सेन तथा माता का नाम 'सुनन्दा' था। प्रारंभ में गोविन्ददास शक्ति-उपासक थे। बाद में ये वैष्णव भक्त बने। जीवगोस्वामी ने इन्हें 'कवीन्द्र' कहकर बुलाया था।

चैतन्य-युग के बाद का श्रेष्ठ कृष्ण भक्त कवि गोविन्ददास माने जाते हैं। 14,15, वीं शती के कृष्ण-काव्य के कवि विद्यापति की भक्ति-पदावलियों का प्रचार चैतन्य बंगाल में किया करते थे।

विद्यापति की पदावलियों का अनुकरण करके गोविन्द दास ने कृष्ण भक्ति गीतों की रचना की। ब्रजबुलि भाषा में लिखित इनके गीतों में दार्शनिक तत्वों की गहराई तथा काव्य-सौन्दर्य को देख सकते हैं।

निष्कर्ष

बंगाल के कृष्ण भक्त कवियों ने बंगाली, ब्रजभाषा एवं ब्रजबुलि में कृष्ण-काव्यों की रचना की। राधा-कृष्ण की विविध लीलाओं का उन्होंने वर्णन किया है। श्रृंगार तथा आध्यात्मिक विचारों के लिये उन्होंने अपनी रचनाओं में अधिक प्रधानता दी है। असुरों के वध संबंधी वर्णनों में उनका कवि-हृदय अधिक नहीं लगा। संस्कृत-कृष्ण-भक्ति काव्य, इन के काव्य के विषय का मूल स्रोत था। संस्कृत के कतिपय कृष्ण-काव्यों का अनुवाद भी इन कवियों ने बंगाली में किया है।

राधा-कृष्ण की उपासना बंगाल से ब्रजभूमि गयी थी।

चैतन्य संप्रदाय के निम्नलिखित कृष्ण भक्त कवियों ने ब्रजभाषा में कृष्ण-काव्य की रचना की हैं-

1) माधवदास जगन्नाथ
2) रामराय
3) गवरकनदास
4) सूरदास मदनमोहन

5) कदाघरभट्ट
6) हरिराम व्यास
7) भगवान दास,
8) राधिकानाथ
9) कृष्णदास
9) माधुरि दास
10) किशोरीदास
11) मनोहरदास
12) प्रियादास
13) गोपाल रास
14) हरिदेव आदि।

उडिया वैष्णव साहित्य

उडिया भाषा-संस्कृत-परिवार की उडिया भाषा में, 13वीं शती से साहित्य का सृजन होने लगा था। उत्तर की भारतीय भाषाओं मे उडिया पर अरबी तथा पारसी भाषाओं का असर बहुत कम पडा हैं। प्रारंभ के उडिया-साहित्य पर बौद्ध, वैष्णव एवं शाक्त धर्म के तत्वों का प्रभाव देखा जा सकता है। 14वीं शती में सरलादास ने महाभारत का रूपान्तरन उडिया में किया था। 16वीं शती तक चैतन्य और जयदेव के प्रभाव को उडिया भक्ति-साहित्य पर देख सकते हैं।

उडिया-प्रान्त में विविध जाति एवं उपजाति के लोग रहते हैं। सन् 2011 में इस प्रान्त की जनसख्या 4,19.47,358 थी।[1]

ओरिसा 'उत्कल देश' नाम से भी प्रसिद्ध है। उत्तरलिंग नामक शब्द कालान्तर में 'उत्कल' में परिणत हुआ। विविध पौराणिक ग्रन्थ, व्यास की महाभारत तथा बौद्ध-साहित्य में उत्कल देश की प्राचीनता की खबर मिलती है।

उत्कल के 'पंचसखा'

चैतन्य श्री कृष्ण के अवतार माने जाते हैं। उनके पाँच मित्र बलरामदास, जगन्नाथ दास, यशोवनदास, अच्चुदा नंददास तथा अनन्तदास चैतन्य के साथ इस धरती पर अवतरित हुए। कालान्तर में ये पाँचों मित्र 'पंचसखा' नाम से प्रसिद्ध हुए। ये पाँचों महानुभाव बड़े सिद्ध पुरुष, योगी तथा कवि भी थे। ज्ञान एवं योग से मिश्रित भक्ति का इन्होंने प्रारंभ में अनुकरण किया। चैतन्य को गुरु के रूप में स्वीकार कर लेने के पश्चात् इन्होंने निर्मल भक्ति को अधिक प्रधानता दी। इन 'पंचसखा' महानुभावों ने उडिया में परिशुद्ध भक्ति के साथ योग-साधना से आधारित भक्ति का प्रचार किया। दार्शनिक तत्व और पुराणों के महत्व को इन्होंने लोगों को समझाया और वैष्णव धर्म का भी प्रचार किया।

---

1 दिनमलर (तमिल समाचार-पत्र)-2011

उडिया का वैष्णव कवि सरलादास

सरलादास

15वीं शती के सरलादास ने उडिया भाषा में महाभारत की रचना की। किसी भी भारतीय भाषा में तब तक महाभारत का सृजन नहीं हुआ था।

भीम सरला-महाभारत के कथा-नायक के रूप में चित्रित किये गये हैं। इस काव्य में श्री कृष्ण को अधिक मुख्यत्व प्रदान नहीं किया गया है। इस महाभारत के पात्र उडिया-जनता का प्रतिनिधित्व करते हैं। सरलादास ने अपने समय के सामाजिक एवं राजनैतिक दशाओं का चित्रण अपने महाभारत में किया है। ओरिसा लोगों के जीवन पर इसमें प्रकाश डाला गया है। इस महाकाव्य में उडिया भाषा के प्राचीन शब्दों का प्रयोग किया गया है। अतः सरला-महाभारत को संस्कृत-महाभारत का रूपान्तर नहीं कह सकते हैं।

सरलादास ने महाभारत के अतिरिक्त उडिया भाषा में पिलंका-रामायण तथा 'चण्डी-पुराण' की रचना भी की है। चण्डी पुराण में शाक्त धर्म के तत्व बताये गये हैं। सरला देवी के उपासक होने के कारण ये सरलादास कहलाये।

उडिया वैष्णव साहित्य का कवि बलराम दास

बलरामदास पंचसखा कवियों में ज्येष्ठ कवि थे। ये जगननाथ दास एवं प्रताप रुद्र देव के गुरुवर थे। विद्वानों का कहना है कि बलरामदास की भेंट पुरि में चैतन्य महाप्रभु से हुई थी। थोड़े समय के लिये गृहस्थ जीवन बिताने के पश्चात् इन्होंने सन्यास धारण किया और एक मठ की भी स्थापना की।

निम्नलिखित काव्य बलरामदास द्वारा रचित माते जाते हैं।

1) श्रीमद्भगवतगीता
2) भावसमुद्ध
3) उत्तर अवकास
4) पनस चोरी आदि

इनके दाण्डि रामायण का विस्तृत विवेचन 'भारतीय रामकाव्य' के अध्याय में प्रस्तुत किया गया है।

उडिया का वैष्णव कवि जगन्नाथ दास

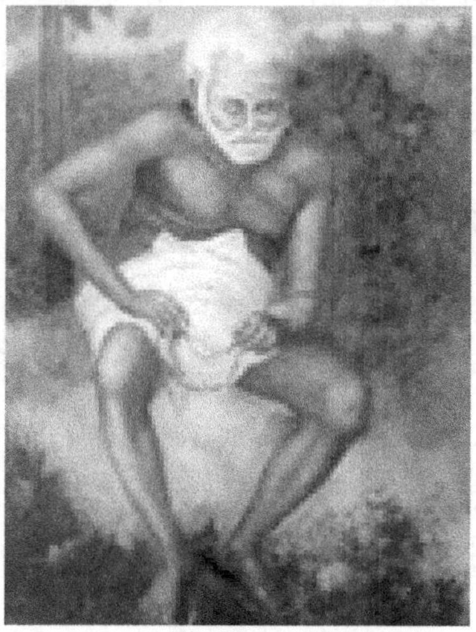

जगन्नाथ दास

16वीं शती के जगन्नाथ दास ने सर्वप्रथम उडिया भाषा में श्रीमद्भागवत पुराण की रचना की थी। चैतन्य ने इनके भागवत पुराण के दसवीं स्कंध की पाण्डित्य पूर्ण व्याख्या सुनकर इन्हें 'अदिपडि' नामक वृद प्रदान किया था।

आज भी जगन्नाथ संप्रदाय ओरिसा प्रान्त में 'अंदिपडि' 'संप्रदाय' नाम से प्रसिद्ध है।

'उडिया-भागवत' जगन्नाथ दास का श्रेष्ठ काव्य माना जाता है। यह 'ओरिसा-बैबिल' माना जाता है। गहरे आध्यात्मिक विचार सरल उडिया भाषा में बताये जाने के कारण यह काव्य ओरिसा लोगों के बीच बहुत प्रसिद्ध है।

जगन्नाथ की अन्य रचनायें

उडिया-भागवत के अतिरिक्त निम्नलिखित रचनायें जगन्नाथ द्वारा लिखी गयी मानी जाती हैं-

1. नीलाद्रीशतक
2. तुलामिना
3. दीक्षा सम्वाद
4. गजस्तुति
5. ब्रह्माण्ड भूगोल आदि

ओरिसा लोगों के ऊपर जगन्नाथ भागवत का असर देखा जाता है। चैतन्य के प्रभाव से परवर्ती काल के ओरिसा लोगों का चरित्र थोडा बलहीन होने पर भी, जगन्नाथ-भागवत के कारण उनका सच्चा चरित्र आज भी सुरक्षित है। इस भागवत का अध्ययन कराने वास्ते ओरिसा के लोग अपनी सन्तानों को पढ़ाते हैं।

जगन्नाथ-भागवत संस्कृत भागवत का अनूदित ग्रन्थ नहीं है। मूल भागवत के आधार पर इनका भागवत लिखे जाने पर भी यह काव्य कवि का स्वतन्त्र-काव्य माना जाता है। विष्णुपुराण, पद्मपुराण, ब्रह्म वैवर्थ पुराण आदि ग्रन्थों की श्रेष्ठ कथाओं के प्रयोग के द्वारा जगन्नाथ ने अपने भागवत को समृद्ध बनाया है।

उडिया का वैष्णव कवि यशोवनदास

15,16वीं शती का यशोवन दास पंच सखा कवियों में एक माने जाते हैं। ये चैतन्य के समकालीन थे तथा जगन्नाथ भगवान के भक्त थे। ये ज्ञान मिश्रित भक्ति-पद्धति का अनुकरण करने वाले थे। बचपन से ही ये सांसरिक सुख भोगों से दूर रहा करते थे। 'पूरी' में दीक्षा प्राप्त करने के पश्चात् इनका विवाह रघुराम दास नामक एक जमीन्दार की बहन के साथ संपन्न हुआ। 'अडंग' नामक शहर में इनके द्वारा स्थापित मठ को आज भी देख सकते हैं।

यशोवनदास की रचना 'शिव स्वरोदय' नामक ग्रन्थ में लेखक ने सरल उडिया भाषा में योग, तन्त्र-मंत्र आदि विषयों की व्याख्या की है।

यशोवन दास की और एक कृति 'प्रेम भक्ति ब्रह्म गीता' में रचयिता ने ज्ञान मिश्रित भक्ति की महिमा का वर्णन किया है।

'चौरासी आज्ञा' नामक यशोवन की कृति में इनके द्वारा लिखे गये भजन-गीत पाये जाते हैं।

'आगत भविष्य 'मालिका' नामक ग्रन्थ में भविष्य की बातें बतायी गयी हैं। हठयोग और मंत्रशक्ति द्वारा यशोवनदास ने मनुष्य के जीवन के भविष्य को जानने की क्षमता प्राप्त की थी। जनता इनकी भविष्य वाणी पर विश्वास करती थी।

उडिया का वैष्णव कवि अच्युदानंद दास

16वीं शती का अच्युदानंद दास का जन्म नेपाल के निकट 'तिलकणा' नामक गाँव में हुआ था। ये भी पंच सखाओं में एक माने जाते थे। नेपाल में इनके द्वारा स्थापित पठ आज भी विद्यमान है। इनके वंश के लोग इस मठ के मठाधिपति के रूप में कार्य करते आ रहे हैं। बचपन से ही श्री अच्युदानंद बड़े भक्तिमान थे।

अच्युदानंद की प्रसिद्ध रचना 'शून्य संहिता' में राधा-कृष्ण का प्रेम-तत्व, आध्यात्मिक विचार एवं नीति-सिद्धान्तों का उल्लेख हुआ है।

'हरिभक्ति', 'गुरुभक्ति-गीता' आदि अच्युदानंद की अन्य रचनायें मानी जाती हैं। कृष्ण की बाल्य लीलाओं का वर्णन भी इन्होंने किया है।

इनसे लिखित 'अच्युदानंद मालिका' नामक ग्रन्थ पिछले लगभग 400 वर्षों से ओरिसा लोगों के जीवन का मार्गदर्शन ग्रन्थ रहा हैं।

अध्याय 15

भारतीय राम-काव्य

(i) भारतीय राम-काव्य का आधार ग्रन्थ वाल्मिकी-रामायण का विवेचन

पानी में नमक की भाँति रामायण की कथा, भारतीय लोगों के पारिवारिक जीवन में, घुल मिल गयी है। यह भारतीय जनता के जीवन पर रामायण महाकाव्य ने गहरा असर डाला है। यह अद्भुत महान काव्य भारत के लोगों की संस्कृति और आचार-विचारों का प्रतिनिधित्व करता है। इस महाकाव्य के कारण ही भारतीय संस्कृति आज तक जीवित एवं सुरक्षित है।

भारतीय राम-काव्य का आधार ग्रन्थ वाल्मिकी-रामायण

वाल्मिकी रामायण की कथा को आधार बनाकर, भारतीय भाषाओं के कवियों ने अपनी-अपनी भाषाओं में रामायण महाकाव्य की रचना की है। उनमें इन कवियों की प्रान्तीय संस्कृति की विशिष्टताओं का समावेश हुआ है। भारतीय राम-काव्य में, भारतीय संस्कृति की भिन्नताओं में एकता पायी जाती है।

वाल्मिकी

आदिकवि वाल्मिकी (राम-काव्य के प्रथम कवि)

बाल्मिकी, भारतवर्ष का आदि कवि एवं उनसे रचित रामायण भारत के आदि काव्य के रूप में अत्यन्त विख्यात है। महाभारत की रचना के पश्चात् वाल्मीकी ने संस्कृत में अपने रामायण की रचना की थी। सभी विद्वान लोग इस कथन का समर्थन करते हैं।

बाल्मिकी-रामायण के रचना-काल के संबन्ध में विद्वानों में मतऐक्यता नहीं है। 'यासोपी' नामक विद्वान का मत है कि वाल्मिकी रामायण ईसा पूर्व 800-600 में लिखा गया था। भारत की परंपरा के अनुसार बाल्मिकी राम के समकालीन थे।

विद्वानों की राय है कि ईसा पूर्व 500 में बाल्मिकी ने अपना जीवन बिताया होगा।

वाल्मीकी के जीवन के संबन्ध में अधिक जानकारी नहीं मिली है। एक पौराणिक कथा के अनुसार बाल्मिकी एक बडे डाकू और चोर थे। उनके पिता जी एक ब्राहमण थे; लेकिन उनका पालन-पोषण जंगल वासियों से हुआ था। कहा जाता है कि किराटा कुल के वन-वासियों ने उनका पालन पोषण किया था।

वाल्मीकी जंगल में शिकार किया करते थे। जब उन्होंने जंगल के तपस्वियों को लूटने का प्रयत्न किया तब उन तपास्वियों ने उन्हें ऐसा करने से रोका; उन्हें राम-मंत्र का उपदेश दिया। वाल्मीकी 'राम' शब्द का उच्चारण करने में असमर्थ थे; इसलिये उन्हें 'मरा' शब्द का जपन करने के लिये कहा। 'मरा' शब्द का लगातार जपन करते समय वह शब्द 'राम' में परिवर्तित हुआ।

जिस स्थान पर वाल्मीकी बैठकर तपस्या करते थे वहाँ एक वाल्मीक उत्पन्न हुआ। वल्मीक से निकाले जाने के कारण वे 'वाल्मीकी' नाम से प्रसिद्ध हुए। 'वल्मीक' शब्द का अर्थ 'दीमक द्वारा बनायी गयी छोटी सी पहाडी' है। वन में साधु-सन्यासियों के सत्संग में रहने के कारण वाल्मीकी भगवान श्रीराम का बड़ा भक्त बने। गंगा-तीर पर आश्रम बनाकर वे वहाँ जीवन बिताने लगे।

एक दिन वाल्मीकी स्नान करने के लिये 'तमसा' नदी के किनारे पर आये। उस समय एक शिकारी को बाण छोड़कर एक पुरुष पक्षी को मारते हुए उन्होंने देखा और स्त्री-पक्षी के दर्द भरे स्वर को सुना। तुरन्त उन्होंने उस व्याय को शाप दिया। वह शाप वाल्मीकी के मुँह से एक कविता (श्लोक) के रूप में निकला। सृष्टि कर्ता ब्रह्मा ने उनके स्वप्न में आकर दशरथ-पुत्र श्री राम की जीवनी को उसी श्लोक रूप में लिखने का आदेश दिया। नारद मुनि ने रामायण की कथावस्तु बताकर वाल्मीकी की सहायता की। वाल्मीकी ने रामायण-महाकाव्य की रचना करके अपने नाम को अमर बना लिया।

सत्य और धर्म का अनुकरण करने वाले एक आदर्श पुरुष का चरित्र-चित्रण वाल्मीकी ने अपने रामायण-काव्य में प्रस्तुत किया है। श्रीराम धर्म के प्रतीक माने जाते हैं। वाल्मीकी रामायण ने हमें करुणा, दया एवं सत्गुणों का प्रतीक मानी जाने वाली एक आदर्श और अत्युत्तम स्त्री, सीता को प्रदान किया है। सीता स्त्री-कुल की समस्त वेदनायें तथा कष्टों का प्रतिनिधित्व करती है।

वाल्मीकी रामायण ने एक आदर्श पारिवारिक-पद्धति को हमें दिखाया है। उसने हमें आदर्श भ्रात, आदर्श मित्र, एवं आदर्श सेवा के नमूनों को प्रदान किया है। उसने हमें प्ररित करनेवाले बहुत से आदर्शों को हमारे समक्ष रखा है। उन आदर्शों का अनुकरण करके हम मानव के स्तर से देवता की ऊँचाई तक पहुँच सकते हैं।

वाल्मीकी का जीवन-काल और उनकी रामायण की रचना-काल-इनके संबन्ध में काफी मत-भेद पाया जाता है।

वाल्मीकी रामायण में कुल 24000 कवितायें (श्लोक) हैं जो निम्नलिखित सात कांडों में विभाजित की गयी हैं-

1. **बालकाण्ड-(**श्रीराम तथा उनके भ्राताओं के बाल्य काल का चित्रण)
2. **अयोध्या कांड-(**अयोध्या में राम का जीवन और उनका देश निकाला जाना)

3. **आरण्य काण्ड**-(वन में राम, सीता तथा लक्ष्मण का जीवन एवं रावण द्वारा सीता का अपहरण)
4. **किष्किण्डा-काण्ड** (कापियो का नृप, सुग्रीव की राजधानी किष्किण्डा में श्री राम)
5. **सुन्दरकाण्ड**-हनुमान का लंका पहुँचना तथा वहाँ सीता को ढूँढ निकालना; हनुमान राम की अंगूठी को सीता को देकर और उनसे चूडामणि को लेते हैं; उसे राम के पास सौंपते हैं; इस प्रकार हनुमान राम तथा सीता के मन में विश्वास उत्पन्न करते हैं। इसलिये यह कांड एक अनूठा कांड माना जाता है। 'सुन्दरन' हनुमान का एक दूसरा नाम है। यह कांड हनुमान की श्रेष्ठता को बताता है। अतः इसे 'सुन्दरकांड' नाम से बुलाते हैं।
6. **युद्ध कांड**-रावण से युद्ध और उसकी हार-सीता को छुड़ाना-अयोध्या वापस आना-राम का पट्टभिषेक
7. **उत्तरकांड**-राम अयोध्या का नरेश बनना-राम सीता को त्यागना-लव एवं कुश का जन्म-पिता और पुत्रों का मिलन-सीता का धर्ती-माँ के पास पहुँचना-राम का वैकुण्ठ पहुँचना।

वाल्मीकी-रामायण में दो प्रकार के पात्र हैं। प्रथम प्रकार के पात्र श्री राम से संबंध रखते हैं। और द्वितीय प्रकार के पात्र रावण से संबंधित हैं।

भरत, लक्ष्मण, सीता, हनुमान, सुग्रीव आदि राम से संबंधित हैं; कुंभकर्ण, मेघनाथ, मंदोदरी, आदि रावण से सम्बन्धित हैं।

मानव-जाति के धर्म को स्थापित करना वाल्मीकी-रामायण का प्रधान लक्ष्य है। श्रीराम के उत्तम एवं आदर्श गुणों के चित्रण द्वारा इस लक्ष्य की पूर्ति हुई है। वाल्मीकी रामायण में बताये गये धार्मिक नियमों का पालन हमें अपने दैनिक जीवन में करना चाहिये। भरत, हनुमान दशरथ, कुंभकरण, तारा, मंदोदरी आदि धर्म के विभिन्न पहलओं का प्रतिनिधित्व करते हैं।

रावण तथा वाली ने धर्म के नियमों का पालन नहीं किया। अतः उन्हे उनका फल भोगना पडा। रामायण के पात्रो का चरित्र-चित्रण नीचे प्रस्तुत किया गया है।

राम- श्री राम एकपत्नीव्रत, पवित्र, धार्मिक तथा आचारशील पुरुषोत्तम हैं। वे अच्छे प्रशासक थे; बुरे लोगों को दंड देते थे; नेक लोगों की रक्षा करते थे; अपनी प्रजा को धार्मिक जीवन बिताने के लिये सब प्रकार का मौका प्रदान करते थे। समाज के हित को मन में रखकर अपने समय के धार्मिक नियमों के अनुसार शासन करते थे। सत्य एवं सच्चाई के लिये उन्होंने अपने आप को समर्पित कर लिया था।

लक्ष्मण- लक्ष्मण राम का एक आदर्श भाई और आज्ञाकारी सेवक थे। राम की सेवा करना ही उनके जीवन का एकमात्र लक्ष्य था। वे राम को सदा प्रसन्न देखना चाहते थे। छाया की भांति वे सदा राम के साथ रहा करते थे। वे श्रीराम के आज्ञाकारी भ्रातृ थे।

भरत- भरत राम का आदर्श भाई तथा उनका आदर्श भक्त थे। उन्होंने अपने उत्तम गुणों के द्वारा भारतीय जनता के हृदय में एक आदरणीय स्थान को प्राप्त कर लिया है।

भरत ने अपनी माता कैकेयी के द्वारा किये गये अनीति तथा षडयंत्र को स्वीकार नहीं किया। इस करतूत के लिये उन्होंने अपनी माता को खूब डाँटा और गालियाँ दीं। राम को वन से वापस ले आकर

आयोध्या का नरेश बनाने का भरसक उन्होंने प्रयत्न किया। लेकिन जब वे अपने प्रयत्न में असफल रहे तब उन्होंने राम का प्रतिनिधि बनकर अयोध्या पर शासन किया। राम के लिये जो सुख और सुविधायें मना किये गये थे उन सुख एवं सुविधाओं का त्याग कर, भरत ने नंदीग्राम नामक गाँव में एक ऋषि की भाँति अपना जीवन बिताया।

दशरथ- दशरथ एक बडा योद्धा तथा रथ को दस दिशाओं में चलाने में समर्थ थे। इसलिये उनका नाम दशरथ पडा। उनकी बड़ी दुर्बलता यह थी कि वे बिना सोचे-समझे माँगे वरों को देते थे।

कैकेयी को दिये गये वरो के कारण उनको अत्यन्त दुख सहना पडा और दयनीय दशा में उनकी मृत्यु भी हुई।

हनुमान- अंजनादेवी एवं वायु का पुत्र होन के कारण हनुमान आंजनेय और मारुति कहलाये। बजरंग के नाम से भी वे प्रसिद्ध थे। वे बल, राजभक्ति, सन्यास तथा वैरागय के प्रतीक माने जाते हैं। वे श्रीराम के विश्वसनीय सेवक थे और सीता को रावण से छुडाने में उन्होंने राम की बड़ी सेवा की थी। हनुमान की उपासना करनेवालों को सभी कार्यों में सफलता उपलब्ध होती है।

विभीषण- स्वभाव में विभीषण अत्यन्त सात्विक प्रकृति के थे। इसलिये उन्होंने धर्म का साथ दिया। अपना अग्रज रावण को छोड़कर श्रीराम के शरण में आये और पापी एवं दुष्ट रावण के खिफाफ उन्होंने युद्ध किया। महाभारत के भीष्म एवं द्रोण दुश्चरित दुर्योधन का साथ दिया था; परन्तु विभीषण ने अपना अग्रज रावण का साथ नहीं दिया।

रावण- रावण के अनियंत्रित काम तथा गर्व उसके पतन और नाश के कारण बने। असाधारण काम एवं अंह के कारण दुखदायी परिस्थितियाँ उत्पन्न हुई। अपनी दुर्बल दशा को शक्तिशाली बनाने के लिये अपने सगे भाई, पुत्र और निकट बन्धुओं का त्याग करने में उन्होंने न हिचकिचाया। राम तथा उनकी सेना के खिलाफ युद्ध करते समय उन्होंने कलुषित और गंदे उपायों को शत्रुओं को मारने के लिये अपनाया। अपने जीवन को खुद दुखान्त बनाने मे रावण को एक अच्छा उदाहरण मान सकते हैं।

कुंभकर्ण- अपने बड़े भाई रावण को दुराचारी एवं अनीतिज्ञ जानते हुए भी कुंभकर्ण ने व्यर्थ में राम के खिलाफ युद्ध किया और मारा गया।

बाली- सन्देहशील एवं बदला लेने की प्रवृति वाला वाली ने सुग्रीव पर दया न दिखाकर उसे देश से भगाया और उसकी पत्नी का अपहरण किया। इस पाप के कारण राम से वह मारा गया।

सीता- सीता आज्ञाकारी एवं पतिव्रता स्त्री थी और वह भारतीय आदर्श स्त्री का प्रतिनिधित्व करती है। निर्भीकता से वह अपनी राय, मौका आने पर व्यक्त करती थी। दण्डकारण्य ऋषि-मुनियों को जब राम ने वचन दिया कि

वे राक्षसों का वध करेंगे तब सीता ने विनम्रता से इसका विरोध किया और कहा कि राक्षसों ने उनको कोई हानि नही पहुँचायी है। उन्होंने अपने पति को यह भी याद दिलाया कि वे अपने पिता जी की आज्ञा का पालन करने एक सन्यासी की भांति वन आये हैं।

जब सीता ने कष्ट में पडे हुए अपने पति की आवाज सुनी तो उन्होंने लक्ष्मण को उनकी सहायता के लिये जाने का विवश किया; डाँटा और गालियाँ भी दी और आत्महत्या करने की धमकी भी दी। बाद में उसने अपनी गलती के लिये पछताया। सीता स्त्री-कुल की समस्त कठिनाइयों और दुखों का प्रतिनिधित्व करती है।

कौशल्या- श्रीराम के वन जाने की खबर सुनकर, राम की माता कौशलया को बड़ा धोखा हुआ और उसने अपने पति दशरथ को कटु शब्दों से घायल किया। दशरथ के माफी माँगने पर उसका माता-हृदय शांत हुआ।

सुमित्रा- जब लक्ष्मण ने राम के साथ वन जाने का निश्चय किया तब उनकी माता सुमित्रा न रोयी और न शोर मचायी। इसके विपरीत उसने अपने पुत्र लक्ष्मण को आशीर्वाद दिया और राम एवं सीता को अपना माँ-बाप समझने का उपदेश भी दिया।

मौका मिलने पर कौशलया और सीता ने कैकेयी को कटु शब्द सुनाया; लेकिन सुमित्रा ने ऐसा नहीं किया। वह बड़ी सहनशील महिला थी और अपनी सभी वेदनाओं को मन में छिपाकर रखी। कैकेयी के प्रति किंचित मात्रा भी अपना कड़ुवापन उसने न दिखाया। इसलिय दशरथ ने उसे 'तपस्विनी' कहा था।

इस प्रकार के बर्ताव के कारण, लक्ष्मण और शत्रुघन की माता सुमित्रा अपने वचन एवं कार्य से ध्यान में रखी जाने की स्त्री थी।

कैकेयी- अपने पुत्र भरत को अयोध्या का राजा बनाने के लिये कैकेयी के माता-हृदय ने राम को वनवास का दंड दिया। उसने भरत से यह प्रतीक्षा न की थी कि वह उसके खिलाफ बोल उठेगा। जब भरत ने राम को वापस ले आने का निश्चय किया तो वह अपनी बुद्धि हीन करतूत के लिये बहुत पछतायी। जब राम बनवास को सफलता पूर्वक समाप्त करके अयोध्या वापस आये तब कैकेयी सब से आगे जाकर उनका स्वागत तथा अभिनंदन किया।

यद्यपि कैकेयी ने राम को अपने पुत्र की भांति प्यार किया था तो भी मनथरा के दुर्बोधना के कारण उसकी बुद्धि घास-चरने चली गयी। उसके जल्दबाज के निर्णय के कारण सारी दुर्धटनायें घटी।

जिससे कैकेयी ने अधिक प्यार किया था उसी से वह बरबाद हुई। इसके लिये कैकेयी को एक अच्छा उदाहरण मान सकते हैं।

शबरी- शबरी, 'शबरी' नामक निम्नजाति की स्त्री थी। शूद्र होने पर भी श्री राम ने उसके आथित्य-सत्कार को स्वीकार किया था। कहा जाता है कि उसने उच्छिष्ठ फलों को श्रीराम को खिलाया था।

तारा- तारा वाली की पत्नी और अंगद की माता थी। वह सुन्दर और बुद्धिमान स्त्री थी। वह बातें करने में चतुर थी और विवेक से बातें करती थी। सुग्रीव को वापस लाकर उसे युवराज घोषित करने की विनती उसने बाली से की थी। परन्तु बाली ने उसकी इस विनती को स्वीकार नहीं किया।

बाली की मृत्यु के पश्चात् जब सुग्रीव किष्किन्दा का नरेश बना तब तारा, वानर जाति की प्रथा के अनुसार सुग्रीव की पत्नी बनी।

मंदोदरी- मंदोदरी रावण की धर्मपत्नी थी। वह रावण के बुरे स्वभाव को भलीभांति जानती थी; उसने अपने पति के बुरे स्वभाव को सुधारने का भरसक प्रयत्न किया; परन्तु अपने प्रयत्न में वह असफल रही। मंदोदरी अपनी प्रतिष्ठा, चतुराई एवं सूक्ष्मबुद्धि के कारण असुर-कुल की स्त्रियों में अपवाद मानी जाती थी।

वाल्मीकी ने सरल संस्कृत भाषा में अपने रामायण की रचना की। उन्होंने अपने इस महाकाव्य में अलंकारों का सुन्दर प्रयोग किया है। मानवीकरण अलंकारों का प्रयोग इस में बहुत सुन्दर बन पड़ा है। इनका प्रकृति-चित्रण सराहनीय है।

मानव-जाति से स्थायी रूप से अनुकरण की जानेवाली संस्कृति एवं आचार-विचारों को वाल्मीकी ने अपने रामायण-काव्य में प्रकट किया है। श्रीराम का उत्तम चरित्र इस के लिये एक उदाहरण के रूप में माना जाता है। अन्य पात्रों के चरित्र-चित्रण में कोई न कोई एक विशिष्टता दर्शायी गयी है।

कालिदास, भवभूर्ति प्रभृति संस्कृत-कवियों की रचनाओं पर वाल्मीकी-रामायण का असर अधिक मात्रा में देख सकते हैं। उनकी राम-गाथा ने भारतीय समुदाय को जीने की कला सिखायी है। रावण अधर्म का प्रतीक हैं।

श्रीराम सत्य एवं धर्म के अवतार पुरुष हैं। ऋषि-मुनियों द्वारा किये जानेवाले याग-यज्ञों में विघ्न डालना, सीता का अपहरण आदि दुष्ट रावण के कार्य हैं। धर्म की रक्षा के लिये किये जानेवाले समस्त कार्य श्रीराम के माने जाते हैं। इन अच्छे कार्यों में रावण का वध मुख्य माना जाता है।

वाल्मीकी-रामायण में जो आदर्श रूप दिखाये गये हैं उन्हें अन्यत्र कहीं नहीं देख सकते। उदाहरण के रूप में श्रीराम द्वारा श्रेष्ठ राजधर्म, सीता द्वारा पत्नी धर्म, सुग्रीवद्वारा मानव प्रेम धर्म, और हनुमान द्वारा श्रेष्ठ सेवक-धर्म की स्थापना वाल्मीकी-रामायण में हुई है।

(ii) तमिल राम-काव्य

डा. भण्डारकर नामक विद्वान का कहना है कि भारतीय भाषाओं में साधारणतया 11 अथवा 12 वीं शती के पश्चात ही राम-काव्य लिखा जाने लगा। परन्तु इससे अनेक शतियों के पूर्व ही आलवारों ने रामभक्ति काव्य का सृजन किया है। द्वादश आलवारों का काल सन् 6 से 9 वीं शती तक माना जाता है। यह बहुत ही ध्यान देने की बात है।

प्रधानतया आलवारों ने विस्तृत रूप से कृष्ण-काव्य की रचना करने पर भी, उनकी रचनाओं में भगवान विष्णु के अन्य अवतारों का वर्णन भी काफी मात्रा में किये गये हैं। उनके काव्यों में कृष्णावतार के पदों की तुलना में रामावतार के पद कम पाये जाते हैं। आलवारों ने भगवान विष्णु के अवतारों में कोई भेद-भाव नहीं देखा। फिर भी रामावतार एवं कृष्णावतार ने आलवारों को बहुत आकर्षित किया। इन दोनों अवतारों में भी, कृष्ण की लीलाओं का वर्णन करने में ही उनके कवि-हृदय ने अत्यन्त आनंद का अनुभव किया। उन्होंने कृष्ण की विविध लीलाओं का ऐसा जीता-जागता वर्णन किया है मानों उन्हें प्रत्यक्ष रूप में देखा हों। लीला नायक कृष्ण की विविध लीलाओं का वर्णन आलवारो ने स्वारस्यपूर्ण ढंग से किया है। फलस्वरूप तमिल साहित्य ने उत्तम कृष्ण काव्य को प्राप्त किया।

आलवारों ने अपने पदो में रामावतार की कतिपय घटनाओं का ही वर्णन किया है। उन्होंने रामायण गाथा संबंधी किसी भी महाकाव्य की रचना नहीं की। क्योंकि आलवार कालीन तमिल-साहित्य-युग महाकाव्य युग नहीं था। अतः रामायण कथा को महाकाव्य के रूप में रचने का ख्याल उनके मन में उदित नहीं हुआ। उनका काल भक्ति-भाव का युग था। इसलिये आलवारों ने भक्ति-भाव को अधिक प्रधानता देकर मधुर भक्ति-पदों की रचना की। लोग उनके पदों को भक्ति एवं श्रद्धा के साथ उचल कूद कर गाया करते थे। बीच-बीच में उन्होंने रामायण-कथा संबन्धी पदों की भी रचना की है।

आलवारों के काल के पूर्व तमिल साहित्य में कोई भी राम काव्य नहीं लिखा गया था। उनके पूर्व के संघकालीन कतिपय काव्यों में श्रीराम के जीवन की कुछ घटनायें यत्र-तत्र बतायी गयी है। भक्ति-भाव को प्रधानता देकर राम-काव्य की रचना करना संघकालीन कवियों का लक्ष्य नहीं था। इस प्रकार से देखेंतो तमिल तथा अन्य भारतीय भाषाओं के साहित्यिक जगत में सर्वप्रथम राम और कृष्ण-काव्य का सृजन करने का श्रेय आलवार-कवियों को प्राप्त हुआ है। उनका अनुकरण करके परवर्ती काल में राम और कृष्ण-काव्य लिखे जाने लगे।

आलवारों के राम-कथा से संबंधित पदों से आकर्षित होकर तमिल के कवि-सम्राट कंबन ने महाकाव्य के रूप में रामायण की रचना की। नम्मालवार की प्रशंसा में उन्होंने 'शडकोपर अन्तादि' नामक काव्य की रचना की।

संक्षेप में कहें तो तमिल तथा समस्त भारतीय भाषाओं में लिखे गये राम-काव्यों के लिये आलवारों ने मार्ग-दर्शक का काम किया है।

आलवारों के राम-काव्य संबंधी पद

द्वादश आलवारों में कुलशेखरालवार, तिरुमंगैयालवार, पेरियालवार और नम्मालवार ने ही राम-कथा की प्रधान घटनाओं का वर्णन विस्तार के साथ अपने पदों में किया है। इनमें से किसी ने भी रामायण की घटनाओं को क्रम पूर्वक नहीं लिखा है।

कुलशेखरालवार की राम-भक्ति

कुलशेखरालवार

कुलशेखर श्री राम के तीव्र भकत थे। उनकी राम-भक्ति के संबंध में अनेक जनश्रुतियाँ विख्यात हैं।

एक बार कुलशेखर रामयण की कथा का श्रवण कर रहे थे। कथा को सुनाने वाले ने कहा कि रावण ने चोरी से सीता का अपहरण कर ले गये; श्रीराम ने उन्हें 'छुडाने के लिये लंका पर आक्रमण किया। कथाकार के मुँह से इस संभव को सुनते ही श्रीराम की सहायता करने के उद्देश्य से कुलशेखर ने अपनी सेना सहित लंका के लिये रवाना हुए। इस प्रकार की बंदतियाँ जनता के बीच बहुत प्रसिद्ध हैं।

कुलशेखर का काव्य 'पेरुमाल तिरुमोलि' के अंतिम तीन दसकमों में श्रीराम की कथा बतायी गयी है। उनमें से एक दसकम के पदों में कुलशेखर कौशल्या-भाव से शिशु राम को सुलाने के लिये लोरी गाते हैं। इन लोरी गीतों में वात्सल्य भाव की मधुरता प्रकट हुई है। और एक दसकम् में राम के वन गमन के पश्चात् दशरथ का करुण-विलाप प्रकट किया गया है जो पढ़नेवालों के मनको पिघला देता है। करुण रस के इस प्रकार का चित्रण अन्य आलवारों के पदों में हम देख नहीं सकते। तमिल साहित्य में दशरथ का यह विलाप अतुलनीय माना जाता है। तीसरे दसकम में पूरे रामायण की कथा संक्षेप में बतायी गयी है।

राम-कथा से संबंधित कुलशेखर का प्रथम दसकम लोरी-शैली में लिखा गया है। इस में कवि ने अपने मन की भावनाओं को व्यक्त किया है। 'तालेलो' शब्द का प्रयोग कवि ने अपनी लोरी-गीतों में बार-बार किया है। इस शब्द में शिशु को सुलाने की अपरिमित शक्ति भरी पड़ी है।

निम्नलिखित एक लोरी-गीत में कुलशेखर माता कौशल्या के मनोभाव में यों लोरी गाकर शिशु राम को सुला रहे है-"प्रसिद्ध कौशल्या के उदर में अवतार लेने वाले हे मेरा राम! तू सो जा। लंकाधिपति रावण के मुकुटों को तुमने चूर-चूर कर दिया।

तिरुक्कण्णपुरम में विराजमान रत्न समान हे मेरा राम! अमृत के समान मीठा मेरा राघव! तू सो जा।" यह लोरी-गीत अपने मीठे नाद-सौन्दर्य के लिये अत्यन्त प्रसिद्ध है।

श्री राम की प्रशंसा करते हुए कुलशेखर ने रामायण-कथा की निम्नलिखित घटनाओं का उल्लेख अपनी लोरी-गीतों में किया है:

राम का जन्म, ताड़का का वध, सीता का विवाह, राम का वन-गमन, अयोध्या निवासियों का राम के पीछे जाना, भरत पर भरोसा करके उसके पास शासन-भार को सौंपना, सीता को मिटाने के लिये लंका पर आक्रमण करके रावण का वध करना आदि।

राम के वन गमन के पश्चात् दशरथ के मन में उठने वाली विविध भावों की लहरो को जीता-जागता चित्र की भांति कुलशेखर ने अपनी लोरी-गीतों में दर्शाया है। राम को वन में होनेवाले भयंकर कष्टों को सोचकर कवि-हृदय हरेक गीत में रोता है।

इस प्रकार दशरथ के मन की वेदनाओं ने श्रेष्ठ काव्य का रूप धारण किया है।

कुलशेखर ने निम्नप्रकार से दशरथ को विलाप करते हुए चित्रित किया है-

"हे राम! अपने पुत्र की भांति कैकेयी ने तुम्हारा पालन पोषण किया; उसने तुम्हें भयंकर वन जाने का आदेश दिया; कैकेयी की बातों को सुनकर मैंने तुम्हें भयंकर वन को भेजा; मैं बड़ा पापी हूँ। हाय मेरा पुत्र राम! अब मैं अपने दुर्भाग्य को सोचकर रो रहा हूँ"[1]

"हे राम! जंगल में चलने का तुम्हें अनुभव नहीं है; फूल जैसी कोमल शरीर वाली सीता तथा अनुज लक्ष्मण के साथ, तुम कैसे वन गये हाय मेरा प्यारा राम! अब मैं क्या करूँ?[2]

"मृदु रुई की गद्दी पर तुम्हे 'सोने की आदत है। अब कैसे जंगल में पेड़ों की छाया में ऊबड़-खाबड धरती पर तुम सोओगे?"[3]

"हे मेरा पुत्र! मैं बड़ा पापी हूं। वन जाना कोई भी पसंद नहीं करेगा। वन में चलते समय नुकीले पत्थरों से तुम्हारा पैर घायल होगा। तुम्हारे मृदु पादों से खून बहेगा। घूप तुम्हें सतायेगा। भूख लगने पर खाने के लिये अन्न न मिलने के कारण तुम दुखी होगे। केकेय नृप की पुत्री कैकेयी की बातों को सुनकर मैं निर्दयी बना। हाय मैं क्या करूँ।"[4]

तुम्हें वन भेजकर मैंने बड़ा नीच कार्य किया; पापी में अब तक जिन्दा हूँ; अबतक मेरी मृत्यु क्यों न हुई। वास्तव में मुझे वन जाना था; तुम्हारा वन गमन कहाँ तक न्याय है?[5]

"हे कैकेयी! राम, सीता एवं लक्ष्मण को वन भेजकर तुम कैसे इस संसार में सुखी रहोगी?"

हे मेरा राम! मेरी आज्ञा को मानकर तुम वन गये। अगले जन्मों में तू पुत्र के रूप में प्राप्त होने का सौभाग्य मुझे मिले तो मैं अपने को भाग्य शाली मानूँगा।"[6]

"कुबडी मन्थरा के कुउपदेश को कैकेयी ने माना और तुम उसकी आज्ञा को मानकर वनवास को पसन्द किया। तुमसे त्याग किये गये अयोध्या को छोड़कर मैं भी परलोक को पसन्द करके वहाँ जाता हूँ।"[7]

इस प्रकार कुलशेखर ने दशरथ के विलाप के द्‌वारा पढ़नेवाले अन्तःकरण को करुण रस में भिगो दिया है।

तिरुमंगैयालवार की राम-भक्ति

तिरुमंगैयालवार ने राम-कथा संबंधी बीस पदों की रचना की है। इन्होंने भी रामायण-कथा को क्रम पूर्वक न लिखा है।

---

1 पेरुमाल तिरुमोलि 9-1

2 वही, 9-2

3 पेरुमाल तिरुमोलि- 9-3

4 वही 9-5

5 वही - 9 6 और 7

6 वही 9-8

7 वही 9-9

तिरुमंगैयालवार की रचना

'पेरिय तिरुमोलि' में युद्ध में हारे हुए असुर, युद्ध क्षेत्र में राम की प्रशंसा करते हैं। परंपरा के अनुसार युद्ध में हारे हुए योद्धा लोग विजयी नृप की पशंसा करते हैं। तिरुमंगै ने इस परंपरा का प्रयोग श्रीराम की महिमा का वर्णन करने के लिये किया है।

हार खाये हुए राक्षस गण श्रीराम के श्रेष्ठ गुणों का उल्लेख करते हुए श्री राम से प्रार्थना करते हैं कि वे उनकी रक्षा करने की दया करें। वे रावण की निंदा करते हैं और राम का गुण-गान करते हैं। इस सन्दर्भ में कवि रामायण-कथा की अनेक घटनाओं को बताते हैं। तिरुमंगै की रचना 'तिरुनेडुन्ताण्डकम' के एक पद में वे माधुर्य भक्ति द्वारा अपनी भक्ति को प्रकट करते हैं।

पेरियालवार की राम-भक्ति

पेरियालवार अपनी रचना 'पेरियालवार तिरुमोलि' के दो दशकों में, रामायण-कथा की निम्नलिखित कतिपय घटनाओं को, दो सहेलियों के वार्तालाप द्वारा, प्रकट करते हैं:

1) श्रीराम परशुराम के धमंड को दूर करना, 2) ताडका का वध 3) कैकेयी की बातों को मानकर राम, अपनी पत्नी सीता एवं अनुज लक्ष्मण को साथ लेकर वन जाते हैं 4) भरत की प्रार्थना को मानकर उन्हें अपनी पादुकाओं को देते हैं 5) शूर्पनखा का वध 6) रामेश्वर से लंका तक पुल बाँधकर राम लंका में प्रवेश करते हैं आदि।

'पेरियालवार तिरुमोलि' के दूसरे एक दशकम् के पदों में अशोक वन के दृष्य का चित्रण प्रस्तुत किया गया है। सीता की तलाश में गये हनुमान को, वहाँ शोक से बैठी हुई सीता को देखकर एक ओर दुख तथा दूसरी और हर्ष होता है। सीता की तलाश करने के प्रयत्न में उनको सफलता प्राप्त हुई है।

हनुमान अपने को राम का दूत साबित करने के लिये सीता को अनेक घटनाओं की याद दिलाते हैं। श्रीराम की अंगूठी को दिखाकर वे सीता को प्रसन्न करते हैं। फिर सीता से वे कहते हैं- "स्वयंबर में आप का विवाह श्रीराम से संपन्न हुआ। अयोध्या लौटते समय परशुराम ने राम को रास्ते में रोका। उनके हाथ से भगवान विष्णु के धनुष को लेकर, श्री राम ने परशुराम के क्रोध एवं घमंड का नाश किया। "मैं राम का दूत" साबित करने के लिये, यह एक निशानी है।"[1]

और एक पद में हनुमान दूसरी एक निशानी को सीता से बताते हैं-"एक दिन शाम की बैला में एकान्त स्थान पर आपने राम को चमेली माला से बाँधा था। यह भी एक निशानी है।" सीता का अंतरंग विषय होने के कारण यह निशानी अन्य निशानियों से श्रेष्ठ मानी जाती है।

और भी अनेक निशानियों का उल्लेख हनुमान सीता से करते जाते हैं-"गुह से राम ने मित्रता का हाथ बढ़ाया था। यह भी एक निशानी है। चित्रकूट में आप रहते समय, देवेन्द्र का पुत्र जयन्दन ने कौए के रूप में आकर आपके स्तन को घायल किया। इस से नाराज होकर राम ने उस पर ब्रहमस्त्र को चलाया था। उससे बचने के लिये वह कौआ दुनिया भर में चक्कर लगाया। ब्रहमस्त्र से बच न पाने के

1 पेरियालवार तिरुमोलि

कारण पुनः वह श्री राम के शरण में आया। ब्रह्मस्त्र ने उस कौओ की एक आँख को निकाल दिया। यह घटना भी एक निशानी है।"[1]

फिर हनुमान सीता से बताते जाते हैं-"स्वर्ण रंग का एक हिरण आप के कुटिल के निकट खेलते समय, आप की इच्छा को पूरा करने के लिये प्रभु हाथ में धनुष लेकर उसके पीछे दौड़ने लगे। इस के पश्चात् लक्ष्मण से आप को अलग होना पड़ा। यह भी एक निशानी है।"

नम्मालवार की रचनाओं में रामायण संबंधी पद

नम्मालवार के पदों में यत्र-तत्र रामायण-कथा संबंधी निम्नलिखित प्रसंगों का उल्लेख पाया जाता है-

"हे भक्त जन! पुण्यस्थल तिरुमोहूर-मंदिर में विराजमान भगवान श्रीमन् नारायण का दर्शन कीजिये। उन्होंने भयंकर असुरों का नाश किया था। दशरथ का पुत्र श्री राम की उपासना तिरुमोहूर जाकर कीजिये। उनकी आराधना करने से आप की समस्त वेदनायें शीघ्र ही नाश हो जायेंगी।"[2]

"रावण पाप-कार्यों को करता था। सिंह की भांति वह बड़ा शक्तिशाली था। इस प्रकार के बलशली रावण को श्रीराम ने युद्ध-भूमि में उसके कुल सहित वध किया। उसके अनुज विभीषण को लंका का शासक बनाया। अंत में अयोध्या लौटकर वर्षों तक वहाँ शासन किया। उसके पश्चात अपनी इह लीला समाप्त करके वैकुण्ठ पधारे। वहाँ श्रीराम नित्य सूरियों का नेता बनकर रहते हैं। हे मेरा मन! मैं कब उनका दर्शन करूँगा।[3]

आलवारों ने प्रधानतया कृष्ण परमात्मा की उपासना की थी; फिर भी उन्होंने श्री राम की भी आराधना की थी। उनके पदों के द्वारा हमें इस बात का पता चलता है।

निष्कर्ष रूप से कह सकते हैं कि आलवार, कृष्ण-काव्य की भांति राम-काव्य के सृजन के लिये मार्ग-दर्शक रहे। उनके राम-भक्ति पदोने परवर्ती राम-भक्त कवियों को बहुत ही आकर्षित किया। फलस्वरूप आलवारों के परवर्ती काल में भारत की प्रान्तीय भाषाओं में रामायण-महाकाव्यों की रचना होने लगी।

पेरियवाच्चान पिल्लै की पाशुरप्पोडि रामायण

'नालायिर दिव्य प्रबन्धम्' में बिखरे हुए राम-गाथा संबंधी पदों को कथा की घटनाओं के अनुसार क्रम से रखें तो हमें पूरे रामायण की कथा प्राप्त हो जायेगी। श्री पंरियवाच्चान पिल्लै ने रामावतार-कथा संबंधी आलवारों के पदों को क्रमिक रूप में रखकर, 'पाशुरप्पोडि रामायण' नामक ग्रन्थ को बनाया है।

बालकांड, अयोध्या कांड आदि शीर्षकों के अन्तर्गत आलवारों की राम-कथा संबंधी पदों का संकलन करके उन्हें आलवारों का रामायण नाम दें तो वह और भी सराहनीय कार्य माना जायेगा।

---

1 पेरियालवार तिरुमोलि 3-10-5

2 तिरुवायमोलि -नम्मालवार वही 10-1-8

3 तिरुवायमोलि-नम्मालवार 7-6-9

तमिल का कंबन- रामयण

कंबन का फोटा

कंबर द्‌वारा रचित 'रामावतारम्' नामक महाकाव्य तमिलनाडु में 'कंबरामायण' नाम से अत्यन्त विख्यात है।

कवि सम्राट कंबर का जीवन चरित्र अंतः और ब्राह्य साक्ष्य के आधार पर लिखा गया है।

कंबर का जीवन चरित्र

तमिलनाडु के तंजाऊर जिले के 'तिरुवलुन्दूर' नामक गाँव में कवि-सम्राट कंबर का जन्म हुआ। उनके पिता का नाम आदित्तन था। कंबर का समय चर्चा का विषय बनकर रहता है। बहुतांश विद्‌वानो की राय है कि कंबर ने 12वीं शती के पिछले भाग में अपना जीवन बिताया होगा। 'तिरुवलुन्दूर' गाँव जहाँ उन्होंने जीवन बिताया था वह आज भी सुरक्षित है। वह जगह 'कंबरमेडु' नाम से भी बुलाया जाता है। वह जगह आज भी खाली पड़ी है; वहाँ आज तक कोई भी मकान नहीं बनायी गयी है। आज भी लोग उस जगह को वन्दनीय मानते हैं। चोलनाडु का नरेश कुलोत्तुंग चोलन कंबर के समकालीन माने जाते हैं।

बचपन में ही कंबर के पिता जी का देहान्त हो गया था। 'तिरुवेण्णैनल्लूर' नामक शहर में 'चडैयप्पवल्लल' नामक एक धनवान रहते थे; उन्होंने कंबर का पालन-पोषण किया था। कंबर ने अपने रामायण-महाकाव्य में चडैयप्प मुदलियार की दानशीलता की प्रशंसा की है। इस प्रकार कंबर ने अपने पालन-कर्ता के प्रति अपनी कृतज्ञता प्रकट की हैं।

बचपन से ही कंबर श्रीराम के बड़े भक्त थे। ओट्टक्कूत्तर कुलोत्तुंगचोल राजा के दरबारी कवि थे। कहा जाता है कि राजा कुलोत्तुंग चोल राजा के दरबारी कवि थे। कहा जाता है कि राजाकुलोत्तुंग ने रामायण लिखने की स्पर्धा ओट्टक्कूत्तर एवं कंबर के बीच चलायी। कुलोत्तुंग नरेश कला तथा तमिल साहित्य के बड़े रसिक थे। कंबर और ओट्टक्कूत्तर दोनों ने अपना-अपना रामायण लिखकर पूरा किया। लेकिन कंबन ने सर्वप्रथम रामायण की रचना करके प्रतिस्पर्धा में विजय प्राप्त किया।

कंबर द्‌वारा रचित रामायण के काव्य-सौन्दर्य को देखकर ओट्टक्कूत्तर आश्चर्य चकित हुए। अपने रामायण-काव्य को फाड़ने लगे। इसे देखकर कंबर ने उनके हाथों को पकड़कर कहा-"यह क्या बेवकूफ

काम आप कर रहे हैं? तमिलनाडु को दो रामायण मिलने वाले थे। उसे आपने बिगाड़ दिया।" ओट्टक्कूत्तर के हाथ में उत्तकांड बच गया। उसे उन्होंने नहीं फाडा था। कंवर ने उसे अपने करों में लेकर कहा-"मैंने अब तक उत्तरकांड की रचना नहीं की है; मेरे रामायण के साथ आप के उत्तर कांड को जोड़ देता हूँ।"

इस प्रकार कम्ब रामायण में युद्ध कांड तक के प्रथम छः कांड कम्बर द्वारा लिखे गये थे और उसका अंतिम उत्तरकांड ओट्टक्कूत्तर द्वारा लिखा गया माना जाता है। तमिल साहित्य ने ओट्टक्कूत्तर द्वारा रचित रामायण को खो डाला।

कम्ब रामायण राजकीय सभा में स्वीकृति प्राप्त करने के कारण निम्नलिखित दो वृदों से कंबर की प्रशंसा की गयी-

प्रथम वृद-'कवि सम्राट कंबर'

द्वितीय वृद-'विद्या में श्रेष्ठ कंबर'

कंबन रामायण का विवेचन

वाल्मीकी रामायण की कथा को आधार बनाकर कंबर ने तमिल जनता की संस्कृति के अनुसार अपना अमर काव्य रामायण की रचना की। इसलिये इसे एक अनुसरण-काव्य कह सकते हैं।

कंबर ने अपनी पूर्ववर्ती काव्य-प्रथा का अनुकरण कर अपने रामायण-महाकाव्य में प्रकृति का सुन्दर वर्णन प्रस्तुत किया है। वन, नदी, पर्वत, मेघ आदि का सुन्दर ढंग से चित्रण किया है। आकार में कम्बरामायण वाल्मीकी रामायण से बड़ा है।

वाल्मीकी-रामायण में 'शादी के पूर्व प्रम' प्रथा का अनुसरण नहीं किया गया है। तमिलनाडु की संस्कृति के अनुसार विवाह के पूर्व नायक, नायिका से प्रेम करता है। कंबर ने भी अपनी रामायण में इस प्रथा का अनुकरण किया है। जनक महाराज के नंदवन में राम और सीता दोनों के मन में एक दूसरे के प्रति प्रेम उत्पन्न होता है। स्वयंम्बर के पूर्व दोनों की भेंट वहाँ होती है।

कंबर के जमाने में मर्द, पतिव्रता स्त्री को छूना भी पाप माना जाता था। अंतः कंबर ने वर्णन किया है कि रावण ने सीता को स्पर्श किये बिना ही, जमीन खोदकर कुटिल सहित उसे उठा के ले गया। इसके विपरीत वाल्मीकी रामायण में रावण सीता को पकड़कर लंका ले जाता है।

श्री राम के द्वारा बाली का वध किये जाने के पश्चात् वानर-कुल की प्रथा के अनुसार सुग्रीव बाली की पत्नी तारा से विवाह कर लेता है। कंबर को यह प्रथा उचित न लगी। इसलिये उन्होंने तारा को 'राजमाता' कहकर बुलाया है। ऐसा करके कंबर ने तारा के गौरव को बढ़ाया है।

कंबर वैष्णव थे; फिर भी उन्होंने सभी धर्मों का आदर किया। भगवान शिव, गणेश आदि, समस्त देवताओं की उन्होंने आराधना की। कंबर ने सभी धर्मो को एक ही परब्रह्म को प्राप्त करने के विविधि मार्ग समझा। उन्होंने अपने एक पद में स्पष्ट रूप से बताया है कि विष्णु एवं शिव को एक दूसरे

से बड़ा कहकर लोगों के मन में द्वेष की बीज बोने वाले मूखों को कथमपि मुक्ति न मिलेगी। वे सगुणोपासक थे।

समस्त काव्य सौन्दर्य से युक्त कंब-रामायण को पढ़ने के पश्चात् तमिलनाडु के किसी भी कवि को राम-कथा लिखने का धैर्य नहीं हुआ।

कंबर के जीवन वृत्त का सार

जन्म-स्थान	तंजाऊर जिले का 'तिरुवलुन्दूर' नामक गाँव। उसे 'कंबरमेडु' भी कहते हैं।
जीवन-काल	12 वीं शती का पिछला भाग
पिता जी का नाम	आदित्तन
कुल	'नाडार' कुल
पालन-पोषण कर्ता का नाम -	चडैयप्प मुदलियार
रामायण लिखने की स्पर्धा चलाने वाले नृप का नाम -	कुलोत्तुंग शोलन
जनश्रुति	कंबर की कविता रचने की क्षमता देखकर ओट्टक्कूत्तर ने अपने रामायण को फाड डाला। उनका उत्तरकाण्ड बच गया था। वह रामायण के साथ जोडा गया।
रचनायें-	सडगोपरन्तादि, एरेलुपदु, सिलै एलुपदु, तिरुक्कैवलक्कम, सरस्वति अन्तादि और रामायण
वृढ़	'कविसम्राट', विद्या में श्रेष्ठ कंबर'

कंब रामायण के समान श्रेष्ठ काव्य अब तक तमिल में न लिखा गया है। कंबर के पश्चात् अरुणाचलक्कविरायर ने 'राम नाटक कीर्तन, नामक ग्रन्थ लिखा। इसके कीर्तन हरि-कथा कालक्षेप में गाये जाते हैं। 20वीं शती के पिछले भाग में वेंकटकृष्ण अय्यंगार ने 'राधवकाव्य' नामक ग्रन्थ लिखा।

राम-काव्य की महिमा

मर्यादा पुरुषोत्तम श्री राम नामक पात्र वाल्मीकी-रामायण की देन हैं। विविध भारतीय भाषाओं में लिखित इस पुरुषोत्तम राम की गाथा भारतीय जनता की बड़ी संपत्ति मानी जाती है। यह अद्भुत राम-काव्य भारतीय साहित्य नामक उद्यान में सदा सुगन्ध फैलाने वाले पुष्प के समान माना जाता है। श्री राम ने अपने आदर्श चरित्र द्वारा भारतीय संस्कृति को संसार में अपने सिर को ऊपर उठाकर खड़ा कर दिया।

विषयवासनाओं तथा इद्रिय सुखों द्वारा सच्ची प्रसन्नता एवं संतुष्टि हम पा नहीं सकते। भारतीय भाषाओं में रचित राम-काव्य सच्ची प्रसन्नता और संतुष्टि प्राप्त करने का मार्ग दर्शक का काम करता है।

हिन्दू लोग श्री राम को भगवान मानकर उनकी उपासना करते हैं। उनकी कीर्ति दुनिया भर में और भारत के कोने-कोने में फैली हुई है। हिन्दू लोग सदा सर्वदा उनका नाम-जपन करते रहते हैं। उनके तीर्थ स्थलों की यात्रा करते रहते हैं।

आगे के पृष्टों में भारतीय भाषाओं में रचित राम-काव्यों का विस्तृत विवेचन प्रस्तुत किया जाता है।

(iii) मलयालराम-काव्य

चिराम कवि का राम चरित्र

13 वीं शती में 'चिराम' नामक नरेश ने तिरुवांकूर-देश का शासन किया था। उनके द्वारा रचित 'रामचरित' नामक एक अधूरे काव्य की प्राप्ति हुई है। इस काव्य में युद्धकांड के लिये अधिक प्रधानता दी गयी है। कहा जाता है कि 'चिराम' राजा ने अपनी सेना में काम करने वाले सैनिकों के मन में उत्साह को जागृत करने के उद्देश्य से 'युद्ध काण्ड' की रचना की थी।

अय्यीपिल्ला कवि का 'रामकथा पाट्टु

14 वी शती में अय्यीपिल्ला आसान द्वारा रचित 'रामाकथा पाट्टु' नामक संगीत रामायण में भी युद्ध काण्ड के लिये अधिक मुख्यत्व दिया गया है। कवि के काल की युद्ध-पद्धति का वर्णन इस काव्य में हुआ है। अतः अय्यी पिल्ला आसान मलयाल 'होमर' नाम से बुलाये जाते हैं। तमिल तथा संस्कृत शब्दों से मिश्रित 'मणिप्रवाल' शैली में यह काव्य लिखा गया है। वाल्मीकी रामायण की कथा के आधार पर इस काव्य की रचना होने पर भी यह एक स्वन्तन्त्र काव्य माना जाता है।

अय्यीपिल्ला आसान ने सीता-स्वयंवर का चित्रण करते समय लिखा है कि शिव धनुष को उठाते समय राम के शरीर में कोई भी पविर्तन दिखायी न पडा; कंपन नहीं हुआ; पसीना न निकला; उन्होंने लंबी साँस न ली।

वाल्मीकी-रामायण में इस प्रकार का वर्णन नहीं मिलता है।

राम पणिक्कर का कण्णस्स रामायण

15वीं शती के निरणम कवियों में प्रसिद्ध राम पणिक्कर नामक मलयाल कवि ने कण्णस्स रामायण की रचना अपनी विशिष्ट शैली में की थीं। वन में सीता को ढूँढते समय, राम का विलाप, पढ़नेवालों के मन को पिघला देता है। संस्कृत-शब्दों का प्रयोग इस काव्य में अधिक मात्रा में किया गया है। वाल्मीकी रामायण ताजा दूध के समान है तो कण्णस्स रामायण को, अच्छी तरह उबाला गया दूध, कह सकते हैं।

पूनम नंबूत्री का रामायणशम्पू

पूनम नंबूत्री नामक 16वीं शती के कवि ने मणिप्रवाल भाषा में 'रामायणशंपू' काव्य गद्य में लिखा है। यह शंपू-शैली विरुत्तकन्ती' गद्य शैली कहलाती है। पाण्डित्य पूर्ण गंभीर शैली में लिखे जाने के कारण यह शंपू काव्य लोगों के बीच अधिक प्रसिद्ध नहीं हुआ।

'कथकली' एवं 'तुल्लल' काव्य के अविर्भाव के लिये रामायण शंपू-काव्य मार्ग-दर्शक काव्य रहा।

एलुत्तच्चन का अध्यात्म रामायण

16 वीं शती का एलुत्तच्चन (तुन्चन) कवि ने बोलचाल की मलयालम भाषा में अध्यात्म रामायण की रचना की। नवीन कलपना, पात्रों का उत्तम चरित्र-चित्रण, नव रस आदि इस काव्य की विशिष्टतायें मानी जाती हैं। संस्कृत में रचित अध्यात्म रामायण का यह स्वतन्त्र रूपांतर माना जाता है। नाम संकीर्तन तथा भक्ति के लिये एलुत्तच्चन का अध्यात्म रामायण बहुत प्रसिद्ध है। किलिप्पाट्टु शैली में रचित इस काव्य में एलुत्तच्चन का कहना है कि लक्ष्मण उम्र में राम से छोटा होने पर भी तपस्या एवं त्याग मे वे राम से श्रेष्ठ माने जाते हैं।

केरल वर्मा का अनूदित वाल्मीकी रामायण

17 वीं शती में 'कोट्टयम' नामक शहर के केरलवर्मा ने वाल्मीकी रामायण को मलयालम भाषा में रूपान्तरित किया। इस शताब्दी में बहुतों ने रामायण का अनुवाद मलयालम में किया।

कवि तंबुरान का रामनाट्टम-काव्य

कोट्टारक्करा तंबुराम ने 'रामनाट्टम' नामक नाच को मलयालम में लिखकर 'रामचरित' को कथकलि खेल-कूद में परिवर्तित किया। कहा जाता है कि तंबुरान को अपने 'रामनाट्टम' को कथकलि खेल-कूद में दिखाने के लिये आठ दिन लगे।

कुन्चन नंबियार के रामयण-कथा संबंधित कृतियाँ

18वीं शती में कुन्चन नंबियार ने निम्नलिखित 'तुल्लल' काव्यों की रचना बोल चाल की मलयालम भाषा में लिखकर उनमें केरल जनता के जीवन पर प्रकाश डाला-

1. कुंभकर्णवध
2. लंका मर्तन
3. रावणोत्सव तथा
4. हनुमन भक्ति

एक ही आदमी ने उक्त काव्यों को 'तुल्लल' पद्धति में अभिनय करके लोगों को दिखाया। 'तुल्लल' कथकलि नाच जैसा एक खेल-कूद माना जाता है। इन तुल्लल-काव्यों में संस्कृत शब्दों का प्रयोग नहीं के बराबर है।

वल्लत्तोल, कुमारनासान, राज-राज वर्मा आदि लेखकों के रामायण-काव्य

19वीं शती में वल्लत्तोल ने वाल्मीकी-रामायण का अनुवाद मलयालम में किया। उसके पश्चात् कुमारनासान ने रघुवंश-काव्य को मलयालम में रूपान्तरित किया। इस 19वीं शती में राजराजवर्मा ने 'रघुवीरविजय' एवं 'राघवाप्युदम्', तथा पद्यनावर ने 'रामचन्द्रविलासम्' काव्य को मलयालम में लिखा।

हाल ही में उन्निकृष्णन ने 'लक्ष्मण-विलाप' और बालामणि नामक कवियित्री ने 'विभीषण' नामक काव्यों की रचना की।

अध्यात्म रामायण का विवेचन

16 वीं शताब्दी के भक्ति-आन्दोलन के फलस्वरूप एलुत्तच्चन ने अध्यात्म रामायण की रचना मलयालम भाषा में की थी।

वाल्मीकी रामायण, रघुवंश, कण्णस्स रामायण आदि ग्रन्थों से एलुत्तच्चन को अध्यात्म रामायण लिखने की प्रेरणा मिली थी।

अपने अध्यात्म रामायण के प्रत्येक कांड के प्रारंभ में कवि (किलि (तोता) से राम-कथा बताने की प्रार्थना करते हैं। उनकी प्रार्थना के अनुसार तोता कविता रूप में रामायण-कथा को बताता है। इसलिये इसे 'किलिप्पाट्टु' रामायण कहते हैं। 16वीं शती में लिखा गया इस काव्य ने परवर्ती कवियो को 'रामायण' लिखने में मार्ग दर्शक का काम किया। इस काव्य की भाषा-शैली एवं अलंकार योजना पाठकों को भक्ति रस में डुबा देते हैं।

तुन्चत्तु एलुत्तच्चन ने 24 प्रकार के विविध छन्दों में 'रामायण इरुपत्तु नालु विरुत्तम' नाम काव्य की रचना कीर्तन-शैली में की थी। यह रामायण-काव्य 24 कांडों में विभाजित है।

'वाल्मीक रामायण' के आधार पर मलयालम में लिखे गये रामायण-काव्यों में 'रामायणम इरुपत्तु नालु विरुत्तम' केरल की जनता के बीच बहुत विख्यात हुआ है।

(iv) कन्नड राम-काव्य

विद्वानों का मत है कि ईसा के पूर्व प्रथम शती में वाल्मीकी रामायण लिखा गया और उत्तर कांड बाद मे उसके साथ जोड़ा गया। हरिकथा कालक्षेप करने वाले नाटककार और गायकों द्वारा भारत के कोने-कोने में रामायण की कथा फैली।

जनता के बीच राम-कथा के अपरिमित असर को देखकर जैन, बौद्ध, प्रभृति विविध धर्मों के नेताओ ने अपने-अपने धर्मों के सिद्धान्तों का प्रचार करने के वास्ते राम-गाथा का प्रयोग किया। इस प्रयत्न में वाल्मीकी-रामायण की मूल कथा में अनेक परिवर्तन किये गये। इसके फलस्वरूप हिन्दु राम-भक्त कवियों ने अध्यात्म रामायण, अद्भुत रामायण एवं वसिष्ठरामायण प्रभृति अनेक रामायणों की रचना की। जैन और बौध धर्म कवियों ने पउम चरिउ, पद्मपुराण, राम चरित, दशरथ अट्टकथा प्रभृति रामायणों की रचना की। कन्नड के अतिरिक्त भारत की अन्य प्रान्तीय भाषाओं में भी राम-काव्य लिखे गये। उक्त सभी रामायणों पर वाल्मीकी रामायण के असर को देख सकते हैं।।

इसमें किन्चित भी संदेह नहीं है कि रामायण-काव्यों ने भारतीय भाषाओं के साहित्य और भारत की संस्कृति को समृद्ध किया।

कन्नड के राम -काव्य का इतिहास

ईसा के जन्म के पूर्व ही करनाटका में जैन धर्म अच्छी तरह फैला हुआ था। कन्नड प्रान्त जनों की संस्कृति का केन्द्र बना हुआ था। जैन कवियों ने पहले पहल कन्नड भाषा में राम-काव्य की रचना की थी। इस प्रकार जैन कवियों तथा उनको आश्रय देने वाले करनाटक नृपों ने कन्नड साहित्य को समृद्ध बनाया।

जैन धर्म के सिद्धान्तों को साधारण लोगों के बीच प्रचार करने के लिये जैन कवियों ने राम-कथा का उपयोग किया। सन् 9 वी शती में लिखे गये 'कविराज मार्ग' नामक ग्रन्थ में लक्ष्मण का नाम लक्ष्मीघर बताया गया है। उसमें यह भी लिखा गया है कि उसके हाथों से रावण का वध किया गया था।

अभिनवपम्प कवि का पम्प रामायण

सन् 12 वीं शती में अभिनव पम्प ने (नागचन्द्र) 'रामचंन्द्र चरितपुराण' की रचना की; यह काव्य कन्नड-साहित्य में 'पंप रामायण' के नाम से प्रसिद्ध हैं। यह रामायण विमल सूरि द्वारा प्राकृत भाषा में रचित -पउमचरिउ' नामक काव्य के आधार पर लिखा गया है।

संपू शैली में लिखे गये इस 'पंप-रामायण' में कवि नागचन्द्र की कविता लेखन-क्षमता को देख सकते हैं। इस रामायण ने परवर्ती कवियों को राम-काव्य लिखने की प्रेरणा दी।

पंप-रामायण में कवि ने रावण को करुणा मूर्ति के रूप में चित्रित किया है। परवर्ती काल में लिखे गये 'दोहे रामायण' एवं 'कुवेम्पु रामायण पर पंपरामायण के प्रभाव को देख सकते हैं।

कुमार वाल्मीकी का दोहे रामायण

करनाटका में वैष्णव धर्म के विकास के पश्चात् अनेक रामायण लिखे गये। इनमें से कुमारवाल्मीकी का 'दोहेरामयण' प्रधान माना जाता है। 'पामिनीषट्पति' नामक कन्नड छंद में इस रामायण की रचना हुई हैं। इस रामायण की पाँच हजार कवितायें सरल कन्नड भाषा में लिखी गयी हैं। यह काव्य वाल्मीकी की रामायण का संक्षिप्त रूप माना जाता है।

कुमार वाल्मीकी ने श्रीराम को भगवान विष्णु के अवतार के रूप में इस काव्य में चित्रित किया है। सीता देवी महामाया विनोदनिी के एवं विश्व माता के रूप में चित्रित की गयी है। प्रारंभ से ही कवि ने राम और सीता को देवताओं के रूप में चित्रित किया हैं। कवि ने बताया है कि रावण का अन्तःकरण अंत में पश्चाताप एवं चिन्ता रूपी अग्नि में जलकर परिशुद्ध हो जाता है।

कुमार वाल्मीकी के पश्चात् लिखे गये रामायणों में कवियित्री गिरियम्मा द्वारा रचित 'सीताकल्याण', लिंगरासर द्वारा लिखित 'अंगदसन्तान' राम पट्टाभिषेकम तथा अद्भुत रामायण आदि प्रधान माने जाते हैं॥

कनकदास का 'रामधान्य चरित्रे'

सन् 16 वीं शती में प्रसिद्ध कवि कनकदास ने नयी कलपना से युक्त एवं स्वारस्थपूर्ण 'रामधान्य चरित्रे' नामक काव्य की रचना की। उस काव्य की कथा नीचे प्रस्तुत की जाती हैः

रावण का वध करने के पश्चात् अयोध्या लौटते समय श्री राम ऋषि मुनियों के आश्रम गये। वहाँ उन्हें नाना प्रकार के खाद्य पदार्थ दिये गये।

उनकों खाने के पश्चात् राम ने प्रश्न किया कि वे पदार्थ किन धान्यो से बनाये गये हैं। ऋषि-मुनियों ने नाना प्रकार के नवधान्य लेकर आये। फिर राम ने पूछा "इन नवधान्यों में कौन सा धान्या श्रेष्ठ है?" उस समय रागी एवं चावल के बीच बड़ा तर्क हुआ। दोनों ने अपनी अपनी श्रेष्ठताओं को बढ़ा-चढ़ाकर और कमियों को कम करके बताया। वैज्ञानिक ढंग से दोनों का वाद-विवाद लिखा गया है। इन्द्र ने रागी को श्रेष्ठ बताया। श्रीराम ने रागी को 'तागव' का नाम दिया। यही 'तागव' शब्द कालान्तर में 'रागव' और उस के पश्चात् 'रागी' बन गया।

भगवान चरित्रहीन ऊँचे जाति के धनवानों को पसन्द नहीं करते हैं। 'रामधान्य चरित्रे' द्वारा कवि कनकदास ने यही संदेश लोगों को दिया है।

रामराज्य से संबधित ग्रामीण गीत

रामराज्य से संबंधित एक लोक गीत में एक स्वारस्थपूर्ण घटना का वर्णन किया गया है।

एक बार राम अपनी प्रजा से उनकी कमियों को सुन रहे थे। एक स्वान एक विप्र की शिकायत करने के लिये राज-दरबार में घुसा। कुत्ते ने कहा-"मैं रास्ते में चुपचाप चल रहा था। उस समय एक ब्राह्मण के पैर पर मेरी छाया पडी। इस कारण, ब्राह्मण ने समझा कि वह अपवित्र हो गया है और मुझे मार-मार कर घायल कर दिया। राम ने उस ब्राह्मण से पूछताछ की। ब्राह्मण ने अपनी गलती स्वीकार कर ली। राम ने कुत्ते से पूछा कि ब्राह्मण को कौन सा दंड दिया जाय? कुत्ते ने उत्तर दिया-"किसी एक शिव मंदिर की संपत्ति का परिपालन करने का उत्तरदायित्व ब्राह्मण को सौंपा जाय।" राम ने हंसते हुए कुत्ते से कहा- यह तो दंड नहीं हैं; इससे ब्राहाण का गौरव बढ़ जाता है।" कुत्ते ने उत्तर दिया-"मंदिर की संपत्ति का परिपालन करने का उत्तरदायित्व देने पर ब्राह्मण शिव मंदिर के धन की चोरी करेगा। अतः उसे मृत्यु के पश्चात् कुत्ते का जन्म मिलेगा। कुत्ते ने फिर कहा कि वह भी पिछले जन्म में मंदिर की संपत्ति का देख रेख कर रहा था।" "ऐसा ही दंड मैं ब्राहाण को दूंगा," ऐसा कहकर राम ने अपना निर्णय सुनाया।

राम ने सभा के सदस्यों से कहा-"मंदिर मानव के द्वारा बनाये जाते हैं। लेकिन यह संसार ईश्वर के द्वारा बनाया गया मंदिर है। संसार की सारी वस्तुयें भगवान की हैं। प्रसाद के रूप में दुनियाँ की संपत्ति आपस में बंटवारा करके मानव को सुखमय जीवन बिताना चाहिये।

कन्नड के प्रसंग काव्य

कुमार वाल्मीकी को छोड़कर कन्नड भाषा के अन्य कवियों ने राम के जीवन की कतिपय घटनाओं को आधार बनाकार लघु काव्यो की रचना की है। ये रचनाये कन्नड साहित्य में प्रसंग-काव्य' कहलाते हैं। निम्नलिखित प्रसंग-काव्य करनाटका में प्रसिद्ध हैं-

1) सीता स्वयम्बर 2) रामवनगमन 3) भरत मिलाप 4) पंचवटीप्रसंग 5) अंगद सन्तान 6) श्रीरामपट्टभिषेकम् आदि।

उक्त प्रसंग काव्यों ने करनाटक के ग्रामीण नृत्य एवं नाटक-कला का विकास किया। इनके द्वारा साधारण जनता ने भी राम-गाथा का सार समझा। संस्कृति की दृष्टि ये काव्य महत्वपूर्ण समझे जाते हैं।

कुतेबुं, कवि का रामायण दर्शनम

सन् 1950 में कुतेम्बु कवि द्वारा रचित 'रामायण दर्शनम' नामक काव्य कन्नड साहित्य के गोपुरको अलंकृत करने वाला स्वर्णकलश माना जाता है। यह काव्य 'साहित्य अकादमी तथा 'ज्ञानपीठ' द्वारा पुरस्कृत हुआ है।

(v) तेलुगु राम-काव्य

रामायण महाकाव्य एक श्रेष्ठ दार्शनिक ग्रन्थ है; ज्ञान का कोष है; भारत की संस्कृति का खजाना है। भारतवासी इसे एक पवित्र एवं दैविक ग्रन्थ मानते हैं। राम, सीता, लक्ष्मण, भरत, हनुमान, सुग्रीव, गुह जैसे पात्रों को, दुनिया के किसी भी साहित्य में हम देख नहीं सकते।

वाल्मीकी रामायण की कथा में अपनी इच्छा के अनुसार पविर्तन करके कतिपय कवियों में तेलुगु में रामायण-काव्य की रचना की है। अनूदित रामायण भी तेलुगु में प्रकाशित हुए हैं। आंध प्रदेश में 'महाभारत' और 'श्रीमद्भागवत पुराण' के लिये लोगों के बीच अत्यन्त मान-मर्यादा एवं प्रतिष्ठा पायी जाती है। फिर भी लोग वहाँ राम की उपासना करते हैं। आंध्रा के कोने-कोने में उपस्थित राम-मंदिर इस सत्य का निरूपण करते हैं।

भक्त पोतना, भक्त रामदास, त्यागराज प्रभृति कवियों ने अपनी राम-भक्ति के कीर्तनों द्वारा आंध के लोगों के बीच राम-भक्ति का खूब प्रचार किया था।

कोन बुद्धा रेड्डी का रंगनाथ रामायण

13वीं शती में विट्ठलनाथ नामक नरेश ने 'रायचूर' का शासन किया था। कोन बुद्धा रेड्डी उनके पुत्र थे; वे बड़े कवि भी थे। उनके द्वारा रचित 'रंगनाथ रामायण' तेलुगु में लिखा गया प्रथम राम-काव्य माना जाता है।

कोन बुद्धा रेड्डि ने मूल कथा में नवीन कल्पनायें तथा जनश्रुति के द्वारा प्राप्त संदेशों का मिश्रण करके 'रंगनाथ रामायण' की रचना आंध्र के 'द्विपद' छन्द में, काव्य-सौन्दर्य से युक्त तेलुगु भाषा में की थी।

कवि ने श्री राम को आदर्श चरित्र वाले के रूप में चित्रित किया है। उसी समय रावण को श्रेष्ठ शिवभक्त, वीर तथा सत्व एवं तमो गुणों वाले के रूप में चित्रत किया है। रावण के पास अच्छे एवं बुरे गुण भी थे। विभीषण को छोड़कर दूसरे सब भ्राता उनकी आज्ञा का पालन करनेवाले थे। रावण की पत्नी मंडोदरी ओर बहूँ सुलोचना (इन्द्रजीत की पत्नी) सीता की भांति पतिव्रता महिलायें थीं। रावण के अपराध एवं गलती के कारण उनका असुर-कुल कलंकित हुआ।

रंगनाथ रामायण में रावण, कामुक एवं असुर गुणों वाले की भांति चित्रित नहीं किये गये हैं। उनके समान अच्छे गुणों वाले रावण को हम और किसी भी रामायण में देख नहीं सकते।

बुद्धा रेड्डी ने सुलोचना का चरित्र-चित्रण अद्भुत ढंग से किया है। वह अपनी पतिव्रता की शक्ति से युद्ध भूमि में अपने पति को ढूँढ़ निकालती है। उसकी पतिव्रता की महिमा को देखकर श्री राम प्रसन्न होते है। उससे कोई न कोई वर मांगने के लिये कहते हैं। तब सुलोचना राम से विनती करती है कि-"हे राम! अगले जन्म में भी मुझे इन्द्रजीत की पत्नी बनने का सौभाग्य प्रदान कीजिये।"उसके पश्चात् वह अपने पति के शरीर के साथ जलती हुई अग्नि में प्रवेश करके सती बन जाती है।

लक्ष्मण जब राम से सुलोचना के बारे में पूछते हैं तब राम बताते हैं-"मैं विष्णु और तुम शेषनाग के रूप में रहते समय, सुलोचना तुम्हारी पुत्री थी। तुमने सुलोचना की शादी इन्द्रजीत से की थी।" इसे सुनकर लक्ष्मण अपने दामाद का वध करने तथा अपनी पुत्री को विधवा बनाने के लिये, अत्यन्त दुखी होते हैं।

वाल्मीकी और तुलसीदास ने अपने रामायण में लक्ष्मण की पत्नी ऊर्मिला की उपेक्षा की थी। उसके त्याग एवं वियोग-दुख को अधिक मुख्यत्व नहीं दिया था। लेकिन रंगनाथ रामायण में ऊर्मिला पर अधिक ध्यान दिया गया है।

लक्ष्मण ने सोचा कि ऊर्मिला को वियोग-दुख के कारण कोई कष्ट न होना चाहिये। अतः उन्होंने निद्रादेवी से वर माँगा कि उनकी पत्नी ऊर्मिला चौदह वर्षों को निद्रा में ही बिता दें।

निद्रा देवी ने भी वह वर प्रदान कर ऊर्मिला पर अनुग्रह किया। वर के अनुसार ऊर्मिला ने चौदह वर्षों को निद्रा में ही बिता दिया।

इस प्रकार की नयी कल्पनाओं से युक्त रंगनाथ रामायण आंध्र जनता के बीच अधिक प्रसिद्ध हुआ।

भास्कर रामायण

रंगनाथ रामायण के पश्चात् रचित भास्कर रामायण में श्रीराम की महिमा पर प्रकाश डाला गया है। विभीषण राम के पास आश्रय माँगकर आते हैं। तब राम उनसे कहते हैं-"हे विभीषण! मुझ पर रखी हुई तुम्हारी भक्ति और श्रद्धा को देखकर मैं बहुत प्रसन्न होता हूँ। युद्ध में रावण का वध करने के पश्चात् मै तुम्हें लंका का नरेश बनाऊँगा। मेरे करों से तुम्हारा पट्टाभिषेक करूँगा।"

राम की इस वचन को सुनकर सुग्रीव श्री राम से पूछते हैं-"हे प्रभु! रावण अपने अपराध के लिये दुखी होकर, शायद सीता को आप के पास सौंप दें और माफी माँगे तो, विभीषण को दिये हुए अपने वचन को आप कैसे निभायेंगे?" राम सुग्रीव को जवाब देते हैं-"मैं अपने अयोध्या राज्य को सुग्रीव को देकर अपने वचन को निभाऊँगा।"

भास्कर रामायण के उत्तर कांड को कंकडि बापूराज नामक कवि ने सीता की शोक-कथा में, कतिपय परिवर्तन किया और उसे विस्तार पूर्वक लिखकर उत्तरकांड को महाकाव्य बना दिया।

तिक्कन्ना कवि का निर्वचनोत्तर रामायण

कंकडि बापुराज के पूर्व जीवित कवि तिक्कन्ना ने 'निर्वचनोत्तर रामायण'-काव्य को संक्षेप में लिखा था। यह रामायण भी आंध्रा में प्रसिद्ध हुआ। इसके उत्तरकांड में सीता की शोक कथा में एक छोटा सा परिवर्तन किया गया है।

मोल्लांबा का मोल्लरामायण

मोल्लांबा नामक एक कवियित्री ने तेलुगु में रामायण-काव्य लिखा था। 'मोल्ल रामायण' के नाम से वह आंध्रा में प्रसिद्ध हुआ।

साधारण जनता और बालकों के लिये लिखे गये इस रामायण में भक्ति-भाव के लिये अधिक प्रधानता दी गयी है। अपने रामायण को सरल तेलुगु में रचना करने के संबंध में मोल्लंबा कहती है-"मधु का पान करने के पश्चात् जिह्वा मिठास का अनुभव करता रहता है। इसी प्रकार मेरे रामायण को आसानी से समझकर लोगों को आनंद का अनुभव करना चाहिये। इसी उद्देश्य को मन में रखकर मैंने कठिन शब्दों का प्रयोग अपने रामायण में नहीं किया है।" रंगनाथ रामायण की भाँति तेलुगु लोग इस रामायण को चाव से पढ़ते हैं। मोल्ल रामायण आंध्रा का अमर काव्य बन गया है।

सत्यनारायण का रामायण कल्पवृक्ष

अतुलनीय राम भक्त तथा श्रेष्ठ कवि सत्यनारायण जी ने वाल्मीकी-रामायण की मूल कथा को आधार बनाकर 'रामायण कल्प वृक्ष' नामक अपने रामायण की रचना अपनी विशिष्ट शैली में करके तेलगु-साहित्य को समृद्ध किया।

कवि अपने इस रामायण को लिखने के संबंध में कारण बताते हैं-"लोग सोचेंगे कि जब तेलुगु में बहुत से रामायण उपलब्ध हैं तब 'रामायण कल्पवृक्ष' नामक और एक रामायण लिखे जाने की क्या आवश्यकता पड़ी है? हरेक मनुष्य का खान-पान, रुचि, जीवन का अनुभव आदि भिन्न-भिन्न होते हैं। उसी प्रकार हरेक कवि की कल्पना, शैली आदि में भिन्नता पायी जाती है। यह सत्य है और सभी लोग इस सत्य को स्वीकार करते हैं। मेरा रामायण भी इसी भांति का हैं।

सत्यनारायण ने अपने रामायण में कैकेयी पर सहानुभूति दिखायी है। प्रत्येक मानव मे कोइ न कोई बलहीनता और दुर्बलता हुआ करती हैं। कैकेयी भी इस के लिये अपवाद नहीं हैं। वह भी एक सामान्य नारी थी। राम को अपने पुत्रवत प्यार करने पर भी भरत की भलाई के लिये ठीक अवसर पर उसने अपने हक की माँग की थी। दशरथ ने कैकेयी को वचन दिया था। अब अवसर आने पर क्यों वे अपने वचन को निभाते नहीं? संतनु राजा के लिये भीष्म ने अपने राज्य को त्याग दिया था। इस प्रकार कवि कैकेयी की माँग को न्यायोचित मानते हैं।

उक्त कथित रामायणों के अतिरिक्त निम्नलिखित रामकथा से संबंधित कृतियाँ तेलुगु में लिखी गयी है-

1) रघुनाथ रामायण 2) गोपिनाथ रामायण

3) राम-भक्ति संबंधित शदकें एवं कीर्तन आदि

इन में से भक्त रामदास द्वारा लिखित 'दाशरथि शदकम् तथा भक्त शिरोमणि त्यागराजर कृत रामभक्ति कीर्तन' आज भी आंध्र की जनता भक्ति एवं श्रद्धा से गाया करती है।

उक्त कथित कृतियों के अतिरिक्त 'लक्ष्मण मूर्चा' 'शतकंड रामायण', 'लव-कुश', 'पाताल होम' आदि राम-कथा से संबधित लोक गीतें आंध्रप्रदेश में विख्यात हैं।

विश्वनाथ सत्यनाराण का 'रामायण कल्पवृक्षम्'

20 वीं शती के विश्वनाथ सत्यनाराण ने तेलुगु में 'रामायण कल्पवृक्षम' नामक महाकाव्य की रचना की। यह रामायण ज्ञानपीठ द्वारा पुरस्कृत हुआ। यह महाकाव्य छः कांडों में लिखा गया है। प्रत्येक कांड में पाँच उपकांड हैं। पूरा महाकाव्य कुल 13,000 कविताओं में लिखा गया है। अनेक कवियों द्वारा रचित रामायणों की कथा में अनेक स्थानों पर कवि ने अपनी कल्पना द्वारा थोड़ा परिवर्तन करके अपने 'कल्पवृक्ष रामायण' को लिखा है। वर्णन, अलंकार, छंद आदि आवश्यकता से अधिक मात्रा में प्रयोग किये जाने के कारण लोगों के बीच यह अधिक विख्यात न हो सका।

(vi) मराठी राम-काव्य

महाराष्ट्र में बारकरी संप्रदाय के तत्व अधिक प्रसिद्ध थे। अतः वहाँ रामायण-महाकाव्यों की रचना बहुत कम हुई है। एकनाथ कवि ने 16वीं शती में 'भावार्थ रामायण' की रचना की; मुक्तेश्वर नामक कवि ने 'रावणवधाख्यानम्; समर्थ रामदास ने रामभक्ति से संबंधित कीर्तन एवं 'आनंदभुवनम', तथा वेणाबाई नामक कवियत्री ने 'सीतास्वयंबर' काव्य लिखे हैं।

एकनाथ का भावार्थ रामायण

अपने काल की सामाजिक दुर्बालता एवं शोकसन्ताप को दूर करने के वास्ते एकनाथ ने 16वीं शती में 'भावार्थ रामायण' की रचना की। तुलसीदास की 'रामचरित मानस' का अनुकरण करके 'रामराज्य' की कलपना में उन्होंने इस रामायण को लिखा था।

'भावार्थ रामायण' में कुल सात कांड हैं। कहा जाता है कि भावार्थ रामायण के प्रथम पाँच कांड तथा छठा कांड के प्रथम 44 अध्यायों को एकनाथ ने लिखा था; शेष रामायण को लिखने का उत्तरदायित्व, अपना शिष्य 'कावबा' के पास सौंपकर एकनाथ चल बसे। माना जाता है कि भावार्थ रामायण के 297 अध्यायो में, 172 अध्यायों की रचना एकनाथ ने की थी; शेष 125 अध्यायों को उनका शिष्य 'कांवबा' ने लिखा था। कावबा ने अपना नाम भावार्थ रामायण में कहीं नहीं उल्लेख किया है। काव्य के अंत तक 'एक जनार्धन' की मुद्रा लगी हुई है।

भावार्थ रामायण में पारिवारिक एवं सामाजिक जीवन का यतार्थ वर्णन बहुत ही सूक्ष्म रूप से किया गया है। वाल्मीकी रामायण, अध्यात्म रामायण, वसिष्ट योग प्रभृति काव्यों के आधार पर यह महाकाव्य लिखा गया है। ज्ञान, भक्ति एवं वेदान्त संबंधी अपने दार्शनिक विचारों को एकनाथ ने अपने भावार्थ रामायण में व्यक्त किया है। अपने समय के अत्याचारी राजाओं के कुशासन के संबन्ध में, कवि ने अपनी चिन्ताओं को व्यक्त किया है। रामराज्य के स्थापित होने की अपनी कामना को भी प्रकट किया है।

कहा जाता है कि संत एकनाथ की मुलाकात काशी में तुलसीदास से हुई थी। दोनों समकालीन थे। दोनों कवियों ने अपने-अपने रामायण में श्री राम को लोगों की रक्षा करने वाले अवतार पुरुष के रूप में चित्रित किया है।

यद्यपि राम-कथा का मूल विषय वाल्मीकी रामायण, अध्यात्म रामायण प्रभृति काव्यों से लिये जाने पर भी भावार्थ रामायण में एकनाथ का व्यक्तित्व झलकता है। कथावस्तु, पात्रों का संभाषण एवं चरित्र-चित्रण, प्रकृति-वर्णन आदि में कवि की निजी विशेषता की छाप को हम देख सकते हैं। कवि ने अपने समय की राजनीति तथा सामाजिक दशा का यतार्थ चित्रण अपने इस रामायण में प्रस्तुत किया है। दार्शनिकतत्व काव्य-सौन्दर्य के साथ व्यक्त किये गये हैं। कवि की अंतिम रचना होने के कारण, कवि की स्पष्ट शैली एवं विचारों की गहराई को इस में देख सकते हैं। महाकाव्य के लक्षणों की दृष्टि से भावार्थ रामायण एक श्रेष्ठ महाकाव्य माना जाता है।

कवि ने अपने इस रामायण में जीने की कला तथा जीवन बिताने के नियम एवं पद्धतियों पर प्रकाश डाला है। श्रीराम का चरित्र-चित्रण इस के लिये उत्तम उदाहरण माना जाता है। अन्य पात्रों के चरित्र में कोई न कोई विशिष्टता पायी जाती है। संक्षेप में कहें तो भावार्थ रामायण को एक मार्ग दर्शक-ग्रन्थ कह सकते हैं।

एकनाथ के जीवन काल में महाराष्ट्र पर मुसलमानों का आक्रमण, हत्या, लूटमार, गांवों पर आग लगाना आदि घटनायें बार-बार हुआ करती थीं। अतः लोगों को कष्ट एवं कठिनाइयों का सामना करना पड़ता था। लंका दहन द्वारा कवि ने समाज की इस शोक सन्ताप एवं दयनीय दशा का वर्णन निम्न प्रकार से किया है।

“लंका को जलते हुए देखकर स्त्रियाँ शोर मचाती हुई एवं रोती हुई चारों और दौड़ने लगी। अपने वस्त्रों में आग लग जाने के कारण कुछ महिलाये दौड़ न सकी। कुछ स्त्रियाँ जलने वाले अपने वस्त्रो को बाहर फैंकती हुई नंगी दशा में शहर के बाहर दौड़ने लगीं। वृद्ध अपनी माता को न बचाकर, अपनी पत्नी पर रखे मोह के कारण उसे अपने कंधे पर उठाकर कुछ लोग दौड़ रहे थे। कतिपय पत्नियाँ अपने पति को जलते हुए छोड़कर हाथ में जो कुछ मिला उसे लेकर बाहर दौड़ रही थीं। एक महिला किसी एक पुरुष से कहती है-“मैं तुम्हारी पत्नी बनूँगी। मुझे अब अपना पति न मिलेगा। वह जलकर भस्म हो गया है।” एक घमंडी सुन्दरी अपने सामने आने वाले मर्द को अपने पति के रूप में स्वीकार करने के लिये तैयार है। वह कहती है-“इसे मैं अपनी पूरी सम्मत्ति से कहती हूँ। वह कहती है-तुम मुझे अपनी पत्नी के रूप में स्वीकार कर लो।”[1]

तुलसीदास ने भी समाज की यतार्थ दशा का चित्रण अपनी रचना ‘कवितावली’ में किया है।

युद्ध भूमि में रावण का बाण लगते ही सुग्रीव मूर्चित हुआ। रावण ने उसे लंका लेजाना चाहा। लक्ष्मण सुग्रीव की रक्षा करने के लिये दौडे। उस समय श्री राम लक्ष्मण से एक सच्चे वीर के लक्ष्ण यों बताते हैं-“युद्धक्षेत्र में शत्रु को घायल करने के बाद पछताना नहीं चाहिये। शत्रुओं को मारने का शपत लेकर वीर को युद्ध भूमि पर पहुँचना चाहिये। जो भयभीत होता है वह सच्चा वीर नहीं है। भयभीत दशा में जाने वालों को मरा हुआ समझा जायेगा। कायर कैसे शत्रु के साथ लड़ सकता है? धैर्यशाली ही विजय की माला पहन सकता है। उसके सामने शत्रु का षडयंत्र असफल रहेगा।"[2]

---

1 भावार्थ रामायण-सुन्दर काण्ड-अध्याय 19

2 वही, एकनाथ-युद्धकाण्ड

समर्थ रामदास के रामायण कथा संबंधी कीर्तन

समर्थ रामदास ने रामायण-घटनाओं से संबंधित कीर्तनों की रचना अधिक मात्रा में की है। श्रीराम के वनगमण संबंधित कविताओं में वे बताते हैं-श्रीराम वनवास के लिये रवाना होते ही अयोध्यावासियों की आँखें सरोवर बन गयीं। पूरे अयोध्या को शोर ने घेर लिया। वे श्री राम से प्रश्न करते हैं-"हे प्रभु! हमें वियोग-दुख में डुबाकर आप कहाँ जा रहे हैं? आप के बिना हम कैसे जी सकते हैं। हम आप को राजा के रूप में देखना चाहते थे; हमें निराश बना कर कहाँ जा रहे हैं? भंयकर वनवास को आपने कैसे स्वीकार किया? स्वयम्वर में घनुष को तोड़कर आपने सीता से शादी की। इस प्रसन्न घटना को हम कैसे भूल सकते हैं? अब हम आपके वनवास को कैसे सहन कर सकते हैं?"[1]

सीता अशोक वन में हनुमान से अपने वियोग-दुख को निम्नप्रकार से प्रकट करती है:

"हे राम के मित्र हनुमान! निश्चित रूप से कहो कि मैं श्री राम से मिलूँगी या नहीं। उनका दर्शन पुनः मैं न करूँगी तो मेरे शरीर से जान निकल जायेगी। श्री राम ही मेरे आत्मा हैं। आगे मुझ से वियोग-दुख सहा नहीं जायेगा। रावण चोरी से मुझे उठा लाकर यहाँ कैद बना के रखा है। क्रोध में मैंने लक्ष्मण को कटु शब्द सुनाया। अब मैं उसके लिये पछताती हूँ।"

समर्थ रामदास ने रामभक्ति संबंधी हजारों संकीर्तनों की रचना की है। माता-पिता ने इनका नाम 'नारायण' रखा था। श्री राम को अपना आराध्य देव मानकर उनकी उपासना करने लगे। तब से ये 'रामदास' के नाम से बुलाये जाने लगे। भारत भर में इन्होंने सैकड़ों 'हनुमान-मंदिर' बतायें; सैकड़ों मठों की स्थापना की। अपने शिष्यों द्वारा इन्होंने देश एवं समाज का सुधार कराने का प्रधान कार्य लिया। रामदास छत्रपति शिवाजी के गुरु तथा उनको समय-समय पर प्रेरणा देनेवाले मार्ग दर्शक थे।

'सुन्दर रामायण', 'युद्ध रामायण' तथा 'लघु रामायन' आदि लघु-ग्रन्थ समर्थ रामदास की रचनायें मानी जाती हैं।

वेणाबाई का 'सीतास्वयम्वर'

वेणाबाई ने अपने आप को भगवान श्री राम की सेवा के लिये अर्पित कर दिया था। इन्होंने 'ओबी' नामक छंद में 'सीतस्वयम्वर' नामक काव्य की रचना की थी। 14 अध्यायों के इस काव्य में अपने समय की शादी की पद्धतियों का वर्णन स्वारस्थयपूर्ण ढंग से किया है। इस काव्य से उनकी तीव्र राम-भक्ति का पता चलता है। उनके विचार एवं शैली से उनके व्यक्तित्व का भी पता चलता है।

साधुदास का रामायण महाकाव्य

20वीं शती के साधुदास नामक कवि ने संस्कृत के पंचमहाकाव्यों का अनुकरण करके मराठी भाषा में चार कांडों से युक्त 'रामायण-महाकाव्य' की रचना की थी। इनकी मराठी भाषा में संस्कृत शब्दों के भरमार के कारण इनके काव्य को पढ़कर समझना कठिन कार्य माना जाता है। लोग आसानी से

---

1 समरताशी गाथा-समर्थ-रामदास कविता 1038, 1039

समझने के लिये इन्होंने कठिन शब्दों का अर्थ भी अपने काव्य में प्रस्तुत किया है। वन विहार कांड में कवि को प्रकृति का चित्रण करने का अधिक अवसर मिला है। गृहविहार-काण्ड अन्य कांडों से अधिक स्वारस्थपूर्ण बन पड़ा है। कवि के पांडित्य के लिये यह काव्य बहुत प्रसिद्ध है।

(vii) गुजराती रामकाव्य

गुजरात में नरसिंह महेता, मानस, केशवदास प्रभृति बहुत से वैष्णव भक्त कवियों का जन्म होने पर भी उनमें से गिरिधरदास, वाजियो, जुगनाथ जैसे एकाध कवियों ने ही राम-काव्य की रचना की है। उनके राम-काव्य का विवेचन नीचे प्रस्तुत किया जाता है:

रामभक्त गिरिदास का 'गिरिधर रामायण'

सन् 1785 में कवि गिरिधर दास का जन्म बरोडा में हुआ था। उनकी रचना, गिरिधर-रामायण गुजराती लोगों के बीच बहुत प्रसिद्ध है। इनका यह रामायण गुजरात एवं हिन्दी-प्रदेश की सांस्कृतिक एकता के लिये एक उदाहरण स्वरूप माना जाता है। कवि के 12 वीं शती के राम-काव्य की परंपरा को पुनः जीवित बना दिया है। वाल्मीकी रामायण एवं रामचरित मानस प्रभृति रामायणों की कथा को आधार बनाकर गिरिदास ने अपने रामायण की रचना की है। स्वारस्यपूर्ण ढंग से सरल गुजराती में संगीत तथा काव्य -सौन्दर्य से युक्त भाषा में गिरिधर रामायण की रचना की गयी है। सामाजिक महत्व एवं श्रेष्ठ चरित्र-चित्रण के लिये यह काव्य अत्यन्त प्रसिद्ध है। यह कृति 'जनता का काव्य' मानी जाती है। प्रतिदिन गुजरात के लोग अपने गृहों में इसका पारायण करते हैं। यह लक्ष्यों का कोष-ग्रन्थ माना जाता है।

गुजरातियों के दैनिक जीवन में गिरिधर रामायण के प्रभाव तथा प्रतिष्ठता को देख सकते हैं। मूल कथा में कतिपय परिवर्तनों के साथ नयी घटनाओं का मिश्रण कर कवि ने इस काव्य को लिखा है। निम्नलिखित विषयों का विवेचन विस्तृत रूप में इस काव्य में किया गया है-

1) दार्शनिक विचार 2) भक्ति

3) वैष्णव भक्त का लक्षण 4) ब्राह्मण, क्षत्रिय, वैश्य एवं शूद्रों का धर्म

5) ब्रह्मचर्याश्रम, गृहस्थाश्रम, वानप्रस्थाश्रम एवं सन्याश्रम जीवन के इन चारों आश्रमों का वर्णन

6) राजा का कर्तव्य, 7) मंत्री का कर्तव्य

8) स्त्री-धर्म और 9) भाग्य (विधि)

तुलसी रामायण की भांति गिरिधर रामायण गुजरात में बहुत प्रसिद्ध है। कवि ने अपने समय के लोगों का जीवन, संस्कृति एवं राजनीतिक दशाओं पर अपने इस रामायण मैं प्रकाश डाला है। संदर्भ के अनुसार पौराणिक कथाओं को विस्तृत रूप में बताने के कारण मूल कथा में ढीलापन आ गया है। राम की कथा संक्षेप में अनेक बार इनके काव्य में बतायी गयी हैं।

प्रारंभ से अंत तक गिरिधर रामायण में वीर रस के लिये अधिक प्रधानता दी गयी है। प्रकृति-चित्रण तथा अलंकारों के प्रयोग के लिये यह काव्य प्रसिद्ध है।

भक्ति, ज्ञान, वैराग्य तथा समाधि-योग संबंधी विवेचन गिरिधर रामायण में विस्तार से किया गया है। ज्ञान के साथ समाधि-योग को गिरिधर ने अधिक मुख्यत्व दिया है। नीति संबंधी तत्व समाज के लोगों की भलाई के लिये सविस्तार इनके काव्य में बताये गये हैं। एक ही स्थान पर वे उपदेश के रूप में प्रस्तुत किये गये हैं। महाकाव्य के लक्षणो की दृष्टि से भी गिरिधर रामायण खरी उतरता है।

भाग्य (विधि), प्रारब्ध संबंधी कवि के विचार निम्नलिखित हैं-"जन्म एवं मृत्यु हमारे हाथ में नहीं है; भगवान की इच्छा के अनुसार वे होते रहते हैं। पूर्व जन्म के कर्मों के अनुसार मानव सुख-दुख, प्रसन्नता-शोक, गरीबी, रोग आदि का अनुभव अपने इस जन्म में करता है। पूर्व जन्म में किये गये अपने पापों के कारण कैकेयी को अपमान एवं निन्दा सहना पड़ा।[1]

नेक तथा बुरे लोग समाज मे रहा करते हैं। करुणा, परोपकार, तथा सब का कल्याण चाहना सज्जनों के गुण हैं। काम, गर्व, ईर्ष्या, दूसरों की पत्नी का अपहरण, दूसरों के कष्टों को देखकर, प्रसन्न होना आदि बुरे लोगों के गुण हैं। सत्संग से भलाई होती है और कुसंग से हानि होती है।[2]

मंत्री का धर्मः मंत्री को नीति-शास्त्र का ज्ञान होना चाहिये। उसे बुद्धि-चातुर्य और निडरता से अपना कर्तव्य निभाना चाहिये। दशरथ का देहान्त होते ही वशिष्ठ, सुमन्त प्रभृति मंत्रियों ने निस्वार्थ एवं नीति-निपुणता से देश पर होने वाली आपत्ति को रोका। भरत के पास राज्य-भार को सौंपते समय श्रीराम भरत से कहते हैं-"हे भरत! नीति-शास्त्र निपुण वशिष्ट की परामर्श के अनुसार देश पर शासन करो।[3]

राजा का धर्मः राजा को गुप्तचरों द्वारा प्रजा की कमियों को जानकर उन्हें देरी के बिना तुरन्त दूर करने का कार्यवाही लेना चाहिये। गुनाह करने वालो को उनके अपराधों के अनुसार निर्भय होकर उचित दंड देना चाहिये। दंड देते समय कोई पक्षपात न दिखाना चाहिये। राजा को न्यायप्रिय एवं धर्म का रक्षक होना चाहिये। उसे चरित्रवान होना जरूरी है। ब्राह्मण एंव ऋषि-मुनियों की रक्षा करनेवाला होना आवश्यक है। दुखों का नाश करने वाला होना चाहिये।

ब्रह्मचारी का धर्मः ब्रह्मश्चार्य धर्म का पालन करने वाले को वीर्य को व्यर्थ न करना चाहिये; वेदाध्ययन एवं शरीर को हृष्ट-पुष्ट बनाने में उसे ध्यान देना ही चाहिये; स्त्रियों को देखना तथा उनसे एकान्त में बातें करने से ब्रह्मचारी मना किया गया है।[4]

गृहस्थ का धर्म-गृहस्थ को एक पत्नी व्रत का पालन करने वाला, माता-पिता की सेवा करनेवाला, परिवार का ठीक रूप से निर्वाह करनेवाला, मोह रहित जीवन बितानेवाला, नेक रास्ते पर धन कमानेवाला एवं निस्वार्थ रूप से समाज की सेवा करनेवाला होना चाहिये।[5]

---

1 गिरिधर रामायण - 7-16-18

2 वही 2-23-22

3 गिरिधर रामायण -2-23-22

4 वही 7-35

5 वही, 7-17, 22-23

वानप्रस्थाश्रम धर्म-आधी आयु बीत जाने पर पारिवारिक उत्तरदायित्व को अपने पुत्रों को सौंपकर वानप्रस्थाश्रम का पालन करना वानप्रस्य का धर्म माना जाता है। सभी सुख-भोगों को त्यागकर आत्मज्ञान एवं भगवद्ज्ञान प्राप्त करने का प्रयत्न करते हुए वानप्रस्थ को एक सन्यासी जैसा जीवन बिताना चाहिये। युवावस्था में सन्यास धारण करना गुनाह माना जाता है। पत्नी की स्वीकृति प्राप्त करने के पश्चात सन्यास धारण करना गुनाह न माना जायेगा।[1]

ब्राह्मण धर्म-ज्ञान एवं विद्या प्राप्त करने के पश्चात् दूसरों को ज्ञानोपदेश देना, याग-जज्ञ करना एवं कराना, दानप्राप्त करना एवं प्रदान करना आदि ब्राह्मण के धर्म माने जाते हैं। स्वच्छ्ता, अहंकार हीनता, प्रेम, करुणा, संतुष्टि, सत्य आदि गुणों से युक्त ब्राह्मण को होना चाहिये; अपने ज्ञान के द्वारा उसे परब्रह्म को जानने वाला होना चाहिये। गिरिधर ने अपने रामायण में ब्राह्मणों के ऊपर ज्यादा मर्यादा नहीं दिखाया है।[2]

क्षत्रिय-धर्म- प्रजा की रक्षा करना, ब्राह्मणों का आदर करना, भगवद् भक्त होना, जान को तुच्छ समझकर अंतिम साँच तक युद्ध भूमि में शत्रु के साथ लडना, याग, तपस्या आदि करना, वीरता एवं धैर्य आदि क्षत्रिय के धर्म माने जाते हैं।[3]

वैश्य धर्म-क्षत्रिय तथा ब्राहाणों की सेवा करना और वाणिज्य, कृषि एवं चौपायों को संभालना वैश्य का धर्म माना जाता है।[4]

शूद्र-धर्म-ब्राह्मण, क्षत्रिय, वैश्य-इन तीनों जाति के लोगों की सेवा करना और भगवान पर भक्ति करना शूद्र धर्म माना जाता है। गिरिधर ने अपने रामायण में बताया है कि शूद्रों पर करुणा दिखानी चाहिये। उसी समय उनसे थोड़ी कटुता से भी बर्ताव करना चाहिये।[5]

ऋषि-मुनियों का गुण

ऋषि-मुनि लोग सुख और दुख को समान मानते हैं। मित्र और शत्रु को भी एक ही समान समझते है। जो कुछ मिलता है उससे संतुष्टि पाते हैं। भक्त और सन्यासियों से प्रेम करते हैं। दूसरों के दुख को देखकर दुखी होते हैं। मान और अपमान को समान मानते हैं। छ्ल, कपट, धोखा, घमंड आदि इनमे किंचित भी नहीं होते। प्रपंच एवं समस्त जीव राशियों को ये ईश्वर का स्वरूप मानते हैं।[6]

गिरिधर रामायण में व्यक्त आध्यात्मिक विचार

श्रीमद् भगवतगीता तथा भागवत पुराण के दार्शनिक विचारों का असर हम गिरिधर रामायण पर देख सकते हैं। एक ही परब्रह्म विविध रूपों में दिखाई पड़ता है। निर्गुण और निराकार ब्रह्म भक्तों के लिये

1 वही - 7-23-31
2 गिरिधर रामायण -7-17, 13-15
3 वही 7-17, 7-49
4 वही 7-17, 18
5 वही 7-19
6 गिरिधर रामायण - 7-16, 5-8

सगुण एवं साकार ब्रह्म का रूप धारण करता हैं। सज्जनों की रक्षा तथा दुष्टों का नाश करने के लिये वही निर्गुण ब्रह्म, सगुण ब्रह्म के रूप में इस धर्ती पर अवतार लेता हैं। काष्ट में छिपी अग्नि और बीज में छिपा वृक्ष की भांति परब्रह्म समस्त प्रपंच में व्याप्त हैं।

तुलसीदास के 'रामचरित मानस' का प्रभाव भी गिरिधर रामायण पर पड़ा है। असुरों से याग-यज्ञ की रक्षा करने हेतु श्री राम को अपने साथ प्रेषित करने की विनती विश्वामित्र ने दशरथ से की; वशिष्ट द्वारा समझाये जाने पर दशरथ ने समझा कि उनका पुत्र श्रीराम साक्षात चतुर्भुज विष्णु के अवतार है।[1]

जल में दिखाई देने वाले सूर्य के प्रतिबिंभ की भांति जीवात्मा, अज्ञान के कारण, अपने असली रूप को भूलकर जन्म एवं मृत्यु के चक्र में फंसकर विविध कष्टों का सामना करता है। ज्ञान का उदय होते ही वह अपने वास्तविक रूप को समझकर, भगवद् भक्ति द्वारा मोक्ष को प्राप्त करता है। स्वप्न में उपलब्ध धन के समान यह संसार झूठा है।[2]

परब्रह्म मात्र सच्चा है। माया झूठी है; वह परब्रह्म के अधीन रहती है।

ईश्वर की प्राप्ति के लिये भक्ति एवं सत्संग की आकवश्कता है। ईश्वर अपने भक्त से बहुत प्यार करता है। वह सदा अपने भक्त के निकट रहना पसन्द करता है।

कवि गिरिधर का कहना है कि मुक्ति-प्राप्ति के लिये समाधि-योग एक श्रेष्ठ मार्ग है-पद्मासन में बैठकर प्राणायाम द्वारा मन को एकाग्र करना चाहियेः तत्पश्चात् परब्रह्म को जोति स्वरूप में चिन्तन करने से उपलब्ध होने वाले परमानंद का वर्णन शब्दों के द्वारा किया नहीं जा सकता। उस अद्भुत आनंद का अनुभव मात्र सहज किया जा सकता है।

गुजराती में लिखे गये अन्य राम-काव्य

तुलसीदास के 'रामचरित मानस' का प्रचार गुजरात में अधिक किया गया है। उनमें से गिरिजाशंकर एवं मायाशंकर शास्त्री द्वारा गुजराती में अनूदित रामचरितमानस 13 बार प्रकाशित हुआ है। शंकर भाई विक्रम भाई पठेल द्वारा गुजराती में रूपांतरित रामचरित मानस' भी जनता के बीच बहुत विख्यात हुआ है। गुजरात लोगों के जीवन पर रामकाव्य का अधिक प्रभाव पड़ा है।

15वीं शती के 'भालन' नामक कवि को गुजराती राम-काव्य के इतिहास में श्रेष्ठ स्थान दिया गया है। 'रामचरित', 'राम विवाह', रामबाल चरित्र आदि ग्रन्थों की रचना इन्होंने की है।

16वीं शती का वाजियों नामक राम भक्त कवि 'सीतासंदेश' 'सीतवेल' आदि ग्रन्थो की रचना के द्वारा अपनी राम-भक्ति को प्रकट किया है।

जग्गनाथ नामक कवि ने राम की कथा को सिर्फ आठ कविताओं में लिखा हैं। भालन कवि का पुत्र उद्धव ने अपने पिता का अनुकरण करके गुजराती में राम-काव्य की रचना की है।

---

1 गिरिधर रामायण - 5-16.3 -1-21-47

2 वही 6-3, 10-12

(viii) हिन्दी रामकाव्य

स्वामी रामानन्द, सूरदास, गोस्वामी तुलसीदास, स्वामी अग्रदास, नाभादास, केशवदास, हृदयराम, सेनापति, गुरु गोविन्द सिंह प्रभृति कवियों ने हिन्दी में रामायण तथा राम-कथा से संबांधित काव्यों की रचना कर, हिन्दी-साहित्य-भण्डार को समृद्ध किया है। आगे उनकी कृतियों का विवरण प्रस्तुत किया जाता है:

रामानंद स्वामी

रामानंद 1400 to 1476 शती

श्री रामानंद स्वामी हिन्दी-राम काव्य के प्रथम कवि थे; इन्होंने रामानंदी-सप्रदाय की स्थापना की थी। काशी के प्रसिद्ध श्री राधवानंद स्वामी के ये शिष्य थे। ये विप्रकुल के होने पर भी, इनके द्‌वारा स्थापित रामानंदी-संप्रदाय में जाति को प्रधानता न दी गयी थी। इनके शिष्यों की संख्या पाँच सौ के ऊपर मानी जाती है। कबीरदास भी इनके शिष्यों में एक माने जाते हैं। इनके समस्त शिष्यों ने उत्तर भारत भर में राम-मंत्र का प्रचार किया। रामानंदी संप्रदाय वाले इन्हें भगवान श्री राम का अंश मानते हैं।

भक्त सूरदास के रामलीला संबंधी पद

16 वीं शती के प्रसिद्ध कृष्ण भक्त कवि सूरदास ने रामचरित संबंधी किसी भी अलग काव्य की रचना न की थी। इनकी विख्यात कृति 'सूरसागर' में इनके द्‌वारा रचित रामलीला संबंधी पद पाये जाते हैं।

श्रीमद्भागवत पुराण में उपलब्ध रामलीलाओं के आधार पर सूरदास ने ब्रजभाषा में राम-लीला संबंधी कतिवताओं की रचना की। भागवत के 9,10 एवं 11 वीं अध्यायों में यत्र-तत्र राम-लीला का वर्णन मिलता है। 10 वीं अध्याय में शुकदेव मुनि परीक्षित महाराजा को रामायण की कथा को संक्षेप में सुनाते हैं। 11वीं प्रकरण में उत्तर काण्ड की कथा बतायी गयीं है।

सूरदास ने श्री राम के पट्टाभिषेक तक की घटनाओं को 158 छोटी एवं लंबी कविताओं में लिखा है। 'भागवत' में न बतायी गयी कतिपय घटनाओं का उल्लेख इनकी कविताओं में हुआ है। सूर ने अहलया की कथा बतायी है। भागवत में उनकी कथा न बतायी गयी है।

गोस्वामी तुलसीदास

गोस्वामी तुलसीदास (जीवन और कार्य)

तुलसीदास की जीवनी के संबंध में विद्वानोंमें मतभेद पाया जाता है। कुछ विद्वानों का कहना है कि 'राजापुर' में तुलसीदास का जन्म हुआ और कतिपय विद्वानो की राय है कि 'चोरो' इनका जन्म स्थान था। अन्तः साक्ष्य एवं बहिःसाक्ष्य के अनुसार इनका जीवःवृत्त नीचे दिया जा रहा है;

आत्माराम शुक्ल तुलसीदास के पिता और 'हुलसी' इनकी माता थी। इनकी पत्नी का नाम रत्नावली एवं गुरु का नाम नरहरि था। 36 वीं उम्र में रत्नावली द्वारा किये गये उपदेश के कारण इन्होंने वैराग्य को अपनाया औरचित्रकूट अयोध्या, प्रयाग, बद्रीनारायण, रामेश्वर प्रभृति तीर्थ स्थलों की यात्रा की। तत्पश्चात् काशी जाकर वहाँ अपने अंतिम समय तक बसे रहे। कहा जाता है कि तुलसीदास ने अपने गुरु नरहरि से भगवान श्री राम की कथा का श्रवण किया था। जनश्रृति के अनुसार इनका स्वर्गवास सन् 1673 में हुआ था। डा. माता प्रसाद गुप्ता का कहना है क तुलसीदास का जन्म सन् 1532 में और देहान्त सन् 1623 में हुआ।[1]

तुलसीदास की रचनायें

कहा जाता है कि तुलसी ने लगभग 40 ग्रंथों की रचना की थी। उनमें से प्रधान ग्रन्थों के नाम निम्नलिखित हैं-

1) रामचरितमानस
2) विनयपत्रिका
3) गीतावली
4) कवितावली
5) कृष्णगीतावली
6) पार्वती मंगल
7) जानकी मंगल
8) बरवै रामायण

---

1 तुलसीदास-माता प्रसाद गुप्त पृ.111-157

9) हनुमान वाहू
10) रामाज्ञा प्रश्न
11) वैराग्य संदीपनी
12) रामलला नहसु एवं
13) तुलसी सतसई

तुलसी दास का रामचरित मानस

तुलसीदास ने अपने 'रामचरित मानस' को सन् 1574 में प्रकाशित किया था। यह निम्नलिखित सात कांडों में विभक्त है-

1) बालकांड
2) अयोध्या कांड
3) आरण्य कांड
4) किष्किन्दा कांड
5) सुन्दर कांड
6) लंका कांड एवं
7) उत्तर कांड

दशरथ पुत्र श्री राम भगवान विष्णु के अवतार एवं परब्रह्म के रूप में चित्रित किये गये हैं। इस काव्य में ज्ञान, भक्ति, दर्शन, मनुष्यत्व आदि विषय अत्यन्त काव्य-सौन्दर्य के साथ व्यक्त किये गये हैं।

रामचरितमानस की रचना नाना प्रकार के पुराण, आगम एवं विविध ग्रन्थों के आधार पर की गयी है। उनमें से कतिपय ग्रन्थों के नाम निम्नलिखित हैं-

1) वाल्मीकी रामायण
2) श्रीमद्भागवत पुराण
3) भगवत गीता
4) अध्यात्म रामायण (संस्कृत)
5) प्रसन्न राघव
6) हनुमन् नाटक
7) आनंद रामायण
8) कर्ग संहिता आदि

राम-चरित मानस की कथा वालमीकी रामायण की कथा से कुछ स्थानों पर भिन्न दिखाई पड़ती है। वाल्मीकी रामायण में श्री राम की कथा लव-कुश के कीर्तन और वाल्मीकी-नारद के वार्तालाप द्वारा बतायी गयी है। परन्तु राम चरित मानस में श्री राम की कथा शिव और पार्वती के संभाषण के रूप में लिखी गयी है।

रामचरित मानस का पुष्पवाटिका प्रसंग वाल्मीकी रामायण की कथा से भिन्न है। तुलसी दास ने 'प्रसन्नराधव' ग्रन्थ का अनुकरण करके पुष्पवाटिका प्रसंग का वर्णन किया है। जनक महाराजा के उद्यान में 'सीता स्वयम्वर' के पूर्व ही, राम और सीता के मन में एक दूसरे के प्रति प्रेम उत्पन्न हो जाता है। सीता लक्ष्मी देवी का अवतार है; इसलिये तुलसीदास ने कहा है कि राम के प्रति सीता का प्रेम बहुत प्राचीन है।

परशुराम और राम के बीच होने वाले तर्क का वर्णन तुलसी ने वाल्मीकी रामायण से भिन्न रूप में किया है।

रामाचरित मानस में बहुत से विषय बताये गये है। जो अध्यात्म रामायण में नहीं मिलते हैं।

राम और सीता के विवाह का वर्णन तुलसी ने अपने 'मानस' में बहुत ही विस्तार से किया हैं। संस्कृति की दृष्टि से इस वर्णन को प्रधानता दी जाती है।

वाल्मीकी रामायण के आरण्य कांड में इन्द्र का पुत्र कौओ के रूप में आकर सीता के स्तनों को घायल करता है। तुलसी के मानस में मर्यादा को मुख्यत्व दिया गया है। वह कौआ स्तनों को न घायल कर, सीता के चरणों को धायल करता है।

तुलसी रामायण में बताया गया है कि विभीषण ने सीता को ढूँढ़ने में हनुमान की सहायता की थी। उन्होंने ही हनुमान को अशोक वाटिका दिखायी थी।[1] वाल्मीकी रामायण में ऐसा नहीं बताया गया है।

तुलसी के रामायण में लिखा गया है कि लंका जाने के पूर्व राम ने समुद्र के किनारे पर भगवान शिव-लिंग की प्रतिष्ठा करके उपासना की थी। वाल्मीकी रामायण में यह विषय नहीं बताया गया है। उक्त प्रसंग सांस्कृतिक दृष्टि से महत्वपूर्ण माना जाता है।

मानव समाज के कल्याण एवं अपनी आत्मतृप्ति के लिये तुलसीदास ने अपने रामायण की रचना की थी। तुलसी ने श्रीराम का चरित्रचित्रण निम्नलिखित प्रकार से किया है-

श्रीराम माता-पिता से अतयन्त प्रेम करने वाले थे; उनके आज्ञाकारी पुत्र थे; वे त्याग के प्रतिमा थे; वे करुणा मूर्ति थे; श्रेष्ट वीर थे; उनमें मनुष्यत्व के गुण कूट-कूट कर भरे हुये थे और वे स्थिर बुद्धि वाले थे। भरत एंव लक्ष्मण का चरित्र शनैः शनै उत्कृष्ट रूप धारण करता है। पतिव्रता स्त्री सीता का चरित्र-चित्रण जगतमाता के रूप में रामचरित मानस में किया गया है।

परशुराम एवं लक्ष्मण, कैकेयी एवं दशरथ, भरत एवं राम, अंगद एवं रावण, इन पात्रो के बीच होनेवाला तर्कपूर्ण वार्तालाप 'मानस' में अत्यन्त स्वारस्यपूर्ण बन पडें हैं। अपने-श्रेष्ठ रूपक अलंकारों के प्रयोग के कारण तुलसीदास रूपक अलंकारों का सम्राट कहलाते हैं।

'रामचरित मानस' ब्रजभाषा मिश्रित अवधि भाषा में अत्यन्त सरल शैली में लिखा गया है। दोहा-चौपाई छंद में मानस लिखा गया है। स्त्री और पुरुष, युवक एवं वृद्ध, छोटे बच्चे आदि सब प्रकार के लोग तुलसी का अमर काव्य रामचरितमानस को अतयन्त चाव से पढ़ा करते हैं। पिता-पुत्र, पति-पत्नी, राजा-प्रजा यजमान-सेवक सब के आदर्शपूर्ण चरित्र-चित्रण के लिये तुलसी का रामायण एक श्रेष्ठ उदाहरण माना जाता है।

भगवतगीता और तुलसी रामायण के अध्ययन में महात्मा गांधी ने परमानंद का अनुभव किया था। जिस प्रकार अंग्रेजी लोग 'बैबिल' को चाव से पढ़ते हैं; उसी प्रकार उत्तर भारत के लोग रामचरितमानस को अत्यन्त चाव से पढ़ते हैं। 'रामचरित मानस' धर्म एवं पवित्रता का प्रतीक माना जाता है। दुनिया के श्रेष्ठ महाकाव्यों में 'मानस' भी एक श्रेष्ठ महाकाव्य माना जाता हैं। अंग्रेजी, रूसी प्रभृति व दुनिया की बहुत सी प्रधान भाषाओं में तुलसी-रामायण का अनुवाद किया गया है। इस महाकाव्य पर बहुत सी

---

1 रामचरितमानस-तुलसीदास पृ. 226, 236

व्याख्या-ग्रन्थ लिखे गये हैं। इस काव्य की भांति हिन्दी साहित्य के अन्य किसी भी काव्य के लिये, इतने व्याख्या ग्रन्थ नहीं लिखे गये हैं।

मुगलों के शासन काल में तुलसी ने अपने रामायण की रचना की थी। उत्तर कांड में तुलसी ने राम-राज्य का वर्णन किया है। वैसे रामराज्य को उन्होंने भारत में देखना चाहा।

गुलाम भारत को देखकर वे अत्यन्त दुखी हुआ करते थे। 'रामचरित मानस' मे बाल कांड से लेकर उत्तरकांड तक की कथावस्तु में किंचित भी शितिलता आ न पायी है। चरित्र-चित्रण, सन्दर्भ के अनुसार उनका कथोपतकन, उपकथायें, अलंकार योजना आदि, पढ़ने वालों के मन को आकर्षित कर लेते हैं। 'मानस' हिन्दुओं का धार्मिक ग्रन्थ माना जाता है।

श्रीराम की कथा को प्राचीन समय से ऋषि-मुनि लोग बताया करते थे। तुलसीदास ने उस कथा को अपने पूर्व लिखे गये राम-काव्यों से श्रेष्ठ महाकाव्य के रूप में लिखा है। उनका रामायण, पढ़ने वाले लोगों के मन में, भक्ति को जागृत करता है; कुछ जगहों में उनके मन में वीरता को उत्पन्न करता हैं। भय एवं वीमत्स को उत्पन्न करनेवाले प्रसंग अत्यन्त यथार्त रूप में चित्रित किये गये हैं। हास्य तथा श्रृंगार का वर्णन मर्यादा की सीमा को पार न किया है। भक्ति एवं करुण रस के लिये तुलसी-रामायण श्रेष्ठ उदाहरण माना जाता है।

तुलसी के भक्ति एवं दार्शनिक विचार

तुलसी ने परब्रह्म को निगुर्ण और निराकार माना है। निराकार ईश्वर पैरों के बिना चल सकता है; जिह्वा के बिना स्वाद का आनंद ले सकता है; करों के बिना काम कर सकता है; श्रवणेन्द्रियों के बिना सुन सकता है; मुँह के बिना बोल सकता है; देह के बिना स्पर्श की पहचान कर सकता है। नयनो के बिना देख सकता है; नासिक के बिना गंध को समझ सकता है। निगुण ब्रह्म का वर्णन नहीं किया जा सकता। चारों वेद भी परब्रह्म का वर्णन करने में असमर्थ रहे हैं। ऐसा निराकार ब्रह्म भक्तों के प्रेम एवं भक्ति से आकर्षित होकर साकार एवं सगुण रूप धारण करता है।[1]

जिस प्रकार जल बर्फ में परिवर्तित होता है, उसी प्रकार निराकार ब्रह्म साकार ब्रह्म का रूप धारण करता है।

तुलसी ने समस्त जीवों को ब्रह्म का अंश माना है। भगवान के अनुग्रह मात्र से ही जीव जन्म एवं मृत्यु के चक्र से छुटकारा प्राप्त कर सकता है। और मोक्ष की उपलब्धी कर सकता है। शरीर आत्मा का वस्त्र है; देह नश्वर है; आत्मा अनश्वर है।

ईश्वर की प्राप्ति के लिये ज्ञान मार्ग से भक्ति-मार्ग श्रेष्ठ है। ज्ञान मार्ग रूपी दीपक की तुलना भक्ति-मार्ग रूपी माणिक से कर सकते हैं। तेज हवा से दीपक बुझ सकता है; परन्तु हवा का असर माणिक पर नहीं पड़ता।

---

1 रामचरित मानस-तुलसीदास 1-143, 3-4

तुलसी ने विप्रों का आदर किया था। तपस्या बल प्राप्त ब्राह्मण,दूसरों के जीवन को मंगलमय बनाता है। अतः वह वन्दनीय एवं आदरनीय है। उससे शत्रुता नहीं बढ़ानी चाहिये और उसके शाप का पात्र न बनना चाहिये।[1]

ऐश्वर्य से युक्त वैश्य को गुणवान, भक्तिमान, दानी, एवं आथित्य सत्कार करनेवाला होना चाहिये। जनता के लिये आवश्यक चीजों को खरीदकर बेचना उसका धन्धा माना जाता है।[2]

वीरता, धैर्य, बुद्धि-चातुर्य, दान-शीलता आदि क्षत्रिय के गुण माने जाते हैं। चाहे यम से भी युद्ध करना पडें तो भी उसे भयभीत होकर युद्ध-क्षेत्र में भागना नहीं चाहिये। कथमपि उसे याचक नहीं बनना चाहिये। आश्रय मांगते हुए आने वाले को आश्रय प्रदान कर उसकी रक्षा करना क्षत्रिय का कर्तव्य माना जाता है। उसका शासन न्याय पूर्वक होना चाहिये। दुष्टों को दंड देना भी शासक का कर्तव्य माना जाता है।[3]

ब्राहाण, क्षत्रिय एवं वैशय की सेवा करना शूद्र का कर्तव्य है। उसे कथमपि ब्राहाण की निंदा एवं अपमान नहीं करना चाहिये। उसे ब्राह्मण से तर्क नहीं करना चाहिये; अपने को ज्ञानी मानकर गर्वीला भी नहीं होना चाहिये।[4]

ऊँचे कुल वालों को शूद्रों के साथ प्रीति से बर्ताव करना चाहिये। गुह के साथ भी राम का बर्ताव इसके लिये एक दृष्टान्त माना जाता है।

ब्रह्मचारी को ब्रह्म-ज्ञान को प्राप्त करने के साथ-साथ वर्णाश्रम धर्मों की जानकारी प्राप्त करना भी अनिवार्य माना जाता है।[5]

गृहस्थ को मोह रहित जीवन बिताते हुए समाज की सेवा भी करनी चाहिए। अतिथि सत्कार का अनुकरण करते हुए उसे सत्संग में अपना समय बिताना चाहिए।[6]

अत्री, जनक, सदानंद प्रभृति मुनियों के जैसे वानप्रस्थ को सांसारिक सुख भोगों से दूर रहना चाहिए।

सन्यासी को इन्द्रियों को दमन करके रखना चाहिए तथा विषयवासनाओं से छुटकारा प्राप्त कर ईश्वर-ध्यान मे डूबकर रहना चाहिए।[7]

आग में घी डालने से उसकी ज्वाला और भी तीव्र होती जाती है। उसी प्रकार काम एवं रति सुख का अनुभव करते रहने से रति-भोग करने की इच्छा और भी अधिक होती जायेगी, घटेगी नहीं।

---

1 रामचरित मानस-तुलसीदास 1-2, 1-2, 84, 3-33
2 वही 2-171-5
3 वही, प1. 1-172-3
4 वही पृ.1-171-6
5 रामचरित मानस-तुलसीदास 1-205-5
6 वही 4-13
7 वही 6,7,3

रोने वाले बच्चे को जिस प्रकार माँ उठाकर अपनी गोद में रख लेती है उसी प्रकार भगवान कष्टों से पीडित अपने भक्त पर करुणा दिखाते है। भक्ति रहित मानव गुणवान एवं धनवान होने पर भी जल रहित मेघ के समान माना जायेगा।[1]

जंभाई लेते समय यदि कोई राम-नाम का उच्चारण करे तो उसके समस्त पाप नष्ट हो जायेंगे।[2]

तुलसीदास ने दास्य भक्ति-भाव से ईश्वर की उपासना की थी। श्री राम को छोड़कर उनकी सहायता करनेवाला और कोई नहीं है- ऐसा कहकर तुलसी ने भगवान श्री राम के पास अपना आत्मसमर्पण किया था। माता-पिता, रिश्ते-नाते के रुप में उन्होंने प्रभु की उपासना की।

रामचरित मानस देश एवं काल को पार करके जीवित रहता है। करोडों लोगो को उसने राम भक्त बनाया है और उन्हें सत्चरित्र सिखाया है। कष्ट काल में उन्हें धैर्य प्रदान कर, मानवता की महिमा को समझाता है।

तुलसीदास जी ने अपने समय के सामाजिक एवं राजनीतिक परिस्थिति, * लोगों की संस्कृति, राजा का कर्तव्य, मंत्रि का कर्तव्य, भक्ति, धर्म, दर्शन आदि विषयों पर विस्तारता पूर्वक प्रकाश डाला है।

तुलसीदास की गीतावली

गीतों के रूप में श्री राम की कथा तुलसी कृत गीतावली में 'संक्षिप्त' रूप में बतायी गयी हैं। 'रामचरित मानस' की भाँति यह ग्रन्थ भी सात कान्डों में लिखा गया है। 'मानस' में न बताये गये कतिपय विषय 'गीतावली' में बताये गये हैं। उदाहरण के लिये, लंका कान्ड में संजीविनी ले जाने वाले हनुमान की भेंट भरत से होती है; युद्ध क्षेत्र में लक्ष्मण के मूर्छित हो जाने का समाचार वे भरत को सुनाते हैं। इस समाचार को सुनते ही, सुमित्रा, युद्ध भूमि में राम की सहायता करने के लिये एवं शत्रुघन को हनुमान के साथ लंका प्रस्थान करने की आज्ञा देती है।

गीतावली के अयोध्या कान्ड में तुलसीदास ने लिखा है कि श्रीराम के विन्ध्यापर्वत पहुँचने का समाचार, गुह पत्र द्वारा भरत को अवगत कराता है।

विवाह के पश्चात् जब श्री राम सीता के साथ अयोध्या पहुँचते है तब कौशल्या अपनी सात सौ सौतों को प्रणाम करने के लिये सीता से कहती है। वाल्मीकी रामायण एवं रामचरितमानस में दशरथ की सात सौ पत्नियों के बारे में कुछ भी नहीं बताया गया है।

'गीतावली की ब्रजभाषा में संस्कृत शब्दों का प्रयोग अधिक मात्रा में दिखायी पड़ता है। पात्रों के बीच होने वाला संवाद उत्तम रूप से बन पड़ा है।

---

1 वही, 7-35, 3-14, 4-5

2 वही 2-193-3

तुलसीदास की विनयपत्रिका

विनयपत्रिका की रचना काल सन् 1579 से 1581 तक माना जाता है। इस ग्रन्थ में 279 संगीत-कीर्तनों का संकलन हुआ हैं। कुल 23 रागों में वे लिखे गये हैं। 'सांगरूपक' राग में बहुतांश संकीर्तनों की रचना हुई है। कुछ संकीर्तन तुलसी के गुणों पर प्रकाश डालते हैं। 'विनयपत्रिका' पर अनेक व्याख्या ग्रन्थ लिखे गये हैं। आल्सिन ने इसका अनुवाद अंग्रेजी में किया है।

विनयपत्रिका के गीतों में यह उपदेश दिया गया है कि विषय वासनाओं से मन को हटाकर सदा-सर्वदा उसे प्रभुश्री राम के ध्यान में लगाना चाहिये। संसार की नश्वरता एवं सारहीनता संबंधी विषय इन गीतों में बताये गये हैं। श्रीराम से बढ़कर दूसरा कोई ईश्वर नहीं है। विनयपत्रिका श्री राम का स्तुति-काव्य हे। राम-नाम के जपन द्वारा प्रभु का अनुग्रह पा सकते हैं।

विनयपत्रिका की कतिपय कविताओं में तुलसी अपने को अनाथ बताकर श्री राम के चरणों में आश्रय की प्रार्थना करते हैं एवं उनसे अपनी कामनाओं को पूरा करने की विनती करते हैं। उनकी कमियों के कारण प्रभु उनकी उदासीना करते हैं। कुल गीतों में तुलसी इन्द्रिय सुखों की निन्दा करते हैं। और अपने किये हुए पापो के लिये पछताते हैं। अंत में वे अपने प्रयत्नो में विजय प्राप्त करते हैं। प्रभु श्री राम उनकी प्रार्थनाओं को स्वीकार करते हैं। प्रभु का अनुग्रह प्राप्त करने के लिये वे वैराग्य पूर्ण जीवन बिताते हैं।

विनयपत्रिका तुलसी के व्यक्तित्व पर प्रकाश डालता है। उस में राम की कथा से संबंधित कोई भी संभव नहीं बताया गया है। तुलसी अपनी प्रार्थना को पत्र के द्वारा श्रीराम को अवगत कराते हैं। वे भगवान गणेश से प्रार्थना करते हैं कि प्रभु श्री राम और सीता उनके हृदय में वास करें। लक्ष्मण से वे विनती करते है कि वे अपनी इस इच्छा को श्रीराम से कहें। अजामिल, शिकारी, वेश्या, व्याध आदियों ने राम-नाम का जपन करने से मोक्ष की प्राप्ति की। तुलसी श्रीराम से प्रार्थना करते हैं कि वे 'भक्तवत्सल' पद को बनाये रखने के लिये उनके जैसे पापियों को अपने चरणों में आश्रय दें।

तुलसी की दोहावली

तुलसी के दोहों का संकलन 'दोहावली' कहलाती है। इन दोहों में अनेक प्रकार के विषय बताये गये हैं। कतिपय दोहों में कवि के जीवन में घटी हुई विविध घटनाओं का उल्लेख हुआ है। वे कवि के जीवन को बताने वाले अन्तः साक्ष्य माने जाते हैं। 'दोहावली ग्रन्थ में कुल 573 दोहों का संकलन किया गया है। निम्नलिखित विषय इन दोहों में बताये गये हैं-

1. भगवान शंकर की महिमा;
2. श्री राम, लक्ष्मण, भरत, शत्रुघन, कौशल्या, सुमित्रा, सीता आदि रामायण के पात्रों के गुणों की महिमा
3. ज्ञान मार्ग की कठिनाइयाँ
4. माया एवं मोह की निंदा

5. सज्जन तथा दुष्टों के लक्षण
6. विपरीत बुद्धि
7. विवेक, विश्वास एवं क्षमा का महत्व
8. राजा के लक्षण
9. आज्ञाकारी सेवक का महत्व
10. सफलतापूर्ण जीवन
11. सत्संग का महत्व और
12. प्रभु श्री राम का अनुग्रह

तुलसी का 'जानकी मंगल'

'जानकी मंगल' नामक लघु काव्य में राम और सीता की शादी का वर्णन किया गया है।

तुलसी का बरवै रामायण

'बरवै रामायण' नामक काव्य 'बरवै' छंद में लिखा गया है। पृथक-पृथक कविताओं में लिखे गये इस काव्य में श्री राम की कथा क्रमपूर्वक न बतायी गयी है।

तुलसी कृत 'रामाज्ञा प्रश्न'

'रामाज्ञाप्रश्न' नामक काव्य की रचना 'दोहा' छंद में हुई है। इस ग्रन्थ में शकुनों के फल बताये गये हैं। अनेक प्रश्नों के उत्तर इस में प्रस्तुत किये गये हैं। 'अवधी' भाषा में रचित इस काव्य पर ब्रजभाषा का प्रभाव देखने को मिलता है।

तुलसीदास के जीवनवृत्त का सार

जन्म	सन् 1532
मृत्यु	सन् 1623
पिता का नाम	आत्मराम
माता का नाम	हुलसी
पत्नी का नाम	रत्नावली
गुरु का नाम	नरहरि
तीर्थ यात्रा के स्थल	प्रयाग, रामेश्वर, चित्रकूट अयोध्या
देहावसान का स्थल	काशी का 'अस्सीघाट'
रचनायें	रामचरितमानस
	विनय पत्रिका

गीतावली
कवितावली
कृष्ण गीतावली
दोहावली
पार्वती मंगल
जानकी मंगल
वरवै रामायण
हनुमान बाहुक
रामाज्ञा प्रश्न
वैराग्य संदीपिनी
रामलला नहसु और
तुलसी सत्सई

स्वामी अग्रदास

स्वामी अग्रदास, स्वामी रामानंद की शिष्य परम्परा के माने जाते हैं। 16वीं शती के अग्रदास राजपुताना के माने जाते हैं। माधुर्य भक्ति से अग्रदास ने राम की उपासना की थी।

रचनायें

1) हितोषदेश
2) ध्यान मंजरी
3) रामध्यान मंजरी
4) कुण्डलिया

नाभादास

तुलसी दास की मृत्यु के पश्चात् भी नाभादास जीवित थे। ये स्वामी अग्रदास के शिष्य माने जाते हैं। नाभादास का प्रसिद्ध ग्रन्थ 'भक्तमाल' में दौ सौ के ऊपर भक्त कवियों की जीवनी बतायी गयी है।

नाभादास की दूसरी कृति 'रामाष्टय' माधुर्य भक्ति-भाव में लिखा गया है। अपने इस काव्य की एक कविता में नाभादास ने तुलसीदास की प्रशंसा की है। नाभादास ने तुलसी को वाल्मीकी कवि का अवतार कहा है।

केशवदास

तुलसीदास के समकालीन केशवदास का जन्म सन् 1555 में हुआ और मृत्यु 1617 में हुई। विप्र कुल में इनका जन्म हुआ था और ये पंडित परिवार के थे। ये अपने को बड़ा गौरवशाली मानते थे कि इनका जन्म वेदव्यास की परंपरा में हुआ था। इन्द्रजीत सिंह नामक नरेश ने इन्हें अपने गुरु के रूप में स्वीकार किया था और 22 गाँओं को दक्षिणा के रूप में इन्हें प्रदान किया था। केशवदास संस्कृत के बड़े पंडित थे। निम्नलिखित कृतियाँ इनके द्वारा लिखी हुई मानी जाती है।

1. कविप्रिया
2. रसिक प्रिया
3. रामचंद्रिका
4. विज्ञान गीता
5. रतनबावणी आदि।

केशवदास कृत रामचंद्रिका का विवेचन

हिन्दी साहित्य के गंगन मे नक्षत्र के रूपमें माने जाने वाले महाकवि केशवदास जी ने सन् 1601 'रामचंद्रिका' नामक महाकाव्य की रचना की थी।[1] बाल्मीकी रामायण, जयदेवकृत 'प्रसन्न राघव, हनुमान नाटक, अध्यात्म रामायण, संस्कृत का महाकवि बाणभट्ट द्वारा रचित 'कादंबरी, आदि ग्रन्थों के आधार पर 'रामचंद्रिका' महाकाव्य लिखा गया था जो 39 भागों में विभाजित है।

रामचंद्रिका के प्रत्येक भाग में उसमें आनेवाले प्रधान संभवों का उल्लेख किय गया है। प्रथम भाग में कवि गणेश भगवान एवं सरस्वती देवी को प्रणाम करते हैं। उसके पश्चात् अपनी वंश-परंपरा, ग्रन्थ लिखे जाने का काल, एवं कारण आदि बताते हैं।

विश्वामित्र के अयोध्या गमन के साथ श्री राम की कथा प्रारंभ होती है। दशरथ एवं उनके चार पुत्रों के बारे में कवि बताते हैं। उसके पश्चात् अयोध्या नगर, सरयू नदी, राजकीय हाथी, राजमहल का उद्यान, अयोध्या की जनता आदि का वर्णन किया गया है। वर्णन की भाषा का अलंकार-योजना सराहनीय है।

रामचंद्रिका की मुख्य कथा में निम्नलिखित कारणों से शितिलता आ गयी है-

1. अन्गिणित विविध छन्दों का प्रयोग
2. नीति संबंधी लंबा उपदेश
3. अग्निणित अलंकारों का प्रयोग और
4. कथा के प्रधान भावपूर्ण संभवों को ग्रन्थ में प्रधानता न दी गयी है।

संस्कृत शब्दों के भरमार के कारण ब्रजभाषा में रचित रामचंद्रिका को पढ़कर समझना कठिन कार्य माना जाता है।

पंडित एवं विद्वानों के विनोद के लिये केशवदास ने अपने 'रामचंद्रिका' की रचना पांडित्यपूर्ण भाषा में की है। इस कारण, रामचंद्रिका को हिन्दी साहित्य के इतिहास में एक अलग स्थान प्राप्त है। रावण-सीता तथा अंगद-रावण, इनके बीच होने वाला वार्तालाप, सराहनीय है। रामलीला नाटकों में इस प्रकार का संभाषण अधिक देखने को मिलता है। केशवदास ने पात्रों के संभाषणों को स्वारस्यपूर्ण एवं नाटकीय

1 रामचंद्रिका-केशवदास, 1-6

ढंग से लिखा है। कवि ने वर्णनों के लिये जितनी प्रधानता दी है उतनी प्रधानता कथा के विकास एवं पात्रों के चरित्र-चित्रण के लिये नहीं दी है।

केशवदास ने अपनी रचना रामचंद्रिका में अपने समय के राजाओं के अंतपुर का सविस्तार वर्णन प्रस्तुत किया है। उन्होंने कहा है कि सीता राम के साथ वन में रहते समय वीणा को बजाकर श्रीराम को प्रसन्न किया था। पाठकों को यह सोचना पड़ता है कि वनवास के लिये प्रस्थान करते समय शायद सीता ने अपने साथ वीणा को लेकर गयी हो।

लंकातिपति को अपमान तथा उसकी वीरता को कलंकित करने के उद्देश्य से केशवदास लिखते हैं-रावण श्री राम के पास दूत भेजता है; वह दूत राम के पास जाकर कहता है-

"हे राम! यदि आप परशुराम से प्राप्त 'परशु'नामक धनुष को दें तो रावण सीता को आप के पास वापस भेज देंगे।" रावण के इस बर्ताव को देखकर मंदोदरी कहती है-"हे लंकापुरि नरेश! आप चिन्ता मत कीजिये। मैं एक क्षत्रिय स्त्री हूँ; यदि आप अनुमति दें तो मैं खुद युद्ध भूमि पर राम से युद्ध करूँगी।"[1]

इस प्रकार कवि केशवदास ने रावण को एक कायर की भांति चित्रित किया है।

राम को युद्ध भूमि में हराने के वास्ते रावण अपना गुरु शुक्राचार्य के परामर्श के अनुसार एक बड़ा यज्ञ करते हैं। उस यज्ञ को रोकने के लिये राम वानर सेना को भेजते हैं। अंगद मंदोदरी के केशों को पकड़कर खीचते हुए यज्ञ करने वाले रावण के समक्ष उसे खड़ा करते हैं। उस समय रावण अंगद को मारने के लिये आक्रोश से यज्ञ को बंद कर के उठते हैं।[2] वाल्मीकी रामायण, अध्यात्म रामायण, तथा आनंद रामायण में इस याग का उल्लेख किया गया है।

रामचंद्रिका में श्री राम एवं सीता की श्रृंगार-लीलाओं का वर्णन किया गया है। अश्वमेघ यज्ञ के घोडे के साथ आयी हुई राम की सेना से लव और कुश दोनों युद्ध करते हैं। जब सीता को यह बात मालूम होती है तब वह युद्ध को रोकती है और अपनी पतिव्रता शक्ति से मरे हुए लोगों को जीवित कराती है।

तत्पश्चात् श्री राम सीता एवं लव कुश के साथ अयोध्या लौटते हैं। अपने पुत्रों को तथा अपने भ्राता के पुत्रों को राज्य का बंटवारा करके देते हैं। उनको राज्य परिपालन करने की नीति को समझाते हैं। उसके पश्चात् वे सीता के साथ आनंदमय जीवन बिताने लगते हैं। इस प्रकार केशव ने अपने रामायण महाकाव्य को समाप्त करते हैं।

हृदयराम झल्ला

हृदयराम झल्ला पंजाब के श्री कृष्णदास के पुत्र थे। इन्होंने सन् 1623 में 'कवित्र' एवं 'सनैया' छन्दों में **'भाषा हनुमान नाटक'** नामक ग्रन्थ की रचना की। संस्कृत में रचित 'हनुमन नाटक' को आधार बनाकर हृदयराम ने इस नाटकीय ग्रन्थ को लिखा था। इन दोनो नाटकों में समानता कम तथा

1 रामचंद्रिका-केशवदास, 19-32

2 वही 19-24-33

भिन्नता अधिक पायी जाती है। अच्छी भाषा शैली में लिखे जाने पर भी, इसमें नाटक के सिद्धान्तों का अनुकरण नहीं किया गया है।

जहाँगीर के शासन काल में हृदयराम कवि के रूप में अत्यन्त विख्यात थे। जहाँगीर के विरुद्ध कार्य करने के कारण इनको कारावास का दंड भुगतना पड़ा था। हृदयराम हनुमान के बड़े भक्त थे। जेल में रहते समय इन्होंने 'भाषा हनुमान नाटक' को लिखा था। यह नाटक 'रामगीत' के नाम से भी प्रसिद्ध है। जहाँगीर ने इस ग्रन्थ का अनुवाद पारसी भाषा में करके उसे अपने पुस्तकालय में रख लिया था।

भक्त हृदयराम ने अपने 'रामगीत काव्य में श्रृंगार, हास्य, शांत आदि रसों का अच्छा निर्वाह किया है। कथानक, भक्ति-भावना, काव्य-सौन्दर्य, छन्द-योजना, एवं भाषा-शैली के कारण रामगीत (भाषा हनुमन नाटक) एक श्रेष्ठ काव्य माना जाता है।

पंजाबी राम-काव्य-परंपरा में हृदयराम झल्ला को एक प्रमुख स्थान दिया गया है। उन्होंने अपने 'हनुमन नाटक' में निम्नलिखित कतिपय नवीन विषयों पर प्रकाश डाला है- स्वयमवर मण्डप में रखे हुए शिव धनुष यदि राम भी उठा न सके तो श्री राम से सीता की शादी न हो पायेगी; सीता के मन में भरोसा कम होने लगा; विष पीकर आत्महत्या कर लेने का निश्चय वह अपने मन में कर लेती है।

रावण अंगद से कहता है-यदि राम लंका पधारें तो मैं बीस बार उसकी शादी कराऊँगा; बीस पात्नियों के साथ वे प्रसन्नता पूर्वक अपना जीवन बितावे। परन्तु किसी भी हालत में मैं सीता को उनके पास नहीं सौपूँगा।

मैथिलीशरण गुप्त (सन् 1886-1964)

प्रसिद्ध श्री मैथिलीशरण गुप्त का जन्म झाँसी के निकट 'चिरगाँव' नामक शहर में हुआ था। वे बड़े राम भक्त कवि थे। तुलसीदास के 'रामचरित मानस' के पश्चात् हिन्दी राम-काव्य में इनके द्वारा लिखित 'साकेत' नामक काव्य अधिक प्रसिद्ध हुआ।

मैथिलीशरण गुप्त (सन् 1886-1964)

मैथिलीशरणगुप्त की रचनायें

निम्नलिखित कृतियाँ मैथिलीशरण गुप्ता के द्वारा रचित मानी जाती हैं-

1) जयद्रथवध,	2) भारत भारती
3) पंचवटी	4) झंकार
5) साकेत	6) यशोदा
7)द्वापर	8) जयभारत
9) विष्णुप्रिया	10) आदि

'पलासी युद्ध', 'मेधनाथ वध', 'विरुधर संहार' इनकी अनूदित काव्य माने जाते हैं।

मैथिलीशरण गुप्त के 'साकेत' का विवेचन

मैथिलीशरण गुप्त जी का 'साकेत' काव्य वर्तमान हिन्दी साहित्य का बहुत श्रेष्ठ काव्य माना जाता है। ऊर्मिला के वियोग दुख को प्रधानता देकर किसी भी हिन्दी कवि ने कोई भी काव्य नहीं लिखा था। रवीन्द्रनाथ ठाकुर तथा महाबीर प्रसाद द्विवेदी ने इस बात पर अपनी चिन्ता प्रकट की थी। हिन्दी साहित्य में इस कमी को दूर करने के लिये महावीर प्रसाद द्विवेदी का शिष्य मैथिलीशरण गुप्त ने 'साकेत' नामक काव्य की रचना की।

'साकेत' काव्य रामायण की कथा को आधार बनाकर लिखा गया है। गुप्त जी ने रामायण की कथा को नवीन रुप में प्रस्तुत किया है। लक्ष्मण एवं ऊर्मिला के प्रेम संबन्धी बातचीत के साथ साकेत काव्य का श्रीगणेश होता है। दोनों के वार्तालाप के अंत में दोनों को राज्याभिषेक का समाचार सुनाया जाता है। भरत अपने नाना के घर गये थे। मन्थरा कैकयी से बताती है- भरत की अनुपस्थिति में राज्याभिषेक उत्सव को चलाना एक षड़यंत्र है। इस प्रकार कहकर मन्थरा कैकेयी को उकसाती है "पुत्र भरत पर भी संदेह होने के कारण दशरथ ने उसे निमंत्रित नहीं किया है" मन्थरा का यह वाक्य कैकेयी के श्रवणोन्द्रियों में गूंजती रहती है। उसका आन्तरिक माँ-हृदय भरत की भलाई के लिये चिंतित होता है। इसलिये वह दशरथ से याचना करती हैं कि राम चौदह वर्ष बनवास करे और भरत अयोध्या का नरेश बने।

ऊर्मिला भी सीता की भांति उपने पति के साथ बन प्रस्थान करने के लिये तैयार थी। ऐसा करने से लक्ष्मण को राम एवं सीता की सेवा करने में बाधा उत्पन्न होगी, यह सोचकर ऊर्मिला वन नही जाती हैं, वियोग दुख सहने के लिये अपने मन को वह दृढ बना लेती है।

रघुकुल की बहूँ ऊर्मिला की शोक कथा को बताना ही 'साकेत' के रचयिता का प्रधान उद्देश्य है

ऊर्मिला के साथ कवि भी साकेत में (अयोध्या में) रहते हुए रामायण की अन्य सभी घटनाओं का वर्णन किया है। ऊर्मिला को छोडकर वे कहीं नहीं जा सके। कवि एक बार चित्रकूट जाते है तो ऊर्मिला तथा साकेत के सभी पात्रों को अपने साथ लेकर जाते है।

राम, लक्ष्मण और सीता के वन प्रस्थान के पश्चात, दशरथ की मृत्यु तथा ऊर्मिला की मूर्चा आदि संभवो का चित्रण साकेत कावय में कवि ने किया है।

भरत और शत्रुघन मिथिला नगर से बुलाये जाते है। सभी दुख पूर्ण घटनाओ को सुनकर वे बहुत चिन्तित होते हैं। राम को आंमत्रित करने के लिये वे चित्रकूट जाते है। वहाँ आयोजित की गयी सभा में कैकेयी को भी बोलने का मौका दिया जाता है। वह अपने किये हुए कार्यों के लिये उचित कारण बताती है।

बाल्मीकी और तुलसीदास ने अपने रामायणों में कैकेयी को बोलने का अवकाश नहीं दिया था और उसे अपने पश्चाताप को प्रकट करने का मौका नही दिया था। मैथिलीशरण गुप्त ने ही प्रथम बार कैकेयी को अपने पछतावा प्रकट करने का सन्दर्भ प्रदान किया है। इस प्रकार उन्होने कैकेयी के दोष-निवारण का प्रयत्न अपने साकेत काव्य में किया है। कैकेयी की प्रार्थना को सुनने के बाद भी श्री राम अयोध्या नहीं लौटते हैं। 8वीं अध्याय तक की कथा इसके साथ समाप्त होती है। 9वीं एवं 10वीं अध्यायों में ऊर्मिला के वियोग-दुख का हदय स्पर्शी वर्णन किया गया है। इस वियोग दुख के वर्णन में बालकांड की कथा भी बतायी गयी है। ऊर्मिला की बीती हुई घटनाओं की याद एक-एक करके आती हैं। इस प्रकार कवि ने कथा में स्वारस्य को उत्पन्न किया है।

11वीं तथा 12वीं अध्यायों में शूर्पनखा की कथा, कर और दूषण का वध, रावण के द्‌वारा सीता का अपहरण आदि घटनाओं पर कवि ने प्रकाश डाला है। लक्ष्मण द्‌वारा शूर्पनखा का अपमान किया जाना और कर दुषण वध संबधी समाचार शत्रुघन द्‌वारा उल्लेख किये गये है। राम और रावण के युद्ध का संदेश हनुमान द्‌वारा, अयोध्यावासियों को दिया जाता है। उस समय लक्ष्मण को बचाने के लिये संजीवनी जड़ को लेकर हनुमान वापस लंका जा रहे थे।

लक्ष्मण के मूर्छित होने का समाचार सुनते ही अयोध्या की सेना लंका जाने के लिये तैयार हो जाती है। इतने में वशिष्ठ मुनि सेना को लंका जाने से रोक देते है।

मैथिलीशरण गुप्त ने ज्ञात रामायण कथा को स्वारस्यपूर्ण बनाने के वासते निम्नलिखित उक्तियों का अनुसरण किया है।

1. ऊर्मिला रामायण कथा की नायिका बनायी जाती है।
2. कैकेयी के शोक के लिये न्यायपूर्ण कारण कवि पैदा करते हैं
3. चित्रकूट की सभा में कवि कैकेयी को बोलने का अवसर देते हैं
4. कथा के प्रारम्भ की घटनाओं को कवि बाद में बताते है।
5. युद्ध भूमि में लक्ष्मण के मूर्छित होने की खबर पाते ही अयोध्या की सेना, लंका प्रस्थान करती है।

भारतीय संस्कृति की जीत को स्थापित करना साकेत काव्य का प्रधान लक्ष्य माना जाता है। राम का सदाचार एवं सतगुणों से भारतीय संस्कृति का पता चलता है।

साकेत अपने श्रेष्ठ काव्य-सौन्दर्य के लिये अत्यन्त प्रसिद्ध है। पाठकगण सभी रसों का अनुभव कम अथवा अधिक मात्रा में कर सकते है।। श्रृंगार रस अंगी रुप एवं बाकी सब रस, अंग रुप में इस काव्य में प्रयुक्त हुए हैं।

साकेत-काव्य सरल एवं मीठी खड़ीबोली में लिखा गया है। कवि ने संस्कृत शब्दों का प्रयोग अधिक मात्रा में किया हैं। अपनी शैली को उत्कृष्ट बनाने के लिये मैथिलीशरण गृप्त ने अनेक प्रकार की उक्तियों का प्रयोग सफलतापूर्वक इस काव्य में किया हैं। साकेत काव्य जीवन-तत्वों और अनुभूतियों से भरा पड़ा है। हिन्दुओं के आचार-विचार, रहन-सहन आदि पर कवि अधिक श्रृद्धा रखते थे। उनकी उस श्रृद्धा से हिन्दु धर्म के प्रति उनके अपार अनुराग को इस काव्य में यत्र तत्र हम देख सकते है। इस दृष्टि से साकेत गुप्त जी का अति श्रेष्ठ काव्य माना जाता है।

भारतीय जीवन को चित्रित करने वाला साकेत काव्य सन १६३२ में प्रकाशित हुआ था। कैकेयी के पश्चाताप के वर्णन में गुप्त जी की असाधारण काव्य-क्षमता प्रकट हुई हैं। लंका-युद्ध वर्णन वीर रस के लिये अच्छा उदाहरण माना जा सकता है। कथा में आनेवाले कथोपकथन सब स्वारस्यपूर्ण बन पडे है। संक्षेप में कहे तो साकेत-काव्य, भारतीय जीवन का प्रतिनिधित्व करने वाला एक श्रेष्ठ काव्य है।

बुशुण्डी रामायण

रसिक संप्रदाय के कवि, श्री राम के पुनीत जीवन में श्री कृष्ण के रसिक स्वरुप को देखना चाहते थे। श्री कृष्ण की श्रृंगार-लीलाओं की भांति श्री राम की श्रृंगार-लीलाओं का प्रचार करने के प्रयत्न में वे लगे। रसिक संप्रदाय के रति -सुख संबन्धी विचारों को लोगों के बीच प्रचार करने के उद्देश्य से 'बुशुण्डी रामायाण' नामक श्रृंगार -काव्य की रचना की गयी। यह ध्यान देने की बात है कि रसिक संप्रदाय के तत्वों में रति-भोग को अधिक प्रधानता दी गयी थी।

रसिक संप्रदाय के रहस्य ग्रन्थ 'बुशुण्डी रामायण' का प्रकाशन सन् 1975 में डां भगवती प्रसाद सिंह द्वारा किया गया था। इस श्रृंगार रामाणय के रचयिता के संबंध में अब तक कुछ भी ज्ञात नहीं हुआ है। ऐसा माना जाता है कि यह श्रृंगार-काव्य, सन् 12वीं शती के पूर्व लिखा गया था।

बुशुण्डी रामायण की रचना श्रीमदभागवत पुरण के दशम स्कन्ध के आधार पर की गयी हैं। 146 अध्यायों का यह रामायण 11,190 कविताओं में लिखा गया हैं। श्री राम और सीता के इंद्रिय सुख-भोगों का वर्णन इस काव्य में हुआ है। ध्यान देने की बात यह है कि श्रीराम और सीता के श्रेष्ठ गुण, चरित्र आचार-विचार आदि इस श्रृंगार काव्य में चित्रित नहीं किये गये है। बाल्मिकी के राम और सीता जनता के जीवन के मार्गदर्शक थे। उनका चरित्र लोगों को श्रेष्ठ मार्ग पर ले जाने वाले थे। समाज के मार्ग-दर्शक श्री राम और सीता का उन्नत चरित्र -चित्रण बुशुण्डी रामायण में नहीं किया गया है। इस काव्य में प्रयुक्त की गयी माधुर्य-भक्ति में रति-भोग का वर्णन ही अधिक मात्रा में किया गया है।

सन् १६२३ में तुलसीदास की मृत्यु हुई थी। सन् 1732 में बुशुण्डी रामायण की प्राचीन पांडुलिपि प्राप्त हुई थी। अतः सन 1623 एवं 1932 के बीच इस रामायण का सृजन हुआ होगा। विद्वानों की ऐसी राय है कि बुशुण्डी रामायण में उसके रचयिता एवं रचना काल के संबंध में कोई भी विवरण नही दिया गया हैं। इस ग्रंथ के प्रकाशक की राय है कि सन् 1200 में इस काव्य की रचना की गयी होगी। ऐसा भी माना जाता है कि इस काव्य के रचयिता संस्कृत के बडे विद्वान थे और मथुरा के निवासी थे। उल्लेखनीय बात यह है कि रसिक संप्रदाय के सिद्धान्तों का प्रचार, श्री कृष्ण का जन्म सथान मथुरा

में अधिक हुआ था। इसलिये बुशुण्डी रामायण के रचयिता ने श्री राम एवं सीता का चरित्र-चित्रण भी रसिक संप्रदाय के विचारों के अनुसार किया है।

श्री संप्रदाय के विचार, सूरसागर, रामचरितमानस तथा उपनिषदों के प्रभाव को भी बुशुण्डी रामायण पर देख सकते है। श्री राम की बाल-लीलाओं का वर्णन, श्री कृष्ण की बाल-लीलाओं की भांति, इस काव्य में किया गया है।। अयोध्या की नारियाँ, गोपियों की भांति चित्रित की गयी है। राम भक्तों की दास्य भक्ति को कृष्ण भक्तों की प्रेमा-भक्ति के स्तर पर परिवर्तन करना ही बुशुण्डी रामायण का लक्ष्य माना जाता है। संक्षेप में कहे तो यह काल्पनिक श्रृंगार काव्य है।

रसिक संप्रदाय के राम-भक्तों ने रागात्मिका भक्ति का प्रचार लोगों के बीच करना शुरु किया। बुशुण्डी रामायण में रागात्मिका भक्ति का प्रतिपादन किया गया है। मर्यादा पुरुषोत्तम श्री राम सरयू नदी के किनारे, श्री कृष्ण की भांति, अयोध्या स्त्रियों के साथ, श्रृंगार लीलायें करते है।

रसिक संप्रदाय, रामानंदी-संप्रदाय का एक अंग होने के कारण, विशिष्टाद्वैत विचारों का निरुपण भी इस काव्य में यत्र-तत्र किया गया है।

प्रकृति-चित्रण, दशरथ की तीर्थ-यात्रा, यमुना नदी तथा मथुरा, वृन्दावन प्रभृति तीर्थ-स्थलों का वर्णन, विस्तार रुप से बुशुण्डी रामायण में किया गया है। इसलिये मूल कथा में शितिलता आ गयी है इस काव्य का नायक श्री राम एक काल्पनिक श्रृंगार प्रिय पात्र माने जाते है। वे बाल्मीकी रामायण, अध्यात्म रामायण, रामचरितमानस, कंब रामायण प्रभृति काव्यों से बिल्कुल भिन्न रुप से चित्रित किये गये है।

मर्यादा पुरुषोत्तम श्री राम की गंभीरता, वीरता, पराक्रम, करुणा, मानवता-प्रेम, भक्त वात्सल्य प्रभृति श्रेष्ठ गुण बुशुण्डी के राम में उपेक्षित किये गये है। श्री राम एक साधारण राजकुमार की भांति चित्रित किये गये है। इंद्रिय सुखों का भोग करना मात्र ही उनके जीवन का प्रमुख लक्ष्य है। श्री कृष्ण की लीलाओं में छिपी आध्यात्मिक विचारों को इस काव्य में हम देख नहीं सकते। मदारी के कपि की भांति, श्री राम इस काव्य में चित्रित किये गये है। कामुक होने पर भी यत्र-तत्र सिर्फ नाम के वास्ते, श्री राम ज्ञानी, त्यागी एवं वीर के रुप में बहुत चातुर्य से इस काव्य में चित्रित किये गये है। अतः पाठको के मन में उनके प्रति कोई भी भक्ति अथवा मर्यादा-भाव उत्पन्न नहीं होता। इसे देखने पर ऐसा लगता है कि लोमड़ी पर सिंह का चमड़ा ओढ़कर उसे सिंह की भांति चित्रित करने का प्रयत्न बुशुण्डी रामायण के रचयिता ने किया है। जनता के मन में भक्ति-भाव को जागृत करने की अलौकिक शक्ति, काव्य के नायक श्री राम में दिखाई नहीं पड़ती है।

बुशुण्डी रामायण की सीता अपने सौन्दर्य को पद्रर्शित करने वाली एक साधारण कालेज छात्रा की भांति चित्रित की गयी हैं। राम एक कामुक युवक की भांति उसका पीछा करते है। अंततोगत्वा सीता उन्हें अपनी प्रेम-जाल में फंसा लेती है। पतिव्रता नारी सीता का पवित्र चरित्र इस प्रकार कंलकित किया गया है। दशरथ, भरत, लक्ष्मण प्रभृति पात्रों के चरित्र में मर्यादा दिखायी नहीं पड़ती है वे भी कामुकों की भांति चित्रित किये गये है। अयोध्या की जनता, वृन्दावन के गोप-गोपियों की भांति श्री राम से प्रेम करती है तथा उनसे रास-क्रीडा करती है। श्रीकृष्ण की भांति, श्री राम भी वेणु-गान के द्वारा अयोध्या

की गोपिकाओं को आकर्षित करते है। वे सरयू नदी के तीर पर उनके साथ नृत्य करते हैं। वे एक साधारण मनुष्य की भांति लौकिक सुखो का अनुभव करने में आतुर रहते है।

बुशुण्डी रामायण सरल संस्कृत भाषा में लिखा गया है, ताकि साधारण जनता भी उसे आसनी से समझ सके। ग्रन्थ की कवितायें विभिन्न छंदों में लिखी गयी है। अंलकारों को अधिक प्रधानता न दी गयी है। अनावश्यक वर्णनों के कारण मूल कथा में शिथिलता आ गई है।

लोगों को नेक मार्ग पर ले जाने के ऊँचे उद्देश्य से बुशुण्डी रामायण की रचना नहीं की गयी हैं। राम-भक्तों के मन को घायल करने वाला यह काव्य यदि प्रकाशित न हुआ होता तो वैष्णव भक्त लोगों को अत्यन्त प्रसन्नता हुई होती।

(ix) असमिय राम-काव्य

असमिय रामायण कन्दली माधव, शंकरमाधव एवं माधव देव, इन तीन कवियों द्वारा लिखा गया हैं। कन्दली माधव ने रामायण के आदि एवं अंत रहित पाँच काण्डों को माधव देव ने आदि काण्ड की तथा शंकर देव ने उत्तर काण्ड की रचना कर, असिमय रामायण को पूर्णत्व प्रदान किया है। शंकरदेव और माधवदेव कंदली माधव के परवर्ती कवि थे। कहा जाता है कि कन्दली माधव, शंकरदेव के स्वप्न में आकर, आदि काण्ड तथा उत्तर काण्ड लिखकर, उनके रामायण को पूर्ण बनाने की विनती की थी। शंकरदेव ने उत्तर काण्ड को लिखकर पूरा किया। उनका शिष्य माधवदेव ने आदि काण्ड की रचना की। इन तीनों कवियों का जीवनवृत्त आगे प्रस्तुत किया जा रहा है-

असमिय कवि कन्दली माधव

बहुतांश विद्वानों की राय यह है कि कन्दली माधव ने सन् १४वी एवं १५वीं शती में अपना जीवन बिताया होगा। कहा जाता है कि उनका जन्म असाम प्रान्त के नौगांव जिले के किसी एक गाँव में हुआ था। महामाणिक्य नामक नृप की विनती को स्वीकार कर कन्दली माधव ने अपने रामायण की रचना की थी। विप्र कुल के कन्दली माधव द्वारा रचित रामायण के पाँच कांडों के साथ, शंकरदेव द्वारा लिखित उत्तरकाण्ड और उनके शिष्य माधवदेव द्वारा लिखित आदि कांड जोड़े गये। आज असाम प्रान्त में इन सात कांडों से युक्त रामायण बहुत प्रसिद्ध है।

कन्दली माधव का असमिय रामायण, बाल्मिकी रामाण्य एवं अध्यात्म रामायण का अनुसरण करके लिखा गया हैं। कविता लिखने की क्षमता से युक्त कन्दली माधव, असिमय राम-काव्य के प्रथम कवि के रुप में अत्यन्त प्रसिद्ध है। ये परम राम-भक्त भी थे। रामायण कथा के हदय-स्पर्श प्रसंगों का वर्णन इन्होंने अपने रामायण-काव्य में प्रभावशाली शैली में किया है। असाम के प्रसिद्ध कहावत तथा उपमाओं का प्रयोग इन्होंने अपने रामायण में किया है। प्रकृति-चित्रण तथा नाना प्रकार के जीवों का वर्णन, इनके रामायण-काव्य के विक्षिप्त अंश माने जाते है। इन्होंने मूल कथा में अधिक परिवर्तन नहीं किया है।

काव्य-शास्त्रों में निपुणत्व प्राप्त कवि को असाम प्रान्त में 'कन्दली' नामक वृद प्रदान किया जाता था। असाम की जनता, इन्हें कविराज कन्दली' नाम से प्रेमपूर्वक बुलाया करती थी।

किष्किन्दा काण्ड के अंत में कन्दली माधव कहते है- "जितना मैंने बाल्मिकी-रामायण को पढ़कर समझा है, उसे मैंने अपने रामायण मे संक्षेप में लिखा है। बाल्मिकी रामायण को पूर्ण रुप से समझना अत्यन्त कठिन कार्य है। पक्षियाँ अपनी-अपनी शक्ति के अनुसार नभ में उडती है। कविगण साधारणतया अपने समय की सामाजिक स्थिति उवं संस्कृति का भी चित्रण अपने काव्यों में किया करते है। मूल कथा में वे अपनी-अपनी कल्पना के अनुसार थोड़ा सा परिवर्तन भी कर लेते हैं।[1]

इसी प्रकार कविराज कन्दली ने भी अपना रामायण -काव्य लिखा है। उनका यह रामायण-काव्य असाम के लोगों की सांस्कृतिक विशिष्टताओं को प्रदर्शित करने वाला आइना माना जाता है। कन्दली माधव की शैली का अनुकरण करके, इनके परवर्ती कवि माधव देव ने आदिकाण्ड और शंकरदेव ने उत्तरकाण्ड की रचना कर, कन्दली माधव के रामयण को पूर्णत्व प्रदान किया था।

असामिय राम भक्त कवि शंकरदेव (सन् १४४९-१५६८)

असाम प्रान्त के नौगाँव जिले के आलिपुकरि नामक स्थान में सन् 1449 में शंकरदेव का जन्म हुआ था। इनका स्वर्गवास सन् 1568 में हुआ। बचपन में ही इनके माता-पिता का देहान्त हो जाने के कारण इनकी नानी ने इन्हे पाल-पोषकर बड़ा किया। 13 साल की उम्र में ही शंकरदेव ने उपनी पढ़ाई प्रारम्भ की। बहुत कम समय में ही इन्होंने व्याकरण, पुराण, रामायण आदि का अध्ययन पूरा कर लिया। इनकी दो पत्नियाँ थी, लेकिन दोनों की मृत्यु हो गयी थी। उसके पश्चात इन्होंने अनेक तीर्थ-स्थलों की यात्रा की। इनके समय में बौद्ध धर्म क्षीण हो गया था। इन्होंन बैष्णव धर्म का प्रचार करके ब्राह्मण एवं निम्न जाति के लोगों को एकत्रित किया। मुसलमान एवं आदिवासी लोग इनके शिष्य बने। इन्होंने जाति भेद का विरोध किया ओर अहिंसा तथा करुणा उनके धर्म के मूल सिद्धान्त थे।

शंकरदेव असमिया साहित्य के सूर्य माने जाते है। असामिय साहित्य, धर्म एवं कला के लिये इनकी देन अद्‌वितीय मानी जाती हैं। कायस्थ कुल का शंकरदेव भक्त, कवि, समाज-सुधारवादी, नाटककार, संगीतकार प्रभृति विभिन्न रुपों में असाम प्रान्त में विख्यात थे। कृष्ण-भक्ति संबन्धी कीर्तन' नामक इनकी कृति बहुत श्रेष्ठ ग्रन्थ माना जाता है। संस्कृत ग्रन्थों को आधार बनाकर इन्होंने जनता की बोलचाल की असमिय भाषा में कृष्ण-काव्य, राम-काव्य, नाटक आदि अनेक ग्रन्थों की रचना कर, असामिय साहित्य को समृद्ध बनाया।

शंकरदेव द्‌वारा विरचित रामायण-काव्य के उत्तरकाण्ड में भक्ति-तत्वों को अधिक प्रधानता दी गयी हैं। पात्रों के निर्माण में इन्होंने अपनी व्यक्तिगत क्षमता दिखायी है। नवीन ढंग से सीता का चरित्र-चित्रण कर उसके विरह-दुख का हदय स्पर्श वर्णन किया है।

सीता एक पतिव्रता नारी हैं- इस बात को भली भांति जानते हुए भी श्री राम, सीता का बहिष्कार करते है। सीता एक साधारण स्त्री की भांति, श्री राम की इस करतूत का खंडन करती है। सीता अपने पुत्र, लव और कुश पर जो वात्सल्य-प्रेम दिखाती है उसका कवि ने हदय स्पर्श वर्णन किया है। इनके द्‌वारा लिखित उत्तरकांड पर कन्दली माधव की शैली का असर, देखा जा सकता है।

---

1 असामिय रामायण-माधव कन्दली-छन्द 3967-3968

असामिय राम भक्त कवि माधवदेव (सन् १४८९-१५९६)

असाम के 'इल्कीमपुर' जिले के 'नारायणपुर' में माध्व देव का जन्म सन् 1489 में हुआ था। सन् 1596 मे अनका देहान्त हुआ। प्रारंभ से ये शक्ति-उपासक थे और एक गर्वीले पंडित भी थे। शंकरदेव के साथ हुई स्पर्धा में इनकी हार हुई, तब से ये शकरेदवे का शिष्य बन गये। अपने गुरु की सेवा करने के लिये माधवदेव ने शादी नही की और जीवन के अंत तक नैष्टिक ब्रह्मचारी रहे।

अपने गुरु शंकरदेव की भांति माधवदेव भी साहित्यकार, कवि, भक्त, नाटककार और गायक थे। ये बडे धर्मप्रचारक थे और शास्त्रों का सम्यक अध्ययन उन्होंने किया था।

माधवदेव ने कन्दली माधव के रामायण के लिये आदि कांड तथा विविध कृष्ण काव्यों की रचना की थी। इनके द्वारा लिखित 'नामकोष' नामक कृष्ण-काव्य इनकी कृतियों में श्रेष्ठकृति मानी जाती है। शंकरदेव के बाद असामिय साहित्य में इनको महत्वपूर्ण स्थान प्राप्त है।

माधव कन्दली का रामायण-काव्य

कन्दली माधव ने बाल्मिकी-रामायण को आधार बनाकर असामिय रामायण की रचना की थी। बाल्मिकी-रामायण में सविस्तार बताये गये प्रसंगो को इन्होंने अपने रामायण में सक्षिप्त रुप में बताया हैं। इनके रामायण में भी शादी के पूर्व ही राम और सीता के मन में एक दूसरे के प्रति प्रेम उत्पन्न हो जाता है। श्री राम के सौन्दर्य में सीता अपने मन को खो देती है। वह निश्चय कर लेती हैं कि श्री राम ही उनका पति बने।[1]

सीता से शादी करने हेतु स्वयंबर-मंडप में पधारे हुए नरेशों की मानसिक स्थिति का वर्णन कन्दली माधव ने सुन्दर रुप में किया हैं। किसी न किसी प्रकार सीता को हासिल करने के उद्देश्य से वे सब जनकपुरी पधारे थे। स्वंम्बर-मण्डप में रखे हुये भारी शिव धनुष तथा सीता की ओर निहारकर वे हाँफने लगे। इस बात को सोचकर वे बहुत चिन्तित थे कि यदि स्वयम्बर में उनकी हार हुई तो अन्तःपुर की उनकी पत्नियाँ उनकी अवहेलना करेंगी। कन्दली माधव ने लिखा है कि स्वम्बर में हारे हुए नृपों के साथ श्री राम ने युद्ध किया था।

कन्दली माधव के रामयण में श्री राम अपने परब्रह्मस्वरुप को भूलकर, एक साधारण मनुष्य की भांति बर्ताव करते है। उनसे संबधित पात्र भी उनसे भावावेश में आकर बातें करते है।। वे यह भूल जाते हैं कि श्री राम भगवान विष्णु के अवतार है। जब कैकेयी श्री राम को 14 वर्ष का बनवास-दंड सुनाती है तब श्री राम उनसे कहते है "मुझे बनवास-दंड देकर मेरे पिता श्री को वेदना पहुंचाने वाली तू आगे कौन सा सुख अनुभव करने वाली है"[2] दशरथ के मन की वेदना को समझे बिना श्री राम उनसे कहते है "मैं अपने अस्त्रों से सात लोकों का नाश कर सकता हूँ, परशुराम ने 21 बार क्षत्रिय नृपों का वध किया था। उनकी कुल्हाडी भी मुझे कुछ न कर सकी है।"[3]

---

1 असामिय रामायण-कन्दली माधव-छन्द 1175-1196

2 असामिय रामायण-कन्दली माधव-छन्द 1704

3 वही छन्द 1675-1678

जब राम बनवास के लिये रवाना होते हैं तब उनकी असहाय अवस्था को देखकर लक्ष्मण उन्हे पौरुषहीन आदमी कहते है। राम इसे सुनकर लक्ष्मण पर नाराज नहीं होते है। इस के विपरीत वे लक्ष्मण के हाथों को पकड़कर उन्हें शान्तवना देते है।[1]

बनवास की खबर सुनते ही सीता जमीन पर गिरकर दोनों हाथों से धरती को पीटने लगी, भय के कारण उसका शरीर काँप उठा। हाथ की चूड़ियाँ नीचे गिरने लगी, वह श्री राम के करों को पकड़कर विनती करने लगी- "हे प्रभू! वन मत जाइये।[2]

रावण सीता का अपहरण कर लंका ले जाने के पश्चात श्री राम साधारण मनुष्य की भांति विरह-दुख से विलाप करने लगे-"सीता के बिना यह दुनिया मुझे नरक की भांति लगती है। उसके बिना मेरे शरीर से प्राण चला जायेगा।"[3]

रावण की करतूत (पर पुरुष की पत्नी सीता को धोखा देकर लंका ले आना) उनकी माता नैकषी को अच्छा न लगी। रावण की शैशव अवस्था की चेष्टाओं को वह याद करती है। रावण जब छोटा सा शिशु था तब वह अपनी माता की गोद में लेटकर दो मुहों से उसका स्तनपान करता था, आठ मुहों से उसको निहारते हुए हँसता था। नैकषिको को इस दृश्य की याद आती है।[4]

शंकरदेव द्वारा लिखित उत्तरकाण्ड की असहाय एवं अनाथ जैसी सीता अपनी सास कौशल्या से विनम्रतापूर्वक विनती करती है-"श्री राम लव और कुश को अपना कहने में अपमान महसूस करते है। इसलिये आप ही इन्हें पालन-पोषण करके बड़ा करे"। उसके पश्चात श्री राम को तीन बार प्रदक्षिणा करके उनकी पाद-धूलि को अपने सिरस पर रखते हुए विन्रमतापूर्वक श्री राम से बताती है - है प्रभु! मैं अपनी माँ भूमादेवी के पास पाताल लोक जा रही हूँ, आप प्रसन्नतापूर्वक राज्य का परिपालन कीजिये। कभी मैंने कोध में आकर कटु शब्दों से आप के मन को घायल किया है तो मुझे क्षमा कर दीजिये। यह मेरा दुर्भाग्य है कि आप जैसे आदर्श पति की सेवा मैं अंत तक नहीं कर पायी।[5]

सीता के पाताल लोक चले जाने के पश्चात श्री राम नींद के बिना बार-बार उठते एवं बैठते हुए सभी रातों को बिताते है। वे अपने दोनों पुत्रों को गले लगाकर सीता की याद में आँसू बहाते है स्वप्न में भी सीता का नाम लेकर बुलाते रहते है। इस प्रकार शंकरदेव ने अपने उत्तरकाण्ड में श्री राम की मानसिक पीड़ा का वर्णन किया है।

आज भी 'ओझा' कुल के लोग पूरे असामिय रामायण का हदयंगम कर जनता के बीच गाया करते है। रामायण महाकाव्य हमारे देश के लोगों के रहन-सहन, आचार-विचार एवं जीवन के तत्वों को व्यक्त करने वाला श्रेष्ठ काव्य माना जाता है।

---

1 असामिय रामायण-कन्दली माधव-छन्द 1747

2 वही छन्द 1822-1825

3 वही, छन्द 3319

4 वही छन्द 4689

5 वही उत्तरकाण्ड

(x) बंगाली राम काव्य (सन् १५वीं शती)

कृतिवास ओझा

कृतिवास रामायण

सन् 15वी शती के कृतिवास औझा, कृतिवास रामायण के रचयिता थे। आत्मविवरणी नामक अपनी पुस्तक में इन्होंने अपने माता-पिता तथा जन्म-स्थान के नाम का उल्लेख किया है। इनके पिता का नाम 'वनमाली' एवं माता का नाम 'मेनका' था। इनका जन्म बंगाल के पुलिया नामक एक गाँव में हुआ था। विप्रकुल में उनका जन्म हुआ था। इनके दादा जी, मुरारी ओझा, बंगाल के एक विख्यात कवि थे। कृतिवास के जीवन काल के संबंध में विद्वानो में मतभेद पाया जाता हैं बहुतांश विद्वानो की राय है कि कृतिवास का जन्म सन् 1399 में हुआ होगा। इनकी पुस्तक 'आत्मविवरणी' के संबंध में भी काफी मतभेद पाया जाता है।

बाल्मिकी रामायण की कथा को आधार बनाकर कृतिवास ने बंगाली भाषा में रामचरित काव्य की रचना की। उनके द्वारा लिखित पाण्डुलिपि प्राप्त न हुई है। परवर्ती कवियो द्वारा किये गये परिवर्तनों से कृतिवास के रामयण की मूल कथा में परिवर्तन आ गये है। कृतिवास ओझा, बंगाल के प्रसिद्ध कवि माने जाते है। बंगाल के घर-घर में लोग बडी श्रृद्धा एवं भक्ति के साथ, इनके रामायण का पारायण करते है। लगभग पाँच सौ वर्षो से इनका रामायण बंगाल की जनता के बीच राम-भक्ति का प्रचार करता आ रहा है।

सन् 1803 में श्री रामपुर मिशन, प्रकाशन द्वारा कृतिवास-रामायण, पाँच काण्डों में सर्वप्रथम प्रकाशित हुआ था। इसके पश्चात् अनेक बार इसका प्रकाशन हुआ।

बंगाल में कृतिवास के पश्चात, राम -कथा लिखने की परम्परा प्रारम्भ हुई। परवर्ती कवियों ने अपने राम-काव्यों में कृतिवास की प्रशंसा कर, अपनी कृतज्ञता प्रकट ही है। कृतिवास रामायण बंगाल का वेद-ग्रन्थ माना जाता है। यह ध्यान देने की बात है कि उनके जन्म-स्थान पुलिया' गाँव में इनका स्मृति-मण्डप बनाया गया है। वहाँ हरेक वसन्त पंचमी के दिन, उत्सव मनाया जाता है।

बंगाली भाषा में आज तक सैंकड़ों छोटे एवं वृहद रुप में रामायण-काव्य लिखे जाने पर भी उनमें से कृतिवास रामायण सब से श्रेष्ठ काव्य माना जाता है।

कृतिवास रामायण की समीक्षा

कृतिवास ने अपने रामायण में अनेक स्थानों पर बाह्मणो की प्रशंसा करके लिखा है। ब्राह्मण की हत्या करनेवाला नरक पीड़ा का अनुभव करेगा। बाह्मण का कोध घोर हानि पहुँचाने वाला है। उसके शाप का कारण नही बनना चाहिए। बड़े-बड़े राजा लोग भी उनके क्रोध को देखकर भयभीत होते हैं।

राज्याभिषेक के पूर्व दशरथ महाराजा श्री राम को उपदेश देते है कि बाह्मणों को उचित मर्यादा देकर उनका सम्मान करना चाहिए।[1]

कृतिवास के रामायण से पता चलता है कि उनके जीवन काल में समाज में छूआछूत का बोलबाला था। श्मशान में पहरा देने वाला एक चाण्डाल जब राजा हरश्चिन्द्र को खरीद लेता है तब हरिश्चन्द्र उससे विनती करते है कि उसे कृपया उचिछष्ट भोजन खाने को न दे।[2] जब लक्ष्मण विश्वामित्र से यह प्रश्न करते है कि श्री राम कैसे अपने पादों से बाह्मण स्त्री अहिल्या का स्पर्श कर सकते है तब वे उत्तर देते है कि फिलहाल वह पत्थर के रुप में है।[3]

कृतिवास के समय में निम्न जाति के किसी आदमी की परछाई यदि एक ब्राह्मण पर पड जाय तो वह ब्राह्मण स्नान करके अपने को परिशुद्ध बना लेता था। छूआछूत की बुराई को दूर करने के उद्देश्य से भरत ने निम्नकुल के गुह को आंलिगन करके उसे प्यार किया था। भक्ति से निमन्त्रित करने वाले चाण्डाल के घर श्री राम जाते है।[4]

बंगाल में सर्व प्रथम कृतिवास ने जनता की बोलचाल की भाषा बंगाली में रामायण की रचना की थी। इसके लिये उनके समय के संस्कृत पंड़ितों ने विरोध किया था। क्योंकि उस काल में रामायण जैसे धार्मिक ग्रन्थों को जनता की बोलचाल की भाषा में लिखना, पाप-कार्य समझा जाता था। तुलसीदास ने भी अपने रामायण में उल्लेख किया है कि अवधी भाषा में रामचरितमानस लिखने के कारण उन्हें संस्कृत विद्वानों के विरोध का सामना करना पडा।[5] उस काल में ऐसा विरोध इसलिये दिखाया जाता था ताकि निम्न जाति के लोग शास्त्र ग्रन्थों को अध्ययन न कर सकें।

कृतिवास ने अपने रामायण में नारी कुल की बड़ी प्रशंसा की है। “पत्नी वडी संपत्ति के बराबर है। वह संतानों को जन्म देकर मनुष्य जाति को विनाश होने से बचाती है।[6] लंका काण्ड में एक जगह पर श्री

1 कृतिवास रामायण आदिकांड पृ.92

2 कृतिवास रामायण्स-आदिकांड पृ.11

3 वही पृ.75

4 कृतिवास रामायण लंका काण्ड पृ.309

5 रामचरितमानस-तुलसीदास 1-8-4

6 कृतिवास रामायण-किष्किन्डा कांड-पृ.182

राम लक्ष्मण से बताते हैं "सगे संबन्धी, रिश्ते-नाते एवं भ्राताओं के देहान्त होने के कारण, होने वाले दुख को सहन कर सकते है। परन्तु पत्नी की मृत्यु सहन नहीं की जा सकती है।[1]

विवाह के समय पर दूल्हा तथा दुल्हन एक दूसरे को सर्वप्रथम देख लेना बंगाल में शुभदृष्टि कहलाती है। विवाह-मण्डप में दूल्हा और दुल्हन के बीच परदा लगाया जाता है थोड़ी देर बाद वह परदा निकाला जाता है। उस समय दोनों एक दूसरे को देख लेते हैं। कृतिवास का कहना है कि श्री राम और सीता की शादी के अवसर पर भी शुभदृष्टि प्रथा का अनुसरण किया गया था।

शादी के अवसर पर की जाने वाली षष्टि-पूजा, उत्सवों को मनाने की पद्धति, स्त्री और पुरुष अपने को अंलकृत कर लेने की तरीका, स्नान करना, खाद्य पदार्थ प्रभृति रहन-सहन की प्रथाओं का चित्रण, सविस्तार कृतिवास रामायण में किया गया हैं। इनके अतिरिक्त जन्म-पत्री लेखन, नामकरण, अन्नप्रशानम तथा अंतिम संस्कार आदि समस्त संस्कारों का वर्णन कवि ने अपने रामायण में किया है।

दूल्हे को सन्तान प्राप्ति का भाग्य उपलब्ध होने के हेतु शादी के अवसर पर षष्टि-पूजा की जाती हैं। संतान-संपत्ति को प्रदान करने वाली स्त्री-देवता का नाम षष्टि है। दूल्हा, दुल्हन के हाथ को पकड़कर आने के बाद यह षष्टि-पूजा धूमधाम से चलायी जाती है।

श्रीराम के पट्टाभिषेक मनाये जाने की पद्धति का वर्णन कृतिवास ने अपने रामायण में यों किया है- लोगों ने अपने-अपने घर को केले एवं सुपारी के पेड तथा आम के पेड़ के पत्रों से अलंकृत किया। कुमारी लडकियाँ तथा सुमंगली स्त्रियों ने घी के दीयों से घरों को प्रकाशवान बनाया। मेज पर स्वर्ण कुंभों को रखकर आम के पत्तों से उन्हे अलंकृत किये गये। नभ में लाखों पंतगें उडायी गयीं। स्त्रियाँ, पुरुषो की नजर में पड़े बिना ऊँचे स्थानो पर खडी होकर पट्टाभिषेक वैभव को देखकर फूले न समायी।[2]

पुरुष लोगों ने अपनी शिखाओं को पुष्पों से अंलकृत कर लिया था। नवरत्नो से अंलकृत पगड़ी को वे पहने हुए थे। उंगलियों में अंगूठी, हाथों में कंगण, कानों में कुंडल, गले में रत्नों से बने हार एवं पैरो में नूपूर पहने हुए थे।

स्त्रियों ने ऑवले के तेल का स्नान करने के पश्चात् रेशमी वस्त्र से सिर को पौछ्कर अपने घने काले केशों को फूलों से अंलकृत किया था। रेशम की साड़ी पहनकर हाथों में शंख की चूड़ियाँ वे पहनी हुई थी। नाक में मोती का बेसर, कानो मे कुण्डल, उँगलियों में हीरे की अंगूठियाँ तथा पैर की उँगलि में मेट्टि पहनी हुई थी।[3]

चावल, दूध, घी, दही, खीर, पापड आदि खाने के पदार्थ, केला, आम, कटहल, अंगूर आदि फल रौंकिता, शीतल आदि मछलियाँ, जांगिरी, लडडू जैसी मिठाइयों को लोगों ने चाव से खाया।

---

1 वही, लंका काण्ड पृ. 370

2 कृतिवास रामायण- अयोध्या कांड पृ. 94, आदिकांड पृ. 59,84, 90

3 कृतिवास रामायण्स- पृ. 31, 186, 200, 438

कुश्ती, कब्बडी, गिल्ली-डण्डा आदि नाना प्रकार के खेल, विविध प्रकार के संगीत वाद्य तथा अस्त्र-शस्त्र आदि का सविस्तार वर्णन, कृतिवास ने अपने रामायण में किया है। इनके रामायण से बंगाल की जनता की संस्कृति का पता चलता है।

जहाँ तक हो सके कृतिवास ने अपने रामायण मे साहित्यिक सौन्दर्य के लिये अधिक प्रधानता प्रदान की है। उनका मन दार्शनिक विचारों को प्रकट करने में अधिक लगा था।

कृतिवास अपने रामायण में एक जगह पर श्री राम से विनती करते है "हे राम! नेक लोगों को पार लगाना बडा कार्य नहीं है, बुरे लोगों को पार लगाना ही बड़ा कार्य है। जो ध्यान, पूजा-पाठ आदि करना नहीं जानता उनको भी पार लगाना चाहिए।[1]

कृतिवास ने युद्ध भूमि में रावण तथा उनकी सेना के असुरों को, राम-भक्तों के रुप में वर्णन किया है। वे लिखते है "युद्ध क्षेत्र में आये हुए श्री राम को देखते ही वहाँ एकत्रित राक्षस लोगों ने अपने अस्त्रों को दूर फेंक दिया। उनकी आँखों से अश्रु धारा बहने लगी। भक्ति से वे श्री राम की स्तुति करने लगे। उसी प्रकार रावण ने भी अपने अस्त्रो को दूर फेंक दिया। अपने बीस करों को जोड़कर भक्ति एवं श्रृद्धा से श्री राम की वन्दना की। उनके बीस नयनों से अश्रुधारा बहने लगी।[2]

कृतिवास ने राम-नाम के महत्व को अपने रामायण में अधिक महत्व दिया है। इस कलियुग में मुक्ति प्राप्त करने के लिये याग, यज्ञ, तप आदि करने की आवश्यकता नहीं। राम-नाम-जपन मात्र ही पर्याप्त है। सत्य, द्वापर, एवं त्रेता युग में याग, यज्ञ, तप आदि से प्राप्त किये जाने वाले मोक्ष को कलियुग में राम-नाम जपने से आसानी से उपलब्ध किया जा सकता हैं कलियुग में जीवित लोग, अन्य युगों में जीवित लागों की भांति धर्म का अनुसरण नहीं करते। वे विषय वासनाओं से उत्पन्न सुख भोगो का अनुभव करना चाहते है। कलियुग मे धर्म एक पैर पर खड़ा रहता है। बाल्मिकी पहले चोर थे, वे राम-नाम का उच्चारण गलत रुप से करके भी ज्ञानी बने। राम-काव्य का सृजन करने के कारण उनका नाम अमर हो गया।

राम-नाम का स्मरण करने मात्र में ही मुक्ति हमारी तलाश करती हुई दौडती आयेगी। मृत्यु के निकट आते समय, भक्ति से राम-नाम का उच्चारण करने वाला रथ में आरुढ़ होकर देवलोक पहुँचेगा। वह समस्त पापों से छुटकारा पाकर वैकुण्ठ में निवास करेगा।[3] जिन्हें पुत्र-भाग्य की प्राप्ति न हुई है राम चरित का श्रवण करने से तथा उनके दिव्य नाम का उच्चारण करने से वे पुत्र-भाग्य की प्राप्ति उपलब्ध करेंगे तथा आनंदमय जीवन बितायेंगे।[4] राम-नाम का उच्चारण एक बार करने मात्र से ही उसका ब्राह्मण-हत्या का पाप दूर हो जायेगा।[5]

---

1 कृतिवास रामायण पृ. 266

2 वही, लंकाकाण्ड पृ. 415

3 कृतिवास रामायण पृ. 136, 162, 582

4 वही पृ. 582

5 वही पृ.1, 68

कृतिवास रामायण की रचना सन् 15वीं शती तथा रामचरितमानस सन् 16वीं शती में की गयी थी। अतः इन दोनों रामायणों के बीच एक शती की दूरी है।

बाल्मिकी रामायण में न बताये गये निम्नलिखित अनेक विषय कृतिवास रामायण में बताये गये है:

युद्ध क्षेत्र में रावण के मारे जाने पर मंडोदरी कोधित होकर कटु-शब्दों में श्री राम के मन को घायल करती है। जब सीता श्री राम से मिलने के लिये निकलती है तब वह शाप देती है कि उसका यह मिलन-सुख लंबे काल तक स्थायी नही रहेगा।

श्रीराम, राज्य का परिपालपन करते समय, सीता द्वारा चित्रित रावण के चित्र को देख लेते है, कृतिवास ने उत्तरकांड में लिखा है कि सीता के बनवास के लिये यह भी एक कारण बना। उनके रामायण में यह भी बताया गया है कि श्री राम ने अपने दोनों पुत्र लव और कुश के साथ युद्ध किया था।

मेघनाथ के यज्ञ कुंड पर हनुमान ने पेशाब किया था। वानर सेना के नील ने अपने रुप को छोटा बनाकर रावण के सिरस पर मूत्र छोडा था, इस प्रकार कृतिवास ने मेघनाथ तथा रावण का अपमान किया है।[1]

कृतिवास का कहना है कि अशोक वन में राक्षसियों ने सीता को बहुत कष्ट पहुँचाया था। उन्होंने सीता के घने काले बालों को पकड़कर उसे कुम्हार के चक्र की भांति घुमाया था।

कृतिवास ने रावण को एक कायर की भांति चित्रित किया है। युद्ध भूमि पर अपने बन्धुओं को एक के बाद एक मरने का समाचार सुनकर रावण दुखी होकर जमीन पर लोट-पोट करने लगा और आँसू बहाने लगा। उसके अंहकार का नाश होने लगा। अपने हाथों से कवश आदि पहनकर युद्धक्षेत्र को जाने की तैयारी करने लगा।[2]

श्रीराम अग्नि परीक्षा के समय, भरी सभा में कटु शब्दों से सीता के मन को घायल करते है। सीता इस अपमान को सहन न कर सकी, वह श्री राम से कहती है- "मैं चरित्रहीन स्त्री नहीं हूँ, मैं इतना मतिहीन नहीं हूँ कि अपने को दान में रावण को दे सकूँ, आप भी इस बात को अच्छी तरह जानते है। फिर भी दूसरों के समक्ष क्यों मुझे इतना अपमानित करते है।[3]

समस्त देवतायें रावण के अत्याचारों को सहन न कर सकने के कारण भगवान विष्णु से विनती करते है कि राक्षसों का वध करने के निमित्त वे अवतार धारण करें। तब भगवान नारायण एक साधारण मनुष्य की भांति चिन्तित हुए कि लक्ष्मी देवी से जुदा होकर उनको रहना पड़ेगा। लक्ष्मी देवी भी रोने लगी। कृतिवास ने लिखा है कि इस प्रकार स्वयं नारायय भावावेश में आकर चिन्तित हुए।[4]

---

1 वही पृ. 228

2 कृतिवास रामायण पृ. 409

3 वही पृ. 44

4 वही पृ. 54, 55. वही पृ.437

हनुमान द्वारा श्री राम से रावण का वध किये जाने की खबर सुनकर,सीता प्रसन्नता के मारे हनुमान को काई न कोई इनाम देना चाहती है। तब हनुमान सीता से विनती करते है- "हे माता! जिन राक्षसियों ने आपको कष्ट पहुँचाया था उनके बाल एवं दातों को निकालकर समुद्र किनारे के बालू पर उनके मुखो को घिसकर उनका वध करने की अनुमति मुझे दें"।[1]

बंगाल में तालम् पुष्प (Srewpine flower) के लिये प्रसिद्ध है। कृतिवास ने अनेक स्थानो पर तालम फूल को उपमा के रुप में प्रयोग किया है। वे हास्यात्मक ढंग से रावण के दांतों का वर्णन यों करते है- "रावण अपने दस मुखों के 320 दांतो को दिखाकर हंसते समय भद्रपाद में फूले हुए तालम फूलों के गुच्छे की याद आती है'।[2]

कृतिवास ने अपने रामायण में अंलकारों का प्रयोग बहुत कम किया है। अपने मन की बातों की सपष्टता पूर्वक कहने के लिये उन्होने अंलकारों का प्रयोग किया है। उनके द्वारा प्रयुक्त एक-दो अंलकार नीचे दिये जा रहे हैं-

तारों के बीच चाँद शोभायमान होने की भांति अनेक ऋषि मुनियों के बीच भरद्वास मुनि शोभायमान थे।[3]

गरुड़ के मुंह में फंसे हुए सर्प के जैसे रावण के हाथों की पकड़ में आयी हुई सीता कष्ट झेल रही थी।

काले मेघ की भांति श्री राम तथा बिजली की भांति सीता बन में दिखायी पड़े।

शोक के कारण मुरझाया हुआ भरत का मुंह मेघ से आच्छन्न चन्द्रमा की भांति था।[4]

कृतिवास रामायण की कीर्ति, असाम से उडिया तक फैली हुई है। कृषक लोग उनके रामायण की कथा का भक्ति एवं श्रृद्धा के साथ वृक्षों की छाया में बैठकर श्रवण करने के दृश्य को आज भी हम वहाँ देख सकते हैं।

(xi) उडिया राम-काव्य

बलरामदास

उडिया में पंचसखा' नाम से प्रसिद्ध पाँच भक्त कवियों में बलरामदास तथा जगन्नाथ दास प्रधान माने जाते है। वे बलराम एवं भगवान जगन्नाथ के अवतार माने जाते है। अन्तः साक्ष्य से पता चला है कि बलरामदास एक मंत्री के पुत्र थे। इनके पिता जी सोमनाथ सन १६वीं शती में राजमहल में मंत्री के पद पर विराजमान थे। बलरामदास की माता का नाम 'मनमाया' था। बलरामदास ने अपने रामायण काव्य में बताया है कि वे एक शूद्र थे और जन्म से ही मूर्ख थे। ३२ वर्ष की उम्र में उडिया भाषा में

1 वही पृ. 437

2 कृतिवास रामायण पृ. 60

3 वही पृ. 114

4 वही, पृ. 123, 154

इन्होंने राम-काव्य की रचना की थी।[1] एक राजकुमार की भांति समस्त राज भोग के सुखों का इन्होने अनुभव किया था।[2]

विद्वानों का कहना है कि पुरी में चैतन्यमहाप्रभु के साथ बलरामदास की मुलाकात हुई थी। कई संतानों के पिताजी बलरामदास ने बाद में सन्यास को अपनाया और मठ की भी स्थापना की। ये भगवान जगन्नाथ के बड़े भक्त थे। पुराण एवं शास्त्रों में इन्होंने निपुणता प्राप्त की थी। भगवान जगन्नाथ के अनुग्रह से इन्होंने उडिया में रामायण-काव्य की रचना की थी। उसका नाम जगमोहन रामायण रखा। दाण्डी नामक छन्द में लिखे जाने के कारण यह दाण्डी रामायण के नाम से भी उडिया प्रान्त में प्रसिद्ध है।

बलरामदास का जगमोहन अथवा दाण्डी रामायण का विवेचन

बलरामदास की रचनाओं में जगमोहन अथवा दाण्डी रामायण उनकी सबसे श्रेष्ठ कृति मानी जाती हैं। बाल्मिकी रामायण की कथा को आधार बनाकर लिखे जाने पर भी रामचरितमानस एवं कंब रामायण की भांति यह एक स्वतन्त्र रचना मानी जाती है। कवि ने अपनी कल्पना द्वारा इस काव्य को बहुत ही स्वारस्यपूर्ण काव्य बनाया है। उत्कल देश की जनता का जीवन इसमें चित्रित किया गया है। लोगों की बोलचाल की उडिया भाषा में लिखित इस रामायण में गहरे आध्यात्मिक विचार प्रकट किये गये है।

बाल्मिकी रामायण की मूल कथा के प्रधान प्रसंगों को छोड़कर दाण्डी रामायण अनेक विषयों में बाल्मिकी रामायण से भिन्न दिखायी पड़ता है। बाल्मिकी रामायण के बहुत से विषय इसमें बताये नहीं गये हैं। अनेक पुराणो के विविध प्रसंगो का इसमे उल्लेख हुआ हैं। श्रृंगी महर्षि का विवाह दशरथ महाराजा की पुत्री से होना, मंदारा के पूर्व जन्म से संबधित कथा आदि नये विषयों का समावेश इसमें हुआ है। श्रीराम के काल की सामाजिक दशा के वर्णन करने के अपने प्रयत्न में, कवि ने उपने समय की राजनीतिक, सामाजिक दशा एवं लोगों के जीवन का चित्रण प्रस्तुत किया है।

बलरामदास ने 'पुरि- एवं उडिया के अनेक प्रसिद्ध तीर्थ-स्थलों का वर्णन, अपने रामायण में किया है। यह ध्यान देने की बात हैं कि कवि ने लोगों के बीच फैली हुई अनेक जन श्रुतियों को आधार बनाकर उन्हें संदर्भो के अनुसार अपने रामायण में उल्लेख किया। मूल कथा से अलग होकर अनेक उपकथाओं को बताने में कवि ने अधिक रुचि दिखायी हैं। ज्योतिष शास्त्र, विविध रत्नों के रंग, विविध प्रकार के जानवर एवं पक्षियाँ, विविध देश, नगर एवं द्वीप, विविध प्रकार के पेड पौधे और लतायें आदि का चित्रण कथा के बीच में कवि करते जाते है। हाथी एवं घोडों का स्वभाव, युद्ध कला तथा खूबसूरत स्त्रियों का चित्रण भी कवि ने मूल कथा के बीच-बीच में किया है।

कवि ने कामशास्त्र के अच्छे ज्ञाता थे। वे बडे रसिक भी थे। कवि ने काम-क्रीडा, रति क्रीडा तथा संभोग श्रृंगार का स्वारस्यपूर्ण वणर्न अपने रामायण-काव्य में किया है। रुष्यश्रृंगर के बारे में बताते समय कवि

1 उडिया रामायण-बलरामदास- 6-34, 7-24

2 वही पृ. 7-214

ने वेश्याओं की कामचेष्टाओं का सविस्तार वर्णन प्रस्तुत किया है। श्री राम के विवाह के अवसर पर बड़ों के समक्ष, मन्थरा काम भाव को जागृत करने वाले प्रंसग का चित्रण हुआ है।

कवि ने सीता का वर्णन एक साणारण युवति की भांति किया है। किसी के द्वारा शिवधनुष का भंग न किये जाने के कारण लंबी अवधी तक सीता की शादी नहीं हुई थी। स्वयंबर में भाग लेने के लिये पधारे हुए श्री राम को देखकर सीता कहती है- "आपको भर्ता के रुप में प्राप्त करने के मेरे स्वपनों को व्यर्थ मत कर दीजिये, यौवन से युक्त मेरा शरीर काम सुख का अनुभव करने के लिये आतुर हो रहा है।"[1]

शादी की प्रथम रात के अवसर पर श्री राम से सीता कुल दीप पर शपथ लेकर कहने के लिये हट करती है कि उन्होंने दूसरी किसी भी स्त्री से प्रेम नहीं किया है और भविष्य में भी किसी भी स्त्री को आँख उठाकर नहीं देखेंगे।

लंका काण्ड में, रावण सीता से कहता है कि वह चुंबन देकर उसे तृप्त करें। कवि ने लिखा है कि श्री राम को निहारते ही अयोध्या की कुमारियों के मन में काम-भाव उत्पन्न हुआ। जब भी संदर्भ प्राप्त होता है कवि ने अपने रसिक प्रवृत्ति को प्रकट किया है।

स्वयंम्बर मण्डप में जब श्री राम शिव धनुष को तोड़ते है तब सीता अयोध्या के राजमहल में रहने वाली अन्य स्त्रियों के बारे में सोचती है।

उग्र स्वभाव का लक्ष्मण, कामुक दशरथ के मन को कटु शब्दों से घायल करता है।[2]

चित्रकुट में श्री राम से मिलने के लिये आने वाले भरत पर जब लक्ष्मण संदेह करता हैं तब श्री राम उसे बताते है-"मैं और भरत भिन्न नहीं है, एक ही है, वह क्यों मुझसे युद्ध करने आयेंगा? तुम क्यों इस प्रकार भरत पर व्यर्थ संदेह करते हो? इस प्रकार यदि तुम भरत की निंदा करोगे तो तुम वापस अयोध्या चले जाओं। भरत मेरा साथ देगा।"[3] इस प्रकार श्री राम, लक्ष्मण को गलत समझते है और कटु शब्दों से उसके मन को घायल करते है।

बनवास के समय एक दिन राम और लक्ष्मण को खाने के लिये कुछ भी नहीं मिलता हैं। अतः दोनों को भूखा रहना पडता है। उस समय एक आदमी गायों को चराकर जा रहा था। राम और लक्ष्मण क्षत्रिय होने के नाते उसके पास गायों की याचना नहीं कर सकते। इसलिये उस गायों को चराने वाले आदमी को मारकर गायों का अपहरण करने का निर्णय दोनों भाइयों ने किया।[4]

बलरामदास एक मंत्री का पुत्र होने के कारण युद्ध की तैयारियों को वे अच्छी तरह जानते थे। युद्ध के समय एक राजा के द्वारा युद्ध के लिये की जाने-वाली तैयारियों का विस्तार-वर्णन कवि ने अपने रामायण में प्रस्तुत किया है। एक जगह पर विश्वामित्र राजा दशरथ से बताते है -"एक राजा का कर्तव्य है कि वह अपने शत्रु-भय को बाहर प्रकट न करे, युद्ध के अवसर पर पूर्ववर्ती मंत्रियों को बुलाकर उनसे

---

1 जगमोहन रामायण-बलरामदास- पृ. 1-151

2 जगमोहन रामायण बलरामदास- पृ. 2-39

3 वही 2-82

4 जगमोहन रामायण-बलरामदास -3-56

परामर्श करना चाहिए, राज सेना के सिपाहियों को अस्त्र का अभ्यास करना अनिवार्य है। जिसके मन में धन के प्रति मोह नहीं है उसके पास राज्य का खजाना सौंपना चाहिए।

दशरथ एक जगह पर सेना के दलपति से पूछते हैं- "किले के चारों ओर खाई बनायी गयी है क्या? किले में पर्याप्त रुप में पानी एवं खाने के पदार्थ इकत्रित किये गये है क्या? लोहे के दरवाजें नुकीली भालों से युक्त है क्या? शायद युद्ध में हार खाना पड़े तो बचकर जाने के लिये रहस्य सुरंग-मार्ग बनाये गये है क्या? रात के समय किले के दरवाजे पर पहरा देने का प्रबन्ध किया गया है क्या? रात के वक्त शत्रु पर अचानक आक्रमण कर सकते है क्या?[1]

श्री राम से युद्ध करने के लिये, अपने सेनापतियों से रावण यों आज्ञा देते है-"किले की ओर अग्रसर होने वाली वानर सेना को रोकने के लिये, भालें जैसे नुकीले अस्त्रों को तथा किले की दीवार पर चढ़ने का प्रयत्न करने वाले वानरों पर छोडने के लिये उबलते हुए तेल को किले की दीवार पर तैयार रखिये, रात के वक्त पर मशालों को जलाते हुए रहने दीजिये, मौन और सतर्कता से किले का पहरा दीजिये।"[2]

बलरामदास ने अपने रामायण में लिखा है कि श्री राम ने रावण को पत्र लिखकर प्रेषित किया था। 'श्रीमुख कहलानेवाला वह पत्र, ताडपत्र पर सुसेन' नामक व्यक्ति से लिखा गया था और उसके ऊपर मुद्रा लगाने के पश्चात हनुमान द्वारा रावण को भेजा गया था।

ऊपर बतायी गयी बातों के अतिरिक्त, अस्त्र-शस्त्रों को बनाने की तरीका, राजकीय अधिकारियों के उँचे पदों संबन्धी विवरण, सेना के विविध विभाग, प्रभृति अनेक विषय बलराम द्वारा रचित रामायण में सविस्तार बताये गये हैं।

भारतीय राम-काव्य-अध्याय का सार

श्री राम की कीर्ति भारत के कोने-कोने में फैली हुई है। हिन्दू लोग श्री राम के जीवन से संबधित पवित्र स्थान की तीर्थयात्रा करके पुण्य हासिल करते हैं।

बाल्मिकी मुनि ने संस्कृत में रामायण-काव्य की रचना कर, अद्भुत गुणों से युक्त श्री राम नामक एक श्रेष्ठ मर्यादा पुरुषोत्तम पात्र का सृजन किया। यह विलक्षण राम-काव्य, भारतीय साहित्यिक उद्यान में सदा खुशबू फैलाने वाला एक सुन्दर पुष्प है। श्रीराम अपने श्रेष्ठ चरित्र से भारतीय संस्कृति के सिर को दुनिया भर में ऊपर उठाकर खड़ा किया।

आश्चर्यचकित साहित्यिक सौन्दर्य से युक्त कंब रामायण का अध्ययन करने के पश्चात, तमिलनाडु में किसी भी कवि को रामायण लिखने का साहस नहीं हुआ।

मलयाल राम-काव्य

बाल्मिकी रामायण को आधार बनाकर निरणम कवियों में प्रसिद्ध राम पणिक्कर नामक कवि ने 15वी शती में मलयालम भाषा में कण्णस्स रामायण की रचना की। नयी कल्पना एवं श्रेष्ठ पात्रो से युक्त

---

1 वही, 1-151

2 जगमोहन रामायण बलरामदास 6-16, 17 एवं 36

अध्यात्म रामायण की रचना एलुप्तच्चन नामक कवि ने सन् 16वी शती में मलयालम में की। इस रामायण के पश्चात बहुत से भाषांतरित रामायण मलयालम में प्रकाशित हुए। उनमें बल्लतोल द्वारा अनूदित रामायण प्रधान माना जाता है।

तेलुगु राम-काव्य

भक्त पोतना, भक्त रामदास, त्यागराज स्वामी प्रभृति तेलुगु वैष्णव भक्त कवियों ने अपने राम-भक्ति कीर्तनों द्वारा आंध्रा में राम-भक्ति का प्रचार किया।

कोना बुद्धा रेडडी द्वारा रचित 'रंगनाथ रामायण तेलुगु में लिखा गया प्रथम रामायण माना जाता है। यह रामायण अपनी नवीन कल्पना तथा जनश्रुति-समाचारों के लिये प्रसिद्ध है। इसमें लंकापति रावण एक नेक चरित्रवाले पात्र के रुप में चित्रित किया गया है।

रंगनाथ रामायण के पश्चात् भास्कर रामायण, निर्वचनोत्तरं रामायण, मोल्ल रामायण तथा कल्पवृक्ष प्रभृति राम-काव्य, तेलुगु भाषा में लिखे गये।

मोल्ल नामक कवयित्री द्वारा विरचित 'मोल्ल रामायण' आन्ध्रा में बहुत प्रसिद्ध है।

कन्नड राम-काव्य

श्री राम नामक एक श्रेष्ठ काल्पनिक मानव के जीवन चरित्र को आधार बनाकर, बाल्मिकी मुनि ने सर्वप्रथम संस्कृत में राम-काव्य की रचना की। इसलिये वे आदि कवि और उनके द्वारा रचित रामायण आदि-काव्य के नाम से प्रसिद्ध हुए।

प्राचीनकाल में करनाटका जैन-धर्म की संस्कृति का केन्द्र बना हुआ था। जैन धर्म के कवियों ने सर्वप्रथम कन्नड में रामायण की रचना की थी। जैन-धर्म के सिद्धान्तों का प्रचार साधारण जनता के बीच करने के लिये जैनों ने रामायण कथा का प्रयोग किया था। जैन धर्म के रामायण में बताया गया है कि रावण का वध लक्ष्मण के हाथों से हुआ था। इस रामायण मे लक्ष्मण का नाम लक्ष्मीधर था।

सन् 12वीं शती में अविनव पंप नामक कवि द्वारा रचित पंपरामायण कन्नड साहित्य में अत्यन्त विख्यात है। यह रामायण, विमलसूरि द्वारा प्राकृत भाषा में लिखे गये पउम चकिउ काव्य को आधार बनाकर लिखा गया है। पंपरामायण में रावण एक रहम दिलवाले पात्र के रुप में चित्रित किया गया है। परवर्ती कुवेंबु रामायण पर इसके प्रभाव को देख सकते है।

कर्नाटक में वैष्णव धर्म का विकास होने पर कुमारबाल्मीकी नामक कवि ने कन्नड में दोहेरामाण की रचना की। यह रामायण अत्यन्त सरल कन्नड भाषा मे लिखा गया हैं ताकि साधरण जनता भी इसे आसानी से पढकर समझ सके। बाल्मिकी रामायण की कथा के आधार पर यह रामायण लिखा गया हैं। श्री राम के जीवन में कतिपय परिवर्तन इसमें किये गये है। अंत में रावण का हदय पश्चाताप की अग्नि में जलकार परिशुद्ध होता है।

कन्नड वैष्णव भक्त कवियों में प्रसिद्ध कवि कनकदास ने अति नवीन कल्पना से युक्त 'रामधान्य चरित्रे' नामक स्वारस्यपूर्ण उपदेश-ग्रन्थ लिखा। इसमें बताया गया है कि चावल से बढकर राही पुष्टिदायक धान्य है।

सर १९५० में महाकवि कुतेंबु द्वारा विरचित 'रामायण दर्शनम' नामक काव्य ज्ञानपीठ तथा साहित्य अकादमी द्वारा पुरस्कृत हुआ। वह कन्नड साहित्य रुपी गोपुर के स्वर्ण कलश के रुप में विख्यात होकर अमर काव्य बन गया।

गुजराती राम-काव्य

बाल्मिकी काल से आज तक रामायण की कथा समस्त भारतीय भाषाओं में लिखी जा रही हैं। रामायण-काव्य भारतीय भाषाओं को समृद्ध बनाया है।

सन् 19वीं शती में गिरिधरदास द्वारा रचित 'गिरिधर रामायण' ने गुजरात जनता के बीच अत्यन्त ख्याति को प्राप्त किया है। अनेक राम-काव्यों के आधार पर यह रामायण लिखा गया है। सरल भाषा में लिखा गया यह गुजराती रामायण अपने काव्य एवं संगीत सौन्दर्य के लिये अधिक प्रसिद्ध हैं। तुलसी के रामचरितमानस की भांति इसे गुजरात के लोग रोज अपने घरों में पारायण करते है। श्रेष्ठ पात्रों के चरित्र-चित्रण के कारण गुजरात में यह जनता का काव्य माना जाता है।

रामचरितमानस का अनुवाद गुजराती में अनेक कवियों द्वारा किया गया है। गुजरात के लोगों का जीवन, रामचरितमानस से अधिक प्रभावित हुआ है।

डा. हरिनारायण कौशिक द्वारा लिखित रामचरितमानस और गिरिधरामायण' नामक पुस्तक, हिन्दी और गुजराती लोगों को जुड़ानेवाले पुल का काम कर रही है। गिरिधर रामायण में आदि शंकराचार्य के अद्वैतिक विचार पाये जाते हैं।

हिन्दी राम-काव्य

प्रसिद्ध कृष्ण भक्त कवि सूरदास के काल से (1473-1583) हिन्दी में राम-काव्य का सृजन होने लगा। हिन्दी राम-काव्य के विकास में रामानंद स्वामी का स्थान महत्वपूर्ण माना जाता है। इनका जन्म काशी में सन् 1299 में हुआ था। राघवानन्द सवामी के शिष्य रामानंद स्वामी ने रामानंदी संप्रदाय' नामक एक अलग संप्रदाय को स्थापित किया। स्वयं रामानंद विप्र कुल के होने पर भी, इन्होंने अपने संप्रदाय में जाति एव कुल को अधिक महत्व नहीं दिया। इनके पाँच सौ के ऊपर शिष्यों में कबीरदास भी एक माने जाते हैं। रामानंद के सभी शिष्यों ने उत्तर भारत में राम-मंत्र का प्रचार किया। रामानंद श्री राम के अवतार माने जाते हैं।

सूरदास कृष्ण भक्त कवि होने पर भी, अपनी कृति 'सूरसारावली' एवं 'सूरसागर' में राम-कथा संबन्धी पदों की रचना की थी।

तुलसीदास हिन्दी राम-काव्य के मुकुट माने जाते हैं। तुलसी ने अपने गुरु से रामायण की कथा सुनी। आगम निगम-पुराणों से विषयों को इकटठा करके, रामचरितमानस की रचना की जो दुनिया भर में प्रसिद्ध हुआ।

राजस्थान के अग्रदास स्वामी ने माधुर्य भक्ति से श्री राम की उपासना की थी। वे श्री रामानंद की शिष्य-परंपरा के माने जाते है। उन्होंने अपने को जानकी देवी की सहेली समझा। राम ध्यान मंजरी एवं ध्यान मंजरी उनकी कृतियाँ मानी जाती है।

नाभादास, केशवदास, हदयराम, सेनापति प्रभृति कवियों ने हिन्दी में राम-काव्य की रचना की थी। उनमें केश्वदास की 'रामचंद्रिका' अत्यन्त प्रसिद्ध हुआ।

तुलसीदास ने शैव तथा वैष्णव धर्म के तत्वों को अपनी कृति रामचरितमानस में प्रधानता दी। हिन्दु लोगों की सांस्कृतिक दृष्टि में इनके द्वारा चित्रित राम की शादी का वर्णन, मुख्यत्व को प्राप्त हुआ है। अपने आदर्शपूर्ण पात्रों के चरित्र चित्रण द्वारा तुलसी, बाल्मिकी से बढ़कर, अत्यन्त प्रसिद्ध हो गये।

जिस प्रकार नमक पानी में, तथा चीनी दूध में घुला हुआ हैं उसी प्रकार श्री राम की जीवनी, भारतीय हिन्दुओं के पारिवारिक जीवन में घुली हुई है।

असामिय राम-काव्य

16वीं शती का माधव कन्दली ने पाँच काण्डो में आदि तथा अंतिम काण्ड रहित असमिय रामायण की रचना की। माधव देव द्वारा रचित आदिकाण्उ एवं शंकरदेव द्वारा लिखित उत्तर काण्ड माधव कन्दली के रामायण के साथ जोडे गये है। उनका रामयण असाम प्रान्त के लोगों की संस्कृति को दिखाने वाले आईना के समान माना जाता है।

शंकरदेव ने अपने उत्तरकांड में सीता को नवीन रुप में चित्रित किया है। माधव कंदली के रामायण में भी शादी के पूर्व ही राम और सीता एक दूसरे से प्रेम करने लगते हैं।

बंगाली राम-काव्य

बहुत प्राचीन काल से भारतीय जनता रामायण की कथा को पसंद करती हुई आयी हैं। लोगों की भलाई को मन में रखकर सन् 15वीं शती के कृतिवास ने बंगाली भाषा में अपने रामायण की रचना की थी। इनके रामायण में बगाली जनता की संस्कृति का सजीव वर्णन देखने को मिलता है।

उडिया राम-काव्य

बलरामदास ने उडिया भाषा में अपने रामायण की रचना की। वे भगवान जगन्नाथ के बडे भक्त थे। अतः उन्होने अपने रामयण का नाम 'जगमोहन रामायण' रखा। ज्योतिष कला, संगीत, नवरत्न, विविध प्रकार के जानवर पक्षियों, पेड-पौधे, फूल प्रभृति का जीता-जागता वर्णन बलरामदास ने अपने रामायण में प्रस्तुत किया है।

संस्कृत भाषा का बुशुण्डी रामायण

बुशुण्डी रामायण जनता के मन में काम-वासना को जागृत करने का एक काल्पनिक काव्य है। समाज की भलाई एवं सुधार के लिये इस रामायण की रचना नहीं की गई है। इसमें श्रृंगार रस को अधिक महत्व दिया गया है। श्रीराम साधारण राजकुमार तथा सीता एक साधारण युवती की भांति, बुशुण्डी रामायण में चित्रित किये गये है। बहेलिया के बन्दर की भांति श्री राम का चरित्र चित्रण किया गया है। इस रामायण को पढ़ने वालें के मन में श्रीराम के प्रति भक्ति-भाव उत्पन्न नहीं होता। बुशुण्डी रामायण के प्रकाशन से राम भक्तों के मन को दर्द एवं दुख पहुँचा है।

अध्याय 16

मूल्यांकन एवं उपसंहार

नालायिर दिव्य प्रबन्धम्, तमिल साहित्य का श्रेष्ठ ग्रन्थ तथा भारतीय वैष्णव साहित्य का विलक्षण मूल आधार ग्रन्थ माना जाता है। प्रबन्धम की भांति धर्म, साहित्य, संस्कृति, कला आदि को प्रभावित करने वाला दूसरा एक ग्रन्थ तमिल साहित्य में, आज तक नहीं लिखा गया है। वास्तव में द्वाद्वस आलवारों का यह अद्भुत प्रबन्धम, भारतीय वैष्णव साहित्य के आध्यात्मिक एवं भक्ति संबधित विचारों का वृहद कोष माना जाता है।

वैष्णव भक्ति आन्दोलन एवं समाज को आलवारों की देन

४वीं और ५वीं शती में तमिलनाडु में फैली हुई बुरी राजनीतिक, सामाजिक एवं धार्मिक परिस्थितियों से लोग बहुत ही कष्टमय जीवन बिता रहे थे। बौद्ध एवं जैन धर्म के मतावलंबियों ने, हिन्दु धर्म का खण्डन करके उसके विकास को रोका। नृपों ने बौद्ध और जैन धर्मों का समर्थन किया और उनका सत्कार भी किया। बौद्व तथा जैन धर्मों के कठिन सिद्धान्तों का अनुसरण न कर सकने के कारण जनता बहुत दुखी हुई। हिन्दु धर्म में फैली हुई कठिन नियम एवं पद्धतियों का अनुकरण भी साधारण जनता कर नहीं सकी। इस अवसर पर हिन्दु धर्म के नेताओं को अपने धर्म के सिद्धान्तों एवं पद्धतियों को सरल बनाने की अनिवार्यता महसूस हुई। युग की इस मांग को पूर्ति करने तथा हिन्दु धर्म को सुधार करने के हेतु तमिलनाडु में आलवार एवं नायनमारों का आर्विभाव हुआ।

वैदिक भक्ति-पद्धतियों में काल की मांग के अनुसार आलवारों ने अनेक परिवर्तन किये ताकि लोग वैष्णम धर्म को आसानी से अपना सकें। भक्ति-पद्धतियों को आसान बनाने का श्रेय आलवारों को प्राप्त हुआ

वेद उपनिषद, भगवतगीता आदि ग्रन्थों के विचारों को आलावारों ने अपने समय की बोलचाल की भाषा में गाने योग्य भक्ति-पदों द्वारा व्यक्त किया ताकि साधारण जनता उन्हें आसनी से समझ सके। इनके मीठे संगीत एवं नाद सौन्दर्य से युक्त तमिल कीर्तनों ने, लोगों को बहुत आकर्षित किया।

सर्वप्रथम आलवारों ने ही जाति-भेद को दूर करने का प्रयास किया था। फलस्वरुप निम्न जाति के लोगों को समाज में ऊँची स्थिति प्राप्त हुई। आलवारों की इस प्रधान साधना ने ऐतिहासिक महत्व को प्राप्त किया है।

साधारण जनता भी आसानी से मुक्ति प्राप्त करने हेतु आलवारों ने 'प्रपत्ति अथवा 'शरणागति' तत्व का प्रचार किया। उन्होंने भक्ति के महत्व को लोगों को समझाया। भगवान के गुणों की प्रशंसा करना, उसके नामों का सदा-सर्वदा उच्चारण करते रहना, सत्संग तथा वैराग्य पभृति भक्ति के सिद्धान्तों को आलवारों ने अपने पदों में मुख्यत्व प्रदान किया।

आलवारों द्वारा संचालित भक्ति-आन्दोलन के भक्ति के सरल सिद्धान्तों ने लोगों के मन को बहुत आकर्षित किया। इस प्रकार दक्षिण भारत भर में आलवारों ने भक्तिमय परिस्थिति को उत्पन्न किया और अपने भक्ति आन्दोलन को जनता के आन्दोलन के रुप में परिवर्तित किया। इस सत्य को ध्यान में रखकर श्रीमद भगवत पुराण में बताया गया हैं कि द्रविड़ प्रदेश में भक्ति उत्पन्न हुई।

5वीं, 6वीं शती से लेकर 9वीं शती तक के लंबी कालावधि में आलवार और नायनमारों ने तमिलनाडु भर में यात्रा कर लोगों के बीच भक्ति का प्रचार किया, उन्होंने अपने भक्ति के पदो को राग, तालों के साथ मीठे स्वर में गाकर लोगों के मन में धार्मिक जागृति को उत्पन्न किया।

भक्ति आन्दोलन के फलस्वरुप तमिलनाडु में बहुत से मंदिरों का निर्माण हुआ। लोग झुंड -झुंड में इन नये निर्माणित मंदिरों में, भगवान की उपासना करने गये। वहाँ आलवारों की भक्ति-पदों को, नाचते-उछलते हुए, गा-गाकर लोग अत्यन्त प्रसन्न हुए।

आलवारों द्वारा बोयी गयी भक्ति रूपी बीज ने, शनै-शनैः बड़ा होकर कालान्तर में बृहद वृक्ष का रूप धारण किया। उस भक्ति रूपी वृक्ष की छाया में, अनेक शतियों तक तमिल जनता ने भक्तिमय जीवन के, सुख एवं शान्ति का अनुभव किया।

9वीं शताब्दी के पश्चात अतिबुद्धिमान आचार्यों ने आलवारों की रचना रूपी सागर में, डुबकियाँ लगाकर बहुमूल्य दार्शनिक रूपी रत्नों को खोज करके निकालने के प्रयत्न में लगे रहे। 'नालायिर दिव्य प्रबन्धम्' पर तमिल या संस्कृत में अनेक टीका-ग्रन्थ लिखे गये। आलवारों का प्रबन्धम् वेदों से बढ़कर श्रेष्ठ समझा गया। अतः समस्त वैष्णव मंदिरों में, आलवारों के भक्ति पाशुरों का पारायण करने का विशिष्ट प्रबन्ध किये गये। कब से दक्षिण भारत के मंदिरों में आलवारों के पाशुरों का पारायण करने का प्रबन्ध किया गया, वह निश्चित रूप से बताया नहीं जा सकता।

तिरुमंगैयालवार, नम्मालवार पर बड़ी श्रद्धा रखते थे। उन्होंने सूचित किया था कि नम्मालवार की कृति 'तिरुवायमोलि' वेद के बराबर है। मधुर कवि आलवार ने बताया हैं कि वेदों में जो विचार व्यक्त किये गये हैं उन्हीं को उनके गुरु नम्मालवार ने अपनी रचनाओं में बताया है। इसलिये वेदों को जो गौरव दिया जाता था वही गौरव तिरुवायमोलि को भी दिया जाने लगा।

वैष्णम मंदिरों में संस्कृत वेदों के पारायण के साथ तमिल वेद (प्रबन्धम) का पारायण भी अवश्य समझा गया। कहा जाता है कि तिरुमंगैयालवारने ही सर्व प्रथम श्री रंगम मंदिर में संस्कृत वेदों के साथ तमिल-वेद (प्रबन्धम) का पारायण करने का भी प्रबन्ध किया था। उनके पश्चात प्रबन्धम के पदों को गाने की यह प्रथा नादमुनि के समय में और उनके परवर्ती आचायों के काल में दक्षिण के वैष्णव मंदिरों में भी जारी रही और आज भी 'प्रबन्धम' का पारायण दक्षिण के वैष्ण्व मंदिरों में किया जाता है।

श्रीरंगम मंदिर में वैकुण्ठ एकादशी उत्सव के समय तिरुमोलि एवं तिरुवायमोलि का उत्सव मनाये जाते है। तिरुमोलि उत्सव के अवसर पर नम्मालवार के पाशुरों को छोड़कर अन्य आलवारों के पद तथा तिरुवायमोलि-उत्सव में तिरुवाय मोलि के पाशुरों का पारायण किया जाता है।

तिरुमोलि-उत्सव ‘पकलपत्तु’ और

तिरुवायमोलि-उत्सव 'राप्पत्तु' के नाम से प्रसिद्ध हैं। तिरुमोलि-उत्सव, दिन में, तथा तिरुवायमोलि-उत्सव रात में मनाये जाते हैं। तिरुवाय मोलि-पारायण के समाप्त होते ही, नम्मालवार की प्रतिमा, भगवान श्री रंगनाथ के श्री चरणों में रखी जाती है। यह वैभव सूचित करता है कि नम्मालवार श्री रंगनाथ से ऐक्य होते हैं अर्थात उनको सायुज्य मुक्ति की प्राप्ति होती है।

तिरुमोलि-उत्सव 'वैकुण्ठोत्सव' तथा तिरुवाय मोलि-उत्सव 'मोक्षोत्सव' नाम से प्रसिद्ध हैं। प्रारंभ में वैकुंठोत्सव मात्र चलाया जाता था; तदन्तर मोक्षोत्सव भी चलाये जाने लगा। तिरुवायमोलि-उत्सव प्रारंभ करने के लिये, नाथमुनि ने तिरुमंगैयालवार की बड़ी प्रशंसा की है। तमिलनाडु के समस्त वैष्णव आलयों में आलवारों के विग्रहों को प्रतिष्ट करके, उनकी आराधना की जाती है।

भारतीय भाषाओं के साहित्य पर 'नालायिर दिव्य प्रबन्धम' का प्रभाव

तमिल साहित्य पर प्रबन्धम् का प्रभाव

आलवारों के पूर्व का काल तमिल साहित्य के इतिहास में 'संघकाल' के नाम से प्रसिद्ध है। आलवारों ने संघकालीन साहित्य की सभी विशिष्टतायें एवं प्रथाओं का अनुकरण अपनी रचनाओं में किया है। आण्डाल तथा तिरुमंगैयालवार ने संघ-कालीन साहित्य की बड़ी प्रशंसा की है। सभी आलवार अपनी मातृभाषा तमिल को अत्यन्त प्यार करते थे।

4वीं और 5वीं शती मे जीवित प्रथम तीन आलवारों ने (पोयकै, भूतम एवं पेयालवार) तमिल काव्य को नयी एक शैली प्रदान की। उन्होंने अपने भक्ति गीतों को गाने योग्य बनाने के लिये, संगीत के राग-तालों में उनकी रचना कर, एक नयी शैली को जन्म दिया।

‘नालायिर दिव्य प्रबन्धम में ही सर्वप्रथम श्री राम और कृष्ण की लीलाओं का वर्णन आलवारों द्वारा किया गया था। सन् ११वी शती में जीवित, कवि सम्राट कंबर को रामायण-काव्य रचने की प्रेरणा प्रबन्धम-काव्य’ से ही प्राप्त हुई थी। ‘प्रबन्धम’ के समान दूसरा काव्य तमिल में अब तक नहीं लिखा गया है। भारतीय वैष्णव भक्ति में ‘प्रबन्धम’ एक बेजोड़ काव्य माना जाता है। भक्ति के आवेश में आकर आलवारों ने भक्ति-पाशुरों की रचना करने पर भी वे अपने काव्य-सौन्दर्य के लिये बहुत प्रसिद्ध है।

संघकालीन साहित्य के प्रेम-काव्य का अनुकरण कर आलवारों ने ‘ईश्वर-प्रेम को व्क्त किया है। संघकालीन प्रेम काव्य की नायिका के विरह-दुख के वर्णन द्वारा उन्होंने अपनी माधुर्यभक्ति को व्यक्त किया है।

पेरियालवार ने सर्वप्रथम तमिल में कान्हे की बाल्य-लीलाओं का वर्णन मनोवैज्ञानिक ढंग से किया था। उनका यह वर्णन तमिल में पिल्लैतमिल कहलाता है। इस पल्लैतमिल-शैली का अनुकरण कर परवर्ती कवियों ने पिल्लैत्तमिल-साहित्य का सृजन किया है।” भारतीय कृष्ण भक्त कवियों ने भी पेरियालवार की इस शैली का अनुकरण कर श्रीकृष्ण की बाल्य लीलाओं का वर्णन किया हैं।

आलवार संस्कृत के बड़े विद्वान थे। तमिल उनकी मातभाषा थी, संस्कृत से उनको घृणा नहीं थी। यह ध्यान देने की बात है कि कुलशेखरालवार ने संस्कृत में 'मुकुन्दमाला' नामक प्रसिद्ध काव्य की रचना की थी।

आलवार संस्कृत के शब्दों को तमिल शब्दों के उच्चारण के अनुसार थोड़ा सा परिवर्तन करके उन्हें अपनी रचनाओं में प्रयोग किया था। इस प्रकार आलवारों से प्रयुक्त संस्कृत शब्दों से तमिल शैली में एक प्रकार की सरलता आयी।

आलवारों के पश्चात् 'प्रबन्धम' पर टीका ग्रन्थ लिखने वाले आचार्यों ने संस्कृत शब्दो को अधिक मात्रा में प्रयोग करके 'मणि प्रवालम' नामक एक नवीन शैली को जन्म दिया। इस शैली में संस्कृत ओर तमिल शब्द समान संख्या में प्रयुक्त किये गये है। मणिप्रवाल शैली में अधिक संख्या में संस्कृत शब्दों का मिलावट होने पर उसने मलयालम भाषा को जन्म दिया।

11वीं एवं 12वी शती के तमिल भाषा के कवि संस्कृत शब्दों के मोह में न पडे। इसलिये आज तक तमिल अपने स्वाभाविक रुप में जीवित है।

सुननेवालों के मन में भक्ति-भाव को जागृत करने की अपार शक्ति, आलवारों की भाषा-शैली में विद्यमान थी। संक्षेप में कहे तो तमिल भाषा को सरल सुन्दर तथा समृद्ध भाषा बनाने में आलवारों की देन महत्वपूर्ण मानी जाती है। कवि सम्राट कंबर ने अपना अमर काव्य 'कंबरामायण' में आलवारों की भाषा शैली का अनुकरण किया है।

परवर्ती शैव एवं भगवान सुब्रमण्य भक्त कवियों ने पेरियालावार की पिल्लैत्तमिल शैली का अनुकरण करके अपने इष्ट देव की बाल्य लीलाओं का वर्णन किया है।

तेलुगुवैष्णव साहित्य पर तमिल प्रबन्धम् का प्रभाव

सन 11वीं शती के पश्चात ही तेलुगु भाषा में भक्ति साहित्य का आविर्भाव होने लगा था। नयन भट्ट, तिक्कन्न सोमयाजु। येर्राप्रकड आदि कवियों ने तेलुगु में भक्ति काव्य की रचनी की। १३वीं शती के 'तिक्कन्ना' नामक कवि ने तेलुगु में महाभारत एवं निर्वचनोत्तर रामायण की रचना की।

सन् 15वीं शती के अन्नामाचार्य कवि, वेंकटेश्वर का दर्शन करने तिरुपति गये थे। उस समय वहाँ मंदिर में द्राविड प्रबन्धम' का पारायण अत्यन्त श्रृद्धा के साथ हो रहा था। आलवारों के भक्ति-पदो ने अन्नमाचार्य के मन को बहुत आकर्षित किया। उस समय से वे प्रबन्धम का गहरा अध्ययन करने लगे। उनकी कृतियाँ द्विपदरामायण', श्रृंगार मंजरी' वेंकटाचल महात्मयम' प्रभृति काव्यों पर तमिल प्रबन्धम के प्रभाव को हम देख सकते है।

आलवारों के दार्शनिक विचारो के आधार पर विशिष्टाद्वैत तत्व बनाये गये थे। अन्नमाचार्य ने अपने भक्ति-पदों में आलवारों के विशिष्टाद्वैत तत्वों को ही प्रकट किया है।

डा. कृष्णसामी अय्यंगार का कहना है कि सन् 1360 में श्री वेदानत देशिक की विनती के अनुसार तिरुमला वेंकटेश्वर मंदिर में नम्मालवार की रचना तिरुवायमोलि' का पारायण शुरु किया गया था।[1]

द्रविड प्रदेश में उत्पन्न भक्ति-आन्दोलन के फलस्वरूप आन्ध्रा में वैष्णव भक्ति फैलने लगी। सन् 11वीं शती के पश्चात उस भक्ति-आन्दोल का बाढ़ आंध्रा की ओर बहने लगा था। नयन भट्ट अन्नमाचार्य, पोतना जैसे भक्त कवियों ने आन्ध्रा में वैष्णव भक्ति का प्रचार किया।

सन् 16वी शती में कृष्णदेवराय के काल में आलवारों का जीवन-चरित संबन्धी कथायें आन्ध्रा में बहुत प्रसिद्ध बन गयी थीं। पेरियालवार तथा उनकी पोषित पुत्री (गोदा) आण्डाल के जीवन-चरित ने कृष्णदेव राय के मन को बहुत आकर्षित किया। कृष्ण देवराय ने आण्डाल के जीवन चरित को आधार बनाकर 'आमुक्तमाल्यदा' नामक काव्य की रचना तेलुगु में की। उनके इस प्रसिद्ध काव्य द्वारा पेरियालवार और आण्डाल तेलुगु प्रदेश में बहुत विख्यात हुए। पेरियालवार की रचना तिरुमोलि तथा आण्डाल की कृतियाँ तिरुप्पावै तथा 'नाच्चियार-तिरुमोलि का असर 'आमुक्तमालता- में देखा जा सकता है।

मलयालम वैष्णव साहित्य पर तमिल प्रबन्धम का प्रभाव

तमिलनाडु में उत्पन्न भक्ति-आन्दोलन ने मलालम भाषा में भक्ति-काव्य को उत्पन्न किया। सन् 16वीं शती के पश्चात् मलयालम-भक्तिकाव्य का सृजन होने लगा। प्रारंभ में लिखित मलयालम भक्ति-साहित्य पर तमिल भक्ति-साहित्य के प्रभाव को स्पष्टता से हम देख सकते है।

प्रारंभ में मलयालम ग्रन्थ, मणिप्रवाल शैली में लिखे गये। मलयालम पर संस्कृत का प्रभाव अधिक होने पर, वह तमिल से भिन्न होने लगी।

यह ध्यान देने की बात है कि कुलशेखरालवार का जन्म मलयालम प्रदेश में हुआ था। वे वहां के नृप थे। आलवारों में कतिपय आलवार, केरल के विभिन्न स्थानों में जाकर लोगों के बीच भक्ति का प्रचार किया था। अतः आलवारों के भक्ति-पद केरल में प्रसिद्ध हुए।

केरल के मंदिरों में भक्ति-कीर्तनों को गाने की प्रथा 'पाठकम' कहलाती है। वहां के 'पाणर' नामक जाति के लोग भक्ति-कीर्तनों को मंदिरो में गाया करते थे। यहाँ यह उल्लेखनीय बात है कि तिरुप्पाणालवार 'पाणर' कुल के थे।

आलवारों के 'प्रबन्धम' ने केरल के प्रसिद्ध कवि एलुत्तच्चन को बहुत आकर्षित किया। सन् 16वीं शती की उनकी रचनायें 'अध्यात्मरामायण', भारतम' प्रभृति काव्यों पर प्रबन्धम के प्रभाव को देखा जा सकता हैं उन्होंने आलवारों के आध्यात्मिक विचारों को अपनी कृतियों में व्यक्त किया है। एलुत्तच्चन के 'अध्यात्म-रामायण- और 'भारतम' मलयालम साहित्य के सूर्य और चंद्र माने जाते हैं।

द्रविड प्रदेश के वैष्णव भक्ति आन्दोलन ने केरल में बहुत से वैष्णव भक्त कवियों को जन्म दिया। निरणम कवि, माधव पणिक्कर, शंकर पणिक्कर, राम पणिक्कर, चेरुच्चेरी नंपूतिरि, पून्तानम नंपूतिरि

---

1 History of Tirupati, Krishnaswamy

आदि उनमें से प्रधान माने जाते हैं। इन कवियों द्वारा रचित वैष्णव काव्यों ने मलयालम-साहित्य को समृद्ध बनाया।

कन्नड वैष्णव साहित्य पर तमिल-प्रबन्धम का प्रभाव

कन्नड भाषा में भक्ति-काव्य सन् 12वीं शती के पश्चात से उपलब्ध होता है। श्री मध्वाचार्य के जन्म के पूर्व से ही श्री रामानुजाचार्य ने कन्नड प्रदेश में विशिष्टाद्वैत सिद्धान्तों का प्रचार किया था। शैव धर्म के शोल राजा के अत्याचारों से बचने के लिये रामाननुज करनाटका के होयशाला नृप के आश्रय में आये। सन् 1098 में मैसूर के निकट 'मेलकोट' नामक स्थान में रहते हए वे लोगों के बीच विशिष्टाद्वैत धर्म के विचारों का प्रचार करते रहे। जैन धर्म के नरेश विष्टिदेवर' के नाम को उन्होंने 'विष्णुवर्धन' में परिवर्तित करके, उन्हें श्री वैष्णव बनाया। रामानुज के तीव्र प्रयास से पूर्वी करनाटका में वैष्णव धर्म अधिक फैला। रामानुजाचार्य द्वारा आलवारों के दर्शन एवं भक्ति संबन्धी विचार करनाटका भर में फैला।

श्री रामानुज ने अपने संप्रदाय के मठ की एक शाखा को मैसूर में स्थापित करके, प्रबन्धम के दार्शनिक विचारों का प्रचार किया। इस प्रकार 'प्रबन्धम' के तत्वों पर बनाये गये उनके संप्रदाय के सिद्धान्त करनाटका में प्रसिद्ध हुए।

श्री रामानुजाचार्य के देहान्त के सौ वर्षों के पश्चात उनके भक्ति-तत्वों के आधार पर बनाया गया, मध्वसंप्रदाय का आविर्भाव करनाटका में हुआ। वह भेद अथवा द्वैत के तत्वों का समर्थन करने पर, भी रामानुज तथा मध्वाचार्य, इन दोनों के भक्ति संबंधी विचारों मे मतैक्यता को देख सकते है। मध्वाचार्य को अपने संप्रदाय की स्थापना करने की प्रेरणा-शक्ति आलवारों के तात्विक विचारो से प्राप्त हुई थी। मध्वाचार्य ने अपने संप्रदाय की स्थापना करने के पूर्व दक्षिण भारत भर में यात्रा की थी। तमिलनाडु में यात्रा करते समय प्रबन्धम पर लिखे गये भाष्य ग्रन्थों द्वाराभी उन्होंने आलवारों के तात्विक विचारों को समझा। इसलिये आलवारों के दर्शन एवं भक्ति संबन्धी विचारों का प्रभाव मध्वसंप्रदाय के सिद्धान्तों पर देखा जा सकता है।

श्री पादराय, श्री व्यासराय, पुरन्दरदास, कनकदास आदि वैष्णव भक्त कवि करनाटका में दास कूट अथवा भक्त हरिदास कहलायें। इनकी रचनाओं में प्रबन्धम के साधारण एवं विशिष्ट तत्वों के वर्णन पाये जाते हैं। प्रबन्धम के साधारण तत्वों के अन्तर्गत भक्ति की महिमा, ईश्वर के नाम-जपन का महत्व, गुरु महिमा, सत्संग, वैराग्य आदि विषय आते हैं। प्रबन्धम के विशिष्ट तत्वों के अन्तर्गत राम एवं कृष्ण को एक ही परब्रहम मानकर उनके द्वारा किये गये उनकी विभिन्न लीलाओं का वर्णन आदि आते हैं।

आलवारों की भांति हरिदासों ने भी कीर्तन-पद्धति का अनुसरण करके करनाटका में वैष्ण्व भक्ति का प्रचार किया। कन्नड भाषा में लिखे गये इनके पद भक्ति एवं संगीत के लिये अत्यन्त विख्यात है। आलवारों की भांति हरिदास कविगण, भगवान नारायण के परम भक्त एवं प्रसिद्ध गायक भी थे। पुरन्दरदास एक बड़े संगीत-विद्वान थे। हरिदासों के बीच कीर्तन-पद्धति को इन्होंने प्रोत्साहित किया। इनके कीर्तन तथा भजन-गीतों को लोग बड़ी श्रद्धा से श्रवण किया करते है। परवर्ती काल में, दक्षिण-संगीत, करनाटका-संगीत' के नाम से पुकारा गया।

विविध संप्रदायों के सिद्धान्तों पर तमिल-प्रबन्धम का प्रभाव

आलवार और नायनमारों ने भक्ति-आन्दोल को द्रविड प्रदेश में चालू किया। भारत भर में विभिन्न कालों में विभिन्न आचायों द्वारा स्थापित संप्रदायों के जरिये भक्ति-आन्दोलन देश भर में फैला।

आदि शंकराचार्य के मायावाद का विरोध करने के लिये आलवारों के दार्शनिक विचारों के आधार पर दक्षिण भारत में श्री संप्रदाय, मध्वसंप्रदाय, निंबार्क संप्रदाय तथा विष्णु स्वामी संप्रदाय और उत्तर भारत में वल्लभ संप्रदाय, राधावल्लभ संप्रदाय, चैतन्य संप्रदाय प्रभृति विभिन्न संप्रदायों का आविर्भाव हुआ।

आलवारों के दार्शनिक एवं भक्ति संबन्धी विचारों के आधार पर, नाथमुनि तथा रामानुज जैसे आचायों ने भक्ति-तत्वों को बनाया। नाथमुनि ने प्रबन्धम में व्यक्त किये गये भक्ति संबन्धी विचारों को तत्व का रूप प्रदान किया।

आलवारों का कहना है कि ब्रहम, संपूर्ण जगत एवं जीओं की सृष्टि के लिये निमित और उपादान कारण बने रहते है। ईश्वर की लीलाओं से जगत एवं जीव उत्पन्न हुए। जीव और जगत नित्य होते हुए भी प्रभु इन दोनों के भीतर अन्तर्यामी के रुप में निवास करते हैं और उन्हें कार्यान्वित करते है। अतः जीव एवं जगत ईश्वर के अधीन होकर रहते हैं। जीव और जगत, ईश्वर का शरीर माने जाते है। इन दोनों के बीच शरीर-शरीरी, अंग-अंगी, शेष-शेषी संबन्ध बना रहता हैं। भक्तों पर अनुग्रह करने के वास्ते, परब्रहम परत्व, व्यूक, विभव, अन्तर्यामी और अर्चा इन पाँचों रुपों में अपने को व्यक्त कर लेते है। आलवारों के इन विचारों को सभी वैष्ण्व संप्रदायों ने स्वीकार किया है।

समस्त संप्रदायों के दर्शन एवं भक्ति संबन्धित विचारों में और आलवारों के विचारों में विभिन्नता से बढकर एकता ही अधिक पायी जाती है। आलवारों ने और समस्त संप्रदायों के आचार्यों ने यह स्वीकार किया हैं कि ज्ञान-मार्ग से बढकर भक्ति मार्ग ही मुक्ति प्राप्त करने का सरल मार्ग है।। आलवारों की प्रपति (शरणागति) तत्व को सभी संप्रदायों ने प्रधानता प्रदान की है। संक्षेप में कहें तो आलवारों के तत्वों के आधार पर समस्त वैष्ण्व संप्रदायों के तत्व बनाये गये है। आलवारों के विचारों एवं विभिन्न संप्रदायों के आचार्यों के विचारों में अधिक साम्य देखने को मिलता है। भेद बहुत कम दिखायी पड़ते है।

उत्तर के विभिन्न संप्रदायों के आचार्यों ने तमिलनाडु के तीर्थ-स्थलों की यात्रा की थी। अतः वे आलवारों की रचनाओं से भली-भांति अवगत थे। उन्होंने आलवारों के दर्शन एवं भक्ति संबधित तत्वों को अपने संप्रदायों में अधिक मुख्यत्व दिया। इसलिये आलवारों के प्रबंधम का प्रभाव उत्तर के बारकरी संप्रदाय, वल्लभ संप्रदाय, चैतन्य संप्रदाय, प्रभृति विभिन्न संप्रदायों के कवियों की रचनाओं पर देखा जा सकता हैं| उक्त संप्रदायों के विचारों और आलवारों के विचारों में अशिक एकता पायी जाती है।

बारकरी संप्रदाय सन्यास लेने का उपदेश नहीं देता है। वह यही बताता हैं कि विधि अथवा प्रारब्ध के कारण जीवन में होने वाले दुखों का सामना, साहस से करना चाहिए। सत्चरित्र, निष्कलंक मन, निष्ठा से युक्त भक्ति ये तीनों बातें वारकरी संप्रदाय के खंभे माने जाते है। सगुण उपासना, नाम स्मरण, भजन आदि सरल उपायों द्वारा ईश्वर की प्राप्ति की जा सकती हैं। इस संप्रदाय के कवियों

का कहना है कि भक्ति द्वारा ब्रह्म-ज्ञान भी हासिल किया जा सकता है। आलवारों ने भी यही बात अपनी रचनाओं में कही है।

सन् 13वीं शती में, भक्त ज्ञानेश्वर द्वारा वारकरि संप्रदाय का प्रारंभ किया गया। नामदेव, चक्रधारी, मुक्ताबाय, जनाबाई, एकनाथ, तुकाराम आदि मराठी भाषा के कवियों की कृतियों में आलवारों के विचारों का प्रभाव देखने को मिलता है।

दक्षिण से निकला वैष्णव भक्ति-आन्दोलन ने महाराष्ट्रा, गुजरात, हिन्दी-प्रदेश, बंगाल, प्रभृति प्रान्तों में 15वीं शती के अंतिम में, भक्तिमय परिस्थिति को उत्पन्न किया। नरसी मेहता, भक्त मीराबाई, सूरदास, तुलसीदास, जयदेव, विद्यापति प्रभृति कवियों के अमर भक्ति काव्यों पर आलवारों के भक्ति-तत्वों के प्रभाव को हम देख सकते है। इस प्रकार आलवारों के प्रबन्धम के साधरण एवं विशिष्ट भक्ति एवं दार्शनिक तत्वों ने मध्यकालीन उत्तर भारत की भाषाओं में श्रेष्ठ वैष्णव साहित्य उत्पन्न होने के लिये, प्रेरक शक्ति का काम किया।

यहाँ यह उल्लेखनीय बात है कि मदुरै शहर में सन् 19वीं शती में जीवित संत कवि नटन गोपाल नायकी स्वामिगल ने (सन 1843-1914) प्रबन्धम के भक्ति एवं दार्शनिक विचारों से आकर्षित होकर तमिलनाडु की सौराष्टी तथा तमिल में सैकड़ों वैष्णव भक्ति पदों की रचना की। उनके भक्ति पदों में विशिष्टाद्वैत तत्वों का निरूपण किया गया है। तमिलनाडु के सौराष्ट्र लोग उन्हें अपना आध्यात्मिक गुरु मानकर उनकी उपासना किया करते है।

प्रस्तुत शोध ग्रन्थ की विशिष्टता

किसी भी साहित्य को अच्छी तरह समझने के लिये उससे संबधित और एक साहित्य के साथ उसकी तुलना करने पर उस साहित्य को बहुत ही सूक्ष्म रुप से हम समझ सकते है।

भारतीय भाषाओं में रचित वैष्णव साहित्य आलवारों के नालायिर दिव्य प्रबन्धम की भांति दिखायी पडता हैं। इसका निरुपण करने के लिये 'आलवार और भारतीय वैष्णव साहित्य' नामक इस शोघ ग्रन्थ को लेखक ने लिखा है।

नायनमार और आलवारों ने भक्ति-आन्दोलन का श्री गणेश किया था। भारतीय भाषाओं के अन्य कवियों ने उस आन्दोलन को चरम सीमा पर पहुँचाया। उनके काव्यों के विचारों में दिखायी पडने वाले साम्य को देखकर बडा आश्चर्य होता है। तमिल ने भारत को एक आण्डाल (गोदा) को प्रदान किया तो हिन्दी ने मीरा को प्रदान किया। तमिल साहित्य को नम्मालवार एवं पेरियालवार प्राप्त हुए तो हिन्दी साहित्य को सूरदास और परमानन्ददास प्राप्त हुए। तमिलनाडु में कुलशेखरालवार का जन्म हुआ तों हिन्दी-प्रदेश में रसखान का जन्म हुआ। भारतीय भाषाओं के प्रसिद्ध वैष्णव भक्त कवियों से भारतीय वैष्णव साहित्य समृद्ध हुआ।

समस्त भारतीय वैष्णव भक्त कवियों ने वेद, उपनिषद, पुराण, भागवतम, भगवतगीता, प्रभृति ग्रन्थों में बताये गये दार्शनिक एवं भक्ति संबंधी विचारों को अपनी-अपनी मातृभाषा में भक्ति पदों के रुप में व्यक्त किया हैं ताकि साधारण जनता उन्हें आसानी से समझ सके। अतः भारतीय वैष्णव साहित्य

का मूल विषय एक ही हैं। उनमें व्यक्त ब्रह्म जीव, जगत, माया, कर्म, मोक्ष, भक्ति प्रभृति विषयों में साम्य अधिक दिखायी पडता है।

आलवारों का प्रबन्धम और उनके द्वारा प्रारंभ किये गये भक्ति-आन्दोलन के फलस्वरूप आज भारतीय वैष्णव साहित्य का विकास चरम सीमा तक पहुँच पाया है।

प्रस्तुत शोध गन्थ द्वारा प्रतिपादित तथ्य

1. प्रबन्धम का प्रभाव समस्त भारतीय वैष्णव कवियों के ऊपर प्रत्यक्ष अथा अप्रत्यक्ष रुप में पड़ा है।
2. सभी वैष्णव कवि बडे वीतरागी भक्त थे और आलवारों की भाँति उन्होंने मुक्ति की प्राप्ति के लिये ज्ञान, योग और कर्म-मार्ग की अपेक्षा, भक्ति मार्ग पर ही अधिक बल दिया था। संगीत एवं काव्य-कला के क्षेत्र में उन्होंने निपुणता प्राप्त की थी। सबने गुरु और ईश्वर में भेद नहीं माना था।
3. कलियुग में केवल भक्ति ही सार है- इस बात को समस्त भारतीय वैष्ण्व कवियों ने भली भांति समझा था। तप, ज्ञान, कर्म आदि किसी भी साधन से भगवान वश में नहीं किये जा सकते, केवल भक्ति से ही वे भक्तो के वशीभूत होते हैं।। भक्ति से योग सिद्धि की प्राप्ति भी सहज हो जाती है।
4. समस्त भारतीय वैष्णव भक्त कवि, अपने जीवन का परम लक्ष्य मुक्ति-प्राप्ति की ओर निरन्तर प्रयत्नशील एवं अग्रसर होते रहे। वे भगवत पारायण योगी और मुमुक्षु पुरुष थे। वे तैलधारावत अविच्छिन्न रुप से अपने आराध्य देव के प्रति अनन्य प्रेम करते हुए निवृत्तिपरक भक्ति-मार्ग पर चलकर अपने जीवन के कर्मों की बड़ी बड़ी गाँठ को काट डाला था।
5. सब भारतीय वैष्णव भक्त कवि निर्लोभ प्रकृति के व्यक्ति थे और धन के प्रति उनके मन में मोह नहीं था। भक्ति की प्रबल प्रेरणा ही उनके जीवन की संचालिका शक्ति थी।
6. भक्ति-साधना की मूल भाव-धारा एवं संगीतात्मक की दृष्टि से आलवार एवं भारतीय वैष्णव भक्त कवियों के काव्य में अधिक साम्य उपलब्ध होता है। समान भाव धारा के आलवारों के पद और भारतीय वैष्णव कवियों के पदों को एक ही माला के मनकों के रुप में बिना किसी भेद-भाव से स्वीकृत किया जा सकता हैं। एक ही माला के ये समस्त मनके एक ही भाव धारी की विविध तरंगों के रुप में दिखायी पड़तें है। यहीं साम्य आलवार और भारतीय वैष्णव साहित्य की तुलना के लिये समान आधार प्रस्तुत करता है।
7. आलवार और भारतीय वैष्णव कवियों के दार्शनिक विचारों में थोड़ी सी असामानता होने पर भी सब की भक्ति का उद्देश्य एक ही है। इन सब कवियों ने कृष्ण के प्रति अपनी अनन्य भक्ति का निदर्शन तथा अन्य धर्मों से वैष्णव धर्म की श्रेष्ठता का निरुपण किया है।
8. समस्त भारतीय वैष्णव कवियों ने दर्शन के उन्हीं सिद्धान्तों पर अधिक बल दिया था जो उनके कवि अन्तःकरण को अत्यन्त प्रिय लगे थे तथा जो भक्ति के पोषक थे। भगवान का स्वरूप,

उसके गुण एवं लीलाएं, उसके प्रति भक्ति की आवश्यकता प्रभृति विषयों पर समस्त भक्त कवियों ने विशेष रूप से चिन्तन किया था। इन्हीं सन्दर्भो मं ब्रह्म, जीव, जगत, माया, मोक्ष, कर्म आदि विषयों से संबंधित उनके दार्शनिक विचारों का प्रतिपादन अनायास ही उनके काव्य में हो गया है। सभी भक्त कवियों के अनुसार, पूर्ण पुरुषोत्तम श्री कृष्ण मात्र ही परबह्म है। सभी भक्त कवियों ने माना है कि भगवान भक्त पर अनुग्रह करने के लिये वह व्यूह, विभव अन्तर्यामी, अर्चावतार-इन पाँच रूपों में प्रकट होता है और इन पाँचों रूपों का चित्रण सबने अपने काव्यों में किया है।

9. सभी वैष्णव भक्त कवियों के अनुसार, जीव दीन, पराधीन तथा मायालिप्त होकर अज्ञान के कारण अनेक योनियों में भ्रमण करता रहता है और उसकी मुक्ति का एक मात्र उपाय हरि-भक्ति ही हैं। यह भगवान के अनुग्रह से ही संभव हो सकता है।

10. समस्त वैष्णव भक्त कवि इस तथ्य को स्वीकार करते हैं कि एक मात्र ब्रह्म ही इस जगत का निमित्त और उपादान कारण हैं। सृष्टि माया नहीं वास्तविक हैं। जगत ब्रह्म की कार्य-भूमि है और वे ही जगत को कार्यान्वित करते रहते है।

11. समस्त वैष्णव भक्त कवियों का कहना है कि माया के कारण जीव लौकिक विष्यों में फंसकर अज्ञानता में डूबा रहता है। सबने भगवद भक्ति को ही माया के प्रबल आघात से बचने का एक मात्र सरल उपाय बताया है।

12. सभी वैष्णव भक्त कवियों ने परब्रह्म श्रीमन नारायण को ही एक मात्र मोक्षदाता कहा हैं और उनके निवास-स्थान को 'बैकुण्ठ' अथवा 'परमपद' माना है।

13. सभी वैष्ण्व भक्त कवियों का कहना है कि जीव को अपने कर्म के अनुसार इस जगत में सुख-दुख को भोगना पडता है और अनेक योनियों में जन्म लेना पड़ता हैं। सबने भक्ति को ही कर्म-फल से छुटकारा प्राप्त करने का एक मात्र उपाय बताया है।

14. सभी वैष्णव भक्त कवियों को इस बात पर दृढ विश्वास है कि आत्मसमर्पण पूर्ण भक्ति के अभाव में जप-तप, यज्ञ, योग आदि व्यर्थ हैं। भक्ति वह संजीवनी है जो मानव को अमृतमय को बना देती है।

15. सभी भक्त कवियों के दास्य-भक्ति पदों में आर्त भक्त-हृदय की करुणा क्रन्दन सुनायी पड़ती है। सबका कहना है कि उनके लिये भगवान कृष्ण के अतिरिक्त और कोई आश्रय और सहारा नहीं हैं

16. सब भक्त कवियों ने अपने ऊपर विषयी, पापी, प्रभृति अनेक दुगुणों को आरोप किया हैं। कतिपय भक्त कवियों ने अखण्ड भक्त की भांति अपने इष्ट देवको ललकारा भी हैं। इनके विनय पदों में भक्त हृदय की करुण पुकार सुनायी पडती है।

17. समस्त भक्त कवियों ने, प्रमुख रुप से यही प्रतिपादित किया है कि मनुष्य को नर-जन्म कठिनाई से मिलता है, अतः इसे व्यर्थ नहीं गंवाना चाहिए। हरि की थोड़ी भक्ति करने से ही जीव के समस्त पाप नष्ट हो जाते हैं।

18. सभी भक्त कवियों ने विषय-वासनाओं को भयावह बताकर अनन्य भाव से भगवान की शरण स्वीकार की हैं और उनके अपार अनुग्रह पर विश्वास करते हुए उनसे अपनी अभिलाषाओं की पूर्ति की प्रार्थना की है।

19. भक्ति-साधना की दृष्टि से समस्त भक्त कवियों में क्वचित भिन्नता होते हुए भी प्रचुरांश में साम्य ही दृष्टिगत होता है।

20. स्त्री-भाव के प्रेम में ही आत्मोसर्ग और आत्माविस्मृति की अवस्था पूर्ण रुप से आती हैं। अतः समस्त साधकों ने माधुर्य-भाव की उपसाना पद्धति को अपने काव्य में प्रमुख स्थान प्रदान किया है। इन्द्रिय सुख प्राप्त करने की अपनी चित्त वृति को ईश्वर की ओर उन्मुख किया है।

21. समस्त भक्त कवियों के भाव-पक्ष की भांति उनके काव्य का कला-पक्ष उत्कृष्ट, प्रांजल एवं परिमार्जित है। अपनी-अपनी भाषा को मांजकर परिमार्जित करने और उसका स्वीकृत मानक रुप तैयार करने में समस्त भक्त कवि सफल रहे हैं। सभी कवियों ने अपनी- अपनी बोलचाल की भाषा में काव्य का आदर्श रुप स्थापित कर परवर्ती युग के कवियों को प्रभावित किया था। सबने अपनी अपनी मातृभाषा की जो सेवा की थी वह कथमपि विस्मरणीय नहीं है। सूक्ष्म एवं गहनतर विचारों को सहज रुप में अभिव्यक्त करने की क्षमता सब कवियों की भाषाओं में विद्यमान हैं। सबका शब्द-भण्डार समृद्ध हैं। समस्त भक्त कवियों के द्वारा प्रयुक्त मुहावरें एवं लोकोक्तियों के कारण उनकी भाषाओं में प्रौढ़ता, प्रभावशीलता तथा मार्मिकता का समावेश हो पाया है।

22. समस्त कवियों के काव्य में वैष्णव धर्म, दर्शन और भक्ति से संबधित तथ्यों का विलक्षण समन्वय उपलब्ध होता है।

23. भारतीय वैष्णव कवियों के विचारों मे दीख पड़ने वाला यह अद्भुत साम्य यही घोषित करता है कि भारत की आत्मा एक है। समस्त कवियों के दार्शनिक एवं भक्ति संबंधित विचारों में जो साम्य दीख पड़ता हैं वह भारतवर्ष की भावात्मक एकता को घोषित करता है। 'विभिन्नता में एकता' भारतवर्ष के राम और कृष्ण काव्य की एक प्रमुख विशेषता है।

24. समस्त कवियों ने अपनी-अपनी रचनाओं के द्वारा सगुणोपासना के जो हृदयग्राही स्वरूप को जनता के समक्ष रखा हैं और भक्ति द्वारा मुक्ति प्राप्त कर मानव-जीवन को सार्थक बनाने का जो महान सन्देश मानव-जाति को प्रदान किया हैं वह देश काल और जाति की सीमा में आबद्ध न होकर मानव मात्र के उद्धार के लिये सदा-सर्वदा अमर बना रहेगा।

25. संसार रुपी सागर अत्यन्त गंभीर है जिसमें विषय-वासना रूपी भयंकर धारायें चलती रहती है। सभी राम एवं कृष्ण भक्त कवियों का अनुपम काव्य विश्व मानव के लिये जहाज के समान हैं जिस पर आरुढ होकर वह आसानी से भवजलनिधि को पार कर सकता हैं।

26. प्रस्तुत अध्ययन के मूल में दो प्रधान उद्देश्य रहे हैं। भारत की प्रधान भाषाओं के विख्यात वैष्णव भक्त कवियों की रचनाओं का विस्तृत विवेचन प्रस्तुत करना प्रथम उद्देश्य रहा हैं तथा उनकी कृतियों के मर्म एवं उनमें दिखायी पडने वाले साम्य को व्यक्त करना द्वितीय उद्देश्य रहा है।

27. भारतीय भाषाओं में तमिल को छोडकर बाकी सभी भाषाओं में सन् 9वीं शती के पश्चात ही भक्ति साहित्य का आविर्भाव होने लगा। आलवारों के प्रबन्धम का प्रभाव समस्त भारतीय भाषाओं के वैष्णव साहित्य पर प्रत्यक्ष अथवा अप्रत्यक्ष रुप में पड़ा हैं।

28. द्वादश, आलवार भक्त वैष्णव भक्ति आन्दोलन नामक वृहद वृक्ष के जड़ हैं तो विविध वैष्णव संप्रदाय उस वृक्ष की विविध शाखायें हैं। आलवारों के पश्चात भारत भर में अवतरित वैष्णव भक्त कवि उन शाखाओं में पुष्पित सुन्दर फूल हैं। उन भक्त कवियों की समस्त कृतियाँ उस वृहद वृक्ष के मीठे फल हैं।

29. आलवारों द्वारा शुरु किये गये भक्ति-आन्दोलन से समस्त भारतीय भाषाओं का भक्ति-साहित्य समृद्ध बना।

30. आलवारों के प्रबन्धम के भक्ति एवं दार्शनिक विचारों के आधार पर रामानुजाचार्य ने विशिष्टाद्वैत संप्रदाय को स्थापित किया। उनके इस संप्रदाय के सिद्धान्तों के आधार पर भारत भर में विविध संप्रदायो का आविर्भाव हुआ। उन संप्रदायों के ब्रहम, जीव, जगत, माया, कर्म, मोक्ष प्रभृति विषयों के विचारों में कतिपय भेदों को छोड़कर साम्य ही अधिक दिखायी पड़ते है।

31. इन विविध संप्रदायों के सिद्धान्तों के अनुसार निर्मित भारतीय वैष्णव भक्ति साहित्य में साम्य ही अधिक नजर आते हैं।

32. आलवारों के प्रबन्धम की रचना के पश्चात श्रीमद्भागवत पुराण लिखा गया था। प्रबन्धम में बताये गये भक्ति तथा दार्शनिक विचार सब भागवतम में व्यक्त हुए है। प्रबन्धम का प्रभाव श्रीमदभगवतम् पर देखा जा सकता है। भारतीय वैष्णव साहित्यों के मूल आधार ग्रन्थों के रुप में प्रबन्धम एवं 'भागवतम' निरुपित हुए है। अतः भारतीय वैष्णव साहित्यों में भेदों की तुलना में साम्य ही अधिक दिखायी पड़ते है।

33. वैष्णव भक्ति-आन्दोलन की नियति यह है कि वह सदा अपने मूल तत्वों को बनाये रखता है और उसी समय बदलती हुई परिस्थितियों के अनुसार, नया रुप भी धारण करता रहता हैं

34. आलवारों से चलाया गया वैष्णव भक्ति आन्दोलन ने दक्षिण भारत के विविध वैष्णव संप्रदायों के सिद्धान्तों को अपने में समाविष्ट कर, उत्तर भारत के वैष्णव भक्ति साहित्यों को भी समृद्ध बनाया।

35. आलवारों ने अपने भक्ति-पदों में जिन साधारण तथा विशिष्ट तत्वों का प्रयोग किया था उन सब को समस्त परवर्ती भारतीय वैष्णव भक्त कवियों ने अपनी रचनाओं में प्रयोग किया है।

36. आलवारों के भक्ति एवं आध्यात्मिक विचार, विविध संप्रदाय, मठ तथा प्रबन्धम पर मणिप्रवाल शैली में लिखे गये टीका-ग्रन्थो द्वारा पत्यक्ष या अप्रत्यक्ष रुप में भारत भर में फैले।

37. आलवारों ने वैष्णव धर्म के कठिन सिद्धान्तों को सरल बनाकर भक्ति-मार्ग को एक नवीन रुप प्रदान किया ताकि सब प्रकार के लोग उन्हें आसानी से अनुकरण कर सके।

38. आलवारों ने सर्वप्रथम जनता की बोलचाल की भाषा में अपने काव्यों की रचना कर उनमें संगीत का समावेश किया। परवर्ती भारतीय वैष्णव कवियों ने भी आलवारों से दिखाये गये इस मार्ग का अनुसरण किया। फलस्वरुप वैष्णव भक्ति आन्दोलन ने जनता के आन्दोलन के रुप में वृहद रुप धारण किया।

39. उत्तर भारत में वैष्णव भक्ति को फैलाने में श्री रामानन्दस्वामी की देन महत्वपूर्ण मानी जाती है। दक्षिण और उत्तर के भक्ति-आन्दोल को जोड़ने वाले सेतु के रुप में उन्होंने काम किया।

40. आलवारों ने ही सर्व प्रथम अपनी कृतियों में भक्ति-भाव को रसानुभाव के स्तर तक पहुंचाया।

41. आलवारों ने तथा परवर्ती सभी वैष्णव भक्त कवियों ने लोगों को उपदेश दिया कि सन्यासी बने बिना ही गृहस्थ जीवन के सुखों का अनुभव करते हुए भगवान पर पवित्र भक्ति करने से मोक्ष की उपलब्धि हो सकती है।

42. मध्ययुगीन भारतीय वैष्णव साहित्य पर, तमिल को छोड़कर अन्य भाषाओं के काव्य पर, श्रीमद्भागवदपुराण का प्रभाव अधिक मात्रा में पड़ा हैं

43. वैष्णव भक्ति आन्दोलन ने पूरे भारत को एकता की डोरी में बाँधा और विभिन्नता में एकता के भाव को जागृत किया।

44. "एक ही कुल है तो वह मानव कुल हैं, एक ही ईश्वर है तो वह श्रीमन नारायण है" यह उपदेश सिर्फ आलवारों ने ही नहीं बल्कि समस्त भारतीय वैष्णव कवियों ने अपनी रचनाओं में लोगों को दिया है।

45. भक्ति के प्रकारों में माधुर्य भक्ति श्रेष्ठ मानी जाती है। इस माधुर्य भक्ति में भक्ति पवित्र बनती हैं। अपवित्र एवं शक्तिशाली काम-वासना, ईश्वर-प्रेम में, पवित्रता को प्राप्त करती है। माधुर्य भक्ति के गीत सब, लौकिक श्रृंगारिक भाषा में लिखे गये है।

46. साधक अपने आध्यात्मिक मार्ग में माधुर्य भक्ति द्वारा परिपक्वता को प्राप्त करता है।

47. भक्त कभी भगवान के साथ झगड़ा करता है। कभी उसे कटु शब्दों से अपमानित करता है। ये सब भगवान के साथ भक्त की घनिष्टता को प्रकट करते है।

48. सभी वैष्णव भक्त कवि, कर्म-फल पर विश्वास करते है। पिछले जन्म में किये गये कर्मों के अनुसार इस जन्म में सुख और दुख भुगतना पडता है।

49. वाल्मिकी रामायण भारतीय राम-काव्य का मूल आधार ग्रन्थ माना जाता है। अपनी-अपनी कल्पनाओं के अनुसार वाल्मिकी-रामायण की कथा में परिवर्तन कर, राम भक्त कवियों ने राम-काव्य की रचना की है।

50. भारतीय राम और कृष्ण काव्य, भारतीय जनता की संस्कृति रहन-सहन, आचार-विचार और सामाजिक जीवन के तत्वों को अपने में समाविष्ट किये हुए हैं।

51. भारतीय वैष्णव कवियों ने अपने श्रेष्ठ काव्यों द्वारा भारत के दार्शनिक विकास को चरम सीमा पर पहुँचाया हैं। उन्होंने अपने भक्ति-गीतों द्वारा श्रेष्ठ भक्ति एवं आध्यात्मिक विचारों का उपदेश देकर भारतीय जनता के हृदय कमलों में ज्ञान-द्वीप को जलाया है।

52. वाल्मिकी ने अपने राम-काव्य में श्री राम नामक उत्कृष्ट एवं आदर्श पात्र का सृजन किया। कालांतर में लोग उन्हे विष्णु का अवतार मानकर, मंदिरों में उनकी प्रतिमा की प्रतिष्ठा करके उनकी उपासना करने लगे। त्याग, सत्चरित्र, भ्रातृ-प्रेम, पिता की आज्ञा का पालन, प्रजा-प्रेम आदि आदर्श गुणों के कारण श्री राम भारतीय संस्कृति के रक्षक बने रहते है।

विभिन्नता में एकता के लिये कतिपय दृष्टान्त भारतीय वैष्णव साहित्य से नीचे उद्धृत किये जाते है।

“अगले जन्म में मुझे नश्वर नर-जीवन प्राप्त करने की कामना नहीं हैं मुझे बैकुण्ठ प्राप्त करने की चाह नहीं हैं, मैं अपने को धन्य समझूंगा, यदि मुझे वेंकट पर्वत की निर्झरिणी में मीन के रुप में जन्म लेने का सौभाग्य प्राप्त हो” - **कुलशेखरालवार**

“तिरुवेंकट गिरि पर कोनेरी नाम सरोवर में सारस पक्षी के रूप में मै जन्म लेना चाहता हूँ.. - **कुलशेखरालवार**

“यदि मुझे नर-जन्म मिलें तो मैं गोकुल-गांव का ग्वारन बनकर जीना चाहता हूँ। यदि मुझे गाय के रुप में जीना पड़े तो मैं नंदबाबा की गायों के साथ रहना चाहता हूँ। यदि मुझे खग बनना पड़े तो कालिन्दी कूल के कदंब वृक्ष की शाखा में जीना चाहता हूँ - **रसखान**

जिस तरह जहाज का पक्षी बार-बार जहाज के खंभे पर आता है उसी तरह मैं आपकी शरण में आता हूँ। अन्यत्र मुझे कोई आश्रय नहीं हैं - **कुलशेखर**

“मेरों मन अनत कहाँ सुख पावै।
जैसे उडि जहात कौ पंछी, फिरि जहाज पर आवै॥ **...सूरदास**

प्रिय के वियोग में मेरी हड्डियाँ पिघल गयी हैं। मेरी आँखें कभी बन्द नहीं होती, प्रिय के बिना मुझे नींद नहीं आती। वियोग-दुख रूपी समुद्र में गोविन्द रूपी नाव के बिना, मैं अत्यन्त कष्ट भोग रही हूँ। - **आण्डाल**

रमैया के बिन मुझे नींद न आती हैं। विरह दुख मुझे बहुत सता रहा है। निस-दिन मैं मुरारी का बाट जोह रही हूँ। लेकिन वे मुझे दर्शन नहीं देते। हरि के दर्शन पाये बिना मैं जी नहीं सकती - **मीरा**

श्री कृष्ण को छोडकर और एक ईश्वर की शरण में क्यों जाते हो? पवित्र गंगा नदी को तजकर प्यासा कहीं कुआ खोदेगा क्या? मकरंद पुष्प के रस का पिया हुआ भ्रमर कड़वे फल को खायेगा क्या? दुधारु गाय कामधेनु को छोड़कर बकरी को कोई दुहेगा क्या? - **सूरदास**

भक्ति नामक राजमार्ग के होते हुए ईश्वर को प्राप्त करने के लिये तंगी गलियों में क्यो भटकते रहते हो? मीठे गाय का दूध होते हुए, कोई कडुवे मधु का पान करेगा क्या? - **त्यागराजस्वामी**

नारायण का नामोच्चारण करने से ऊँचे कुल की प्राप्ति होगी, संपति बढेगी, दुखों का नाश होगा, मोक्ष की उपलब्धि होगी, कार्य करने की क्षमता बढेगी, ऊँची स्थिति की प्राप्ति होगी, माता से बढकर अधिक भलाइयाँ नारायण नामक नाम करेगा। **- तिरुमंगैयालवार**

दीन दयाल नारायण का ध्यान करने से जन्म-मरण के चक्र से छुटकारा मिलेगा। भगवान नारायण के नाम का उच्चारण करने से सब प्रकार की संपत्तियाँ उपलब्ध होगी। चोर उसकी चोरी नहीं करेगा। बाढ और आग उसका नाश नहीं कर सकते। **- अन्नमाचार्य**

हरिभक्ति रहित मनुष्य जाति से कुल से जितना भी ऊँचा क्यों न हो, हरि पर भक्ति करने वाला चांडाल उससे भी अधिक ऊँचा तथा श्रेष्ठ समझा जायेगा। **- एक नाथ**

जाति, कुल और गोत्र में क्या रखा है? चाहे कोई किसी भी जाति का क्यों न हो, यदि वह हरि का गुण-गान करेगा तो, हरि उस पर उवश्य अनुग्रह करेगा। **- नटनगोपाल नायकी**

नामदेव विटठल भगवान से प्रार्थना करते हैं "हे पाण्डुरंग विटठला! यदि तुम मुझे मुक्ति दोगो, तो साधु, संत एवं भक्तों के सत्संग को कहाँ मैं पाऊंगा? आप के अवतार की मीठी कथाओं का श्रवण कहाँ जाकर करूँगा। इसलिये हे भक्तवत्सला! मैं तुम से मुक्ति नही मांगता हूँ। मैं तुमसे इतना ही प्रार्थना करता हूँ कि इस धरती पर अनगिनत जनम लेने का अनुग्रह मुझ पर करो। **- नामदेव**

सूरदास कहते है "है प्रभु! मैं देवताओं के समान अलौकिक देह प्राप्त करना नहीं चाहता; इनद्रलोक में मैं ऊँचा पद प्राप्त करना नहीं चाहता और वहाँ की सुख-सुविधाओं का अनुभव करना नहीं चाहता। मैं सदा इस धरती पर तुम्हारा गुणगान करते रहना चाहता हूँ।

आलवार एवं अन्य भारतीय वैष्णव कवियों ने परमात्मा से यही प्रार्थना की है कि उन्हें बार-बार इस धर्ती पर मानव-जन्म लेने का सौभाग्य प्राप्त होता रहे। वे वैकुण्ठ की प्राप्ति करना नहीं चाहते।

जैसे मकड़ी अपने मुँह से धागा निकालकर जाल बनाती हैं और उसमें क्रीड़ा करती है और फिर उसे अपने में लीन कर लेती है, वैसे ही भगवान अपनी माया का आश्रय लेकर इस विविध शक्ति-संपन्न जगत की उत्पत्ति, पालन और संहार के हेतू अपने आप को अनेक रुप में प्रकट कर क्रीडा करते है। **- नटनगोपालनायकी**

मकड़ी अपने मुँह से धागा निकालकर जाला बनाती है, उसी प्रकर परब्रह्म इस जगत की सृष्टि करते हैं और उससे अलग रहकर उसको कार्यान्वित करते है। **- एक नाथ**

अपनी माँ यशोदा से बालक कृष्ण कहते है-- हे माँ! गोपी स्त्रियाँ अपनी ओर से झूठ-मूठ की बातें बना रही हैं। मैंने तुमसे चोरी करने का काम कब सीखा? दही, मक्खन और घी हमारे घर में नहीं हैं क्या? अतः इन गोपियाँ के कथन में कुछ भी सत्य नहीं हैं। झूठ बोलने के कारण ये गोपियाँ ही पक्की चोर है। **- नटनगोपालनायकी**

"हे माँ रोज तुम जो दूध देती हो उसे मैं पी नहीं सकता। ऊँची शिखाओं पर रखे घड़ों के दूध चोरी से मैं क्यो पीऊँ? ऐसा दुर्भाग्य मुझे नहीं आया है। मैं क्या इतना बड़ा आदमी हूँ कि गोपियों को

सताऊँ? गोपियाँ झूठ-मूठ बोलकर मुझे चोर सिद्ध करना चाहती है। मैं तेरा बेटा हूँ। मुझ पर भरोसा कर माँ।' - **श्रीपादराय**

निष्कर्ष

समस्त वैष्णव भक्त कवियों ने युग-निरपेक्ष एवं चिरन्तन भक्ति-साहित्य का सृजन कर अपनी-अपनी भाषा के साहित्यिक क्षेत्र में अपना स्थान अमर बना लिया हैं। भक्ति के द्वारा मुक्ति पाने का जो महान संदेश इन भक्त कवियों ने मानव जाति को दिया है वह देश काल तथा जाति की सीमा में आबद्ध न होकर, मानव के उद्धार के लिये सदा-सर्वदा अमर बना रहेगा।

समस्त भारतीय वैष्णव भक्त कवियों के काव्य का विवेचन समग्र रूप से करने के पश्चात निष्कर्ष रूप से कह सकते है कि उनके काव्य में धर्म, दर्शन तथा भक्ति से संबधित तथ्यों का विलक्षण समन्वय उपलब्ध होता है। काव्य के उभयपक्ष-भाव पक्ष व कला पक्ष का भी संतुलन उनके काव्य में मिलता है। उनका शब्द-भंडार पर्याप्त समृद्ध हैं। अधिकांश भक्त कवियों ने उपमा एवं रूपक अलकारों के प्रयोग के प्रति अपनी विशेष रुचि दिखलायी हैं सबका उपमान-सयोंजन सराहनीय है। अधिकांश कविताओं की रचनायें गीति-काव्य की कोटि में आती हैं।

प्रस्तुत ग्रन्थ इस तथ्य पर प्रकाश डालता है कि 'नालायिर दिव्य प्रबन्धम' तमिल साहित्य का एक श्रेष्ठ एवं विचित्र काव्य है। वैष्णव भक्ति आन्दोलन का प्रधान जड़ है। इस तमिल प्रबन्धम का प्रभाव प्रत्यक्ष से, अप्रत्यक्ष रूप से अन्य भारतीय भाषाओं के वैष्णव साहित्य पर पड़ा है।

सहायक ग्रन्थ सूची

	हिन्दी पुस्तकें ग्रन्थ का नाम	विवरण
1.	अष्टछाप	संपादक: डा. धीरेन्द्र वर्मा प्रकाशक: रामनारायण लाल, इलाहाबाद, सन् 1959
2.	अष्टछाप और वल्लभ संप्रदाय भाग 1 & 2	लेखकः डा दीनदयाल गुप्त भाग प्रकाशकः: हिन्दी साहित्य सम्मेलन, प्रयाग द्वितीय संस्करण सन् 1970
3.	चौरासी वैष्णवन की वार्ता	प्रकाशक: वेंकटेश्वर प्रेस, बंबई सन् 1985
4.	तमिल और हिन्दी का भक्ति साहित्य	प्रकाशकः दक्षिण भारत हिन्दी प्रचार सभा, मद्रास, सन् 1971
5.	भक्तमाल	नाभादास कृत, सन 1908
6.	भक्ति काव्य में मधुरोपासना	लेखकः परशुराम चतुर्वेदी प्रकाशक: भारती भंडार, इलाहाबाद
7.	भक्ति काव्य में माधुर्य भाव का स्वरूप	लेखक: जगनाथ 'नलिन' प्रकाशक: बंसल एंड कम्पनी, दिल्ली, 1966
8.	भक्ति और प्रपत्तिका स्वरूपगत भेद	लेखक भट्टरमानाथ शर्मा प्रकाशकः ब्रजनाथ शास्त्री, नाथद्वारा
9.	भागवत दर्शन	लेखक हरवंशलाल शर्मा प्रकाशक: भारत प्रकाशन मंदिर, अलीगढ, सं. 2020
10.	आलवार भक्तों का तमिल प्रबनधम और हिन्दी कृष्ण काव्य	लेखक: डा. मलिक मोहम्मद प्रकाशक: विनोद पुस्तक मंदिर, आगरा प्रथम संस्करण, 1964
11.	भारतीय साधना और सूर-साहित्य	लेखक: डॉ. मुन्शीराम शर्मा
12.	भाषा विज्ञान	लेखक: भोलानाथ तिवारी
13.	भ्रमरगीत सार	संपादक: आचार्य रामचन्द्र शुक्ल

14.	मधुर रसः स्वरूप और विकास	लेखक: डा. रामस्वार्थ चौधरी 'अभिनव' प्रकाशक: राजकमल प्रकाशन, दिल्ली-6
15.	महाकवि सूरदास	लेखक: आचार्य नंददुलारे वाजपेयी प्रकाशक: आत्माराम एण्ड सन्स, कश्मीरी गेट, दिल्ली, सन 1971
16.	मीरा और आण्डाल का तुलनात्मक अध्ययन	डा. ना. सुन्दरम प्रकाशकःहिन्दी साहित्य सम्मेलन, प्रयाग
17.	रामचरितमानस	गो. तुलसीदास
18.	ब्रजभाया की कृष्ण भक्ति काव्य में अभिव्यंजना शिल्प	डा. सावित्री सिन्हा नेशनल पबिलशिंग हाऊस, दिल्ली, सन् 1961
19.	वैष्णव धर्म	परशुराम चतुर्वेदी राजकमल प्रकाशन, दिल्ली
20.	वैष्णव भक्ति आन्दोलन का अध्ययन	डा. मलिक मोहम्मद राजपाल एण्ड सन्स, दिल्ली
21.	संगीतबोध	डा. शरच्चन्द्र श्रीधर, परांजपे मध्य प्रदेश हिन्दी ग्रन्थ अकादमी, भोपाल, सन् 1972
22.	सूर और उनका साहित्य	डा. हरवंशलाल शर्मा भारत प्रकाशन मन्दिर, अलीगढ़
23.	सूरदास	डा. ब्रजेश्वर शर्मा हिन्दी परिषद, विश्वविद्यालय, प्रयाग, सन् 1950
24.	सूरदास	आचार्य रामचन्द्र शुकल सरस्वती मंदिर, वाराणसी
25.	सूरदास और नरसिंह मेहता	भ्रमरलाल जोशी गुर्जर भारती, अहमदाबाद, सन् 1968
26.	हिन्दी कृष्ण भक्ति साहित्य में मधुर भाव की उपासना	पूर्णमासी राय अभिनव भारती प्रकाशन, इलाहाबाद, प्रथम संस्करण, 1974
27.	हिन्दी भाषा का इतिहास	डा. धीरेन्द्र वर्मा हिन्दुस्तानी एकाडमी, इलाहाबाद, सन् 1961
28.	हिन्दी साहित्य का इतिहास	आचार्य रामचन्द्र शुक्ल, ना. प्र. सभा, काशी स. 2012

29.	हिन्दी साहित्य का वृहत इतिहास पंचम भाग-भक्ति काल (सगुण भक्ति)	डा. दीनदयाल गुप्त नागरी प्रचारिणीसभा, वाराणसी, स0 2031
30.	हिन्दी साहित्य कोश (संग्रह)	संपादक धीरेन्द्र वर्मा, ज्ञानमंडल, वाराणसी, स0 2015
31.	आलवारकल कालनिर्ले	मु. राघव अययंगार, ला जर्नल प्रेस, मद्रास सन् 1929
32.	आलवाकल चरितम्	श्रीनिवास अययंगार, मद्रास, सन् 1953
33.	आलवारकल वरलारु (दो भाग)	के.आर. गोविन्द राजमुदलियार, कलगम, सन् 1967
34.	मध्यकालीन धर्म साधना	डा. हजारी प्रसाद द्विवेदी
35.	भागवत संप्रदाय	बलदेव उपाध्याय
36.	भक्ति आन्दोलन का अध्ययन	डा. रतिभानुसिंह 'नाहर
37.	हिन्दी कृष्ण भक्ति काव्य पर श्रीमद भागवत का प्रभाव	डा. विश्वनाथ शुक्ल
38.	मध्यकालीन हिन्दी संतः विचार और - साधना	डा. केशनी प्रसाद चौरासिया
39.	कृष्ण भक्ति काव्य में सखीभाव	डा. शरण बिहारी गोस्वामी
40.	तुलसीदास-जीवनी और विचारधारा	डॉ. राजाराम रस्तोगी
41.	भारतीय संस्कृति	प्रो. देवदत्तज्ञानी
42.	संस्कृति के चार अध्याय	रामधारी सिंह दिनकर
43.	रामानंद संप्रदाय तथा हिन्दी साहित्य पर उसका प्रभाव	डा. बदरीनारायण श्रीवास्तव
44.	हिन्दी और कन्नड में भक्ति आन्दोलन का तुलनात्मक अध्ययन	डा. हिरण्मय
45.	16वीं शती के हिन्दी और बंगाली कवि	डा. रत्नकुमारी
46.	हिन्दी साहित्य का आलोचनात्मक इतिहास	डॉ. रामकुमार वर्मा
47.	मराठी हिन्दी कृष्ण काव्य का तुलनात्मक अध्ययन	डा. र. श. केलकर
48.	प्रपत्ति रहस्य	श्रीकान्त शरण
49.	संतकाव्य का दार्शनिक विश्लेषण	डा. मनमोहन सहगल

50.	मध्यकालीन भारतीय संस्कृति	गौरीशंकर हीराचन्द ओझा
51.	रामानुजाचार्य का विशिष्टाद्वैतिक भक्ति दर्शन	डा. सरनाम सिंह शर्मा
52.	चैतन्य मत और ब्रज साहित्य	प्रभुदयाल मित्तल
53.	राधवल्लभ संप्रदायः सिद्धान्त और साहित्य	डा. विजयेन्द्र रनातक
54.	गुजराती और ब्रजभाषा कृष्ण काव्य का तुलनात्मक अध्ययन	डा. जगदीश गुप्त
55.	हिन्दी और मलयालम में कृष्ण भक्ति काव्य	डा. भासकरन नायर
56.	कंवर और तुलसी	डा. शंखर राजु नायडु
57.	सूरसागर	नागरी प्रचारिणी सभा
58.	परमानंद सागर	संपादकः डा. गोवर्धन नाथ शुक्ल
59.	नन्ददास ग्रन्थावली	नागरी प्रचारिणी सभा
60.	मीराबाई की पदावली	संपादकः परशुराम चतुर्वेदी
61.	रसखान का अमर काव्य	संपादकः दुर्गाशंकर मिश्र
62.	सुदामा चरित	नरोत्तम दास
63.	सूरदास और संत कवि नटनगोपाल नायकी स्वामिगल का तुलनात्मक अध्ययन	डा. के.आर. विटठलदास विनोद पुस्तक मंदिर, आगरा
64.	हिन्दी और मलयालम भक्ति काव्य में वात्सल्य रस	डा. एस. रामन नायर रामनारायणलाल वेणी प्रसाद, इलाहाबाद, सन् 1976
65.	दक्षिण भारत की भाषायें और उनका साहित्य	सुनदर रेड्डी
66.	दक्षिण भारत की संत परंपरा	डा. राधाकृष्ण मूर्ति, करनाटका महिला हिन्दी समिति, बंगलूर
67.	पुनतानम की रचनायें	के. वासुदेवन
68.	हिन्दी और तेलुगु कृष्ण काव्यों का तुलनात्मक अध्ययन	डा. एन. एस. दक्षिणामूर्ति
69.	हिन्दी और तेलुगु वैष्णव भक्ति साहित्य का तुलनात्मक अध्ययन	डा. के. रामनायन विनोद पुस्तक मंदिर, आगरा

70.	हिन्दी और तेलुगु के मध्यकालीन साहित्यों का तुलनात्मक अध्ययन	डा. चावली सूर्यनारायणमूर्ति
71.	हिन्दी और तेलुगु के प्रतिनिधि कवि एक तुलनात्मक अध्ययन	डा. के. शिव सत्य नारायण
72.	तेलुगु साहित्य का इतिहास	डा. बालशौरी रेडडी
73.	मराठी और हिन्दी कृष्ण काव्यों का तुलनात्मक अध्ययन (सन् 11 से 16वी शती तक)	डा. रा. र. केलकर अक्षर प्रकाशन, दिल्ली, सन् 1966
74.	सन्त नामदेव तथा उनका हिन्दी साहित्य	बानकटे गुरुजी केन्द्रिय समाचार प्रचार मंत्रालय, नई दिल्ली, सन् 1970
75.	तुकाराम एवं कबीर	डा. श्रीमति रमेश सेठ साहित्य शोध संस्थान, नई दिल्ली, सन् 1949
76.	हिन्दी और मराठों के वैष्णव साहित्य का तुलनात्मक अध्ययन	डा. नरहरि चिन्तामणि, जोकलेकर जवाहर पुस्तकालय, मथुरा
77.	हिन्दी को मराठी सन्तों की देन	आचार्य विनय मोहन शर्मा
78.	मराठी का भक्ति साहित्य	प्रो. देव पाण्डेय
79.	संत तुकाराम	डा. हरिराम चन्द्र दिवेकर
80.	मराठी बांगमय का इतिहास	श्री भंगारकर भाग 1
81.	महाराष्ट्र की संत कवियित्री	आजगावकर
82.	नामदेव चरित्र	आजगावकर
83.	सन्त नामदेव की हिन्दी पदावली	संग्रहकर्ता डा. भगीरथ मिश्रा और राज नारायण मौर्य
84.	मराठी सन्तों का सामाजिक कार्य	
85.	मराठी साहित्य का इतिहास	ना भा. गोडबोले
86.	वैष्णव शैव और अन्य धार्मिक मत	डाः रा. गो. भंडारकर
87.	श्री तुकाराम चरित्र	लक्ष्मण रामचन्द्र बांगाकर
88.	सन्त साहित्य	ड. प्रेमनारायण शुक्ल
89.	सन्तों का भक्ति योग	डा. राजदेव सिहं
90.	सन्तों के धार्मिक विश्वास	डा. धर्मपाल सैनी
91.	हिन्दी वैष्णव भक्ति काव्य	डा. योगेन्द्र प्रताप सिंह

92.	गुजराती साहित्य का इतिहास	श्री जयन्त हरिकृष्णा धवे, हिन्दी साहित्य समिति, उत्तर प्रदेश
93.	गुजरात के संतो की हिन्दी वाणी	संग्रहकर्ता डा. अंबाशंकर नागर डा. रमणलाल पाठक, गुर्जर भारत अहमदाबाद
94.	नरसिंह मेहता कृत काव्य	इच्छाराम सूर्यराम देशाय, गुजराती प्रेस, बंबई, सन् 1913
95.	रामचरितमानस एवं गिर्धर रामायण का तुलनात्मक अध्ययन	आनंद प्रकाशन दिल्ली, सन् 1997
96.	मधुर रस स्वरुप और विकास	डा. रामस्वार्थ चौधरी, राजकमल प्रकाशन, दिल्ली
97.	हिन्दी भक्ति श्रृंगार का स्वरुप	डा. मिथिलेश गान्धी
98.	रामकथा	फादर कामिल बुल्के
99.	श्रीमदभागवत रहस्य	श्रीकान्त शरण
100.	रामानुज का विशिष्टाद्वैत भक्तित्व	डा. सरनाथ सिहं शर्मा
101.	केशव और उनका साहित्य	डा. विजयपाल सिंह
102.	केशव की काव्य कला	श्रीकृष्ण शंकर शुक्ल
103.	केशव की काव्य साधना	श्री ओमप्रकाश शर्मा
104.	गीतांवली	तुलसीदास, गीता प्रेस
105.	गोस्वामी तुलसीदास	डा. श्यामसुन्दर दास
106.	गोस्वामी तुलसकीदास की समन्वय साधना	विर्योहार राजेन्द्र सिंह
107.	तुलसीदास	आचार्य रामचंद्र शुक्ल
108.	कवि परमानंददास और वल्लभ संप्रदाय	डा. गोवर्धननाथ शुक्ल
109.	मध्यकालीन कृष्ण काव्य में सामाजिक जीवन की अभिव्यक्ति	श्री हरगुलाल
110.	मानस की महिलायें	श्री रामानंद शर्मा
111.	मीरा की प्रेम साधना	भुवनेश्वरनाथ मिश्र
112.	मीराबाई जीवन चरित्र और आलोचना	श्रीकृष्णलाल
113.	रसखान काव्य तथा भक्ति भावना	डा. मजदा असत
114.	रामचरित मानस और साकेत	भ्रमरलाल गुप्त

115	तुलसीदास की भाषा	डा. देवकीनंदन श्रीवास्तव
116	नंददासकृत रास-पंचाध्यायी और भ्रमरगीत	प्रो. विश्वभर अरुण
117	रामभक्ति में रसिक संप्रदाय	डा. भगवती प्रसाद सिंह, अवध साहित्य मंदिर, बलरामपुर
118	बाल्मिकी रामायण और रामचरितमानस	विध्या मिश्रा
119.	साकेत: एक अध्ययन	डा. नगेन्द्र
120.	कृतिवासी बंगला रामायण और रामचरित मानस का तुलनात्मक	डा. रमानाथ त्रिपाठी
121.	तुलसीदास रामायण और पंप रामायण	डा. सरगु कृष्णमूर्ति
122.	तुलसी के काव्य में नैतिक मूल्य	डा. शरण दास शर्मा
123.	तुलसीदास	डा. माता प्रसाद गुप्ता
124.	रामकथा के पात्र	डा बह राजूकर, ग्रन्थम, कानपुर
125.	विश्व साहित्य में रामचरितमानस	श्री राजबहादुर लामगोडा
126.	तुलसी दास और उनका युग	राजपति दीक्षित
127.	बुशुण्डी रामायण तथा रामचरितमानस	डा. युदनंदन मिश्र,सनजय बुक सेन्टर, वाराणसी
128.	बुशुण्डी रामायण	संकलन डा. भगवती प्रसाद सिंह
129.	तुलसीदास और तियागराजु का प्रगीत काव्य एक तुलनात्मक अध्ययन	डा. के. कृष्णमूर्ति मिलिन्द प्रकाशन, हैदराबाद, सन्1991
130.	16वी शती के हिन्दी और बंगला वैष्णव कवि	रत्नकुमारी

तमिल पुस्तकें

1.	आलवारकल कालनिलै	मु० राघव अय्यंगार ला जर्नल प्रेस, मद्रास, सन् 1929
2.	आलवारकल चरितम्	श्री निवास अय्यंगार, मद्रास सन् 1953
3.	आलवारकल बरलारु (दो भाग)	के.आर. गोविन्दराज मुदलियार
4.	कण्णनैक कलन्दकादलर	श्रीमति शिवानंद विजयलक्ष्मी, सिद्धाश्रम, मदुरै, सन 1970

5.	तमिलनाटिल सौराष्ट्र कालिन मुलु वरलारु	के.आर. सेतुरामन सौराष्ट्र कल्चुरल एकादमी, मदुरै, सन् 1977
6.	तियागब्रहम वेकेंटरमण चरितत्रम	कृप्पय्यान रामस्वामी भागवतर, वालाजापेट सन 1935
7.	नालयिर दिव्य प्रबन्धम	संपादक अण्णंकराचार्य
8.	दिव्य प्रबंधसारम्	पी. श्री आचार्य आनंद विकटन कार्यालय, मद्रास,1938
9.	मदुरैयिन जोति	श्रीमती शिवानंद विजयलक्ष्मी सी.एम.बी. प्रेस, मदुरै, सन् 1957
10.	महारानी मंगमाकारु शासनम	प्रकाशक बी.के नन्नययर, सेलम 1911
11.	श्रीमत कुरुक्कु सुब्बार्य स्वामिंगलिन संकीर्तनंगल	कुरुक्कु सुबबार्य स्वामी सेवा समाजम, मदुरै, 1965 सौराष्ट्र विजयाप्टम 652
12.	श्रीमन नटनगोपाल स्वामी चरित्रम	कु.वे. पदभनावैययर, राजेष्वरी प्रेस, मदुरै 1938
13.	श्रीमत वेंकटसूरी स्वमी चरितत्रम	कु.वे. पदमनावययर, सौराष्ट्र सभा, मदुरै
14.	तिरुप्पल्लाडुं	पेरियालवार
15.	तिरुप्पावै	आण्डाल (गोदा)
16.	नाच्चियार तिरुमोलि	आण्डाल
17.	पेरुमाल तिरुमोलि	कुलशेरालवार
18.	तिरुच्चनदविरुन्तम	तिरुमालिशैयालवार
19.	तिरुमाले, तिरुप्पल्लियेलुच्चि	तोण्डरडिप्पोडियालवार
20.	अमलनादिपिरान	तिरुप्पाणालवार
21.	कण्णिणुन चिरुतांबु	मधुरकवियालवार
22.	प्रेरिय तिरुमौलि	तिरुमंगेयालवार
23.	तिरुक्कुरुनताडंकम	तिरुमंगैयालवार
24.	तिरुनेडुतांडकाम	वही
25.	मुतलतिरुवंतादि	पोय्कैयालवर
26.	इरण्डाम तिरुवंतादि	भूततत्तालवार
27.	मून्राम तिरुवन्तादि	पेयालवार
28.	नानमुकन तिरुवनतादि	तिरुमलिषैयालवार

29.	तिरुविरुतम	नम्मालवार
30.	तिरुवाचिरियम	नम्मालवार
31.	पेरिय तिरुवन्तादि	वही
32.	तिरुवायमोलि	वही
33.	तिरुवलुक्कूटिरुक्कै	तिरुमंगैयालवार
34.	चिरियतिरुमडल	वही
35.	पेरिय तिरुमडल	वही
36.	नालायिर दिव्य प्रबन्धम	रा.ल. कमलक्कण्णन
37.	मूलमुम बिलक्कउरियुम	वर्तमानन पदिप्पकम
38.	ईडिन तमिलाक्कम (दस भाग)	पुरुशोत्त्मनायुडु चेन्नैपलकलैक्कलकम चैन्ने
39.	वैणवमुम, आलवारकलुम	त.न.सं.देवरासन नासा चेप्पक पदिप्पकम तियागराय नगर, चेनने
40.	श्री नालायिर दिव्य प्रबन्धम (नयउरै)	डा. जगत्रक्षकन आलवारकल आयउ मैयम, चेननै-17
41.	आलवार पाशुरंगालिल उवमैगल	डा. कलियन संपतु एल के. एम पब्लिकेशन, चैन्नै-17
42.	दिव्य प्रबन्धम सारम	आचार्य पी. श्री, अमुदनिलैयम, चैनने, 1957
43.	भगवानैवलर्त भक्तर,	आचार्य पी. श्री
44.	आलवारकलुम, आचार्यरकलुम	(कलैमकल कार्यालय, चैन्नै)
45.	आलवारकलकालनिलै	मु. रागवेयंगार मणिवाचकर नूलकम, चितंवरम, 1981
46.	आलवारगलुम, कंबनुम	एस.के. रामराजन कंबन कलकम, चैन्नै
47.	कण्ण्न पिल्लैत्तमिल	च. सांबशिवम पूमकल पुस्तकनिर्दयम, चेन्नै 1971
48.	तुयिलेलुप्पिय तोंडर कोदै	आचार्य पी. श्री, कलैमकल कायालयम, चेन्नै
49.	तिरुमंगयालवार मडलकल	म.पे.श्रीनिवासन अन्नम पिरैवेट लिमिटे शिवगंगें 1987
50.	पेरियालवार	साहित्य अकादमी, पुदुडिल्ली सन 1999

51.	आण्डाल	के.ए. मणवालन, साहित्य अकादमी, पुदु दिल्ली, तीसरा संस्करण 2005
52.	तत्तुवमुम, भक्तियुम	अ.च. ज्ञाबसंबन्दन, देय्वत्तमिल मन्रम, मारयम, 1977
53.	तिरुवायमोलित्तिरन	कु. दामोदरन, पारिनिलैयम, चेन्नै 1981
54.	श्री सडगोप दिव्य चरित्रम	देवराजययंगार स्वामिगल, तिरुज्ञान मुप्तिरे प्रसुरालयम, आलवार तिरुनगरी, 1929
55.	वैष्णव आचारियरगल	टी.एस.राजगोपालन, स्टार प्रसुरम, चेन्नै, 1972
56.	तमिल इलक्किय वरलारू	मु. वरदराजन, साहित्य अकादमी, पुदु दिल्ली 1983
57.	याप्पिलकणम	विशाकप पेरुमालैययर, कलक बेलिईड्डु, चेन्नै, 1964
58.	चमयंगल वलरत तमिल	वेंकटसामी, मयिलै चीनी, मणिवाचकर, नूलकम चिंतवरम, 1966
59.	ओप्पिलकिय वरंबुम, कौल्कैगलुम	वे सच्चिदानंदन, मदुरै कामरासर पलकलै, कलकम, मदुरै
60.	समय एलच्चियुम इलक्कियवलर्चियुम	ति. मुरुगरत्नम, पुदुवै पलकलैक्कलकम, 1988
61.	आलवारगल वरलारु (भाग 2)	के.आर गोविंदराज मुदलियार
62.	आलवारगलवलिक कुखर वरलारु	वही
63.	श्रीवैष्णवम	ए. रंगनादमुदलियार
64.	तिराविड मुनिवरगल	एम. राधाकृष्ण पिल्लै
65.	मूवर येट्रिय ओलि बिलक्कु	पी.श्री आचार्य
66.	कुलशेखर	टी.पी.मीनाक्षी सुनदरभ
67.	आन्डाल अरुलिय तिरुपावै	पी.के. शनमुकनादन
68.	भक्ति नैरि	श्री राजगोपालाचारी
69.	कंबन कावयम	एस. वैयायुरिपिल्लै
70.	अणि इलक्कणम	शैव सिद्धान्त नूरपदित्पुक कलकम
71.	श्रीरंगमुम आलवार आच्चारियरकलुम	एस.आर.राजन
72.	तिरुवायमौलि विलक्कम	पूर्वराकम पिल्लै
73.	वैष्णव आलवारकलिन कालनिलै	डा. एस. कुलशेकरण

74. मधुरकवि — श्री शैला

75. मुनिवाकन भोकम — वेदान्त देशिकन

76. कोयिलोलुकु — एस. कृष्णस्वी अययंगार

77. श्रीमत भागवतम — प्रभुपादा
अकिल उलक कृष्ण भक्ति वेदान्त पुस्तक अरक्कट्टलै इयक्कम, चेन्नै)

तमिलनाडु की सौराष्ट्री भाषा संबंधी पुस्तकें

1. श्रीमननटन गोपाल नायकी स्वामिगलिन संकीर्तनगल — सि.एम.बी.प्रेस, मदुरै, तीसरा संस्करण सन् 1963

2. नटन गोपाल नायकी — परुंडान अययगार, सौराष्ट्र प्रेस, मदुरै 1923

3. संगीत रामायण — बेंकेटसूरी स्वामीगल, सौराष्ट्र सभा, मदुरै

4. सौराष्ट्र भवनुक होय भोकुलवास — पेरुमालययंगार, सौराष्ट्र सभा, मदुरै 1919

मलयालम भाषा संबंधी पुस्तकें

1. हरिनाम कीर्तन — तुनचन्तु एलुत्तच्चन

2. अध्यात्म रामायण — वही

3. रामाणम 24 विरुतम — वही

4. भारतम — वही

5. चिंता सन्तानम — वही

6. भगवत गीता — निरणम कवि

7. कण्णच्च भागवतम् — वही

8. भारतम — वही

9. कृष्ण गाथा — चेरूच्चेरी नंपूतिरि

10. भाषा भगवता गीता (अनुदित काव्य) — माधव पणिक्कर

11. ज्ञानप्पाना — पुन्तानम नंपूतिरि

12. श्री कृष्ण कथामिरुतम — वही

13. कुशेल विरुन्तम — रामपुरन्तुवारियर

14. महाभागवतम् दशमम् — भास्करन नंपूतिरि

15.	श्री कृष्ण चरित मणिप्रवालम	कुंचन नविंयार
16.	भारतम 24 विरुतम	वही
17.	चेरुच्चेरी भारतम	चेरुच्चेरी
18.	भाषा शम्पू	उल्लूर एस. परमेश्वरय्यर
19.	श्रीकृष्ण विजयम़ (भारत माला)	शंकर पणिक्कर
20.	कण्ण्च्च रामायणम् भगवत दशम स्कन्धम	रामपणिक्कर
21.	सन्तान गोपालम	पून्तानम
22.	धनसंगम	वही
23.	नूट्टेट्टु हरि	वही
24.	पार्थसारथी स्यवम	वही
25.	आनंद नृरुत्तम	वही
26.	कृष्ण लीला	वही
27.	कृष्ण कर्णामृतम	बिल्वमंगल
28.	कुचेलवृत्त्म वंचिप पाट्टु और भाषा शट्पति	रामपुरन्तु वारियर

कन्नड पुस्तकें

1.	श्री हरिदास कीर्तन तरंगिनी	श्रीपादराय
2.	मध्व विजयम	नारायण पंडित
3.	कनकदास कीर्तनकलु	कनकदास
4.	अनुव्याख्यानम्	मध्वाच्चार्य
5.	शूत्र भाष्यम	वही
6.	दासरपद संग्रह	कनकदास
7.	हरिकथामृत सारम	जगन्नाथदास
8.	सर्वज्ञवचनुगलु	सर्वज्ञ
9.	श्री पादराय कीर्तन	मेंगलूर संस्करण

10.	श्री वादिराज कीर्तण	वही
11.	करनाटक हरिदासरु	हे.के. वेदव्यास
12.	दासरु कीर्तनगलु	बेंगलूर संस्करण
13.	हरिदास साहित्य विमर्श	केशवदास
14.	कन्नड साहित्य चरित्रे	प्रो.मुगली

तेलुगु पुस्तकें

1.	अध्यात्म संकीर्तनलु (11 भाग)	अन्नमाचार्य
2.	श्रृंगार संकीर्तनलु	वही
3.	श्रृंगार मंजरी	वही
4.	संकीरर्तन लक्षण ग्रन्थमु	वही
5.	वेंकटाचल महात्यमु	वही
6.	द्विपद रामायण	वही
7.	श्री वेंकटेश्वर शदकमु	वही
8.	शुभद्रा कलयाणमु	तिरुमलम्मा
9.	आंध्र महाभगवतमु	पोतना
10.	वीरभद्र विजयमु	वही
11.	मोहिनी तंडकमु	वही
12.	नारायण शदकमु	वही
13.	श्रृंगार कीर्तनलु	वेद्ध तिरुमलाचार्या
14.	श्रृंगार शदकमु	वही
15.	वैराग्य वचन गीत	वही
16.	चक्रवाल मंजरी	वही
17.	आंध्र वेदान्त	वही
18.	आंध्र हरिवंशं	वही
19.	श्री वेंकटेश नीति शदकमु	वही
20.	दाशरर्थ शदकमु	वद्राचल रामदास

21.	रामदास कीर्तनलु	वही
22.	मत्व गोपाल कीर्तनलु	क्षेत्रैय्या
23.	नौका चरितमु	नादयोगी त्यागराजा
24.	सीतारामा विजयमु	नादयोगी त्यागराजा
25.	सीतारामा विजयमु	नादयोगी त्यागराजा
26.	प्रहलाद भक्ति विजयमु	वही
27.	गीत नाटक्म	वही
28.	तिरुवोत्तियूर पंचरत्नमु	वही
29.	गोपुर पंचरत्नमु	नादयोगी त्यागराजा
30.	**अन्नमाचार्य चरित्रम**	तिरुवेंकटनाथ प्रभाकर शास्त्री तिरुपति-तिरुमला-देवस्तानम कमिट्टी, तिरुप्पति
31.	**आन्ध्र कवि तरंगिनी (12 भाग)**	सांगड़ी शेचैय्या, हिन्दु धर्मशास्त्र ग्रन्थ निलैयम, कपिलेश्पुरम (ईस्ट गोदावरी)
32.	आमुक्तमाल्यदा	कृष्णदेवरायलु
33.	निर्वचनोत्तर रामायण	कवि तिक्कण्णा
34.	विजय सेनमु, कविवाक बन्धुनमु कृष्ण शदकमु	कवि तिक्कण्णा
35.	तियागराज कीर्तनलु (टीका सहित)	कस्तूरी वीरभद्र शास्त्री
36.	द्विपद भागवदमु (दशम स्कन्ध)	मडिकी किंकन्ना
37.	पांडुरंग महात्यमु	तेनाली रामकृष्ण कवि
38.	पारिजात पकर्णमु	नंदिनी तिम्मन्नाचार्यलु
39.	अन्नमाचार्य	अटपा रामकृष्णराव साहित्य अकादमी, दिल्ली
40.	पोतना	टी.वेंकटावदानी साहित्य अकादमी, दिल्ली

मराठी पुस्तकें

1.	ज्ञानेश्वरी	कुण्टे
2.	एकनाथ गाथा	आवडे
3.	महाराष्ट्र चे पाँच संप्रदाय	पांडित मोकांशी
4.	नामदेव अभंग गाथा	आवडे
5.	श्री एकनाथ वांगमय आणि कार्य	न.र.पाठक
6.	तुकाराम	रा.ग. हर्षे
7.	तुकाराम वचनामृत	रा.त.रानडे
8.	बहिनाबाई चा गाथा	
9.	सकल संत गाथा	
10.	नीलावाचे अभंग	
11.	तुकाराम अभंगाची गाथा	श्री विष्णु बोवा जोग
12.	विट्ठल आणी पंडरपुर	श्री खरे
13.	सन्त वचनामृत	श्री देगलूकर
14.	सार्थ तुकाराम अंभग गाथा (भाग 1,2,3)	
15.	श्री ज्ञानेश्वरी	महाराष्ट्र राज्य प्रकाशन
16.	तुकाराम	बालचन्द्र नेमदे, साहित्य अकादमी

गुजराती पुस्तकें

1.	बालन कृत दशम स्कंद	हरगोविन्द, द्वारकादास कण्डावाला विष्ठल भाई आशाराम टक्कर बडवदा
2.	श्री हरिलीला शोडश कला	भीम
3.	हारमाला	नरसी मेहता
4.	दशम स्कन्द	महाकवि प्रेमानंद
5.	नरसी मेहता कृत चातुरी	
6.	नरसी मेहतानुन हुंडी	संकलनकर्ताःहीरालाल तिरि पारेख
7.	नरसय्यो भक्त हरिनो	कन्हैयालाल मानेकलाल मुन्शी, गुर्जर ग्रन्थ कार्यालय, अहमदाबाद

8.	नरसै महेतानाम पद	संकलन श्री के.का.शास्त्री गुजरात साहित्य सभा, अहमदाबाद, 1965
9.	रास सहस्रपति	संकलन श्री केशवराव का. शास्त्री, गुजराती सभा, बंबई
10.	नरसी महेता काव्य संग्रह	
11.	रास सहस्रपति	संग्रह के.का.शास्त्री
12.	हरिलीला कला	भीम

मलयालम राम-काव्य संबंधी पुस्तकें

1.	रामकथा पाट्टु	अय्यी पिल्ला
2.	कन्नश्च रामायण	राम पाणिक्कर
3.	रामायण शंपु	पूनम नंबूतिरि
4.	अध्यात्म रामायण	येलुत्तच्चन
5.	बाल्मिकी रामायण (अनुदित)	केरला वर्मा
6.	रामनाट्म	तंपुरान
7.	कुंभकर्णवध, हनुमान भक्ति	कुंचन नंपियार
8.	लंका वध, रावणोत्सव	
9.	बाल्मिकी रामायण (अनुदित)	बल्लत्तोल
10.	लक्ष्मण विलाप	उन्नी कृष्णन
11.	विभीषण	बालामणि
12.	रामचरित अपूर्ण	चिराम
13.	रघुवंश (अनुदित)	कुमारनासान
14.	रामायण इरुपतिनालु वृतम	तुनचत्तु एलुत्तच्चन

कन्नड राम-काव्य संबंधी पुस्तकें

1.	पंप रामायण	अभिनव पंप
2.	दोके रामायण	कुमार बाल्मिकी
3.	सीता कल्याण	गिरयम्मा

4.	अंगद सन्तान	लिंग रास
5.	रामास्वमेंद	मुत्त्तन्न कवि
6.	राम पट्टाभिषेकम	वही
7.	अद्भुत रामायण	वही
8.	रामधान्य चरित्रे	कनकदास
9.	रामायण दर्शन	कुतेंबु

तेलुगु राम-काव्य संबंधी पुस्तकें

1.	निर्वचनोत्तर रामायण	तिक्कन्ना
2.	भास्कर रामायण	भास्कर आदि कवि
3.	मौल्ल रामायण	मौल्लाबा
4.	रंगनाथ रामायण (उत्तर कांड)	रंगनाथ
5.	रामायण कल्पवृक्ष	सत्य नारायण
6.	रामायण कल्पवृक्ष	विश्वनाथ सत्यनारायण
7.	रंगनाथा रामायण	कौन बुद्धा रेड्डी
8.	दाशर्राथ शदकमु	भक्त रामदास

मराती राम-काव्य संबंधी पुस्तकें

1.	भावार्थ रामाण	एकनाथ
2.	रामायण महाकाव्य	साधुदास
3.	रावण वधाख्याणम	मुक्तेश्वर
4.	राम-भक्ति कीर्तन	भक्त रामदास
5.	आनंद भुवनम	वही
6.	सीता स्वयंबर	वेणाबाई
7.	सुन्दर रामायण	भक्त रामदास
8.	युद्ध रामायण	वही
9.	लघु रामायण	वही

गुजराती राम-काव्य संबंधी पुस्तकें

1.	गिरिधर रामायण	गिरिधर दास
2.	राम चरित	बालन
3.	राम विवाह	बालन
4.	राम बाल चरित	वही
5.	सीता संदेश	बाजियों

आसामी राम-काव्य संबंधी पुस्तकें

1.	पूर्वांचल राम-काव्य और नेपाली रामायण	डॉ. रामनाथ त्रिपाठी
2.	असामिय रामायण साहित्य	

उडिया राम-काव्य संबंधी पुस्तकें

1.	उडिया रामायण अथवा जगमोहन रामायण अथवा दांडी रामायण	बलराम दास

बंगाली राम-काव्य संबंधी पुस्तकें

1.	कृतिवास रामायण	कृतिवास

अंग्रेजी पुस्तकें

1.	Vaishnavism, Saivism and minor religious system	RG. Bhandarkar, Asian Educational Service, New Delhi, 1983
2.	An Encyclopaedia of Religions	Camey M.A. Nag Publisher, Delhi, 1976
3.	The Holy Lives of Azhvars or the Dravida Saints	A. Govindacharya G.T. A. Press, Mysore, 1902
4.	Viraha Bhakti:The early history of Krishna Devotion in South India	Hardy Friedheinr
5.	History of Vaishnavism in South India upto Ramanuja	B.V. Ramanujan Annamalai University Annamalai Nagar

6.	Alwar Saints	Swami Shuddhananda Bharati
7.	The devine wisdom of Dravida saints	A. Govindacharya
8.	The Life and Teaching of Ramanujacharya	
9.	The glory of Tamil Prabandha Rangachari	Annarangacharya Translated by M.V.V.K.
10.	Philosophy of Vaisitatvaita	P.N. Srinivasachari
11.	Aspects of Bhakti	Dr. K.L. Varadachari
12.	Idia of god	-Do-
13.	Indian Philosophy Part 1 & 2	Dr. Radhakrishnan
14.	Vaishnavite Reformers of India	T.Rajagopalachari
15.	An ouline of Religious litrature in India	J.N. Farquuhar
16.	The Philosophy of Srimad Bhagavat (2 Volume)	Dr. Siddheswara Battacharya
17.	The Bhagavata, its philosophy ethics and Theology Encyclopaedia Brittanica	Takur Bhakti Vinode
18.	The Bhagavata indian Culture	Krishnaji Vedanta and Kesari & K Trivedi
19.	Divine Krities of Nayaki Swamigal (A Bridal Mystic) Saint Natanagopal	Prof. A. Srinivasa Raghavan Siddhasramam Madurai, 1971 Suddhananda Bharati Yogi Samaj, Madras
20.	The Immoral Saint of South India	L. Krishnaier C.M.V. Press, Madurai, 1957
21.	The Sourashtran in South India. Their language, Literature and Culture	I.R. Dave Sourashtra University, Rajkot
22.	Linguistic Survey of india, Vol. IX, part II,	Sir G.A. Grierson

23.	A brief study of Sourashtra Community in Madras State	The Institure of Traditional Cultures, Madras, 1966
24.	Castes and Tribes of Southern India Vol. VI (p.160-167)	Government Press, Madras 1909
25.	Devanagari through the ages	Centre Hindi Directorate Ministry of Education Government of India
26.	Ezluthatchan and his age A sketch of the Religion of Hindus	Dr. Achuta Menon 'Wilison
27.	Madhava's teachings in his own words	B.N, K. Sharma
28.	Path way to god in Kannada Lieraure	
29.	Purandar and the Haridas Movement	M.V. Krishna Rao
30.	A Forgotten Empire (Vijaya Nagar)	Sewell Robert
31.	Encyclopaedia of Religion Ethics V1.12.	Editor James Hastings
32.	Medieval India Vol.III	Havid
33.	Spritual Heritage of Thiagaraja	Dr. V. Raghavendra
34.	Cult of Vitoba	Delbury, G.K.
35.	Inscriptions of Saint Tukaram	
36.	Poems of Tukaram Vol. I & II	Frasterk Maratha
37.	Tales of Saints of Pandharpur	Kinaie C.A.
38.	Tenets of Tukaram	Gorak, Nohamiah
39.	The life and Teaching of Tukaram	Fraser, Nelson J.S., Edwards J.F.
40.	Tukaram's teachings	Sharma, S.R.
41.	Vaishanvas of Gujarat	N.A. Thoorthi, Bombay, 1935

42.	Classical Poets of gujrat and their influence on Society and morals	Govardhanram madhavram Ramanuraram Goverdhan Tirupathi, 1916
43.	Vallabhacharya Life and Movement	C. Parakh
44.	Mystics and Mysticism	P.N. Srinivasachari
45.	Kamban and Tulasi (Thesis)	Dr. Shankar Raju Nayudu
46.	Chaitanya and his age	Dinesh handraser
47.	Some contribution of South India to Indian culture	S. Krishnaswamy lyengar

Sanskrit Books

1.	नारद भक्ति सूत्र	
2.	श्रीमद भागवत	गीता प्रेस गोरखपुर
3.	मुकुन्द माला	कुलशेखरालवार
4.	श्रीमद भगवत गीता	गीता प्रेस गोरखपुर
5.	हरिभक्ति रसामृत सिन्धु	श्री रुप गोस्वामी
6.	दिव्य प्रबन्धकयामृत	अण्णंकराचार्य
7.	विष्णुपुराणम	गीता प्रेस गोरखपुर
8.	वेदार्थ संग्रह	रामानुज
9.	श्री भाष्यम	रामानुज
10.	भगवत तात्पर्य निर्णय	श्री मध्वाचार्य
11.	गीतगोविन्दम्	जयदेव

Appreciations - Alwars and Indian Vaishnavite Literatures (Tamil)

1. *"We can see the hard work and research skill of the author in each and every page of this book. It is an Encyclopaedia of Bhakri."*

   Dhinatandhi Daily Tamil newspaper, book review,

2. *This rare book ought to be purchased by all schools and colleges and libraries all over.*

   Dhinamani, Daily Tamil newspaper, Book review, 5th August 2013

3. *This book helps to know the impact of vaishnavisam in all Indian Level and its is a great service rendered to vaishnavism*

   Geethacharyan, Journal on vaishnavism, book Review, June 2013

4. *Dr. K.R. Vittal Doss, is able to give this rare research book to the Tamil World as he is proficient in several languages such as Tamil, Hindi, English and Saurashtri etc.*

   Pothigai Minnal, a Tamil Journal, July 2013

5. *Dr. Vittal Doss has described the Vaishnavite literatures available in Malayalam, Kannada, Telugu, Marathi, Gujarathi, Hindi, Sourashtri ect. This is an evidence for his hard work.*

   Dhinamalar, Daily Tamil newspaper, Book review, 18th December 2013

6. *The information compiled in this book regarding Vaishnavite literatures of major Indian languages will be of great help to the researchers.*

   Higginbotham News, Book review, April 2014

7. *This book reveals the hard work of the author, Dr Vittal Doss. It is greatly beneficial to the Vaishnava devotees. Tuglug, leading weekly Journal in Tamil, Book review*

8. *This book reveals the hard work done by author and is divine gift to the Vaishnava devotees.*

   KUSO, a Journal of Bangalore Sourashtra Association, Book Review, July 2014

9. *This book is awarded by Tamil Nadu Government as the best book under the category "Religion and Philosophy". The awards giving ceremony was held on 14th April 2015 in a grand manner. Hon. Minister for Education Honoured Dr. K.R. Vittal Doss by presenting certificate in appreciation of the work along with a cash reward of Rs. 30000/-.*

10. *Sri Ranga Ramanuja Maha Desika Swamigal Pontiff of Srirangam Andavan mutt appreciated the book and graced his blessings in a gathering held at Bangalore in 2014*

11. *It is worth mentioning that his previous work in Hindi "Surdas and Natana Gopala Nayaki Swamigal was awarded with "Rajakiya Samman Tamra Patra of the Government of Bihar in the year 1981*

    KUSO, a Journal of Bangalore Sourashtra Association, Book Review, 19th April 2015

Books and Awards

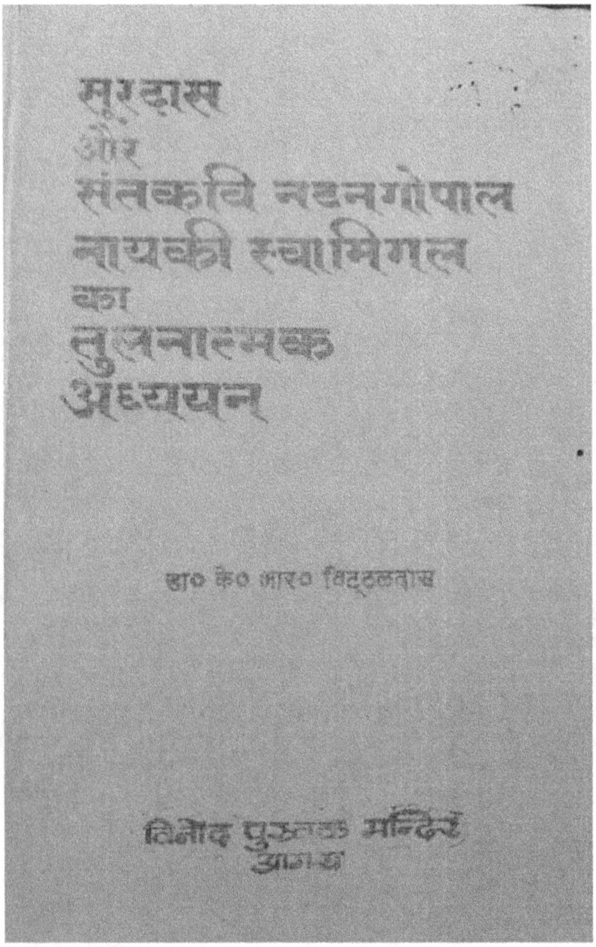
सूरदास
और
संतकवि नटनगोपाल
नायकी स्वामिगल
का
तुलनात्मक
अध्ययन
डा० के० आर० विट्ठलदास
विनोद पुस्तक मन्दिर
आगरा

தமிழ்வளர்ச்சித் துறை
சிறந்த நூல்களுக்குப் பரிசு வழங்கும் திட்டம் - 2012
பாராட்டுச் சான்றிதழ்

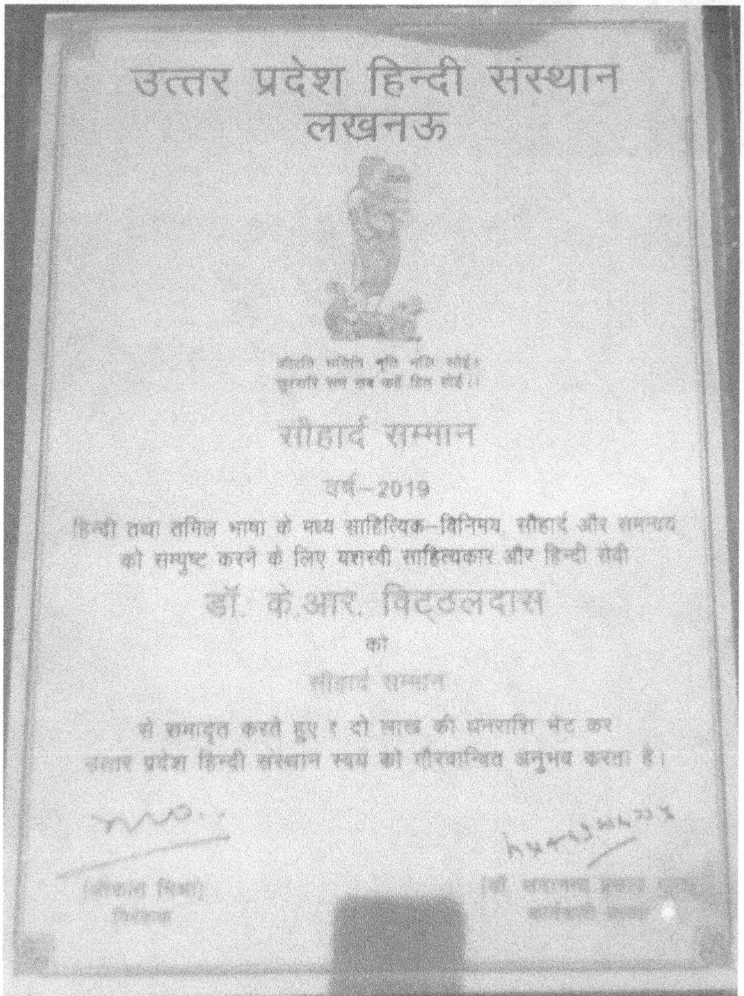
उत्तर प्रदेश हिन्दी संस्थान
लखनऊ
सौहार्द सम्मान
वर्ष–2019
हिन्दी तथा तमिल भाषा के मध्य साहित्यिक–विनिमय, सौहार्द और समन्वय
को सम्पुष्ट करने के लिए यशस्वी साहित्यकार और हिन्दी सेवी
डॉ. के.आर. विट्ठलदास
को
सौहार्द सम्मान
से समादृत करते हुए ₹ दो लाख की धनराशि भेंट कर
उत्तर प्रदेश हिन्दी संस्थान स्वयं को गौरवान्वित अनुभव करता है।

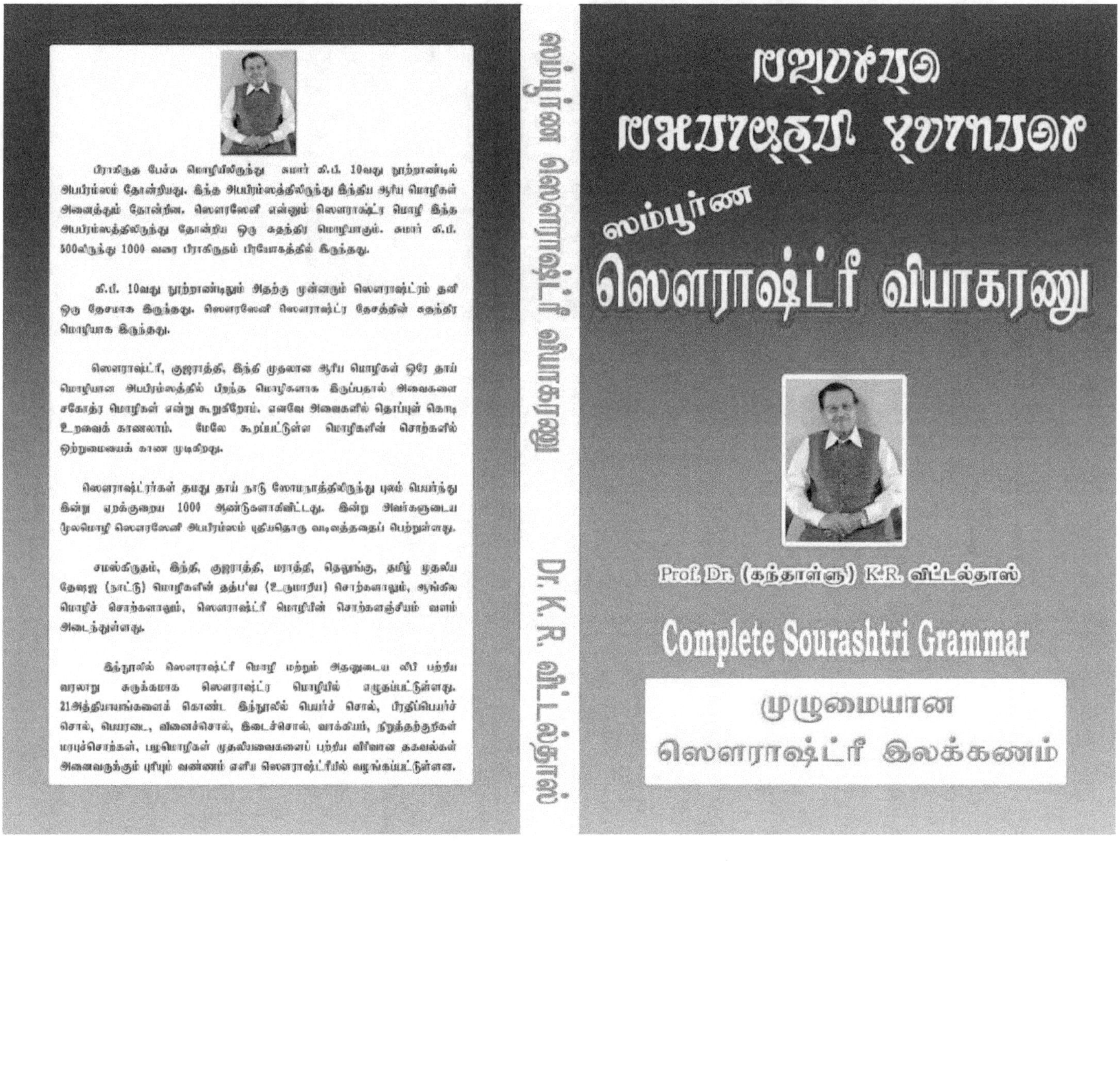
ஸம்பூர்ண
ஸௌராஷ்ட்ரீ வியாகரணு
Prof. Dr. (கந்தாள்ளு) K.R. விட்டல்தாஸ்
Complete Sourashtri Grammar
முழுமையான
ஸௌராஷ்ட்ரீ இலக்கணம்
ஸம்பூர்ண ஸௌராஷ்ட்ரீ வியாகரணு
Dr. K.R. விட்டல்தாஸ்

ஸ்ரீநாயகியார் ஸௌராஷ்ட்ரீ ஸாஹித்ய விருது
Prof. Dr. K.R. விட்டல்தாஸ் M.A. Ph.D அவர்கள் ஸௌராஷ்ட்ரீ
மொழி வளர்ச்சிக்கு பல நூல்கள் எழுதிச் சிறப்பு
செய்தமைக்கு பொற்கிழியுடன் 2021ஆம் ஆண்டிற்கான
ஸ்ரீநாயகியார் ஸௌராஷ்ட்ரீ ஸாஹித்ய விருது
வழங்கப்படுகிறது.
இவண்

ராமாயணப் பாத்திரானுன்
குண்ணுமொன்னுன்
(இராமாயணப் பாத்திரங்களின் குணாதிஷயங்கள்)
Characterization of the Characters of Ramayana
(சௌராஷ்ட்ரீ மொழியில், தமிழ் எழுத்தில்)
Prof Dr. K.R. விட்டல்தாஸ்

இறைவன் மீது ஆண்டாள் செலுத்திய மாதுர்ய பக்தி, செயற்கையாக இல்லாமல் இயல்பாக இருந்தது. நடனகோபால நாயகி சுவாமிகளுக்கு அது 'மேட்டு மடையாக' இருந்தது. ஆனால் பெண் பக்தையான கோதைக்கு அது இயல்பாகவே 'பள்ள மடையாக' இருந்தது. ஆண்டாள் மற்றும் நாயகி சுவாமிகளின் மாதுர்யபக்திப் பாடல்களில் அதிகமான ஒற்றுமையைக் காணமுடிகிறது.
தமிழ் பாரதத்திற்கு ஒரு ஆண்டாளையும், இந்தி ஒரு பக்த மீராவையும் கொடுத்தது போன்று, சௌராஷ்ட்ரீ மொழி பாரதத் திருநாட்டிற்கு ஒரு நடன கோபாலநாயகி சுவாமிகளைக் கொடுத்திருக்கின்றது.
நாயகி சுவாமிகளின் நவதா பக்திப் பாசுரங்களைப் பற்றியும், கோதை மற்றும் நாயகி சுவாமிகளின் மாதுர்யபக்திப் பாடல்களைப் பற்றியும் நூல் ஆசிரியர் எளிய சௌராஷ்ட்ரி மொழியில் இந்நூலில் விரிவாக விமர்சனம் செய்துள்ளார்.
வெளியீடு
ஸௌராஷ்ட்ரீ இலக்கிய பிரகரம்
52/148, கிழக்கு 5வது தெரு, கே.கே.நகர்,
மதுரை - 625 020
98948 60432, 63795 88513,
98455 44653
ஆண்டாள்கின் (கோதை)
நடனகோபால நாயகி ஸ்வாமினுன்
(துல்னா)
Prof Dr. (கந்தாள்ளு) K.R. விட்டல்தாஸ்
Andal and Natanagopala Nayaki
(A Comparative Study)
ஆண்டாளும் நடனகோபால நாயகியும் (ஓர் ஒப்பீடு)
(சௌராஷ்ட்ரீ மொழியில், தமிழ் எழுத்தில்)

www.ingramcontent.com/pod-product-compliance
Lightning Source LLC
LaVergne TN
LVHW082023051026
849532LV00011B/3255